刑罰権の淵源

安藤泰子著

成　文　堂

はしがき

ハーグに常設国際刑事裁判所が創設されて一五年が過ぎた。同裁判所設立の前後を挟んで、国際刑法（以下、「ローマ規程」と略称）は飛躍的に展開してきた。その間、国際社会はシエラレオネ特別法廷やカンボジア特別法廷等を設け、重大な国際犯罪を首謀した指導者に関する個人責任法理を確立させてきた。国際刑事裁判所においても幾つかの重要な判決が下され、国際刑法が汎く研究対象となったことは、国際刑法学の発展において喜ばしいことである。

国際刑法学においては、国際法学および刑法学からの異なる観点からの見解を主張するのみならず、互いにこれを検証することが、同法のさらなる前進を齎すものであり、これによって時代に適う法理論を生み出し得るものと考える。そして、その過程を踏んでより適切な法解釈が展開され、法の発展が期待できるものと考えられる。これまで国際法学からは主に判例、外国文献が積極的に紹介され、条約理論や補完性原則が説明されてきた。他方、刑法学の分野からは、罪刑法定主義に関する解説や共犯の一部に関する論考が重ねられてきた。

とはいえ、一一〇余年の歴史を有する我が国の刑法典と比較すれば、法の運用後僅かに一五年に過ぎないローマ規程にあっては刑法理論の構築が遅れをとっていることはやむを得ないことといえる。本書は、前世紀に付された「必要性から求められる国際刑法」という説明をこえて、必要性を正当化し得る国際刑法「理論」を目指したものである。

国際社会構造および現象は常に変容する。現在、ローマ規程採択にあたっては想定されなかった自己付託が重ねて同裁判所になされている。安保理付託や自己付託を理論上基礎づける刑罰権概念は何に求められるのか、この重大な問題について殆ど等閑視されてきたのが現状である。

本書は、第二篇より成るが、主として第一篇において右の問題の解決に向け複眼的視点および多元的観点から検討を加えている。国際刑法に関する体系的な理論構築に関しては、著者が渉猟する限りにおいて、国内のみならず国際的にも先行研究を見出すことはできなかった。それゆえ本書の執筆にあたっては、国際社会に顕現した刑法現象を解析しつつ、同時に先覚の刑法思想を礎に、自らの思索によって進めざるを得なかった。本書はローマ規程の具体的義務規定に関する注解書ではなく、国際刑法の体系的理論の構築を目指したものであり、いうまでもなく完結したものではない。さらに精進し深化させた著述に備えたい。

本書の特徴は、従来の伝統的主権論に基づくものではなく、国家とは異なる刑罰権概念があるのではないかとの持論に基づき、これを実証的に論証するところにある。すなわち、これまで一貫して主張してきた「国際社会が固有の刑罰権を有する」という考え方に拠りつつ、社会刑罰権を観念しこれが実務上既に採られていることを検証するものである。

本書は社会刑罰権および刑罰義務を理論的に導出しこれを論証するにあたり、①歴史的変遷という時間軸の上に、②当該社会の生成や変容を捉え、③本研究の対象となる法現象が如何なる目的や本質を有して顕現したのかという客観的事実を重視して、④本現象を構造的に捉える分析が、今後起こり得る類似現象にかかる前兆ないし兆候の発見に繋がるのではなかろうかという、⑤先験科学としての法則学の確立に有益な役割を果たすものと考えた。さらに、これまでの国際刑法学では論じられてこなかった刑事裁判所の目的および機能ないし役割という側面から義務論を導き出し得ることを論証する。続いて国際刑法においては、従来から説かれてきた合意原則を破る公法性が認められることを主張する。

本書の第二の特徴として、考察の対象を現在「点」に限定せず現在点を含む古代からの刑罰権の史的変遷という「線上」において、且つ、従来の国家刑罰権のみならず社会ないし共同体刑罰権という多元的考察手法を採ったことである。論考の対象を古代の復讐に遡り幾つかの社会的ないし地域的刑罰の在り方を踏まえて多次元軸から次世紀国際刑法を展望したものである。

また本書は法の分化を提唱するものである。続いて、国際社会に刑罰権が基礎づけられることを検証し、これまで検知されなかった社会公訴権の発見を促すものである。先覚による重要な刑法理論を基礎として、これを国際刑法に妥当させ得る可能性を総合的かつ構造的視点からの論究を通じ、終章に帰結するものである。

第二篇は、国際刑法において罪刑法定主義は如何に捉えられるべきかという観点を国内刑法におけるそれと比較検討しつつ論じたものである。本篇第一章は、慣習国際法に刑罰権行使の正当性を求めることが罪刑法定主義に反するのではないかという問題について、「近代」「国家」刑法原理が遍く「今世紀」「国際」刑法に妥当するのかという観点から、今世紀国際刑法の法源の形成において、また用いられる慣習法の意義において相違するものであることを説き、したがって国内刑法と同様の場面をもって論じること自体に齟齬が生じていることを検証したものである。

同篇第二章においては、同様に国内刑法における罪刑法定主義と国際刑法のそれとの比較検討という観点から、特にフランスを中心として同原則の解釈自体に相対性が認められることを幾つかの論究に基づきながら検討したものである。

フランツ・フォン・リスト（Franz Eduard von Liszt）は、刑罰の発達に関し、その著『独逸刑法論』において三段階にこれを分けている。第一に国家構成以前における種族全体における原始的刑罰、すなわち刑罰は原始的宗教性を色濃く有し平和秩序を犯す集団に対する血的復讐の刑罰も神の命令によったものと考えられた時代、第二段階として贖罪制度を採る時代、そして第三段階として刑罰の執行を被害者の手より奪って公平無私なる裁判官に託すことをもって国家的刑罰とした歴史的変遷を踏まえ、第三段階が歴史上最後の段階に達したものと帰結している。

しかし、本書において、リストと同様の結論は導き出されない。時代が変遷し社会構造が相違することによって、刑罰も不断に変容し刑罰論もまた異なる解釈がなされるものと展望するのである。本書においては伝統的国家刑罰権を基礎としつつも、これとは異なる共存社会が固有に刑罰権を有するという社会刑罰論が容れられるものと考える。また、本書は社会刑罰権論が形而上学の概念ではなく、かつて我が国においても実務上採られていたこと、またフランスではこれに近似する考え方が容れられていることを実証する。刑罰権は、究極的には「人」が有する訴権を起源とするものと考えるのである。他日を期して、右の課題に取り組んでいきたい。

最後に、出版にあたっては阿部成一成文堂社長および社員の方々のあたたかい御助力をいただいた。とりわけ打ち合わせのため何度も研究室までご足労くださった飯村晃弘氏に対し、記して、厚く御礼申し上げる。

二〇一八年四月一日

安藤泰子

目次

本書収録論文原題・初出一覧

本書に収めた論文の初出は、以下の通りである。収録するにあたって、各論文とも旧稿を大幅に加筆・訂正している。なお、第一篇第一章及び第四章の主要部分並びに同第五章、第六章、第九章、第一〇章を含む本篇全体の二分の一程が書き下ろしとなっている。

第一篇　刑罰権の淵源

第一章　書き下ろし
第二章　「刑罰権の淵源（一）――法の分化――」青山法学論集第五八巻四号（二〇一七）
第三章　「刑罰権の淵源（二）――保護法としての国際刑法――」青山法学論集第五九巻一号（二〇一七）
第四章　書き下ろし（第一節迄）、第二節以下前掲「刑罰権の淵源（二）」
第五章　書き下ろし
第六章　書き下ろし
第七章　「刑罰の史的変遷」青山法学論集第五九巻一号（二〇一七）
第八章　「公法としての国際刑法」青山ローフォーラム第六巻一号（二〇一七）
第九章　書き下ろし
第一〇章　書き下ろし

第二篇　国際刑法における罪刑法定主義

第一章　「罪刑法定主義の相対性（二）――国際刑法の原点から考える――」青山ローフォーラム第五巻二号（二〇一七）
第二章　「罪刑法定主義の相対性（一）」青山法務研究論集第一三号（二〇一七）

第一篇　刑罰権の淵源

第一章　国際刑法理論の基礎

はじめに

我が国では、重大な国際犯罪を首謀した個人を訴追し、これについて審理を開始するための常設国際刑事裁判所という「機関の創設」については、ユートピアと主張されていたように懐疑的であり消極的な見解が多かった。ところが、一九九八年七月に開催された常設国際刑事裁判所を設立するためのローマ外交会議前後を挟んで、日本においても国際刑事裁判所の創設については現実性を増し、国際法分野からも次第に論考が加えられることになった。二〇〇二年七月、本条約の採択を受け、二〇〇三年三月オランダのハーグに国際刑事裁判所が創設された。国際刑法（以下、「ローマ規程」と略称）は、前世紀末から今世紀にかけて飛躍的な展開をみせている(1)。

現在、国際刑事裁判所には、八つの事態が付託されている。ほぼアフリカに集中する形で、マリ共和国、コンゴ民主共和国、ウガンダ共和国に加え、中央アフリカ共和国内での二つの事態（国内法にいう「事件」、以下同）に関する自己付託およびスーダン共和国（非締約国）、リビア国内での二つの事態にかかる安保理付託のほか、コートジボアール共和国とケニア共和国の事態に対し、検察官の職権捜査の開始許可が出されている。

常設の国際的な刑事裁判所創設については、二一世紀以前たびたび提案されたが、国家主権の侵害という理由から実現には至らなかった。しかし、大量虐殺などが行われた場合、関係国家の刑事司法が機能しない場合が多く、重大な国際犯罪を首謀した個人に対する処罰は多くの場合、放置されてきた。そこで、国際社会においては不処罰回避の観点から、処罰を実効あらしめるべき法の形成に関する試みが重ねられてきたのである。

本書では、これまで詳らかにされなかった、国際刑法における刑罰権の源泉について、諸説の検討を媒介に考察を行うものである。従来、刑罰権は国家が独占的に有するものとされ、その発動は国家のみがなし得るものとされてきたが、前世紀に付された幾つかの国際刑事裁判を経て、今世紀に至り国際社会における刑罰権が観念され、現実のものとなって行使されている(2)。

しかしながら国際刑事裁判での刑罰権の根源については、国際慣習法から導かれるとする主張が多数説であり、その説明において抽象性を残したままである。また、国際刑罰権の発生や承認、行使の正当性について刑法理論の中でこれらを明確にした論考は未だ存しない。すなわち、国際刑法の分野に存在している各種問題の解明や刑罰権の本質それ自体を、体系的な刑法理論において検討することがなされてきたわけではない。そこで以下においては、国際刑法における刑罰権の源泉について、明らかにされるべき主要な論点につき考察を加えたい。

第一節　国際刑法理論の基礎

一　問題の所在

国際刑法における刑罰権の淵源に関する詳細な先行研究はみられない。国際社会は分権的構造から成っていることから、重大な国際犯罪を首謀した個人を審理し処罰するための国際刑事裁判所が創設されたとはいえ、刑罰権行使の決定は国家のみがなし得るものとして観念されてきた。そのため、国際刑法における刑罰権の淵源およびその行使の正当性について、如何なる法理論を構築するのか、そこには諸種の困難な問題が存在している。

すなわち、国際刑法においては、国際刑事裁判所が国家間合意である条約によって創設され、当該審理の結果として物理的強制力を伴う刑罰権が発動される。これは、国際社会が分権的構造から成っているために採られた法定立の一形態である。この法形態は、国際社会においては刑罰権を集約的に行使する機関の不存在を前提として採られたものであるが、ローマ規程における刑罰権行使の正当性の根拠[3]（以下、「正当性」と略称）については、従来、国際法委員会などによって、「国家刑罰権の一部が譲渡される」という説明が加えられてきた[4]。しかしながら、この説明より以上の掘り下げた考察は行われてはいない。

ところで、「国家刑罰権の一部が譲渡される」との主張に従うなら、国際刑法における刑罰権の源泉について詳細な考察を加える必要が生じてくる。国際刑事裁判所の創設、あるいはその刑罰権行使の正当性は、国家刑罰権の譲渡に基づくものであるなら、①なぜ国家刑罰権が譲渡されるのか。②国家刑罰権の如何なる部分が、③いつ、④どのように国家から国際刑事裁判所に譲渡されるのかが当然問題となってこざるを得ないのである。国家刑罰権の一部を国際刑事裁判所に譲渡するという考え方においては、未だ明確な区別はなされていないものの、以下の(i)国際刑法における刑罰権の源泉に関する考察と、(ii)その行使の正当性について、明確な論理の展開が要請されるのである。すなわち、国際刑法理論の基礎構造の構築が求められると考える[5]。

周知の通り、常設国際刑事裁判機関においては、認められた刑事管轄権の限りにおいて刑罰権が発動される。国際法学においては、これを管轄権行使の場面として把握してきたが、刑法学においては物理的強制力を伴う刑罰権という観点からこれを精査する必要がある[6]。特に、ローマ規程における「構造的矛盾」という指摘、すなわち、本規程は、「条約」という国家間合意によって創られたものであるが、こうした関係の結果生じてくる刑罰権は、合意とは次元を異にした対象への「物理的強制」であり、そこには「合意と強制」という矛盾が同時に内在することになる。ローマ「規程自体に構造的矛盾がある」(7)という指摘は、このようなことを意味するものであり、この合意の中に生じる強制力＝刑罰権の行使を如何に説明するのかという重要な点に関しては、これまでは正面から問題にされることなく、解決も図られてはいない。

本書は、国際刑法における刑罰権の源泉についての考察が、先に指摘した構造的矛盾の解決への糸口となるものと考える。以上のような問題意識を有しつつ、本章は、①条約から生じる合意の効力と、②刑罰権行使の結果であるところの物理的強制力、③「合意と強制」両者間の関係に生じる構造的矛盾ならびに刑法理論上の整合性、三者を相関させながら併せ検討するものである。

そこで、これらの問題を解決する手がかりとして、先ず同裁判所の設立に向けた国際法委員会や同裁判所設立準備委員会、続くローマ外交会議において、各委員や代表団等から右の諸問題につき如何なる見解が提示されていたのかについて略述し、本書の出発点としたい。

二　概要

国際刑事裁判所の刑罰権について、従来から提起されてきた主な考え方を以下に略述する。

先ず、国際刑事裁判所が行使する刑罰権については、本来国家のみに帰属するものであるが、この国家主権の一部が国際刑事裁判所に「譲渡され ceded」、これによって国際刑事裁判所は刑罰権を行使するという考え方（以下、「譲渡説」という）がある。これに対し、国際刑事裁判所は「固有の inherent」管轄権を有し、その結果として刑罰権が発動されるという考え方（以下、「固有説」と略称）も主張されていた。また、これらの他にも（とりわけ〔集団殺害犯罪（以下、「ジェノサイド」という）〕に関しては）「普遍的 universal」刑罰権が認められるという（以下、「普遍説」と略称）見解もみられた。

譲渡説[8]、固有説、普遍説、それぞれの考え方は、いずれも国際刑事裁判所の設立にあたり、本規程の採択を決定したローマ外交会議のみならず、これに先行した国際法委員会や同裁判所設立準備会議等で主張されていた考え方である。更にいえば、対象犯罪について区別を設け、ジェノサイドについては固有の管轄権を認め、戦争犯罪および人道に対する犯罪については譲渡説による、という主張も存在した[9][10・11・12・13]。

国際刑事裁判所が行使する刑罰権の源泉に関して、右に整理して明らかにした各種の主張は、同裁判所創設の意義に関する各国の見解から齎されるものである。国家主権を重視する考え方からは譲渡説が支持され、国際刑事裁判所の積極化を目指す考え方からは固有説が支持された。国際刑事裁判所設立に向けての外交交渉において、代表団の見解は、譲渡説と固有説に分かれていた。総じて、譲渡説が多数支持され、固有説を支持する見解は少数派であった。

三　諸説

(1)　譲渡説

常設国際刑事裁判所の刑罰権は、ローマ規程の事項的管轄として列挙された対象犯罪に当然または必然的に発動されるとは考えられてはいなかった。すなわち譲渡説によれば、国際刑罰権の創設を図るべく、国家は国家のみが独占して有する刑事管轄権の一部を国際刑事裁判所に付与ないし譲渡する。その譲渡された刑事管轄権の範囲内において、国際刑事裁判所は当該事態（国内法にいう「事件」）の審理を開始し、その結果として譲渡された限りにおいて刑罰権を発動するのであって、個別国家を「超えて」ないし「無関係なもの」として観念される、いわゆる「超」国家的刑罰権を認めてはいない。あくまで自国国内の刑事裁判権を国際刑事裁判所に譲渡する、国際刑事裁判所は個別国家から譲渡されてはじめて管轄権を有することとなり、その結果として刑罰権を発動する、という考えに拠ったものであった。換言すれば、国際刑事裁判所の有する刑罰権は、国家が有する刑罰権を超えるものではない。また超えることはできないという考え方が譲渡説の原点を成すものであった。

　伝統的国家主権概念を堅持するこの立場は、主権の絶対性を重視して、創設される新しい国際刑事裁判機関が（一般に汎用される）「超」国家的な権限を獲得することを危惧していたのである。その背景には、未だ判例の蓄積されていない国際刑事裁判機関に対する不信感の存在があったこと[14]が指摘されている。このような主権を重んじる見解の沿革を辿り譲渡説が採られた原点に立つならば、理論的には（「常設」国際刑事裁判所において、国家刑罰権を超えるという意味での）「超」国家的刑罰権概念は導き出され得ない。

　ところで、近時、国際刑法における刑罰権の設定基準に関し、一定の指標が提起されている。すなわち、「ICC規程は、国内刑罰権とは別に、その外側に新たな刑罰権を創設するもの」[15]という高山佳奈子の主張である。説明の便宜上、これを国内刑罰権とは①別に、②その外側に、③新たな刑罰権、と分けて以下検討する。本主張は、超国家的刑罰権に関する説明である。この主張に従って考察すれば、常設国際刑事裁判所の刑罰権は、国内刑罰権（の譲渡）を前提とするものと解することはできない。譲渡されるべき刑罰権の同質性や刑罰権行使の範囲という観点から考えて、右の国内刑罰権とは①「別に」、[16]②「その外側に」、③「新たな」刑罰権を創設するという、いずれの説明からも、従来の国家刑罰権の一部譲渡を前提とした譲渡説は導き出されない。

　本章第二節四項以降で詳述するように、譲渡説の原点に辿り、これがどのように今に継がれてきたのかという譲渡説の原型に関する系譜を遡って確認し精査すれば、譲渡説からは国家の主権を超える刑罰権を観念することはできない。すなわち、国際刑法における刑罰権は、質的・量的な意味から「国家」刑罰権を超えることはできない、と解すべきであろう。同質の、国家主権を超えない範囲で国際刑事裁判所に刑罰権を譲渡することを基本とするのが譲渡説の原理であることから、超国家的刑罰権論は譲渡説に立脚することはできない。後に詳述するように、勿論これを「例外」と解することもできるが、超国家的刑罰権論があくまで譲渡説に立脚する限り、国際刑事裁判所の刑罰権は、各国の国家主権の中に在る、すなわち、国内刑罰権に限られた範囲内で国際刑事裁判所の刑罰権の発動がなされる、と説明することでのみ論理的な整合性を確保し得ると考える。

この点、ローマ規定第一二条二項における解釈から、本規程は非締約国にもその効果を及ぼす（以下、「新効果」と略称）とされるが、譲渡説からはこの新効果について理論的な説明をすることができない。また、同様に同規程は、第一三条一項（b）で安全保障理事会（以下「安保理」と略称）による付託を認めているが、譲渡説に拠るならばこれについても理論的な説明はできないことが判明する（①譲渡説による本規程の解釈および解釈上の――とりわけローマ規程の原則といわれる補完性原則に関する――問題点と、②譲渡説からは如何なる刑罰権概念が帰結されるかについては、後に検討することとし、先に普遍説を説明する）。

(2) 普遍説

普遍説は、国際刑事裁判所には普遍的な（universal）管轄権が認められ、その結果として刑罰権の行使が許容されるという考え方である。(17) 一般的には、人類に対する犯罪の性質のみから導き出される「全人類あるいは全世界に対する（erga omnes）犯罪」ゆえに、すべての国家による刑罰権の発動が認められると説明される。普遍的管轄権は、一般に犯罪実行地国、被疑者国籍国、被害者国籍国など一切の関連にかかわらず、重大な国際犯罪の罪質に着目し国際刑事裁判所に管轄権が認められるとされるものである。

本概念に指す普遍的の「普遍」の意義については、未だ確立された定義が存在しないことから、汎く多義的に用いられ、本概念に関する定義の不統一性が指摘できる。(18) ベルギー人道法における普遍的管轄権概念に基づく実行の変容にみられるように、むしろ普遍的管轄権に基づく刑事裁判権の行使に際し、何らかの「連結点」ないし「関係性」が要求され、抑止的な実行となってきた点が想起される。[19]

さらに、本概念は裁判管轄権の範囲、特に管轄権の行使条件との関係から論じられてきたものであり、裁判管轄権の次なる論点および実行ステージである刑罰権の発動という視点から検討されてきたものではない。加えて、各典拠によれば、汎く"universal"という文言が用いられるが、これがときの論者や外交団によって、いわゆる「普遍主義」を意味するのか、あるいは「世界主義」と訳されるべきなのか、さらには広義の普遍主義を意味するものなのか、各々の区別基準は何かなどの問題を抱え、極めて不明確である。

ローマ外交会議に先立つ国際刑事裁判所設立準備委員会で提起されたドイツ提案は、広義の普遍説に立っていたといわれている。さらにローマ外交会議では、本規定第一二条に関し――ニュルンベルグ原則およびジェノサイド条約の趣旨から――韓国提案、ドイツ提案等が普遍説に依拠し、すべての国家が重大な国際犯罪を首謀した個人に対して処罰の義務を負う。また、本概念に基づき非締約国への効力、すなわち、新効果を認めるという見解が提起されていた。[20・21・22]

普遍説を刑罰権の淵源という観点から捉えてみると、その趣旨は、刑罰権行使の拡大化を図ったものであるとも説明され得るが、それは①国際刑事裁判所自体が普遍的管轄権を有するものなのか、または②各国の国内裁判所がローマ規程の列挙犯罪に対し普遍的管轄権を有し、その結果として刑罰権の発動が予定されているものか、あるいは③国際および国内裁判所の両者がこれを有するのか、諸説が考えられ、これらが多義的に用いられている。

そして、普遍説に基づき国際刑事裁判所において刑罰権が行使されるという考えに基づけば、右①の通り、国際刑事裁判所が本概念に基づきローマ規程の対象犯罪について刑罰権を有するという解釈も成立し得ることとなり、以下で明らかにする固有説に接近するものと思われる。他方、②国内裁判所が普遍的な刑罰権を有する場合においては、これが国際刑事裁判所に譲渡される場合もある、と考えることができる。さらに右③の場合、すなわち国際および国内裁判所の両方がこれを有する場合も考えられるが、この場合、両者は如何なる関係に立つのか。

このように普遍説については、その趣旨は理解され易いものの、その概念ないし定義の明確性が求められる刑罰権について、そもそもどこから生じてくるものなのか判明しないなど、幾つかの重大な問題を抱えており[23]、理論的な検討がさらに必要となってくるのである[24]。

(3) 固有説

固有説は、刑罰権の源泉に関しては明快な説明を加え得るものである。本説は、国際刑事裁判所が行使する刑罰権について、国際刑事裁判所がこれを固有に有するという立場である。この立場によれば、刑罰権行使について従来から採られている「国家」を前提とした法の枠組みを必ずしも採らないため、個別国家における国内刑法で採られている罪刑法定主義に関する同一の厳格な解釈に必ずしも拘束されるものではない。また、個別国家の国家刑罰権概念との諸関係も特段の問題として浮上してくるものではない。本書においては、一貫して固有説を主張するものであるが、本説を展開するにあたり、国際刑事裁判所が行使する刑罰権行使の正当性について、固有説からどのような説明がなされていたのか、以下でこれを確認しておくことにする。

固有説は、国際法委員会第四四会期（一九九二年五月四日から七月二四日まで）における特別報告者ドゥドゥ・ティアム（Doudou Thiam, Senegal）の第一〇報告[25]に見出されるが、これはその前年に開催された国際法委員会第四三会期（一九九一年四月二九日から七月一九日まで）において示されていた議論を継ぐものである。そこでは、「人類の平和と安全に対する罪」が、国際社会全体の関心事であり、国際刑事裁判機関創設において個別国家の主権譲渡に依拠することはその創設趣旨とは異なる、という見解が委員から主張されていた。従来から支持されていた譲渡説に対し、固有説は国際社会全体の共通利益、すなわちローマ規程の列挙犯罪である各犯罪の保護法益に着目し、これを重視した立場であると考えることができる。

固有説は多数説ではなく、また国際法委員会でも「国際裁判所と国内裁判所との管轄権の重複を排除するものではないが、（中略）入口の段階でハードルを高くすることとなり、『普遍的な参加』（二重鉤括弧引用者）という国際裁判所が追及（ママ）すべき他の目標を損なうこと[26]」が危惧された。ローマ外交会議での条約採択時においても、この点が懸念されていたと考えられる。

固有説からは、ローマ規程の対象犯罪は国際社会全体の関心事であり、その罪質において「国際社会に固有の法益を侵害するもの[27]」であるため、個別国家の利益にかかわらず、国際刑事裁判所の刑罰権が発動され得る、と説明される[28]。無論、ローマ規程の列挙犯罪であるジェノサイド、人道に対する犯罪、戦争犯罪、侵略犯罪については事実的にいえば、国際社会に対する犯罪と評価され、個別国家においても犯罪として各国の刑法典や特別法において処罰規定が設けられている場合が多くある。

四　検討

固有説は、ローマ規程の列挙犯罪について、（国際社会における処罰意思を結集させた）国際刑事裁判所が固有の管轄権を有し、その行使の結果として刑罰権が行使されるという考え方である。ゆえに、国際刑事裁判所は、個別国家の刑罰権の譲渡を受けてはじめて刑罰権を行使するとの譲渡説における構成の如く、国家刑罰権の譲渡を前提にすることはない。刑罰権の淵源について考察を加える本書においては、国家刑罰権ではない国家とは異なる「機関」の行使する刑罰権、換言すれば、国際刑事裁判「機関」が固有にこれを有する固有説を観念するものである。この点から本章以下では、国際刑事裁判所は国際司法裁判所とは異なり、国連の「下」には置かれない国際裁判所なる「独立」した機関がその刑罰権を固有に有すると解し、以下、この刑罰権を「独立機関刑罰権」と呼ぶことにする[29]。

前述したように髙山は、「ＩＣＣ規程は、国内刑罰権とは別に、その外側に新たな刑罰権を創設するもの」[30]という解釈を展開する。この見解を解説の便宜上、前節と同様にローマ「規程は、①国内刑罰権とは別に、②その外側に、③新たな刑罰権を創設する」と分け、その上で固有説にこれらを当てはめ検討してみると、①から③の「国内刑罰権とは別に、外側に、新たな」刑罰権を創設すると説明するならば、固有説と同様に考えられることになる。固有説との間に理論的な矛盾はないように思われる。

しかし、固有説からは、なぜ国際刑事裁判所は固有の刑罰権を持つのか、また国際社会に固有の法益とは何かについて、理論的な説明が求められよう[31]。前者については、国際社会に事実的に個人処罰観が生長してきたゆえに、一般に慣習国際法に拠るとの説明が加えられる[32]。後者については、「国際社会の法益は『観念的には』（二重鉤括弧引用者）当然に国家社会の内国法益でもある」[33]という説明が加えられるが、この観念的法益論からの説明には限界がある[34]。すなわち、物理的強制力をもって「人」の権利を制限する刑法においては、具体的な法益が表象され、なお且つ、個別的事態（国内刑事法に指す「事件」）について、（刑法の本来的趣旨に立脚すれば）基本的に（侵害犯において）は、当該法益が侵害されたという具体的な法益侵害をもって論じられるべきであり、観念的法益論をもっては、具体的な科刑請求には至らないものと考える（但し、本書においては同篇第八章第二節二項で論じるように、核を含む特定兵器の実験および使用についてはいうまでもなく、さらにその保有に関しては、今後、速やかに危殆犯罪として認められるべき必要があることを予め付言する）。

右に検討してきたように、刑罰権行使の正当性という観点からは、固有説は極めて明快であるように思われる。とはいえ、その源泉に関する説明においては抽象性を否めない。この固有説を国際社会における刑罰との関係で、ひいては国際刑法との関連性において、どのように考えるのか、またその理論を如何に構築するのかという問題が存在する。わけても、なぜ国際刑事裁判機関は、固有の刑罰権を有するのか。この問題に関する本格的な先行研究はみられない。国際刑法の源泉について、これまでは慣習国際法に依拠する以外に説明はなされてこなかった。無論、刑罰権行使の正当性についても、その法理論的構築が試みられてきたわけではない。

そこで、右の諸説を踏まえ、刑罰権創設に関する法理論的な構築に向け、いずれの説からどのような刑罰権概念が帰結されるのか、以下検討する。なお、本章は本書の基礎を成すものであり、国際刑罰権がどこから、どのように導かれるのかについて焦点を当てるものである。本章における検討は、最終的には終章となる第一篇第一〇章の「国際刑法理論の構築」へと向かうものであり、そのための第一段階と位置づけられるものであることを付言する。

第二節　理論的帰結の検証

一　現状

譲渡説と固有説は異なる概念であるため、必ずしも対立ないし排斥し合うものではないが、両者を同時に採ることは難しいと考える。ローマ規程の草案から採択に至る過程の事実経緯を正確に論じれば、前述したように国際法委員会の諸議論の中で、あるいは外交交渉の過程では、ジェノサイドのみについて固有説を認め、他の犯罪については譲渡説を採るという見解もみられた。

しかし、各犯罪別に譲渡説を採るまたは固有説に拠るというような犯罪別に異なる説に立脚することを認めることは、国際刑事裁判所の審理制度を複雑化させることとなる。結果としてローマ規程の実効性、すなわち刑罰権の行使の実現を阻むことになる。このような観点から、国際刑事裁判の意義が低下することが危惧されていた。国際刑事裁判所が行使する刑罰権の源泉については、本章第一節に示した国際法委員会やローマ外交会議のみならず、本会議に至るまで同裁判所設立準備委員会がたびたび開かれ、そこでさまざまな議論が重ねられていた。このような経緯を経て、譲渡説が多数に支持される中、国際刑事裁判所は各国の国内刑事裁判所を補完する、という補完性原則をもってローマ規程は採択されたのである。

このような沿革を踏んでローマ規程をもって創設されることになった国際社会の刑罰権について、現在我が国ではどのように説明されているのであろうか。既述したように（重大な国際犯罪を首謀した個人に対する刑罰権の行使について）多くの論者は、国際刑法における刑罰権の源泉を慣習国際法に求めている(35)。ローマ規程が列挙する犯罪に関しては「慣習国際法上の犯罪」と位置づけ(36)、これに該当する国際犯罪について「（第二次世界大戦後の軍事法廷、旧ユーゴスラヴィア国際刑事法廷〔ＩＣＴＹ〕およびルワンダ国際刑事法廷〔ＩＣＴＲ〕、そして）ＩＣＣが、いずれも『超』（二重鉤括弧引用者、以下同）国家『的な』刑罰権を創設している」(37)と説明する。国際刑事裁判所が行使する刑罰権について超国家的刑罰権と捉え、または同「機関」を「超」国家「的」裁判所と位置づけあるいは説明するのである。すなわち、「中核犯罪のように、暫定か常設かを問わず、超国家的裁判所にて処罰する犯罪類型（中略）が存在する。しかしながら、この場合には『補完性の原則』と呼ばれる一種の『例外』（二重鉤括弧引用者）も認められていて、例えば、中核犯罪が国内裁判所にて裁かれる場合には、超国家的裁判所での裁判は不要になる」(38)と主張する。

だが、国際刑事裁判所の刑罰権に関し、これを超国家的裁判所による刑罰権を観念する限り、補完性原則は「例外」ではなく「原則」と位置づけられるべきなのではなかろうか。国際刑罰権に関し、論理の一貫性が保持されないまま、いわゆる超国家的裁判所ないし超国家的刑罰権が汎用されているように思われる。固有説はこの点、必ずしも補完性を原則とするものでは（なく、またこれを排除するものでも）ない(39)。本書の考察においては、国際刑事裁判所が「暫定か常設か（を問わず、超国家的裁判所にて処罰する）」それ自体が、重要な要素となるのである。

いずれにしても、多数の論者が主張する「超国家的刑罰権なる刑罰権の行使が認められる」との説明に問題を限定しても、そこには、①刑罰権がなぜ、②どのように「超」なのか、または③「超」の源泉はどこに求められ、④「超」国家的にいう「的」とはどのように「的」なのか、⑤超国家刑罰権と超国家「的」刑罰権との相違はどこに求められるのか。すなわち、国際刑罰権の基礎――⑥国家なのか、⑦国家「的」なのか――という重大な問題に関しまったくといっても過言でない程論じていない。よって、超国家的刑罰権論に賛与することについては躊躇せざるを得ない。

二　超国家的刑罰権説

右に示した例のように、国際刑事裁判所が行使する刑罰権に関しては、超国家的刑罰権ということで説明されることが多い。国際的な刑罰権について、高山佳奈子は「超国家的な（supranational）レベルで犯罪と考えられているものをその内容とする」(40)という。この見解は、平和に対する罪（侵略犯罪）、戦争犯罪、人道に対する犯罪、ジェノサイドのような慣習国際法上犯罪とされるものや、海賊、ハイジャック、薬物犯罪、奴隷・人身売買、テロリズム、マネーロングリング、人権に対する罪、通貨偽造、環境犯罪、文化財の侵害など、国際条約によって人類全体の利益にかかわる罪として位置づけられるものが含まれるとされることが多い(41)」。国家刑罰権が充分機能しない場合、「ＩＣＣのように、通常の刑事法の枠を超えた超国家的刑罰権が必要だといわれる(42)」。国家が刑罰権を行使しない場合、超国家的刑罰権の導入が論じられる。国家刑罰権には限界があるため、「超国家的な刑罰権を想定しなければならない場合が出てくる(43)」とするものである。右の見解は、自らの立場、すなわち、超国家的刑罰権の創設による処罰の拡張については懐疑的にならざるを得ない(44)、さまざまな限界がある(45)ことを指摘し、そのため超国家的刑罰権に過度の期待を寄せることはできない(46)という。ところが、最終的に所論は「これらの点を考慮してもなお、問題となる事態について刑罰権を有効に行使しうる国が全く存在しない場合は事実として発生するのであり、そこでは超国家的刑罰権の発動を求めるほかない」[47]という（説明の便宜上、この立場を「超国家的刑罰権説」と呼ぶ）。

超国家的刑罰権説においては、国際刑事裁判所が行使する刑罰権に関し、一般に汎用されまた指称される、いわゆる「超」国家的刑罰権に基づくもの、また同裁判所の位置づけに関しては、「超」国家的裁判所ないし「超」国家的機関あるいは「超」国家的制度と主張している。右の超国家的刑罰権概念を基礎とすれば、どのような刑法の理論化が図れるのであろうか。

これらの見解は、国家以外の機関に事実として刑罰権を認めることを主張する説である。国家以外の機関に刑罰権を認めるため、すなわち必要性から超国家的刑罰権といった主張を展開する。ゆえに、同じく「超国家的」と主張する論者相互において、超国家の意味が統一的ではなく、しばしば異なった意味で使用されている。したがって、超国家とは、単に国家以外の機関という意味に解するしか方法はなく、主張者もその意味で使用していると考えられる。だが、右に示したように超国家的刑罰権説は、諸種の問題や懐疑を有しつつも、結局のところ必要性をもって「超」という説明を行い、国際刑事裁判所の刑罰権を創設するというものである。基本的に国家刑罰権が基礎とされるが、それが充分機能しない場合、事実として超国家的刑罰権ないし超国家的刑事裁判機関を認める。すなわち、刑法の適用の問題他、多種の問題はあるものの、結局のところ必要性の見地から「超」国家的刑罰権をもって、すべてを説明するものである。

この立場はいずれも、本篇本章第一節に示してきた国際法委員会やローマ外交会議の準備委員会でなされた議論を特段考慮するものではなく、あくまで現実的な必要性から刑罰権を事実上創設する考え方によるものである。そして何よりも、超国家的刑罰権概念を主張する各論者において当該「超」の概念自体が積極的に明らかにされているわけではない。この点を所論の如く「超国家的な（supranational）レベルで犯罪と考えられているもの」と説明を行う論者もいるが、この主張において、すなわち「超」国家刑罰権の説明において、「超」国家「的」な「レベル」

で犯罪と「考えられているもの」、という説明は具体的な内容を特定するものではなく説得力に欠けるものではなかろうか。各論者によって概念の内容が異なっている場合が存在しており、したがって「超国家的刑罰権」概念は、具体的な内容が不明なものとして存在するものといわざるを得ない。国際刑罰権の基礎づけについて、このような曖昧かつ不明確な説明を用い、さらには単なる必要性によって刑罰権を捉えその創設を承認することのみによっては、「刑法の理論化」は図れないと考える。

三　仮説

重大な国際犯罪、すなわち、本書の考察対象であるローマ規程の列挙犯罪を首謀した個人に対する刑罰権の源泉について、これを慣習国際法に求めながら、譲渡説と固有説を分かつものは何か。もとより、このような問題が提起されてきたわけではない。

しかし、「超」国家的刑罰権という概念を認めるか否か、これが両説の結論に影響してくるように思われる。すなわち、国家と国際刑事裁判機関の位置づけに関する問題に「超」国家「的」刑罰権問題が直結すると考える。一見する限り個別の議論のように考えられる刑罰権創設の根拠に関する問題、すなわち、国際刑法における刑罰権の源泉に関する考察は、他方で、譲渡説か固有説か、いずれの説に拠るべきかという問題への検討のみならず、先に指摘したローマ「規程の構造的矛盾」の理論的解決へと連動するものであると思われる。

国際刑事裁判所が発動する刑罰権を「超」国家的刑罰権と考えるのか＝「超国家的刑罰権論」、あるいは、国家から独立の「機関」がこれを行使する刑罰権＝「独立機関刑罰権論」と考えるかという問題について、前者、すなわち「超」国家的刑罰権を主張する立場からは、国家刑罰権の譲渡を前提とする譲渡説は（「例外」と位置づけられない以上、これが）理論上導き出されない、という仮説が本節に設定される。

このような仮設を設定した上で、本節は多数説である譲渡説と汎用される超国家的刑罰権説という観点からこれが整合的に帰結されるのか否かという検証を試みるものである。本章は、必要性から事実として認められる超国家的刑罰権概念ではなく、国際法委員会やローマ外交会議を含む国際刑事裁判所設立準備委員会等で展開されてきた国際刑罰権の源泉に関する考え方のうち、主に譲渡説および固有説という、前世紀から国際社会の処罰意思を反映していた刑罰権概念を基礎として、それがどのような考え方に拠って、如何なる刑罰権概念が帰結されるのか、または導出されないのかを解明することに最終的な目標を設定している。この検討の中で、超国家的刑罰権概念が、右のいずれの説から国際刑事裁判所が行使する刑罰権概念として正当化されるのか否かについて、付随的論点として併せて解明していきたい。以下、検討を加えていく。

本章においてローマ規程は、固有説を採って「①国内刑罰権とは別の、②その外側に、③新たな刑罰権を創設する」[48]ものと説明され得るものと考える。他方、譲渡説に立脚するならば、個別国家の刑罰権を前提にせざるを得ないため、そもそも国家または国家が有する刑罰権を超えるという意味での（一般に指称される）⑴超国家的裁判所は創設することができず、また、⑵国家が有する刑罰権を超える刑罰権は観念することはできない。そうであるなら、ローマ外交会議を含む国際刑事裁判所設立準備会議等で多数支持された譲渡説からは、（国家刑罰権を超えるという意味での）「超」国家的刑罰権概念を導くことはできない。

いうまでもなくこの場合、「超」の意義を「例外ないし国家ではない」と解することもできる。しかしながら、もしそうであるなら、先ずもって、その基礎が明確に示されて、すなわち、その中核となるべき対象が明らかにされ、続いてその「例外」と認められるのはなぜか、また、その例外はどのような場合「どのように」認められるのか、説明されなければならないと考える。

本章は、超国家的刑罰権説を主張する場合、刑法学上の理論に立脚すれば、「超」国家的裁判所または「超」国家的刑罰権にいう「超」が、(1)（具体的に）如何なる意義において用いられ、(2)それが如何なる理論によって、(3)どのように導かれ、(4)どのような場合に、(5)どれだけ「超」なのか、また「超」をもって「例外ないし国家ではない」と解するのであるなら、(6)なにゆえに「例外ないし国家ではない」とされるべきなのか、これら諸問題について明らかにされる必要があると考える。

使用する「超」の、①意義[49]も、②範囲も、③根拠も漠然としたまま、これを国際刑罰権の行使を基礎づける簡便な法的文言として汎用していることについて、不可解といわざるを得ない。加えて、「超国家的」として用いられる「的」とは、どのように「的」なのか、またはこれを「国家のように」あるいは「国家のような」と解するならば、それは「的」ではなく「国家」と全く同じ内容であると思われる。仮に、両者が相違するなら、その「異なり様」が明らかにされるべきであるが、曖昧性は払拭し得ず一切は不明瞭である。

本章は、右のような問題意識から、上述の仮説を設定し、国際刑法の淵源に関する諸説からは、どのような刑罰権概念が整合されるのか。同時に、「超」国家的刑罰権概念とその拠り所となる、あるいはなる「べき」刑罰権の淵源について、就中、ローマ外交会議で多数に支持された譲渡説からは刑法理論の帰結として如何なる刑罰権概念または国際刑事裁判所（に関する存在意義および目的）が導き出されるのか、または帰結されないのか。この解明を求めて、以下に検討を続ける。なお、本書は一貫して固有説に立脚するものであることを付言する。

四　検証

(1) 問題の所在

国際刑事裁判所について一般に主張されまた指称される、いわゆる「超」国家的裁判所ないし「超」国家的機関、あるいは「超」国家的制度との位置づけは、如何なる説によって理論化し得るのか。

先に挙げた国際刑事裁判所の三つの設立根拠について確認する。第二次世界大戦直後に開かれた、(1)ニュルンベルク国際軍事裁判所および極東国際軍事裁判所は、条例（憲章）によって創られたものである。また、(2)旧ユーゴスラヴィア国際刑事裁判所およびルワンダ国際刑事裁判所は、いずれも国連決議をその設立基盤としている。[50] 他方、(3)常設国際刑事裁判所は、国家間合意である条約をもって創られた国際刑事裁判所である。

(3)の常設国際刑事裁判所については、条約という国家間合意に基づくことから、多くの国の支持を得ることができ、強固な法的基礎が与えられる。しかし、刑事管轄権行使の正当性については、一般に国際刑事裁判所の刑罰権は主権国家が有する刑罰権の一部譲渡によって得られるものと考えられるため、国家の合意原則に関する問題が残ること、批准に多くの時間を要すること、国際犯罪を首謀した個人の関係国が締約国とならない傾向があること、[51] さらにはローマ規程における非締約国への新効果の点で問題があること等が従前から国際法委員会等で指摘されていた。

以上のような設立方法が考えられる中、戦間期のいくつかの国際刑事裁判所設立構想では、国際司法裁判所の刑事裁判部として設立されるべきであるとの主張がなされた。第二次世界大戦後は、むしろ多国間条約により設立されるべきであるという見解が多数になる。[52・53] 多様な観点からの検討が重ねられた結果、条約によって「独立」の常設国際機関が創設可能であろうという判断から、この方式が選択された。同裁判所の法的基盤は、条約＝ローマ規程と考えられることになる。

国際刑事裁判所設立の形式に関する問題は、同機関の法的性格、機関としての位置づけに直接関わる重要な問題である。国際刑事裁判所における刑罰権の創設については、いずれも「超」国家的刑罰権が認められるように思われる。右に確認してきたように、多くの研究者のように、第二次世界大戦後の国際軍事裁判所、旧ユーゴスラヴィア・ルワンダ国際刑事裁判所および常設国際刑事裁判所のいずれも、等しく「超」をもって説明することは可能である。すなわち、一般に国際刑罰権の創設については、右のようにまた後述するように、「超」国家的刑罰権をもって説明しているのである。

しかし、法理論的観点からこれを精察すれば、それぞれの国際刑事裁判所は異なる法的基盤を持つものであり、これらを「超」をもって一様に論じることはできない。論者によって表現する、国際裁判所にかかる「超」の目的、源泉は、異なるものである。一般に指称される「超」の意義から異なり、これを同列で論じることは、あまりにも一絡げな説明と思われる。これら諸問題について、多くの論者において理論的な研究はなされてはいない。多数の研究者が、国際刑事裁判所が行使する刑罰権について、その淵源および行使の正当性に関する自説を検証することなく、**当然に**国際刑事裁判所の刑罰権の創設は**超国家的であり**、同裁判所は**超国家的裁判所であるというひとつのテーゼを前提に論を展開している**といわざるを得ない。国際刑事裁判所が国家との関係で如何に位置づけられるべきなのかという点に関し、これを「超国家的」と把握する以外の考え方があることを本書は指摘しなければならない。

(2)　修正譲渡説

現在、多くの論者によって支持される譲渡説によっては説明できない、①安保理付託（第一三条(b)）や、②新効果（第一二条三項）については、譲渡説の基軸となるべき譲渡行為を引き継ぎつつ、これらを刑法理論との関係において整合的に説明することはできないのであろうか。ローマ外交会議の代表団の多くがまた多数の論者が譲渡説に立脚しており、且つ、ローマ規程が現実的に運用されているにもかかわらず、革新的規定と称される右①②の両者に関しては、未だに理論的に充分な解明がなされてはいない。

本書は一貫して固有説に立脚するものであり、譲渡説に立脚するものではないが、従来から主張され現在も多数の支持を得ている譲渡説の立場にいったん（仮に）立脚し、安保理付託や新効果について合理的な説明を付する道筋への思索を以下に探ってみたい。

国際刑罰権の基礎について、旧来より提示されてきた譲渡概念を維持しつつも、(a)個別国家の刑事司法が機能しない一定の場合に限って、(b)補完的に、(c)国家ではない＝独立「機関」の刑罰権が行使されると説明することも可能であると考えられる。すなわち、安保理付託や新効果の両者を認めつつ、個別国家からの刑罰権の一部譲渡を受けて国際刑事裁判所は刑罰権を有すると考えることができると思われる。安保理付託や新効果の承認を含む国家刑罰権の一部譲渡が行われるという考え方である（説明の便宜上、この立場を、いったん「修正譲渡説」と呼ぶ）。

旧来の譲渡説（以下、これを「旧譲渡説」と呼ぶ）を維持しつつローマ規程の新効果を認める修正譲渡説によれば、補完性原則は「例外」ではなく（譲渡を基本行為としている以上）、まさに「原則」と位置づけられる。構造論的にいえば、修正譲渡説といえども国家刑罰権の譲渡を前提とするのであるから、基本的には国家刑罰権の存在およびその行使が優先され、これが行使されない特別の場合にのみ（修正譲渡説からは新効果についても）補完的に独立「機関」刑罰権が認められるということになる。

再度、確認すれば、（〔修正〕譲渡説も国家刑罰権の譲渡を前提とするため）国内刑罰権が先ず優先され、これが行使されない特別の場合にのみ（修正譲渡説からは新効力についても）補完的に独立した「機関」の刑罰権が認められることになる。その意味で一般に指称される「超国家的刑罰権」は、高山が主張する「①国内刑罰権とは別に、②その外側に、③新たな刑罰権を創設する」ものではなく、「ⓐ国内刑罰権を前提に、ⓑその行使がなされない場合に、ⓒ補完的に（とりわけ新効果については、修正譲渡説に立脚した場合、例外的に）刑罰権を創設する」ものと説明される必要がある。新効果については、修正譲渡説からのみ例外的に導かれ――補完性原則を軸として第一次的に国家刑罰権の発動を予定するものと考えられる。

他方、独立機関刑罰権概念は、固有説から何らの問題なく導かれるものであり、「①国内刑罰権とは別に、②その外側に、③新たな刑罰権を創設する」ものであるといえる。(54) また、固有説からは、（国家刑罰権〔の譲渡〕を前提とする超国家的刑罰権は観念されず）独立「機関」刑罰権それ自体が観念されると考える。

(3) 超国家的刑罰権概念

国際刑法の研究者によって主張される「超国家的刑罰権」は、如何なる根拠によって基礎づけられるのであろうか。超国家刑罰権を発動すると位置づけられる常設国際刑事裁判所は、文字通り超国家的機関なのだろうか。

そこで、真理を探究すべく以下に検討していく。具体的には、汎く論じられている「超」国家的刑罰権の創設、すなわち国際刑法における刑罰権の源泉について、従来から設立準備委員会や代表団によって支持されてきた（国家刑罰権の一部を国際刑事裁判所に譲渡するという）一部譲渡説と固有説それぞれの立場と超国家的刑罰権論が、理論的な整合性を（どのように）図れるのか、あるいは図れないのか、について検証してみたい。

右の検証が求められる必要の理由は、国際刑法における刑罰権の淵源についての考察にあたり、多くの研究者において明確な定義ないし意義づけがなされないまま、「超国家的刑法」、「超国家的刑罰権」、「超国家的適用」「超国家的裁判所」という文言を汎用する傾向にあること。そして、これに関する統一的見解がないままに各論者によってそれが恣意的に用いられる各種の諸問題が惹起されていることに起因する。(55) すなわち、各論者の意味する「超国家的」とは、最大公約数として把握すれば「国家の外に、外側に」と解し得る。そうであるならば、必ずしも「国家に拘束されることなく、国家主権理論とは無関係に、あるいは個別国家の存在を全く離れて」との必要的ないし必然的解釈は導びかれない。国際刑事裁判所は、国家の外側＝国家とは別個に存在する、ことを前提としたものと考えられるためである。

しかしながら、罪刑法定主義を軸として解釈を展開する刑法学にあっては、用いられるべき法概念の意義については可能な限り厳格性が求められる。厳格性は、国内刑法においては当然に求められるものである。国際刑法においても、――その相対性は認められるものの――原理的にそれは妥当する。具体例を挙げてみると、我が国の刑法典において犯罪構成要件として規定されていないジェノサイドや人道に対する犯罪等について、これをどのように国際機関に譲渡するのか、また国際刑事裁判「機関」はどのように国家刑罰権を譲渡されるのか、という問題が両者間に存在する。すなわち、国内刑法典に列挙されていない犯罪に関する刑罰権について、これを如何なる理論によって、犯罪となし刑を科すのかまたはその刑罰権を基礎づけるのか、明らかにされてはいない[56]。このこと自体が問題として提起される必要があると考える。

特に、厳格な罪刑法定主義を採る場合、これらの問題に関する説明が求められると考える。使用または主張される「超」は、「処罰の必要性」から便宜的ないし擬制的に付されるものであってはならず、本書においては、本来刑法理論の中で説明されなければならないと考える。加えるに、右のように解するならば、国際刑事裁判所と国家との関係がどのように捉えられるべきかについて、別途考察を要すると考える。

本章は、事象的ないし必要的結果の説明からではなく、刑罰権の源泉から本概念の理論的整合性を図ろうとするものである。法の解釈上、万能性を有するが如く汎用される「超」国家「的」刑罰権なる概念の多義性およびその内容の希薄性について、本書は、これを明確化する必要があるのではないかという問題意識があり、諸説からの整合的帰結を得ることによって、国際刑罰権の源泉を明らかにしようとするものである。したがって、本考察は、「『超』国家的刑罰権」という文言の適切性の是非のみを指摘し、またこれのみを問うものではない。国際刑法における刑罰権行使の正当性と国際刑法の淵源を探究するにあたり、これまで主張されてきた譲渡説と固有説という考え方において、刑法学という観点から、理論的な法の構築を図る目的の限りにおいて、用いられるべき文言につき、なお①精確性を期するため、ならびに②各刑罰権概念との「法理論的整合性の検証」のために、これに言及するものである。

「『超』国家的刑罰権」という主張は、国際刑罰権に対する各論者の考え方に拠るものであり、本章はこの表現方法ないし使用される文言自体に関し評価を加えるものではない。[57]本書は、国際刑法においても国内刑法と同様に刑法理論が求められること、その刑法理論においては可能な限り明確性が求められることを指摘するものである。以上の目的および視点から、本章は各説から導き出される国際刑罰権概念について、理論的な整合性が図れるか否か、これらの検証をその主な目的とするものである。

(4) 譲渡説の原型

国際刑事裁判所が行使する刑罰権の源泉に関する問題について、これがどのように把握されてきたかについては、(国際刑罰権行使の正当性について、いずれの説に拠った場合であっても) 国際刑事裁判所創設の沿革経緯を辿れば、——国家主権と国際刑事裁判所が行使する刑罰権の関係についての考え方が——より明らかにされる。

国家主権と国際刑事裁判所が行使する刑罰権の関係という重大な問題については、必要性を強調するばかりではなく、先ずは関係委員会で交わされた議論や記録を確認する必要があろう。その沿革を遡って検討してみると、国際刑事管轄委員会によって作成された一九五一年草案と一九五三年草案が、譲渡説に拠っていたことが明らかとなる。両案において、新しく創設される国際刑事裁判所の権限は、国家から国際刑事裁判所に任意的譲渡によって得られるものである旨を明らかにしていた。すなわち、各国の有する国家主権が国際刑事裁判所の源泉であり、国家が有する権限を国際刑事裁判所に譲渡することによって国際刑事裁判所ははじめて刑罰権を有することができるという構成であった。そこでは国家主権が重視され、国際刑事裁判所が行使する刑罰権については、各国の主権（刑

罰権）の譲渡を前提としていたのである。(58)

国際刑事裁判所設立に向けての議論は、次の段階で棚上げを余儀なくされた。すなわち、時代は冷戦へと突入し、国際刑罰権の正当性に関する問題への糸口を見出す作業は、その再開に至る一九八二年以降まで中断されることになった。その後、国際法委員会は、再び国際刑事裁判所の創設を目指して第四五会期（一九九三年五月三日から七月二三日まで）を開催した。本会期では特別報告者を同じくティアムとした第一一報告(59)を基礎に、国際刑事裁判所の管轄権に関して審議が続けられた。(60)これまでの国際法委員会で示されてきた国際刑事裁判所の（管轄権行使の結果として発動される）刑罰権に関する案が譲渡説に立っていたこと(61)から、本会期で提示された案も基本的に譲渡説に拠ったものと考えられる。

そのような中で、一九九三年のワーキング・グループ案(62)は、譲渡説に立ちつつも国際刑事裁判所における属地的管轄権における刑罰権概念の縮小化という欠点を克服する形で、当時台頭していた普遍説を容れながら管轄権およびそれに引き続く刑罰権の拡大を図ったのである。稲角光恵によれば、一九九三年案は国際刑事裁判所の管轄権について普遍説を採ったはじめての案であったという。(63)譲渡説を継ぎつつ、従来の国家刑罰権発動の原則である属地主義に限定されない普遍説が、本案で提示されることになった。

普遍説は、刑罰権行使の正当性ないし淵源について、既述したように確たる定義も明示されず、多義的であり抽象性を排除できないため（本章は、これに対する詳細な検討を目的とはしない）詳述は避ける。ただ、普遍説で評価されるべき点は、各国の国内刑事裁判所あるいは国際刑事裁判所においては「条約または慣習国際法」に基づき、刑罰権の行使が汎く認められていることである。なお、第四五会期案ではジェノサイド条約の中に設置が予定される国際刑事裁判所に関し、譲渡説は採らないという見解が示された点について、稲角はこれが注視されるべきであると(64)いう。換言すれば、ジェノサイドについては譲渡説を採らないということであり、本罪については、固有説が採用されるということが明らかになった。一九九三年案は譲渡説を基礎としつつも、他面で普遍説を認めながら、さらにジェノサイドに限定して固有説を採ったのである。[65] だが、犯罪類型ごとに刑罰権の基礎を変えることになる考え方を採用することは、結果として各犯罪によって刑罰の正当性に関する異解を容れることとなり、また具体的な対応を欠くことになることが危惧された。このような方法を採用することについては、国際刑事裁判所の審理制度を複雑化させることになるということが懸念されたのである。

続く、国際法委員会第四六会期（一九九四年五月二日から七月二二日まで）におけるワーキング・グループの審議[66]は、議長をジェームズ・クロフォード（James Crawford, Australia）として前会期ワーキング・グループが作成したA/48/10Annexを中心に進められた。本会期では国際刑事裁判機関が採るべき管轄権の方法として多様な手法が示された。他方で、一九九四年案も一九九三年案に引き続き、ジェノサイドについては、"inherent"なものとして締約国は条約の加入により当然にこの概念を受諾するものとされた。[67・68]

稲角によれば、本会期において特筆されるべきは、国際刑事裁判所設立に関するワーキング・グループが、前回の第四五会期まで使用していた（〔一般的には〕上位者から下位者へ授ける〔ないし付与する〕）"confer"の中に、（〔一般的には〕権利等について他人・他国に譲渡する）"ceded"という文言が散見される点であるという。[69・70・71] 国際法委員会第四五会期以前においては、国家は（むしろ国際刑事裁判所に対し優位的地位を維持するものであって）本来国家が有する主権の一部を国際刑事裁判機関に付与するないし譲渡するという認識であった。この点、続く第四六会期以降も、"confer"という文言が多数用いられ、その基本的な流れに特段の変化はみられない。[72]

国際刑罰権の行使の正当性およびその源泉については、個別国家からの譲渡によって認めるという見解がローマ外交会議に至る各設立準備委員会等でも示されていた。これは、（何よりも現在の国際社会において）多く譲渡説が採られていること、そして現行ローマ規程に補完性原則が採られていることもそれを証左するものであると考えることができる。

第三節　刑罰権国家独占原則——その相対性——

一　独立機関の刑罰権

国際法委員会他、国際刑事裁判所設立に向けた準備会等での草案の経緯を辿りこれを確認すれば、譲渡説が支持されてきたことが明らかになる。譲渡説によれば、国際機関としての国際刑事裁判所は、国家（主権）を超越する「超」国家的機関ないし「超」国家的制度とは位置づけられることは「ない」。国際刑事裁判所が超国家的機関で「ない」[73]以上、ここでの刑罰権が「超」国家的刑罰権であるとの理論は導かれない（本節に「超」とは、単に国家とは無関係に、国家とは別個に、という意味に捉える）。但し、後述するように、右の「超」の意義を国家刑罰権の「例外」と把捉する見解もあろう。

しかし、このような「例外」と解するならば、なぜ例外とされるか、その「例外」は、国家刑罰権の「例外」としての国際刑罰権を認めるというものであるのか、または国家刑罰権の延長としての「例外」なのか、あるいはまた国家刑罰権「行使」の例外的な行使としてこれを認めるのであろうか。

「超」国家的刑罰権を論じる多くの論者は、これらに関して一切の説明なく、その「超」概念を使用している。すなわち、この重大な問題を正面から取り上げることのないのが国際刑法学の現状である。ゆえに、この「超」国家「的」刑罰権（行使）の意義については、統一的見解はみられず、またその解明さえ「求められてもいない」という状況に、現在がある。国際刑罰権は、当然の如く「超」国家的刑罰権である、との潜在または無自覚のもとに、理論的検証を経ることなく、観念的に国際刑法を論じているのである。本書は物理的強制力を伴う刑罰権については、潜在的把握または観念的でなく、また事実ないし結果としての「超」国家刑罰権ないし超国家「的」刑罰権ではなく、論理的な説明がなされるべきものと考える。

他方、固有説はどうか。国際刑事裁判所が行使する刑罰権は、国家からの譲渡によるものではなく、国際社会の処罰意思を結集して創設された（国際社会がこれを有し）国際機関がこれを固有に有するものと考える刑罰権概念、すなわち、固有説は、独立「機関」が刑罰権を自ら独立的に有するものであり、且つ、それを自立して行使する（執行力の問題については別途、後に論じる）という立場である。したがって、創設された独立機関においては、補完性原則は絶対的原則ではない。いうまでもなく国際刑罰権が（国家刑罰権より優先して）独自に行使されるという理解が可能となるのである。

ローマ外交会議に先立った同裁判所設立準備委員会に引き続く本外交会議では、譲渡説、固有説という主要な考え方について、議論が重ねられた。このような経緯を経て、現行ローマ規程は、国際刑事裁判所の刑罰権と個別国家の刑罰権とでは、国家刑罰権が優先されるという枠組みを創り、これによって多くの国家の賛同を集め、補完性原則を採るに至った。換言すれば、国際社会における刑罰権に関しては、各主権国家の刑罰権が重視され、これが優先されることになったのである。

本章において、次のような考察をさらに重ねれば、刑罰権概念はより明らかにされる。すなわち、（後に詳述する、旧・修正、いずれの）譲渡説に拠るのか、固有説を採るのか、他の考え方に拠るのか、国際刑法における刑罰権の淵源を何に求めるのかに関する探究である。国際「刑法の根底にあるもの」(74)についての検討を加えれば、結論は自明のものとなる。

国際刑法における刑罰権の淵源に関する考察は、最も重要な問題でありながらその検討は放置されてきた。原因は、どこにあったのか。国家刑罰権が充分機能しない場合、超国家的刑罰権が必要である、各国の国家刑罰権を「拡張し」国内刑事法の越境的適用で対処することも考えられるがこれには限界があるため、「超」国家的刑罰権の発動を求めるほかない、[75] といったいわば事実的ないし現象的必要性の観点から国際刑事裁判に関する問題が捉えられ考察の対象とされてきたのである。

国際刑法の本質および淵源への探究は、なされてこなかった。わけても国際「刑法」学からの法理論的な考察がなされてこなかったことが指摘されなければならない。[76]

二　理論的整合性の検討

(1) 譲渡説が抱える矛盾

後に詳述するローマ規程の「構造的矛盾」[77] に関する問題について、如何なる理論的展開をなすべきか。本章における理論的展開は、国際刑法における刑罰権の源泉について、具体的な問題を提起すべく以下に考察を行う。

前述したように、ローマ規程第五条以下に列挙された対象犯罪について、国家ではない国際機関（＝独立機関刑罰権）がこれを発動することに関しては、国際的承認が得られておりそこに異論を挟む余地はない。[78] 国際刑法の法定立における形態は条約という形式をとるものの、その法規範は慣習法に依拠したものであること、国際社会の構成員――人類――の平和的共存を目的とするものであること、重大な国際犯罪を導いた首謀者に対する、国家機関ではない「独立機関の刑罰権行使を認める」国際社会の承認であること、と考えられる。すなわち、ローマ規程の列挙犯罪に関しては、前世紀より国際社会の規範に関する発展過程の中で生長し確立されてきた、また確立されるべき個人に対する刑罰権行使の国際社会の「意思を実定法化」するという歴史的営為であったと考えられる。そうであるならば、この実定法化において採られた法の形態は、条約という国家間合意に求められるが、その実体ないし内実は（補完性原則を採ったことにより、従来から認められている国家刑罰権を確認しつつも）新たな「独立機関による物理的強制力を伴う刑罰権の発動」に関する一般承認ないし確認であったといえる。

物理的効力を伴う刑罰権の発動に関しては、ローマ外交会議では、本会議に至る以前に重ねられていた国際刑事裁判所設立準備委員会や国際法委員会で多数の支持を集めていた譲渡説が採られていた(79)。以上のような背景のもとに、多数の支持を集めた譲渡説を基礎としてローマ規程が採択されたのである。譲渡説に立脚する限り、国内刑罰権が前提となるとはこのような意味である。

しかし、この立場には、本規程の特徴的規定とされる安保理付託や新効果について、これらを理論的に説明できないという致命的な欠陥がある。そこで、以下では、革新的特徴といわれる新効果について検討を加える。すなわち、非締約国にもその効果が及ぶ本規程第一二条二項（以下、「新効果」という）に焦点を絞り考察することにする。

(2) 修正譲渡説再考

前述したように、国家刑罰権の一部を国際刑事裁判所に譲渡することを前提にその刑罰権行使を国際刑事裁判所に認める譲渡説からは、譲渡された限りで国際刑事裁判所の刑罰権行使が認められる。よって、譲渡説からは非締約国に対する新効果を導き出し得ない(80)。そこで、本章においては、旧来より提示されてきた（「旧譲渡説」という）譲渡行為を認めつつ、これに修正を加えてみたい（以下、「修正譲渡説」という）。

この点、修正譲渡説は、どうか。修正譲渡説によれば、（補完性原則を基軸としつつも）新効力について、規範の客観性にそれが認められる。先に指摘したように、革新的効力と称される新効力について、以下の説明をなすことができる。すなわち、新効果を全く新しく生じる効果、換言すれば、「有（新効果）」を生じる「有（新効果）」として認めた上での譲渡という構成をもって説明を行うものである。譲渡説を承継しつつ、先に触れたように、国際刑事裁判所は国家刑罰権の（新効果規定の承認を含む一部）譲渡を俟ってこれを行使すると考える修正譲渡説からは、補完性原則を整合的に説明し得ることになる。修正譲渡説によるならば、独立刑事裁判機関による刑罰権は、関係国家の国内司法機関が機能しない一定の場合にのみ発動されるという補完性原則（前文、第一条、第一七条）を軸としながら、（その例外として、または旧譲渡説を修正し）ローマ規程の新効果については「①国内刑罰権とは別に、②その外側に、③新たな刑罰権を創設する」という考え方が可能なように思われる。本書は、固有説を採るものであり修正譲渡説に立脚するものではないが、本章が提示する修正譲渡説は、補完性原則を維持しつつ、譲渡された刑罰権の一部の中に新効果を認めるという構成になる。これによれば、ローマ規程の革新的効力と称される新効果について、独立機関による刑罰権が観念されるという説明をなし得ると考える。(81)

他方、この立場によれば罪刑法定主義はどのように解されるのか。旧譲渡説と修正譲渡説を合わせた（非固有）説は、国家が国家刑罰権の一部を国際刑事裁判所に譲渡するという立場であるから、ローマ規程における罪刑法定主義は、国内刑法における解釈をもって説明が可能である。国際刑法における罪刑法定主義は同規程の原理といわれる補完性原則に矛盾なく整合し得ることになろう。

しかしながら、旧譲渡説と修正譲渡説とを合せた（非固有）説を採った場合には、（例えば、我が国のように、ジェノサイドや人道に対する犯罪、侵略犯罪などにつき、具体的な個別規定を欠く）国内刑法上具体的な構成要件を欠く行為について、――但し、国際刑事裁判所の事項的管轄権の行使のための要件を充足させた場合、国際刑事裁判所が関係国家の不訴追や不処罰を要件として関与する余地も生じる――この場合、国際刑事裁判所である独立機関の刑罰権行使を是認することに関し、論理的な説明が困難となる。厳格な罪刑法定主義からは整合的な説明を付し得ないことが判明する。

(3) 修正譲渡説再々考

厳格な罪刑法定主義という観点から、刑罰権を巡る諸問題について整合的に説明できない譲渡説における理論的な閉鎖性に対し、修正譲渡説では何らかの解釈への可能性の余地を見出し得るであろうか。本章は、修正譲渡説に立脚するものではないが、その可能性を思索すべく、ここで修正譲渡説について再度検討することにしたい。

修正譲渡説によれば、(補完性原則を基軸としつつも) 新効果について、ローマ規程に規範の客観性が認められる。先に指摘したように、革新的効力と称される新効果について、以下の説明を行うことができる。すなわち、「有 (新効果)」を生じる「有 (新効果)」として認めた上での譲渡という構成である。

この説明によれば、新効果は (主権国家の一部譲渡を前提としない) ア・プリオリなものとして認められるものの、それは本来「在る」ものと考えられる、ローマ規程の受諾、すなわち加入のみによって生じるものと考えられる。他方、本条約に不受諾または未加入である場合＝非締約国に対しても新効果が及ぶというローマ規程上の同一効果という観点からは、結果において相違がない。つまり、条約によるローマ規程の創設という法定立における形式以前の実体問題において「新効果」を「新効果」として認めながらも、(「無」から「有」は、創り出せないという (譲渡説自体が国家刑罰権の)) 譲渡を前提にしているという点で、(旧譲渡説と) 同じく解決の可能性を閉ざしていることが明らかになる。

(4) 非締約国に対する管轄権行使の正当性

非締約国に対する新効果について、その根拠を締約「国」の意思に求める見解もある。[82] もちろん、このような解釈は充分に成立し得る。この考え方によれば、国際刑事裁判所の創設においてもまた具体的審理においても「国家の同意」をその基礎としなければならない点が強調される。

しかし、当該「国家の同意」が得られない非締約国に所在する、重大な国際犯罪を首謀した個人に対する新効果について、非締約国に対する新効果を認めることに同意した締約「国」に、国際刑事裁判所の刑罰権行使の正当性を認めることは、理論的な解決に繋がらないと考える。

そこで、旧・修正を含む譲渡説では、ローマ規程の新効果について、これを理論的に説明できないことから、国連憲章第二五条を根拠とすることの可否が検討されることになるであろう。すなわち、憲章第二五条は「国際連合加盟国は、安全保障理事会の決定をこの憲章に従って受諾し且つ履行することに同意する」と規定する。本条に基づく安保理の権限は、当該決定に関する賛成国のみならず、反対国、さらには当該決定に関与しなかった安保理非加盟国にも効力を及ぼす強制的な拘束力が認められる。これは、国連加盟国が「第二五条を含む国連憲章」の受諾にあたり、「事前に」安保理決定に拘束されることに同意することを意味するものである。すなわち、国家は当該同意をア・プリオリなものとして認めていることになる。

しかしながら、右国連憲章第二五条を補助的根拠として用いることが認められ得るとしても、「人」に対し物理的強制力を伴う刑罰権の行使に関する正当性を国連憲章に求めることは極力避けるべきと考える。その理由は、国連（憲章）と国際刑事裁判機関の目的、役割、機能が異なるためである。無論、国際刑事裁判機関はその設立根拠となるローマ規程自体に国連との関係が定められている（前文、第一三条(b)、第一六条、第五三条二項、第八七条七項）。だが、国際刑事裁判機関は（国連と一定の関係を保ちつつも）敢えて国連の「下」には置かれない「独立」した裁判機関と位置づけられている。国際平和および安全を維持することを目的とはしているものの、ローマ規程の特徴的規定といわれる新効果について、この正当性を（政治的契機を有する）国連憲章に求めることは、必ずしも妥当ではないと考える。

このような前提的な考察を踏え、再び本規程の新効果について検討すれば、譲渡説によっては新効果は整合的な説明を行うことができず、ローマ規程自体の中に新効果についての正当性を求めざるを得ないことが明らかとなろう。すなわち、新効果の根拠は、ローマ規程第一二条二項自体によって認められるということになる。このことは、ローマ規程の締約国になっていると否とにかかわらず、本規程の対象犯罪を首謀した非締約国の指導者個人についても、強制力を伴う効力が及ぶことを意味する。よって、ローマ規程の加入国は「第一二条を含む規程」の受諾にあたり、「事前に」新効力に拘束されることに包括的に同意したことを意味するものと解することが妥当と思われる。この見解に基づけば、国家は、当該効果をア・プリオリなものとして認めていることになろう。このような考えによるならば、修正譲渡説には整合的な説明の可能性が視えてくる。

国家が「事前に」新効力に拘束されることに同意すること、つまり新効力をア・プリオリなものとして（少なくとも、当該国家のローマ規程への加入以前に、締約後は新効果を含むローマ規程に拘束されることを）認める。新効力をア・プリオリなものとして認めるならば、（客観的には）ローマ規程への加入と同時に（他方で、固有説からは個別国家の加入時ではなく、ローマ規程の〔採択または〕発効に既に）それは「在る」ものとして観念され、第一二条に関しては国家主権の（別途追加的な）譲渡は必要的前提とはならない。新効力がア・プリオリなものとして認められるがゆえに、ローマ規程の特徴的規定である第一二条は、国家間合意である条約から生じる合意効力において、その「構造的矛盾」が指摘されることになる。

本節においては、国際刑事裁判所が行使する刑罰権行使の正当性およびその源泉について、理論的に説明し得ない譲渡説に修正を加えその整合性を検討した。それでもなお、刑罰権を譲渡するという基本行為を踏える限り、当該行為を客観的に精察すれば、「無」から「有」を生じさせることはできない。ローマ規程に加入しない（非締約国に対する）場合にも新効力がなぜ生じるのか。譲渡説は新効力について、これを説明できないといった理論上の問題を抱えている。——たとえ修正譲渡説に拠った場合であっても——これを理論的に説明できないことが本節に検証される。無論、新効果がア・プリオリなものの対象でないなら、新効果は譲渡によって説明され得ることは当然であるが、あくまで譲渡である限り「無」を譲渡の対象とすることはできないという明確な理由により、問題は解決しない。

譲渡説を採った場合、ローマ規程の非締約国においては、本来ローマ規程に対し何ら義務は生じない。だが、譲渡説に基づく理論構成の場合でも現行ローマ規程上、非締約国に対し新効果が認められているのである。(旧譲渡説・修正譲渡説を含む) 譲渡説、すなわち固有説以外の説を採った場合、ローマ規程の締約国になれば補完性原則によって国内刑罰権が優先され、他方、譲渡せずに非締約国にとどまるならば国際刑罰権が先行的に行使される、という構成である。譲渡すれば、関係国家の刑罰権が一次的に行使され二次的に国際刑罰権が行使される。譲渡しない場合には、国際刑罰権が一次的に予定されると表現することもできる。(旧・修正を含む) 譲渡説、換言すれば固有説以外の説では、この不都合を回避できない。

ローマ規程に加入した締約国においては、譲渡説を採用しこれに従うならば、当該譲渡によって生じる新効果はア・プリオリなものとして認められるか、または本来「在る」もの、または「有する」ものと構成されることになる。だが、この場合には譲渡の有意性が問われることになってくる。先に検証した通り、「無」を譲渡することはできない。譲渡の原型において、あたかも「無」から(新効力という)「有」を創りだすことはできない。結局、譲渡説＝固有説とは異なる説を採った場合、「生み出される、有」＝新効果であるローマ規程第一二条と譲渡行為とは整合的な説明ができないことが明らかとなる。

また、後述するように、国内刑法上犯罪とされていない行為、例えば、我が国の刑法典に犯罪構成要件として規定されない、ジェノサイドや人道に対する犯罪、戦争犯罪、侵略犯罪について、これをどのように国際機関に譲渡し得るのか、また譲渡されるのか、という問題もある。さらに、固有説以外の説では (旧・修正譲渡説という) 刑罰権国家独占原則との関係はどのように説明されるべきか、という点に関しても解明が要請される。とりわけ、罪刑法定主義という観点からこれをどのように説明するのかについて、具体的な解決が求められる。この点に関連しては、主権とは何か、主権に関する権限自体の問題が浮上してくる。本章は、これを明らかにすることを目的とはしないため、問題の指摘にとどめこれ以上の詳述はしない。

第四節　固有説

固有説からは国際刑事裁判所が刑罰権を有することについて、国際刑事裁判所設立の目的・趣旨から明快な説明がなされ得る。国際社会で独立の刑事裁判機関が設立と同時に固有の刑罰権を有すると考える固有説では、新効果を認めることができる。国際社会が有する処罰意思を実現する機関が国際刑事裁判所である。このように考える固有説においては、独立の国際刑事裁判機関はその設立と同時に（国際社会が）固有の刑罰権を有し、そこに新効果が認められることについて特段の問題は存しない。とはいえ、先にも指摘したように、国際刑事裁判所が固有の刑罰権を有するとは如何なることか。

無論、譲渡説に立った場合には、国際刑事裁判所が国家から譲渡された刑罰権の一部について刑罰権を有するとは、どのようなことか。また、一部とは何か。さらに、いつ、どのような方法で譲渡され、どの範囲で刑罰権を行使し得るのか。このような説明に関する問題が残っている。これらの点を解明すべく、以下、さらに検討することにしたい。

一　固有説と独立機関刑罰権説

国際刑事裁判所が刑罰権を有することについて、従来、国際法の研究者は慣習国際法によって認められる、との主張を展開してきた。この説明は、「人」に対し――物理的強制力を伴う――刑罰を科す国際「刑法」における刑罰権の法的基礎に関する検討が遅滞していることを証左するものといえよう。しかし、刑法学からは極めて抽象的で漠然としているという誹りを免れ得ないと考える。特に、国内刑法学においては、刑法である限り必然的なものとして要請される罪刑法定主義との比較から、より厳格な刑罰規定が求められ、罪刑に関する確定のみならず刑罰権行使についての正当性についても理論的な解明がなされるべきである。

そこで、右に示した重要な問題の所在を踏まえつつ、先ずは国際刑事裁判所における刑罰権の淵源に関し、考察を加えることにしたい。慣習国際法に刑罰権行使の源泉を求めつつも、従来説かれてきた（旧）譲渡説、すなわち国際刑事裁判所による刑罰権の行使は、国家主権の譲渡を受けることによって認められると構成する見解においては、国際刑事裁判所の刑罰権の淵源は国内（刑）法に求められる。そして、国際社会における独立機関の刑罰権行使の正当性については、同条約への加入時、すなわち個別国家がローマ規程の締約国となったときと考えられる。基本的には個別国家の条約への加入をもって、国際刑事裁判所へ国内刑罰権が譲渡され、国際刑事裁判所はそれを譲り受けた範囲内で刑罰権の行使が認められるとする構成である。但し、ローマ規程は、自動的管轄権方式を採っているため、国家は加入にあたって対象犯罪について譲渡の範囲を決定することはできない。(83)

この点について、固有説からは如何なる説明がなされ得るのか。固有説は譲渡説と同様に、刑罰権の源泉およびその行使の正当性を慣習国際法に拠りつつも、その有する刑罰規範の排他性をローマ規程、わけても第一二条二項に求めているものと考える。すなわち、物理的強制力を及ぼす独立機関の刑罰権＝国際刑事裁判所が行使する刑罰権の源泉を、（形式的には）「機関」刑罰権の創設、（慣習国際法が集約化された）ローマ規程そのものに求めるのである。このような説明のもとに、先の刑罰権創設基準に示される、「①国内刑罰権とは別に、②その外側に、③新たな刑罰権を創設」するという要件が充たされることとなる。

次に、機関刑罰権は、いつ、どのように創設されるのか。固有説では、刑罰権行使に関する国際社会の意思の表明時、すなわち物理的強制力を及ぼす国際刑事裁判所規程が採択され[84]、その後これが発効したときと考える。固有説は譲渡説とは異なり、刑罰権創設の時期について、ローマ規程の発効時にこれを求めるのであって、個別国家のローマ規程への加入時期は特段の意味を持たない。

続いて、国際「機関」が有する刑罰権（以下、これを説明の便宜上「機関刑罰権説」という）は、如何なる範囲で、どのように認められるのか。ここに、——国際刑事裁判所は重大な国際犯罪を導いた首謀者個人に対し、ローマ規程を介し独立「機関」が固有に刑罰権を有しこれを行使するという——独立「機関」刑罰権説と固有説とが整合する。さらに、独立「機関」刑罰権説は、後述する内在的制約論[85]にも整合してくる[86]。

右の分析で明らかになることは、「独立」機関刑罰権説は、等しく裁判機関をその対象としているとはいえ、国連の下に置かれる国際司法裁判所の司法権とはその本質を異にしているということである。すなわち、「物理的強制力を伴う刑罰権を行使する」という意味において、国際司法裁判所が行使する司法権とは質的に異なる。

国際法委員会で主張されていた固有説を、刑罰権の行使主体としての観点から把捉すると、独立「機関」がこれを行使するという意味において、独立「機関」刑罰権が観念される。固有説と独立「機関」刑罰権説は、密接不可分な関係として理解することができると考える。国際刑法における刑罰権行使の正当性に関しては、従来、充分な検討がなされることなく暗黙の了解裡に譲渡説がその理論的前提とされた。すなわち、刑罰権国家独占原則は当然の常態または必然的な理論的前提として置かれてきたのである。このような考えのもとでは、新たに創設された国際機関の刑罰権について理論的解明の道は閉ざされてしまう。刑罰権国家独占原則を貫く限り、独立機関が国際刑罰権を独自に行使するための理論を構築することはできない。この意味において、刑罰権国家独占原則は問題であった。ゆえに、その障壁を回避して問題解決を図るということを目的に現実的な現象を認めるための論理としての追随的な文言、すなわち、「超」国家的刑罰権ないし「超」国家的刑罰権論が提起されてきたように思われる。

これに対し、独立機関刑罰権説は、従来からの伝統的主権概念が次第に変容する中で、刑罰権国家独占論の不整合を克服し今世紀国際刑法の理論形成に適うものと考える。刑罰権国家独占原則は不動の原則ではなく、「その相対性こそ」が捉えられるべきものであると考える。旧来より主張されてきた、刑罰権国家独占原則はその本質は別として現象的に捉える限り、今世紀国際刑法をもって変容の対象になったと考えるべきであろう。

二　独立機関刑罰権説と内在的制約論

本書における独立機関刑罰権説の基礎には、重大な国際犯罪を首謀した個人に対する刑罰権の行使について、国家主権に対し、次項で示す内在的な制約が課されるという考えがある。内在的制約論は、ローマ規程の発効と同時に、既に同規程の列挙犯罪を首謀した個人処罰に関し国家主権には必要かつ最低限度の範囲において制約が課されていると考えるのである。国家刑罰権の行使が（一定の条件のもとに）制約されるという考えである。ここに制約とは、国際社会で観念ないし表象される、いわゆる共通法益――わけても「人間の共存」に関わる、ローマ規程の諸規定に定められた各犯罪の個別具体的な法益侵害（行為者）――に対する刑罰権の行使に関する制限である。

重大な国際犯罪を首謀した個人の行為については、それは同時に「国際社会全体に対する侵害」と評価され、国家刑罰権行使の発動に関し一定の制限が課される。当該刑罰権は既に国際社会に内在されていると考えるのである。国際社会に内在すると観念される重大な国際犯罪の首謀者に対する刑罰権については、国際社会がこれを有する。国際社会における人間の共存を確保するという点から、人類社会に対し重大な法益侵害をもたらせた首謀者に対する刑罰権行使に関し、国家刑罰権は一定の制約を受ける。人間の共存自体に向けられた重大な侵害（行為者）に対し行使される刑罰権について、本来それは国際社会の独立機関が有するものである[87]。したがって、その淵源は（人間が共存する）国際共存社会に求められる。内在的制約論の特徴は、①独立機関刑罰権の源泉を明らかにし得ること、②（旧・修正）譲渡説、固有説、いずれの説からも国際刑罰権行使の正当性について、合理的な説明をなし得ることである。なお、本章は法益論に関する検討を直接的な目的とはしないため、これ以上言及しない（この点については、稿を改め検討する予定である）。

国際刑罰権の基礎に関連して、以下のような見解がみられる。すなわち、田中利幸は、ローマ規程は補完性原則を採ることから、第一次刑罰権として観念される国内刑罰権が発動できない場合、具体的にいえば、国家が崩壊し国内刑事司法作用が機能しない場合、国家崩壊時、「国家の刑事管轄権は、その基礎を失って受託関係は崩壊する。そのとき（中略）自らに対する保護の空白を生じさせないように、その保護を国際社会に託すことができ、そのことによって、国際社会の組織である国際刑事裁判所に刑事管轄権が基礎づけられる[88]」という解釈の余地があると主張する。

このような考えは、――難民問題が解決されるべき喫緊の課題とされる現在――国際社会の人類を「保護する責任」問題との関係からは傾聴に値するといえる。これは、“responsibility to protect”という、次第に受け容れられつつある保護概念と重なるものと思われる。但し、これを直接的な個人責任原則に必要的に容れることあるいは刑罰権概念の判断の基礎とすることについては、田中自身も指摘するように法理論的観点から再検討の余地があるように思われる。加えて、①国家崩壊とは何か、また崩壊について、②如何なる機関（誰）が、③どのような基準で、④いつ当該国家が崩壊したと認定するのか、または認定し得るのかなどが問題となろう。さらに、⑤崩壊が承認されると仮定するならば、その承認によって⑥如何なる効果が発生するのか、という問題が生じる。

本章においては、国際社会に（国民その他難民の）保護を「託す」ことをもって、国際刑事管轄権およびそれに引き続く刑罰権を基礎づけるものと解すること——理論的にも現実的にも無理が生じ——はできないと考える。(89) 保護を託すとは何か。保護委託と国際刑事裁判との関係は同じ基軸で論じられる問題ではないと考える。すなわち、崩壊国家における（国民の）保護の「委託」を刑罰権創設の源泉と考えることはできない。(i)刑事管轄権の存否の問題と、(ii)刑罰権行使の問題と、(iii)人間の保護の「委託」に関する問題とは、同一ではない。

右の検討を踏まえ、国際刑事裁判所が行使する刑罰権について譲渡説の視点から説明するならば、譲渡説からは刑罰権の譲渡主体を国家とし、国際刑事機関は国内刑罰権の一部を譲り受ける主体であると位置づけられる。これを確認した後、国際刑事裁判所が刑罰権行使の主体か否かについては、さらに次の問題として検討する必要がある。

本章においては、内在的制約論を採りつつ、すなわち、内在的に制約された個人処罰に関する国家刑罰権について、国際社会における「独立機関」が本来固有に有する刑罰権を行使すると解し得ると考える。国際社会における「独立機関」は、——個別国家からの刑罰権に関する一部譲渡を俟って国際刑罰権を行使するまたは合意原則のもとに説明される——「受働的主体」ではなく、独立機関創設と同時に（重大な国際犯罪を首謀した個「人」＝被疑者・被告人を含む）「人」を保護するための保護「主体」と位置づけられる。国際社会における独立の刑事裁判機関は、（内在的に制約されている）個人処罰に関する刑罰権について、固有しこれを行使する。独立「機関」刑罰権説は、主体的な国際刑事裁判所を目指すものと把捉し得るのである。

内在的制約論は、譲渡説、固有説のいずれの立場からも、国際刑事裁判所における刑罰権の淵源について説明し得るのである。(90)

三　内在的制約論と固有説

本章にいう内在的制約理論とは、国家は重大な国際犯罪を首謀した個人に関する刑罰権の発動（国家刑罰権の行使）に対し、国際社会の秩序を維持する共通法益の確保において、内在的な制約が課されることを意味する。(91)ローマ規程は、重大な国際犯罪につき——とりわけ、その刑罰権の発動への実現に向けて——国家主権の個人処罰に対する内在的制約を確認し、本条約が慣習国際法となっていることを確認する法定立に関するひとつのプロセスであったと考えることができる。(92)

固有説は、補完性原則を積極的に排除するものではないが、独立「機関」刑罰権を合理的に説明し、かつ審理制度を簡易化するものである。本章は、刑罰権行使の正当性および国際刑法の刑罰権の淵源について、自ら思索した内在的制約論と固有説に拠り(93)つつ、以下の規定にその法的根拠を見出すものである。すなわち、①ローマ規程第一三条(b)は、憲章第七条に従い安保理による事態の付託を規定している。この国際刑事裁判所への付託行為そのものは「国家」刑罰権の譲渡を前提としない、すなわち「固有の刑罰権を有する」国際刑事裁判所を前提とする審理要請の行為であり、この点はローマ規程自体が国際刑事裁判機関に「固有の刑罰権」を認めていると解釈し得る合理的な根拠であると考える。

また、第一三条(b)による安保理付託の場合には、補完性原則を期待できずに、むしろ国家ではない独立機関の刑罰権が優先されることになる。そして、②何よりも、条約そのものがその執行にあたって諸国間の行動を何ら拘束するものでない場合、それは単に「国際法上の道義的拘束」が認識されるにとどまり、その執行主体に刑罰権限を認識することはできない。それにもかかわらず、ローマ規程は国際社会における独立機関に刑罰権限を認め、締約国のみならず非締約国への「新効果」を認めている。よって、ローマ規程自体が国際社会における独立の刑事裁判機関に「固有の刑罰権」を認めている、と解釈することは充分に説得的であると考える。

右の解釈に基づく場合、従来からの（多数に支持される国家の国内刑罰権に従属ないしその延長上に位置づけられていた）刑罰権自体に「質的な転換」がもたらされていることが確認できるのである。伝統的な国家刑罰権概念の転換をもたらす、革新的効果と称される新効果について、本章は、以下のように考える。「非締約国への新効果」について、従来からの①慣習国際法に拠る個人処罰を基礎としつつ、重大な国際犯罪を首謀した個人処罰に対する個別国家の、②刑罰権に関する内在的制約論を主張し、③国際社会の独立「機関」が、これについて④固有の刑罰権を有し、且つ、これを行使するという固有説を併せ説くものである。

本章において内在的制約説と固有説を併せ説く意義は、現行ローマ規程上採用されている補完性原則について、これを刑法理論上、整合的に説明するためである。すなわち、「合意と強制」の合矛盾するローマ規程の構造について、国際刑事裁判**「機関」が個有に有する刑罰権を独立に行使し得る**こととなるという両者をもって、指摘される「構造的矛盾」を合理的に解決する可能性を視い出すことにある。

内在的制約論と固有説は、伝統的国家主権概念が国際社会の組織化という進展とともに徐々に変容しつつある過程の中で、国際社会に創設された刑罰権概念を理論的に（法現象の遷り変わりを踏え）当該国際刑法現象を説明し得るものと考える。すなわち、主権の絶対性を堅持していた伝統的国家主権概念から、次第に（その一部において、しかしながら確実に）それが相対化されつつある変容の中に在って、国際刑法は――恣意的刑罰権の行使が黙認された専断主義が罪刑「法定」主義へと歩むこととなった――近代国家刑法原則を継受することになったのである。

絶対的主権のもとに許された恣意的刑罰権の行使について、この刑罰権に関する「法定」主義が歴史の所産として生み出された。ここに、刑罰権（の行使）を含む主権概念の「絶対性から相対性へ」という、主権概念の変容が認められるとともに、刑法における（君主による）刑罰権の（恣意的）行使の「絶対性から相対性へ」という変遷を視るのである。かつての絶対君主制によって発動された恣意的刑罰権が、近代国家刑法の原理たる罪刑法定主義を生むこととなる。

個別国家において展開されてきた近代刑法思想を今世紀「国際」刑法にこれを反映すべく（被疑者・被告人を含む人権保障をも重視するという観点から法定された）ローマ規程にあっては、重大な国際犯罪を首謀した個人への刑事責任の追及について、非締約国への効果を認めるに至ったのである。ここには国家主権概念の変容の中に、罪刑法定主義という「刑法原理の連続性」と「国家主権の相対性」が視られる。すなわち、近代国家刑法から今世紀国際社会での刑法へという過渡期における「罪刑法定主義の連続性」と、近代国際法から今世紀国際刑法へという展開の中に「合意原則の相対性」が視られる。そして、国際刑法においては、その刑罰権の行使主体においても――旧来、国家のみがこれを有しこれを行使する、という観点から「国家」以外の国際社会における刑事裁判「機関」がこれを行使することができるようになったという点からは――相対化が確認されるのである。(94)

ローマ規程の新効果について、本章は、「慣習国際法に拠る処罰」という抽象的な説明を克服すべく、慣習国際法処罰からの打開を図ることを目的として、慣習国際法に拠りつつも、さらに内在的制約論と固有説を併せ説くものである。国際刑事裁判所が行使する刑罰権の、①正当性、および②その源泉、のみならず③ローマ規程の新効果、ならびに④本規程の「構造的矛盾」について、これらをすべて理論的に説明し得る（重大な国際犯罪を犯した指導者個人の処罰に関する）内在的制約論と固有説は、慣習国際法による処罰という抽象的な説明からの脱却を図る、法理論構築の端緒を創ろうとするものである。重大な国際犯罪を首謀した指導者個人の刑事責任を追及するにあたり、⑴必要、且つ、⑵最低限度の範囲において、⑶国家主権（刑罰権）は、国際社会における「人」の共存という共通利益に対し既に内在的に制約される、という論理に拠るものである。重大な国際犯罪を首謀した個人の刑事責任の追及にあたり、国家刑罰権は内在的制約が課されている。この内在的制約として顕現する（一部の）刑罰権は

国連から独立した刑事裁判機関が固有するものとして有し、且つ、これを行使するという理論を構築するものである。(95)

内在的制約理論は、内在性という意味において未だに抽象性を払拭し得ないでいる。しかしながら、従来説かれてきた譲渡説の欠点を克服しあるいは固有説における（国際社会における刑事裁判機関が刑罰権を行使するという）主張を捉え、ローマ規程の新効果および国際刑事裁判機関における刑罰権行使の正当性ならびに国際刑法の源泉について、いずれの立場からも整合性を保たせることが可能となる。また、先に指摘した、いわゆる観念的法益論に附帯する抽象性の問題――観念論に生じる理論の限界――に対し、これを補強する理論を提供し得るものと考える。そして何よりも、内在的制約論と固有説は、合意原則によってのみ通有する国際法理論に生じる今日的問題――その最たる、ローマ規程の構造的矛盾――を解明し得るように思われる。(96)

本章が提示する、従来からの①慣習国際法に拠りつつ、②内在的制約論、③独立機関刑罰権論、④固有説を併せ形成する理論は、国際刑法のみならず、同法を端緒として、核兵器の使用、地球環境問題、人口問題ほか、今後国際社会における人間共存のための共通利益＝公益の確保を目的とする――国際公法における公益の抽出ないし形成――という観点から、合意原則によっては説明し得ない基礎理論の構築への足掛かりをつくる可能性を残していると考える。その意味から、内在的制約論は今後、国際公益に関わる汎い分野への法理論の端緒のひとつとなり得るように思われる。なお、内在的制約論と固有説、両者の関係については、他日を期して詳細を検討したい。

我が国は、二〇〇七年七月ローマ規程に加入し、国際刑事裁判機関による刑罰権概念を認めることになった。だが、その刑罰権の源泉および刑罰権行使の正当性について、検討はなされていない。国家刑罰権が機能しない場合に、「超」国家的刑罰権が必要になると主張されているが、単なる文言的な主張に終始し刑罰権行使の正当性とその法理論構築への努力もなく、淵源への探究もみられない。

本章は右に示した、①慣習国際法に拠る、②内在的制約論、および③独立機関刑罰権論、ならびに④固有説という考え方を国際刑法における刑罰論に組み込み、これらの理論をもって、国際刑法における刑罰権の行使が正当化され得るものであると考える。すなわち、前述した①②③④をもって本書に主張する理論を、国際刑法における刑罰論を採り込むことにより、以下に示す(a)(b)(c)の問題を解決し得ると考える。すなわち、「国際刑法におけ刑罰権行使の淵源」に一部の論者から批判が向けられる(a)人道法を含む慣習国際法による処罰のみならず、(b)非締約国への新効果も、さらには解決されないままの、(c)「ローマ規程の構造的矛盾」について、合理的な説明を提供しつつ、これらすべてを解決する理論であると考える。

補完性原則を至上原理とする立場からは批判が加えられる可能性がある。しかし、国際刑罰権は、国家の刑罰権概念に必ずしも拘束されるものではない。なぜなら、国際刑事裁判所は、国家刑罰権の機能不全から生まれ出でたものであり、個人処罰を目的としつつ、国家司法では解決し得ない事態に関する秩序維持を求め創設された独立「機関」であるからである。

四　国際刑事裁判所の「超」国家的機関性

本章は、国際刑法における刑罰権の淵源について、従来から主張されてきた譲渡説と固有説という二つの立場から整合性を図りつつ、帰結されるべき刑罰権概念を検証し、理論構築に向けて検討を重ねてきた。前節まで検討してきたようにローマ外交会議以前より、国際社会へ提起された（旧）譲渡説や普遍説、固有説という考え方は、さまざまな国家が多様な歴史・文化・地域性等を背景に、国際社会における力学的関係の上に提起されたものである。したがって、本書はいずれの立場に拠るのか、二者選択を求めるものではなく、結論を急ぐものではない。また、独立刑事裁判機関について、これを派生的主体と考えるのか否かについても、いずれの見解に立脚するのかに拠って、異なる結論が導かれるであろう。

本章は、国際刑法における刑法理論の構築が遅れており、そのために、「超」国家的刑罰権をもってその正当性を論じようとする立場が多くあるが、これが各論者によって異なる使い方がなされていること、他方、各論考においては充分な説明が加えられていないことを指摘した。国際刑法における刑罰権行使の正当性について、本書は自ら固有説を採りつつ、(旧・修正)譲渡説の立場に仮定的に立脚してこの見解から導かれるべき刑罰権概念の可能性を思索し、これを提起してきた。

ここで、本章第二節第一項以下を小括すれば、先ず、重大な国際犯罪を首謀した個人に対し刑罰権を行使する国際刑事裁判機関は、真に(国家に対して)「超」国家的国際機関と位置づけられるのかが問題となる。多くの論者において主張する、①「超」国家的国際刑事裁判機関は、今世紀初頭においてはたして存在するのかまた存在するとした場合、これが理論化できているのかという問題である。また、「超」国家的刑罰権が認められるとした場合、②その理論の内容はいかに導かれるのか。③刑罰権国家独占原則とはどのような関係に立つのかということが明らかにされなければならない。

次に、(今世紀初当において)「超」国家的裁判所が存在するとした場合、④当該「超」国家的国際刑事裁判機関の、国家に対する超越的権限が(ア・プリオリなものとして)認められるのか否か。⑤認められる場合、それはなぜか。⑥認められない場合、「超」国家的機関における刑罰権の源泉と行使の正当性について、具体的にどのような論理展開がなされるのか。さらに譲渡説による場合、⑦「超」国家的な機関論と国家主権からの刑罰譲渡関係が、どのように交錯するのか、または如何なる論理的展開がなされるのか。加えて、⑧譲渡説による場合、任意的譲渡によるのか、または必要的譲渡とするのか。あるいは、⑨他の考え方によるのか。これらの考察を全く欠くままに、多数の研究者は、国際刑事裁判所について「超」国家的国際機関あるいは「超」国家的刑罰権概念を論じてきている。

本章は、「超」をもって国際刑罰権行使の正当性のすべてを説明している諸説について、もとよりその「超」を基礎づける刑罰権の淵源への考究をしないこと自体が不可解であり、これに躊躇を覚えるものである。国家刑罰権の源泉は国家である。汎用される「超」国家的刑罰権の根源は、どこにあり、それがどのようにして導かれ、いかに行使されるのであろうか。国家刑罰権とは異なる刑罰権が既に、国際刑事裁判所によって行使されていることは事実である。本書第一篇第九章でも検証するように、国家以外のEU共同体においても刑罰権行使概念が認められることとなった。旧ユーゴスラヴィア・ルワンダ、カンボジア、シエラレオネ裁判所が創設され、重大な国際犯罪を首謀した個人の刑事責任が追及されてきたことは周知の通りである。諸種の裁判所は、「国家」以外の裁判所である。このような事実は存在するが、「超」国家的刑罰権、「超」国家的裁判所、「超」国家的制度にいう「超」および「的」とは何か、全く不明である。

そして何よりも、国際刑事裁判機関が国家に対して（国家を超えるという意味での）超国家的機関と位置づけられるためには、あるいは国家から超国家的と位置づけられるためには、存在そのものが国家超越的でならなければならず、国家主権の一部譲渡を、「超」国家的裁判所創設の発足ないし存立要件とすることはできないのではなかろうか。諸国家からの権限譲渡を俟ってはじめてそこに国家以外の「機関」が成立するならば、それは国家からの権限譲渡によって生ずる国際機関である。超国家的機関が超国家的機関たり得るためには、国家主権の譲渡は条件とはされず、ましてや必要的譲渡によって国際機関が創設されるべきものではなかろう。右のように考えてくると、理論的に譲渡説を基礎に「超」国家的裁判所は観念されないと考える。

他方で、この筋道を省いた上、譲渡説を貫徹した場合であっても、その説明に拠れば、超国家的機関は「なにゆえ」に「超」なのか、さらに超国家的機関とされる新たに創設された機関は国家主権の一部譲渡を求めることができるのか、という疑問が生じてくる。指称される超国家機関にその譲渡要求権があるのならばなぜそれが認められるのか。刑法原理から国際刑事裁判所が行使する刑罰権発動の正当性については、理論的に説明が行われなければならない。さらに、「超」国家刑罰権概念は、刑罰権国家独占原則との関係をいかに説明するのかという問題も生じてくる。原理的にいえば、国際刑事裁判「機関」の性格と、そこで行使される刑罰権の問題は別個であり、「超」国家概念が説明された場合でも、これをもって刑法理論が明確にされる訳ではないのである。

「超」国家機関の存否およびその刑罰権の行使に関する正当性を検討する際に留意すべきことは、ローマ規程が締約国への（引渡協力義務等を除く）処罰義務に関する直接的な規定を置いていないことである。これによって、締約国への直接的な処罰義務を課するものではない、という解釈が（一般に）導かれる。だが、国際刑事裁判所が超国家的機関であるならば、国家と国際機関との管轄権の調整機能を担う「補完性原則」を採る以上、その実効性を担保すべく、超国家的機関は国家に対し直接的な処罰義務を課し得るはずである。しかし、ローマ規程は最も重要と考えられる直接的な処罰義務の規定（引渡義務など幾つかを除いて）を置いてはいない。（ゆえに、国際刑事裁判所は、その実効性がなく、また具体的な処罰義務はないと汎く解されている。）超国家的刑罰権概念を採用する立場においては、これについても合理的な説明が行われるべきである。

国際法委員会での草案の作成経緯をみれば、このような国家に対して主権の一部譲渡を必要的に求める超国家的国際機関は想定されてはいなかった。また、国家主権を超えるという高山が主張する（別の、新しい）刑罰権を創設するという考えでは「なかった」。あくまで国家主権内に在る刑罰権を、新たに創設される国際刑事裁判「機関」に（既存の国家刑罰権の一部を）任意的に譲渡する、ということがその基本姿勢にあったことが確認できる。

本章において詳述してきたように、国際刑事裁判所創設の原点においては、国家は国家機関が有する刑罰権を超える権限を国家以外の国際刑事裁判所が有することを危惧していたのである。このような国際法委員会での草案や諸議論に遡れば、国家刑罰権を超えるという意味においての「超」国家的刑罰権は、その原型から乖離するものである。換言すれば、国家が国際刑事裁判機関に当該国家の主権の一部を譲渡するという「任意的」譲渡説と矛盾するのである。もっとも、「超」国家という概念を国家権力に制約されることなく、これとは無関係にまたは別個に成立し存在する組織と考える場合には、問題は別であるが、この場合には国家刑罰権との関係は生じることはなく、その刑罰権の譲渡に関する問題も生じるものではない。とはいえ、各論者の主張する「超」国家的刑罰論は不明瞭である。

一般に、「超国家的刑罰権」概念ないし「個別国家の刑罰権行使を超える」という表記が用いられるところ、「超国家性とは従来までは国民国家に保持されていた主権の一部を、その上位の国際機関に委譲することである」(97)とされる。はたして、国際刑事裁判所は、国家に上位するものとして、国家が主権の一部を同機関に委譲するのであろうか。国家（刑罰権）との関係で「超」国家的国際刑事裁判機関は（欧州共同体裁判所以外に）存在するのであろうか。また、目下、理論的な正当性が基礎づけられないまま汎用される「超」国家的刑罰権は、（ア・プリオリなものとして）国際刑法概念として、――国家と「機関」との関係を論じられないまま、観念的に簡便な術語の如く――認められるべきものなのだろうか。

右に分析したように、国際刑事裁判所の刑罰権は、国家主権の一部譲渡を俟ってはじめて刑罰権を発動し得ると考えるべきなのだろうか。または、小和田恒が主張するように（欧州連合〔European Union〕のような）超国家的国際機構については「機構の本質的性格上、加盟国の主権の少なくとも一部を召し上げる（ママ）ことによって自らの権能を取得するという図式(98)」という考え方に拠りながら国家と国際機関との関係を説明するのか。右の考え方の延長として刑罰権の行使を認めるのか、あるいはもとより国際刑事裁判所に固有の権限が認められるのか、他の考え方に拠るのか。超国家的刑罰権論は、いずれかを判断し得る明確性を有するものではない。

第五節　刑罰権概念の確定

一　超国家的刑罰権概念

国際「刑法における刑罰権」概念は、性質上その概念の明確化が求められる。そして、その行使についても謙抑性が求められるべきことは、国内刑法と同様である。国際刑法における刑罰権概念の意義およびその行使を基礎づける正当性、両者は極めて重要である。加えて、刑罰法規においては、(概念の)抽象性は可能な限り排除されることを要する。換言すれば、国際刑法における刑罰権概念およびその行使を巡る諸問題については、先に指摘したように国内刑法と同一には至らずとも、同様の原則のもとに解されなければならない。(99)

国際刑法において主張される「超」国家的刑罰権の、「超」とは何か、さらに「的」とは何か。超国家的刑罰権の主張においては、刑罰権の淵源またはその行使の正当性に「超」や「的」の文言を使用する以上、「超」や「的」が付されるとはいえ、その基礎に措定されているのは国家の刑罰権概念であり、すべてはこれに求められることになろう。すなわち、超国家とはいえ、当該「超」の理解および説明に当たっては、結局のところ個別国家を基礎として行う以外に方法はないと考えられる。

焦点を絞っていえば、「国家」の刑罰権概念との比較において、はじめて「超」国家刑罰権の刑罰概念が明らかになるということである。そうであるなら、刑罰権国家独占原則での刑罰権と、「超国家」「機関」であると主張する国際刑事裁判所における国際刑法上の刑罰権概念との内容における相互関係は、如何なるものとして存在しているのかについて考える必要がある。但し、国際刑法における刑罰権は、国家刑罰権とは異なることから、その拠るべき刑罰権概念も国家のみに拠るものではなく、「国際刑法理論」それ自体の中で捉えられるべきものである。個別国家と国際機関との相互関係の形成は（今世紀初頭においては）必然的であるとしても、とりわけ、補完性原則を強調する立場において両者の刑罰権の本質と存在根拠は別個のものとして設定されるべきものと考える。「超」国家的刑罰権と称する以上、国家とは異なる根拠にその正当性を設定すべきと考えるためである。

国際「刑法における刑罰権」概念の形成において、わけても、それは、本概念の意義については、抽象性は可能な限り排除されなければならず、また解釈の多様性を残す契機も可能な限り排除されるべきことが求められる。だが、主張されている「超」国家的の「超」は、極めて曖昧かつ不透明な概念である。敢えていえば、こうした不明確な概念を個人に刑を科す国際刑法の刑罰権の基礎概念として用いることは不適切であろう。

超国家的刑罰権については、多様な考え方があるが、髙山は国内刑罰権とは①「別の」、国内刑罰権の②「外側」に、③「新たな」刑罰権を創設するものであると主張している。この他に④「外国の刑罰権のようなもの[100]」との説明も行っている。この場合の、①、②、③の意義は何か。また、④「外国の刑罰権のようなもの」にいう、外「国」とは他の国家を指すものであろう。そうであるならば、ここでも外「国」であるところの「国家」刑罰権との比較を前提としていることになる。さらに、外国の「ようなもの」とは、どのようなものかも問題である。外国の刑罰権を指すのか、これに準ずるのか、他を意味するのか、全く不明である。そして、「超」国家的刑罰権概念と、これを論ずるために比較している国家刑罰権とは如何なる関係にあり、どのように異なりどのように同じであるのか、その差異の解明が求められるが、理論展開は全く行われておらず、不明瞭である。本書は、外国の刑罰権の「ような」刑罰権をもって、「人」に対する物理的強制力を発動するという説明に対し頗る懐疑的である。国際刑法の刑罰権の基礎づけに、「ような」刑罰権を据えることはできないと考える。

「超」国家的刑罰権概念の主張は、「刑罰法規にない」場合または「例外的に」という意義で用いられるものと捉えることもできる。だが、例えば、ジェノサイドや人道に対する犯罪、戦争犯罪等の犯罪に対する刑罰を国内法上規定していない国もある。このような国において、どのような意義において「超」国家的刑罰権概念を位置づけることになるのだろうか。具体的な検討を行ってくると、国家が異なることによって、超国家的刑罰権が観念されたりされなかったりすることになるが、こうした理論は妥当なのであろうかという疑念は消えない。

刑罰権行使に関する正当性に関し、超国家的刑罰権の、「超」は何を法的基盤として、如何なる理由によって、どのように行使されるのか、その結果どのような法理論が導き出され、如何に帰結されるのか。この点の解明なく、また国際法委員会での議論や検討の経緯を踏まえることなく、超国家的刑罰権を観念することは、「刑法の根底にあるもの[101]」への探究なくして、現象を把握するためだけの便宜的概念の創出という感が否めない。すなわち、国際社会における刑罰権のゲネシス論の欠如のみならず、明確性を保つべき法概念の意義について、さらには国際刑法学における論理構築ないし論理展開において、なおもその要諦が欠落しているように思われる[102]。

「『超』国家的刑罰権の行使」の必要性が強調され、それが今世紀刑法に至っても刑法理論からの正当性が求められないまま「国際平和を攪乱する国際犯罪行為は断乎処罰されねばならない[103]」という必罰観からのみ認められるのならば、それは来た道を再び歩むこと、すなわち罪刑法定主義へと向かわなければならなかった刑法史が明かす大過へと回帰するのではなかろうか。刑法学がもっとも厭う――刑罰権の行使に関する理論的な正当性を求めることなく多用された――過去へと、刑法学者が御旗を振って先導するようにも映るのである。

そもそも、なぜ国家を超える刑罰権が観念されるのか、またはその必要があるのか、その限界はどこにあり、またこれを認めるメリットおよびディメリットは何か、これを明らかにすることなく刑罰権を創設ないし刑罰権概念を構築することは、刑法理論からは許されるものではない。あるいは、また刑法上の理論構築を怠り、すべてを「超」国家的刑罰権という概念をもって説明することは、刑法学の懈怠となるであろう。

二　判例における固有説

国際刑事裁判所創設の原型を成した譲渡説を総括すれば、時の経過にしたがってその内容に変化がみられる。すなわち、譲渡説の基礎となった一九五〇年代草案に用いられていた“confer”という文言には、現代的な意味も含まれていることは事実であるが、未だ創設も運用もされない国際刑事裁判所に対し、多数国からの同裁判所に対する司法作用への懐疑的要素が圧倒的に含まれているように思われる。

譲渡説の原型ともいうべき一九五〇年代草案は、国家主権の刑罰権を放棄することによって、国際刑事裁判所は放棄された刑罰権を獲得する、という把握であった。これが、時代の推移とともに、国際社会自らが（設立根拠は異なるとはいえ）幾つかの国際刑事裁判を体験したことや、国際社会における共通利益への浸透や受容に伴って、次第に譲渡というよりは、むしろ国際刑事裁判所に対して国家は一定の信頼を、①「寄せざるを得ない」、②あるいは「寄せるべき」から、③「寄せた」(104)という変容が視られるのである。すなわち、国家が自ら刑罰権を国際刑事裁判所へ「委」譲するという内実に変遷してきたと解することができる。

現在では、「移」譲、すなわち「国内機関の権限の一部が国際機関に『移転』されるという意味ではな」(105)く、「国際機構の設立をもって、固有の権限を有する新たな高権保持者が創設され、その新たな高権保持者たる国際機構による高権行使に対して国法体系を開放することを意味する」(106)という概念が容れられつつある。一般に、移譲とは権利などを他に譲り移すことをいうが、ここではそのような解釈ではなく、国際機関が自ら固有の刑罰権を保持することを意味するものと思われる。右の見解は、必ずしも明確な主張とはいいがたいものの、個別国家がその刑罰権を単に譲渡する行為と解するものではない。この見解は、固有説に接近すると考えられるが、そうであれば右の「移」譲の意義は何か。

小寺彰と奥脇直也は、ローマ「規程に日本が加入することは、日本が『超国家的』な司法機関に主権の一部を移譲する意味を持つ(107)」と指摘する。所論はまた国際刑事裁判所を「超国家的な司法機関」と位置づけ、超国家的司法機関へ国家刑罰権が移譲されるとの主張を展開している。とはいえ、ここでも理論的な明確性は欠いたままである。「超」国家的と位置づけられる国際刑事裁判所が真に超国家機関ならば、移「譲」の必要性は生じるのであろうか。移譲とは、単なる移転とは異なることから、「超」国家的と位置づけられると主張する国際刑事裁判所における、「超」国家的刑罰権は移譲を媒介に国法体系の開放との関係において、どのように帰結されるか明らかではない。移「譲」説に立てば、刑罰権の源泉については固有説と同様の説明が行われ得る可能性があると思われるが、刑罰権行使の正当性について、何を根拠とするのか。補完性原則はいかに位置づけられるのか。移譲説と固有説の峻別等、各種の問題が残されている(108)。本章で明らかにしたように、譲渡説は国際裁判所創設の沿革において長らく多数国によって支持され、国家主権と国際刑事裁判機関における権限を調整するものとして、一定の説得力を有する。他方、固有説は観念的であるとの批判が当然予想されよう。のみならず、「国家ではない純然たる国際機関に、固有の管轄権や管轄権行使に必要な独自の法執行権限を、所与のものとして認めることができないのは当然であろう(109)」という山口幹生のような見解さえある。

しかし、実務においては固有説が採られているのである。すなわち、旧ユーゴスラヴィア国際刑事裁判所における Tihomir Blaškić 判決では、裁判所自体に“inherent powers”を認めている(110)。Blaskic 判決(111)に拠れば、旧ユーゴスラヴィア国際刑事裁判所における刑罰権の創設主体は安保理であり、その法的根拠は国連憲章第七章に求められる。この点で、（アド・ホックとはいうものの）旧ユーゴスラヴィア国際刑事裁判所は、国家の当該犯罪に対する司法的解決・認定という審査権およびそれに基づく刑罰権を固有に有するものであり、国家から譲渡された刑罰権を行使するものでは「ない」、との構成を採ったことが注目される。

固有説は、一九七四年一二月二〇日の核実験の違法性に関する国際司法裁判所判決（オーストラリア 対 フランス）(112)をはじめ、多くの判決に容れられている。同判決は、国際司法裁判所が固有の管轄権を有するものであること、そして固有の裁判権が国家合意により創設された同裁判の存在とそれ自体に由来するものであることを明示している。国際司法裁判所は、国家合意によって創設された裁判所であり、刑罰権を発動する裁判所ではない。しかし、裁判所自体が、固有の権限＝"inherent powers"に基づき、固有の審査権＝"inherent jurisdiction"を有することが確認されている(113)。

国際司法裁判所は、国家間の紛争を国際法に従って解決する裁判所である（国際司法裁判所規程第三八条一項）。関係国は、裁判所に付託する権利を有し、管轄権の発動には関係国の承諾が必要となる。問題となっている紛争の事件解決に当たり、裁判所の司法手続の開始には、当事国の同意が必要とされる。この点で、刑事裁判の本来的意義からは異なるものであるという説明が行われる(114)。

しかしながら、同意を管轄権行使の発動要件とする国際司法裁判所においては、その管轄権の法的根拠を「固有」説に求めているのである。国際司法裁判所は（管轄権および請求の受理可能性についての問題の検討にあたり）既に固・・有の権限を有していると解される(115)。

右の核実験の違法性に関する国際司法裁判所判決は、「同意により設立された司法機関としての国際裁判所の存在自体に固有の権限を有するもの」と認定している。すなわち、①各国間の同意によって設立された、②関係国紛争を解決する、前提として要求される、③各国の同意を基礎とする裁判所の存在自体に管轄権行使の固有性を認めるものである。国際司法裁判所にあっては、裁判所の「存在自体」に固有の権限が認められている。本節において特に強調されるべきは、固有説が既に諸種の判例に採用されている事実への知見である。この点は、特段に留意されるべきであると考える。

国家刑罰権の一部譲渡を前提としない固有説からは、一見超国家的刑罰権が観念されるように思われる。しかし、本章における法理論的考察からは、独立「機関」刑罰権概念が帰結されるのである。なぜなら、国際刑事裁判所は、固有の刑罰権を有しているためである。すなわち、国家主権の一部譲渡を前提としない固有説は、そもそも国内刑罰権と角逐ないし相克することはない。そうであれば、「国家」刑罰権との比較をもって、論じられるところの「超」国家的刑罰権は観念されることは「ない」のである。

三　総括

以上、本章は、国際刑法における刑罰権行使の正当性について、汎用される超国家的裁判所ないし超国家的刑罰権にいう「超」の一語をして、これを正当化することはできないこと。国際刑法創設の必要性から「超」概念を用いることは、刑法理論上からはあまりにも不適切であり、より正確な内容を体現化した論理的な説明が求められるべきであることを主張するものである。そのためには、ローマ外交会議およびそれに至るまでの国際法委員会や国際刑事裁判所設立準備委員会等で検討されていた譲渡説の原点に立ち戻って、国際刑事裁判所設立に関する諸種の議論を精査した上にこれを考察する必要があると思われる。

本書は、一貫して固有説に立脚するものであり、譲渡説に立脚するものではないが、国際刑法における刑罰権の源泉およびその行使の正当性について、譲渡説から合理的な説明の可能性を思索した。しかし、譲渡説を採用する限り、ローマ規程上の安保理付託や新効果条項について、理論的整合性を図ることはできない。他方、固有説の刑罰権概念を用いるならば、これらをすべて論理的に解決し得ることは明らかであろう。本章は、この点を提起した。

右提起に至るまでの各種諸問題に関する結論を導くにあたり、本章はその考察の中で国際刑法における刑罰権行使の正当性とその源泉を明らかにすべく法理論の構築に向け、諸説からの展開および帰結を導いた。その結果、①多数に支持される譲渡説からは、国際刑事裁判所は（国家刑罰権の権限を超えるという意味で）超国家的裁判所とは位置づけ得ないこと。また、②理論的には、（同じく国家刑罰権を超えるという意味で）「超」国家的刑罰権概念は帰結されないこと。③譲渡説についてはその解釈において、一部譲渡なのか全部譲渡なのか、任意的譲渡なのか必要的譲渡なのかなど本概念が多義的であること。他方、④固有説からは国家ではない、すなわち独立「機関」刑罰権を導き出し得ることを確認した。同時に、本章は、これらの考察の過程において、『超』国家的刑罰権を認める立場からは、国家刑罰権の譲渡を前提とする譲渡説は（「例外」と位置づけられない以上、これが）理論上導き出されない」という仮説を前述の論証を通じて検証した。

本章は、また右の理論的検討に加え、最後に実証的観点から、⑤固有説が関係法分野において既に用いられていており、実務的有用性を持つものとして位置づけられていること[116]を確認した。

＊本章は、日本刑法学会第九〇回大会（大阪大学）における個別研究報告「国際刑法における刑罰権の淵源」刑法雑誌第五二巻第二号（二〇一三・四）二一〇—二二六頁所収を新しく改めたものである。そのため内容的に制限があることはいうまでもない。後日、別稿をもって再考する予定である。

（1）　本書においては、国際刑法を巡る前世紀から今世紀に亘る個人責任に関する一連の系譜を確認しつつ、前世紀からの発展および臨時裁判所から常設裁判所へと移る「機関」に生じる法構造の比較検討という点に着目する。また、本書では、ニュルンベルク・極東国際軍事裁判所条例や旧ユーゴスラヴィア・ルワンダ国際刑事裁判所規程という前世紀に創られた国際軍事裁判所条例やアド・ホックの国際刑事裁判所規程とは異なる、今世紀初頭の二〇〇二年七月に発効した常設国際刑事裁判所規程を検討の対象として扱う。その観点から、前世紀に創られた国際軍事裁判所条例やアド・ホック国際刑事裁判所規程とは相違するという意味において、敢えて「今世紀国際刑法」という表記を用いることとする。また、重大な国際犯罪を犯した首謀者に対する個人の刑事責任追及については、前世紀からの連綿とした連続性を認めることができ、この意味から本書においては、常設国際刑事裁判所を単に

「機関」というものとする。

（2）前世紀においては、ニュルンベルク・極東国際軍事裁判所や、旧ユーゴスラヴィア・ルワンダ国際刑事裁判所などが設置されている。

（3）安藤泰子「旧ユーゴ国際刑事裁判所と国際刑事裁判所の管轄権行使に関する一考察」比較法学第三七巻二号（二〇〇四・一）五一—六七頁、特に六五頁、註（33）。

（4）もとより刑罰権は垂直的効力を伴うものである。すなわち、刑法「理論」上（という観点のみ）からは、規範の客観性が不同意に求められ、その行使が個別国家の排他的意思に求められない以上、関係国家の同意を「機関」における刑罰権行使の前提条件とすることはできない。そして、より実際的な観点からは、対象犯罪が国家機関の関与によって大規模かつ重大な人権侵害に及ぶ場合が極めて多いため、当該犯罪行為が行われた国家自らが積極的に国際刑事裁判所の管轄権を受け入れることを拒否ないし嫌悪する傾向にある。このような困難を予め考慮すれば、関係国家の同意は排除されることが望ましい。これを厳に求めることは、国際刑事裁判所本来の機能およびその実効性を弱体化させることにも繋がるという考え方もある。このような立場からは、（管轄権行使の結果として）刑罰権発動の前提と（される）して基本的には国家の同意は不要とされるという法理論が構築される。すなわち、刑罰権の行使は、本来強制的に行使されるべき性質のものであるところ、重大な国際犯罪を首謀した個人の刑事責任を追及する国際刑事裁判所の刑罰権行使に関し、いずれかの関係国の同意を必要的条件とすることは、（例えば、自己付託という状況に関し、補完性原則を基軸とする、特に旧）譲渡説の立場からも理論的に説明されるものではない。国際刑事裁判所の管轄権の行使に関しては、如何なる関係国の同意が必要かという争点が存在するが、本章は刑罰権の淵源に関する検討および国際刑法理論の構築という論点に絞り、なお且つ、これを刑罰権行使の場面に限定して問題点を考察する目的から、敢えて関係国家の同意についての検討は割愛することとする。なお、この点については、安藤泰子「国際刑事裁判所規程の『構造的矛盾』に関する法理論的解決——慣習国際法化プロセスと個人処罰に関する国家主権の内在的制約理論」関東学院法学第一〇巻三・四号（二〇〇一・三）一五七—一八四頁。

（5）国際刑法においては、ローマ規程の概要、基本原理、特定の論点について、すなわち各則的な観点から次第に考察が加えられつつあるものの、長年の歴史の上に重ねられてきた国内刑法における理論刑法学からの精緻な分析と比較して、刑法学からの体系的な理論の構築が遅れをとっている。

（6）いうまでもなく、刑事管轄権概念と刑罰権概念は異なるものであることを敢えて注記し、これを前提に論を進めることとする。

（7）小和田恆＝芝原邦爾「〔対談〕ローマ会議を振り返って——国際刑事裁判所設立に関する外交会議」ジュリスト第一一四六号

（一九九八・一二）四―二八頁、特に四頁以下、二一頁。

(8) 坂本一也「国際刑事裁判所設立構想に関する一考察――旧ユーゴ国際裁判所と常設国際刑事裁判所設立構想――」法学第五九巻三号（一九九五・八）三二六―三六二頁、特に三四〇頁。

(9) 国際連合憲章は、第一三条一項で総会が「国際法の漸進的発達と法典化を奨励すること」などの目的のために研究を発議し、勧告をすることを規定している。国際法委員会は、この使命を果たすべく、一九四七年に国際連合総会によって設立された総会の補助機関である。詳しくは、http://www.un.org/law/ilc/ を参照。また、一九二〇年から一九五〇年代の同委員会の動きについてこれを描出する論文として、白井正「国際刑事裁判所について」九州大学法政研究第二七巻二―四合併号（一九六一・三）三五三―三七〇頁。なお、最近の国際法委員会による立法の動きと将来の展望については、村瀬信也『国際法論集』信山社（二〇一二）三―二一頁。

(10) この考え方は、一九九四年の国際法委員会の見解に類似する立場である。

(11) ローマ外交会議では、Southern African Development Community, すなわち、ボツワナ、コンゴ、マラウィ、レソト、モザンビーク、モーリシャス、セイシェル、ナミビア、スワジランド、タンザニア、ザンビア、ジンバブエ、南アフリカ共和国を代表して南アフリカ共和国がこの立場を主張した。

(12) 国際刑事裁判所の管轄権に関するアメリカの見解およびその要旨については、A/C. 6/53/SR. 9 (21 Oct. 1998), The ICC Jurisdictional Regime : Addressing U. S. Arguments Human Right Watch, Roy S. Lee, The International Criminal Court : The Making of the Rome Statute Issues・Negotiations・Results, 1999, p. 633. etc.

(13) David J. Scheffer, The United States and the International Criminal Court, AJIL Vol. 93, No. 1, 1999, pp. 12–22.

(14) これに関しては、国際刑事裁判所のみならず国際司法裁判所の裁判権に関する正統性についての議論も重複する。国際司法裁判所に対する裁判管轄権の受諾宣言の遅れを国際法に対する不信（特に、新興国からの裁判所に対する不信感の存在と、裁判管轄権の受諾を国家主権に対する侵害と考えられていたため）と分析する文献として、田中耕太郎『続世界法の理論（上）』有斐閣（一九七二）三七四―四七五頁他。

(15) 髙山佳奈子「国際刑法の展開」山口厚・中谷和弘編『安全保障と国際犯罪』東京大学出版会（二〇〇五）三―二六頁、特に二〇頁。

(16) ②については、「超」国家的機関である国際刑事裁判所を指すと思われるが、本章において以下に検討を重ねれば、従来の通説に基づく以上、国際刑事裁判所は、「超」国家的機関でもなく「超」国家的刑罰権を有するものでもないことが判明する。

(17) なお、普遍的管轄権については、安藤泰子「国際刑法における普遍的管轄権に関する一考察」青山法学論集第五二巻二号（二〇一〇・九）一〇一―一四六頁。

(18) 一九九九年三月二三日に発効された「重大な国際人道法違反の処罰に関する法」は、ベルギー国内における一九四九年のジュネーヴ四条約と一九七七年の追加二議定書の重大な違反に対する“universal incrimination”に対する制限を設けていた一九九三年六月一六日法を改正し改名したものである。同法については、一九九六年九月からベルギー上院において討論会が重ねられてきた。同法におけるジェノサイドとは、ジェノサイド条約第二条の定義を引用すること、また同法における人道に対する犯罪の定義に関してはローマ規程第七条にいう人道に対する犯罪を意味すること等を規定している。この点については、安藤泰子『国際刑事裁判所の理念』成文堂（二〇〇二）三七七頁以下。

(19) 村上太郎「国際人道法の重大な違反の処罰に関する一九九三／一九九九年ベルギー法（一）」一橋法学第二巻二号（二〇〇三・六）七二七―七六一頁、同「国際人道法の重大な違反の処罰に関する一九九三／一九九九年ベルギー法（二・完）」同第二巻三号（二〇〇三・一一）一〇七七―一一〇七頁、同「ベルギー人道法、その後」同第六巻一号（二〇〇七・三）五〇九―五二八頁他。

(20) ローマ会議における各国の見解については、安藤・前掲注（18）『国際刑事裁判所の理念』二六九頁以下。

(21) Young Sok Kim, The Preconditions to the Exercise of the Jurisdiction of the International Criminal Court : With Focus on Article 12 of the Rome Statute, Journal of International Law & Practice, Michigan State University, Vol. 8, Issue 1, spring, 1999, p. 74.

(22) この点でドイツは、ローマ規程の列挙犯罪について自動的管轄権を前提に、犯罪関係国の同意を不必要とする普遍的管轄権“universal jurisdiction”の概念をローマ外交会議以前から提示していた。その中で、同国はローマ規程の列挙犯罪に関しては、普遍的管轄権の行使が慣習国際法上認められていると主張した。すなわち、被疑者拘束国は列挙犯罪について、他国の同意なしに被疑者を訴追し有罪の判決を受けた者についてこれを処罰することが可能とされる。犯罪行為地国、被疑者または被害者国籍国若しくは被疑者拘束国がローマ規程の締約国であるか否かを問わず、国際刑事裁判所は“universal jurisdiction”を持つ。非締約国は、国際刑事裁判所に対し協力義務はないものの、管轄権行使の前提条件として非締約国の同意さえも必要ないと結論づける。ドイツの管轄権概念の背景には、ローマ規程の列挙犯罪の重大性が、国際社会全体の共通法益に関わるものであり、当該犯罪が国際社会全体の法益を害することからローマ規程の非締約国にさえ管轄権が及ぶという共通法益概念が存在する。この点で、固有の管轄権説と共通点を有する。

(23) Young Sok Kim をはじめとする論者によれば、普遍説は固有説に近接性を持つものとして考えられている。この点については、op. cit. Young Sok Kim, With Focus on Article 12 of the Rome Statute, p. 74.

(24) したがって、本章は、後述する固有説と（普遍説を除く）非固有説＝譲渡説を中心に考察を加えるものとする。

(25) A/CN. 4/442.

(26) 小笠原一郎「国際法委員会の国際刑事裁判所規程について——管轄権の調整の問題を中心に——」世界法年報第一五号（一九九六・三）七一—九六頁、特に八五—八六頁。

(27) 田中利幸「刑事法の原理と国際刑事裁判所」国際人権第一二号（二〇〇一・一〇）五八—六三頁、特に五八頁。

(28) 安藤・前掲注（4）一五七—一八四頁。

(29) なお、国際刑事裁判所は、国際連合との関係性を求められており、その意味からは完全自立ではないことを付言する。

(30) 高山・前掲注（15）二〇頁。

(31) 田中・前掲注（27）六〇頁。

(32) 安藤・前掲注（4）一五七—一八四頁、特に一五八頁以下。

(33) 奥脇直也「国際法から見た国際刑事強力の現代的展開」法学教室第二七八号（二〇〇三・一一）四—一二頁、特に一一頁。

(34) この点で、田中利幸は、「個人と国家機関を直接結びつける理論的説明が必要」であることのみ（田中・前掲注（27）五八頁）を指摘する。

(35) 安藤・前掲注（4）一五七—一八四頁、特に一五八頁以下。

(36) 高山・前掲注（15）五頁。

(37) 高山・前掲注（15）三—二六頁、特に五頁。

(38) 増田隆「ジェノサイド処罰と中核犯罪の法益」早稲田大学大学院法研論集第一一九号（二〇〇六・九）一六三—一八二頁、特に一六九頁。

(39) この点、固有説に立ちながら政策的観点から補完性原則を採ることもできよう。その意味で、固有説は同原則を積極的に排除するものではないと考える。

(40) 高山佳奈子「国際刑事裁判権（一）」法学論叢第一五四巻一号（二〇〇三・一〇）一—二六頁、特に二頁。

(41) 高山・前掲注（40）二頁。

(42) 高山佳奈子「国際刑事裁判権（二）・完」法学論叢第一五四巻二号（二〇〇三・一一）二二—六〇頁、特に三〇頁。

(43) 高山・前掲注（42）三〇頁。

(44) 高山・前掲注（42）三二―三三頁。

(45) 高山・前掲注（42）四七頁。

(46) 高山・前掲注（42）四七頁。

(47) 高山・前掲注（42）四七頁。

(48) 高山・前掲注（15）二〇頁。

(49) この「超」の意義については、各論者によって異なるものであり、またそれをあたかも必然とするものであるとも考えられる。しかし、本章は、「なにゆえ」「超」なのか、という点を閑却し、現在国際共存社会に生じている自己付託という点を刑法理論からは整合的に帰結し得ないこと。これに加え、この基本的視座抜きにローマ規程の解釈や判例評釈を行っても、国際刑法研究は、国際法研究とどのように異なるのか。国際刑法研究と国際法研究とは同種同義であるのか、という問題をも指摘するものである。

(50) 旧ユーゴスラヴィア国際刑事裁判所創設の法的根拠については、タジッチ事件を参照。The Prosecutor v. Dusko Tadic a/k/a/“DULE” Case No. IT-94-1-AR72. A. Ch. ILR. Vol. 105, p. 453.

(51) Julian J. E. Schutte, Discussion Paper on Jurisdiction, p. 2, S/25704, para. 20, S/25266, para. 28.

(52) 国際法委員会もローマ規程草案の検討中、その設立方法につき、国連機関の一部とする方法、条約により独立の国際機関とする方法の二つを中心に選択肢を提示してきた（The Report of the International Law Committee, 1994, pp. 157-161.）。

(53) ＮＧＯであるアムネスティーなどからの国連の主要機関とするべきであるという強い主張（Amnesty International, The International Criminal Court Making the Right Choices-Part I, Jan. 1997.）にもかかわらず、憲章改正の実際上の困難性から、国際法委員会の中では戦後ほぼ一貫して条約による設立形式を採用するべきであるとの見解が支持されてきた。この点に関しては、小長谷和高『序説 国際刑事裁判序説 第一版』尚学社（二〇〇七）一三七頁。

(54) 異なる観点から論じれば、（修正）譲渡説からは超国家的刑罰権が観念され得る余地を残していると考えられる。

(55) 本章に指摘したように、超国家、超国家的裁判所、超国家的適用、超国家的刑罰権という概念は、それ自体を主張する論者においてさえ文脈によりその意義や説明を異にしているようでもあり、それが便宜的であるがゆえに矛盾や混迷を来しているように思われる。本書においては国際政治学等とは異なり、国際「刑法」学ではこれを厳格に解しなければならないと考える。

(56) この問題については、本書全体を通じて詳解するため、本章においては問題の所在のみを示すにとどまり、一先ず論を進めることとする。

(57) 所説に用いられる表記文言は、各論者の法的思考を反映させるものであるため、本章はこれに評価を加えることを目的とするものではない。

(58) 稲角光恵「国際刑事裁判所による管轄権行使と国家の同意について」金沢法学第四二巻一号（一九九九・一二）一―五四頁、特に一三頁。

(59) http://untreaty.un.org/ilc//documentation/english/a_cn4_449.pdf

(60) A/CN. 4/449

(61) http://untreaty.un.org/ilc//documentation/english/a_cn4_l490.pdf

(62) Report of the Working Group on a Draft Statute for an International Criminal Court, GAOR 48th Session, Supp. No. 10, A/48/10, Annex.

(63) 稲角・前掲注（58）一九頁。

(64) 稲角・前掲注（58）二一頁。

(65) 稲角・前掲注（58）二一頁。

(66) A49/10.

(67) Elizabeth Wilmshurst, Jurisdiction of the Court, The International Criminal Court, *The Making of the Rome Statue, Issues, Negotiations, Results*, ed. by Roy S. Lee, 1999, p. 127ff., esp. p. 128.

(68) 長嶺安政「国際刑事裁判所規程の成立」ジュリスト第一一四六号（一九九八・一二）二九―三四頁、特に三四頁。

(69) 稲角・前掲注（58）二三頁。

(70) op. cit. A/49/10, p. 36, (3), To a great extent these premises continue to be reflected in the draft articles. Thus a major strand of jurisdiction continues to be in relation to crimes defined by a list of treaties in force see art. 20, subpara. *(e)* and jurisdiction in respect of such crimes is essentially based on the consent of affected States (this is sometimes referred to as the principle of "ceded jurisdiction").

(71) 本会期ではジェノサイドに限っては、譲渡という条件が外された。換言すれば、国際刑事裁判所はジェノサイドに関しては固有の（管轄権ないし管轄権行使の結果として）刑罰権を行使するということを意味する。この点については、op. cit. A/49/10, p. 42, (7) は、"In light of the decision to confer "inherent" jurisdiction over genocide, article 21 treats that crime separately. Genocide is a crime under international law defined by the Convention on the Prevention and Punishment of the Crime of Genocide.

と記している。

(72) 稲角・前掲注（58）二三頁以下。

(73) 伊藤哲朗「国際刑事裁判所の設立とその意義」レファレンス第六二八号（二〇〇三・五）五―二七頁、特に一九頁、小和田＝芝原・前掲注（7）二一頁、芝原邦爾「国際刑事裁判所設立に関する外交会議」刑法雑誌第三九巻第二号（二〇〇〇・二）三四三―三四七頁、特に三四四、三四六頁、芝原邦爾「国際刑事裁判所設立条約の成立」法学教室第二一九号（一九九八・一二）四四―五〇頁、特に四六頁。

(74) 西原春夫『刑法の根底にあるもの 増補版』成文堂（二〇〇三）。

(75) 高山・前掲注（42）「国際刑事裁判権（二）・完」二二―六〇頁、特に三〇―三一頁。

(76) 田中利幸は、前掲注（27）「刑事法の原理と国際刑事裁判所」六〇頁で同様の指摘を加えている。すなわち、「これまでは、（中略）国際刑事裁判所による処罰によって保護を実現することが必要になるとして、そのことに正統性の根拠を求めてきた。ただ、（中略）それがなぜ『国際社会に』『固有の』ものとして基礎づけられるかには、説明を要する」と指摘する。

(77) なお、この問題は極めて難解な課題であり、本章においては一私見を示すものに過ぎないことを付言する。

(78) 安藤・前掲注（18）『国際刑事裁判所の理念』一三六―一四六頁。

(79) ローマ外交会議における管轄権に関する主な交渉の内容については、安藤・前掲注（18）二六九頁以下、特に譲渡説が多数であったことについては、同二七〇頁以下。

(80) また、譲渡説によれば、（特に我が国においては）憲法第七六条との調整が求められよう。すなわち、同第七六条一項は、「すべて司法権は、最高裁判所および法律の定めるところにより設置する裁判所に属する」と規定し、続く同条二項で「特別裁判所はこれを設置することができない」と定めている。国家と国際社会における司法権を巡る問題は、諸種の問題はあるものの、国内刑法と国際社会における刑罰権の問題とも置き換え得る。国際刑事裁判機関が、その創設と同時に固有の刑罰権を有する、否、むしろ（被害を受けた「人」を含む）国際社会が有していた処罰意思を国際刑事裁判機関の設置をもって反映させたと考える固有説とは異なり、譲渡説を採用する限り、国際刑事裁判所が行使する刑罰権と国内裁判所の刑罰権との関係については憲法との調整が求められることになる。

(81) 小長谷・前掲注（53）一五四―一五五頁は、「ＩＣＣ管轄権行使の条件が犯罪実行地国の同意のみで充分であることは、一層正確には、ＩＣＣローマ規程の非締約国がたまたま犯罪容疑者の本国であった場合でも、その同意なしにＩＣＣの管轄権が及びうる仕組みになったことを意味する。例えば、米国がＩＣＣの非締約国であっても、米国の同意を俟たずに米国軍隊構成員がＩＣＣ

で訴追されうるのである。その場合、米国が締約国であるならば、補完性の原則によって自国の管轄権を優先させる手だてが残されているが、非締約国の場合はＩＣＣの管轄権行使に待ったをかけることはできずに、容疑者の本国は自国民保護の対人主権の行使を制限されることになる。この点こそＩＣＣが国際的公権力として革新的な要素を含むといわれる」所以であると指摘する。

(82) 新井京「国際刑事裁判所における規程非締約国の取扱い」世界法年報第二八号（二〇〇九・三）七七―一〇八頁、特に八五、九六頁。

(83) 松田誠「国際刑事裁判所の管轄権とその行使の条件」ジュリスト第一一四六号（一九九八・一二）四五―五三頁、特に四七頁、安藤・前掲注（18）『国際刑事裁判所の理念』二五九頁以下。

(84) この点に関しては、さらに実質的観点からの考察の必要があると考える。各国が条約を締結した時、すなわち加入時なのではなかろうかという問題も起き得るが、固有説に基づけば一般的には条約の発効時をその基準とすることがその趣旨にそったものと考えられる。

(85) 内在的制約論については、安藤・前掲注（18）『国際刑事裁判所の理念』二九〇頁以下。

(86) 本章は、これに関する詳述を目的とはしないため、内在的制約論と独立機関刑罰権説、および両者の関係については触れない。

(87) この点で、私見においては、国際社会全体（の処罰意思に基づきこれ）がその刑罰権を有するという刑罰論を採るものである。内在的制約論に関しては、更なる検討が求められると考える。これについては、今後の検討課題としたい。

(88) 田中・前掲注（27）「刑事法の原理と国際刑事裁判所」六〇頁。

(89) なお田中は、前掲注（27）六〇頁で市民の国際社会への付託は制度化されていない点を注記している。

(90) そして、何よりも、二〇一〇年カンパラ会議で示された侵略犯罪を首謀した個人の責任に関しては、内在的制約論に基づく固有説によって、理論的に説明し得るものと考える。この点については、稿を改めて検討したい。

(91) 小森光夫「国際公法秩序における履行確保の多様性と実効性」國際法外交雑誌第九七巻第三号（一九九八・八）一―四二頁、特に三頁は、公的秩序の機能をもつ制度が国際法に存在しなかったわけではないことについて公海制度を例に説明しつつ、しかしそうした公的秩序としての機能が、「国際法を主権国家間の同意に基づいて存在する法として認識する理論が支配的であったために、むしろ潜在化してしまっていた」と指摘する。

(92) 共益概念における国家主権に対する内在的制約論および修正譲渡説に立脚する立場からは、純粋な刑罰権の行使とは異なるが、例えば、国際連合憲章第七章において加盟国は自国の決定権を安保理に委ねその決定に従って行動しなければならない。この点で、国家は同意なしに拘束を受けることがないという伝統的主権国家および合意原則からは、その機能面における修正的結果であるといえよう。また国連構成国が総会、安保理および他の機関において多数決による決定に拘束されるという事実は、従来の合意原則の機能的側面が修正された形で、まさに構成国の主権が明確に制限されるということを意味し、一定の拘束を余儀なくされる——主権の相対性——という点にも反映されているようにも思える。

(93) 持論における理論的試行は、広瀬善男「核兵器使用の違法性に関する考察——国際慣習法の立場から」明治学院論叢第五七三号（一九九六・二）一—三八頁や、同「『平和に対する罪』と国際法」同第三五〇号（一九八四・一）一—三〇頁、同「国際社会のコミュニティ化の条件——国際法上の国家主権概念を軸として——」同第三六二号（一九八四・三）一—七三頁、同『主権国家と新世界秩序』信山社（一九九七）、同「国際慣習法に関する新たな視座——自生・国益慣習法と制度・人道慣習法——」明治学院論叢第五七八号（一九九六・三）一—七五頁など、一連の著述を通して広瀬が語りかける「国家主権の絶対性を背景とした主権的合意の法社会から脱却し、相互依存関係に基礎づけられた共同体意思の優位性を承認する体制の構築」という観点から共通点を見出し得る。

(94) この点に関しては、本章の目的ではないため割愛する。なお詳細については、安藤泰子「罪刑法定主義の相対性（一）」青山法務研究論集第一三号（二〇一七・三）三一—五四頁、同「罪刑法定主義の相対性（二）——国際刑法の原点から考える——」青山ローフォーラム第五巻二号（二〇一七・三）七七—一一三頁。

(95) この点については、より深く掘り下げて考究する必要があると考える。

(96) 安藤・前掲注（18）『国際刑事裁判所の理念』二九〇頁以下、同・前掲注（4）「国際刑事裁判所規程の『構造的矛盾』に関する法理論的解決」一五七—一八四頁。なお、内在的制約論と固有説については、他日を期して詳細を検討したい。

(97) 中屋宏隆「シューマン・プラン交渉過程からみるヨーロッパ石炭鉄鋼共同体設立条約調印の意義（一）」經濟論叢（京都大学第一七九巻五・六号（二〇〇七・五）四二〇—四三四頁、特に四二〇頁。

(98) 小和田恒「国際機構の規範定立行為と国内法制」『山本草二先生古稀記念　国家管轄権』勁草書房（一九九八）六八三—七〇二頁、特に六九八頁。

(99) 他方で、抽象性と、国際刑法を特徴づけるひとつの要素となるべき緩和性とは、異なることを記しておく。

(100) 髙山・前掲注（15）「国際刑法の展開」二〇頁。

(101) 西原・前掲注（74）『刑法の根底にあるもの 増補版』を参照。

(102) その結果、所論においては、一方で超国家的刑罰権を認めつつも、他方で譲渡説からは批判の根拠を欠く「民主性の低さ」（髙山・前掲注（42）「国際刑事裁判権（二）・完」三二一頁）を憂慮するという不両立関係ないし不整合を指摘している。これは、国際社会において国内の立法機関に該当する議会が存在しないことから、条約制定プロセスとその内容へ民主性が欠如しているという懸念である。しかしながら、本章における検討を経てみれば、一方で譲渡説からは（国家刑罰権を超えるという意味において）超国家的刑罰権は観念できない。他方で、譲渡説からは危惧される民主性は満たされていると考える。すなわち、譲渡説からは、既に民主性は担保されている。なぜなら、多くの論者によって支持される譲渡説においては、その淵源が国内刑法に求められるからである。

(103)　白井・前掲注（9）「国際刑事裁判所について」三六九頁。

(104)　安藤貴世「国際刑事裁判所とテロリズム」国際関係研究（日本大学）第三五巻二号（二〇一五・二）一—一九頁、特に一四頁は、譲渡説③を採ったものと考えられる。

(105)　齊藤正彰「国際刑事裁判所と日本国憲法」ジュリスト第一三四三号（二〇〇七・一〇）七三—七九頁、特に七六頁。

(106)　齊藤・前掲注（105）七六頁。

(107)　小寺彰・奥脇直也「国際公秩序への我が国の対応」ジュリスト第一三四三号（二〇〇七・一〇）六—九頁、特に八頁。

(108)　移譲説の系譜を辿れば、国家の刑罰権を当該国家以外の「結合国家」に委譲するという刑罰権に関するいわば移譲説と考える捉え方が、刑法学という観点からは主だってEUを背景に、またはEUとの関係を前提に特定の地域的管轄権のもとに、——主権の制限——権限を説明するに際して用いられてきたことが明らかとなる。この点で、移譲説は、主に特定地域における国家から結合国家へと、あるいは結合国家のもとにおける裁判所に関し個別的刑罰権限についてこれを移す、という意味において用いられ、「国際社会全体」の関心事たる重大な国際犯罪を前提とする、国家から国家以外の国際刑事「機関」に譲渡ないし委譲させる、という観念ではなかった。近時、このような考え方の採用如何について検討されているが、本章は、地域的管轄権についての条件を前提とはしないため、また、旧来から国際法委員会で考えられていた刑罰権の譲渡、すなわち（刑法の通常犯罪に関する刑罰権の行使を前提とするものではなく、あくまで）重大な国際犯罪を前提とする、国家から国家以外の「機関」における刑罰権の行使について検討するため、移譲という概念については扱わない。

(109)　山口幹生「国際刑事裁判所に対する国の司法上の協力について」ジュリスト第一一四六号（一九九八・一二）六一—七一頁、特に六一頁。

(110)　アド・ホックな旧ユーゴスラヴィア国際刑事裁判所は、国家との関係においては執行権限を（有するのは安保理であり）付与されてはいない。しかし、常設の本裁判所は国家のローマ規程・手続証拠規則の違反に関し、司法認定を行う固有の（ないし内在的な）権限を有することが認められている、というものである。

(111) IT-95-14-AR108 bis, Prosecutor v. Tihomir Blaskic, Judgement on the Request of the Republic of Croatia for Review of the Decision of Trial Chamber II of 18 July 1997. http://www.icty.org/x/cases/blaskic/acdec/en/71029JT3.html

(112) 一九六〇年二月一三日、フランスは核兵器実験をサハラ砂漠で実施した。本件は、同国が続く一九六六年以降、大気圏内核実験を太平洋で行ったため、オーストラリア（政府）がフランスに対し核実験の停止を求めた事件である。フランスは、一九六〇年から一九九六年までの間に二一〇回の核実験を行ったという。この点に関しては、鈴木尊紘「フランスにおける核実験被害者補償法」外国の立法第二四五号（二〇一〇・九）四四—五五頁、特に四四—四五頁。なお、核兵器の問題を取り上げる著書は多くあるが、さしあたり浦田賢治編『原発と核抑止の犯罪性』日本評論社（二〇一二）、藤田久一『核に立ち向かう国際法』（一九六一）、「協働の国際法」を強調する阿部達也『大量破壊兵器と国際法』東信堂（二〇一一）他。

(113) Judgment, ICJ Reports, 1974, pp. 253., Reports of Judgments, Advisory Opinions and Orders, Nuclear Tests Case, (AUSTRALIA v. FRANCE), Judgment of 20 Dec. 1974, http://www.icj-cij.org/docket/files/58/6093.pdf

(114) 但し、ローマ規程においても同意原則が採られているが、これは刑事裁判の本来的な法構造とは異なるものであることを付言する。

(115) Judgment, ICJ Reports, 1974, pp. 259-260.

(116) op. cit. IT-95-14-AR108 bis, para. 26., IT-95-14-PT, PP. 374-377, Danesb Sarooshi, The Powers of the United Nations International, http://www.mpil.de/shared/data/pdf/pdfmpunyb/sarooshi_2.pdf etc.

第二章　法の分化

はじめに

本章は、国際社会の変容とともに、これまで明確に区別されてこなかった未分化の法域が、その本質・目的・対象などを異にすることによって、別の学域へと変容したという仮説を立て、これを検証し、実証を試みるものである。すなわち、本章は――法的組織において充分な発展をみていない現今の国際社会においては、いまだ法秩序の混淆性が濃く、法の支配を目指しつつも政治力学による支配が続行される中で――旧来、必ずしも明らかに分化されていなかった法域が未分化状態から分化されていく現象を、国際法学および刑法学史の変遷の中に捉え、以下の項目について検討を加えるものである。

以下、一から四において論旨を示す。

一　国際社会の構成員は、国際共存社会が政治・経済・文化的にグローバル化し高度に情報化する中で、地球上に起こる戦争や紛争に関し、詳細なデータを映像・画像という形で瞬時に入手し得ることになった(1)。現在、従来とは異なる法域が顕在化し、次第に「学」として専門化していく様相を確認する。社会の発展とともに法が進化し分化するとの仮説のもとに、現在の国際社会に表出された現象を責任の分化として捉え、これを第一篇第二章で検証する。

これまで本書第一篇第一章を含む幾つかの論考において、国際刑法は必要性に基づいて形成されてきたものであり、その法源は慣習国際法を主要なものとすると解されてきたことを明らかにしてきた。(2)

他方、本検証の対象である国際刑法が国際社会に妥当する「刑法」であるという観点からは、その効果である物理的強制力を伴う刑罰権の行使に関し、理論的な説明が付されなければならないと考える。

二　国際刑法は、ニュルンベルク・極東国際軍事裁判を起点とし展開してきたものであるが、それは刑法学からの把捉というよりも、むしろ「国際法の一部」であったという説明が加えられている。また、今世紀に至り常設国際刑事裁判所設立条約の採択をみて、同条約規程（以下、「ローマ規程」と略称）が現実的に運用されている今日に至っても、なお多くの論者から合意原則は不動の絶対定理という伝統的思考のもとに、国際刑法は「国際法の一部」と説明されている。

しかしながら、この説明は必ずしも合理性を有するものではないと思われる。本書は、国際刑法は「国際法の一部」であるという見解が、今日の国際社会に顕在化している法現象を必ずしも正確に捉えているものではないのではなかろうか、という問題意識を有して論考の出発点に立つのである。

本書において国際刑法は、国際法と深い関係を有しつつも、国際法から独立した、その本質において異なる国際「刑法」と位置づけられるべき法域となっていると考えるものである。

三　検証にあたっては、国際「刑法」という視点からは、ニュルンベルク・極東両国際軍事裁判所（条例の解釈）において生じた遡及処罰の禁止に関する問題に着目する。この争点となった犯「罪」法定の原則に関し、これが国内刑法上から求められる罪刑法定主義の厳格解釈からは問題ではあるものの、「例外」という把捉ができ得るのではなかろうか、と解し仮説を設定する。

四　そして、既述した国際法の「一部」と、本仮説に設定された「例外」とが互いに結合することによりローマ規程という定立法となって本質化＝原則化したという帰結を本章で検証するものである。

第一節　「機関」刑罰権論の端緒

一　共存社会と刑罰論

刑罰権は、国家刑罰権といわれるように、本来国家のみが独占的に有するものと把握されている。いうまでもなく、これは主権から導かれるものであるが、国家主権の最高性は他の機関からの「干渉」を許さないという趣意である。また、他国を承認し他国の主権について「干渉」しない相互不干渉を意味するものでもある。

国際刑事裁判所の刑罰権については、多くの論者が（刑罰権国家独占原則との関係に関する考察を加えることなく、あるいは疑問を示さないまま、あたかもア・プリオリなものとして）「超」国家的刑罰権の行使という説明を加えている。このような立場からは、「超」国家的刑罰権概念にいう、「超」とは、（本来「不干渉」権限であった［または、不干渉であることが原則となっている］刑罰権に対し、行使の方法はどのような形態を採ったとしても）国際刑事裁判機関がこれ（国家刑罰権）に「干渉」する（または国際刑事裁判機関に「干渉」を許す）、という性質の刑罰権であることが判明する。この、「干渉」は、国家主権を重んじる国家側からみれば「制限」と解される。刑罰権国家独占原則は、換言すれば、国家刑罰権「不干渉」原理ともいえる。このような考え方に立てば、刑罰権国家独占原則にいう、独占の意義のひとつは不干渉を意味するものであるところ、この一部を国際刑事裁判機関に「譲渡」することによって、国際刑事裁判機関はこれを行使し得るものであるという見解が導かれる。従来の刑罰権国家独占原則に対し、他の機関の干渉が許容される、すなわち刑罰権に関し、国家以外の国際機関による干渉を許すという説明である。

いうまでもなく、これは適用されるべき場面は異なるものの、人道的介入の趣意からも同様に導かれ得る。もちろん、国際刑罰権行使の正当性に関する合理的な根拠を刑法理論の中に探究する本書においては、漠然性・不明確性を有する右をもっては説明し得ない。しかし、ひとつの付随的（国際思潮の形成背景にかかる補充的）な説明として、刑罰権に対する干渉＝刑罰権国家「独占原則の『例外』」、すなわち刑罰権に関する「干渉」＝「例外」という説明は、人道的介入と同様の趣意を反映させ得るものと考えられる。このように解するならば、ここに人道とは何かについて、すなわち人道の定義、介入基準が次なる問題として浮上してくる。本章は、国家主権への介入ないし干渉について、「人」の保護という観点からは人道的介入と同じような説明が付され得るという言及にとどめる。(3)

一般に多くの論者によって説明される国家「主権という壁を超えて」という意義において、右の説明には共通するものがあるように思われる。「人」の保護を図るという観点からは、これと共通の要素を見出すことができる。例えば、国内刑法に指す一個の殺人罪では評価し得ない、国際社会全体の共存秩序を害する――（被疑者・被告人という人の生命身体への保護、生存を含む）究極的には「人」の共存を保護法益とする侵害――コア・クライムに関する首謀者の個人責任追及について、国家主権の存在はむしろ障壁となってきたのである。

すなわち、旧来、重大な国際犯罪を首謀した個人への刑事責任追及に対する「国家」刑罰権の発動に関し、国家は、①無起動性を温存しまたは残存させつつ、②むしろ主権者無問責を赦し、③もって不処罰慣行を形成してきた。（そこで今世紀初頭に発効するに至った）ローマ規程においては、このような弊害を克服すべく「国家」以外の第三機関、換言すれば国際刑事裁判「機関」に刑罰権を委ねた、と一般的に解されている。ここに、人道的介入と同趣旨から国家主権への介入ないし干渉を認めるという点では共通性が見出される。

従来は、国家主権が壁となって、国内外で――とりわけ国内における自国民に対し――行われた集団殺害犯罪

（以下、「ジェノサイド」という）人道に対する犯罪、戦争犯罪、侵略犯罪に対し、上述した①から③の弊害が重ねられてきた。また、国外で犯された戦争犯罪・侵略犯罪についても、同様に国家主権における不干渉・不介入原則が壁となって犯罪の首謀者に対する個「人」の刑事責任追及＝処罰の実効性が担保されなかったのである。

そこで、これらを克服すべく、個別「国家」から成る国際共存社会は、個別「国家」機関以外の第三者である国際刑事裁判機関に（国家刑罰権の行使を一次的行使と承認しつつも）刑罰権を委ねることを行ったのである（この点に関しては、第一篇第一章で明らかにした通り、国際社会が固有に刑罰権を有する、という考え方もある）。個別「国家」は、ローマ規程をして、この「機関」に刑罰権に関する、①介入ないし干渉を許す、またこれが（一九四五年のニュルンベルクおよび一九四六年の極東国際軍事裁判という）前世紀国際刑法において、②許された先行例もあり、先の諸弊害を克服するには、③許されなければならない、という（二度の大戦における惨劇をみて、要罰観の形成とその高まりを背景に）今日の国際的思潮を反映させるものとして「常設」国際刑事裁判所設立条約（＝ローマ規程）を採択したのである、という説明をなし得る。

これは、近代国家成立以降、刑法学上長きにわたって認められていた刑罰権国家独占原則の「修正」である。すなわち、このような修正現象は、伝統的国家観（を支えてきた国家主権絶対原則）が共存社会観へと遷り変わる中での国家主権の変容にかかる一側面であると考えられる。ここに、コア・クライムに関する刑罰権干渉の形態は、国家ではない「機関」をもって実現化が図られることになったのである。「国家」以外の「機関」(4)が刑罰権を行使するという国際共存社会の「現象」が認められる。

この点で、既に第一篇第一章で詳述したように国家が独占する刑罰権の一部を国際刑事裁判機関に譲渡することによって当該機関はこれを行使することができるという（この立場を、第一篇第一章に続き同じく以下、「譲渡説」という）譲渡説に立脚した場合であっても、譲渡後は（補完性原則のもとにあっても）「機関自体が刑罰権を有する」という本章の帰結に整合することとなるのである。（国連の下に置かれない「独立した」）国際刑事裁判「機関」が有する刑罰権は、（国際共存社会が固有の刑罰権としてこれを有するものであると考える固有説、先に説明を加えた譲渡説その他、いずれの立場からも）「国家」以外の「機関」がローマ規程の対象犯罪について、刑罰権を有するという構造を持つに至ったといえる。国際共存社会の「機関」が有する刑罰権を、――国内裁判機関と区別する意義をも含め――説明の便宜上、これを（共存社会）「機関刑罰権」ということにする。

このような思索を巡らせ以下に検討を行う所以は、――共存社会の機関刑罰権への考察を加えるにあたり、法の枠組み、とりわけ機関の属性を明らかにすることによって、人類共存社会における――国際刑法の形成過程やその沿革に符合する国際刑法理論の構築への端緒を求めようとするためである。すなわち、本章は、国際刑罰権の行使の正当性を基礎づける国際刑法理論構築への端緒を探究するにあたり、(1)国際刑法の史的展開の中に右の検討を行い、(2)仮説検証の過程において、国際法と刑法「原理の相対性」を史的変遷の中に発見する「現象」に、本仮説を、①横断軸、②縦横軸、③時間軸に相関させる。(3)右仮説の中にこの相関解析を取り込み、(4)形式的・実質的観点から検証を加える。その検証を踏んで、(5)国際刑法は「分化」したという仮説が矛盾なく整合することを本章で明らかにする。

本章は、国際法の「一部」とされた過去における未成熟な「前世紀」国際刑法と、(5)二〇一八年四月現在に至ってもなお国際法の「一部」と位置づけられている「今世紀」国際刑法（＝ローマ規程）について、既に歴史「性」を有する学域を成していることを論証するものである。

二　検討

以上の点を明らかにすべく、以下、論を進めることとする。

先ず、コア・クライムに関する首謀者責任の不処罰慣行の根源は、既述した通り国家主権の問題であった。この、不処罰慣行を克服するため、国家主権絶対原則を破る、換言すれば、国家刑罰権（の一部）を国家以外の「機関」に譲渡する、託す、委ねる、委譲する、移譲する、（あるいは固より国際共存社会が有する、またはこれを背景とする国際社会における「独立機関」が創設と同時に）固有の刑罰権を有する、といういずれの方法ないし立場をもっても、国際社会は国家「以外」の、国際「機関」に刑事事態（国内法にいう「事件」）の解決を（補完性原則を採りつつも）行わせることになったのである。

従来は国家主権をもってすべての国内管轄権に関する国内事象については、「不干渉」原則をもってこれを排除し得た。このような国家主権に基づく不干渉原則の下では、コア・クライムを首謀した指導者個人への刑事責任は追及されずに、むしろ公的地位の特権免除（主権者無答責）が認められた結果、不処罰慣行が創られてきた。この、特権免除を「否」とする法文化の形成に国際共存社会は動き出すことになったのである。

国際法の「一部」と位置づけられていた未成熟な（前世紀）国際刑法を礎に、「成文」としてのローマ規程が設けられ、刑罰権国家独占原則は「修正」を求められることとなった。同原則は絶対原則ではなく、相対性が認められることになった。すなわち、国家主権における刑罰権独占原則は、「不干渉」という抗弁を拒まれることになったのである。ローマ規程の対象犯罪であるコア・クライムの首謀者に関する司法判断に続く、刑罰権の行使については、国家以外の「機関」に干渉を許す（あるいは法的審判を求める）ことになった。国際共存社会においては、ローマ規程の採択をもって新たに創設された「独立の」国際「機関」が、コア・クライムである対象犯罪に関する（審理を経て）刑罰権行使に干与することが可能となったのである。

従来、国家のみが有していた刑罰権は、コア・クライムに限って国家主権から導かれる刑罰権国家独占原則を破り、他の「機関」に譲渡する、委ねる、委託する、委譲する、移譲する、（または国際社会が、あるいは「機関」自体が）

固有の刑罰権を有するという、いずれの考えに拠っても、国家「以外の機関」に刑罰権を付与するまたは帰属させる、あるいはまた「機関」がこれを固有に有していることを認めることになった。すなわち、（その形態はいずれの見解にしたがっても）国際共存社会の「機関」がこれを行使し得ることにしたのである。

本章に主張する、「機関」刑罰権論に関する考え方は、一九五〇年代以降の国際法委員会における国際刑事裁判機関設立に関する草案で示された「譲渡説の原型」にその端緒が求められる[6]。この考え方は、国際共存社会の刑事裁判機関に対する「信頼」にそって説明し得るのであり、コア・クライムに対する国際社会の処罰思潮に符号するものである。

本篇第一章第二節四項以下で論じたように国際法委員会で示された譲渡説の原案においては、国家は国家主権にかかる刑罰権の一部を放棄する、国際刑事裁判所はこれによって放棄された刑罰権を獲得する、というものであった。これが、時代の推移とともに共存社会自らが（設立根拠は異なるとはいえ）幾つかの国際刑事裁判を経験したことや、国際共通法益概念への浸透と受容に伴って次第に譲渡（によって生じる「機関」に対する猜疑）というよりも、むしろ機関に対する「信頼」に変移してきたことは既述した通りである。

刑罰権は本来国家のみが有するものであるが、国家ではない「機関」に個人の刑事責任に関する判断を委ねるという思潮に変容してきたのである。換言すれば、指導者の個人責任に関し、不処罰慣行を形成してきた「国家」ではなく、国際共存社会の「機関」による司法判断を求めることになったのである。国際共存社会は、国際「機関」への信頼を、①寄せざるを得ない、あるいは②寄せられるべき、（〔厳密には、一九九八年ローマ規程を含む〕今世紀に至っては）③一定程度の信頼を寄せて、これに刑罰権の行使を委ねるという「委譲」（あるいは「機関ないし国際共存社会」が固有に刑罰権を有するという固有説も主張されていた）と表現されるべき事態にその内実が変容してきたのである[7]。

このような――国家以外の「機関」をして刑罰権を行使させるまたは「機関」がこれを行使するという――考え

は、従来からの「国際法上採られている伝統的な合意原則」と「刑法学上採られている伝統的な刑罰権国家独占原則」をもっては、整合的な説明をなし得ない。国際刑法は、従来の「合意原則を破る」、合意原則の「例外」をなすものと考えられるのである。そして、前世紀まで汎く採られていた伝統的な刑法原則である刑罰権国家独占原則をもっては人間の保護を充分図り得ない法域について、人間の保護を目指して（刑罰権「国家」独占原則の「相対化」へと向かう人類の共存社会の営為、すなわち）国家機関以外の「機関」へ刑罰権の行使を委ねたのである。このような「国家」主権の相対化現象は、今日の国際共存社会における特徴的現象のひとつといえよう。

「機関」刑罰権の創出を国際共存社会におけるひとつの「現象」、更には「現象を超える本質」と捉える考え方は、（国際共存社会が当該機関の創設と同時にその刑罰権を固有するという固有説も含め）国家以外の「機関」が刑罰権を行使するという国際的思潮を背景とし、その国際的な刑罰意思をもって刑罰権を基礎づけようとするものである。右のような考え方によれば、「国家」によってその（具体的）刑罰権の行使の正当性が基礎づけられるか否かにかかわらず、一定の要件の下にこれを国家以外の国際共存社会の「機関」が行使し得る、すなわち「国家」以外の「機関」による刑罰権の行使が可能となるという枠組みを創り出そうという国際「共存社会」の処罰意思を明示したものと捉えることができる。

刑罰権の行使について、理論的にいえば必ずしも「国家」に拘束される必然性は存在しない。むしろ「前」国家刑罰観、すなわち後の第一篇第七章で検討する（原始・古代を含む）共生社会における潜在的社会規範ともいい得る慣習法から導かれる刑罰観が表象されるのである(8)。別言すれば、個別「国家」によって形成されてきた刑罰観ではなく、個別国家から成る国際「共存社会」を背景に形成されたコア・クライムを首謀した個人者処罰に関する要罰観である。国際「共存社会」の思潮の結実が、今世紀国際刑法＝二〇〇二年七月発効のローマ規程（以下、本書における本規程の捉え方および説明の都合上、「今世紀国際刑法」と呼ぶ）であると考える。

本書における「今世紀」国際刑法という表現は、――もとより、国家の刑罰論を今世紀国際刑法に（同義のものとして）透写させる必要があるのか、あるいは今世紀国際刑法における罪刑法定主義を近代国家刑法におけるそれと同義に解さなければならないのか、という素朴な疑問を解くべく進めてきた由のものであり、このような考えに基づく表現として（「対」前世紀「から」、今世紀にかけて創出されたコア・クライムに関する「刑法」＝ローマ規程を描き出すべく）「今世紀」国際刑法という表現を用いたものであるが――刑法を巡る、その構造において、異なる時間軸の「今世紀」共存社会に、どのような解釈を展開していくべきかという趣意から、敢えてこのような表記を充てるものである。

国家によってのみ基礎づけられる訴追権をしては、コア・クライムに関する首謀者処罰の実効性が担保できない――精確には、国家主権に関する免除特権という抗弁をもって指導者の責任を否定する――すなわち、処罰の遺漏が生じるコア・クライムに関する個人の刑事責任について、「国家」機関以外の「機関」をしてそれを確保させようとするものである。それゆえに、新たな法の枠組みを創り、当該「機関」を介してその実効性を図る、というのが国際刑事裁判所の創設趣旨であった。

ところで、国際社会において国家間を規律する法が国際法であり、合意がその要を成す原則と理解されている。国際刑事裁判所の設立にあたっては、――この新たな機関をどのようにして創るかということに――国際共存社会は、その採るべき法的手法において苦難を強いられることになったのである。国際法委員会を中心に裁判所創設の方法について、いくつかの選択肢が提示される中、最終的には条約という形式を踏んだものの、他方で当該条約自体が物理的強制力を伴う垂直的効果を承認するものであり、合意原則からは説明し得ない新効果規定を置いている（ローマ規定第一二三条ⓑ）。

従来の伝統的国家主権概念が非伝統的国家主権概念へと遷り変わる中で、「人」間共存への保護を求めて、伝統的合意原則は破られる。すなわち、一般に、①国際法の「一部」と位置づけられたまたは位置づけられている国際「刑法」の「分化」現象と、②刑罰権国家独占原則における「例外」とを捉把し得る事態の顕出現象——換言すれば、両原則の相対性を——ここに視ることができるのである。

第二節　国際刑罰権の哲学的基礎

一　現象から刑法理論へ

譲渡説は、あくまで「国家」（刑罰権の存在）を前提としたものである。譲渡説に対して、国際刑事裁判機関（あるいは国際共存社会）が固有の刑罰権を有すると解する固有説は、（対「国家」の存在——とりわけ伝統的「国家」における身分的支配からの脱却を試みたフランス市民革命以降の、——近代「国家」における不干渉主義として顕現する国家主権絶対を必ずしも前提にはしておらず）「国家」刑罰権の譲渡をもって国際刑事裁判所が刑罰権を有するものとなるという構成を採るものではない。

この点について多くの論者が、国際刑法における刑罰権の源泉——コア・クライムに関する、確立した慣習国際法による処罰——について、もっぱら外観上ないし法形式的には、一般に国際法の「一部」として説明している。換言すれば、慣習国際法による処罰という説明が加えられる、または必要性から求められる刑罰権ということにとどまり、国際法委員会他の原案で示された譲渡説やその他固有説という国際刑法の原理からする論究は、我が国においては刑法学上存在しない。

しかしながら、本書において国際刑罰権は固有説に基づくものであると同時に、刑法の「例外」として、すなわち罪刑法定主義の「例外」として「個人責任」の実質化を図ってきたものと把握し得ると考えるのである。すなわち、一九四五年のニュルンベルク国際軍事裁判や翌一九四六年の極東国際軍事裁判では、戦争犯罪などの国際社会にとって最も重大な犯罪と認識された犯罪の（両判決に対する法的評価は、別の問題としても）罪質に関し、（我が国の国内刑法典上配置されている通常犯罪とは「決定的」に相違する）異質な"core"をもって罪刑法定主義を破る、（すなわち、従来の［公的地位による責任免除が認められていた］「国家」刑法を必ずしも前提とはしない、国際人道法の趣旨を汲む、「慣習」法における）刑罰権の行使に関する原則化への試行の端緒と把握し得ると考えるのである（それ故に、［「国内」刑法研究おいて、厳格な実定法主義を採る見地からは］慣習法処罰ほか、特に事後法の禁止について、鋭く問われるところでもある）。

この点に関しては、いうまでもなく（法実証主義を採るないし罪刑法定主義の厳格性を厳守する立場であるか否かにかかわらず）何をもって"core"とするかについては、極めて抽象性・漠然性を有するものであり、したがって明確性の原則に反することは論を俟たない。

しかしながら、一九九八年七月、ローマ規程の採択にあたっては、当時の国際共存社会の共通認識を超える処罰意思（国際刑事裁判所という国際「機関」の刑罰権行使に関する国際承認）が明示された。すなわち、ジェノサイド、人道に対する犯罪、戦争犯罪、侵略犯罪というコア・クライムが「明らかに国際刑法上の重大犯罪として位置づけられ、その結果、対象犯罪としてローマ規程に列挙されるべく犯罪構成要件が画定された」という点からは、いわゆる「（近代）国家」主権（に基づく合意）原則を破る、同時にそれは国家「刑法」における刑罰権国家独占原則を破ったものと把握し得る。すなわち、①「国際法原理の例外」と、②「刑法原理の例外」との結合を、ここに視ることができるのである。

その意味で、（とりわけ前世紀）国際刑法における罪刑法定主義は、国内刑法における罪刑法定主義の（少なくとも本原則の刑法典における明示的規定がない我が国への）直接的な移入はみられず、厳格な解釈を採るものではなかった。

それ以上に、「例外」という把握は、逆に罪刑法定主義における厳格解釈からは乖離するものと解し得る。ここに、国際刑法と国内刑法における刑法原則を巡って相対性を視るのである。

本書においては、わけても我が国の現行刑法典に置かれている諸犯罪とは異なる、異質の“core”とは、一般に把握される国家刑罰権の主体たる個別「国家」を前提とした国内刑法、すなわち国家を介してまたは国家によって創られた成文制定法に拠らず、法的未分化の——法の組織性においては未熟性を色濃く有し、力の論理が黙認される——国際「共存社会」においても認められるべき、いわば「前」国家犯罪を指すものであると考える。必ずしも個別国家の「国家刑法に拠らずして」、国際共存社会で認められた罪質を中核要素とする犯罪が観念されるのであって、その、core crimesにおける“core”を指す。

確かに、前世紀の極東国際軍事裁判所「創設時」においては、伝統的主権国家を基礎づけた法の枠組を前提に、国際軍事裁判所の合法性（や事後法禁止）が問われた。（被告人側弁護人を含む）これらの指摘や批判は、当時の「国家」観を背景とするものと考えられる。この点で、今世紀に創設された常設国際刑事裁判機関（が行使する刑罰権にかかる正当性）に関する諸検討においては、「国家」刑罰権をア・プリオリなものとして国際刑法における刑罰権行使に関する考察を加えられる傾向があるように思われる。いうまでもなく、ローマ規程は補完性原則を採用していることから、本章に提起する問題への検討は必要ないという見解もあろう。

しかし、ローマ規程は締約国以外の管轄権の行使を認めるという、新効果を認めている（第一二条二項）。加えて、安保理付託（同第一三条(b)）については、従来の合意原則や補完性原則をもっては整合的な説明を付し得ない。このような観点からも、本章に示す問題に関しては、刑法学上からの整合的な説明が求められるのである。

それゆえ、今世紀国際刑法の淵源を探究する本考察においては、法現象が生じた社会的背景や発展過程の根源に遡り、国際刑法を形成してきた人類の営為を辿るものである。端的にいえば、従来の条約法理論で解決できない法現象について、発生史に遡り法理学および法社会学的観点から先行現象を確認した上で、単なる必要性から求められる「実」学（＝要罰観）にとどまらず、理論に裏打ちされた哲学ある「刑法学」に近づこうとするものである。

二　刑罰権の淵源

刑法における刑罰権の淵源については、国内刑法においてもその課題の重要性は認識されてきた。しかしながら、これに関する論究は、同時に自然法、近代思想史、現代人権思想のみならず、国家観、国家学、近代・現代ヨーロッパ・アジアを含む世界の法哲学思想、形而上学・形而下学をも範疇におさめる、極めて深淵かつ荘厳な問いといえる。したがって、答えのない問いとも考えられ、探究への着手が厭われる永久のテーマとされてきた(9)。

これについては、先覚に拠るべく以下検討を重ねていく。

三　吉岡一男

吉岡一男は、犯罪とは何か、の問いに対し「それが具体的にどういうものであるかは、経験的・実証的研究による今後の課題である(10)」とし、なぜ人は（国家という機関から）刑罰を受けなければならないのか、への問いには、「『何故、国家が個人を処罰することができるのか』の問は、『国家の物理的強制力の優越による事実的可能』以上の答えを本来有しないと思われる(11)」と論じている。

抽象的で哲学的要素をも色濃く有し、高度に概念化された、この難題な問いへの回答は、全体を読破するに多くの時間を要し、いわゆる研究書に纏められた論考が僅かにみられるものの、その稀にみられる論考も結論において「今後の検討課題」と締め括る。右の例にみられるように、答えを有するようで有しない、また有しないようで「解釈によっては」有しているという、どのみち「不問」または「今後の課題」とされてきた。

四　西原春夫

そこで、この問い、すなわち刑罰権の淵源およびその行使の正当性について、哲学的観点から論究した我が国では極めて稀有と思われる、西原春夫による「刑罰権の哲学的基礎」(12)ほかに拠り(13)、国際刑法における刑罰権の淵源をたずねることとする。国際刑法学上の刑罰権行使の正当性を思索するにあたり、先ずは、国内刑法における刑罰権に関する実質的な根拠を求め、西原が示した跡を辿りたい(14)。

西原は、刑法を「人間の欲求の産物」と捉える。すなわち、人間の欲求は、すべて共通するものではないところ、欲求と欲求との対立矛盾が生じる。この対立に際し、相対する欲求の調整が必要になる。「大部分の人の欲求とみられるものを抽出し」調整を図る手続に、人間の欲求として、心理的概念で「あるもの」から、社会科学的概念の「あるべきもの」を帰納する過程を経ることになる。刑罰権の根拠を「人間の欲求」と捉えるについては、「刑法による自主規制は国民の利益を擁護するために必要な最低限のものに止(15)」めなければならない。刑法は、「国家が国民に与えるものではなく、国民の自主規制の産物でなければならない（中略）。（刑法や刑罰権の行使を：括弧内引用者）を必要と解する以上は、是認されうるし、また是認しなければならぬことになる(16)」。刑法が求められるのは、快を追及する人間の欲求が、他人の利益を害するからである。犯罪が欲求の産物であり、欲求のぶつかり合う社会「現象を回避するために」「処罰への欲求」が生まれる。処罰への欲求については、復讐の欲求（という人間が本来的に有する心因的要素）を否定することはできず、刑罰は復讐心の宥和機能を営む。同時に、刑罰には保安的機能と特別予防が期待される。そして処罰への欲求は個別的な性格を払拭できない以上、不明確性を有する、と説示する(17)。その上で、処罰への欲求が、赤裸々な処罰への欲求を超え国民的欲求となったとき、すなわち、一般意思が確認されたときに、「刑罰権は認められる」「ものとなる(18)」、と説く。西原は、刑罰権の根拠を（国民の）処罰意思に求めるものと思われる。

刑罰権を人間の欲求に根ざしたものと捉える西原刑法理論は、もとより国家ではなく、国民、すなわち「人」を基礎とするものであり、これが国家や社会の利益を擁護するための犯罪類型を作りだすのを防ぐことに役立つと導く。結局のところ、国家法益に対する罪に対し刑罰権が行使されるのは、それが同時に「国民の利益を害するからでなくてはならない」(19)と帰結する。

第三節　仮説――「一部」と「例外」の重畳結合

一　「人」の欲求と、人を介する「国家」の欲求

先覚を継げば、国際刑法学からはどのように考えられるべきであろうか。ここにおいて、刑法の大原則である罪刑法定主義を起動させるためには、伝統的国際法の原則を基軸とする合意、すなわち「国家」論に縛られた刑罰権概念は、（刑法理論の構築という目的のみからは）いったん捨象されるべきものと考える。

本書においては、国際刑法を（本章第二節四項以下で述べた西原が説いた）「人間の欲求の産物」と捉えることとする。これに拠れば、国際共存社会は、国内・国外において再び人間の欲求と欲求との対立や衝突に遭遇し、その「処罰への欲求」から「国家」機関ではない国際刑事裁判機関という産物を生むこととなる。法の組織性という観点から充分な発展をみていない現今の国際共存社会において、人間の欲求と人間との欲求がぶつかり合う、または「個『人』を介する『国家』の欲求」と「個『人』を介する『国家』の欲求」とがぶつかり合い対立するものであるから、その調整を図る役割となるべき「国家」以外の「機関」と、これを運用する実務（以下「実」と略）とともにそ

れを基礎づける刑法「学」（以下、「学」と略）とが求められる。国際刑法においては要罰観による「実」が先行し、――わけても刑法理論の構築については――「学」が遅れてついていくのである。

二　理論的鳥瞰

国際刑法学は、「個『人』を介する『国家』の欲求」同士がぶつかり合って、そこに戦争・紛争・非人道的行為が引き起こされた結果に関し、当該結果を導いた首謀者個「人」の「行為」の重大性に鑑み、惹起された具体的な「行為」と「結果」に対し法的評価を加える刑法学である。[20]戦争の世紀といわれた前世紀からの度重なる惨劇を教訓として、国際共存社会にはその首謀者個「人」への刑事責任追及の実効を図る「実」が求められ、「学」が遅れてついていくことになる。

右の通り、（国家）欲求は、戦争（武力紛争）を引き起こす。これを鳥瞰し、簡潔に公式化すれば、

「個『人』を介する『国家』の欲求」と、「個『人』を介する『国家』の欲求」は、戦争を引き起こし、その戦争犯罪は、従来関係「国家」を通して訴追・審理がなされてた。

すなわち、

「実」＝国内裁判、
「学」＝国家法

であったところ、伝統的国家主権概念から非伝統的国家主権概念への変遷とともに次第に個「人」に主体性が認められることになる。しかし、必ずしも実効力は担保されず、この克服に向けて「学」としての国際刑法が、国際刑法思潮（共存社会の処罰意思）を背景に今世紀初頭に認められることとなる。

しかしながら、「学」は遅れ、

「実」＝国際裁判、となったにもかかわらず、一般に

「学」＝国際「刑法」

という把捉は採られていない。

したがって、ここに、

「実」＝国際裁判、

「学」＝国際「刑法」

という、理論的整合性を有する公式化を本章に目指すものである。また、現今の国際共存社会における法組織の未成熟性ゆえに、現況は国家主権への配慮から国家（同意）が優先され、

「実」＝国家刑罰権Ⅳ国際刑罰権

という原則が採られ

「学」＝国際法の「一部」

との把捉がなされている。

ところで、「Ⅳ」とは何か。

補完性原則である。

しかし、これを、刑法理論として、不整合なく一貫させるためには、先の公式、すなわち

「実」＝国家刑罰権Ⅳ国際刑罰権

「学」＝国際刑法を

――他方で、「学」の把捉は＝未だに国際法の「一部」――

という公式について形式的観点から、右に示す「Ⅳ」を「Ⅱ」とし、整合化を図る必要がある。

実質的に、同じく右の（「Ⅳ」図式の）「Ⅱ」を阻害してきたものは、「国家」という壁――主権――である。

ゆえに、刑法理論を一貫させるためには、

「実」＝国家刑罰権＝国際刑罰権

「学」＝国際刑法

となる必要性が求められる。

そこで、

「Ⅳ」を「Ⅱ」

「Ⅱ」を「Ⅱ」

とすべく、汎く理解されている、（前世紀を含む）今世紀「国際法」＝条約理論の修正が求められる。

ところで、「Ⅳ」を「Ⅱ」に図る折、「Ⅴ」とは何か。

国家（刑罰権）である。

「Ⅴ」を、公式から外すものは何か。

被疑者・被告「人」を含む「人」間の共存を図る「非」国家の機関、理論的には「国家」を捨象し、創設された共存社会における「機関」刑罰権である。

それは、何を行使の対象とするのか。

慣習国際法、人道法――共存に関する国際公法秩序の維持――に共通するコア・クライムである。

これらを抽出し、その整合性を図る法理論は何か。

「一部」「例外」重畳結合論、内在的制約論、共存社会公益論(21)は、その足掛かりとなるのではなかろうか。

コア・クライムに関する刑罰権の行使について、正当性を与え得る刑法理論は何か。

国家刑罰権を補完しつつ、（現行ローマ規程の補完性原則とは逆に、）「国家」刑罰権の無起動性ないし「国家」刑罰権への不信から求められた共存社会における機関刑罰権論（と「一部」「例外」の重畳結合論）がこれを構築する足掛かりとなる。

という説明を付することが可能であるように思われる。

右の説明は、論として説くには充分に熟してはいない。さらに掘り下げ細部に亘って精緻性を求めていく必要があろう。しかしながら、旧来の伝統的国家主権論から（第一篇第四章第三節二以下及び同第一篇第五章第二節以下で論じる）異なる新しい「共存社会（刑罰権）論」へと変遷する（であろうと展望する）中で、既述した仮説を矛盾なく整合させることによって、国際刑罰権行使に関する重要な争点を解決し得るように思われる。

本書においてこのように考える所以は、多くの論者によって汎用される「超」国家的刑罰権概念を含む国家刑罰権概念は、①従来からの伝統的「国家」論に基づく犯罪論を基礎として、これを（何らの躊躇や疑問なく、あたかも当然のごとく）国際共存社会へとその刑罰論を（後に詳述する、国家刑罰権［＝権力］自体が有する危険性やその行使に対する危惧や懸念なく、安易に）援用ないし移行させるものであり、加えて②今世紀国際刑法における特有の刑罰観を精確に反映させるものではないと考えるためである。そこには、コア・クライムに関する犯罪論に整合する刑罰観が、またコア・クライムに対する法的評価を反映させる刑罰論を基礎づける犯罪観が求められると考える。

以下、本章では上記に指摘した前者について述べていくこととする。

三　仮説「公式の設定」

本章前節では、国際刑法の本質と現実（＝補完性原則）との理論的整合性を求めるにあたり、前述の通り鳥瞰公式を示した。それを踏まえた上で、先ずは形式的観点から、

(1) 多くの論者によって主張される

(a)今世紀国際刑法は、「国際法の『一部』＝例外、である」という構成（形式的観点から一先ずそのまま受けることとする。そ）の上に、

(2) さらに、本仮説においては、前世紀国際刑法（ニュルンベルク・極東国際軍事裁判所条例）を、

(b)「国内刑法における罪刑法定主義の『例外』、であった」という把握に基づき、

(3) 次に、(a)(b)の論考の上に、実質的観点から考察を加え、

(4) 今世紀国際刑法は、「国際法の『一部』ではなく、また刑法（における罪刑法定主義の）『例外』ではない。『一部』と『例外』との重畳結合によって、それが『国際刑法』として本質化したものである」という検証を経て

(5)「『一部』と『例外』の重畳結合は、（一般国際法から分化して、犯罪構成要件の明示と物理的強制力という効果を伴って本質化し[22]、）国際刑法という学域を成した」

というジンテーゼを、変遷してきた刑法学史という史的展開の上に、これを検証するものであり、論究の必要上、以上のように(1)から(5)という五つの考察ステージを設けるものである。約言すれば、一般に多くの論者によって主

張される、国際刑法は、①国際法の「一部」である、という意を一先ずその通り（仮に）「一部＝例外」と把捉し、その上で、②国内刑法からはこれを（仮説として）「罪刑法定主義の例外」と位置づける。

このような構造的把捉をもって前世紀に創られたニュルンベルク・極東国際軍事裁判所条例は、国際刑法が本質化へと向かう実定法化への端緒と捉え得ることを明らかにする。これを踏まえ、本章は、（国際法の）「一部」と（国内刑法における罪刑法定主義の）「例外」の重畳結合が、「本質」となることを検証していくものである。換言すれば、既述の仮説的な理論把捉の上に、今世紀国際刑法が実質的に「原則化」したものと捉えるのである。

すなわち、

(1)　国際法の「一部（＝例外）」と、

(2)　前世紀国際刑法における罪刑法定主義の「例外」とが重畳結合して、

(3)　今世紀国際「刑法」＝「本質（ローマ規程）」となる。

このようなテーゼを設定し、以下に検証するものである。

第四節　検証

一　罪刑法定主義の例外現象

前節に、「一部」と「例外」との結合は本質となる、というテーゼを作出した。これは、あくまで形式的観点から、「結論」を導くための（検証の対象とされるべき）仮定的な論理＝仮説である。（実質的観点からは）ニュルンベルク・極東国際軍事裁判所条例をして、コア・クライムに対する個人責任法理にかかる「実定法化（立法化）の起点」と捉えるのである。

重要なのは、実体である。以下、検討する。

この点で、植松正は、遡及処罰の禁止については（刑法上）あまりに明白な原理としながらも、他方で、罪刑法定主義が、「異常・『例外』（二重鉤括弧引用者）の現象としては蹂躙されることがある[23]」ことを指摘する。すなわち、戦争という異常な事態のもとに生じる罪刑法定主義の蹂躙は、「整然たる理性的国家組織のもとに常道的に発生することは考えられない[24]」と述べ、この指摘をもって逆に事後立法による処罰の禁止を強調する。

植松は、罪刑法定主義の異常事態や例外現象を認めている。これは、前述した通り、整然たる「理性」国家においては罪刑法定主義が国家刑法の基本原理になるものの、国家の異常事態や例外現象、換言すれば戦争や独裁支配下においては本原則が妥当しないことを説示するものである。逆に、戦争や独裁支配政治の下において、罪刑法定主義が厳守された場合、悪用されてきたことを刑法史・国際史は詳らかにしてきた。近代刑法の大原則は「理性国家のもとでの原則」であり、これが非理性国家へと暴走するとき、「国家」権力によって、国家刑法における罪刑法定主義は蹂躙される潜在性を植松は示している。

「近代理性国家刑法」の大原則である罪刑法定主義は、近代「非」『理性』国家刑法においては大原則となり得ず、また右の要素をもって原則を構成すれば、近代理性「非」『国家』刑法においても大原則にはなり得ない。その意味からは、「非」『近代』理性国家刑法の大原理にもなり得ない。（基本的には）「近代」、「理性」、「国家」という要素を充たして、罪刑法定主義は受容される原則であることが判明する。別言すれば、本原則は、破られ得る原理であるといい得る。

罪刑法定主義を裏側から視れば、そこには、「近代」、「理性」、「国家」という要素が既に本原則を成す中核元素となっており、近代刑法の最高原則といわれる罪刑法定主義の外観的構成要素に関し、これが（理論的には）非近代＝「前」近代、「後」近代＝現代、「非」理性、「非」国家へと変遷ないし変質した場合には、本原則は破られ得る法理であることが判明する。(25) 社会思潮の形成背景や本質を正確に把握せずに、また変遷する時代や変容する社会「現象」に抗して本原則への名目的な原理性を貫けば、あるいは本原則を奇貨として他に駆使しようとすれば、そこには自力ではない他力が働く。前世紀において本来的解釈を超え、ナチス政権下における罪刑法定主義が名目的に悪用された点が想起されよう。

実際上、第二次世界大戦の戦争を開始した指導者個「人」に対する刑事責任を追及したニュルンベルク国際軍事裁判では、本裁判所の合法性や刑法理論の整合性よりも、むしろ戦争指導者処罰の必要性が全面的に押し出され、結果として、従来から（特に、大陸法を中心とする国内刑法においては）厳格性が要求された罪刑法定主義は弾力的に運用されたともいえよう。その背景には、国際人道法の展開や人権に関する啓蒙思想の発展があったことも無関係ではない。

しかしながら、もとより国際刑法における罪刑法定主義は、上述したように、（形式的には）コア・クライムに関する罪刑法定主義の「『例外』と、国際法の「一部」の重畳結合が本質化したもの」というテーゼを構築すれば、――逆に、原則論からは（本テーゼ自体の評価の是非は、別問題としても）結果的には犯罪の成立を認め、個「人」処罰が実効されたという点からは――まさに「例外」を承認した緩和的な対応が採られたといえる。

非常道状態において、常道原理を敢えて駆使する場合、当然そこには軋轢ないし不調が生じる。外形上の原理原則性を強調し本旨を超える解釈・援用は、そこに真逆のベクタを創るものとなる。逆に、非常道状態において、常道原理を外観上の要請から、またはときの施策を断行すべくこれを強いて用いれば、真逆のベクタはさらに大きく強くなるのである。

自然科学における真理のみならず社会科学においても、原理性は一定の条件のもとに保たれるべきものと考える。法の原則は、常道状態を前提として「人」が創るものであるから、これが「非」常道的状態になった時は、原理は「非」原理と化すのである。この、非原理は、原理ではない。例えてみれば、治療行為において、局部手術に局部麻酔を用いることは適切であるが、局部手術に必要とされない全身麻酔薬を用いることは、逆に生命への危険を生ぜしめることになる。

社会の非常事態や政権または体制の急激な変動時期に、常道原則をもって対処することは、逆に危険なことなのではなかろうか。この危険性を認識しながら、常道状態における原則を、非常道状態において援用すれば、いわゆる（政治的）確信犯となろう。ナチス政権時に罪刑法定主義が悪用されたことは汎く指摘されているところである。

二　罪刑法定主義における「決定的」相違

右の観点から、コア・クライムに対する指導者責任追及に関する刑罰権の行使については、自然法から導かれるものであろう。本書にいう自然法とは、田中耕太郎が示す[26]「人類の本性に基づく所の、其の故に有らゆる時代及び有らゆる場所を通じて不變なる法」[27]を指す。「自然法の原理は国境及び人種の差別に超然たるものであり、これを承認しなければ社会生活一般が成立することは能はざる所のもの」[28]をいう。これに拠れば、自然法は、「すべての実定法すなわち成文法および慣習法を含むすべての人定法の基礎をなし、それの上位にあり、それに抵触する実定法を効力のないものとする」[29]のである。

このような考え方は、一見、形而上学のようにも認識されよう。しかしながら、ホセ・ヨンパルトも「罪刑法定主義の承認を促進した功績は、自然法論者の努力に負うところ大[30]」であることを一連の論述を通して示している。また、瀧川幸辰が、「罪刑法定主義は啓蒙思想と自然法的人権思想の表現[31]」であると説いたように、自然法思潮は多くの刑法学者により容れられているが、本章の目的からは逸れるため、これ以上の言及はしない。

このような考え方を基礎とすれば、（前世紀）国際刑法には明文規定が置かれていなかった罪刑法定主義に関し、先の極東国際軍事裁判は「国内」刑法上の罪刑法定主義から派生する、①慣習法処罰の禁止原則を破るものであるのみならず、②遡及処罰の禁止原則をも破るものであったという把捉が可能となる。本書に論じる、「国際刑法」においては、厳格解釈を要求される国内刑法上の罪刑法定主義＝刑法原理を「破る」規範力ないし拘束力を、逆に自然法、慣習法、判例ほかに求めるのである。

しかしながら、（法理論の構築という本試論への是非・評価は、別の問題としても）本書第二篇第一章及び第二章[32]で詳述するように、（前世紀国際刑法を含む）国際刑法においては、条約、判例、慣習法の他、法の一般原則にその法源が汎く認められている。

以上のような検討を踏めば、国際刑法における罪刑法定主義の厳格性は、（英米法諸国については、大陸法系諸国に比べ、さらに）緩和される傾向、否、国内刑法における法源とも大きく相違し、国内刑法における解釈基準とは「決定的」に異なることが明らかになるのである。

戦争犯罪や人道に対する犯罪などについては、「国際法違反の犯罪[33]」と称されるものの、以上のような所以から国際法上、「慣習法上の犯罪[34]」と呼ばれているのである[35]。

三　法域の隙間

ローマ規程は、重大な国際犯罪を指導した個人の責任についてその処罰の実効性を図るべく、国際共存社会における紛争や戦争を防止し、もって国際平和を希求するものとして定立されたものであることは先述した通りである。本規程に列挙された、ジェノサイド、人道に対する犯罪、戦争犯罪、侵略犯罪は、コア・クライムとして従来から重大な国際犯罪として認められたものである。これらの犯罪については、もはや「慣習国際法上確立している」というのが国際刑法学上一般に支持されている見解である。

慣習国際法については、我が国における法解釈——とりわけ刑事法学——では受容されにくい傾向もあるが、国際法上は条約と同列に位置づけられる極めて重要な法源であることが認められている。この点で、慣習国際法は、特別な国内措置への手続や読替を経ることなく、直接的な国内的効果が認められるのが国際的な傾向である。

従来、国際法上の犯罪については、（常設の国際刑事裁判所が未創設であったこともあり）国内裁判所を通じて行われていた[36]ことについては、既述した通りである。そして、国際法上の犯罪については、慣習法上または条約上の処罰の実効が図られてきたものであるが、もとより慣習法上、国内法で処罰体制の構築されていた国際法上の犯罪は、一般に慣習法上の犯罪と位置づけられていることについても上述した通りである。

ローマ規程においては、右の（「コア・クライムを首謀した個人の刑事責任追及に対する」慣習国際法処罰による）国内法処罰における諸問題を回避すべく、今世紀に至り漸く罪刑法定主義が採用されたのである。本条約規程を採択したローマ外交会議においては、コア・クライムに関する管轄権の調整、すなわち国際裁判所と国内裁判所との関係が最大の争点となっていた。結局、両者の間を国際裁判所は国家の刑事管轄権行使（に引き続く刑罰権行使を）補完するという補完性原則をもって調整することになったのである。

しかしながら、本原則は、調整のための原則である。調整原則をもって国際「刑法」上の本来的原理と把捉することは、本篇の終章第一節六項及び同章第二節一項で主張するようにむしろ回避されるべき場合があることも念頭に置く必要があると考える。本書においては、補完性原則が採用されたという結果のみならず、むしろ、調整原則とされたその「過程・経緯」が注視されなければならないと考える。

このような観点からは、国際刑法においては国際犯罪上の犯罪認定自体が慣習国際法に拠るものであり、さらに慣習国際法上の犯罪のうちの何をもってコア・クライムとするか（という、ローマ規程の列挙犯罪に関する抽出およびその認定）については、国際社会の認識と処罰意思を反映する承認、すなわち汎く国際社会のコンセンサスを俟つこととなる。もとよりコア・クライムの処罰にあたっては、列挙犯罪であるコア・クライムを何にするか、"core"を何に求めるかについては、慣習国際法に拠ったものである。慣習国際法の形成と国際共存社会の承認を俟って、ジェノサイド、人道に対する犯罪、戦争犯罪、侵略犯罪がローマ規程の対象犯罪として列挙された、という点が留意されるべきであろう。

端的にいえば、ローマ規程の列挙犯罪に関する各犯罪構成要件は、すべて慣習国際法を背景に導かれたものであり、またこれに拠っている。その慣習法に拠って、従来、不法ないし違法にとどまっていた（国家ではなく、国家を背景とした）個人の「行為」について、いわば可「罪」的であるという評価に繋げ、これを可罪的にとどめず、さらに（不処罰回避の趣旨から）可「罰」的であると評価し、その、「罰」の正当性とその実効性を求め、刑法原理である犯「罪」法定と刑「罰」法定の具現化を目指して犯罪構成要件が明確化された。これが、ローマ規程である。

従来、慣習法として認められたコア・クライムは、ひとたび国家にその処罰が委ねられれば、個別「国家」によって、公判を含む裁判手続も刑罰（制度）も異なり、また個人責任に関しては（国家指導者という公的立場を奇貨として、あるいはこれを隠れ蓑として）処罰の遺漏が認められる傾向が多々みられた。このような不処罰慣行を回避すべく、関係する個別「国家」ではない刑事裁判「機関」が求められ、国際共存社会は、一九一九年のベルサイユ条約以来約八〇年、すなわち一世紀弱という長きに亘る努力を重ね、（「国家」機関による判断を避けるべく、多くの論者が「譲渡」という擬制を採るものの、「国家」によって創られてきた不処罰文化を「否」とし）国家以外の、国際「機関」を設けるに至ったのである。創設が現実のものとなったのは、二〇〇三年である。世紀を跨ぐ人類の営為であった。

ここにおいて、本来求められたのは、「国家」機関でも「国家」法でもない。必ずしも「国家」を前提にした国家刑法ではなく、国際共存社会は、「国家」の枠に規定されない刑法を求めて、「常設」国際刑事裁判所設立条約（＝ローマ規程）の締結に至ったのである。もとより国際刑法は、国際人道法と密接な関連性を有している。すなわち、「国家」対「国家」＝国際的武力紛争、あるいは「国家」内＝非国際的武力紛争で惨劇を極め、その犠牲の上に再び「人」の生存と「人」の尊厳を求めた国際「人」道法が整備されてきたことと不可分の関連を有するものである。個別「国家」ではなく、国際共存社会を背景として形成されてきた「人」道法からも抽出されるコア・クライムに関し、この処罰の実効を図るべく犯罪構成要件を明示する作業がローマ外交会議に求められた。

そこで画定された今世紀国際刑法＝ローマ規程は、（ときの国際政治の力学の中で汎く支持された）犯罪の構成要件として置かれるべき「極限行為」を確認し、これを本規程に結集させたものである。ローマ規程に列挙されたコア・クライムについては、すべて慣習国際法の（前世紀における国際刑法定立の挫折を克服した）集大成といえる。

一般に支持されまた強調される(37)（国内刑法の適用を前提とする）補完性原則によって導かれる（国民を含む(38)「国家」社会の安全を図る）「国家」刑法とも国際「人道法」とも異なる国際刑法は、いわゆる伝統的「国家」刑法と国際「人道法」では賄いきれず、これらの隙間を縫うべく、個人処罰に向けて定立された法である。それは本来、個別国家の国家刑法ではなく、これとは異なる法の枠組みを措定した法であることを改めて指摘したい。

四　共存社会にみる刑法思潮

(1) 慣習国際法の結実

本書においては、ローマ規程に反映された刑罰観を慣習法に拠った、ないしもとより国際共存社会に在った処罰意思を（合意という手段を駆使して）映し出した法と捉えるのである。したがって、本書において合意原則は、採り得る現実的な手段であったと把握する。先に示した「国家」刑法と国際「人道法」では賄いきれない両者の間にできた溝を、我が国の政府見解は「そのわずかな隙間(39)」と示す。そして、「これを埋めるため新たな罰則を設けるまでの必要は現在ない(40)」と表明し、ミニマム対応に終わっている(41)。

ところで、（いわゆる、人道的介入ほかをもって）人道法の実効性を図ろうとする場合、「国家」主権が――国内事項不干渉の原則という形で――これを阻む、という問題が浮上する。他方で、（従来、そして今日に至っても多くの場合）人道法を履行するためには、「国家」の存在が――基本的には国内法整備が――前提となる。「国際」人道法を逸脱し、コア・クライムを首謀した「国家(42)」指導者に対しては、「国家」刑罰権の行使の実効性は低く、むしろ「国家」免除の原則が働く傾向が多々認められたことは前述した通りである。このような不処罰慣行の回避を図って、今世紀に至り慣習国際法の結実として「国際刑法」は創設されたのである。

ここに示されたものは、繰り返し述べるが「慣習国際法の結実」である。今世紀国際刑法は、一九〇七年のハーグ陸戦法規、一九四九年のジュネーヴ四条約以降の人道法の中核を成してきた慣習法を結集したものである。確かに、右に挙げた国際人道法は、個人処罰への直接的規定を設けてはいない。今世紀国際刑法が（形式的観点からは個人責任を追及するための実定法たる「刑法」である以上、（また、国際共存社会における異なる法形式を採る諸国、とりわけ大陸法の法形式を採る人々からも容れられるためにも）犯罪構成要件が明示される必要がある。既述の通り、ローマ規程の対象犯罪として列挙された「構成要件自体がすべて慣習法の結実」であることは特筆されよう。「犯罪構成要件が慣習国際法そのものの反映」として規定されるに至った法が、今世紀国際刑法である。

これに対し、国内刑法における罪刑法定主義の厳格性をもって同義の厳格性を要求することは、国際刑法と国内刑法という（重なり得るものの、しかし今日の共存社会の組織性という発展段階とそれに基づく解釈学の展開を考慮すれば）異なる次元の社会構造を基礎とする法の解釈を同一の規定に求めるものであり、このような見解を支持することはできない。戦争犯罪などについては、従来、「国家」を通じて実行されてきた慣習法処罰が、「国家」機関ではない国際「機関」によって担保されるものと考えられるようになったのである。主権者免除原則から生じた責任追及の遺漏ほかさまざまな弊害を排すべく共存社会の機関、すなわち国際刑事裁判機関が設立され、これに（現実的な諸問題から国家を含む）司法判断が委ねられることとなった。

(2) 強行規範

コア・クライムについては、個別「国家」が放置できない、すなわち「国家」の逸脱抗弁ないし逸脱事由を赦さない対世的義務（obligation erga omnes）または強行規範（jus cogens）として、汎く認められてきた国際犯罪と不可分の関係を有し共通性が抽出される。一九九六年の核兵器の使用・威嚇の違法性を巡る国際司法裁判所判決に関する勧告的意見は、（高度の国際政治性という理由で）直接的な司法判断を回避した。

他方で、ジェノサイド、戦争犯罪、人道に対する犯罪、侵略犯罪というローマ規程の対象犯罪については、"jus cogens"（peremptory norm）すなわち強行規範に関する国際犯罪であることについて、共存社会の一致した認識が示されている。個別「国家」の存立を前提としない、「人」間の尊厳と共存とに関わる強行規範は、個別国家の国内法に拠らず禁止される。強行規範を破る右のコア・クライムに関しては、すなわち、近代「国家」を背景に生みだされた「罪刑法定」という歴史と人為によって創りだされた原則の抗弁をもってしても排除され得ないということを意味しているのである。我が国は未だこれに加入していないものの、ジェノサイド条約の締約国が一五〇か国（二〇一八年四月現在）に至っているという事実がひとつの証左といえよう。

ローマ規程の国内法整備に関し、我が国の現実は、先にも示した通り、「そのわずかな隙間」と解しミニマム対応に終っているが、「国際法上の犯罪という強い禁止概念あるいは国連の基本原則ともいえる規範内容の確認が、全ての逸脱を不可能にしている[43]」ことに留意するべきであると考える[44]。強行規範の成立[45]は、特に戦後、国際機関を介し共存社会に反映される傾向にある。一九六九年の条約法条約第五三条[46]は、"jus cogens"を規定する[47]。すなわち「国によって構成されている国際社会全体が受け入れ、かつ認める規範」と抵触する条約は認められない。条約の内容が、奴隷売買やジェノサイドなど、国際共存社会の重大な共通利益を侵害する場合、無効とされる。このような逸脱不可能な国際法の規則および義務については、国際共存社会のすべての「人」に対して、等しくその拘束力が求められる。すなわち、いずれの国もこれに従わなければならないという、国際司法裁判所の判決の中にもこれを認めることができる[48]。

ここに、従来の主権国家の伝統的合意主義における限界を認めることができる。確かに、条約法条約第五三条には、「国家」の承認要件が付されている。しかし、本条の趣旨は、本条に規定した「国家」の参加という要件の絶対性が求められるというよりは、むしろ後段、すなわち「国際社会全体が受け入れ、かつ認める規範と抵触する条約は認められない」という趣意に重要性が置かれているものと解する。

強行規範の形成は、国際共存社会の発展の過程の中にみられるものである。例えば、既に一九〇七年の「陸戦ノ法規慣例ニ関スル条約」前文に掲げられた「文明国ノ間ニ存スル慣習、人道ノ法則及ビ公共良心ノ要求ヨリ生スル国際法ノ原則」に確認される。そこでは人類の普遍的な共通利益や国際人道法上の共通利益の存在が既に強調されている[49]。国際共存社会における共通法益の抽出や今後のローマ規程における新たな対象犯罪の列挙にあたっては、この強行規範への検討が必須となってくるものと考える[50]。

このような観点からは、バルセロナ・トラクション（会社）事件を巡る国際司法裁判所の判断（一九七〇年二月五日）は、「侵略行為及び集団殺害行為に対する法益剥奪から、又人間の基本的権利に関する原則及び規則から[51]」国際社会全体に対する対世的義務（obligations erga omnes）が生じる旨を示している。本判決は、ジェノサイドに関し、汎く国際社会の処罰意思がみられ、ジェノサイド条約上の規範が「条約関係をはなれても国家を拘束」[52]するものであること、またジェノサイドの禁止は「強行規範として国際社会全体が受け入れ、かつ、認めた」[53]ものであることを示している。同様に、奴隷制度および人種差別に対する保護を含む「人」の基本的権利に関する原則については、関連条約等で明文化されていることも特筆されるべきであろう。

(3) 慣習国際法

① 一般意思の実定法化

この点で、あくまで罪刑法定主義の厳格性を貫く立場は、ローマ規程の列挙犯罪が慣習法に拠ってコア・クライムとされたこと、あるいはコア・クライムとされる形成過程は如何に、と問うであろう。本書の立場においては、ローマ規程を以下のように解する。すなわち、本規程は（形式上条約という形を採ったものであるが）伝統的合意原則に基づいた国家間条約の性質を色濃く持つというよりも、（ローマ規程の採択に反対した、いわゆる大国を除いて）国際社会が長きにわたって培ってきたコア・クライムに関する刑罰思潮＝処罰意思を明確な定立法をもって画定したものであると考える。[54]

ローマ規程の対象犯罪に対する個人責任法理が既に慣習法となっていることについては、多くの論者によって汎く認められている。本書の立場からはこれに加えて、本規程の本質が物理的強制力を行使するという特質に着目し、個人処罰に関し慣習（国際）法という「黙示の合意（ないし一般慣行）」を明確な法として、その内容を可視化させたものと捉えるのである。すなわち、慣習（国際）法を基礎とした「人」類の共存に関する一般意思を実定法化[55]させたものであったと考える。一九一九年のベルサイユ条約以降、国際社会で形成され熟成されてきた人類の個人処罰に関する歴史的営為を実定法化したものといえよう。

ここに、(一般に汎用される)「超」国家的刑罰権、すなわち「国家」主権概念を超えるまたは外して重大犯罪を犯した個人を処罰するという理念のもとに、国際刑事裁判所が設立されたことを考慮するならば、法定立への歴史的背景、個人責任論の必要性、刑罰観の展開、国際法委員会の諸議論、国際刑事裁判所創設の「目的」およびその目的の達成に向けて採った現実的「手段」ほかを看過することは適切ではない。

② 共存と慣習

国際共存社会は、各「国家」を介在させた形でローマ規程に自らの(個人責任に関する)意思を反映させたものである。したがって、それは法的には未成熟性を残している共存社会に潜在化されていた刑罰観を顕在化させたものといえる。これを世紀的スパンという歴史的鳥瞰をもって「法の進化」という観点から別言すれば、社会の発展とともに法の分化現象がみられたと捉えることができる。すなわち、被疑者・被告人を含む「人」の生存と社会における「共存」の必要性をもって自己(にかかる種族・民族・国家という共存社会)の共存欲求を充たすべく、犯罪の実効的処罰への実現化を図ったものといえよう。

ここに、被疑者・被告「人」を含む「人」間の共存、すなわち国際公序に関する、いわば共存法益概念[56]が顕出される。このような考えに基づけば、必ずしも伝統的な合意原則に縛られず、時代に即した合意原則の修正が求められよう。例えば、リチャード・フォーク(Richard A. Falk)の「"consent"から"consensus"への変容に国際法上の法的義務の基礎を求める手法、すなわち国際社会の法定立への多数意思が、幾つかの反対国家にもかかわらず、法を形成する」[57]という見解もまた国際(公)法(この点については、別途詳細な検討を要するものであることから、第一篇第八章「国際刑法の公法性」で考察を加える)に関する定立法の理論構築に示唆を与えているように思われる。

ところで、「人」間は、生きるという生来的な欲求を有している。一方で、自己以外の他「人」との関わりにおいて社会は構成されるものであるから、したがって「人」間には、他との関係が必要的に求められる。原始共生社会において、人は自然発生的に慣習というものを採り、自らの生と自らが共生する社会の存続を求めた。これを求めるがゆえに、慣習が創られたともいえよう[58]。ここに、原始共生社会において共同の利益が観念される。無論、この時代においては、市民や個人という概念はなく、「人」は、むしろ没「個」人化され、各氏族・各部族の内部では「共」生が重んじられていた[59]。原始共生社会におけるルールや制度は、当該社会を成すすべての「人」の生存および人が共存する「社会（＝氏族・部族）」そのものの存続のために創られたものである。

　これが生産手段や技術の発展によって、そこに発現していた慣習の形態も変容を求められることになるのである。共生社会の発達は――またそれは同時に知識の発達でもあるが――ルールに関する意識も変移させるのである。かつてのような潜在的な（不文法を含む）「慣習」から可視化を図り、「法」として定立化されることになるのである。

　この点で、宮崎孝治郎は、「人類が初めてその團結を成すや彼等の生活の規範の存在は恐らく之を意識せず、他人の行爲を模倣することが最も容易であり、又自分が曾て爲したと同一の行爲を爲すことが最も安易であり、又自然現象に對する驚異から生じた宗教的信念――その祖先又は同輩と異る行爲を爲せば祖先又は神の制裁を受けるであらうと云ふ、信念によつてつよめられて同種同型の行爲が繰返され、つひに慣習的にその群に固有な一種の規範が成立[60]」したと示している。

　このように、旧来、無自覚的に行われていた「慣習」が集積されて、慣習が規範化される。ここにいわゆる、慣習「法」が認められることとなる。これが社会の発展とともに、新たな慣習を形成し高度な文化をもたらせ、この文化の発展に伴って、その一側面である法文化も成長を遂げることとなる。原始共生社会を治めていた未熟な組織は、やがて国家組織となって強大な権力の行使を可能とした。従来、採られていた不文法である慣習法は、国家機関の成立という歴史社会の展開に伴って、国家組織の機関による立法、すなわち成文法の創出という変移を遂げることになるのである。

ここに慣習から規範へ、規範から（成文）法へという法の進化がみられる。そして、その傾向は、国家「機関」の出現をもって、さらに展開される。法の細分化・専門化が図られるのである。このような歴史的展開の中にあって、国家の「機関」は、権力を把握するようになるが、本来それは人間の欲求に基づく対立やこれらの紛争を解決する手段として求められたものである。

この点で、戸澤鐵彦は、ゴドウィンの以下の論述を引用する。すなわち、社会における統治機関の正当な目的は、二つあり「一つは、共同社會内の個人に對する不正を抑壓することであり、他は、外部よりの侵略に對する防衛である。この二つの目的のうちの前者だけが、われわれに對して、常にその存在を主張して貢献を要求する権利のあるものであるが、この目的を達成するためには、共同社會内の個人の犯罪を裁決し、または、或いは起こるべき財産上の問題や爭議について決定を與えるところの、陪審制度を置く餘地のある、アソシエーション（團體）があれば十分である」(61)と。戸澤の引用は、本書の見解（の一部）を後押しするように思われるのである。

五　「私」法から「公」法へ

(1)　分化現象

原始（共生）社会においては、「私」的行為と「公」的行為の区別はなされず、未分化にとどまっている。この点で、時代が下がって次第に明確となってくる「私」的利益と「公」的利益の区別は、原始共生社会に起源をもつものであるが、しかし、この区別の意識は、もとより無自覚なものであったといえる。原始（共生）社会においては、慣習・習俗が採られていた。これは、道徳も宗教も慣習も未分化のまま、（部族）社会において、すべてを混淆かつ萌芽的に含んだ、いわば原始規範ともいえよう。法はもとより争いを解決する裁きとして「訴」から起源するものであるが、原始共生社会にあっては、未だ統治組織もみられず、タブーに対しては共生社会全体に対する侵害（現在の犯罪）として制裁が認められた。また、血族集団による加害者への復讐は、社会全体の秩序を侵害する行為として、漸次、刑罰が科されるようになるのである。すなわち、国家成立以降、統治組織が現われ、その作用が行われることとなる。裁判は判決を生み、判決は慣習を創る。原始共生社会における社会の原始規範が自らを分化させ現われることになるのである。このような社会状態にあって、規範は、刑法・民法ないし、公法・私法の分化をみるには至らない。公法は、未だ発現しないのである。

これが、史的な変遷を遂げ、原始共生社会から国家組織を有する歴史社会へと遷り変わる中で、次第に「私」法と「公」法の関係に分化がみられ、さらに発展を遂げるとその分化も明瞭になっていくのである。法の進化は、社会構造の変化とともに、未成熟な統治組織という形をもって共生社会に表出させ、さらなる発展をみて、遂に国家組織を確立させることになるのである。

ところが、国家組織の出現に伴ってその権力は、社会を支配者と被支配者とに分離させることになる。国家「機関」の創出によってこれが顕著化することになるのである。この権力関係をもって支配者は、被支配者に向け当為を要求することになる。そして、当為の要求は、機関をもって自らの公的性格を色濃く映し出し、同時にその効果をもって被支配者に対し自らを権威づけていくのである。

さて、法の進化という観点から、国際法を視れば、もとよりこれはひとつの統治組織である「私」的集団である国家と、同じくひとつの統治組織である「私」的集団である国家との関係、すなわち個別国家と個別国家とを、または多国間を規律する法であり、それは「私」的関係を規律すれば充分であったといえる。しかし、国際共存社会の発展に伴って、国際法は「私」法関係の調整をもってとどまることはできない。この点で、今世紀の国際法は、従来の伝統的国際法には求められなかった、他の新たな学域への架け橋を創る役割を担うことになる。なぜなら、二一世紀初頭の現在では、共存社会の意思を反映させる最も有効かつ合理的な手段が国際法＝合意に求められるからである。

ひとつの「私」的組織（以下、「私」と略称）は、自らの「生存欲求」と自らを含む「社会存続欲求」とを充たすべく、「私」と「私」の間に生じた紛争・戦争を解決して、一「私」を含む「私」から構成される共存社会の存続を求める。「私」と「私」の間には、その欲求同士がぶつかり合って生じた紛争を解決し、自らを含む自らの種族・民族・国民・国家そして共存社会を将来に存続させるという欲求が生じる。すなわち、紛争・戦争の首謀者に対する処罰欲求である。その処罰欲求は、人類の共存欲求に求められる。「人」は、平和を求めて処罰欲求を示すのである。紛争・戦争は、「私」と「私」をもっては解決できない。そしてまた、この処罰欲求は、「私」と「私」をもっても有効、すなわち――公平かつ公正――に充たされることではない。ゆえに、「私」と「私」の「私」的関係の中に、処罰欲求を反映させるべく＝各々「私」の存続を担保する共通利益の確保のために、なお且つ、その実効性を求めて「私」ではない「公」的機関（以下、「公」と略称）を取り込み、「私」以外の「機関」（＝「公」）にこの戦争・紛争解決を委ねる、という法構造の変容を伴う「現象」を表出させるのである。

しかし、この表出されるべくして表出される現象は、「もとより（国家機関や国際）機関があるわけではない」ため、（個別国家より成る国際）共存社会に求められるのである。共存社会は、従来から在った「私」と「私」とを調整していた（条約＝）法を駆使して、「機関」を創設するのである。

共存社会は、「機関」創設の原動力となった処罰意思を反映させる手段として伝統的国際法という「私」法を駆使することになったのである。したがって、今世紀国際法には、従来の「私」法関係を規律するという本来的役割に加え、平和的水平関係を保つための垂直的関係を築き上げるところまでの、「公」（益確保のための）機関創出という新しい役割を担うことになろう。この点こそが、近代国際法とは異なる、今世紀国際法に求められる役割ないし特徴であると考える。

しかしながら、ひとたび「公」益確保のための機関が創出されたならば、「私」を色濃く反映させる従来の国家論を基軸として「公」益を規律する法へ「私」法が必要以上に干渉することは、「公」益確保のための機関創設の趣旨にはそわないこととなる。このような「私」法から「公」法への社会的発展に伴ういわば必要的な変遷の上に、「公」法の出現現象を跡を辿っていけば、「私」法を議論の基軸に据えてまたはこれをア・プリオリなものとして議論を展開する見解は、本章に詳解してきた法の進化ないし、法の分化を阻むものと考える。

この点、古谷修一は、「伝統的な水平的秩序と国際刑事裁判機構が生み出した垂直的秩序は共存しながらも、両者が交錯する局面では、徐々に後者が前者を駆逐するという傾向がみられることは間違いない[62]」という見解を示している。はたして、垂直的秩序は水平的秩序を駆逐するものなのであろうか。

これまで説いてきたように、「私」は、自らの「生ないし存続に対する欲求」と「自らを含む共存に対する欲求」とを充たすべく、「私」関係の中にいわば「公」権化への過程を取り込むのである。これは「人」類が求めた営為である。原始共生社会から存続してきた「私」と「私」との共存関係を規律する水平的秩序を、むしろ保護し守るために「公」(＝垂直的秩序)が採られたのである。したがって、垂直的秩序は水平的秩序を駆逐するものではなく、「私」と「私」を含む自らの共存社会の存続のため求められたものである。その水平的秩序の平和的維持を図り創設されたものが、共存社会の「機関」なのである。このように考える本書においては、垂直的秩序は、水平的秩序を「駆逐」するものではなく、水平的秩序を平和に維持するための「保護」と捉えるのである。

「私」は、自らである「私」と「私」を含む社会の共存を図り、「私」と「私」の間に生じる紛争・戦争の解決を求めて「機関」を生み出した。これが国際刑事裁判「機関」である。したがって、本書において、本機関の創出によって垂直的秩序が水平的秩序を「駆逐」することはない。「公」は、「私」を保護し、「私」と「私」の共存を支えるものである。

さらに所論においては、垂直的秩序と水平的秩序の「交錯」する局面を想定しているが、今世紀国際刑法は、右一連の考察をもって説いてきたように、伝統的国際法を分化して独立した道を拓いた刑法であり、（前世紀における如く）国際法と刑法とが未分化である混淆・混在ないし「交錯」にとどまるものではない。伝統的国際法は、従来から多国間を規律する重要な役割を続けて担うものであるが、これを分岐発展させた刑法とは入り混じった「交錯」状態にあるものではない。

国際刑事裁判システムがもたらす垂直的秩序が、「水平的秩序が内在させていた国家の自律性の要請と対峙しこれを侵食するものであることも認識されなければならない(63)」と締め括る所論に対し、本書においてはもとより「私」的関係に「公」機関が求められたのは、「私」の自律性・存続性の確保のためという説明を付するものである。したがって、本章の立場からは「公」が表象された垂直的秩序は、水平的秩序を「保護」するために表出されたものであって、これを「侵食」するものとは考えない。垂直的秩序の現象は、その表出において既に内在的な矛盾や対立を包蔵している。現象は、ひとつの過程であり、当該社会との間に齟齬が生じればまた変容しながら、――次なる現象を出現させて――「人」間を保護していくであろう。

古代原始社会においては、血族・氏族による復讐ないし血讐が行われ、これが汎く社会に受容されてきた。むしろ、原始社会はこれを「義務」として捉えていたのである。それが、共生社会に発展をみるとこのような義務観を脱し、「美徳」として讃えられるようになる。しかし、復讐は共生社会のさらなる漸次的進歩の中に発展をみる。やがて復讐は、むしろ社会を乱すものと認識され、これが行われるについては、場所的・時間的制限が設けられることになったのである。そして遂に、復讐は許可制となる。

このような復讐という「私」による加害者への報復は、次第に「公」刑罰という形態を表出させながら変質を遂げていくのである。すなわち、「公」権力が「私」的関係に干渉することを認めることとなる「現象」が生じるのである。「私」が――自らの「生」ないし「存続」とそれを実現させる「社会の共存」を図り――「公」へと変質化する過程「現象」の中で、刑法は発展を遂げることになる。刑法は、社会構造の中に当該社会自らの存続のために、（研究者においてさえ、無自覚のままに）その存続に必要な共通要素を、現象としては必要的に求め、「私」から「公」へと変移する。その中で、「私」法とは異なる強制力という特質をもって自らの展開の過程に「私」法から分化させるのである。こうして刑法は、「私」法から分岐して刑法学を確立させることになるのである。ここに、「私」法から「公」法へと分化が視られる。法の進化の中に、発展する刑法を視ることができる。

刑法の沿革を辿り、その変遷の一部を鳥瞰してみると、「私」刑と「公」刑との分岐があった点が確認される。刑法は、その時代的区分として、「私」刑時代と「公」刑時代とに分けられる。前者については、さらに復讐刑時代と贖罪刑時代とに区別される(64)。

ところで、「私」刑時代における刑罰の目的は、既述した通り被害者「側」の復讐または贖罪に置かれた。被害者「側」の感情が重んじられ、時として一氏族や一部族の感情へと発展し、氏族部族の名誉の修復を巡って紛争が惹起された。すなわち、復讐は血族関係という集団責任原則によって行われていた。そこでは、社会や国家の防衛や秩序維持という「公」刑概念よりも、「私」人による被害への回復が優先されたのである。したがって、私刑時代においては、刑法における刑罰と贖罪とは混淆なものとして未分化状態にあったことが確認される。

この復讐のもとに採られた集団責任原則が、次第に加害者引渡制度や宗教的贖罪という形となって変容していき、血族による集団責任、すなわち復讐は徐々に消滅する。復讐から賠償が分化していくのである(65)。例えば、道路・橋の建設労務が課された慣習となって表出した贖罪は、社会の発展とともに今日の損害賠償にその形態を変容させていったものであり、欧米法の下でも、同じく「私」法「公」法の峻別されてはいなかった[66]。原始刑法時代においては、「私」法を調整する民法と、「公」法を定める刑法とは一元的に解されていた。したがって、民法上の賠償責任と刑法上の刑事責任は混淆が常態であって、明瞭な区別はなされてはいなかったのである[67]。特に、公権力が統一化されていない未開発の原始性を残存させる共生社会においては、その原始性に比例して「公」法の「私」法に対する先行性ないし優先性は低度にとどまる傾向が確認されよう[68]。それは、「私」法と「私」法との間に生じる利益の対立を調整する「私」法原理が、より強く働いたためである。

翻って、今日の歴史社会は、主権国家という形をとって「私」法を全地球規模に表顕させている。始源的共生社会から国家への社会構造に関わる変遷については、本章における考察の目的ではないためこれ以上の言及は避ける。しかし、「なぜ国家が成立したのか」という問いに改めて向き合ってみれば、「人」間の共存社会がそれを求めたから、と答えることもあながち間違いではないように思われる。すなわち、共存社会が自らの存続を求め、またゴドウィンが指摘したように他からの攻撃を避けるため、と答えることができるように思われる。

そうすると、「はじめに国家ありき」ではなく、共存「社会」があって、共存社会が国家という組織機構を「求めて」国家を創出した。その結果として国家の基本法が創られ、最高法たる憲法が求められることになる。欲求と欲求とに生じる紛争を解決すべく国家「機関」を求める欲求が生じ、創られるべくして「機関」が創られた。換言すれば、「万民の万民からの戦争を防ぐために国家が結成された[69]」ともいえる。国家という組織機構の存立以前には共生社会があり、その共生社会には「公」に先立って「私」と「私」の間を規律調整する「私」法があったのである。「私」法は、「公」法に先行し、共生社会を調整する機能を果たしていたのである。これを規律する「公」法は、国家という組織機構の発達をみて、遅れて「私」法に干渉することになったのである。この介入が、いわゆる統治統制ないし権力契機といわれるものである。

(2) 相似的現象

右の、①原始共生社会における「私」から「公」への変遷を、②今世紀共存社会に当てはめてみると、同じような変移「現象」が視られるのではなかろうか。「私」から「公」への変移「現象」の中には、共通点が視られる。先ず、第一の共通点として、「私」から「公」への変移の中に、同一の質的変化を視るのである。原始共生社会で一元的に把捉されていた「私」と「私」との関係を規律する水平軸に、強制力を伴う「公」という垂直軸が加わることとなる。この責任における一元的関係から二元的な把捉への変質という現象について、①②両者ともに同様の現象が視られる。法の分化である。法が進化して、いわゆる原始共生社会、古代社会の一元的把捉から、今世紀国際刑法においては二元的把捉が可能となったのである。

第二の共通点として、原始社会においても国際共存社会においても、「機関」の創設以前は、不法行為と犯罪行為が未分化の状態であるという点である。それゆえに、自力救済が容認された。強制力を有する「機関」の表出をもって、「私」の復讐は禁じられることとなるのである。この観点から、国際共存社会は、その「機関」の創出をもって（従来慣習法に拠っていた）法的判断としては「不法」曖昧にとどまっていた行為について「犯罪」行為という評価が加えられることとなった点である。すなわち、「不法」から「犯罪」へと明白な境界線が設けられることになったのである。

第三の共通点として、量的変化である。①においては原始社会が国家「機関」を有することを契機として、②においては国際共存社会が全地球的規模をもって「機関」を設立させたことを契機として、「私」から「公」という構成が可能となるのである。両者ともに質的量的変容と伴って表出された「現象」である。この分化現象の考察にあたっては、当該「現象」が生じた社会構造における①横断軸、②縦断軸、③変遷にかかる時間軸、という立体的、且つ、動的（変移的）視点から進化した法を多面的ないし複眼的に観察する必要があろう。

以上のような歴史的考察を踏まえれば、「機関」創設＝国際刑法の成立の現象は、生じるべくして生じた法の進化であることが判明する。詰まるところ、国家は社会から成っており、その社会は「人」間より構成される。他方で、国際共存社会は、個別国家から成っており、この個別国家は社会から成る。共存社会は「人」間により構成されるのであって、異なる軸ではあるものの、把捉の方法としては同様に捉えることができる。

本考察において、より重要な点は、①②のいずれもが同質的な目的を有し、同一の方向性を示しているという点である。憲法と国際刑法、国連憲章とは確かにその把捉の規模を異なるものとしているが、基本的人権を尊重し平和をもってこれを担保しようとしている点では、相違していないという点は特筆されるべきであろう(70)。

他方で、発展したとはいうものの、全地球的規模の国際共存社会は、法的には未成熟性を色濃く有するものである。国連組織を有し主権国家平等を謳いつつも、大国の論理が通有している現実がある。したがって、前世紀においては、この（国際刑法が国際法から分化するという）法の進化への試行は認められたものの、後世に疑義を残す不完全な形で極東国際軍事裁判は幕を閉じることとなったのである。すなわち、「前世紀国際刑法」においては、「私」（＝関係国家＝集団責任観）と「公」（＝国際共存社会＝個人責任観）との分化へのアド・ホックな試みはなされたが、それはアド・ホックにとどまり、総体的には未分化の状態にとどまったと考える。分化現象は、潜在的な（あるいは連合軍の作為的ともいい得る画策の下に敢えて無自覚の）ものとして――観念的には認識してきたものの――国際社会に明瞭なものとして反映されるものではなかったといえよう。

しかしながら、今日の国際共存社会においては、その加速度的な発展をみて社会的・文化的に大きな変革が起きる。情報化社会の到来である。メディアの発達や画像通信の先端的技術をもって、同時にグローバル化を伴って、潜在的概念としてとどまっていた「公」益の重要性とその必要性が汎く認識されるようになった。多岐にわたる法の分野で、「私」法と「公」法とが次第に分化の芽がみられるようになりつつある。法の進化の前兆である。

自覚と無自覚を問わず全地球を規模とする国際共存社会の諸構成員個人のすべてに対し、当為を課す「機関」が、求められるべくして求められ、創られるべくして創られた。これが、本書に指す、国際共存社会における常設の刑事裁判「機関」である。

(3) 共存欲求

「人」の欲求は、それ自体の中に利益を求める傾向があるように思われる。「人」が生まれる。その事実を出発点に「人」は、無意識のうちに「生きる」本能を有しており、それが上昇志向を伴って「良く生きたい」、さらに「より良くいきたい」、そして「豊かにより良くに生きたい」、「より豊富なより広い畑を求めて」、「より高い生産性を求めて」、「より高度な技術を伴って」というように、人の欲求は、国家の欲求と相まって拡張傾向がみられる。

欲求の質量いかんにかかわらず、欲求を有する人間が存在するがゆえに、欲求と欲求とがぶつかり合って、そこに紛争が起きる。共存社会の「人」々において、これを解決する調整「機関」が求められることとなった。紛争に関する公的な調整機関を有しなかった法的未発達の原始共生社会においては、明確な法の分化は視られず、「機関」を有するものではない。また、欲求同士のぶつかり合いは、――対戦技術情報に関しても高度なものを有するものではなく――自然破壊や法益侵害の（重大性・広汎性・回復性）程度において今日のような深刻な状況を惹起させるものではなかった。

しかし、繰り返し述べるように今日の社会は、急速な発達を遂げ自らの生を含む共存にかかる社会共通の「公」的利益を観念し得る知見を有するに至った。この段階において、自らを含む共存社会の紛争を解決し、もって自らを生き長らえる技術（＝紛争解決「機関」の創設）を切迫感と危機感をもって模索するようになったのである。

火を焚いて暮らした時代に道具が文化をもたらし、社会の発達とともに科学が進み、「人」は電気を使用して機械を利用することとなる。今日では原子力や核がエネルギーの基幹となっている。戦争技術の急激な発達および軍事産業の集中ないし発展によって、戦争は高度に技術化され、武器商人が暗躍し、また兵士に代わって傭兵が戦争の現場へと向かっている。技術や文化の急速な発展は、共存社会とその生活に恵を与える地球自体に、重大な危険をも包蔵させることになったのである。

(4) 共存と保護

このような背景——とりわけ第二次世界大戦の惨劇——をもって現今の国際共存社会は、法の未熟性を残存させつつも、右と同じく「人」類存続という目標を有し、「機関」を創設させたと考える。

重ねて述べるが、その国際刑法の本質は、物理的強制力である。(従来からの二国間あるいは多国間合意のような)合意原則ではない。国際刑法は、(伝統的国際法の原則である合意という手段を用いつつ)その本質である物理的強制力を伴って、被疑者・被告「人」を含む「人」の「共存」を図るものである。この点で、平川宗信が、刑罰権の行使に関し「市民自治」という説明に加え、「『生命の根源的要求』としての『すべての人間、生きとし生けるものの連帯と共生』の理念へと至るべきものと考える」[71]と論じる点は、刑法の将来を見通したものと思われる。平川は、刑罰権の存在根拠を「社会」に求め、その上で刑罰権の正統な根拠を憲法に求めているのである[72]。

国際共存社会の有する「機関」の司法権は、従来の国家刑罰権をもって説明されてきた権力契機——国家と国民とを律する規律関係——とは質的な相違を有するように思われる。敷衍すれば、国際共存社会が創設した「機関」における司法権は、国家を前提に説明される伝統的な「権力」契機ではなく、精確には「非」伝統的権力契機といえるのではなかろうか。従来の国家が国民を規律するという国家論を背景とする「権力」関係ではなく、被疑者・被告「人」を含む人の共存を目的とする今日的「保護契機」[73]と考えられるのである。これは、最近、国際共存社会

で採られつつある“responsibility to protect”という概念に沿うものである。(74)

ローマ規程の非締約国に対する新効果については、このように考えることによってはじめて説明し得るように思われる。のみならず、非伝統的権力契機は、――例えば、内在的制約論など――伝統的国家主権における刑罰権国家独占原則に対する「修正」に関しても整合的な説明を付することを可能とするのである。著者は、かつて、内在的制約論と、慣習国際法から派生するという効果的効力をもって非締約国への新効果を説明していたが、従来の考えに加え右のように解することによって、さらに今世紀国際刑法の理論的整合性が強化されるものと考えるのである。

（合意を考察の基礎に据える譲渡説に拠った場合においても、本「機関」が行使する強制力を整合的に説明し得ることとなろう）あたかも物理的強制力を縦軸に、他方で合意契機(75・76)（法定立における形式＝国際法の水平的効力）を横軸に、以前から指摘されていたローマ規程の「構造的矛盾」を解決し得るものと考える。この縦軸と横軸という関数に、前世紀から今世紀そして次世紀へと遷り変わる時間軸が加えられ、新たな関数の相関ベクタが創られよう。創られたベクタには、政治力学ほかの非司法的要素が係数として加わり、今後表出してくるものと思われる（この点に関しては、本章では割愛する）。

(5) 責任の可視化

国際刑法の本質は、物理的強制力を伴う垂直的効果であり、合意は手段である。この点、多くの論者が合意原則に縛られているように思われる。今世紀国際刑法は、伝統的合意原則を基軸とする国際法の「一部」として把捉されるべきではない。このような把握は、法の進化を認めない見解に繋がるものとなろう。国際刑法を論じるにあたり、合意原則の原理性を説くあるいは合意原則を絶対的なあるいは不変の前提として論を展開する立場は、歴史社会に生じた客観的な「現象」を動態的に捉えることなく、「はじめに原則にありき」「これに現象を沿わせる」という伝統的思考によるものと思われる。しかしながら、このような立場からは、法の分化現象は認めがたいものと思われる。現象は、常に可変性・動態性を有するものである。したがって、本書においては、これを次なる現象へと遷り行くひとつの「過程」と考えるのである。

国際刑法を論じるにあたり、合意を議論の出発点とする見解は、「私」法から「公」法へと国際共存社会が歩んできた道程を塞いでしまうように思われる。加えて、将来の法の生長に関する見通しに困難を伴うこととなろう。この見解は、未分化状態であったかつての国際刑法を未分化のままとして常態化させるものであり、また今世紀にその連続性を繋いできた今世紀国際刑法の個人責任法理を、旧来の集団責任論に混在化ないし回帰させてしてしまう危険性を有している。そして何よりも、補完性原則を議論の出発点とする立場からは、ローマ規程の（非締約国への刑罰権行使の可能性を見出す）新効果規定や安保理付託、さらには自己付託による刑罰権の行使について、これを整合的に説明することはできない。

刑罰の変遷という長きに亘る刑罰史の世紀的鳥瞰の上に、社会構造の変化という法社会学的観点から本現象を視るならば、原始性を色濃く残存させつつも共生社会に自らを含む「共存」の必要性を自覚した今日の国際共存社会は、「種族ないし集団」に基づいてなされた「復讐やフェーデ」[77]から脱し、さらには国家責任といわれる集団的責任論から脱却して、国家責任とは別に「個人」へとその責任主体を明確化・具体化・個別化させ責任主体の可視化を図ったのである。換言すれば、従来の集団責任論からの脱却を図り、個人責任に基づく「刑罰」観を確立させていくことになるのである[78]。法の進化「現象」である。社会科学の分野における論考においても、生じた「現象を現象として」客観的に認め、考察を加える必要があるように思われる。

六　田中耕太郎

本章は、かつて近代国家社会に顕現された「身分から契約へ」という変容と同じように、今世紀国際共存社会においては「私から公へ」「個から共へ」という変容を伴って遷り行く「現象」を描出するものである。すなわち、個別「国家」の利益のためになされた合意原則、または国家間の利益のためになされる合意原則ではなく、被疑者・被告「人」を含む「人」の共存への保護をもって全地球的規模における共存社会の秩序ないし安全を図ることになったのである。ここに、時代的かつ社会構造的変遷の中に「私法から公法へ」「個別国家から共存社会へ」という変容が映し出される。逆に、「修正合意をもって共存を図る」という構造も捉えられるであろう。本章においては「個別国家間の利益確保から国際共存社会の公益確保へ」という、前世紀とは異なる共存社会論の基礎を検出するもうひとつのテーゼが設定され得るのである。(79)

このような観点からは、前世紀国際刑法における（国家論を前提とする刑法理論における）権力契機からその契機性について変容が視られるのである。この変容に合意原則への従属を求めること、またはこれを必要的前提として論を展開する見解は、法の進化を阻むものであり、「人」の共存に関する、形成しはじめた国際公序に関する法の生長を阻むものである。

本書の視座は、先にも述べたように「法は主権の産物ではなく社会の産物(80)」と捉え、また自然法原理を「共通の人間本性に由来するものであって、結局、永久不変、普遍的で、国家の意思によって創り出されるものではない。国家がそれに服すべきもの(81)」と観念する田中耕太郎の思惟の一部を受けるものである。(82)田中は、民族・個人の共存や国際社会の現存という事象そのものに（国際法に対する）上位性を求めている。(83)

ところで、田中は、先の極東国際軍事裁判の評価に関し、平和に対する罪、戦争犯罪の処罰も伝統的「国際法」

理論からは演繹することなく、むしろその基礎が自然法に求められなければならないと説いた。この点で、田中も両罪に対する審理・処罰は、本来「国際法」の中で処罰されていたことを前提にあるいは処罰されるべきところ、それが叶わない、ゆえに自然法にその解決を求めるという思考のように思われる。

そうだとすれば、田中の把捉も後述する団藤重光と同じように未分化状態から分化されるという法の分化ないし法の進化を予見し得ずに、すなわち、分化現象の「前兆」を認識し得ず、我が国における最先端の国際法をしても、自らが未分化の状態にあり、今後分化をみるであろうという予測が得られなかった、ゆえにその未分化状態にあることについては触れず、この問題の解決の糸口を直接「自然法」に求められたものと考えられる。

七　「一部」と「例外」の重畳結合

従来から説かれていた「国際法の一部」、あるいは今世紀に至っても多くの論者によって位置づけられる国際法の「一部」と、「前世紀国際刑法における罪刑法定主義」の「例外」とが重畳結合し、国際刑法となる。国際法学における史的展開と刑法学における思潮史の鳥瞰の上に、「一部」と「例外」との重畳結合という把捉を採れば、法が分化した現象が視えてくる。逆に、史的展開を遡り同じ平面で「一部」と「例外」とを紐解いてみても、そこには国際法学と刑法学が重畳することなく同じ平面に個々の学域として置かれており、未だ結合は視られない。前世期においては、あくまでアド・ホックな交錯に終わっていたのである。

これまで同じ平面に認識され、同一軸をもって論じられていた法域の「一部」と「例外」とに加え、さらに時間軸という軸を添え、世紀的スパンをもってみれば、ひとつの現象が視えてくる。前世紀国際法の未成熟な「一部」が、今世紀初頭に共存社会の発展とともに法の進化を遂げ、分化したという現象である。かつて未分化であった国際法の生長途中の「一部」が、国際刑法という独立した専門学域として、「実」「学」上、分化をみたといえよう。

法社会学的観点から捉えれば、法の進化の一現象ないし過程と捉えることができる。

本章においては、――法組織という点からは未熟性を色濃く有する前世紀国際法における合意原則の「一部」と位置づけられた――前世紀国際刑法に、国内刑法の厳格性を求める罪刑法定主義の「例外（適用）」が重畳的に結合し、――強い国家観を映し出す国家刑法における――刑罰権独占原則の「例外」措置を図った、同時にそれは相乗効果を伴って互いが互いを相関させ新たな学域となって出現した。これが、今世紀国際刑法であると説明するのである。

そして、①国際法の視点からは、（既述してきたように）前世紀国際刑法においては、国際法の「一部」として位置づけられていた国際刑法が「一部」にとどまらず、新たに国際刑法という法域を創りこれを「本質化」させたこと、同時に②刑法という視点からは、前世紀刑法における罪刑法定主義の「例外」が、今世紀初頭にその本質を顕現化させるに至り国際刑法という成文法となったということを、以上第二章第四節までに明らかにした。

第五節　罪刑法定主義を巡る拮抗

一　団藤重光

ローマ規程の履行実施にあたって、コア・クライムの首謀者個人に関する処罰を基礎づけたニュルンベルク・極東国際軍事裁判所条例では、罪刑法定主義はどのように把捉されまたは解釈されたのであろうか。(84)とりわけ「我が国の刑法学」では、どのように解されていたのであろうか。本章においては、刑法学からの考察を中心に以下検討していく。このような問題意識を有しつつ、考察に先立って極東国際軍事裁判判決文にかかる一部を本検討に必要な範囲に限定し確認する。（裁判所には、被告人側から罪刑法定主義に反する旨の抗弁が提出されていた。これに対し）裁判所は、「罪刑法定主義は主権を制限するものではなく、一般的な正義の一原則にすぎない」と示した。右に続いて示された以下の判決文が注目される。すなわち、「戰爭の法は單に條約においてのみ見出すべきものではなく、各國の慣行にして漸次普遍的に承認されるに至つたものや、法律家によつて適用され、軍事裁判所において實施されてゐる正義の原則から見出されるものである。この法は靜的なものでなく、絶えざる順應によつて、變化する世界の要求に從ふものである。實に多くの場合條約はすでに存在する法の原則を、より明確にするために表現し、定義するだけのものである」[85・86]。

この問題は、まさに「国内刑法における罪刑法定主義（の本来的意義を巡る解釈）」と、「国際刑法における不処罰文化の回避」とが拮抗する場面である。牧野英一は、「戰爭犯罪人という新らしい問題」[87]について、「個人の地位ということが新たに認められると共に、罪刑法定主義につき、必しも法律實證主義にこだわるべきではない、ということがそこに豫定せらるに至つたのである」[88]と主強する。そして小野清一郎は、「侵略戰爭といふものを將來の國際法的秩序形成のために最も強く否定しなければならぬといふ超國家主義的世界觀の立場に立つときは、罪刑法定主義の自由主義的要求はこの際それに譲らなければならない」[89]と説く。

この点で、団藤重光は、その著『戦争犯罪の理論的解剖』[90]の中で、以下の評価を加えている。すなわち、罪刑法定主義の不適用、責任論の「修正」について、「國際法の現在の発達段階としてはやむをえないことである」[91]と。戦争犯罪の「理論的解剖」と題するところ、患部にメスを当て開いたものの、解剖には至らず思索するように思われる。団藤は、戦争犯罪の責任について「國際法上の、あるいはさらに、世界市民法上の責任であつて、國内法上の責任ではない」[92]と示し、続いて「國内法上の責任は、また別にかんがえなくてはならない」[93]と導く。そして、「一方では、國際法上の責任を問うことが國内法上の責任を解除するものではないと同時に、他方では、國内法的に責任があることからすぐに國際法上の責任を論ずることはできない[94]」と結論づける。

団藤が、責任の帰属主体を思索しつつ、先の「やむをえない」評価を加えた所以は、当時の我が国における最先端の刑法学をしても、——国際［刑］法概念の未発達な発展状況により——明快な回答を得られなかったためと考える。しかしながら、団藤はこれを前提に、戦争犯罪が「國際法と世界市民法との両方にぞくし、両方の共通の領域を形づくるもの[95]」と同時に、「國際法的刑法と世界市民的刑法とによって二重に規律されるもの[96]」であることを説いた。

翻って、ここには「今世紀」国際刑法における（前著『個人責任と国家責任』で論じた、侵略犯罪における責任二元論＝個人責任および国家責任に関する二重責任という責任概念への）斬新性を有する、いわば重畳責任の端緒を視ることができるのである。[97]

二　「合意」法と「非」合意法

右「戦争犯罪の理論的解剖」の中で（著述当時の一九四六年）団藤は、戦争犯罪に関する処罰を「國際法の一部としての刑法[98]」と位置づけた。これはすなわち、戦争犯罪の責任を追及する法である前世紀国際刑法を「国際法の一部」と捉えている。ここに本章は、自らの仮説検証の出発点を確認するのである。すなわち、前世紀のアド・ホックな国際刑事裁判所とは異なり、今世紀の「独立」した「常設」国際裁判機関の刑罰権の行使について、「例外からの公式化」への端緒を視い出し、そこから本質化ないし原則化へと向かう仮説を論理的かつ整合的に紐解くものである。

従来は、戦争犯罪に関する訴追を「国際法の一部」と捉えるものであった。換言すれば、極東国際軍事裁判以前における戦争犯罪の裁定については、関係する個別国家の判断に委ねられていた。伝統的国際法においては、その主体性が認められなかった個人に関し、右の国際軍事裁判では当該戦争の開始者に対する責任追及に関し、まさに国際法の「一部＝例外」としてその主体性が認められたのである。すなわち、「例外」として主体性が認められたという観点からも、一般には「国際法の一部」と把握されるのである。

今世紀においてさえ、汎く一般に「国際法の一部」と捉えられる国際刑法について、この、通説的な見解に対し、本章は、「一部＝例外」と位置づけられていた構造について、二〇〇二年ローマ規程の発効＝国際刑法の創出（定立化）によってその把捉構造は解除されたと捉えるのである。換言すれば、「国際法の一部」であった前世紀国際刑法は、成文法である今世紀国際刑法をもって、コア・クライムに関する個「人」責任原則へとその本質化ないし原則化が図られるに至ったのである。

この把捉によって、国際刑法は、国際法からはその本質において分化を視ることが可能となる。すなわち、国際刑法は、（手段としての合意原則を保ちながらも）――物理的強制力の行使という――その特異性をもって国際法から自らを分離させ、「公」秩序の維持を図る新たな法分野へと細分化したのである。ここに、「合意」法（「私」＝手段）と「非」合意法（「公」＝目的および本質）の明確な区別がなされる。すなわち、水平的効力を保つ国際法とは異なる、物理的強制力を伴う垂直的効果を及ぼす国際「刑法」が、まさに実定法として、わけても（国内刑法におけるほぼ同義の、しかしその淵源・系譜・解釈においては異なる基準軸を有する）罪刑法定主義を採りながら、伝統的国際法を分化し、自らを「公」法に関わる法として、その座に置いたのである。

ここに、本章が示した、前世紀国際刑法における「一部＝例外」との把捉の上に、今世紀国際刑法における「例外からの本質化・原則化論」が理論的に説明される。未分化のままにとどまっていた未熟性を有する国際共存社会における法の分化現象が発見されるべきであると考える。このような把捉によって、国際共存社会における共通法益概念はさらに汎く浸透されていくものと思われる。すなわち、これまで認識ないし重要視されてはいなかった、全地球規模の共存社会における公序概念がさらに受容されるものと考えるのである。

しかしながら、この理論については、設定した仮説の形式的な論理の構築にとどまる。問題は、その実体、内実である。その本質をさらに探究すれば、本書の立場からは、この国際法の「一部」とは、以下の領域を指すのである。すなわち、既述した通り本章においては、国際刑法を「人」間が「人」間としての存在によってのみ保護を受けるべく形成されてきた国際人道法と慣習法の共通領域、または人道法の慣習法化がみられる法領域に関する法と考えるのである。[99] 逆説的にいえば、先に指摘したように、（我が国のようなコア・クライムに関する具体的処罰規定を設けない）国家刑法と国際人道法との隙間にできる法領域である。

この点で、団藤は、極東国際軍事裁判におけるキーナン首席検事の冒頭陳述を引用し、①コモンロー、一般法、自然法が「生きている生成中の法律」[100]であること、また②国際法が「輿論と慣習との漸次的な固成がそのしずかなしごとをしつづけて來た」[101]こと、そこでは③コア・クライムに関する個人の刑事責任の追及について、国際法が（団藤によればその「一部」、本章に示す「例外からの原則化ないし本質化への起点」と位置づける）自然法思想の系譜を有すること、と同時に④これが実定法として生成されつつあることを指摘し、その法源に⑤「自然法の表現ともいいうる」[102]「文明國ニ依リ認メラレタル法ノ一般原則」[103]を挙げている。すなわち、実定法主義が自然法に代わって次第に容れられてきたのは、各「国家」において自らの権限行使について「不当に自然法を援用するおそれがあつたため」[104]であるが、これが自然法の正しい適用を否認する理由にはならない由を説く。

しかるに、法の一般原則は、生成途中の実定法であるところ、これによって戦争犯罪を犯した個人を処罰することができるのかという観点から、（団藤自らが）罪刑法定主義との問題を提起している。これに対し、「国際刑法における罪刑法定主義の適用」を否定する以上「やむをえないこと」[105]であり、「國際的な治安維持の必要の強い今日では、責任理論にいろいろの修正が加えられることも、やむをえないのだ」[106]と評言している。両者、すなわち罪刑法定主義の不適用および責任論の修正に関しては、先に示した通り、国際法の発展段階としては「やむをえない」[107]と示したのである。この点を評価するに、平野龍一もまた「やむをえない」[108]、すなわち「東京裁判では、侵略戦争を理由に処罰し、事後法の禁止の原則にふれるという弁護側の主張は入れられなかった」[109]点について、平野もまた、同様に成文法が未整備の状態にある国際社会においては「やむをえない」と評したのである。

三　法の一般原則

ところで、団藤が言及した、「国際法の一般原則」は、「今世紀」国際刑法において極めて重要な意義を有しているのである。以下のローマ規定第二一条の「存在」と、本条規定に至る「経緯」について、これにそって検討すれば、団藤の指摘した「国際法の一般原則」が国際刑法のひとつの淵源となっていることが明らかになる。換言すれば、罪刑法定主義の厳格性が要求される近代「国家」刑法の大原理は、国際刑法におけるそれと同一の厳格性は求められていないことが明らかになる。すなわち、

「第二一条

一　裁判所は、次のものを適用する。

(a)　第一に、この規程、犯罪の構成要件に関する文書及び手続及び証拠に関する規則

(b)　第二に、適当な場合には、適用される条約並びに国際法の原則及び規則（確立された武力紛争に関する国際法の原則を含む。）

(c)　(a)及び(b)に規定するもののほか、裁判所が世界の法体系の中の国内法から見いだした法の一般原則（適当な場合には、その犯罪について裁判権を通常行使し得る国内法を含む。）但し、これらの原則がこの規程、国際法並びに国際的に認められる規範及び基準に反しないことを条件とする。

二　裁判所は、従前の決定において解釈したように法の原則及び規則を適用することができる。
三　この条に規定する法の適用及び解釈は、国際的に認められる人権に適合したものでなければならず、また、第七条三に定義する性、年齢、人種、皮膚の色、言語、宗教又は信条、政治的意見その他の意見、国民的、民族的又は社会的出身、貧富、出生又は他の地位等を理由とする不利な差別をすることなく行われなければならない。」

と規定しているのである。後述するように、今世紀国際刑法もまた罪刑法定主義自体を本規程第二二条以下で採り入れるものである。しかし、そこでの解釈もまた国内刑法におけると同一基準の厳格性は求められてはいない。厳格な罪刑法定主義を守る立場からは、右第二一条の拠り所となった国際司法裁判所規定第三八条一項(b)に定められた「国際法の原則及び規則（確立された武力紛争に関する国際法の原則を含む。）」が、いわゆる「国際法の一般原則」を指し、「国際法の原則及び規則」としての慣習国際法を認めていることを受容することに困難を伴うであろう。加えて、同様に、右(c)が「法の一般原則」に法源を求める点を承認していることをも、同じく許容されるものではなかろう。

しかるに、第二一条は、唐突にローマ規程に挙げられた訳ではない。国内刑法においても同様であるように、国際刑法においても当該規定が挙げられるまでに至る起草案や審議検討の経緯こそが重要になってくる。前世紀国際刑法の形成契機となった旧ユーゴスラヴィア国際刑事裁判所やルワンダ国際刑事裁判所は、漸次種々の事件を解決していく中で、「法の一般原則」を採用してきた。そのような中で、国際法委員会によってローマ規程草案が示されることになる。ローマ規程草案第三三条においては、裁判の適用法規に関しては、「(a)裁判所規程、(b)適用のある条約並びに一般国際法の原則及び規則、(c)適用可能な範囲内で国内法のいずれかの規則」と定められていたのである。[110]

ローマ規程は、右の国際司法裁判所規定第三八条に拠りながら、第二一条を定めるに至っている。国際司法裁判所規定第三八条は、すなわち、

「一　裁判所は、付託される紛争を国際法に従って裁判することを任務とし、次のものを適用する。

a　一般又は特別の国際条約で係争国が明らかに認めた規則を確立しているもの

b　法として認められた一般慣行の証拠としての国際慣習法

c　文明国が認めた法の一般原則

d　法則決定の補助手段としての裁判上の判決及び諸国の最も優秀な国際法学者の学説。但し、第五九条の規定にも従うことを条件とする。

二　この規定は、当事者の合意があるときは、裁判所の衡平及び善に基いて（ママ）裁判をする権限を害するものではない。(三)」

というものである。

ローマ規定第二一条は、一方で罪刑法定主義の原則にそいながら、他方で適用法規の欠缺・補充という異なる要請の調和を図ったものと考えられる。すなわち、本規定は、成文法をより重んじ、これに優先性を表示することによって前者の要請を充たそうとするものである。他方で、「国際法の原則及び規則」としての慣習国際法を認め、これに法の一般原則を採み込むことによって、後者の適用を可能にしたのである。

総じて、今世紀国際刑法は、刑法規範であることから成文法を重視し、ローマ規程自体に加え、犯罪の構成要件に関する文書および手続証拠規則を示すこととなった。ローマ規定第二一条は、適用法規に順位づけを行いこれによって、犯罪の構成要件に関する文書および手続証拠規則を含む本規程、条約および慣習国際法のいずれかに適用し得る規則がない場合、「法の一般原則」が適用されることを明らかにしたものである。さらに、この「法の一般

原則」は、同条一項(c)により「世界の法体系の中の国内法から裁判所が」導くものであることを明示している。(112) 同時に、国内法体系に確認される個別的な法規則に拠らずして「それら規則を基礎にある原則を適用するものと解されている」。(113)

ところで、このような規定を設ける以上、慣習国際法と法の一般原則の区別と、それらの認定に関する区分けが明示されなければならない。江藤淳一は、国内立法や判例は当該国の法であり、そこに慣習国際法の規則の成立要件である法的確信（opinio juris）を求めることは困難であることを指摘する。Tadić 事件を通して慣習国際法の確立の認定の他に、国際社会では法的確信の証明が求められた。

これに対し、国内法規則が慣習国際法に至っていない場合でも、法体系にこれを一般原則として承認されるに充分な認識が検知されない場合が考えられる。そのような場合には、①以下のごとく裁判所規定の解釈や慣習国際法の欠缺を補充する——法の一般原則としての——役割を果たし得ることになること。この場合、②法の一般原則が果たす役割は補充にとどまり、慣習国際法に代替するものではなく、反対に、慣習国際法としては確立しているものの、法の一般原則としては認められないという場合もあること。(114) さらに、③ある原則が慣習国際法としても法の一般原則としても承認されるという場合もあること(115)を具体的に示している。本章は、これを明確にすることを目的とするものではないため、これ以上の言及はしない。

四　法の一般原則を巡る「国内刑法と国際刑法」における罪刑法定主義

(1)　譲渡説が抱える問題——法源

上述してきた「法の一般原則」について、——これを（実務を含む）刑罰権の行使の正当性という問題に関連させ（あるいは置き換えて）みると——刑罰権の行使にあたる学際的な場面においては、先の刑罰権概念を如何に解するか、いずれの立場に拠るのか、その見解によって結論が異なってくる。すなわち、固有説以外の見解に立脚する場合、――とりわけローマ規程の本源をあくまで「国家」を前提としかつ罪刑法定主義の厳格性を求める立場からは――（わけても、我が国の場合）国家を基軸とする法（や条約、慣習の機能面のみ認める）に限定する考え方である以上、理論的に（法の欠缺を一般原則で補う、いわゆる）「法の一般原則」論は採用できないという結論が導かれる。[116]（罪刑法定主義を厳格に解する、例えば我が国において、仮に譲渡説＝）非固有説に立てば、[117]「法の一般原理」は理論的にも説明されないものであり、近代刑法の大原理には反するものとなろう。端的にいえば、非固有説を採った場合、その拠り所となる国内刑法における（厳格性を求める）罪刑法定主義と、国際刑法における（法の一般原則をその淵源のひとつとする）罪刑法定主義の間において、その意義に齟齬が生じていることが判明する。

法の欠缺を補う「法の一般原則」について、瀧川幸辰がビンディングを引用しこれを排斥する主張、すなわち、「ただ法律規定が缺けて居るというだけの理由で重い犯罪を罰しないことが何を意味するかを感ずる限り、裁判者に類推に基く有罪宣告を許さねばならない[118]」という説示は、裁判官の恣意的裁量の途地を防ぐことを目的とするものである。また続いて、ビルクマイヤーを引用する所以、すなわち「苦い經驗と辛い闘争との後に十八世紀において獲得した原則、『刑罰法規なければ、何の犯罪も、何の刑罰もない』は二十世紀において再び掠奪され、個人は『犯罪豫防』という行政の無制限な専擅に引渡されることになる[119]」であろうことを同じく危惧する由である。いうまでもなく、厳格な解釈を求める我が国の国内刑法では罪刑法定主義に法の一般原則を持ち込むことは基本的に排除される。

しかしながら、国際刑法においては右のような「国家」権力による刑罰権の恣意的行使という危惧は視られず、むしろコア・クライムの指導者責任について要罰観が求められたことは既述したところである。この点で、特筆されるべきは、ドイツ連邦共和国基本法第二五条である。同条は、「国際法の一般的諸原則は、連邦法の構成部分である。それらは、法律に優先し、連邦領域の住民に対して直接に権利・義務を生ぜしめる」旨を規定している。我が国においては、罪刑法定主義の厳格性を守ることが、刑法の本来的目的または役割と解される傾向がみられるが、法の一般原則は（国際刑法を論じるにあたり、我が国のようにコア・クライムに関する国内刑法典上の具体的な規定が欠缺している場合、各国における解釈を例に、将来、新たなコア・クライムの抽出に関する議論において）厳格な罪刑法定主義を補うものという役目を担うことになろう。

(2) 実定法の本質――複眼的視座

我が国では、国際刑法における法源について、ローマ規程の対象犯罪に関する構成要件が――例えば、ジェノサイド条約のような――条約やその他の慣習法に求められること、またその法源に法の一般原則が採られていることなどについて、疑義を有する研究者は少なくない。元来、国際法の法源とされた条約および慣習国際法については、前者においては「国家」を主体とするもので「個人」を主体とするものではなかったこと、後者においては国家規範や多数国による国家実行を背景とする法の形成に求められていたことも、その一因を創っていると思われる[120]。これは、国際刑法における罪刑法定主義に関し、非固有説を採り、且つ、国内刑法と同じ厳格性を求める立場からの指摘である。

しかしながら、非固有説を採りかつ厳格な罪刑法定主義を守る立場からは、罪刑法定主義における慣習法処罰の問題は惹起されるものではなく、当然の前提として既に国内刑法における罪刑法定主義の説明をもって必要、且つ、充分なはずである。また、国際刑法における罪刑法定主義を論ずるまでもなく、自らが採る国内刑法における罪刑法定主義をもってすべて説明され、それをもって既に完結されているはずである。すなわち、非固有説は国家刑罰権を国際機関に譲渡する立場であるから、その淵源は国内刑法に求められ、（譲渡した部分に関してのみ）単に国家刑罰権の原理をもって説明すれば足り、基本的にそれ以上、国際刑法における慣習法処罰の議論の余地は生じないのである。本書に示した非固有説以外の立場をもってはじめて（外観上、形式的には、一般に指摘される主だった）慣習法処罰の問題が生じ得るのである。

先に指摘した、罪刑法定主義を巡る緩和解釈が国際刑法のひとつの特徴ともいえる。これは、（「法の一般原則」を含む）諸国間の刑法上の齟齬や、国際刑法理論の未構築によるものと考えられる（しかしながら、国際刑法もまたプロセス法であるから、そこに実定法自体も刑法理論も変遷がみられ、逆に、変遷があることこそが、実定法の本質とも捉え得るのである）。

(3) 緩和性の中に検知される「犯罪」法定主義

国際刑法においては、先に指摘した罪刑法定主義に関する争点のみならず、国内刑法で用いられる条文の文言や法概念、主体、民族を含む客体ほか、——ローマ規程の列挙犯罪に記述される表記自体など——法概念、主体、客体、法益などが異なっている。例えば、国内刑法に指す「事件の訴追」に相当する、ローマ規程第一四条にいう「事態の付託」である。ここにおいて、「事態」とは、何を意味するのか。国内刑法にいう、いわゆる事件性に該当するものについて、国際刑法ではコア・クライムが惹起されたであろう、領土（侵略）ないし地域（侵攻におけるジェノサイド）、多数に上る被害者数、広汎に亘る（財産を含む）被害法益については、甚大性・継続性を有する傾向があり、これは国内刑法における一個の殺人罪や傷害罪ほかの結果発生にその侵害が認められる侵害犯とは罪質において決定的に異なるものである。すべての国家の国内刑法を前提とする侵害犯をもってローマ規程に挙げられた列挙犯罪（あるいは今後、挙げられるべきコア・クライム——例えば、核［を含む］兵器の使用ほか——）を正確に表象させることはできない。したがって、ローマ規程に挙げられた各条文について、国内刑法に求められる精確性を、特に、——訴追、公判のみならず——行刑に関する規定においては異なる表現が用いられている。これもまた、本章に示す国際刑法解釈における弾力性ないし緩和性、また犯罪の異質性である。

しかし、この緩和性ないし弾力性への受容（と「国内刑法に求められる罪刑法定主義の原則における厳格性とは必ずしも同一の法源性を有するものではない、という意味においての」罪刑法定主義への柔軟な解釈）は、不処罰慣行の防止に寄与するところとなるであろう。国内刑法における精緻な理論と（多数国の異なる歴史・法文化・法制度ほかの上に創られた国際刑法とは異なるという意味での）精確性を保つ犯罪の定義（構成要件）とは対照的に、国際刑法においては精緻な法理論の構築が（国内刑法と比較すれば）遅れており、個人責任論と緩和性――後に検討するように、この緩和性ないし弾力性がなぜ生じるのかという考察もまた本書の目的であるが――を受容せずに、コア・クライムに関する刑罰理論の構築は図れない。すなわち、国際刑法自体を受容できないという結論に繋がる危殆に瀕することとなる。勿論、後述するように、ローマ規程が補完性原則を採る以上、コア・クライムについても第一次的刑罰権としては、国内刑法に基づく国家刑罰権の発動行使が予定される。

このような検討を踏まえれば、国際刑法における慣習法から導びかれる処罰に批判的な指摘を加える論者においても、批判に終始するのみにはとどまれないことになろう。それは、コア・クライムを巡る解釈や法の運用については、伝統的国家主権概念を基礎とする国家刑法と、必ずしも伝統的国家主権概念に拠らずに、（汎く称称される超国家的刑罰権概念に拠って）さらに発展してきた国際刑法との狭間に齟齬や欠缺が生じるため、したがって、これに対する調整や補充ないし補完の可能性への有無ほかの具体的な検討が必要となってくるからである。このような観点からは、非固有説を採る立場からの説明が求められる。とりわけ、実定法としては形成途中にある国際刑法（＝ローマ規程）の不完全性については、――一定の条件の下に一定の範囲内においてまたは制限の下に――不備への補充が認められなければならない。

以上のような観点から、ニュルンベルク・極東国際軍事裁判における個人処罰の正当性について、稲垣良典は、

（当時の）アメリカでは「従来のような国家主権の絶対視や法実証主義的国際法観の立場によっては右の裁判の全面的正当性は主張できず、ここからして国際法の自然法的解釈の必要性が」[121]求められたことを指摘している。これはすなわち、国際刑法の実定法性に着目すれば、その際立った不完全性のゆえに「自然法的原理による補完を必要とする」[122]ことを意味するものである。

国際刑法の不完全性は、別の視点からも指摘される。すなわち、国際社会には国内におけると同様の立法機関が存在しない。法の実効性という観点からみれば、立法機関を有する「国家」に拠るところとなり、補完性原則が支持される。他方で、成文法による刑罰規定の集約化には手間取り、事実上慣習国際法が、法の欠缺や不備への解決として用いられてきたといえよう。その意味から、ローマ規程が従来の慣習国際法上の処罰され得る犯罪を実定法に集結させるべく罪刑法定主義を採り、とりわけ「犯罪」法定についてこれを明確化させたことは、国際刑法史上大きな意義を有するものであったといえる。

第六節　国際刑法現象の端緒

一　端緒

右の検討を踏まえ（後述する）固有説からはどのような結論が導かれようか。固有説は、譲渡説のように「国家」からの刑罰権に関する一部の譲渡を受けて国際刑事裁判機関がこれを行使するという考えではなく、（共存社会自体が刑罰権を固有する、あるいはこれを背景とする）国際裁判「機関」が刑罰権を自ら有すると考える立場である。したがって、ローマ規程に採られた罪刑法定主義については、（補完性原則を採る現行ローマ規程によれば、第二二条以下で罪刑法定主義が採用されているものの）必ずしも「国家」（刑法における罪刑法定主義と同一の厳格解釈を求められるものではなく、また「国家」刑罰権の行使）を前提とする概念ではない。

ここに、罪刑法定主義という法原理を介し、国内刑法と国際刑法との間には、その端緒・発生において相反的な現象を視るのである。上述したニュルンベルク・極東国際軍事裁判所における首謀者の個人処罰については、伝統的「国家」論を背景とする刑罰権の行使にあたり、「刑法の最高原理」(123)とされた「罪刑法定主義の原則を破る、『例外』から本質化への端緒――（後述する慣習法の定立化）――」として、確かに「例外の原点」を視ることができる。

二　連続性

翻って、これが例外ならば、まさに例外に終わったであろう。しかるに、「法」も「原則」も絶対性を有するものではないであろう。これらは、常に流動的であり時代や社会との意義・相関において理解されなければならない人為的創作物といえる。これが時代や（「国家」を含む共存社会を含む）媒体物（機関）を超えて人類の法の所産となり得るためには、継受性、すなわち「法的連続性」が認められなければならない。

当時のニュルンベルク・極東国際軍事裁判は、人道に対する犯罪や平和に対する罪に関し、厳格な罪刑法定主義の立場からは「例外の原点」ではあったもの、その後、コア・クライムについての処罰規定はジェノサイド条約やアパルトヘイト条約などの各種人道条約や各国の国内刑法に採り入れられることとなった(124)。このような系譜を引きながら世紀を跨いで今世紀国際刑法であるローマ規程に明記され、もはや実定「犯罪」法となるに至ったことは先述した通りである。

確かに、コア・クライムを首謀した指導者に対する個人責任に関する主権免除を克服する――不処罰慣行の回避――という国際刑法の原点においては、要罰観や裁判に関する実務的要請が先行されたものであり、論理の一貫性や司法的契機の精粋性を保つべき法概念の創出、法の枠組みという観点からは、不備が指摘されるところであろう。もとより、刑法規範自体に慣習国際法や人道原則が採用されること自体、一部の国内刑法研究者からは批判や疑義も向けられる。(125)

しかし、本章においては、「例外」と位置づけられるニュルンベルク・極東国際軍事裁判所条例という前世期国際刑法（における罪刑法定主義）――わけても、「犯罪」法定主義――が、一般実定「刑罰」法へと軌道を敷くことになることを説くものである。そして、これを布石として今世紀国際刑法へとその連続性を保ち続けることになることを主張するものである。すなわち、ニュルンベルク・極東国際軍事裁判において（国家刑法における）「犯罪」法定主義を破った前世紀国際刑法が、（そこに生じた遡及処罰への批判を顧みて、逆に）罪刑法定主義、わけても「犯罪」法定主義をして、これを明確にする「成文法」としての今世紀国際刑法へと繋げていく史的展開の中に、（近代から今世紀に亘る、それは同時にひとつの国家から国際共存社会［国家ではない「機関」］へと繋ぐ）「連続性」を視ることができるのである。

未熟な要罰観から刑罰権の行使が先行され、（戦勝国と敗戦国および国際社会のいずれもが納得し得る）刑罰権行使の正当性に関する法理論を俟たないまま――多くの諸問題を残しながら――慣習法に拠っていた前世紀国際刑法は、ニュルンベルク原則他、各国の国内刑法や国内法に踏襲され、今世紀に至って実定法化されてきた。その一連の所産がローマ規程である。同規程は、第二二条で罪刑法定主義を、また同条二項で類推解釈の禁止の原則を、続く第二四条一項では不遡及の原則を定めている。

三　今世紀国際刑法

今世紀に至って、国際社会は自らの資源が有限であること、共存社会においては地球資源および環境については、「人」が生きるために必須な生活利益であり、法的保護を受けるに値する観念であることをより強く自覚しはじめてきている。そして、自（国）の存続のみならず自他（国）を含む共存主体たる「人」のみならず、「人」間の共存に必要な自然環境や資源をも含む共通財を一瞬にして破壊する核兵器の使用については、前世紀よりさらに環境破壊という点からもそれが有する重大な危険性に対する認識を浸透させていくこととなり、この抑止に向けて真剣な試みがなされている。

我が国において刑法理論の対立が激しくみられたかつての時代とは異なる今日の社会では、刑法が国際共存社会との関係において求められる役割も次第に変化しつつある。旧来、論じられた国際刑法は、あくまで関係国家の管轄権行使の承認のもとに認められる「人」であった。しかし、今後、国際刑法においては、法の対象として、従来国内刑法で検討の対象とされた、一人間像のみではなく、被疑者・被告「人」の生存を含む「人」の「共存」と密接性を有するの「人」間像が透写されなければならない。本書の立場からは、いうまでもなく、国際公序すなわち秩序維持を国際刑法の第一義的意義に捉えるものではない。最終的には、被疑者・被告「人」の生存を含む「共存」をも保護とする国際刑法を、ここに展望するのである。

そこには、（種族への抹殺を防ぐ）世代継承までをもおさめる共存社会が描かれる。すなわち、人類が人類たるには、「人」が生存し続けなければならない。「人」が人類を形成していくには、――共存社会の構成員として「人」間世代の継承という観点から――（環境を含む自然）地球から等しく利益を（共に）享受し、これを保護する義務を（共に）負う。国家は「人」を保護するために存在するという、――従来の不干渉または消極的国家観とは凡そその思潮を異にする（「国家」のみを法の主体と法を前提とする国家論とは異なる）――国家を含む「国際共存社会」観が求められるという「現象」に猶予なく突入しているといえよう。このような観点からは、前世紀における「国家」論に桎梏されるべきではない。伝統的国家刑罰論は、非伝統的国家刑罰論へと変容を迫られている。

「人」間を取り巻く環境の悪化や大量の「人」への殺戮に直面して、はじめてその全人類的侵害を自覚した共存社会は、個別「国家」の利益や思惑を捨象して、社会における共通法益を観念するに至った。コア・クライムに関する首謀者の個人責任についても、右のような（従来の古い国家論のみに拠るではなく）国際「共存社会」論の必要性——本書においては、これに基づく（第一篇第一章で論じた）内在的制約論——を見極めれば、一般に凡く指称される超「国家」的刑罰権概念を前提とする、従来型の刑罰論に拘制される合理性は視い出されない。

この点で、超「国家」的刑罰権概念は、前世紀国際刑法における刑罰権の行使において生じた弊害を再び惹起させる危険を孕む概念である。前世紀国際刑法の弊害や短所を排除すべく、今世紀国際刑法には個別国家における刑罰論とは異なる、より「相対」ないし「客観」性を有する刑罰論が形成されるべきである(126)。

四　共存社会と国際「機関」

国際刑法における刑罰権を巡って、一国の国家刑罰権の意義をどのように捉えるのか。現在、国内では「国家と国民」との関係を権力を介在させることによって規律と捉えるという従来の定型的ないし一般的な「規律」思考から、個人法益を重視し、先ずは「国民」すなわち個「人」を法解釈の軸に据えて、「国民と国家」という国民中心主義へと遷り変わる思潮にある。このような「人」に着目すれば、国際共存社会においても今世紀に至り、究極的には被疑者・被告「人」の生存を含む「人」の共存とそのための「機関」という構造が視えてくる。

ここに、刑罰権に対する観念も、また異なってくるのである。「共存」社会と国際刑事裁判「機関」という構造において、その刑罰権概念は、従来の、または現今の「国民と国家」ないし「国家と国家」という関係ではなく、（被疑者・被告人を含む）「人」と国際「機関」と位置づけられるべきであると考える。このような構造を軸にコア・クライムに関する刑罰論を素描すれば、伝統的主権国家論において採られていた、かつての「刑罰権国家独占原則」は破られ得ることになる。ここに、今世紀国際刑法における刑罰論においては、旧来から、そして今日も採られる合意を脱し、「人」と「共存社会」と（欲求調整のための）「機関」という組成核が抽出されるのである。（不文法である慣習法処罰を脱して）実定法たるローマ規程が成文法化されるに至ったという「法現象」を時間軸に置き、これを社会構成という軸から二次元に相関させた上で解析すれば、譲渡説においてさえ、――未分化でありかつアド・ホックな成文法に拠っていた前世紀国際刑法が、ローマ規程という成文化をもって際立った分化「現象」を遂げたという――現実は否定し得ないであろう。同様に、超国家的刑罰権概念、あるいは超国家的国際機関を汎用する立場においても、これは否定し得ないであろう。これは、すなわち未分化であった前世紀国際法が成文法化という法現象を伴って、一般国際法から分化したと評言し得る。社会の発展とともに、法もまた進化し細分化する。今世紀国際刑法は、一般国際法を分化して独自の学域を成したといえよう。

ここに、本章冒頭に設定したテーゼは、整合的にジンテーゼとして導かれる。一連の論述を通して仮説の検証に向けて持論を詳解してきた、「本質化論」がまさに公式化される。コア・クライムに関する事項的管轄権を（固有にまたは国家からの主権の一部譲渡によって）有する「機関」が次なる手続として置かれ得る、その刑罰権を行使する。ここに「例外の公式化＝本質化」に整合性を得ることができよう。この意味で、理論的には国際刑事「裁判所という『機関』の、または『機関』による、あるいは『機関』が行使を決定する、刑罰権」は、「『国家』機関の、または『国家』機関による、あるいは『国家』がその行使を決定する、刑罰権」を必ずしも前提とするものでもなく、その行使に「国家」の合意を求めるものでもない。

翻るに、本章に示す国際共存社会における「独立」の「機関」刑罰権は、国家のそれと相克するものではない。したがって、そこに「超」国家刑罰権概念を強いるものでもなく、また「国家」国内刑罰権を求めるものでもない。ここに、「国家」機関と国際「機関」とを両者に、かつ、前世紀から今世紀へと、また次世紀へと繋いでいくものは、何か。

それは、「人」である。

しかしながら、個人（の刑事責任）に関する刑罰権の行使については、物理的強制力を伴う垂直的効果が生じるという観点から、その主体において――付託承認を前提とする――国際司法裁判機関の司法権とは「決定的」に異なるものである。但し、国際共存社会がその法組織について未熟性を払拭できないがゆえに――であるからこそ、また、法の研究において分化が発見されていない現状のもとでは、一貫した整合性を有する国際刑法理論が構築し得ないという――さらに各国家において自国の利益や思惑を最優先させているという現実において、プロセス法である現行ローマ規程が、国家を前提とする法の枠組みを採る以上、刑罰権概念においても、従来通り「国家」刑罰権を前提とする枠組思考が巡らされ、そして採られている。通説にいう「原則」であり、補完性は、ここに正当性が与えられるのである。

小括

本章を通じて説く「例外からの本質化論」、すなわち「国際法の一部」と把握されてきた（または解されている）国際刑法は、従来の「国際法の一部」＝「例外」とされた自らを――国際史における惨劇の繰返しを猛省し――時間軸に置いて刑罰観を熟成させ、ローマ規程という実定法をもって独立の学域を成し、一般国際法＝合意原則からは離れたものまたはこれを破ったもの、というテーゼを矛盾なく解く。

これは、逆に前世紀、「戦争の世紀」といわれたように、いくつかの大戦や残虐な紛争、悲惨な戦争を繰り返してきたことによるものである。この、国際史によって国際刑法は、自らの発展を余儀なくされたとも評言し得る。

その意味からは、指称される「国際法の一部」は、ローマ規程の成立をみて、今世紀、物理的強制力を伴う＝刑罰権の行使に関する「刑法」という法域を画定し、「本質」として歩み出すことになったのである。

成文法のもとに謳われた「国家」刑法における罪刑法定主義が、非理性国家のもとに起動するとき、それは国際刑法が目指すべきものとは相反する、真逆のベクタと化して暴走する。ジェノサイド、侵略犯罪という深刻な犯罪を惹起させたことを、ここに特筆するものである。

第七節　国際刑法現象

一　桎梏からの解放

論者によって汎用される「超」国家的刑罰権概念は、国家の壁を「超える」または「外して」国家刑罰権を行使するという考え方であると思われる。本来、国家が有する刑罰権を前提に、刑罰権国家独占原理を保ちつつ例外的にこれを認めるという考え方である。換言すれば、国家刑罰権「以外」の刑罰権を認める、あるいは現実的には認めざるを得ない、という考え方であろう。すなわち、国家は刑罰権独占原則を保ちたいところ、しかし、今日、ローマ規程に加入する以上、この原則を貫くことは難儀とされる。ゆえに、国家が独占する刑罰権の一部を国家以外の共存社会の国際「機関」に譲渡するという、いわゆる譲渡説によるという構成が採られてきたともいえよう。

ところが、国家を「超える」概念を説明できない譲渡説は、「外す」概念によっても、またそれを正当化することはできない。刑罰権国家独占原則を頑なに厳守すれば、自らの譲渡説に破綻を来すことが判明される。理論の精緻性を突き詰めていけば、刑罰権国家「独占」原則と「譲渡」説は同時に存在し得ない、ということが明らかになる。ゆえに、「例外」として「国家」ではない国際共存社会における刑事裁判「機関」に刑罰権を委ねるという擬制的構造を採る（論理的必然性がここに明らかになる）ほかはないことになる。ここに、刑罰権国家「独占原則は破られる」のである。

しかるに、国家独占原理を破る刑罰権概念は、（「機関」に委ねられた刑罰権であり）敢えて国家に拘束される必然性は視られない、あるいは必ずしも「国家」刑罰権と同義の刑罰権が要求されるものではなく、また「国家」刑罰論に従属すべきものではないことが判明する。国際刑法における刑罰論は、譲渡主体である「国家」と同義の刑罰論によるものである必然性はないものと考える。なぜなら、そこ（＝「譲渡の原点ないし契機」）には、「国家刑罰権」に対する猜疑と国家刑罰権の無起動性があったからである。

そうであるならば、譲渡の客体となるべき刑罰権については、猜疑を払拭するに足りる、且つ、また起動性ある刑罰権でなければならない。従来からの個別「国家」刑罰論による、詳述すれば、先進国・発展途上国など経済発展の別、社会主義国・資本主義国など社会体制の別、イスラム教・キリスト教・儒教ほかという宗教の別、またアフリカ諸国・アジア諸国ほか地域制の別という「諸種の別」によって構成される、端的にいえば、これらの個別「国家」によって異なる刑罰論を可能な限り、今世紀初頭に創設された国家ではない、共存社会における「機関」刑罰権に反映させるべきでは「ない」と考える。

共存社会における国際「機関」刑罰権の概念に（敢えてこれを合意原則と把捉し）「国家」刑罰論を導入またはこれのみに拠ることは、補完性原則をもって国家刑罰権を優先させることとなる。あるいは国際刑罰権の行使にあたり国家刑罰権にその正当性ないし根拠を求めることは、本章（特に次章）を通じて示す「国家」の大過ないし「国家」刑罰権の行使過程における過ちを再び起こす危険があることも否定し得ないと考える。ここに、より客観性ないし相対性を有する「機関」刑罰権論が求められるのである。

「人」と「国際共存社会」と「機関」という構造においては、「無色の刑罰論」が求められる。それゆえ、地域・文化発展・社会体制・宗教の違いを反映させた色濃い刑罰観を反映させる個別の「国家」刑罰論を（補完性原則をもって）積極的に採用することは適切ではないのではなかろうか。

二　逆転現象

前節に論じたように、本章においては、形式的な観点から（前世紀国際刑法が、国内刑法における）罪刑法定主義を破ったという、すなわち「例外からの本質化」を図った経緯に、その原点を視るのである。そうであるならば、国家（機関による）刑罰権以外の刑罰権（行使概念）を創り上げたものと解する。すなわち、「例外からの本質化」が帰結される。ここに、後述する独立「機関」刑罰権論が理論的に整合するのである。

前世紀の法の枠組み＝国際法において、「国家」主権（の免除、という「国家」の首謀者に関する個人責任追及への阻害）によってその形成が遅れてきた今世紀国際刑法は、「国家」という桎梏から解放されるべくして独立の裁判「機関」を創設したのである。これは、分けられるべくして分岐した——法の分化——現象と認めることができる。

法の組織という観点からは未熟性を有する国際共存社会においては、国家の主権を重んじつつ現実的な実効性という観点から、補完性原則という手法が採用された。物理的強制力を伴う刑罰権概念に関係国の同意を求める法の枠組みは、本来刑法の基本構造とは異なる、いわば「制約」と把捉される。本書は、刑罰権行使における「制限」は、これを「制限」としていったん認めた上に——「新しい法の枠組み」が論理的に説明され得る——刑法理論の構築への足掛かりを思索するものである。

刑罰権は、ア・プリオリなものとして国家が独占するという刑罰権国家独占原則も、また補完性原則も「相対的」な概念であり、原則原理に拘制されれば発展性はみられない。とりわけ補完性原則を強調する立場からは、本章は「常識の逆転」とも映るであろう。

しかしながら、本書に示す論述——国際刑法の発展、罪刑法定主義の解釈の展開——は、この、逆転現象によって説明されるのである。

三　平野龍一

国家が「人」に加えてきた蹂躙に対し罪刑法定主義をもってこれを阻止しようとしてきた刑法史を想起されたい。同じく「個『人』を介する『国家』の欲求」同士が衝突し、そこに戦争・紛争・非人道的行為が惹起された国際史を想起されたい。国家は、常時理性国家たり得ず、「人」をして「国家」の欲求を充たす媒体組織となり得るのである。非理性「国家」によってなされた「人」に対する人権侵害——コア・クライム——は、家族、民族、地域、社会を含む国家を、そして今日、国家を含む国際共存社会を否応なく巻き込み、侵害法益の計測を不能に陥れている。

のみならず、理性国家においてさえ、その司法的救済の過程に生じる、国家「機関」のひとつである捜査「機関」によって被疑者・被告人に対し、さらなる侵害が繰り返されてきた[127]。国家の施策による「人」への暴力と、さらに司法の救済過程における人権侵害を知覚してきた刑法学は、「常識の逆転」を生むのである。

刑法学における「逆転現象」について、以下に論じる。罪刑法定主義の形成は、「国家」権力からの恣意的刑罰権の行使を回避すべく生み出された原則である。国家主権を絶対として専断主義を許した結果、多くの「人」への暴力が「国家」によって犯され、「人」の生命・身体への侵害と諸権利が蹂躙されてきた。刑罰権（を含む権力「独占」）の絶対性を認めた君主制を廃止し、もって「人」権を保障するという、「逆転現象」が刑法史に視てとれる。「人」への保護を求めた逆転現象である。

この現象は、実体法のみならず手続（法）においても同様に考えられる。平野龍一もまた刑事法学上の逆転現象を認めている。すなわち、平野は黙秘権の本質を「個人の人格の尊厳に対する刑事訴訟の譲歩にある」[128]と説いた。個人の人格に対し、国家機関は譲歩するべきであることを主張したのである。すなわち、国家は個人の人格に対して譲歩するという、端的にいえば「国家は、個人を保護するためにのみ存在するものである」[130]という「個人のために存立する国家」論を基底とする刑法学を説示した。（有罪か無罪かを問う最終判断を争うステージにおいて、仮に、犯罪事実を自認する場合、自らの実行行為について、これを黙秘することは必ずしも建設的ではない、という命題も与えられよう。この命題は、逆に、それが憲法一三条に規定される個人の尊厳から導かれる――平野の指摘する――人格に帰結するものなのであろうか、という疑問が呈される場面である。

ところが、この、黙秘権の本質に関する把捉について、同様に田宮裕は「逆転現象」をもって補足する。すなわち、刑法史を紐解くのである。すなわち、「もっとも忌むべきものであるはずの犯罪について、開示を拒むことができる」[131]「自己ざんげ」[132]禁圧の展開について、罪刑法定主義を獲得せざるを得なかった歴史をもってこれを解説する。「近代以前の苛烈な糾問が人間の尊厳の抑圧という耐え難い不正義をもたらしたからであり、人類がその歴史の教訓に学んだ」[133]と。黙秘権の本質についての把捉を、田宮は右のように解したのである。これは、刑法「学」に関わる史「実」が、逆転現象を生むことの証左といえよう。ある意味で、罪刑法定主義の起源は、「人」への保護を求めた逆転現象であったともいえる。

「実」務において惹起された「人」への侵害を克服すべく、刑法「学」は、逆転現象を生むのである。

四　例外からの本質化

「新たな法の枠組み」を有するといわれる国際刑法には、その刑罰権を基礎づける刑法哲学が求められ、またその機能が充分に発揮される法理論が必要であるように思われる。旧来からの原理・原則に拘束されることは、「新機能」を有するメカニズムに、「旧機能」を強行に搭載するような――不整合を生ぜしめる――ものであり、そこにさらなる発展性はみられない。新機能が充分発揮できるような法理論の構築が求められる。また、理論＝刑法「学」は、これによって「実」務に追随する、「実」務を後押しするものと考える。

「国家」の主権免除は、従来、国際法上認められていたものである。今世紀国際刑法は、これを「否」とした。ここにも、「例外からの本質化」が認められる。今世紀国際刑法は、不処罰文化の回避を求めて、時効の不適用を確認している。ここにも、同じく「例外からの本質化」が認められるのである。

繰り返し述べるように、一般に研究者によって汎く説かれる、いわゆる「超」国家的刑罰権概念は、本来の「国家」刑罰権を超える形で例外的に「国家」刑罰権を及ぼすという考え方である。この立論の基底には、その基礎となるべき本来的な「国家」刑罰権を残存させつつも、「国家刑罰権」を例外的に譲渡ないし行使する、という把捉がある。理性国家における「国家」刑罰権の行使は受容できよう。しかし、問題となるのは、通常一般に「非」理性国家における「人」権侵害である。刑法学は、前世紀の学史からまた先覚の諸論究から「国家」刑罰権の暴走を懸念するものである。

そして、今日においては、国家ではない＝組織・集団による「人」への侵害＝人道に対する犯罪が惹起されていることも失念されるべきではなかろう。（次世紀国際刑法における刑罰論を見通せば）その意味からも国際共生社会「機関」刑罰権論は、必ずしも個別「国家」の刑罰権に拠るものでないことが求められるのである。

五　超か「非」超か

ところで、「超」というのは、相剋する対象があってはじめてその対象ないし基準を超える「超」が観念される。刑罰権に絶対性を認めるならば、もとより権限を巡って「超」なる概念は生じない。この意味で、刑罰権国家独占原理を採る見解に立つならば、本来、そこには「超」も「非超」も観念されず、排他性を有する刑罰権が表象される。この意味からも（「超」国家的刑罰権概念を用いる見解に立てば）刑罰権国家独占原則は、既に相対性を有するものであることが発見されるべきである。

「超」国家的刑罰権概念は、国家を「超」えて、という広域性ないし地理的条件――厳密には刑法の適用範囲――を意味するのではなく、国家主権を超えて行使される、また「超」とは、「例外」という解釈と考えられる。すなわち刑罰権については、本来、国家独占の原理が働くところ、これとは異なるものを「例外的に認める」という解釈である。さらにいえば、国家に拘制されない、必ずしも「特定国による刑罰権」には限らない、という趣意であると考える。

この意味から、「超」国家的刑罰権の行使という概念は、譲渡説に立ってはじめて主張されると考えられる概念であるが、この「超」概念は国家「刑罰権自体」にかかる「超」の問題にとどまらず、その「行使」にかかる刑罰権「行使の例外」とも解釈し得るのである。すなわち、「超」国家的刑罰権行使の概念は、①刑罰権「自体」の例外と、②刑罰権「行使」にかかる例外、という二つの類別されるべき刑罰権が観念される。

右①においては、刑罰権は本来国家のみが有するものないし国家のみに帰属するものであるが「例外的に」主権国家「以外」の国際機関がこれを有するという概念と、右②においては、本来国家が行使するものであるところこれを例外的に（国家以外の）他の「機関が」これを行使する（ことを認める）という把握である。『超』国家的刑罰権の行使」を頻用するについては、この点の留意が必要となるように思われる。いずれにしても、指称されるところの「超」は、必ずしも明確ではない。他方で「超」は「例外」と解され得る。

ここに、刑罰権に関する絶対原則への修正、すなわち「刑罰権国家独占原則の相対性」を視るのである。「超」

国家的刑罰権は、国家「例外」刑罰権と位置づけられることが明らかになる。超国家的刑罰権概念は、明確ではないものの（空域的な概念を意味するものではなく、）国家刑罰権の例外としての刑罰権であると観念することができる。

そうであるならば、超国家的刑罰権概念は、結果的に、本章が説く「例外からの本質化」公式における例外の原点、――指称される「超」国家的刑罰権概念は、「相対」的国家刑罰権概念であり、「例外」原則の理論的端緒――を本章に認めることによって刑罰権行使の正当性を保ちつつ、――自ら用いる「超」の意義について――矛盾なく説明し得ることになるのである。

第八節　国際刑法理論

一　理論構築への足掛かり

本章は、国際刑法における刑罰権の行使について、必要性をも裏づけ、同時に哲学ある刑法に近づこうとするものである。すなわち、単なる「必要性」から求められたものまたは求められるものという説明ではなく、「必要性」をも裏づける法理論の構築への足掛かりを思索するものである。刑罰権の行使は、必要性のみをして、その正当性が与えられるものではない。従来、一部の論者によって汎用された「必要性」のみをして説明されていた刑罰権の行使について、「『必要性』に基づく刑罰権の行使」という把握ではなく、本書は今世紀国際刑法においては、「必要性」を正当化させる理論構築において、「例外からの本質化論」を提起しこれを採る。このことによって譲渡説においても自らの理論的整合性を保ち得ると考える。

以上、（仮に譲渡説に立った場合においても、国家）刑罰権の行使について、例外を認める、すなわち「例外からの本質化論」が採られ得ることを検証した。

二　責任の分化

以上の考察を前提に、以下、責任の分化について論じる。

一般に、国際刑法は「国際法の一部」と考えられてきた。さらに今世紀に至っても、一部「要素」の本質化を認めず、頑なに合意原則を厳格に守るないし強調する傾向がみられる。

他方で、現象はどうか。国際社会においては前世紀からの国際刑法自身の発展に加え、各種の人道法や慣習法の確立によって――（国内刑法と比較すれば）刑法理論の遅れを余所に――「コア・クライムを首謀した個人処罰」の必要性、すなわち、重大な国際犯罪の首謀者への個人責任法理を形成してきた。「成文法としてのローマ規程」という所産（厳密には、生み出さざるを得なかった法、あるいは生み出されるべくして生み出された法）をもって、今世紀国際刑法は、国際法の「一部」という把捉または合意原則からは整合的な説明ができない。ここに、合意原則＝条約法理論を破る現象が認められる。国際社会共存「機関」は、既に幾つかの自己付託や安保理付託に関し、その刑罰権を行使している。このような安保理付託も自己付託について、合意原則からは整合的な説明を付し得ない。現在、国際共存社会に付されているこのような付託については、合意を破る現象が既に認められるのである。

いうまでもなく、国際刑法は国際法と強い関連性を有するものであるが、しかし、（合意を原則とする、すなわち水平的効果を保つ国際法に対して）刑罰権を行使する、すなわち物理的強制力を伴う垂直的効果を及ぼす国際刑法は、それが「成文法としてのローマ規程」として定立されるに至った段階で、その本質において一般国際法からの分化が認められるのである。ローマ規程の成立は、国際法からは（必要性のもとに）分かつべくして「分かれた」法現象である。

従来、また今世紀・今日においてさえも、国際刑法は、国際法（の一部）として論じられている。本章は、「未分化」であった国際刑法が、国際法から「分化」したことを説くものである。逆説的に表現すれば、国際法という法域に分化を認め、国際刑法は独立した一学域として確立するに至ったのである。

三　国際刑法の本質――合意原則を破る

国際（的）刑事裁判所の意義について、「しかしこのような現象的発展がそれ自体として国際刑事法の発展として肯定的に評価できるかには慎重であるべきである[134]」とする見解がある。確かに、個人責任については、「国際法を個人に国際機関を通じて直接適用するのではなく、国際法規範を受容した国内法を適用するのが主流であった[135]」。そこには指摘されるように人権は国内法上の規定や制度によって確保されるべきであるという考えがあった。したがって「国際的刑事裁判所が設立された事実をそのまま評価するのではなく、（中略）国内法を通じた国際法の適用とは異なる意義の有無と、意義があるとすればそれが何かを明らかにする必要がある[136]」という見解である。

しかし、旧来の水平的効力を保つ合意原則の中に、革新的な垂直的効果を容れたということは、異質な要素を容れる、換言すれば質的転換を伴う、まさに重大な転換性を取り込むものである。このために合意原則が用いられたのである。本規程に置かれた革新的効果を反映させるための方策は他にあったところ、便宜上、「条約は、手段であって目的ではなかった」ことが想起されなければならない。目的は、一般に指称される「超」国家的刑罰権の創設であり、国家機関「以外の機関」による刑罰権の行使を認める国際刑事裁判所の設立である。「機関」創設の本旨からは、目的は物理的強制力を伴う「公」罰権の創設、すなわち垂直的効果を伴うローマ規程の採択であり、合意原則の維持ではない。

さまざまな制約を有するものの、直接的な強制力を及ぼすローマ規程は、成文化された。この観点から、国際刑法は、従来、刑罰権は国家機関のみが行使し得るものであったという原則における「例外からの本質化」論を視て取ることができる。しかるに、ローマ規程は、補完性原則を採るものの、その解釈指針については、（本来）合意原則を基軸にあるいは本原則を出発点とすべきではないと考える。可能な限り、その「解釈においては」（国際機関によって刑罰権が行使されるという）本来の目的にそうことが、結果として国際刑法の法意に適うことになろう。そして、これ（国際共存社会を背景に創り出された「機関」によって刑罰権が行使されるという考え方）によって、国際「刑法」理論は矛盾なく整合し展開していくように思われる。

四　法の限界と原則の相対性

ここに、合意原則の相対性が認められる。いずれの論者も法の限界と原則の相対性とを認める必要があろう。すなわち、原則が原則たり得ず、旧来国際法の「一部」として把捉されていた「一部」をして、――その本質化が（この論理の是非ないし評価は、いったん置くにしても）ローマ規程の創出という史実として――認められている。むしろ、原則が解決し得ない問題を、指称される国際法の「一部」に委ねたのである。ここに、「逆転現象」が認められる。

一部「要素」の本質化は、一部（であるものの、決定的に相違する異質な「要素」を顕出させるものであること）から、ローマ規程をしてそれを成文法によって「本質」化させたのである。ローマ規程創設時においてさえ、自らの合意原則に相対性を認めざるを得ないこととなる。合意原則は、自らの原則に力量の域、すなわち合意原則の限界を認め、「一部」「例外」を全うできない、異なる「要素」についてその本質を顕現させるべく（「国家」機関以外の）別なる独立「機関」を創設させ、これに託したのである。従来の原則自体が自らを解決できない、あるいは自らの抱えることができない異質な法域に惹起する（個人の行為と［法益侵害という］結果に対する）法的評価を国家以外の「機関」に委ねることとなったのである。

法の創出や存立は、その関係する社会的（発展）状況に深く根ざすものであり、国際刑法を含む諸種の法は、慣習や解釈という「過程」を経て当該法の創出に至り、また法の運用「過程」によって改変され、場合によってはその存立自体を失うものである。この点で、恒藤恭が法の本質の考察に当たっては、「当為の世界から出発するべきではなく、諸種の規範を産出して、その規制に服しながら生成し、発展して行く社会的実在に着目し、それらの規範の一種類としての法の本質的性格を問題とする態度をとることを要する(137)」と指摘する点は、法の本質を追求する本探究の指針と同様の方向性を示すものである。

他方、この法現象について古谷修一は、「国家基盤の動揺した事態への対応が（中略）個人責任の拡大を生み出している(138)」と評価する。ところで、右の見解は、なぜ、議論の前提に「個人責任を国際責任論の一側面として位置づけるとしても(139)」という条件を付すのであろうか。またはその必要があるのであろうか。この見解は、自ら「個人責任論の台頭は、国家責任論が寄（ママ）って立つ基盤と『対抗する要素を本質的に(140)』」有するものであることを認めている。その上で、「個人責任は、国家をチャンネルとした国際法の実現が実効性を伴わず、あるいは無用な被害を惹起する場合における、いわば『サブ・チャンネル』として捉えられるべきものである(141)」と帰結する。

しかし、個人責任法理は、国家責任法理と重なり得るものの、異質の法域に在るものである。本書においては、「物理的強制力」を伴う垂直的効果を及ぼす国際刑法について、これを従来の合意原則の「サブ」と把捉することはできない。確かに、当該行為、すなわち国家機関を背景にする首謀者個「人」が犯したひとつの「行為」は、「国家」行為とも「個人」行為とも観念され得る。しかし、それが、なぜ（責任論において、既に個人責任が確立したにもかかわらず）回帰して一元的に解さなければならないのか。

従来の国際法は、個人責任論を受容せず、むしろ主権者無問責ないし国家行為免責論よって指導者の刑事責任を免除していた。ゆえに、国家指導者の「人」に対する人権侵害が許されてきた。これは、国際法上個「人」に責任を科す法構造を有するものではなかったことにもその一因が認められる。あくまでも首謀地位に在る国家機関による行為は、[142・143]「国家」行為として認識され、科刑の対象は、問題となった当該行為の実行行為者ないしその上官までとされていた。

このような弊害を克服するには、主権者無問責の概念の否定、換言すればイミュニティの剥奪——不処罰慣行への克服——、すなわち首謀者個「人」責任の刑事責任を追及するための実効性ある新たな法の枠組みが求められたのである。実行行為者ないし上官のみを科刑の対象とするという従来国際法上認められてきた慣行や問責の方法を排外し、——とりわけ、第二次世界大戦における戦争犯罪について——戦争を首謀した指導者個「人」の刑事責任を追及するという法構造をニュルンベルク・極東国際軍事裁判所条例が採ったことは、責任論の変遷における変革として説明されている。[144]別言すれば、「国家」ではなく、「人」への刑事責任を承認することになったのである。従来の集団責任あるいは「国家」責任から個「人」責任論へと展開してきた責任論は、国際法学上の責任論においては転換と位置づけられ、かくして個「人」の「行為」に対する法的評価をその検討対象とする刑法学の俎上に載ったのである。

裁判という歴史的記録をもって後世の国際社会に戦敗国の帰責性を刻印するという連合国の政治的思惑が色濃く見え隠れするものの、結果的にこの裁判はすぐれて先駆的な責任論を生み出したと評価し得る。その意味では、両裁判は前世紀国際刑法における個「人」責任論の原「点」を印し、これより出発した延長「線」として今世紀国際刑法における個人責任論へとその連続性を保ってきたものといえる。

「個『人』を介する『国家』の欲求」と「個『人』を介する『国家』の欲求」とがぶつかり合って、惹起された戦争・紛争・非人道的行為の責任について、首謀者の「国家」行為に基づく「国家」責任ではなく、むしろ慣行されていた主権者無問責ないし国家行為免責を排外し、首謀者の個「人」責任を認めたことは、責任法理に関する新たな布石を置いたものといえる。

　このような観点から国際史を鳥瞰しつつ、第一次世界大戦後のヴィルヘルム（カイザー）二世の訴追に関し戦勝国間で異見が顕在化していたベルサイユ講和会議の一連の協議を想起するとき、（連合国が）第二次世界大戦後の首謀者への[145]、あたかも個「人」責任法理の理論的整合性を求めるように置いた（作為的な）布石は、――結果として――「国家」主権者「免除」から刑法における個「人」「責任」という法域に関わる質的転換を伴って国際刑法の発展を促したものといえる。この国際軍事裁判の背景には、さまざまな思惑や政治的配慮があったと考えられ、一側面ないし一定の角度のみをしてみることは避けられるべきである。

　しかしながら、いずれにしても首謀者に対する要罰観を連合国は右のような責任論をもって刑法理論に採り入れたのである。戦争首謀者について、これを「国家」（機関）責任ではない、あるいは「国家」責任とは別に、個「人」の刑事責任として確立させようとする刑罰論は、近代国際法の前提を成す「国家」主権「免除」という従来の通有原則を破った。すなわち「国家」の桎梏を解放したのである。逆説的にいえば、これが伝統的責任論を組み立て直す基礎となり、今世紀に連続性を保ってきたといえる。

　以上のような観点からは、国際「共存社会」における刑罰論は、必ずしも「国家」刑罰権を前提とするものではない。共存社会における「人」への保護の必要性ないし可能性は、個「人」責任論という法理をもって表出されたひとつの法現象であり、したがって伝統的国際法における合意原則という観点からは、質的転換を伴った展開であったと評価できる[146]。漸次的な社会構造の変遷と刑罰史ないし処罰観の展開という、①法社会学的観点および、②刑法思想史という観点から考察すれば、個人責任法理は、「近代国際法――合意原則――を破った」すぐれて今日的な刑罰論を基礎としたものであると評価し得ると考える。

質的転換を伴う現象を表象させ、また前世紀から今世紀に亘る世紀を跨いで確立した個人責任論について、古谷はなぜ従来の国際法枠組みにこれをおさめようとするのか。なぜ個人責任を国家責任論の一側面と位置づけることを前提に立論するのであろうか(147)。既述したように、今世紀に至り国際共存社会は、国際「機関」に刑罰権を委ねたのである。国際法が自らの拠って立つ伝統的な合意論によって解決し得ない現象が生じ、これを国際「刑法」に委ねたのである。本章は、ここに、「一部例外からの本質化＝分化論」を説くものである。

第九節　仮説の検証

一　仮説――「一部」と「例外」の重畳結合＝本質化

本章は、先述した二つの見解とは異なり、「現象」を「現象」として客観的に受け、考察を加えるものである。また個人責任の成否は、（侵略犯罪を除いては、基本的に）国家責任の成否の如何は問わないという立場を採るものである。勿論、個人責任は国家責任とは密接な関係を有するが、その成否において、「国家」責任は、いったん捨象される。

右のような意味からは、国際刑法は、「国際法から分化した」ものである。一般に国際法の「一部」と把捉される国際刑法は、その責任論においても、国際法を「分かつ」ものとなる。本章を通じて述べるように犯罪論のみならず責任論においても、また、「一部」「例外」の「本質化」がここにも視てとれるのである。逆説的にいうならば、この本質化を認めてはじめて個人責任は完結へと近づくことになると考えられる。これを認めない、すなわち、本質化を認めず、これを再び（国際法の）「一部」ないし「例外」へと回帰を強いることは、悲惨な国際史の上に展開し漸く生長して独自の学域に拓いた個人責任論を駆逐するものとなる。

国家責任（の、少なくとも成立）を前提とする個人責任の議論は、成立し難いものである。また、逆も避けられるべきであろう。両者は、その追及においてその端緒にはなり得るものの、——責任追及の端緒において、前者は後者を含み得る、またその逆、後者は前者を含み得るものではあるものの——「人」の保護という観点からは、異なる概念として、（「人」が保護されるべく）区別され、いずれかの成立をもって他を代替するまたは排除する、というものではないことを指摘したい。(148)

二　仮説と「機関」刑罰権論の整合

右に示した一連の考察を踏まえた上で、以下では「例外の本質化」論と機関刑罰権論との整合について論じていく。

国際刑罰権の行使に関し、多くの論者が特段の解説もなく、あたかもア・プリオリの概念として「超国家的刑罰権」ないし「超国家的国際機関」という表記を頻用していることは既に本篇第一章で指摘した通りである。国際刑法における刑罰権設定基準をここに用いてみれば、国際刑法における刑罰権を、ローマ「規程は、①国内刑罰権とは別に、②その外側に、③新たな刑罰権を創設する」(149)と捉える刑罰権概念からは、従来の「国家」刑罰権概念は前提とされない。その限りにおいて、右設定基準から譲渡説は帰結されないことが判明する。

他方で、既述したように、これを国家「例外」刑罰権の行使と把捉する立場から、すなわち国家刑罰権を例外的に行使するという構成からは、逆に、譲渡説が帰結されるのである。(150)本書においては、国際刑事裁機関が有する刑罰権は、（国家ではなく）国際共存社会が固より有するものである、と把握するのである。国際刑法においては、必ずしも「国家」刑罰権に拘制される必要性は理論上認められない。これによれば、国家ではない＝共存社会「機関」刑罰権が行使されるという考え方が導かれる。

本章は、従来から国際刑法は「国際法の一部」であると捉えられていた国際刑法について、その成熟性を認め、異質な法域として、もはや独立した学域に達したことを説くものである。国際法からは、独立した学域、物理的強制力を伴う垂直的効果を「法の本質」とする刑法であることを指摘したい。この分化過程においては、国際共存社会における「機関」が行使する刑罰権という機関刑罰権論は、（前世紀には）「国際法の一部」にいう、「一部＝例外」と位置づけられたところ、例外公式における例外は、先の基準、すなわち「ICC規程は、国内刑罰権とは別に、その外側に新たな刑罰権を創設するもの(151)」をすべて充たすものである。逆に、「規程は、①国内刑罰権とは別に、②その外側に、③新たな刑罰権を創設する」ものであるところ、国内刑罰権（の譲渡）を前提とするという意味では、①、②、③のいずれの説明からも、従来の国家刑罰権の一部譲渡を前提とした譲渡説は導き出されない。

この点、各論者においては、なんらの考察なく、①不用意に国際共存社会機関を「超」国家的裁判所と位置づけ、②その「超」国家的機関に国家刑罰権をあたかも当然のごとく、且つ、③国家刑罰権（が内蔵する恣意的）行使に伴う危険や危惧なく、④譲渡するという把捉を採っているように思われる。指称されるところの「超」国家的機関は、右の構造的把握によって導かれ、国際刑事裁判所を指すものと思われるが、国際刑事裁判所は「超」国家的機関では「ない」。さらに、第一篇第一章の検討から、従来から採られている譲渡説に基づく以上、国際刑事裁判所は「超」国家的刑罰権を有するものでもないことが判明する。

以上の検討から、譲渡説からは理論的には「超」国家的刑罰権を観念することできず、国際刑事裁判所の刑罰権は、各国の国家主権、すなわち国内刑罰権に限られた範囲内でその刑罰権の発動がなされる、と説明することが論理的整合性を保ち得ると考える。この点で、固有説においては、「規程は、①国内刑罰権とは別に、②その外側に、③新たな刑罰権を創設する」(152)という要件をすべて充たし、国家刑罰権を補完し得るのである。

本章の作出設定した、「例外公式における例外」は、国家刑罰権を補完し得る刑罰権として、先に説いた固有説、すなわち、国際刑法における刑罰権は、国家から譲渡されるものでも、委託されるものでも、供託されるものでも、また委譲されるものでもなく、共存社会を背景とする国際「機関」があるいは国際共存社会が「固有に」これを有する、という固有説がここに整合してくるのである。

そして、既に示したように、固有説は、国際刑法における刑罰権は、国際刑事裁判所という独立の機関が固より有するものである、という一連の論を通じて詳述してきた機関刑罰権論とも整合してくる。

「例外の本質化」論は、固有説と結びつき、固有説は機関刑罰権論と整合する。

ここに、「例外の本質化」論は、機関刑罰権論と整合することが明らかになるのである。

総括――本質化への史的展開

本章は、成文法となったローマ規程について、前世紀また今日においても指称される「例外」からの「本質化」を確立させたことを検証するものである。前世紀においては、ニュルンベルク・極東国際軍事裁判における評価について、①当時の国際法における「一部＝例外」と、同時に②当時の刑法における罪刑法定主義の「例外」という、二つの領域の「例外」の扱い、すなわち、これに対する法的評価について模索することとなる。別言すれば、国際法の一部である「例外」と刑法原則の罪刑法定主義の「例外」という「例外の重畳現象」に対する法的評価について、前世紀国際社会は「戸惑い」を示すことになったのである。先の団藤および平野の「やむをえない」評言がこれを証左するといいえよう。

国際法と刑法とにかかる両法域からの「一部」「例外」と位置づけられる、（侵略犯罪の前身であった）平和に対する罪に関する法的評価は、まさに両法域にわたる一部例外「から」を脱して原則化が図られることになる、また「なった」ものであり、同時にこれが今世紀国際刑法の原型となり国際刑法における、いわば「罪刑法定主義の相対性」現象の萌芽となったものと把握し得るのである。その、前世紀国際刑法における「一部」要素からの分化プロセスを踏んで、国際刑法における責任「原則」、そして今世紀初頭、個人責任法理を確立させた「現象」が認められた。

これを、国際法史および刑法史的な観点から精確に記せば、その起点となった「例外」と位置づけられ得る、**前世紀初期**（一九一九年）のベルサイユ条約第二二七条におけるヴィルヘルム二世への**個人責任追及にその始源**が求められよう。[153] 続いて前世紀**中期**、ニュルンベルク・極東国際軍事裁判に——罪刑法定主義における、とりわけ**犯「罪」法定主義の例外**援用を認めた——「例外『からの』本質化」における実質的な端緒、換言すれば「例外」からの脱却への着手現象を視ることができよう。そこでは、罪刑法定主義ほかの問題が議論となったものの、**未だアド・ホック状態であり本質化は視られない**。重大な国際犯罪を首謀した個人の責任追及形態に関する「現象」面としては、端緒にとどまっている。より精確には本質化には至らない試み、すなわち、原則化への「試行」であったといえよう。

そして、前世紀**末期**の旧ユーゴスラヴィア・ルワンダ（アド・ホック）国際刑事裁判所を経て、——幾つかの国際刑事裁判という先行現象をみて——「例外『からの』**本質化**」**に、拍車がかかる**こととなる。「国際刑法の展開」という時間軸の針が傾き、やがて社会構造の変化とともに刑罰観も変遷するのである。「私」から「公」への質的な変容現象である。「私」は、自らの共存のために「公」を取り込んで「機関」を創設した。

ここに、「例外」の「本質化」が確認される。すなわち、「一部と例外『からの』本質化」したものとなって今世紀初頭に常設国際刑事裁判所が創設された。社会の発展に伴って生じる、「法の進化」に関するひとつの分化・独立・分離・細分化・専門化「現象」である。これはまさに、前世紀国際法の一部であった「例外」が、**今世紀**国際刑法として、刑法という「成文法としての実体法」となったものである。逆に、国際法を基軸に一連の世紀的スパンでそのプロセスを考察すれば、一般国際法の「特別法」に位置づけられることとなったと考える。(154)

国際共存社会における「機関」刑罰権をもってコア・クライムに関する刑罰論は、**本質化され**本格的な軌道に乗るのである。国際刑法は、前世紀からの分化にかかる連続性を保ちながら、**今世紀初頭、国際法を分かち独立した学域を成した**ことを検証した。(155)

本章の冒頭に示した、「『一部』と『例外』の重畳結合」というテーゼは、ここにジンテーゼとなって帰結された。

本書においては、歴史的変遷の上に（時間軸）当該社会構造の生成・変化を置き（社会構造軸）、本現象がどのような目的や本質または法の趣意を有して顕現されたのかという視点を有しつつ（本現象への客観的分析）、一定の仮説を設定しこれを検証していく現象探求（仮説設定検証）は、先験現象の分析のみならず、後世への——類似現象にかかる前兆ないし徴候の発見に繋がる——経験科学としての法則学の進展ないし確立に有益な役割を果たすものとなるのではなかろうかと考える。換言すれば、当該現象を①時間軸と②社会構造軸という変移的・横断的構造の把捉の上に、③本現象への客観的かつ実体的な解析を採り込み、一定の仮説を設定してこれを相関的に検証していく法理学的考察は、次世紀の法現象における一定の（予見を含む）法則を導出する経験科学として位置づけられるものと考える。

(1) 但し、その正確性については、信憑性等を別途検討する必要がある。
(2) 安藤泰子『国際刑事裁判所の理念』成文堂（二〇〇二)、同「罪刑法定主義の相対性（一）」青山法務研究論集第一三号（二〇一七・三）三一―五四頁、同「罪刑法定主義の相対性（二）――国際刑法の原点から考える――」青山ローフォーラム第五巻二号（二〇一七・三）七七―一一三頁。
(3) 本章は、これを検討するものではないため、これ以上の言及は避ける。
(4) 正確には、補完性原則をして〔第一義的には〕「国家」とともに〔第二次的には〕国際刑事裁判「機関」にという構造であるが、説明の便宜上、本書ではこの枠組みを端的に、「『国家』以外の『機関』」あるいは「『国家』ではない『機関』」と表記する。また前章と同様に、常設国際刑事裁判所を「機関」と表記することにする。
(5) 本章に、「前世紀国際刑法」とは、主要にニュルンベルク・極東国際軍事裁判所条例（憲章）を指すものとする。また、当該個別箇所によっては別記表記をもって旧ユーゴスラヴィア・ルワンダ国際刑事裁判所規程および当該判例他を含むこととする。
(6) この点については、安藤泰子「国際刑法における刑罰権の淵源」刑法雑誌第五二巻第二号（二〇一三・四）二一〇―二一六頁、特に二一五頁。
(7) 安藤・前掲注（6）二一〇頁。
(8) 本章は、慣習法に関する検討ではないため、これ以上の言及は避ける。
(9) 酒井安行「なぜひとは悪いことをすると罰せられるのか」法学セミナー第四二四号（一九九〇・四）三六―三八頁、内藤謙「刑法の基本問題――刑法と国家」法学教室第一号（一九八〇・一〇）二三―二九頁他。この点で、ホセ・ヨンパルト『人間の尊厳と国家の権力』成文堂（一九九〇）一六八頁は、「国家法と刑法に関するこの問題を考えると、現在これがほとんど課題にさえされていないことに気付く。少なくともこのテーマに関する新しい文献を調べても、参考となるものを見つけられる見込みは余りない」ことを記している。同様に酒井は、同三六頁で「この問いはあまりにも難題」であることを指摘する。
(10) 吉岡一男「犯罪現象と刑事法」長尾龍一・田中成明編『現代法哲学 三 実定法の基礎理論』東京大学出版会（一九八三）一五九―一八七頁、特に一六一頁。
(11) 吉岡・前掲注（10）一七九頁。
(12) 西原春夫「刑罰権の哲学的基礎」刑法雑誌第二五巻第一号（一九八二・一〇）一四八―一六二頁、中山研一「八 刑罰権」『基本法学 6――権力』岩波講座（一九八三）二八五―三一二頁、特に三〇一、三一一頁（註）32には、国民の〔処罰欲求に根ざしたものとして理解されるべき旨が注記されている。

(13) 西原春夫『刑法の根底にあるもの 増補版』成文堂（二〇〇三）特に一七九—一八四頁、西原春夫・三井誠・町野朔「〔特別企画〕刑法学三〇年とその展望」法学セミナー第三七三号（一九八六・一）八四—一〇七頁、特に九一—九二頁。

(14) 我が国の刑法においては、刑罰権の形式的根拠として、憲法第一八条、同第三一条、第七三条六号但書に求められる。これらの刑罰権に関する憲法上の関連諸条文から、どのような刑罰を認めるのかについては、（形式的観点から）処罰の根拠条文となるべき憲法と刑法とは相互に有機的機能を保ちつつ、具体的な規範に関する（実質的な）刑罰権の根拠については刑法に委ねるものという考え方が採られている。本書においては、刑法典に罪刑法定主義に関する直接的な明文規定が置かれるべきであると考える。

(15) 西原・前掲注（12）「刑罰権の哲学的基礎」一五一頁。

(16) 西原・前掲注（12）一五一頁、自主規制については、同一五五頁。

(17) 西原・前掲注（12）一五四頁。

(18) 西原・前掲注（12）一五五—一五六頁。西原は、「一般意思」について、ルソーのいわゆる「一般意思」と同じものであることを説く。しかしながら、処罰欲求の意思基準の確認においてのみ、すなわち（一般意思としての確立の成否を巡る基準として）意思の表明という観点からの使用に限りルソーの一般意思を引用し、刑罰権の淵源については契約説には触れずに、これに必ずしも依拠するものではないとも考えられる。

(19) 西原・前掲注（12）一五七頁。

(20) いうまでもなく、現在国際社会に惹起される国際犯罪は、「国家」によって犯されるものだけではない。その主体については、今世紀国際刑法の主体ではないものの、今後（次世紀国際刑法の主体として考慮されるべき非「国家」、すなわち、組織・集団・企業の主体性を考える必要があると考える。右の観点からは、「非」国家＝組織・集団をも考慮する必要性があることを含みつつ、本章においては解説の便宜上、必要最小限度の範囲において最も典型的な犯罪主体・形態における簡素化モデルを提示する。

(21) 内在的制約論については、安藤・前掲注（2）『国際刑事裁判所の理念』二九〇頁以下を参照。また、共存社会公益論については、稿を改め検討したい。

(22) 「または細分化もしくは専門化」という表現もできると考える。

(23) 植松正「罪刑法定主義」日本刑法学会編『刑法講座 第一巻』有斐閣（一九六三）二七—四六頁、特に三六頁。

(24) 植松・前掲注（23）三六頁。

(25) 現代刑法においても、本原理が継受されていることは、いうまでもない。

(26) 自然法の定義については、一義的定義もなく諸説ある。これを論じることは、著者の力量を超えるところであり、これについては田中耕太郎『続世界法の理論（上）』有斐閣（一九七二）に拠る。なお、田中の自然法論については、ホセ・ヨンパルト「田中耕太郎の自然法論」法哲学年報第一九七九号（一九八〇・一〇）一—二三頁他。

(27) 田中耕太郎『法哲學 自然法』春秋社（一九六六）一頁、ヨンパルト・前掲注（26）四頁。

(28) ヨンパルト・前掲注（26）四頁。

(29) 田中・前掲注（26）二八一—二八三頁。続いて田中は、同二八二—二八三頁で「憲法前文第一節および第一条の国民主権の思想は沿革上から見て自然法に起源を有することが明確である。基本的人権の目録が欧米の自然法理論に起源をもつていて（中略）かような不変人類的原理は、人間性が不可変なる以上、時代の推移に従つて変動することがない。（中略）自然法理論によれば、自然法の根本原理は実定法の上に君臨し、それに抵触する実定法はその効力を有しない」と説く。

(30) ホセ・ヨンパルト「罪刑法定主義——その歴史性と哲学的根拠づけ——」上智法学論集第二〇巻一号（一九七六・一〇）一—三〇頁。

(31) 瀧川幸辰『犯罪論序説』有斐閣（一九四七）「序」一〇頁。

(32) 安藤・前掲注（2）「罪刑法定主義の相対性（一）」、同「罪刑法定主義の相対性（二）」。

(33) 山本草二『国際刑事法』三省堂（一九九六）八頁以下。

(34) Theodor Meron, "International Criminalization of International Atrocities", AJIL Vol. 89, 1995, p. 558ff. etc.

(35) 但し、慣習国際法上の犯罪と呼ばれるコア・クライムに対し、これが遍くローマ規程における犯罪構成要件に列挙されたものではない。すなわち、本書においては本規程の対象犯罪をもってすべてのコア・クライムを列挙したものではないと考える。

(36) 岡田泉「国際刑事裁判所の管轄権」國際法外交雑誌第九八巻第五号（一九九九・一二）六三—九八頁、特に六五頁。

(37) いうまでもなく、（後述するように）国家刑法の目的および機能については、秩序維持のみにとどまるものではない。また、本書においては、今世紀初頭の原初的な国際刑法においては公序維持は刑法の二次的機能と考える。そして、国際刑法の目的、機能、役割については、国内刑法のそれと重なり合い同じ方向性を有するものの、その法益の重大性ほか、国際刑法の特質があるため、国内刑法のそれとは必ずしも同一ではないと考える。国際共存社会の組織が強化するにしたがって、国際刑法においてもその機能や役割が国内刑法のそれへと接近していくものと考える。

(38) 我が国の刑法典には、コア・クライムに関する直接的な規定は置かれていないが、刑法典にこれに関する直接的規定を置く国も多くある。本章にいう伝統的国家刑法とは、前者の場合を指す。なお、関係特別法については、本章では言及しない。

(39) 第一六六回国会参議院外交防衛委員会会議録第八号（二〇〇七・四・二六）三頁。

(40) 前掲注(39)同頁。

(41) この点については、「特集　国際刑事裁判所の将来と日本の課題」法律時報第七九巻四号(二〇〇七・四)四―六七頁。国内法整備については、新倉修「国際刑事裁判所規程の批准と国内法整備の課題」同二五―三〇頁、特に二八頁以下。

(42) 最近の紛争状況を考慮すれば、今世紀国際刑法においては、ローマ規程第二五条に自然人のみならず組織を含み得る解釈について、再考の余地があると考える。なお、ローマ会議外交では戦争犯罪に関連し、武器商人や組織体等の関与ないし介在によって利益を得る組織をも主体として認める必要があるという提案がフランスなどから示された。これに対し、①ローマ規程があくまで個人の刑事責任を追及するものであること、②法人ないし犯罪組織が国際法上の主体足り得るかについての議論を重ねる必要があり未だ解決の道を見出せないこと、③これらを含むことにより刑罰および訴訟手続などの新たな問題点を生ぜしめることが予想され、④当該問題の解決を俟っていては国際刑事裁判所設立自体が遅滞してしまうことなどの諸点が危惧され、結果として企業法人・団体組織処罰の規定を含む提案は採用されなかった。これによりローマ規程の、主体は個人に限定されたという経緯があることを注記する。なお、M. Cherif Bassiouni, A Draft International Criminal Code and Draft Statute for an International Criminal Tribunal, 1987, p. 81, §5 は、国家及び私的な団体の刑事責任を認める案を示している。

(43) 篠原梓「国際法定立の新動向と共通利益概念」大谷良雄編『共通利益概念と国際法』国際書院(一九九三)一一三―一四〇頁、特に一三三頁。

(44) なお、国連総会決議の法的意義については、広瀬善男「南北経済関係における国際法の一側面」明治学院論叢第二九九号(一九八〇・三)一―六六頁。

(45) M. Kreĉa, Some General Reflections on Main Features of Jus Cogens as Notion of International Law, in "New Directions in International Law" ed. by R. G. Girardot, 1982, pp. 29-30 は、jus cogens について、"objective character" 客観性、"peremptoriness" 強行性、"universality" 普遍性、"dynamic nature" 動態性という基準を示している。

(46) 条約法条約第五三条は、「締結の時に一般国際法の強行規範に抵触する条約は、無効である。この条約の適用上、一般国際法の強行規範とは、如何なる逸脱も許されない規範として、また、後に成立する同一の性質を有する一般国際法の規範によってのみ変更することのできる規範として、国により構成されている国際社会全体が受け入れ、かつ、認める規範をいう」と規定する。

(47) 条約法の法典化と "jus cogens" については、小川芳彦「国際法上のユース・コーゲンス」法学教室第二〇号(一九八二・五)六五―七〇頁、特に六六―六八頁他。

(48) North Sea Continental Shelf Case, ICJ Reports, 1996, pp. 38-43, Prosper. Weil, Towards Relative Normativity in Interna-

tional Law? AJIL, Vol. 77, No. 3, 1983, p. 413-442, esp. 437ff.

(49) 広瀬善男『主権国家と新世界秩序』信山社（一九九七）一九三頁、同「国際社会のコミュニティ化の条件――国際法上の国家主権概念を軸として――」明治学院論叢第三六二号（一九八四・三）一―七三頁、特に三四頁以下。

(50) 本章は、強行規範に関する検討ではないため、詳細な言及は避ける。

(51) 篠原・前掲注（43）一三二頁。

(52) 篠原・前掲注（43）一三二頁。

(53) 篠原・前掲注（43）一三二頁。

(54) 慣習国際法については、他の国際法との区別の基準その他の不明確性が指摘されている。しかし、国際社会はこれを「条約」という設立方式をもって、コア・クライムを首謀した指導者個人の刑事責任に関する刑罰観を反映させるべくこれを定立化させたものと考える。

(55) 稲原泰平『新国際法体系論』信山社（二〇〇〇）四九三頁は、実定法の解釈を中心課題とする現代国際法のアプローチの手法について、法を権力の象徴と捉える伝統的国家主権を中心とする理論構成と、人権を定立し法の支配“Rule of Law”の確立とする二つの相反するアプローチがあることを指摘する。

(56) この点については、国際刑法における刑罰権の行使に関する正当性への考察とは別に、さらに詳細な検討を要するものと考える。これについては、本章の目的ではないため一先ず論を進めることとする。

(57) Richard A. Falk, On the Quasi-Legislative Competence of the General Assembly, AJIL, Vol. 60, No. 4, 1966, pp. 782-791, esp. 785. “discernible a trend from consent to consensus as the basis of international legal obligations”etc. https://www.jstor.org/stable/pdf/2196928.pdf

(58) 本章は、慣習国際法に関する歴史的沿革を考察するものではないため、これ以上の言及はしない。

(59) このような見解を採らない立場もある。

(60) 宮崎孝治郎「法現象進化の基底」臺北帝國大學文政學部政學科研究年報第三輯（一九三六・一二）三（一三七）頁。

(61) 戸澤鐵彦『國家の將來』勁草書房（一九五五）一六二頁。

(62) 古谷修一「国際刑事裁判システムの国際法秩序像――『介入の国際法』の顕在化」法律時報第八五巻一一号（二〇一三・一〇）三二―三六頁、特に三五頁。

(63) 古谷・前掲注（62）三六頁。

(64) 林貞夫「原始刑法論（その一）」自由と正義第三巻一号（一九五二・一）二八―三一頁、四三頁、特に三〇頁。

(65) マリノウスキー（Bronislaw Malinowski）［著］・青山道夫［譯］『未開社會に於ける犯罪と慣習』改造社（一九四二）, Bronislaw Malinowski, Crime and Custom in Savage Society, London, 1926.

(66) 林・前掲注（64）三〇頁。

(67) この沿革を被害者における修復的司法の探求という点から紐解く文献として、高橋則夫「〔講演会〕犯罪被害者と刑罰――修復的司法への道――」青山法学論集第四八巻三号（二〇〇六・一二）一四一―一六八頁、特に一四四―一四五頁、一四八頁。

(68) 何をもって未開とし、何をもって開発と称するのか、また何をもって原始というのかという点については、本章の目的ではない。この点に関しては、歴史研究に委ねたい。

(69) 木下智史「憲法とテロ対策立法」法律時報第七八巻一〇号（二〇〇六・九）六―一二頁、特に一〇頁。

(70) 田中・前掲注（26）『続世界法の理論（上）』一九〇―一九一頁も本書と同様の見解を示す。

(71) 平川宗信「刑法の憲法的基礎について」内藤謙・松尾浩也・田宮裕・芝原邦爾編『平野龍一先生古稀祝賀論文集　上巻』有斐閣（一九九〇）六七―九二頁、特に七四頁。

(72) 平川・前掲注（71）七五頁。

(73) ラートブルフ（Gustav Radbruch）［著］・尾高朝雄［訳］『〔ラートブルフ著作集　第四巻〕実定法と自然法』東京大学出版会（一九七〇）一二三頁が、「ニュルンベルク裁判は、政治家ならびに他の諸個人によって加えられるそのような国際法上の不法からの『保護』（二重鉤括弧引用者）のために、国際刑法をも創設した」と示していることは、本書と同様の見解である。

(74) 本章は、これに検討を加えるものではないため、この点については踏み込んで言及することを避ける。なお、最近の関係論文として、大沼保昭「『保護する責任』と『保護される権利』――法主体論から国際法体系のあり方を考える――」世界法年報第三一号（二〇一二・三）七―四一頁、川西晶大「『保護する責任』とは何か」レファレンス第六七四号（二〇〇七・三）一三―二七頁、堤功一「〔紹介〕保護する責任（The Responsibility to Protect）――介入と国家主権についての国際委員会報告（二〇〇一年一二月）――」立命館法學第二八五号（二〇〇二・五）三五五―三六五頁他。

(75) 共益概念における国家主権に対する内在的制約論および修正合意説に立脚する立場からは、純粋な刑罰権の行使とは異なるが、例えば、憲章第七章における「加盟国は自国の決定権を安保理に委ねその決定に従って行動しなければならない」という明文は、「国家は同意なしに拘束を受けることがないという」伝統的（かつ厳格）な合意原則からは、その機能面における「修正」の一場面であるといえよう。また、国際連合の構成国が総会、安保理および他の機関において多数決による決定に拘束されるという事実は、従来の合意原則の機能的側面が「修正」された形で、国連の中で構成国の主権が極めて明確に制限されるということを意味し、一定の拘束を求められるという点にも反映されているように思われる。

(76) 従来の合意原則に対し、本書では本概念をさしあたり「修正」合意原則と指称することにする。

(77) 竹内正「刑罰の変遷と社会構造（一）——一つの概観」島根大学社會科學論集第二號（一九五六・二）四一—五六頁。

(78) この点については、稿を改めて論じたい。

(79) 本章に示す「秩序・安全」については、国内刑法に指す「秩序・安全」とは異なる概念を指す。この点では、国内刑法においては、「秩序維持」の解釈に極めて大きな問題を含んでいること、また「安全」が権利性を有するものであるか否かという議論を含め、刑法学上、（今日の段階では）必ずしも明確性を有する概念ではないことを注記する。なお、この点に関しては、本仮説検証とは直接関連性を有しないため、これ以上の言及はしない。

(80) 田中・前掲注(26)『続世界法の理論』一二頁。

(81) 田中・前掲注(26)五三頁。

(82) 田中・前掲注(26)八〇—八一頁。

(83) 田中・前掲注(26)一九一頁。

(84) 極東国際軍事裁判所条例と罪刑法定主義について考察を加える最近の論文として、島田征夫「東京裁判と罪刑法定主義」早稲田大学社会安全政策研究所紀要第一号（二〇〇九・三）一九九—二三三頁他。

(85) 横田喜三郎『戰爭犯罪論』有斐閣（一九四七）、シェルダン・グリュック（Sheldon Glueck）［著］・横田喜三郎［訳］『戰爭犯罪の法理』逍遥書院（一九四八）他。

(86) 小野清一郎『刑罰の本質について・その他』有斐閣（一九五五）特に五一四—五一六頁。

(87) 牧野英一『法律における理論の論理』有斐閣（一九五三）二八頁。

(88) 牧野・前掲注(87)二八—二九頁。

(89) 小野・前掲注(86)五一六頁。

(90) 團藤重光「戰爭犯罪の理論的解剖」『刑法の近代的展開』弘文堂（一九四八）一五九—一八四頁。

(91) 團藤・前掲注(90)一七四頁。

(92) 團藤・前掲注(90)一六七—一六八頁。

(93) 團藤・前掲注(90)一六八頁。

(94) 團藤・前掲注(90)一六八頁。
(95) 團藤・前掲注(90)一六六頁。
(96) 團藤・前掲注(90)一六六―一六七頁。
(97) この点については、安藤泰子『個人責任と国家責任』成文堂(二〇一二)他。
(98) 團藤・前掲注(90)一七四頁。
(99) しかしながら、本章は、国際人道法に関する考察を加えるものではなく、したがって、これに続けて国際刑法理論の構築へと向けて論を進めていく。
(100) 團藤・前掲注(90)一六二頁、一七二頁他。
(101) 團藤・前掲注(90)一七〇頁。
(102) 團藤・前掲注(90)一七二頁。
(103) 團藤・前掲注(90)一七一頁。
(104) 團藤・前掲注(90)一七一頁。
(105) 團藤・前掲注(90)一七四頁。
(106) 團藤・前掲注(90)一七七頁。
(107) 團藤・前掲注(90)一七九頁。
(108) 平野龍一『刑法 総論Ⅰ』有斐閣(一九七九)六七頁。
(109) 平野・前掲注(108)六七―六八頁。
(110) ILC, Draft Statute for an International Criminal Court 1994, YILC, 1994, Vol. 2, Part II, p. 51ff.
(111) 田中則夫・薬師寺公夫・坂元茂樹編『ベーシック条約集』東信堂(二〇一五)九〇三頁。
(112) 江藤淳一「国際刑事裁判における法の一般原則の意義」上智法学論集第五七巻四号(二〇一四・三)一三九―一六九頁、特に一四七頁。
(113) 江藤・前掲注(112)一四七頁。
(114) 江藤・前掲注(112)一六三―一六四頁。
(115) 江藤・前掲注(112)一六四頁。
(116) もっとも、国際法の一般原則を国内法の構成部分と把捉し、当該国の法律に優先させている国々もある。

(117) 非固有説においては、罪刑法定主義を厳格に解する非固有説（＝通説）と、これを緩和的に解する非固有説が考えられるが、成文法主義を採る我が国においては前者であるという把捉で論を進めることとする。また、これに関しては、普遍説他があるが説明の便宜上、本章では、これを敢えて割愛し、稿を改めて論ずることとする。
(118) 瀧川幸辰『刑法講義 改訂版』弘文堂（一九三二）四〇頁。
(119) 瀧川・前掲注（118）四一頁。
(120) この観点からローマ規程は、従来の法制度や法概念を破る画期的な法のシステムを創ったとも評価し得る。
(121) 稲垣良典「最近のアメリカにおける法思想――自然法論を中心として――」法哲学年報第一九五八号（一九五九・四）一七九―一九一頁、特に一八一頁。
(122) 稲垣・前掲注（121）一八一頁。
(123) 木村龜二「罪刑法定主義」法学セミナー第八五号（一九六三・四）九九頁。
(124) この点については、安藤・前掲注（2）『国際刑事裁判所の理念』六三頁以下。
(125) 人道の定義を巡る問題を扱った文献として、井上忠男「国際法に見る人道概念の普遍化の過程及び人道主義の今日的課題と展望に関する考察」日本赤十字秋田短期大学紀要第一三号（二〇〇九・三）二三―三七頁他。
(126) この点で、補完性原則により「国家」刑罰権が優先され、その結果それが行使された場合には、その行使において「国家」性を排除し得ないことになろう。すなわち、ローマ規程は、イスラム教、キリスト教、儒教ほかの宗教の別、民族の別、地域性の別、法文化の別、社会発展の別などの相違から帰納される個別国家における「諸種の別」を、その創設においてはこれを可能なかぎり排外し、被疑者・被告「人」の権利の保障のために可能な限りこれら国家による特異性を排除した。しかし、これが補完性原則により、その具体的行使において「国家」刑罰権が行使される場面においては、ローマ規程においては、第七七条で量刑としての「死刑」は不採用としたが、他方で、刑の具体的「執行方法」や前置「手続」ほかにおいて、当該国家の特異性をすべて排外することは困難となろう。それゆえに、より相対的・客観的な、国際「共存社会」における「無色の刑罰観」が求められるのである。
(127) 韓寅燮「国家機関による人権侵害、その司法的救済方案――刑事再審と民事時効をめぐる問題を中心に」立命館国際地域研究第二六号（二〇〇八・二）三一―三二頁他。
(128) 平野龍一「黙秘権」刑法雑誌第二巻第四号（一九五二・四）三九―六六頁、七六頁、特に五〇頁、同『捜査と人権〔刑事法研究第三巻〕』有斐閣（一九八一）九四頁以下。
(129) 平野・前掲注（128）『捜査と人権』九四頁。

(130) 平野・前掲注（128）『捜査と人権』九五頁、同「黙秘権」五一頁。

(131) 田宮裕『刑事訴訟法〔新版〕』有斐閣（一九九六）三三四頁。

(132) 田宮・前掲注（131）三三四頁。

(133) 田宮・前掲注（131）三三四頁。

(134) 洪恵子「グローバリゼーションと刑事司法」世界法年報第二四号（二〇〇五・三）一〇九―一三九頁、特に一一一頁。

(135) 洪・前掲注（134）一一一頁。

(136) 洪・前掲注（134）一一一頁。

(137) 恒藤恭『法の本質』岩波書店（一九六九）二―三頁。

(138) 古谷修一「国際法上の個人責任の拡大とその意義」世界法年報第二一号（二〇〇二・三）八二―一〇九頁、特に一〇〇頁。

(139) 古谷・前掲注（138）八四頁。

(140) 古谷・前掲注（138）八四頁

(141) 古谷・前掲注（138）一〇二頁。

(142) Hersch Lauterpacht, International Law Being the Collected Papers of H. Luterpacht, Vol. 1, The General Works, ed. by E. Lauterpacht, 1970, p. 373ff., esp. p. 329, Allan Rosas, The Legal Status of Prisoners of War, 1976, pp. 124-125.

(143) Philip Allott, State Responsibility and the Unmaking of International Law, Harvard International Law Journal, Vol. 29, No. 1, 1988, pp. 14-17は、国家と国家機関として公務員としての個人、さらに国民全体に集団責任という三つの観点から責任を言及する。

(144) 大沼保昭『戦争責任論序説』東京大学出版会（一九七五）特に一六八―一七二頁以下、広瀬・前掲（49）『主権国家と新世界秩序』特に二二八頁。

(145) 大沼・前掲注（144）一七二頁。

(146) 内山正熊「ニュールンベルグ裁判の再検討」法學研究第六二巻一二号（一九八九・一二）三三五―三七〇頁、特に三五二頁。

(147) 本書においては、「人」の保護のためには、（一般に説かれる二元論、本章においてはその責任が重なり得るという）重畳論を採る。

(148) 安藤・前掲注（97）『個人責任と国家責任』二七九―二八一頁。

(149) 高山佳奈子「国際刑法の展開」山口厚・中谷和弘編『安全保障と国際犯罪』東京大学出版会（二〇〇五）二〇頁。

(150) 但し、譲渡説を採りつつも、その行使においては質的変化を伴うという構造を採るという考え方も可能となろう。しかし、その場合には国家刑罰権がどのような理由からどのような形態をもってどのような性質へと質的な転換をするのかについて、抽象的説明ではなく具体的な詳解が求められよう。

(151) 髙山・前掲注(149)二〇頁。

(152) 髙山・前掲注(149)二〇頁。

(153) 安藤・前掲注(2)『国際刑事裁判所の理念』八頁以下。

(154) この点で、国際法を一般法と捉える考え方によれば、国際刑法は「一般法である国際法」の特別法という把捉も可能となるように思われる。

(155) なお、法の分化については、日本法社会学会二〇一六年度学術大会の個別報告「国際社会における法現象の社会学的分析——責任の分化——」(二〇一六年五月二八日、立命館大学)で詳解している。

第三章　保護法としての国際刑法

第一節　国際刑法における刑罰論の構造

一　西原春夫の刑法

(1)「保護」契機

本書に示す今世紀国際刑法における刑罰論は、必ずしも伝統的「国家」論に基づく「国家」刑罰権を前提とするものではない(1)。本章は、以下第一篇第四章第三節一項で論じる社会刑罰権論およびそれに引き続く第五章第二節並びに第六章第二節二項を通じて実証する社会公訴権論に関する多面的考察を介し、国際共存社会における刑罰権は、伝統的な国家刑罰権とは異なる刑罰権が観念され得るものであることを主張するものである。国際共存社会の刑罰論を論じるにあたり本書は、その「社会」について、(国家より成る)人類共存社会と捉えるのである。

佐藤功は主張している。「国家が社会の一種であり、社会の一部であること(2)」を。また、瀧川幸辰によれば、社会が高度に発展することによって国家は認められるという(3)。瀧川によるこのような把握は、法律を「國家という社會の團體規則(4)」と解することとなる。「元來、犯罪は『社會』(二重鉤括弧引用者)生活を破壊する行爲であり、従って刑罰法規の有無に拘らず排斥せらるべきである(5)」しかし、罪刑が明確にされない場合、「人」の権利の保障はその実効性を伴わない。そこで瀧川は、近代国家においては、汎く罪刑法定主義が採られたという近代刑法史の沿革を概説する。瀧川によれば、国家は特定の共同利益のもとに成立する社会のひとつであり[6]、社会は個人の集団である、すなわち「國家はあらゆる社會中、存在の最も鮮かな社會である[7]」という。そして、木村亀二もまた「國家は一定の地域を基礎とした地域團體であるが、その地域の中に存在する個人及び社會のすべてを總括したところの共同體をいうのではなく、このような共同體の中の一つの團體すなわち全體社會内部における一つの部分社會であつて、その本質は政治統制を營むところにある[8]」と説く。

本章は、かつての各刑法学者における「人」と「社会」と「国家」に対する捉え方ないし刑法思想の個別的検討を目的とするものではないため、これについては詳述しない。しかしながら、刑法を論じるにあたり（いうまでもなく「人」の保護を出発点とすることを前提とした上で）あくまで「社会」を基底において解釈を展開する、否、「社会」を基底としなければならないという考え方が、多くあったことを指摘しなければならない。このような考え方を辿れば、フランツ・フォン・リスト（Franz Eduard von Liszt, 1851-1919）にその思想が見出される。リストによれば、法は国家を保護するにとどまらず、「國家という形態を取つている社會（Gesellschaft）を保護するものである[9]」という。法を、いわゆる国家法と捉える考え方とは異なり、リストはこれを「社会そのもの」に対するものと捉えたのである。リストは、「國家的命令又は禁令違反[10]」という「表現を以つてしては、不法の本質的な内容は示されていない[11]」、すなわち「不法は、法益への實害であり、或いは危險である[12]」と説いた。リストによる不法の本質への捉え方は、（後に本篇第八章第二節二項以下で論じる罪刑法定主義を厳守しながらも、諸種の問題――とりわけ国際共存社会に対する重大な危殆、人類の存続に関わる即成犯たる核を含む新型兵器の実験および使用に関する問題――を克服する上で）次世紀国際刑法の刑罰論を展望する上で示唆に富む。

「社会と（被告）人を保護」を目的とする刑法という思惟は、牧野英一においても同じく認められる。刑法を国家のための国家法と説くものではなく、「社会の法」と説く学説が汎く容れられていたのである。牧野によれば、法律は「社會が有する所の法律[13]」であり、「現代の社會が現代の社會の爲めに有する[14]」ものであるという。刑法理論を重視する、すなわち「論理を離れて法律の解釋の許さるべきでない[15]」ことを強調した牧野は、法の解釈および運用にあたってはあくまで、社会の実情にその前提を求め、刑法解釈と社會要求の調和が要請されることを説いた。法律は「其の社會の進化發展に伴て利用されなければならぬ[16]」とし、刑法の存在意義について「共同生存の利益の爲め[17]」と捉えた。刑法は「一面に於て犯人に對し社會を防衛する制度なり、（中略）他の一面において裁判官に對し被告人を保護するの方法なり[18]」という、「社會と被告人」という構造の中で刑法解釈を展開する学説はむしろ多くあったのである。このような考え方は、国家のあり方や存在意義・目的他に影響を与えるものと思われる。

このような考え方を貫いていけば、その延長線上には、以下のような見解、すなわち増田福太郎が主張した「法律国家は本来市民社会であり、市民社会の主人は個々の個人である[19]」という見解が導びかれ得ると考える。また、野村貴光のように「社会を化体している国家[20]」と把握する見解もある。伊東研祐も、自救行為の禁止原則――国家的介入の正統性と社会構成員の自己答責性――国家的コストの効率的消化方法としての非刑事法的介入手法――社会的コストとしての効率的消化方法としての私的介入要請――に関する論究の総括に、「誰の為に刑法（学）があるのか[21]」という重要な問題を提起し、「理論刑法学は社会構成員の為に存する[22]」と帰結する。伊東においても、国家の存在根拠を模索し、構成員の世代機能的・生物学的属性等の劣化によって「社会の存続」自体が危うく感じられるとき、国家の存在意義や目的が問われることを明らかにしている。伊東の理論刑法学においては、刑法は「社会構成員の為」にあるという。

このように多くの学者によって既に、国家は社会の一部である、または国家を含む社会という構成が採られているのである。そして、そのような考え方の延長線上では、刑法の存在目的が、従来からの伝統的「国家」のみに求められるものではなく、国家を構成する国際社会における「人」の共存へと、さらには社会を構成する「人」の共存条件の保護へと変遷していることが認められるのである。

本書においては、右のような「人」を中核とする、「人」から成る社会――「人」から成る国家――、（二一世紀初頭に在っては国家を媒介として）「人」から成る国際社会を基礎とする国際刑法を捉え、「国家を含む国際共存社会」にその刑罰論を展望するのである。国家を含む共存社会に国際刑法の刑罰権を基礎づける刑罰論については、右のような構造の上に、従来国民を規律するものとして考えられてきた権力契機について、以下に説く「保護」契機と捉えるのである。このような考え方は、抽象的な観念ではない。

西原春夫は説く。「刑法というものは、高度に政治的に組織化された社会である国家の手によって作られる[23]」と。そして、国内刑法における目的について「私は、刑法は本質において『国民の利益保護』（二重鉤括弧引用者、以下、同）のためにあるという立場をとり、国民の利益保護は単に『国家』権力からの『保護』ばかりでなく、『他の国民』からの保護をも含むと考える[24]」と。これは、すぐれて先駆的な見解であろう。そして、内藤謙も「刑法が人間のために存在する以上、規範としての刑法は人間の生活利益をまもるために生成し、機能をいとなんでいる[25]」と解する。（国内）刑法学においては、「人」の保護をもってその目的とするという立場は多くあるが、本書においては、本篇第二章第二節で示したように、国際「刑罰権の哲学的基礎」を西原春夫に拠ることから、主に西原の保護論を基礎に国際刑法理論を展開していくものである。

このような「人」への保護のために存在し機能する法という把握は、かつて平野龍一が指摘したように、我が国においては新らしい憲法のもとに個「人」の基本的人権を最も重んじるという価値観の変化――大日本帝国憲法体制から日本国憲法体制へと、敗戦による転換――から導き出される。すなわち、我が国では旧来から採られていた道義的倫理に基づく刑罰思想に対し、「刑法改正代案を作成した若い教授たちは、『刑は、法益の保護に奉仕するものである』とし、『刑法の倫理化』に反対[26]」していたのである。この変革は、価値観の相違によって導かれるものと法学者、とりわけ刑法研究者からは解されている。すなわち、国家の道義的倫理という刑罰観から、「人」の生活利益の保護、最終的には「人」の保護という考え方に変移してきたのである。

我が国で示されていた先覚による刑法の本質ないし目的への論究は、国際刑法における刑罰権行使の正当性およびその淵源を考察するにあたっては、極めて有益である。従来、ベッカリーアからはじまり、フォイエルバッハ[27]以来、刑罰権の行使に関し、主に留意されるべきことは「国家」権力の濫用を防御すべく「国家」から、被疑者・被告「人」を含む「人」の権利を確保することであると考えられてきた。そのために、裁判官を含めた「国家」による刑罰権の恣意的行使を避けるべく、裁判官を「法適用の口」と位置づけ、罪刑法定主義を守ってきた。換言すれば、司法作用の弊害の防止に向けて――先ずもって「国家からの自由[28]」を求め――権力契機を可能な限り排除しようとしてきた。

ところが、西原は、①単に「国家からの自由」のみならず、②その権力契機の中に、国民への「保護」概念を採り入れ、③同時に他の国家や国民からの保護、すなわち、「国家」（からの自由）以外をもその契機――刑法の本質――に認めている。換言すれば、刑罰権の考究にあたり、「国家」刑罰権の基礎を国民の「保護」に求めるのである。また、それは、同時に他国家の国民からの「保護」をも含む概念である。刑法の本質を「人」の保護に求める刑罰権を措定するのである。

従来、刑罰権の根拠を求めるにあたり、「国家」権力からの自由を求めて、恣意的刑罰権の行使を回避すべく罪刑法定主義における自由保障的機能等が要請されてきた。刑罰権行使の正当性は、「国家」権力自体に対する「人」の権利の保障をもって基礎づけられていたところ、西原は、これに加えてさらに刑法を国民の「保護」のための法であると説く。すなわち、「国家」ではなく「人」の利益保護に刑法の本質を求めるのである。

従来は、国家から加えられる侵害を含む人権の蹂躙に対し、被疑者・被告人を含む「人」の（自由）権利を確保するべく、そうした法として、刑法を起動させると考えられていた。これは、いわば受動的「人」間像を前提に、主に国家からの人権侵害に対する防御、すなわち消極的な防衛論ないし抵抗論に立つものである。ところが、西原は、上述のように受動的「人」間像ではなく、権力契機の中に「保護」を採り入れる。むしろ国家に対して「保護」を求める。「人」の保護を求めて刑法を起動させる、というわば保護論を措定する。

「人」の把捉に関する刑法学上の、いわば必要的転換を主張する本書においては、ここに、大いなる進展を視るのである。すなわち、刑罰について論究した多くの先覚は、いわゆる国家からの「人権保障」というほぼ同様の思考・表記によってこれを説明してきたが、刑法の本質を「保護」に求める「保護」論は、従来の刑法学においてパターン化された人権保障論を、さらに一歩進めたものといえる。また、刑法の本質を「保護」に求める保護論は、以下に論じる今世紀国際刑法における「保護」概念、すなわち現在に至って汎く容れられてきている“responsibility to protect”概念と共通性を有する。[30]

右の、「人」の捉え方は、今世紀国際刑法の刑罰権行使の正当性を探究する本章、すなわち「（国際刑法の原初期における）国際刑法を保護法と考える」という本考察の視座となるものである。旧来型思考によれば、刑法は「人」の権利を保障するものと解されてきたところ、西原は「国民＝人」の保護のために刑法がある、という明確な構成をもって「人」を捉えるのである。そこには、刑法が従来型の「国家→人」という構図における規律観念、すなわち規律型刑罰論ではなく、「人←国家」というマクロ的把捉における「国家の、人への保護」という新たな保護型刑罰論という構造が視えてくる。西原刑法学においては、「人」を保護するために刑法があるという。

(2) 刑法の本質

国際刑法における刑罰論を展望する上で、本章は、ここに西原の「保護」論と共通の視座を見出すのである。国際刑法においても「人」への保護が求められ、その「保護」が展望されよう。国内刑法にせよ、国際刑法にせよ、いずれも社会秩序の維持を目的としつつも、その本質は、人間の生活利益——共存の保護であることはいうまでもない。本書は、国際刑法について、「人間」の保護を中心に据えるのである。本章は、本篇第二章より西原刑法学を継いでこの「保護」論を、刑法理論の中に具体的な構成要素としての形態を採り入れるべくその論理的端緒を思索するものである。換言すれば、人類社会に共存する「人」を保護する国際刑法という把握の上に、如何なる理論をもってこの保護論は位置づけられるのか、という問題である。国際刑法における「保護」論については、抽象的または観念的には捉えることができる。他方、この「保護」論をどのように刑法理論に採り入れるのか。すなわち、「保護」論をどのように具体化していくのか、という問題をも併せ考慮しつつ、一連の論を通じ以下に検討を加えるものである。

国際刑法における「保護」は、侵害法益の重大性・深刻性・回復不可能性・被害規模の甚大性という国際刑法の特徴から、「国家」からの（「人」に対する「人」権侵害ないし）「人」権保障というよりも、むしろ旧来型把捉とは異なる、究極的には（補完性原則のもとにおいてさえ採られるべき）国際共存社会における刑事裁判「機関」[31]に対し——国際刑法に基づいて——「人」を「保護」する現実的な可能性を探究するのである。すなわち、従来の国家権力契機（＝規律型刑罰論）に加えて、共存社会における右の「保護」を目的とする刑罰論を探究するのである。[32]

これによれば、「国民＝人」の保護を求めて、①「人」による他の「人」への侵害に対する国家（を含めて人類の共存社会）による「保護」、②「国家」によって加えられる人権侵害への「保護」、③「国家」以外の人権侵害＝『他の国民からの保護』という多面的な保護が観念され得る。これらの「保護」観をもって刑罰権の行使を基礎づけるものとして、ここに、既存の「国家」刑罰権概念に対し、「国家」を刑罰権行使の主体とした従来の刑罰論に変容をもたらす刑法理論を構築し得るものと考える。刑法を「国民の保護」のための法と位置づけられる西原刑法学においては、国家「刑罰権」の基礎を、一般に説かれる権利の保障にとどまらず、国民の「保護」という目的を示している（いうまでもなく、西原理論における「保護」なる文言においては、本質的に他の論者の見解と同様のものであることを念のため付言する）。

保護論を形式的とはいえ、前面に強調する考え方は、国際刑法の目的ないし国際刑罰権の淵源と国際刑罰権行使の正当性を探究する上で、鍵となるべき重要なものとなってくる。それは、（前述したように）国際刑法の特異性、すなわち、侵害法益の重大性、被害規模の甚大性、被害回復の不可能性ほかを考慮するに、国際社会に共存する「人」を保護するための（国際刑法の原初期＝今世紀（初期の）国際刑法における）「保護法」とも把捉し得ることに関連するためである。

保護論を前面にする理論は、抽象的なものではなく、国際社会の歴史性にその根拠が求められる。後述の刑罰に関する法の史的変遷を第一篇第七章において実証的な考察をなした結果を踏えた上にいえば、その形態は慣習から規範へ、規範から犯罪法へ、犯罪法から刑罰法へと変容してきている。すなわち、不文法から成文法へと変移してきていることが確認される。この不文法から成文法への推移は、例えば罪刑法定主義という原則を伴って「人」の人権を保障するために採られた刑法の定式である。これが今日までの刑法の発展と評価することができる。換言すれば、歴史社会の変遷の中で国家組織の内部には、〔――組織――支配――規律――〕という関係が認められる。古く遡るに原始社会にあっては、明確な組織、すなわち、支配関係が認められなかったものの、次第に（または一定の発展した地域においては）社会の存立要件の基本的要素として、――（今世紀国際共存社会に同じく視る）共存欲求から生じた紛争解決の過程における勝利者の、敗北者に対する優越性の権威的誇示という意味を有しながら――「支配」と「被支配」関係が形成され、これが時間的推移とともに明確に区別――分化――されるのである。宗教や財などを手段として権力（＝強制力）を行使し得る地位を獲得した者が支配者ないし支配集団となり、そうでない者が被支配者ないし被支配集団となっていった。ここには、共存社会における集団が認められ、且つ、この社会においては支配・従属という契機を巡って分化が生じていく。

右の関係には、支配者から被支配者への規律、すなわち発令者から受命者へという一方通行型の関係が既に構築されており、ここに、規律関係は当為という形式を採ることとなる。[33] この社会構造が（――組織――規律――当為――）という構図を造り、国家体制としての法的秩序が形成されていくのであり、「人」を支配者たる命令者と被支配者である受命者とに分化するのである。

右の規律関係が旧型の「他律」であった場合、梅崎進哉は「主体性の論理[34]」は存在せず、結果の弊害として「具体的場面に遭遇した当事者の価値選択の切実さとも無関係に、発令者（すなわち立法者、現実には国家〔官僚〕）の設定によって規範違反性（つまり犯罪性）が決定されてしまう[35]」虞を指摘する。

(3)　刑罰論

①　刑罰権多用への警鐘

西原は（国内刑法においては）、罪刑法定主義について、「犯罪の構成要件が厳密に類型化されていて、解釈の余地もさほどに広いものであってはならない[36]」とする。したがって、「立法も、類似の事例が積み重なり、これに対して従来の刑法原理を修正せずに（あるいは修正するとすれば、体系との関連における理論づけを経て）刑事責任を有効に追及しうることが明らかになってからはじめて行いうる。それは、刑罰が害悪であり、必要悪であるからにほかならない。このように解してはじめて、刑罰権の乱用から国民の利益を守りうるのである[37]」と説く。

同時に、国家にとって刑法は、秩序維持のための有効かつ「手近な手段[38]」である点も喚起する。すなわち、「すぐれた政治は、もともと迂遠なものであり、（中略）そのような回り道を避けようとする政権は、必ず刑罰権の多用による秩序維持へと短絡[39]」することになる。これが一方においては治安的立法の促進と、他方においては既存の刑罰法規の拡大適用へと連なるものであるから、「不断にその偏重を監視することが必要となる[40]」ことへの留意を促している。

②　検討

右の諸点を国際刑法という観点から、以下に分けて比較考察する。

先ず、(i)「犯罪の構成要件が厳密に類型化されていて、解釈の余地もさほどに広いものであってはならない」については、国際刑法においては一九九八年、ローマ会議で対象犯罪の構成要件が画定されたばかりであり、続く二〇一〇年、カンパラ会議で侵略犯罪の構成要件が画定された。前世紀から今世紀にかけて形成過程にある国際刑法は、未だ解釈の幅が広く、特に侵略犯罪においては司法判断による解釈の余地を大きく残していることが指摘できる[41]。すなわち、本罪に関しては国家行為を前提とする侵略犯罪という構成を採る以上、司法的要素とは別の要因の介在が織り込まれている。無論、国内刑法においても、刑法自体で単独に自己完結性を有するものではなく、時に削除を含む一部改正等が行われる。だが、国際刑法は構成要件の画定においてもまたその解釈においても国際人道法を成してきた慣習法に拠るところが、（質的量的に）国内法のそれとは大きく相違する。

次に、(ii)「立法も、類似の事例が積み重なり」については、国際共存社会には立法機関がなく[42]、判例の積み上げも（国内刑法と比較すれば）多いとはいえない。

続いて、(iii)「これに対して従来の刑法原理を修正せずに（あるいは修正するとすれば、体系との関連における理論づけを経て）刑事責任を有効に追及しうることが明らかになってからはじめて行いうる」については、国際法の主体は国家であり、個人の主体性は認められないと「考えられてきた」。さらに個人への刑事責任に関する刑法原理は必ずしも確立していなかった。前世紀までは確立した国際刑法の原理論がなく、修正あるいは体系との理論づけを経るものではなかった、すなわち「体系的な国際刑法理論の未構築」が国際刑法の特徴といえる。

そして、(iv)「それは、刑罰が害悪であり、必要悪であるからにほかならない」について、国際刑法においては、刑罰論への検討がないままに、むしろ処罰の必要性が先行された形で展開してきた点が指摘できる。

最後に、(v)「このように解してはじめて、刑罰権の乱用から国民の利益を守りうる」(43)については、国際刑法においては、集団殺害犯罪（以下、「ジェノサイド」という）や広汎かつ組織的に行われる重大な人権侵害に対し、国際社会で許されてきた不処罰慣行を如何に克服するかに焦点が当てられた形で、幾度か臨時の国際刑事裁判所が創設されてきた。したがって、その行使に関しては、刑罰権力の濫用というよりも、むしろ如何に刑罰（権）を実効あらしめるか、という特別予防に重点が置かれてきたものといえる。(44)

(4) 考察

以上の比較検討を踏まえ、国際刑法における刑罰論はどのような構造を有するものとして把捉されるべきなのだろうか。先ず、現在の国際共存社会にいて事実として認められるのは、①国際社会における刑罰権を行使する「機関」は、司法権を有するが、立法権および行政権を有しない。②国際刑事裁判「機関」と「国家」との関係については、補完性原則が採られるが、本章同節前項で検討したように、(45)そこに命令的規律関係は視られない。国際刑事裁判「機関」と被疑者・被告人という「人」、すなわち〔――「機関」――「人」――〕とのミクロ的構造関係においては、「機関」は物理的強制力を伴う刑罰を科する主体である。他方、本「機関」と国際共存社会とのマクロ的構造においては、〔――他律――〕という関係は認められない。むしろ、そこには補完関係が認められる。以上の観点からは、少なくとも外観上は国際刑事裁判「機関」と「国家を含む国際共存社会」との関係において、他律を論じる余地はないことが確認される。

刑罰権の淵源に関する研究がみられない中で、法原理の系譜または原理性を説く罪刑法定主義への論及については多数みられ、国内刑法学においても研究が始まって以来、多くの検討が重ねられてきた。本書は、国際刑法の特徴や創設趣旨に関する諸点を確認した上で、本法の（マクロ的把捉による）体系的構造を捉えようとするものである。国際刑法における刑罰権の行使およびその淵源に関する考究において、罪刑法定主義の捉え方によって、生じる帰結に相異が出てくる。国内刑法における先行研究から、国際刑法における罪刑法定主義の把え方およびその淵源への思索の端緒を見出すのである。

結論を先に示せば、「罪刑法定主義に『服す』（鉤括弧引用者）われわれの刑法[46]」と捉えるか、あるいは「罪刑法定主義という原則を『認め』（鉤括弧引用者）、刑事立法は国民の自主規制だと考える[47]」のかの区別の基準はここにあるが、そこには罪刑法定主義への捉え方に分岐点が認められる。これを国際刑法において考察すると、「国際刑法は刑法原理に服す」るのか、あるいは「国際刑法は刑法原理を認め、国際社会による自主規制だと考える」のか、という問題に置き換え得ることになる。前者においては、「はじめに原理ありき、これに『服する』刑法」が捉えられ、後者においては、「原理を『認め』」るという考えである。

これによれば、国際刑法において、「はじめに原則ありき」は、採り得ない。なぜなら、第一篇第一章及び同第二章で論じてきたようにまた第二篇第一章及び同第二章を通して繰り返し述べるように[48]、国際刑法は、かつての慣習国際法による処罰を成文法によって実現すべく常設国際刑事裁判所設立条約規程（以下、「ローマ規程」と略称）が定立されるに至ったと考える立場からは、慣習法による処罰が先行してきたと把握するためである。すなわち、行為に「先立つ」罪刑の法定は、必ずしも求められたものではなかったからである[49]。厳格な明確性原則を有するものではなかった。

この慣習法を明確化すべく、ローマ規程は第二二条から第二四条にかけ罪刑法定主義に関する規定を置いた。他方で、同第二一条によれば、法の一般原則の適用の可能性を残している。この点では、国内刑法における罪刑法定主義の厳格な解釈をもって、必ずしも実体法であるローマ規程のみに服するものでないことが明らかとなろう。(50)

以上の比較検討を踏まえれば、国内刑法における罪刑法定主義と国際刑法における本原則を巡る解釈の厳格性の意義とが必ずしも同一のものではないこと、またその発源において国内刑法における刑罰権（行使）に向けられる方向性と（行政・立法機関はないものの、処罰の必要性が優先された）国際刑法における刑罰権（行使）に向けられる方向性が、相反的であることが鮮明となる。

二　今世紀国際刑法の本質

本書は、国際共存「社会」における刑罰権（行使）の正当性を含む刑罰論を探究しようとするものである。その行使について、伝統的な国家刑罰権ではなく、国際社会において共存「社会」自体の刑罰権（以下、「社会刑罰権」と呼ぶ）を観念し得ると考える。

確かに、補完性原則を採るローマ規程にしたがえば、その行使において「国家」刑罰権が優先される。しかし、刑法における刑罰権行使の理論の構築において最も重要なことは、現実的な便宜性でも必要性でもなく、「本質」を明確にすることである。このような観点からは、本篇第二章で論じた国家刑罰権を前提とする内容が希薄かつ不明確な「超」国家「的」刑罰権概念のみをもって国際刑罰権を説明する見解は、今世紀国際刑法および国際刑事訴訟法の本質と合致するものとはいえないと考える。

本書はローマ規程のもとで発動される刑罰権の正当性を、従来の国家機関ではない、人類の共存社会の処罰意思のもとに創られた刑事裁判「機関」の連続性[51]に求めるのである。これは、国家刑罰権を積極的に排除するものではないが、必ずしも国家刑罰権を前提とするものではない。本書は、今世紀国際刑法における刑事裁判「機関」が行使する刑罰権の正当性は、ローマ規程に求められ、その具体的な行使権能については、人類の共存社会の処罰意思を顕現させる「機関」に求めるものである。換言すれば、慣習国際法・国際人道法上、かつて各「国家」刑罰権に委ねられていたコア・クライムに関し、慣習国際法の結実たる——犯罪構成要件が画定化された——今世紀国際刑法（＝ローマ規程）に求められる。

　本書における右のような捉え方は、刑罰自体の展開過程によって論証されると考える。すなわち、国際刑法の沿革を顧慮するならば、国際社会における刑罰権は必ずしも国家を前提とするものではなく、国家との関係性を有しつつも国家刑罰権とは異なる、人類の共存社会が固有に有する刑罰権が観念され得ると考える。必ずしも「国家」という法組織への選択的ないし択一的帰属性をその特徴としない、国家刑罰権とは異なる、すなわち、従来の刑罰権国家独占原則とは別の刑罰権が観念されるのである。「国際共存社会」における刑罰論については、その帰属性に関し、国家との関係において必ずしも優劣または従属関係に立たない独立の固有な刑罰論を観念し得ると考える。

　そして、今世紀国際刑法における刑罰観は、人間が共存する社会、すなわち制度化された権力分立等を有しない共存社会にも通有するものと考える。右の刑罰観は、必ずしも権力が高度かつ効果的に集約された「国家」という実在を前提にしない、「前」国家「社会」に原始的な応報としての正義を要請する——発生史的には人間の本性に内在し来たものであるがゆえに、人間共存に対する加害行為への必然的発露としての回復を要求する「人」が共存する——「国家を含む社会」に通有性を有するのである。古く遡る、人間の本性から求められる生存欲求から派生する原始的刑罰観ともいえよう。

ここに、罪刑法定主義の功罪、すなわち罪刑法定主義の「功（メリット）」という観点からは「国家からの自由」を受けながら、近代国家刑法における罪刑法定主義を確立させた、「国家刑罰権の専断的行使」の危険という「罪（ディメリット）」を排除する可能性を見出し得る。本書に説く、「国際刑法における刑罰論」は、史的変遷を経て得られた個人責任を採るものの、他方でコア・クライムに対する始原的な――平和秩序崩壊への――制裁・処罰観を排斥するものではない。むしろ平和への回復（欲求）については、――共存社会における集団の安全ないし保障という点からは――これに近似するものと考える。

それ（平和共存欲求）は、人間の本性にもとより内在するものである。と同時に、「人」間の共存「社会」自体に内在すると考え得るものである以上、これに対する侵害行為に関しては、「人」間の共存する社会にその刑罰論が求められる。共存社会に求められる刑罰権は、「人」間の共存する「社会」に基礎づけられる――否、むしろ国際社会における「人」間の共存が求められたゆえに刑事裁判所の創設が実現した――ものであるから、必ずしも刑罰権行使の要件として、国家（の合意）という関係は、絶対条件ではなくなるのである。

右に示した道筋によれば、ローマ規程第一三条(b)の、「非締約国への新効果」が整合的に説明され得ると考える。いうまでもなく、現在の国際社会は、個別国家が存在することによって形成されており、国家なくして国際社会を論じることはできない。この視点を見落とすことなく、本書は刑法理論化への可能性を探っていく。

三　瀧川幸辰の刑法

裁判機関における司法権の行使の具体的な場面に着目してみると、国際刑事裁判[52]「機関」においては司法判断を俟って刑罰権が行使されるところ、（国際司法裁判所においては司法判断自体が規範力となる。すなわち、その判決自体がその役目を果たすことになる。この観点から、前者においては）その実効性を担保するための手続法が求められる。

瀧川幸辰は、国内刑法においては、「國家の抽象的處罰義務から個個の犯人に科すべき具體的刑罰を引き出すには、處罰義務の實現に關する刑事訴訟手續によらねばならない[53]」と説示する。ここに、瀧川の刑罰論が映し出される。後に示す通り、瀧川は刑法を「犯罪によつて國家に處罰義務の發生することを定める[54]」ものと解していた。この点で、大沼保昭も、国際社会に向けられた法益侵害が惹起された場合における人権の「担保者は国際共同体全体またはその機関としての国家である[55]」ことを主張する。

瀧川による刑罰権の位置づけは、極めて啓発的である。瀧川は、刑法を「犯罪によつて國家に處罰義務を發生することを定める[56]」ものと位置づける。「刑法は權利を本質とする法律ではなく、義務を本質とする法律である。刑法の名宛者は國家機關である。國家機關は刑事訴訟法の規定に從い處罰義務を履行せねばならない。一定の義務を負う者のみが義務を履行する權利をもつ。國家の處罰權は國家の處罰義務から生ずる[57]」とする。

本節においては、瀧川の主張する国家の処罰義務について深く検討を加えるものではないため、詳細な言及は避ける。しかし、権力、わけても刑罰権を有する国家が国家自らに課す法の拘束に関する右のような思考は、「イェリネクの國家自己制限說[58]」やラートブルッフによる「自然的法的規範[59]」に求めていることを木村亀二は指摘する。木村は、ラートブルッフにおける「權力把持者は自己の作れる法に拘束せられねばならぬといふ原則が不可離的に結びつけられてゐる[60]」と論じている。

補完性原則をローマ規程の原理と位置づけ、国家刑罰権の行使を第一義的に、また合意原則を軸にローマ規程の各条および事態（situation）にかかる法を解釈する多くの論者においては、わけても瀧川の刑法理論のみならず本書に示す刑罰論に対して異論があるであろう。「ＩＣＣの管轄権行使は、補完的とはいえ、国際機関により、補完される必要がある[61]」と把握する考え方からは、その主体と客体の把捉の原点において相異するものであるから、「刑罰権の行使を国家に対して義務づけるのか」、または「国家によって刑罰権が行使されるのか、ないしは国家から刑罰権が行使されるのか」各々の表現は異なってくる。

しかしながら、本書においては、ローマ規程は、この「国家に課される刑罰（科刑）義務」という、瀧川の斬新な刑罰論を採り得るものと考えるのである。すなわち、「国際的な犯罪について責任を有する者に対して刑事裁判権（ママ）を行使することがすべての国家の責務であること」[62]を想起すべく、前文第六文で規定している。これは「国内裁判所が刑事管轄権を行使することが義務づけられている」[63]ことを示すものである。刑事管轄権の行使にしたがって審理が行われ、その次なる手続には刑罰権の行使が置かれている。今世紀国際刑法、すなわちローマ規程においても瀧川の「国家の義務」論、すなわち、“the duty of every State” to exercise (its criminal jurisdiction over those responsible for international crimes) が展望され得る。これは前文規定であることから、具体的義務を「国家」に課するものではない（さらには、一般的義務も課するものではない）という見解があろう。

しかし、法に“the duty of every State”という管轄権行使の後の刑事手続として置かれる物理的「強制力」を伴う刑罰権の行使を予定するものとして、国家の義務（これを「責務」と訳されることも多々ある）として捉える国際刑法には、既に「公」法性が視られることが指摘されるべきであろう。すなわち、ローマ規程の管轄権行使の後に手続として置かれる国家刑罰権行使に関する観念的義務ないし抽象的責務を素描するものであることは否定し得ないと考える。今世紀国際刑法における刑罰権の行使を前提とする国家の観念的ないし抽象的義務については、観念的ないし抽象的とはいえ、コア・クライムを首謀した個人処罰に関する——例えば、ローマ規程第八六条のGeneral “Obligation” to operate, すなわち、一般的「義務」の後に予定する——物理的強制力はその特異な性質上、これまでの国際法にはみられなかった飛躍的な前進である。

もとより、刑法に義務規定を置くということは、それが具体的義務であっても抽象的義務であっても、（また、それがたとえ「責務」と訳される場合であっても）究極的には「人」が「公」益を享受することを意味する。国際刑法が創られたということは、すなわち保護されるべき「人」の存在があって、「保護」されるべき法益があるということである。換言すれば、国際刑法の創出をもって特別予防と社会防衛を図るということである。これは、国際社会に共存する「人」が享受すべき法益があることを前提とするものである。特別予防をもって社会防衛を図るということは、犯罪者処罰の実効をもって国際共存社会の平和的な秩序維持に努めることを意味する。平和のうちに共存するという利益を共存社会「人」が受けるということを意味するのである。

これが（個別の事態にかかる個人責任の追及における）具体的な裁判となった場合、個別国家（における刑事裁判「機関」）を含む国際刑事裁判「機関」を通じて、被疑者・被告「人」を含む国際社会に共存する「人」が「公」益を享受することを意味するものである。さらに、これが抽象性から具体性を具備するに至った場合には、その利益享受の実現確保のために「国家」（を含む国際共存社会）は、何らかの策を講じなければならないということを示すものである。

さらに、法の体系的構成という点から分析すれば、第一篇第五章で指摘するように、今世紀国際刑法は実体法と手続法とが未分化の状況にあることが明らかになる。実体法と手続法を包括する今世紀国際刑法＝ローマ規程の前文において、先述した“the duty of every State” to exercise という「義務（責務）」に関する第六文を置くものである。すなわち、この「義務」は、実体法である刑法のみならず、それに続くローマ規程の一部を成す手続法（第五部（捜査及び訴追）以下）にもかかる前文である。手続法の前文に「義務」規定が置かれていることは、さらに実効的な「義務」論へと接近することを意味するものであると考える。

本書においては、国際「社会」共存のための基本かつ必須の相互依存関係を規律する法が、共存社会における「公」法であると考える。その意味からは、分化をみた社会的集団・組織構造にあって、私的欲求から導かれる私益の調整を規律してきた私法は、もっぱら共存に関する「社会」法ないし「公」法との関係において、「修正」的な調和がより強く求められると考える。分化をみた現在の国際「社会」にあっては、共存に関する「公」益が観念されるのであり、その「公」益の確保をもって「私」（欲、すなわち、一国家を含む「私」的組織団体（以下「私」と略称）の存続欲求）から派生する「私」益が護られることとなる。[64] 社会の発展とともに、「私」（法原則）は「公」（法）の創設趣旨をもって修正を余儀なくされることになる。それは、「人」の共存のため、または「人」の共存に関する「保護」のためであるといえる。

「人」が共存しなければ、「私」欲から派生する私益の調整を規律する法は求められない（もちろん、コモン・ローを採る国々においては、伝統的な私法原理が貫徹され得る。[65] コモン・ローの法体系は、伝統に基づく独特の特異性を有するために、別途詳細な検討が必要となる。本章は、コモン・ローにおける私法原理に関する検討を目的とするものではないため、これを考察の対象外とする）。被疑者・被告「人」を含む「人」間の共存があって、はじめて「公」益を保護する場面が生じてくる。自覚と無自覚とにかかわらず、その時代へと国際共存「社会」は、既に突入してしまっているのである。

「公」益に関する法は、時代の流れとともに、社会構造が原始共生「社会」から歴史「国家」へと、また歴史「国家」から（国家を含む）国際共存「社会」へと遷り行く（であろう原初期の）中で、次第にその発展に伴って潜在化されていた要素が顕在化されるものと考える。「人」の血統によってその結合が認められていた氏族「社会」が氏族を含む部族「社会」へ、部族「社会」から統治を目的とする政治共同体＝政治団体へ、政治共同体が経済的発展を伴ってする都市「国家」へ、また封建「国家」へ、そして近代に入ると民族を主体とする統治機関にその権力契機を伴う近代民族「国家」として、その民族「国家」が濃厚な民族性を希薄化させ近代「国家」へと変容し、近代「国家」は独自の国家性ないし地域性を保ちながら国際共存「社会」へと変移しつつあると考えられる。

今世紀国際刑法は、近代「国家」およびこれによって形成される国際共存「社会」の確立を展開してゆく端緒として、また今後認められていくであろう国際公法に関する法の先行ないし先験として、その存在の意義を有しているものと考える。人類の共存社会にひとたび、このような「公」法性が受容されるに至れば、公法は本来的に「私」

益を守るために、さらに明瞭な形を伴って広汎に認識ないし自覚され、——平和的共存という目的のための公益保護に関する干渉について、これを主権に対する脅威・猜疑・危惧として受ける「国家」、とりわけ大国の反対にかかわらず——発展を遂げるであろう。被疑者・被告「人」を含む「人」が共存する国際社会は、既存の「国家」法と国際法のみならず、例えば本篇第九章で触れるEU法などのような共同体法という形態を伴って、「国家」および諸共同体と協働し、「人」の保護を図っていくことは必然の事態であると考える。

従来の刑罰権概念は、一般に刑罰権を行使し得る主体を国家と位置づけるものであり、いわゆる「国家」刑罰権と呼ばれてきたものである。そのような観点から、旧来、そして今なお、国家刑罰論を説くにあたり、先覚および研究者は「国家」が有する刑罰「権能」または「権限」として刑罰を捉え、「国家」を主体とする刑罰「権」論を展開してきた。

これに対し、旧来の刑罰「権」論を、同様に解しながらも異なる視点から把捉し、義務論を強調する、すなわち、「国家」に対して刑罰「義務」を課すという瀧川が説く刑罰「義務」論は、異なる表現を用いながらも、刑法の本質において何ら別物ではなく、国際刑法においても、理論として容れられ得るものと考える。なお、この点については、後の第四章「義務論」で詳しく論じるため、本章ではこれ以上の言及はしない。今日の国際共存社会においてもなお——多くの研究者、わけても補完性原則を基軸とする論者からは——これを受容することは困難であろう。

しかし、国際刑法の淵源を成文法に、すなわちローマ規程や法の一般原則に求めつつも、「社會は無限に進化し、發展する。刑法も解釋によつて、新たな社會生活を規律せねばならない」(66)時代が、到来していると考えられる。ここに、従来の国家主権概念に拠ってのみ説明されてきた刑罰論とは異なる新たな刑法理論の構築が求められていることを指摘したい。

第二節　伝統的国家論から今世紀共存社会論へ

一　国家論の変遷

(1) 伝統的国家論から今世紀国家論へ

① 国家論の変容

従来の国家論を前提とする、国内事情によってのみ説明ないし把握される法益概念では捉えきれない、国際社会における「人」の共存のために認められるべき共通法益が観念される（本章は、この法益の探究ではないため、この点については言及しない。また、コア・クライムに関する共通法益については改めて別稿をもって論じるため、本書においては敢えて触れない）。これは、いわば国際「公」益の保護を目的とする公法という法分野に位置づけられるべきものである。例えば、——地球環境汚染や人口・食料・資源問題、戦争・紛争解決、核兵器の使用禁止という——地球全体にかかる共通法益の確保を目的とするものである。従来、国際法学において論じられてきた共通利益については、さらにこれが何であるかを明らかにする必要があると考えている。共存社会における共通法益と、コア・クライムに関する共通の保護法益とは似て非なる概念であると考えるため、深い考察が求められる（この点については、別稿をもって論じるため本章では詳述しない）。国際公序の維持という観点から、「人類の共存」という目的の達成のために、新しい考察視座が求められるようになってきた[67]。

このような共存社会のための共通法益の確保ないし保持という観点から、従来の伝統的国家主権論のみでは国際共存社会の現象を説明することができなくなっている。この点で、伝統的国家論は、その修正を余儀なくされている。個別国家の国家利益をこえて、国際公法という法域が認識されつつある。しかしながら、国際刑法研究者においても、国際法研究者においても、今世紀国際刑法——ローマ規程——の成立をもって国際公法という分野が既に成立したという見解は殆んどみられず、(68)今世紀に至っても国際刑法をなお従来通り国際法の「一部」として捉える見解は少なくない。現在、「人」の共存に必要な平和・自然・環境に対する侵害を「否」とする、（これらは個別「国家」の国益のみでは図れない）共存社会における共通法益とその保護について、国際刑法との関連における体系的な「法理論の形成」が求められていると考える。他方で、共存とは何か、平和とは何かについては、極めて難解な問題である。この点については本書の目的から逸れるため詳述はしない。

旧来、国家主権相互不干渉の原則によって、主権「国家」の国益が最優先される国内の事象に関しては、人権侵害についても「国家」主権をもって国内事項とし、他国からの不介入・不干渉の対象としてきた。だが、「国家」主権をもって統治されてきた事項について（一定の要件のもとに）、これに干渉する国際「公」法という存在が必要的に求められる。共存社会の発展とともに、国家主権不介入原則は、必ずしも貫かれるものではないという考え方が容れられつつある。前世紀までは潜在的であった、国際共存社会における「公」益に関する「保護」の必要性の一部が、今世紀国際刑法に顕現したといえる。

このような観点から、国家を捉えれば、前世紀には強く求められてはこなかった、国際社会との「共存」という役割がこれ（国家）に課されることになったといえる。とりわけ前世紀初頭・中期までは、国家主権をもって国家以外の介入を排除できた国内事象に関し、前世紀後期以降、人道的観点から一定の行為に対しては主権の絶対性は次第に相対化されてきている。換言すれば、伝統的国家主権概念は次第に変容してきているのである。今世紀、国家は他国との協調関係を維持しつつ、より一層「人」の保護を図る役割が課されているといえる。前世紀には強く求められてはいなかった国際社会での「国家」の役割が、今世紀初頭より明確に映し出されるようになってきたのである。ローマ規程が発効したという史実をもって、伝統的「国家」主権から導かれる刑罰権「国家」独占原則は、既に相対化されているといえるのである。(69)

物理的強制力を伴う刑罰をその一内容とする刑法においては、それ自体の目的や具体的な侵害法益、個別的な犯罪と刑罰創設の検討の必要性が明らかにされるべきである。なぜなら、国際刑法においては、後に詳述するように補完性原則を採る場合の、同一行為およびその結果に対する法的評価の齟齬について、刑法学上精緻な法理論の構築——わけても、当該規定に関する行為と侵害法益、さらには結果に対する法的評価との整合的な説明——が求められるためである。

具体的には、次のようなことである。ある行為（例えば、ジェノサイド）の法的評価に関し、共存社会における国際刑事裁判「機関」を介在することによりその保護法益は「国際法益」となる（ジェノサイドという国際犯罪が認定され得る）。（他方、ローマ規程の対象犯罪に関する〔国際社会（法益）に対する〕罪が刑法典に規定されていない——我が国のような——国家においては）当該同一行為については、殺人罪・傷害罪等が適用されるにすぎず、個人法益に対する罪と評価される。法適用に関する齟齬を、——国際社会法益を個人法益へと解消ないし還元するためには——どのような法理論をもって説明するのか、あるいは整合させるのか、という刑法学からの問題点が残されている。

国際刑法は、国内刑法とは別領域であるかのごとき外観を装うことから、国内刑法研究においては必ずしも競合する領域ではないという対応がなされてきたように思われる。しかしながら、国内刑法と国際刑法との理論的関係性が要請されているのである。国内刑法と国際刑法の、相互補完的調整機能である。既述した通り、我が国においてはローマ規程の対象犯罪とされる、ジェノサイドほかコア・クライムに関する具体的な規定を置いてはいない。したがって、先に指摘した齟齬の問題が事実として浮上する。我が国の現行刑法典には、個人法益に対する罪、社会法益に対する罪、国家法益に対する罪という法益侵害の客体をもって犯罪が体系的に類型化されている。ここに、「国際社会に対する罪」という類型が求められることについては、既にいくつかの論考[70]を通じで述べてきたところである。

②　旧刑法典草案

我が国の旧刑法典を遡り、さらに旧刑法典草案（ボアソナード起稿）を確認すれば、そこには国際社会に対する罪、詳述すれば「国際法に対する（重罪・軽）罪」という類別が挙げられていたのである。[71]最終的には、この「国際法に対する（重罪・軽）罪」という類別自体は削除されたが、そこでは、国際犯罪として最も古くから認められ、且つ、広汎に犯罪であることの普遍性が国際社会で承認されている「海賊」が、本草案第三章の二「国際法に対する重罪・軽罪について」の第一節「海賊行為について」第一条から第六条にかかる罪として挙げられていたのである。[72]すなわち、

「　第一節　海賊罪

第一條

凡ソ日本又ハ外國ノ船舶ニ乘リ海上ニ於テ脅迫若クハ暴行ヲ用ヒ自國ノ船舶若クハ外國ノ船舶ヲ强奪劫掠シテ以テ强盜ノ所業ヲ爲シタル者ハ海賊トシテ左ノ如ク處斷ス

第一　艤船者及ヒ船長若クハ司令長ハ無期ノ徒刑ニ處ス

第二　其他該船ノ士官ハ有期ノ徒刑ニ處ス

第三　都テ乘組人ハ重懲役ニ處ス

其船舶及ヒ船中ニ在ル所ノ諸物件ハ該船若シ犯者又ハ其附從ニ屬スル時ハ都テ之ヲ沒收ス

第二條

若シ一人又ハ數人ヲ殺害シタル時直接ニ其殺害ニ加功シタル諸人、之ヲ命令シタル者及ヒ之ヲ制止スルヲ

得テ制止セザリシ船長ハ死刑ニ處ス
其他ノ士官ハ無期ノ徒刑ニ處シ乗組人ハ都テ有期ノ徒刑ニ處ス

第三條

前二條ニ記載シタル重罪着手ニ止リタル者ハ其各本條ニ記スル所ノ刑ニ照シテ一等或ハ二等ヲ減ス但シ前條ニ記スル船舶等ノ沒收ニ觸ル、ヿナカル可シ

第四條

凡ソ船舶ノ保安ノ爲メニ必要ナル員數ヲ超過シ且ツ其種類ニ勝レル兵器ヲ備ヘタル日本若クハ外國ノ船舶ニ乗リ其政府ノ旅劵及ヒ合規ノ委任狀ヲ有スルヿナク航海スル者ハ海賊罪預備ノ行爲ヲ犯セル者ト看做スヲ得可ク而シテ此罪事ノミヲ以テ左ノ如ク之ヲ處斷ス

第一　艤船者及ヒ船長ハ重懲役ニ處シ百圓以上千圓以下ノ罰金ヲ科ス
第二　其他ノ士官ハ輕懲役ニ處シ五十圓以上五百圓以下ノ罰金ヲ科ス
第三　乗組人ハ二年以上五年以下ノ重禁錮ニ處シ二十圓以上五十圓以下ノ罰金ヲ科ス

第五條

凡ソ情ヲ知テ艤船者若クハ船長ノ爲メニ該船ノ保險ヲ爲シ又ハ該船ヲ賃貸シ若クハ之ニ其企ノ爲メ資金ヲ貸シタル者ハ前數條ニ記載シタル區別ニ從ヒ該犯ノ附從ト看做シ以テ處斷ス

第六條

遠洋ニ於テ犯シタル海賊罪ノ處分ハ日本人ニ對スルトキハ勿論日本船艦ニテ捕獲シタル外國人ニ對シテハ本案總則ノ第五條ニ要スル所ノ條欵ヲ遵守スルヿナク日本ニ於テ之ヲ爲ス可シ但シ該犯未タ外國ニ於テ終審ノ處斷ヲ受ケサルヲ要ス」[73]と規定されていた。

そして、海賊のみならず本草案には、今日の国際共存社会で汎く犯罪と認められる奴隷売買罪や人身売買罪について、同様に第三章の二第二節「奴隷売買および自由人の売買について」の第一条から第八条にかかる罪として挙げられていた。すなわち、

「　第二節　奴隷賣買及ヒ自由人ヲ賣ル事

第一條

凡ソ日本人本國若クハ外國ノ船ニテ航海シ而シテ某國ニ於テ奴隷ヲ買ヒ以テ海上之ヲ運輸シテ他國ニ於テ之ヲ再賣スル爲メ奴隷賣買ニ從事シタルノ罪ヲ犯シタル者ハ左ノ如ク處斷ス

第一　艤船者船長該船ノ諸士官及ヒ都テ其企ノ首魁及ヒ黨類ハ重懲役ニ處シ百圓以上千圓以下の罰金ヲ科ス

第二　都テ乘組人若クハ其企ニ用ヒラル、者ハ輕懲役ニ處ス

第二條

一人若クハ數人ノ奴隷ヲ殺害シ若クハ故ヲニ打擊毀傷シタル時ハ之ヲ爲シタル者之ヲ命令シタル士官及ヒ之ヲ制止シ得テ制止セサリシ船長若クハ首魁ハ此重輕罪ノ常刑ニ處ス

第三條

凡ソ日本人日本若クハ外國ノ港ニ於テ情ヲ知テ奴隷賣買ニ用ユル船ノ修理其糧食ノ充備若クハ其船ヲ航海シ得ヘキ景狀ト爲ス事ヲ取扱ヒ又ハ加功シタル者ハ奴隷賣買預備ノ行爲ノ犯罪人ト看做シ左ノ如ク處斷ス

第一　艤船者船長及該船ノ諸士官ハ六月以上三年以下ノ重禁錮ニ處シ十圓以上百圓以下ノ罰金ヲ科ス

第二　都テ乘組人幷ニ職工及ヒ辨備人ハ四月以上二年以下ノ重禁錮ニ處シ四圓以上百圓以下ノ罰金ヲ科ス

第四條

凡ソ情ヲ知テ艤船者及ビ船長ニ其船ノ保險ヲ爲シ又ハ其船ヲ賃貸シ若クハ之ニ其企ノ爲メ資本ヲ貸シタル者ハ艤船者及ヒ船長ノ附從ト看做シテ之ヲ處斷ス

第五條

凡ソ日本人奴隷驅役ヲ准許スル國ニ於テ奴隷トシテ自由人ヲ賣リ若クハ之ヲ賣ランガ爲メ本人ノ承諾ナクシテ之ヲ其國へ運送セシメタル者ハ有期ノ徒刑ニ處シ百圓以上千圓以下ノ罰金ヲ科ス其十二歳以下ノ幼者ニ關スル時ハ此最上限ヲ科ス

第六條

本節ニ記シタル刑ハ日本ニ於テ同罪ヲ犯シタル外國人ニ之ヲ適用ス

第七條

外國ニ於テ本節ニ記スル罪事ヲ犯シタル日本人ノ處置ハ外國政府ヨリ公然ノ告發ナク其他本案總則ノ第五條ニ要スル條欵ナキモ日本ニ於テ之ヲ爲スコトヲ得

第八條

第一條ニ記シタル奴隷賣買ノ塲合ニ於テ其船舶若シ日本法律ヲ以テ裁判ス可キ者ニ屬スル時ハ其附屬具幷ニ其船中ニ在ル所ノ貨物ト共ニ之ヲ沒收スベシ(74)」と規定されていた。

この第三章の二「国際法に対する重罪および軽罪について」に関する条文については、〈委員会の少数によって提案された草案の条文〉という説明書きが付されている。この説明書きは、起草当時の国際（刑）法に対する認識や取組みへの状況を示すものであるといえる。この点、団藤重光は、旧刑法草案で練られ「国際法に対する重罪・軽罪」に列挙されていた海賊や人身売買に関する罪が削除されたことに関し、「惜しむべきことであった(75)」との評価を加えている。

時代の変遷は、刑法の国際化をより強く要請することになる。個別国家には、「国際社会との共存」が求められることになるのである。二〇〇〇年一一月一五日に採択された国際組織犯罪防止条約人身取引議定書（略称）により、我が国を含む締約国には犯罪化等の措置を採る「義務」が課されることになった。(76)

③　刑罰観の変容

有史以来、人身売買がなされてきたことは汎く認められている、といわれている。人を人とは認めず、物として売買の客体としてきた史実がある。(77) 江戸時代、人道的観点から、幕府は人身売買の禁止を命じたが、他方で年貢上納のための女児の身売りは認めたという。(78) 明治時代に至って政府は、明治三年に中国人への児童の売買を禁じた。(79) 第二次世界大戦後、個人の人権を重んじる日本国憲法のもとで、人身売買は全面的に禁止された。

他方、時代の変遷という観点からは、近年の人々の移動の増加とともに、諸国から我が国へ入国後、人身売買犯罪に対する防止が喫緊の課題とされていた。刑法第二二六条の二――水面下で行われる人間の性搾取を防止すべく――「人身売買罪」新設については、アメリカ国務省の人身取引報告書における我が国への厳しい評価(80)を受けた形で――旧刑法典草案に挙げられつつも、同草案から削除された「人身売買罪」について――二〇〇五年、本罪が我が国の刑法典に新設されるに至った。

また、地域的な相違という観点から、国際共存社会に視点を移してみれば、第一篇第八章三節で述べるようにローマ規程を脱退したアフリカ諸国においては、アフリカ司法人権裁判所国際刑事法部（African Court of Justice and Human Rights within Criminal Chamber）の将来的創設の構想のもとにマラボ議定書に関する新規程を採択している。本規程では（ローマ規程の対象犯罪である四つの犯罪、すなわち、ジェノサイド、人道に対する犯罪、戦争犯罪、侵略犯罪のほかに）、「人身売買」を挙げ、さらに「海賊」、違憲的政府転覆罪、テロ、傭兵、贈収賄罪、資金洗浄罪、麻薬密輸取

引、危険廃棄物取引、天然資源の不法開発など全一四の犯罪を置いている。(81)
本節は、刑法の列挙犯罪、すなわち何をもって犯罪とするか、この問題については、地域性や時代性、法文化や法制度はいうまでもなく、ときの社会構造の相違や地域的発展の程度などに大きな影響を受けるものであり、各条約規程や当該刑法が制定されたときの法文化や価値観、国家の政治体制や社会状況ないし社会形態によって大きく異なってくることを右の具体例を通して明らかにした。(82)

④　国内刑法と国際刑法との理論的関係

国内刑法研究は国内刑法のみの研究に限らず、また国際刑法研究は国際刑法の研究にとどまることなく、両者の理論的な相互媒介関係について考察が求められている。国家が一国で国際社会の中に存在することを得ず、国家と共存社会は相互に深く関係することが当然である以上、国内刑法と国際刑法との関係もまたこれに連動することになるのである。被疑者・被告人を含む「人」の共存のために国際社会は、旧来の国家観の変遷を必要的に求め、国家観の変遷は刑法を変容させる。刑法の変容に従って、刑法研究もまた従来通りの国家論に依拠する刑罰論のみならず新たな理論が要請される時代に既に突入している。

このような時代状況に在るにもかかわらず、国家観ないし社会観の変遷と刑法との関係を取り上げる論究は、多いとはいえない。刑法は体系的な学問であることから、本研究においては、常に刑法の背景にある国家や社会を意識的に把握する必要があると考える。個別具体的な領域ないしテーマについて、深く掘り下げていくことは極めて重要である。しかし、刑法典自体が、国家体制、統治形態と不可分であり、且つ、犯罪と刑罰に関する法であるという観点からは、変容しつつある国家観や共存社会観の変移性を常時鋭敏に受けながら、刑法典を取り巻く刑事法の規定要因である、時代の価値観を正確かつ迅速に受けとめ得る、高い性能を有する受信機能が刑法研究者には求められていると考える。

二　国内刑法にみる、国際刑法の端緒と展開

(1)　国内刑法にみる、国際刑法

刑法学に関する個別具体的な研究のほかに、刑法を規定する、その時代と社会構造――とりわけ、その変遷の中――に史的考察を加えるべきことの必要性を述べた後、具体的な例を挙げて、本書が主張する「時代の変遷の中に刑法の変容」を確認することとする。本節においては、時代の発展が刑法学および刑法研究に与える影響を史的観点から確認する目的をもって、以下にその一部を概観する。

現在に至り、漸く国際刑法という学問が認識されてきたことは既に述べた。これについて、増田隆は、以下のように指摘する。すなわち、国際刑法研究については、我が国では第二次世界大戦後の戦争犯罪の責任を問われた国際裁判の当事国として大いなる関心が寄せられたものの、それ「以後約半世紀の間国際社会の表舞台から姿を消し、話題になるとすれば、もっぱら歴史学などのテーマであることが多く、法律学の分野でも国際法学の関心は格別としても、刑法学はあたかも対岸の火事を見るがの（ママ）ごとく傍観するにとどまっていた[83]」と。

この〔国内〕刑法学における国際刑法研究の〕閉塞ないし停滞状況を、我が国はどのように脱し展開してきたのであろうか、またはどのような経緯において発展させてきたのであろうか。あるいは、何らかの進展もしくは後退が確認されているのか。そして、現在は、どのような状況下にあるのかという問題を明らかにすべく、時代の推移とともに、国際刑法を含む「刑法体系が漸次変容してゆく様子」について、具体例を挙げながらその一部を以下に確認することにする。

(2)　団藤重光

①　一九四八年見解

戦後、戦争責任を問う国際軍事裁判に関し、団藤重光は『刑法の近代的展開』の著作当時（一九四八年）、国際刑法は、「國際法と世界市民法との兩方にぞくし、兩方の領域を形づくるものと、わたくしは、かんがえたい[84]」と論じていた。団藤は、国際法を「國家」を成員とする国際団体の法であると位置づける。戦争犯罪に関する個人責任法理について、「それは第一次的には國際法にぞくする。國際法の一部としての刑法[85]」であると把捉していたことが明らかになる。

その後、戦後における社会や経済の変化に伴って価値観が変容してゆくことになる。これにしたがって科学技術や学問も進展する。法学においても、平野龍一が主張したように刑法学における価値観の変化がもたらす影響は、法そのもののみならず「人」の捉え方、行為に関する評価のあり方などに転換的思考を促し、これによって刑法は主観的事情を考慮しつつ、より実体にそう考察が採られていくことになる。そして、刑法典も必要的に国際刑法との関わりをもつに至る。

②　一九七九年および一九九〇年見解

このような影響を受け、団藤の見解にもその変化が視られる。すなわち、三一年後の一九七九年（昭和五四年）に著した『刑法綱要　総論[86]』においては、ベンサムによって用いられた国際刑法を国際私法に位置づけるものとしての国内法、すなわち、刑法の場所的適用に関する国内法を指すことを紹介し、このほかに「国際法の一分野」としての刑法的領域が次第に重要な問題として認識されてきたこと、これをも最広義の国際刑法に含めて統一的に考察することも可能であること、他方で、戦争犯罪などに関する法は、個別の法領域であり「国際法秩序の違反（戦争犯罪など）に対する国際法的な処罰の実体、手続および組織[87]」として扱われていることを示している。

団藤においては、先の一九四八年見解すなわち、「国際法の一部」としての国際刑法という概括的な把捉から、大きな変容が視られる。それは、①ベンサムによって説かれた国際刑法が、（刑法の場所的適用範囲に関する）国内法を指し、その意味での国際刑法は、「国際法の一部」ではなく性質上はほぼ国際「私法」に位置づけられることを明らかにしたこと（もっとも、この点に関しては、古く国際法研究においては区別されていた）[88]、②一九四八年の「それは第一次的には國際法にぞくする。國際法の一部としての刑法[89]」という見解から、「国際刑法はさしあたりは各国の国内法の問題であるが、世界市民法的な背景を考えながら取り扱われるべきであ[90]」る、という所見を示したこと、③そして、何よりも、「国際法の一分野としての刑法的領域[91]」を確認した上で、「これを最広義の国際刑法に含めて統一的に考察することも可能であるとおもうが、少く（ママ）ともさしあたりは、これは別個の領域である[92]」ことを認めたことである。

しかし、団藤の見解においては、未だ法の分化は視られない。それは、「国際法秩序の違反（戦争犯罪など）に対する国際法的な処罰の実体、手続および組織が取り扱われるのである」という表現に顕現している。換言すれば、当該行為について、従来から国際法研究において用いられてきた「国際法秩序の違反」という表現を継いで使用していることにこの事態を捉えることができる。すなわち(i)「法の違法」、換言すれば当該行為を「違法」範疇には採り込まず、（法）「秩序」の「違反」と把捉していること。(ii)国際刑法はさしあたりは各国の刑法の問題と把捉していること。(iii)「世界市民法的な背景を考えながら」に指す、法「的」な「背景」とは何か。これらをどのように考えるのか。とりわけ、世界市民法「的」とは何か。(iv)「国際法秩序の違反（戦争犯罪など）に対する国際法的な処罰の実体、手続および組織が取り扱われるのである」に関する「国際法『的』な処罰」とは、どのような「的」なのか。はたして国際法的な処罰という概念はあるのか否か。我が国の最先端の刑法学における――「少く（ママ）とも法的な処罰」という――研究において「的な処罰」概念は、未だ法の分化を認めていないと考えざるを得ないのである。

(3) 人道条約と国内履行義務

我が国は、人道条約の中核ともいえる際立った普遍性を有するジェノサイド条約には加入していない（なお、本条約を国際人権法として位置づける学説もある）。ジェノサイド条約は、二〇一八年四月現在一五〇か国もの国家がこれに加入しており、汎く国際社会の支持を得ている普遍的な条約といえる。他方、我が国は、ジェノサイドを対象犯罪とするローマ規程に一〇五番目の締約国として、遅れてこれに加入した。

ローマ規程にはその対象犯罪として、第五条(a)にジェノサイドが規定されている。続く第六条のジェノサイドに関する定義は、ジェノサイド条約に求められており、ジェノサイド条約第五条は「締約国は、それぞれ自国の憲法に従って、この条約の規定を実施するために、特に集団殺害又は第三条に列挙する他の行為のいずれかを犯した者に対する有効な刑罰を規定するために、必要な立法を行うことを約束する」という国内立法に関する「義務」を定めている。これは、本条約の加入国が国内法整備に関する具体的「義務」を負うことを意味する。本条約に加入する以上、この「義務」を負う。換言すれば、本条約を締約することによって、必要的に（事後的であれ）処罰義務の実現に関する国内法整備が求められるということである。

ローマ規程の対象犯罪であるジェノサイドに関し、ジェノサイド条約に加入してい「ない」日本は、国内法整備の実効を法的に迫られることはない。しかし、繰り返し述べたように、時代の遷移と社会構造の変様は、従来の国家論に変容を迫るのである。（主権を最大限に重んじる）伝統的国家論は、――今世紀において、前世紀までは強く求められてはこなかった他の諸国家や共同体と平和に共存しなければならないという――国際社会における共存を自らの積極的役割とする「共存社会における国家」へと次第に変容させていくことになるであろう。このような「共存社会観」という把握によれば、我が国においても、人道法の中核＝普遍的条約といわれるジェノサイド条約への加入が強く求められることになる。

ジェノサイド条約に加入した場合、前述したように具体的「義務」として、国内法整備が求められる。法的安定性のためには、刑法典の全面的な改正は避けられよう。既に拙稿や拙著(93)を通じて、ジェノサイド条約への加入の必要性は説いたところであるが、本罪に関する行為の評価については、先に示した通り、殺人罪や傷害罪等で対応できる、というのが我が国の姿勢である。しかし、このような弥縫策的な対応では法益論の側面で問題が生じる。よって国内刑法と国際刑法との間に生じる法的評価に関する齟齬の理論的解消の必要性からも、刑法典の一部改正をもってジェノサイドが規定されるべきであると考える(94)。

(4)　新たな国家論と国際共存社会

戦後、我が国では日本国憲法のもとで、新しい価値観に基づく犯罪論・刑罰論をもって刑法の全面改正に向かったとき、旧来の伝統的国家体制を維持しようとする論者は、従来の価値観を刑法改正に反映させようとした。新しい刑法思想を旧来のそれにおさめるべく、立法側は一部改正ということでその妥協を図った経緯を刑法学史に学ぶことができる。価値の転換は刑法にそれほど大きな影響を与えるのである。

法の安定性を重んじる立法者は、改正を望むものではないであろう。しかし、多くの国々では刑法典や特別法をもってジェノサイドほかに関する禁止規定を置いている。本書は、法的安定性を重視する国内刑法典の立法者への提言として、その可能性を――上述に説いたところに――求めるのである。この点、髙山佳奈子は、「日本は日本の立場を守ってよい(95)」。ローマ規程の対象犯罪に関し、「処罰が論じられるようなケースが発生するとはほとんど考えられない。それならばありえないようなケースを想定して刑事訴訟法の伝統を壊してしまう法改正は行うべきではない」[96]と主張する。そして、海賊罪については、「日本は国連海洋法条約を批准しているが、ここで犯罪化されている海賊に対応した国内立法はない。強盗罪（刑法二三六条）などにあてはまる場合もあるが、『海上交通に対する罪』『諸国の共通利益を害する罪』としての性格は、日本法のどこにも示されていない」[97]と（所論公刊時の二〇〇三年に）主張する。

だが、我が国の先行研究を紐いていけば、最終的に削除されたものの、旧刑法典の草案には「国際法に対する（重罪・軽）罪」としての章が置かれ、そこには——国際法上——古い歴史を有する海賊罪などが挙げられていた。わけても海賊罪については、一九六三年の段階で飯田忠雄が刑法典に挙げるべき旨を論じていた[98]。すなわち、海賊罪については、公海に関する条約の諸規定の中で、海賊行為の防止「義務」を各「国家」に課しており、海賊行為者を捉える逮捕権およびこれに関する刑罰権については当該国家がこれを有するというものである。

海賊については、古くから「人類の敵」とみなされている。このように海賊については、国家は行為者に対する刑罰権を有するとともに、刑罰に関する立法「義務」を負うことになるのである。飯田は、海賊の罪質、すなわち本罪が「海上交通の安全に対する重大な侵害」であることおよび「諸国の共通法益を害する重大な犯罪」であることが他国では汎く容れられていることを指摘していた。海賊罪が改正刑法準備草案第三四三条の窃盗及び強盗の罪に置かれていたことについて、本罪の性格ならびに特徴を総合的に考慮した上で、飯田は、その位置づけの不適切さを指摘している。その上で、刑法典への条文設置に関しては、国際法上の海賊の罪と、国内法上の海賊の罪との峻別をもって別に立法する必要があることを主張していた[99]。

飯田は、史上最も古い国際法上の犯罪といわれる海賊行為に関する法は、①従来の戦争法規という位置づけを脱し、海上警察法に変容してきたこと、②国内法上は刑事法として表象化されつつあること、③今後は、旗国主義原則を排し国際刑法の領域に含まれるであろうこと、などを展望していた。所論においては、一連の検討を通し、海賊行為の法に関する性格が時代の変化に伴って漸次変容してきたことを指摘している[100]。

さらに遡れば国際連盟時代には、同連盟内に組織された「国際法の法典編纂に関する専門委員会で国際犯罪に関する刑事裁判管轄権や海賊が問題とされ、少なくとも、海賊に関しては「先づ、各國における刑法上の原則の統一が必要だ[101]」という見解の一致がみられたことを牧野英一は記している。

高山は、我が国の刑罰法規を無理に拡張する必要性は認められない。日本は自らの立場を堅持してよい[102]とする。しかし、国際刑事裁判所設立との関係で、牧野は、「いかに、國家は、その國内立法に衣つて他國の平和を確保するに寄與し得るか[103]」ということが既に一九三七年パリ国際刑法学会第四回会議及び一九四七年ジュネーヴ第五回会議における議題となっていたことを強調する。牧野は、国際刑法の実効を求めるにあたっては「諸國が鎮壓上同一の歩調を採る[104]」ということが問題の核心であることを論じ、「刑法は、ひとり、『わが國』の『刑法』について論ぜられるべきではない[105]」点を強調していた。

飯田の指摘のみならず先に示した「国際法に対する（重罪・軽）罪」の削除に関し「惜しむべきことであった」という団藤の見解を顧みれば、我が国の刑法典にジェノサイドほかの国際犯罪に関する列挙の可能性も視えてくる。具体的には、①（団藤によれば）現行刑法典の「社会的」法益に対する罪の類型に本罪ほかが置かれる可能性、②現行刑法の類別、すなわち個人法益に対する罪、社会法益に対する罪、国家法益に対する罪という三類型の他に、新たな国際法益に対する罪という類別を設ける、③特別法を設ける、という選択の可能性が考え得る。他にも選択肢が提示され得ると考えるがこの問題については本章の目的から逸れるため、これ以上の言及は避ける。

伝統的国家論を最優先としてこれを貫き通すならば、この可能性は失なわれ、政府見解であるミニマム対応、本書に示せばパッチワーク的対応[106]となって、刑法理論の構築、すなわち法益論において生じる齟齬から理論刑法上の整合性を図ることへの道は塞がれてしまう。このような法益論の齟齬に関連しては、刑法学研究から見解が示されている。髙山は、「そのときどきの政治的局面を反映した条約の内容を、もし国内法へと無批判にとり入れるならば、歴史と伝統の上に積み重ねられてきた国内法秩序は容易に破壊されてしまうであろう。国際化への対応が国内法の自滅であってはなるまい[107]」と主張する。その根拠として「条約を契機とする法改正の内容は、従来の国内法秩序としばしば不整合であり、外政的圧力ないし妥協の産物という性格が強い[108]」こと、加えて「条約の内容は市民から隔たったところで決定されている[109]」ことなどを挙げている。

この点については、我が国は――ジェノサイド条約への未加入を一例として――人道後進国と揶揄されるように、国際人権法・人道法に関する国内法整備に関し、旧来慎重な姿勢を堅持している。高い精緻性を保ちつつ制度を確立している我が国の司法制度においては、むしろ立法者（側）の導入への消極性は指摘し得ても、所論が懸念する国内法への「無批判なとり入れ」の蓋然性は極めて低く、指摘される国内法整備において「国内法の自滅」への懸念は不要と思われる。所論は、条約契機による法改正の内容について、国内法秩序との不整合性をその理由とするが、その不整合性はひとえに我が国のみに当てはまるものではなく、多くの諸国がこれを克服して各刑法典に導入、または特別法を整備している。そして、国際刑法の展開の遅れ――とりわけ（所論の公刊二〇〇三年一〇月現在における）ローマ規程加入の遅滞――を指摘するにあたり、その「（ＩＣＣへの参加には立法が必要である以上）批判は日本の刑法学者にも向けられる[110]」とし、「いくら国際法サイドが努力しても、刑事法が動かない限りその実現の見込みはない[111]」と強調する。

はたして右の指摘は適切であろうか。国際刑法研究、とりわけ国際刑法の実効性すなわち、国際刑事裁判所創設についての可能性に関しては、本篇第八章第一節二項で論じるように、我が国の国際法学はユートピアと指称し消極的、端的にいえば旧来否定的であったのである。むしろ刑法研究者による研究は、既に前世紀中期より積極的であった。もちろん、刑法学においても、国際刑事裁判所創設については、川口浩一のように「それが実現する至る

（ママ）までの道は険しいといわざるを得ない」(112)という見解も多くあった。

しかし、牧野英一、西原春夫、飯田忠雄、森下忠、新倉修ほかによって肯定的に受け入れ紹介してきたのである。後に第一篇第八章第一節二項以下で論じ示すように国際刑事裁判所設立が現実化する以前、我が国の国際法学が国際刑法に極めて懐疑的であったのに対し、刑法学研究においてはこれを容れようと、髙山が主張する「努力」が、そして「動き」が重ねられてきた。わけても西原は、前世紀より現在に至るまで国際刑法研究の必要性を多くの著述を通じて強く説き、現在もドイツ・中国をはじめとする多くの諸国において国際刑事法に関する展開を精力的に行っている(113)。森下、新倉も同じく前世紀より現在に至るまで多数の国際刑事法の研究を重ねてきた。

我が国の国際刑法研究の現在を客観的に視れば、今日の国際刑法学は先達が構築してきた体系的かつ緻密な刑法学に着目さえしない。遡った場合であっても、一般的にはニュルンベルク・極東国際軍事裁判に言及するのみであり、その原文を直接引用するものは多いとはいえない。そして、何よりも指摘されなければならないことは、我が国の貴重な先行研究の原著原典にあたり英知の集積へと近づこうとさえしないという研究姿勢である。現在の我が国の国際「刑法学」は、分断＝セグメント状況にある。すなわち国際刑法は、国際刑法は国際法と刑法とが交錯する学問である、との潜在から出ていないのではなかろうか。国際刑法の研究にあたっては、いうまでもなく国際法の知識が前提となる。のみならず、刑法学の観点から論究を加える国際「刑法」である必要上、その実効性を求めて研究の過程に必然的に刑事訴訟学の検討が求められる。多数の諸国より成る国際共存社会の実効的な刑事訴訟学を求めれば、必然的に訴訟法学の比較研究が求められ、なお且つ、これがどのように今に継がれてきたのか、という刑事訴訟の史的展開の検討が必要となるのである。

今世紀国際刑法（＝ローマ規程）のみの現状解析（ピン・ポイント）考察にとどまり限り、次世紀国際刑法を視通すことは困難となろう。前世紀より重ねられてきた「刑法学の系譜」を辿る必要があると考える。国際刑法の研究は、ローマ規程の解釈、判例紹介や評釈、諸外国の国内整備状況の確認他をもって足りるとする、無意識の潜在がこのような現状を造り出していると思われる。いずれの（国際刑法）研究者においても、刑法史を紐解くことなく、先達の理論へと近づくことをしない。本書は、右の諸点に躊躇を隠せない。先行研究の原典に当たるどころか見向きもせず、現行法のみの部分＝パーツ検討を重ねても、それは適正な研究方法論ではないと考える。

　先行研究には、多くの刑法思想が凝縮しており、次なる時代の研究へと豊富な示唆を与えるものである。研究者には、これを確認し精査することが必然的に求められる。先行研究や学説は、その時代の社会構造と現実の間の中の法の矛盾と調和を求めた解決手法や理論、さらに次の時代へとわたす刑法思想の結実であり、いわば歴史的真理ないし刑法哲学の精髄ともいえよう。これらの原典にあたることなく、「批判は日本の刑法学者にも向けられる」という不適切な評価に従えば、刑法学史は矮小化されてしまう。本書は、これを正さなければならない。我が国の刑法学史に関する不当な評価を批判するものである。我が国の刑法学研究——日本刑法学会——によって、かつてより国際刑法の研究は積極的になされてきた。本節は、国際刑法研究の着手において、刑法学会が先か国際法学会他が先か、という単純かつ意義の希薄な問題を指摘するものではない。第一篇第二章にその一部を論じてきたように、多くの検討や考察が我が国の刑法学者によってなされてきたことを、そして多くの原著があることを指摘するものである。

　我が国における本条約の国内法整備状況に関しては、他国と比較し日本が特殊的に稀有な司法制度を有しているものではないこと、ジェノサイドや海賊ほか、「国際法に対する（重罪・軽）罪」に関しては、右に確認してきた先達の刑法典への導入に関する積極的な論究がなされ、これを（立法）へと繋ごうとした「動き」があった。先より示してきた見解を論じた重要な先行研究——牧野・団藤・飯田等の所見——は水面下へと沈められてしまうのであろうか。

本書においては、国内刑法も国際刑法も両者、その研究方法論においては一線上にあるものと考える。我が国の刑法研究の中では多く考察が加えられてきた。所論が指摘する、「努力」も重ねられ、「動」いてきたのである。当時の諸論究は、立法者（側）には採用されなかったが、右に論じてきたような沿革があることを失念することは適切ではない。このような観点から高山の言を借りていえば、「いくら現行国際刑法を研究しても、当該条約を生み出した社会構造の変容に着目し、碩学の先行研究に学ばない限り、その実現の見込みは」遠ざかるのではなかろうか。

さらに所論は、条約締結に関し「市民から隔たったところで決定される」旨をその理由のひとつとして挙げるが、ローマ規程採択に当たっては、特に二三六ものＮＧＯ（Non Governmental Organization）の参加により、いわば市民レベルでの意思の発信が積極的に行われていた[114]。その結果、各国政府の見解を後押しする場面が多くあったことが伝えられている。ＮＧＯ自体の要求や提案によって、ローマ規定第三六条第八項(a)-(iii)や、戦争犠牲者への補償など補害者救済制度が設けられたのである。

そして何よりも、外交会議の公開性については、前世紀中期以前より所論とは異なる見解が主張されている。すなわち、「國際会議は國際成文法を立法し得ることとなる。而してこれを支持するものは國際社会一般の法的意思に外ならない[115]」。国際「社会意思そのものは個々の國家の意思そのものではない。從つて國際法を作るもの、即ち國際法主体は、國際社会意思即ち國際社会そのものであるといはねばならない[116]」という大淵仁右衛門に代表される見解がかつてより支持されているのである。本書においては、多くのＮＧＯが参加し、市民の処罰意思を反映させたローマ外交会議をはじめとする国際会議は、立法機関が存在しない国際社会での立法的役割を担うものと考える。

右に述べてきたように、今世紀、個別国家は国際社会と「共存しなければならない」という――責務――役割を担うことになったのである[117]。このような社会の展開の中にあって我が国においても、海賊罪については「海上交通に対する安全を脅かす重大な犯罪」として、また古来より「人類共通の敵」と位置づけられてきた。すなわち、「諸国の共通利益を害する犯罪」としての性格が汎く認められ、「海賊行為の処罰及び海賊行為への対処に関する法律」（平成二一年法律第五五号）が制定されるに至っている。また、二〇〇七年一〇月、「国際刑事裁判所に対する協力等に関する法律」（平成一九年五月一一日法律第三七号）が施行されている。

高山は、ローマ規程に関する国内法整備について、「これに合わせて日本の刑法を改正することは不当であるし、また不可能であろう[118]」と主張する。しかし、前世紀までの伝統的国家論は、次第にその変容を求められる。歴史「国家」からこれより成る国際「共存社会」へと社会構造が変容ないし拡大する（であろう原初期の）中で、以上の考察を前提に、一九六三年所見[119]で「惜しむべきことであった[120]」と示した団藤に加え、飯田ほか先達の見識をいまに継受するならば、ローマ規程の対象犯罪を我が国の刑法典へ導入する可能性を立法者への知見として繋げることが展望されるのではなかろうか。旧刑法草案の精査に基づく再考が急がれる。

以上、本節においては、時代と社会経済構造の変化によって、国家論の変容が認められ、またそれに従って刑法典の列挙犯罪も変遷する点に関し、具体的な例を一部挙げながら確認した。

第三節　伝統的刑罰論の概念的変化

一　補完性原則の本質

共存社会における国際刑事裁判「機関」と関係国家との刑事管轄権に関する調整を担う、ローマ規程の中軸と解される補完性原則は、その具体的適用にあたり、個別国家の法の発展状況や適用形態ないし方式において、既に明らかにしてきた通り刑法学上の矛盾を引き起こしている。それは、補完性原則が刑法理論から導かれた原則ではなく、本規程の採択にあたって、多くの国家からの賛同を得るための妥協的方法、すなわち、最終的には常設国際刑事裁判所設立条約に関する外交会議開催期間内におけるローマ規程の採択という目的に向けられた——政策的、且つ、実効的な——手段であったためである。この妥協があったからこそ、「私」法原則は自らの利益を確保するための本書にいう「公」法を創設できた。補完性原則は、高く評価されよう。

繰り返し述べるように、その「機関」創設に当たって求められた政治性と、「機関」と関係「国家」との調整を担った補完性原則は、絶対原則ではなく非司法要素を有する政策的原則でもある。ゆえに、「機関」の運用および本規程の解釈にあたっては、——原則と称されるものの——、その内実において政治的・調整的・妥協的役割を本来の役割とする補完性原則は、次第に消極的な運用がなされることになるのではなかろうか。すなわち、法の本質に沿った、あるいは法の目的を実現するための解釈や運用が求められるのである。換言すれば、国際刑法の創設という原点に立ち、その法的精神を継いでいくことが求められるであろう。

何よりも求められることは、補完性原則によって、当該行為に関する法的評価を関係「国家」に委ねた場合の、「国際社会全体」に対する法益侵害を関係「国家」を媒介に評価するという擬制について、これをどのように説明するのか、という既述した法益論に生じる深刻な齟齬の解決が要請される。国家刑罰権を発動させることは、当該「国家」にかかる刑罰権行使の結果の利益を、その「国家」が享受することであるが、それは同時に「国家」の社会防衛を図るということでもある。

この点で、ローマ規程前文に謳われる「『国際社会全体』の関心事である最も重大な犯罪」に対し、個別国家の刑罰権が発動されることの意義は、国際刑法の本質には必ずしも合致するものではないことが明らかになる。すなわち、刑罰権発動後の結果の利益の享受主体を何に求めるのか、この実質的な実体の解明への問題が提起されることもないまま、検討されずに補完性原則は、とりわけ国際法学研究から強調されているという、刑法の――法益論にも直結する――中核的な問題への解決が放置されている。これまで、国際刑法の本質――国際刑法の理論的構築――に関する論究が遅れをとっていたことは否めない。したがって、このような問題提起自体が行なわれていないのである。

しかし、刑法は、その結果の利益、すなわち、刑罰権行使の結果、社会防衛に対するいかほどの利益を如何なる主体がどのように得るのか、または得られるのか、あるいは得られるべきなのかという問題までをも考察の内容として取り込む学域であると考える。

右のような問題意識からは、侵害された法益の法的評価に関しては、国際刑事裁判「機関」を介在させた形で国際刑法の（究極的な）保護主体である、共存社会（における「人」）へと判決が下されるべきことが先ず指摘されなければならない。（結果の利益を含む）法益論を中軸に据えれば、コア・クライム処罰に関する刑罰権行使の結果の利益は、被疑者・被告人を含む「人」が共存する国際社会全体が享受すべきところ、この結果の利益を「国家」にとどめることは正当ではない。その法的評価においても、判決は、共存社会「機関」を介し、「人」を含む国際共存「社会」に対して、下すことが理論的には最も適切であると考える。

現行ローマ規程のひとつの原則である補完性原則、この（国際刑事裁判「機関」が関係「国家」の刑罰権を［補完することをもって国際刑罰権とする］という）考え方のみを強調するならば、国際社会全体に対してなされた侵害を刑法学上如何なる理論、わけても還元論等[121]をもって説明し得るのか、という次なる問題が待っている。これは、先のジェノサイドに関する保護法益の齟齬の問題に直結する問題でもある。

今後国際共存社会においては、「公」益確保――とりわけコア・クライムを首謀した個人の刑事責任追及――規範に関する強制力の基礎を個別国家の同意へ求める正当性は、徐々に希薄化されていくであろう。前世紀国際社会を規律していた私法原理は、分化をみた今世紀においては、共存社会の秩序維持という観点から、必要な限度において制約が課されることになると思われる。それは、人類が、無自覚または自覚的に、被疑者・被告人を含む「人」の共存のためには、「国家を含む社会」共同体として、換言すれば、有限の地球規模に立って、生きながらえなければならないことを知覚したためであると考える。

二　「人」

「公」益の確保を主な目的とする諸条約や国際性を有する諸法――とりわけ国際刑法――においては、その目的の限度において、「国家」同意を軸とする補完性原則は、次第にその役割の軽減化されることになると思われる。時代や社会構造の変化において、法の目的や役割も変化する。人為にかかる原理は、絶対性を有するものではない。長い史的変遷の中で、また多様な社会・経済的変移の中で「原則」には、漸次または急激に「修正」がなされる。ときに従来の原則は、「人間」共存のために例外となることもある。

このような観点からは、補完性原則も絶対不動の原則ではなく、本質的には「人」を保護するため、目的的には人類の共存社会の秩序を平和的に維持するために、ときに修正され、またときに転換を余儀なくされる。原理や原則は、「人」が自らを含む共存のために創る「人」為的創造であるから、原理原則に劣後して「人」が規律されるべきではない。第一篇第二章第四節一項以下で示した通り、「人間」の存在があって、法があり、その法原理が、「人」にそう。社会構造の変化や時代の中においてのみ、原理・原則は通有するのである。同じく法の原則は、常道状態を前提として創られるものであるから、これが「非」常道的状態になった時は、原理は「非」原理と化すのである。(122)この、非原理は、原理ではない。原則は、当該時代における当該社会の中で通有するものであるから、絶対性を有するものではないと考える。[123]

国家は、「人」がなければ、成立しない。「人」があって社会があり、社会があって「国家」がある。いうまでもなく、社会と国家は同一ではない。このような観点からは、個別国家を基に形成される国際「社会」には法があると考える。それを証左するものが慣習国際法である。慣習国際法は、個別「国家」法を源泉とする、他方で個別国家を媒介としつつも必ずしもこれのみには拠らず、汎く国際共存社会の承認によって形成され生長してきたものである。人類の共存社会（固有）法とも称すべきものといえよう。

三　刑罰思潮

原始共生社会からの一連の「社会」変遷の中に生じた事実や事象の確認なく、現在「点」における考察のみからの刑罰権に関する正確な展望や結論は導かれるものではない。そこには、刑罰観に関する共生社会における始原から今世紀国際刑法における超世紀的な系譜——歴史通貫の連続性——の確認と変容の検証が求められるものと考える。その意味で、現在「点」のみならず、刑罰権の原初的形態が如何なる状況のもとに発祥し、それが今日どのような史的変遷を経て、如何なる形をもって系譜されてきたのかという考察を省いた検討からの結論における説得力は、当然希薄なものとならざるを得ない。

この点で、後述するように齊藤金作が訳出したビンディングの指摘、すなわち、現行法の考察にあたっては「それは存在するものとして把握せられるのみならず、出來上つたもの・さらに發展するものとして考察せられる」[124]べきである旨は、本書と同旨である。この指摘に加え、刑罰権の発祥にかかる原「点」に遡って、如何に今世紀初頭までその刑罰思潮を保ってきたのかという連続性の上に、現在「点」に至る、いわば「線」をもって周到かつ複眼的視点からの論究に拠るものでない以上、この問題に対し安易に結論を付すことは避けられるべきと考える。

原始共生社会から「人」は、さまざまなルールや規範、慣習法を含む法を創り、「人間」の共存を図ってきた。国際法史・社会法思潮・刑法史・人権思潮・法哲学・法文化が一体となって、換言すれば、全世界の世紀に亘る刑法の営為的結実が国際刑法を創り出したといっても過言ではない。国際刑法の萌芽は、法的評価に関する結果の妥当性等の価値判断は別の問題として、前世紀国際刑法におけるニュルンベルク・極東国際軍事裁判であった。「人」が平和に共存する欲求——最終的には平和的共存権(125)（さらに、本章及び第一篇第四章以下に論じる平和的共存義務）を目指して——は、今世紀初頭、実定法となって顕現し引き継がれてきた。それが、今世紀初頭の成文化された国際刑法であると考える。

四　法の進化

本書は、原始共生社会から歴史国家へと、さらには歴史「国家」から国家主権概念を残しつつ次第に国際共存「社会」観が容れられるであろう変移の（と見通し得る）中で、国際社会の組織が次第に整えられ、且つ、国際刑法が形成されていくであろうことを論じるものである。そのような変化は、ある日、忽然と表出するものではなく、前世紀国際刑法から今世紀国際刑法へと亘る世紀的変移に伴って前兆を呈し、引き続いて明確な萌芽が確認されること。その後、自らを含む共存のために、現象となって表出してくるものであると考える。

このような現象を「法の進化」と捉えることについては、木村亀二も同様である。すなわち、木村が引用する、サヴィニーの「無數の集團的個人によつて作られた諸社會の不斷の進化發展にともなつて内面的に成就せられるもの」(126)という言説にも認められる。また、第一篇第七章第二節二項に述べるように「各〻の時代は、前代への遡及關係、換言すれば先の時代で發展せしめられた諸力のその時代まで引きつゞいてゐる作用を含んでゐると同時に、又時代の中に、すでに次の時代を準備する努力と創造とが含まれている」(127)という荘子邦雄の説からも導かれる。これに拠れば、次世紀国際刑法への素地が今世紀国際刑法の原初形態となっていることが認められる。

ところで、原始共生「社会」から今世紀共存「社会」という歴史通貫において、共通するものが視られる。それは、「人間」の共存欲求である。生きるという人間の本性換言すれば、生来的な欲求によって、異なる「社会」構造を有する、また異なる今世紀に同様な性格を有する国際刑事裁判「機関」が創出された。これは、「公」益または「公」益観念を自覚または無自覚的に顕現化させた現象といえる。没「個」または没「公」の自覚、無自覚にかかわらず、「社会」は発展してきた。諸個人において享受される、また諸国家において担われるべきこれらの（「公」益確保という）事態が社会を進展させてきたともいえよう。時代により異なる現象を伴って生じつつも、その本質を一貫して維持ないし継続させ、一定の規範を形成させてきた。

その意味において、今世紀国際「刑法」は、前世紀「国際法」における私法原理——補完性原理——から、さらに「進化した法」として、その構成たる諸「国家」に対し、（第一篇第八章第一節一項以下で詳述するように）共存社会の「公」法性をもって、「国家」の主権に制限を加え得るものと解するのである。

伝統的国際法に固執する限り、発展はみられない。国際連合という国際機関が創設されたものの、その運営に関しては、——創設という誕生の時において既に——多大な矛盾や困難を内包させている。ときに力の論理が罷り通る国連組織であっても、本章に検討してきた原始共生「社会」からの人類の大いなる進化と発展から考慮すれば、この国連組織という組織自体が、個別国家とは別に独立して創設され、運用されているという点において、組織の存在自体に「公」的性格が視えている。今世紀に設立された国際共存「社会」の刑事裁判「機関」においても、その創設時において既に不備や矛盾を抱えていることはいうまでもない。国際社会は「人」の共存を保護するために、次第に不備を解消すべく組織性を備えていくと思われる。

「刑法が如何なる犯罪類型を定めて居るかとゆう問題は、諸國家の社會狀態によつて解決せられる」[128]また、「刑法はとくに政治的要素の強い法である」[129]ことから、個別国家によって、同一行為について法的評価が異なり犯罪の成否に違いが生じるという、法的（齟齬）問題が生じることもまた否めない。このように刑法は、ときの国家論や政治的契機に影響を強く受けるものである。[130]国際刑法においてもこの影響を多分に受けるものである。伝統的主権概念の変遷の中で、従来の伝統的国家論もまた変容してきた点を鑑みるならば、国家の果たす役割や目的、求められるべき機能が異なってきたことが指摘されなければならない。[131]

第四節　国家と刑罰

一　国家の存在目的と役割

現在、個人の人権が重視される国際的・国内的潮流にあって、「人」権を最も価値あるものと位置づける立場からは、「国家は国民各人の生命・身体・自由・財産を保護するための機構であり[132]」また「国家はその個人の尊厳の基礎である生活利益を保護するための機構である[133]」という位置づけがなされ得る。今世紀、国家に期待される役割や国家が果たすべき任務が、次第に変容している。従来、内政不干渉原則によって、国内事情は各々の国家に任せられていたが、今世紀に至り人道・環境・資源配分等の国際共存社会に共通する「公」益の確保に関しては、必ずしも国家主権不干渉原則は貫かれないことは既述したところである。

国家の存立目的自体が問われる時代である。この点で、工藤達朗は、国家の目的が「平和・自由・福祉[134]」であることを論じている。また、磯崎健之は、国家存立の目的に関し、三つに分けて解説している。すなわち、「第一に、国家を構成するすべての国民の最良の生活を実現する爲国民の間に自由と秩序と安全保障および正義の価値を確保すること。第二に、各人の必要を超えてその国家社会という集団の福祉を増進する為国家的能力の向上と国民一般の生活の向上とその完成を助長することである。第三に、各国家は全人類の文化と文明の向上と発展を目的と[135]」すること、という把捉構造になってきたのである。

一方、石川裕一郎は、日本国憲法第一三条後段に規定される「生命、自由および幸福追求に対する国民の権利については、公共の福祉に反しない限り、立法その他の国政の上で、最大の尊重を必要とする[136]」ことを強調しながらも、しかしここから直ちに国民の生命安全確保が公権力に課された憲法上の義務であるということはできない[137]と説示する。但し、石川は、国家の物理的暴力の正当性を社会契約に求めるならば、市民の安全確保の要求に応えること、すなわち「国家からの安全」ではなく「国家による安全」が、国家の本来的責務であるとする[138]。また、高橋則夫は、国家の国民、すなわち「人」への「保護」について、特に被害者との関係や自然災害発生の下では、「憲法一三条、二五条、三一条、および憲法全体から、国の基本権保護義務が生じ[139]」得る余地のあることを説く[140]。

現在では、国家の存在理由のひとつとして、「国民の自由な活動を保障するための基盤整備をすることにある[141]」と考えられるようになってきているのである。

二　ドイツ連邦共和国基本法

以下では、「人」の保護という観点から「国家の義務」をより明らかにしたドイツ連邦共和国基本法の関係規定について、後の検討に先立ち本考察に必要な範囲で概観することとする。

一九四九年に制定されたドイツ連邦共和国基本法（以下、「ボン基本法」と略称）は、際立った特徴を有している。本法はその冒頭に、基本権に関する規定を置いている。同法第一条は、「人間の尊厳は不可侵である。これを尊重し、且つ、保護することは、すべての国家権力の責務である」と規定する。本規定は、人間の尊厳を尊重しかつ保護することが「国家の義務」であることを認め、人には、不可侵にして譲り渡すことのできない権利があることを確認するものである。(142)

ボン基本法第一条は、立法権を含むすべての「国家権力を拘束する」ことを明記する。(143) 続いて、同法第二〇条二項は、「すべての国家権力は、国民に由来する」ことを定め、第二〇条一項は、「立法者は、法共同体における平和の確保のために、有害な形態の反社会的行為をできるかぎり防止する、制裁つきの規範を創設し維持することを義務づけられる(144)」と規定している。

さらに、同法は、第二六条一項に「諸国民の平和的な共存生活を妨害する虞があり、且つ、このような意図でなされた行為、特に、侵略戦争の遂行を準備する行為は、違憲である。このような行為は処罰されなければならない」という、国家が負う「処罰義務に関する」規定を置いている。(145) 本条は、当初、侵略犯罪のみを規定していたが、同基本法第九六条五項の改正（二〇〇二年七月）(146) により、①ジェノサイド、②人道に対する犯罪、③戦争犯罪、④諸国民の平和的な共存を乱し、且つ、そのような意図をもってなされるその他の行為、⑤その他について、連邦の裁判権行使に関する規定を置くに至っている。このようにボン基本法は、（国家の最高法規である基本〔憲〕）法自体の中にコア・クライムに関する直接的な刑罰規定を有しているところに特徴があるといえる。(147)

なお、国家が負う処罰義務に関連し、ドイツ基本〔憲〕法学に関わる分野では、基本〔憲〕法が刑罰の要請を含むのか否か議論されている。後述するところであるが、特に国家と私人の関係における刑罰論を巡って、議論が重ねられてきた点が指摘できる。すなわち、国家は私人による法益侵害を積極的に防止し、当該結果が惹起された場合には、これに対処するための立法その他の措置を講じなければならない、といういわば積極的憲法論が存在する。(148) そのような延長において、人権の私人間効力に関し、ドイツにおいても直接効力説が有力に主張されている(149)（これに関しては、本節の目的から逸れるため、これ以上の言及はしない）。

三　伝統的刑罰論の揺らぎ

国際共存社会の現状に着目した上に、森末伸行は、「同時多発テロ以降、テロリストに対する戦いとして、国家の刑罰は、市民に社会生活の安全を提供しそれを維持するための義務であるとする見解が強く主張されるようになって[150]」からは、従来の刑罰論のみならず、多元的国家論への配慮も必要があることを主張する。

従来の一元的国家論に立てば、国家と他の社会諸集団、最終的には国家と国民との関係は、上下関係ないし支配を巡る支配者と被支配者という関係になるため、国家は国民に対して超越的性格を有し、したがって自らの（権力の行使について：括弧内引用者）恣意性が排除されない。他方で、多元的国家論を採れば、国家は各個人と対等な関係に立ち、利害の調整機能を果たすものという位置づけがなされ、その調整機能が義務づけられる。この義務づけと同時に求められるのが、対等な関係者に立つ者におけるクリーンハンズの原則であるとする[151]。

森末は、仮に一元的国家論を採る場合でも、国家が人を殺す権利も、また人に人を殺させることも正当化されないことを説く[152]。戦時、「国家は、国民に対し、他国民を殺傷し、また他国民によって殺される可能性を認めさせる権利をもつ、と同時にそのことを義務づける[153]」。これについては、一元的国家論、多元的国家論のいずれにおいても同じ結論が導かれること、また、「戦争こそが国家の至高権のもっとも先鋭的な発揮の場[154]」であることを指摘している。

ところが、現在、従来からの「国家」間紛争では説明のつかない事態が惹起されている。「国家」と「国家」を前提とする国家間戦争と同様に、場合によってはそれ以上に「国家」対「国家ではない集団ないし国家ではない組織」、「国家域内」の紛争が惹起されるようになった。新たな局面を迎えるにあたり、国家はいかに国民を「戦争に動員する正当性および正統性を調達しようとしているのか。仮に国家が国民を所有していると考えるならば[155]」これに正当化根拠を付することが可能となる余地があることを指摘する。森末は、さらに戦争部外委託の関係について、「徴兵された者と労働市場で調達された者との違いはどこにあり、どちらが正当とされるのか[156]」という――紛争の今日的特徴ともいえる傭兵に関する――戦争現場における現実的な問題を提起している。

その上で、現代の国民国家を構成する「人」の実体に着目し、国民と国民以外の混在化現象の中で古典的な国家観は再考を迫られていること、伝統的刑罰論による刑法には理論的な限界があること、「刑罰においても、また戦争においても、取り返しのつかないことはすべてできない」ことを説く[157]。

四　国家と刑罰義務

右第二節においては、特にボン基本法を通じ、「人」の「保護」を求めて、国家にはその義務が課されること、とりわけ侵略戦争遂行の準備行為に関しては、「国家」が負う処罰「義務」規定が置かれていることを概観した。また、同じく前第三節では伝統的刑罰論の概念的変化に関し、ひとつの見解を示した。これら従来の国家論とは異なる共存社会を背景に、また伝統的刑罰論に必ずしも拠ることができない社会構造を踏まえ、国際刑法においては、如何なる展開が見通されるのか。本節では、刑法学における国家と刑罰義務への検討を加えるにあたり、これに関する先行研究の一部を必要な範囲で以下に確認する。

第一篇本章第一節三項で論じた通り、**瀧川幸辰**は、刑法を国家に処罰「義務」が発生することを定める法と位置づける。すなわち、刑法第一九九条は、犯罪者の殺人という行為に基づき刑事審判の手続上に、刑罰権が発生するのではなく刑罰「義務」が生じるとする[158]。「社會の秩序維持を擔當する限りにおいて處罰義務が生[159]」じ、犯罪者には刑罰への服従義務が生じると導くのである。瀧川は、刑法の名宛人を国家機関と位置づけ、機関は刑罰「義務」を履行しなければならない。国家の刑罰権は、国家の刑罰「義務」から生じると説く[160]。瀧川の刑罰「義務」論は、国家を「個人を保護するためにのみ存在するもの」[161]という平野龍一、また「国家は個人のために存在する」[162]という宗岡嗣郎[163]ほかの把捉からも説明[164]され得よう。

同じく、**ホセ・ヨンパルト**もまた、国家には犯罪を罰する「義務」があることを指摘していた。[165]ヨンパルトは、国家刑罰権の義務を強調することは国民の人権を制限的に解するようにも映る、しかしこれは国家の刑罰権行使の許容範囲ないし限界を実質的に明確にするものであることに言及する。[166]ヨンパルトは、論文「国家の権利と国家の義務は同じか[167]」の中で、さらに「罰するのは国家の権利か、義務か[168]」という具体的な問題を提起した上で、刑罰権の主体について論じている。そこでは、国家は人間によって創られた「組織」であること、そして処罰権を行使できるのは国家のみである点に着目する。その上で、国家刑罰権の意義を探究するにあたり、国家刑罰権の行使に携わる構成員を、"public servants"という原語[169]――「公」僕――から、国家の存在意義を模索する。

ヨンパルトは、この重大な問題に対する我が国の法学者の姿勢に対し、「憲法学者はこれを刑法学者に任せきりにするか、全く課題にしない[170]」傾向がみられること、他方で、刑法学者はこれに関し「目的」およびその「機能」についての考究を加えるものの、その「正当性」については「考えることはしない[171]」という偏向を指摘している。

論考の中でヨンパルトは、**ビンディング**の思考に言及している。すなわち、刑法と罪刑法定主義の最終的な目的は、「どのような犯罪を犯すとどのような罰になるかを犯罪者に予測させることではなく、国家自体の罰する義務の内容とその範囲を明らかにすること[172]」であることを示す。したがって、その趣意からは「刑法が犯罪人のマグナ・カルタ」であるというテーゼがアンチ・テーゼとなること、刑法を制定する目的は犯罪者のためではなく、国家のためのものであるから刑法は国家刑罰権を義務に変える、[173]というビンディングの主張を引用している。

ヨンパルトは、さらに**ビュルラマキ**の見解にも触れている。すなわち、刑罰権を「主権者に譲渡することによって、主権者はその処罰権を得ることになる[174]」、したがって、「刑を科する根拠は、実はわれわれの自愛、われわれの自己保存にあると推理でき[175]るという。これによれば「刑罰を科するのは、主権者の権利（un droit）というよりむしろ、主権者の義務（un devoir）である[176]」といえることを指摘するのである。ビュルラマキによれば、主権者から臣民を守るという義務を排除すれば、主権者が一国民を罰する正当性に欠缺が出るという[177]。刑罰「権」という表現は、用語上の表現であり、「刑罰権は罰する義務に含まれるものと言うべきである[178]」ことを説いたという。

我が国における文献を遡っていけば、これがより明らかとなる。**豊島直通**ほかに、これを求めることができる。豊島における刑事訴訟の目的物は「國家の科刑權ナリ」とする。すなわち、「國家ノ科刑權ハ同時ニ國家ノ義務タリ[179]」と説き、刑罰権が同時に刑罰義務であることを説示していた。

以上、本節においては、後の検討に必要な範囲に限定し、国家は刑罰権を行使し得る権利を有するだけではなく刑罰義務を負うという考えがあることを確認し、これを国際刑法に採り入れる可能性を探ることを目的として右を概観した。

五　「人」の保護を求める国際刑法理論

国際刑法における刑罰権の検討にあたっては、既に論じてきたように、国家論ないし国際共存社会論[180]をどのように捉えるかが鍵となるように思われる。本章第四節までの検討を踏まえ、国際刑法の創設目的を――マクロ的把捉において――犯罪者のためではなく、国際共存社会のためのものであると考えるならば、国際共存社会における刑罰「権」について、これに「義務」をも包含する可能性が視えてくる。

前述してきた通り、国家の存在を「人」のための法組織と位置づける国家論においては、「人の共存」に対する侵害について「刑罰義務を有する」と把捉し得ると考える。これを裏付けるように、既述のボン基本法第一条は「人間の尊厳は不可侵である。これを尊重し、且つ、保護することは、すべての国家権力の責務である」と規定する。続く、同第二条は、「生命及び健康の基本権」を規定している。また、同条に基づき国家が環境保護法の制定「義務」を負うことが導かれるとされている。(181)

そして、本章第二節で確認したように、ボン基本法第二六条一項は、「諸国民の平和的な共存生活を妨害する虞があり、且つ、このような意図でなされた行為、特に、侵略戦争の遂行を準備する行為は、違憲である。このような行為は処罰されなければならない」という、国家が負う「処罰義務規定」を置いている。

我が国における、国家が負う刑罰義務を観念する諸説を右に確認し、この刑罰義務論が国際刑法において採られる余地があるか、あるとすればどのような刑罰論をもって今世紀国際刑法理論――わけても刑罰論――の構築がなし得るのかについて、以下に続けて検討を加えていく。

この検討に当たり、予め以下の新しい犯罪論に関し概観することにする。すなわち、今世紀国際刑法は、次なる世代である次世紀国際刑法において、どのような展開が予想されるのであろうか。このような問題意識を有しつつ、――最終的には国際刑法をどのように把捉するかによって「人」の保護へと繋がっていくのかという重要な問題の解決に向けて――以下では、未来世代法益の許容性や憲法に刑罰義務を課しているボン基本法などいくつかの論点について、本章の中心となる検討に先立ち諸点を概観する。

第五節　次世紀国際刑法の展望

一　伝統的犯罪論の拡大と限界

ボン基本法の趣旨は、次世代刑法にも援用され得るか、という視点からは既に問題が提起されている。先ずボン基本法第二〇条ａを確認する。同条ａは、一九九四年一〇月二七日の第四二回改正法律で追加されたものである。同条は、「国は、来るべき世代に対する責任を果たすためにも、憲法に適合する秩序の枠内において立法を通じて、また、法律および法の基準に従って執行権および裁判を通じて、自然的生存基盤を保護する」と定めている。

我が国の刑法典では、未だ観念されていない(182)「来るべき世代」に対する刑事責任に関し、長井圓は、「環境刑法の基礎・未来世代法益(183)」について、以下のように論じている。すなわち、環境法は伝統的刑法理論では説明できず、質的転換を伴う理論が必要である(184)。環境刑法に関し——国家間の対立や利害・思惑をこえ、地球全体の保全、人類の生存に視点を当て——人間の尊厳や個人の尊重の基礎となる生命権について、その法益の受益者たる現存する自然人のみならず、「未来の人類」にも保護の必要がある。この問題に対しては、行政刑法他によるという見解もある(185)。

しかし、人類の生存に関わる環境刑法については、国民の日常生活と密接不可分の関係にあることから刑法規定が求められる(186)。生態学的法益論が——民族戦争や環境破壊という危機へと導いた反省ないしアンチ・テーゼとして——有用な意義を有する(187)。環境破壊もその保全も人間の本質に直結して行われるものであり、刑罰も人間の本性を前提とする。そこで「次世代の生命」という価値・法益を措定し環境犯罪の当罰性が求められることを説く。すなわち、地球環境の危機が迫る中で、環境破壊は処罰され得る。環境刑法の法益について、「『人間、社会、そして地球の全ての調和』に関わる包括的利益(188)」は、憲法第一三条の個人の尊厳に由来し、共存を図るものである点で、現世代の生命権を包括するものとなる。ここに包括的利益は、人類公有の財産となり、環境の保全・管理の方法としての刑法を用いることが可能であると帰結する(189)。同様の観点から、ミヒャエル・クレップファーも「後世の保護(190)」について論じている。地球的規模に影響を及ぼす重大な環境破壊へと導く個「人」の(首謀)「行為」に対して、従来の犯罪論、換言すれば伝統的犯罪論とは異なる考え方が浮上してきたのである。

そしてまた、従来の犯罪論において必ずしも捉えられては来なかった後世の「人」類を、また以下に論じるように、将来「人」間となるべき胎児に国家刑罰権の行使をもってこれを保護すべきか否か[191]、という伝統的犯罪論を超える問題が前世紀中期、特に後期から今世紀にかけて浮上してきたのである。

このように、刑法における法益論の再構築の必要性のみならず、「人」および人の「行為」について、刑法学上の捉え方、または刑法におけるその位置づけに、旧来の刑法学、さらにいえば、従来の国家論から導かれる犯罪論にさまざまな見解——犯罪論の（一般に説明される）拡大化——が示されていることを、本節に確認する。

その上で、次節においては、ボン基本法の国家義務に関し、この義務論が判例にどのように反映されているのか、また、この義務論はどのような思考に導かれているのかを確認することを目的として、これに関連する一例を以下に概観する。

二　判例にみる基本法の国家義務

ボン基本法は、その第一条一項で「人間の尊厳は不可侵である。これを尊重し、かつ保護することはすべての国家の義務である」ことを定めている[192]。他方で、一般に国家刑法は、私生活や倫理の問題に関し干渉しないことを基本とする。例えば、ドイツでは人工妊娠中絶に関し、一九六〇年代以降、刑法は積極的に干渉しない。同国では「一九七四年六月の第五次刑法改正法第二一八条以下において原則として堕胎の自由化が図られた[193]」。すなわち、「受胎後十三日以内の妊娠中絶を完全に適法とし（二一八条）、一三日以降一二週間以内の妊娠中絶は医師の助言と教示を条件として妊婦の自己決定に基づき、医師により行われた場合を不処罰とし（二一八条ａ[194]）」ていた。

ところが、時代や社会構造の変化とともに、次第に国家が果たす役割や国家の存在目的も変容する。そのような中で、先の第二一八条ａに関する提訴について、連邦憲法裁判所第一部は、一九七五年二月二五日、ドイツ基本法は、胎児である「生成中の生命」も保護を受けるべきであり、また国家は母親の自己決定から胎児の生命を保護する義務を負うことを明らかにし、本規定を違憲と判断をした[195]のである。このような司法判断にもかかわらず、現実的には妊娠中絶が増大していった。これに対し、厳罰化が求められることになる。

ドイツ再統一という政治情勢の激動にあって、妊娠中絶処罰を巡る議論は紛糾した。このような中で、ドイツ連邦議会では一九九二年六月、「期限による規制」を骨子とする改正案を可決し、刑法新第二一八条a一項では、一定の条件のもと「妊娠中絶を違法でない」と定めるに至った。これは、原則として中絶を合法化したと解される。これに異見を唱える連邦議会議員が一九九二年に同条の合憲性に関する憲法審査の開始を求めた。

この訴えに関し、連邦憲法裁判所第二部は、（一九九三年五月二八日の）新第二一八条a一項を違憲としたのである。その概要は、ドイツ基本法は「国家」に対し、人間の生命を、そして胎児の生命を保護すべき「義務」を課している。人間の尊厳は人のみならず、胎児の生命にも求められる。したがって、「法秩序は胎児の固有の生活権の意味における人格的発展の法的前提を保障しなければならない。（中略）その存在の故に胎児に属する権利であり、人間の尊厳に由来する、基本的な、譲り渡すことのできない権利である[196]」。これに対する「保護義務は、国家の義務」であるというものである。

国家は、人間の生命に対する保護について刑罰権行使を放棄するまたは保護作用を中断することは認められない[197]。「国の義務は、（中略）胎児の生命への危険からの保護、および懐胎継続の妨げとなる危険からの保護をも含んでいる。さらに国には胎児の生命に対する法的保護の必要性について国民の意識を養い、活性化すべき義務が課せられている[198]」。胎児の生命に関する新第二一八条a一項は、保護義務とはそぐわず無効が下された。

この点で、嶋崎健太郎は、「①基本法第二条二項一文の生命の権利の保護領域に胎児が含まれるのか、②含まれるとして、胎児の生命という法益に対する第三者からの侵害に対して、国家はその保護する「義務」（「国家」の生命保護義務）があるのか、③国家に生命保護義務があるとして、義務の遂行のために刑罰を投入する義務があるのか」[199]が問題となることを端的に指摘する。

これは、国家論の問題である。すなわち、国家の役割と目的をどのように捉えるのか、という国家論に関わる問題であると考える。国家の最高法である基本法を軸に据え、これは「人」を保護する法なのか、または国家権力を制限する法なのかという捉え方に関する問題に直結する。本書に置き換えてみると、国際社会における共存社会論、わけても共存社会「機関」をどのように把捉するのか、という観点から同様の問題を投げかけているようにも思われる。国際刑事裁判「機関」を、被疑者・被告人を含む「人」の平和的共存を保護するための「機関」と捉えるのか、または個別国家からの譲渡ないし同意を俟って行使する刑罰権力「機関」――の延長――なのか、という把捉にも通じるものがあると思われる。

いずれにしても、今日の刑法において、旧来は考慮されてはこなかった、生成中の生命や世代、さらに環境・資源を含む自然が法益保護と関連して考慮されるようになったことは特筆されるべきであろう。国家の基本権保護義務のリーディング・ケースとなった[200]本件を介して明らかになった点は、①国家は胎児の生命権を保護する「義務」を負うこと、②国家の義務が、母親を含む第三者による侵害から市民を保護する「義務」と定義されること、③他の手段で胎児の生命保護義務を履行することができない場合には、刑罰「義務」が生じ得ることである[201][202]。

三　国際刑法の保護法論

物理的強制力を伴う刑法における規律関係については、従来、一般に権力の行使主体である統治者がこれを有し、その客体は被疑者・被告人という被統治者という構図で説明された。

しかし、本章においては、西原春夫の「人」を法の主体と考える「保護」論を継いで、――マクロ的把捉においいては――国内刑法における権力関係を国際刑法における保護関係と捉えるのである。このような考え方は、あくまで「国家」――合意原則――を基軸として国際刑法を論じる見解には、異論があるであろう。

ところが、刑法を保護法と考える把捉は、「法の進化」の中で説明されるのである。すなわち、法を歴史学・法理学・人類学的観点からその変遷にかかる史的展開の中で法の生長ないし発展を捉えようとする立場、換言すれば、長い歴史的スパンの中で法の変容を把捉しようという立場によって支持されるのである。このような法の変容への把捉――「法の進化」――は、かつてグスタフ・ラートブルフなどによって容れられている。すなわち、木村亀二の引用による「刑法の進化は、いつかは、刑法の上を通り越して進み、刑法の改正は、一のより善き刑法として終ることなく、むしろ一の改善及び保護の法と化するであらう。そして、この改善及び保護の法は、刑法よりも、より善きものであり、より聰明なものであり、且つ、より人道的なものであるであらう(203)」というラートブルフによる言説は、法の進化の中に刑法が保護法へと変容していくことを見通したものと考えられる。

刑法を含む諸法は、現行法にとどまらず、さらに発展するものと考える。刑法も他の法と同じく、時代や社会の産業構造、経済発展状況との関連において存在するものである。今世紀国際刑法は、共存社会における「人」間の共存を保護を図るための保護法として、とりわけ核を含む兵器の使用さらには保有自体に関しては、予防法ないし「保護法」――危殆責任――が求められ、現段階の刑罰法の域を脱する必要があると考える。近代刑法においては、被疑者・被告人を含む「人」の権利を蹂躙してきた「国家と人」という対峙的構造により、国家によってなされる「人」権侵害に対する保障のための刑法という位置づけがなされてきた。

だが、時代も変遷し、社会構造も変化する。前世紀から今世紀にかけて飛躍的に発展する――とりわけ――軍事産業の展開や戦争手段の急速な変化には特段に注視する必要があろう。今世紀国際刑法においては、近代刑法における「国家」対「人」という捉え方による規律関係を脱して、「共存社会」における「人」の保護を図る必要が全面的に出てきた。この意味では、近代刑法の所産である罪刑法定主義からのさらなる発展が求められていると考える。すなわち、今世紀国際刑法の所産（となるであろう、そのための展望）として、わけても核を含む兵器の使用（さらには保有自体）から共存社会（における）「人」を保護するための（特に兵器の使用を併う犯罪予防という観点から）保護原則が喫緊の課題として強く求められていると考える。(204)

四　共存社会と保護契機

国際刑法は、個別国家では「ない」国際「共存社会」に惹起された「結果」、すなわち人類の共存社会全体に向けられたコア・クライムという深刻かつ重大な犯罪「行為」とそれによって引き起こされた「結果」に対し、法的評価を加える法である。事実的ないし現行ローマ規程の構造上、国家および国際社会がその主体である形態を採っているが、コア・クライムは、人類の共存社会全体に向けられるものと捉握されるべきである。多くの論者が国家から出発する国際刑法を観念している点が、これが法益論を含む国際刑法研究の遅滞の原因のひとつであると考える。したがって、刑罰を論じるにあたり、一般犯罪を扱う（とりわけ、コア・クライム処罰規定を置かない我が国の国内刑法を含む国際「共存社会」論が、その前提となる。従来、刑罰権の行使については、国家論、すなわち国家の役割や目的に大きく影響を受けるものである。

本章を通じて述べてきた通り、新たに創設された国際「機関」による刑罰権の行使の正当性については、理論的には個別国家（の主権）のみによって説明されるべき必然性はない。もちろん、時代や社会構造の変移によって、刑法を含む諸法は政治的契機性の影響を強く受けるものであることは、既述したところである。共存社会における犯罪論および刑罰論についても、また時代性や政治的契機性は排除できないと考えられる。今世紀、質的・量的には地球的規模での法益侵害への惹起を危惧される核兵器の使用に関し、ローマ規程の対象犯罪にこれが挙げられなかったことは、それを証左するものと考えられる。

本書では、今世紀国際刑法のマクロ的把捉において、最終的な法益享受の主体を「人」と考える。すなわち、国際「共存社会」論における目的をもって、その保護する対象を「人」と措定するのである。国際共存社会（における）「人」を保護するための国際刑法を描出する。すなわち、国際刑法の法の枠組みを巨視的構造と微視的構造とに分け、前者については国際共存「機関」と行為者を含む国際共存社会に共存する「人」と考え、後者を国際共存「機関」と被疑者・被告「人」と捉えるのである。このような把捉は、従来のようなもっぱら権力側からの刑罰権に関する恣意的行使の回避を主要な任務と考える伝統的国家刑法とも、これを基礎とする伝統的国家刑罰論とも異なってくる。

近代刑法の原則といわれる罪刑法定主義を採用する国家刑法においては、その原則が生み出された社会構造を含む歴史的背景から、――すなわち、刑罰権の恣意的行使または濫用を防止すべく、防御権が求められ、――厳格な犯罪法定、刑罰法定、責任主義などが確立されてきたのである。他方で、国際刑法は、右のような背景から発展してきた法ではないことは既述した通りである。

五　西原春夫の「保護論」

伝統的主権国家概念が変遷し、国家論もそれに伴って変容してきた。(205) 近代国家における国家主権から導かれる刑罰権のみではなく、社会構造の異なる（今世紀においては、非伝統的主権国家概念を基底としつつも、右に論じてきた特質をもって）人類の共存社会では、国際刑法理論はどのように構築され得るのであろうか、またはその刑罰権は何によって基礎づけられるのであろうか。

今世紀国際刑法は、ローマ規程の前文に示されるように、国際犯罪に対する刑事裁判権の行使について「すべての国家の責務」であることを明示している。同時に、本規程前文は「現在および将来の世代のために」国際社会全体の関心事である国際犯罪に対し、国際刑事裁判「機関」が国家の刑事裁判権を「補完」することをもって不処罰慣行を克服しようとしている。このように、今世紀国際刑法は、現在のみならず「将来の世代」をも見通す刑罰論を採用しているとも考えられる。いうまでもなく、国際共存社会全体の関心事、すなわち国際共存社会全体に関わる共通法益、――国内刑法に指す「すべての国民にかかわる利益[206]」――という概念の普遍性を知覚したものと考える。

個別国家のみでは表象し得ない国際共存社会における共通利益の確保ないし実効を目的とし、同時に現在のみならず将来世代に関わる重大な国際犯罪によって侵害される法益を承認・受容したことによって、ローマ規程が創られた。個別国家の「人」の生命・身体に対する法益のみならず、①国際社会全体の、現在および②将来世代にかかる「人」の共存法益の確保をも（抽象的には）認め得る（余地を残す）に至ったということである。ただ、②を認めることについては、現在の刑法理論からは困難を伴うものと考える。未来世代に関する法益「保護」の必要性ないし可能性を見出そうという（先に示した長井の）見解に関し、「人」の保護という点を考慮した点は評価できる。

しかし、将来・未来とはいつからを指すのか、世代とは何を意味するのかについて、その定義を示すことは難儀を伴うものと思われる。このような観点から本書は現段階でただちに賛意を示すことはできない。他方、少なくとも①については、従来、国家の中に観念されていた法益とは異なる、単一国家のみに関わる法益ではない、いわば「前」国家犯罪による法益侵害、すなわち国際共存社会に共通する法益が表象されている。

ところで、近代刑法の原則は、罪刑法定主義である。この罪刑法定主義の目的は、国家権力側からの恣意的な刑罰権の行使を防止し、よって「人」の権利を保障する、すなわち「人」を保護するために生み出されたものである。一方で、国際社会においては、国家権力側からの恣意的刑罰権の行使の防止というよりは、コア・クライムを首謀した個人の処罰の実効性を図る目的＝不処罰慣行の回避という目標が確認されている。

国際刑法の沿革をここに確認してみれば、主に国家権力側からの恣意的行使の虞よりも、個別国家におけるコア・クライムを首謀した者、すなわち個「人」への国家刑罰権行使に関する実効性の欠如への克服から、国家ではない国際共存社会の「機関」に刑罰権行使を委ねた。ここに、国際刑法の原点が求められるのである。必ずしも国家という枠に縛られない、むしろ「国家」とは別に、国際共存「社会」の機関に国際社会全体に対する法益の保護を目的としてこれに刑罰権の行使を委ねた。これが、今世紀国際刑事裁判「機関」の設立趣旨であった。

とするならば、後に詳述するように、①国家刑法を（補完性原則に関しては）「人」を保護するために「国家権力の行使を制限」する法と究極的にはそれがもたらす秩序維持（しかしながら、今世紀初頭においてはこれを期待することは難儀である）と捉えた上で、本書においては、②西原理論を継いで、国際刑法を――「人」を保護するための――保護法と把捉するのである。但し、ここに、国際刑法は、積極的な「国家」刑法の適用を期待するものではない。それは、国際刑法が、以下のことを了知しているためである。すなわち、①過去に多くなされた「国家」からの「人」に対して向けられた人権蹂躙という史実から「通常犯罪についてさえ」「国家」刑罰権の恣意的行使の疑義が向けられたこと、②このような不信感と猜疑の中で、さらに「国家」の中ではコア・クライムに関し不処罰慣行が形成されてきたこと、という主要な二つの史実である。

これらは、旧来、「国家」刑法については、必ずしもコア・クライムに関する刑罰は規定されてはいなかった経緯によることから導かれる。むしろ、コア・クライム処罰に関しては、その原点において国家に対する強い猜疑があったことが指摘される。国家の（専断による人権侵害という）積極的関与ではなく、国家司法の（首謀者に対する主権免除という）無起動性に対する懸念である。

本書は、国際刑法の創設趣旨と歴史的沿革を踏まえつつ、「国家」ではなく共存社会に（おける刑事裁判「機関」を介在させ）国際社会に共存する「人」の保護を求めるのである。国家を含む人類の共存「社会」が創出した刑事裁判「機関」による刑罰権の行使という把捉が求められる。このような構造の上に、保護論をもって国際刑法理論を構築する足掛かりと成り得るものと考える。

加えて第一篇第八章に論じるように、西原に拠れば、刑罰は「法益の保護という——将来に向かった——展望的な機能を営[207]」む点にその特徴が求められるという[208]。この点で、ジャン・バティスト・ティエリー（Jean-Baptiste Thierry）も「刑罰の目的は、個人または集団の復讐感情を満足させる、といったような過去の出来事のみに向けられたものではなく、将来の結果にも向けられていた[209]」ことを説く。すなわち、——国際刑法においては、コア・クライムを首謀した主導者に対し刑罰権を行使することによって「人」の共生社会を間接的に（犯罪予防ないし社会防衛という観点から）保護するという——展望的な保護論が措定されるのである。そのミクロ的把捉において、——（検察官の）公訴の提起をもって「機関」が（固有に）有する管轄権及びそれに引き続く科刑権に基づいて——審理を開始し、有罪が認定された場合、有責者に対し刑罰権を行使する。これによって、共存社会の安全と秩序を確保し平和の維持に努めるというマクロ的把捉が説明され得る。本書は、このマクロ的把握における目的を「展望的保護」（＝「人」の保護と犯罪予防、すなわち、国際社会における人の平和的共存）と捉える国際刑法を、本章に構築する可能性を見出すのである。

（1）本書は、国際刑法理論構築の端緒を探究するものである。刑法理論の中軸を成す罪刑法定主義については、別に詳細な検討が求められるが、立論の展開上、第二篇第一章及び同第二章でこの詳細な検討を加えることとし、先ずは論を進めることとする。

（2）佐藤功「国家権力の構造と機能」『講座　社會學　第五巻　民族と國家』東京大學出版會（一九五八）一一一—一三五頁、特に一一一頁。

（3）瀧川幸辰『刑法讀本』世界思想社（一九五五）五頁。

（4）瀧川・前掲注（3）五頁。
（5）瀧川幸辰『犯罪論序説』有斐閣（一九四七）四頁。
（6）内藤謙「〔刑法理論史の研究—二六—〕瀧川幸辰の刑法理論—五—」法律時報第五二巻一一号（一九八〇・一一）七六—八〇頁、特に七九頁。
（7）瀧川・前掲注（3）『刑法讀本』五頁、内藤・前掲注（6）七九頁。
（8）中川善之助・木村龜二編『法學概論 增訂版』角川書店（一九五四）二二頁、齊藤金作『刑法學』世界書院（一九四九）四三—四四頁。
（9）齊藤金作『改訂版 刑法總論』有斐閣（一九七三）三六頁、齊藤・前掲注（8）『刑法學』四三—四四頁、なおこの点については、フランツ・フォン・リスト（Franz Eduard von List）［著］、吾孫子勝・乾政彦［譯］『獨逸刑法論』早稲田大學出版部（一九〇三）を参照。
（10）齊藤・前掲注（9）『改訂版 刑法總論』三六頁。
（11）齊藤・前掲注（9）三六頁。
（12）齊藤・前掲注（9）三六頁。
（13）牧野英一『刑事學の新思潮と新刑法』警眼社（一九〇九）一九頁。
（14）牧野・前掲注（13）一九頁。
（15）牧野・前掲注（13）二〇頁。
（16）牧野・前掲注（13）一九頁。
（17）牧野・前掲注（13）一七頁。
（18）牧野・前掲注（13）二一四頁。
（19）増田福太郎『文明社会における法の成立』佐野書房（一九七二）二三頁。
（20）野村貴光「犯罪被害者の人権保障のための政策は刑法における刑罰論の軛か？——犯罪被害者に対する国家的無過失損害賠償制度は人権及び刑罰を進化させるか？——」島大法學第五六巻四号（二〇一三・三）六九—一〇〇頁、特に八七頁、九三頁。
（21）伊東研祐「自救行為の禁止原則と法的保護コスト分配の効率性」法律時報第八八巻七号（二〇一六・六）四〇—四四頁、特に四四頁。
（22）伊東・前掲注（21）四四頁。

(23) 西原春夫『刑法の根底にあるもの 増補版』成文堂（二〇〇三）一八一頁。
(24) 西原春夫「刑罰権の哲学的基礎」刑法雑誌第二五巻第一号（一九八二・一〇）一四八―一六二頁。
(25) 内藤謙「刑法の機能」法学教室第四号（一九八一・一）二七―三四頁、特に二八頁。
(26) 平野龍一『刑法 総論Ⅰ』有斐閣（一九七九）四三頁。
(27) 勿論、フォイエルバッハにおいても、「保護」概念を容れている。具体的には国家権力に対する限界として、①（法規をもって可罰性の限界を示すことにより）犯罪者に対する市民の保護、②国家権力に対する市民の保護、③犯罪者に対する国家の保護、さらに④国家に対し犯罪者を保護するという具体的な保護を観念している。但し、これらの保護は、最終的には「国家」権力から自由の確保のための保護概念であり、「刑法は市民の自由のための戦いの武器」と位置づけられるように、国家に対する自由という自由主義的思想が横たわっている。この点に関しては、市川秀雄『刑法における市民法思想と社会法思想』評論社（一九六三）特に七〇、七二頁。
(28) この点に関しては、樋口陽一「『からの自由』をあらためて考える　一九〇一年結社法（フランス）一〇〇周年の機会に」法律時報第七三巻一〇号（二〇〇一・九）九三―九五頁、特に九三頁では、「からの自由」が意味するところは、依然として防御権であり、国家に対し積極的給付を求めるものではないことを注記する。他方で、西原博史は「『国家による人権保護』の困惑」法律時報第七五巻三号（二〇〇三・二）八〇―八四頁、特に八二頁で、ドイツの憲法判例において基本権に関する国家の保護義務が理論的に基礎づけられていること、また国家の三権が各々の範囲内で基本的人権を実効的に保護する「義務」を負っており、さらに当該義務を果たすため最低限度の措置を採らなければならないものと解されていることを論じている。但し、社会的基本権についてはどこまで個人の具体的請求権として認められるのかに関しては、解釈上問題となる点を指摘する。
(29) 人権侵害の主体については諸種考えられるが、本章においては主に国家からの侵害や蹂躙を前提とする。
(30) 保護する責任と国際刑事裁判所との関係に関する最近の論考として、東澤靖「現代における人権と平和の交錯――国際刑事裁判と『保護する責任』をめぐって」ＰＲＩＭＥ第三六号（二〇一三・三）一五―三一頁。また国際法における「保護する責任」に関しては、さしあたり川西晶大「『保護する責任』とは何か」レファレンス第六七四号（二〇〇七・三）一三―二七頁、同二三―二四頁は、大量破壊兵器の獲得・使用の「予防する義務」に関する近時の論文や所論を紹介している。
(31) 本章に示す「機関」とは、特に断りがない限り、常設国際刑事裁判所を指すものとする。
(32) いうまでもなく国際刑法は、客観的・形式的観点からは法の構造において同じものではない。したがって、本章においては、「人」の「保護」を求める国際刑法という立論を採りつつも、その保護すべき主体には（個別国家を含む）国際共存社会も含み得ると捉えるのである。

(33) 梅崎進哉『刑法における因果論と侵害原理』成文堂（二〇〇一）特に一七六頁以下、同「罪刑法定主義と現代的自由保障」現代刑事法第三巻一一号（二〇〇一・一一）二九―三三頁、特に三〇―三一頁、宗岡嗣郎・梅崎進哉・吉弘光男「違法判断の実践性と法的価値発見」『法の理論 一四』成文堂（一九九四）一三―六四頁、特四三頁以下。

(34) 梅崎・前掲注（33）「罪刑法定主義と現代的自由保障」三一頁。

(35) 梅崎・前掲注（33）「罪刑法定主義と現代的自由保障」三一頁。

(36) 西原春夫「刑法の意義と役割」中山研一・西原春夫・藤木英雄・宮澤浩一編『現代刑法講座 第一巻 刑法の基礎理論』成文堂（一九七七）一―二〇頁、特に一八頁。

(37) 西原・前掲注（36）一八頁。

(38) 西原・前掲注（36）一二頁。

(39) 西原・前掲注（36）一二頁。

(40) 西原・前掲注（36）一三頁。

(41) 安藤泰子「国際刑法における刑罰権の淵源」刑法雑誌第五二巻第二号（二〇一三・四）二一〇―二二六頁、特に二二二―二二四頁。

(42) この点で、条約や汎く行われている慣行が立法たり得るという見解もある。また、国連組織が主体となって行われる中での立法という考え方もあるが、本章はこの検討を目的とするものではないため、これ以上の言及は避ける。

(43) 西原・前掲注（36）「刑法の意義と役割」一八頁。

(44) いうまでもなく、従来から軍事裁判所で審理がなされていた戦争犯罪については、国家権力から被疑者・被告人の保護の必要が生じた場面があったことを念のため付記する。

(45) 安藤泰子「刑罰権の淵源（一）――法の分化――」青山法学論集第五八巻四号（二〇一七・三）一―九七頁。

(46) 吉岡一男「犯罪現象と刑事法」長尾龍一・田中成明編『現代法哲学 第三巻 実定法の基礎理論』東京大学出版会（一九八三）一五七―一八七頁、特に一六二頁。

(47) 西原・前掲注（24）「刑罰権の哲学的基礎」一五〇頁。

(48) 安藤泰子「罪刑法定主義の相対性（一）」青山法務研究論集第一三号（二〇一七・三）三一―五四頁、同「罪刑法定主義の相対性（二）――国際刑法の原点から考える――」青山ローフォーラム第五巻二号（二〇一七・三）七七―一一三頁。

(49)　勿論、ローマ規程の第二二条から第二四条には罪刑法定主義が置かれている。本章は、罪刑法定主義について、本原則が明文化（＝可視化）されなかった前世紀国際刑法においては（厳格な意味での）「服する」概念も「認める」概念も確立されてはいなかったこと。それゆえに、罪刑法定主義を巡ってニュルンベルク・極東国際軍事裁判では遡及処罰の禁止や慣習法処罰の禁止、明確性の原則などの関係において諸問題が生じたこと。しかしながら、慣習国際法によってコア・クライム処罰に関する実行がなされてきたこと、その場合においても明確な罪刑法定主義が存在するものではなかった――特に刑罰法定はなかった――ことを指摘するものである。

(50)　この点に関しては、安藤・前掲注（48）「罪刑法定主義の相対性（二）」特に八一頁以下。

(51)　ここに、敢えて機関の「連続性」という表記を用いることについては、コア・クライムを首謀した指導者個人に対する刑事責任の追及という目的においては、共存社会に求められた国際刑事裁判所というものが唯一無二の存在ではなく、時代や社会において求められた、または求められるべき紛争解決機関のことを指す。本章は、原始社会を含む古代社会から今世紀（さらには次世紀）に至るまでの共存「社会」を背景とする刑罰権の淵源およびその行使の正当性ならびに国際刑法理論の構築について、その端緒を見い出すべく考察を重ねる論考の一部を成すものである。このような考え方に拠れば、ひとつの時代に創られるべくして創設された国際刑事裁判所を一先ず考察の基礎に措定するという観点からは、当該時代における当該共存社会の当該紛争解決機関という、刑事裁判機関の連続性を視るのである。

　同時に、国際刑法の淵源を探究するにあたり、国際刑法の史的展開の中で、国際社会の処罰意思を表徴した本機関が如何なる性質を有するものであるのかという観点から、他のアド・ホック国際刑事裁判所の性質との差異を確認しながら、その特徴を明らかにするものである。このような考え方に拠り、「連続性を有する刑事裁判機関」とは、常設国際刑事裁判所のみならず、前世紀中期に創られたニュルンベルク・極東国際軍事裁判所、あるいは前世紀末期に安保理決議をもって設立された旧ユーゴスラヴィア・ルワンダ国際刑事裁判所、その間、関係国家ではなく国際社会によって創られたラッセル法廷（ベトナム戦争裁判所）、あるいは地域性や部族性を配慮した真実和解委員会といった第三者機関をも指すものとする。

　原始・古来社会から生じて絶えない紛争に関して、「人」は、（家長や氏族・部族長を含む）「機関」というものを創り、それによって平和を回復しようとしてきた。そこには、人間の「欲」によって生じた紛争に対する（復讐・フェーデを含む）「修復」と、今世紀国際刑法においては、被害者のその修復ないし回復を図る「機関」の創出という人間の「連続的な営為」を視ることができる。

　本書において「機関」の連続性という表記を用いる所以は、以上のように①紛争解決「機関」がそれ自体に歴史性を有しているものであること、また②今世紀国際刑法においては共存「社会」における「人」の処罰意思が顕現した「機関」に物象されたという考えを示すためである。したがって、各々の紛争解決機関に関する性質・歴史性・創設趣旨・背景・機能・実効性などについては、刑罰の史的変遷の上に「機関」創出の営為を点として捉え、点と点とを結ぶその連続性を辿りながら個別的に考察を加える必要があると考える。

(52) 玉田大「国際裁判所の判決はどのような効力をもつか」法学セミナー第五五巻一号（二〇一〇・一）三〇―三二頁他。
(53) 瀧川幸辰『刑法講義 改訂版』弘文堂（一九三二）三頁。
(54) 瀧川・前掲注(53)三頁。
(55) 大沼保昭「人権は主権を超えるか」山本武彦他編『国際化と人権』国際書院（一九九四）三四頁。
(56) 瀧川・前掲注(53)三頁。
(57) 瀧川・前掲注(53)五頁。
(58) 木村龜二『法哲學 人と思想』角川書店（一九四九）二八六頁。
(59) 木村・前掲注(58)二八七頁。
(60) 木村・前掲注(58)二八七頁。
(61) 愛知正博「国際刑事裁判所の管轄権の合法性」中京法学第三三巻三・四号（一九九九・三）一二一―一六〇頁、特に一四四頁。
(62) 田中則夫・薬師寺公夫・坂元茂樹編『ベーシック条約集』東信堂（二〇一五）八三七頁。
(63) 伊藤哲朗「国際刑事裁判所の設立とその意義」レファレンス第五三巻五号（二〇〇三・五）五―二二頁、特に一九頁。
(64) 手島孝「公法学の新構成――『学としての公法』再説――」アドミニストレーション第一二巻三・四号（二〇〇六・三）五―二八頁、公法と私法の発生・担い手に関しては一一頁以下、特に一三頁、公法と法化国家については一四頁以下、なお一六―二四頁では公法のシステム構図を示している。
(65) この点に関しては、伊藤正巳『イギリス公法の原理』弘文堂（一九五四）他。
(66) 瀧川・前掲注(53)『刑法講義 改訂版』四六頁。
(67) 人類の共存という点から多岐にわたる法分野において論じられているが、刑法および国際刑法からこれを展望する最近の総括的論究として、新倉修「戦争と法の現在――人類の岐路をどう見透すか」青山法学論集第四八巻一・二号（二〇〇六・一〇）一〇一―一二一頁他。
(68) この点で、玉田大は、強行規範（ユス・コーゲンス）や国際犯罪、侵略など、人権や環境の分野で共通利益概念に基づき伝統的な法構造からの脱却が始まっていること、そしてこの分野が「国際『公法』に近づきつつある」という指摘を加えている。これに関しては、同「世界を覆い尽くす法」法学セミナー第五八巻四号（二〇一三・四）七―一一頁、特に九頁。その他、マティアス・ルッツ＝バッハマン（Mathias Lutz-Bachmann）［著］浜野喬士［訳］「暴力と新軍事力の脅威――国際公法を挑発するもの」メタフュシカ第三九号（二〇〇八・一二）九七―一〇九頁、松尾弘「法整備支援の新たな地平」法学セミナー第五八巻一二号（二〇一三・一二）三九―四一頁他、小森光夫「国際関係法の立場から国内法教育に求めるもの――国際公秩序とのリンケージ――」学術の動向第一七巻三号（二〇一二・三）六四―六七頁、同「国際刑事裁判所規程と裁判過程の複合化」ジュリスト第一三四三号（二〇〇七・一〇）四七―五六頁、同「国際公共利益の制度化に伴う国際紛争の複雑化と公的対応」國際法外交雑誌第一〇三巻第二号（二〇〇四・八）一四九―一七八頁、同「国際公法秩序における履行確保の多様性と実効性」國際法外交雑誌第九七巻第三号（一九九八・八）一―四二頁。

(69) 国家主権概念の相対性に関する検証については、安藤泰子〈研究ノート〉「刑罰の史的変遷」青山法学論集第五九巻一号（二〇一七・六）二〇三―二三四頁。

(70) 安藤泰子『個人責任と国家責任』成文堂（二〇一二）二〇頁以下。

(71) 団藤重光「第三章　国際社会に対する罪」『刑法各論　法律学全集　四一』有斐閣（一九六三）九九頁。

(72) 海賊行為およびその法の史的概観、海賊行為を巡る国内法と国際法の関係を検討した先駆的な著書として、飯田忠雄『海賊行為の法律的研究』海上保安研究会（一九六七）、刑法典草案の訳出については中村義孝［訳］「日本帝国刑法典草案（一）」立命館法學第三三九号（二〇一〇・一）二六〇―三四九頁、特に三〇五―三〇六頁他。

(73) 『ボアソナード氏起稿　刑法草案註解　上』出版者不詳、特に三八九―三九八頁。

(74) 出版者不詳・前掲注（73）三九八―四一四頁。

(75) 団藤・前掲注（71）「第三章　国際社会に対する罪」『刑法各論』九九頁。

(76) 人身売買罪については、山室惠「第三三章　略取及び誘拐の罪」大塚仁・河上和雄・佐藤文哉・吉田佑紀編『大コンメンタール刑法［第二版］第一一巻』青林書院（二〇〇二）三七六―四四一頁、特に四一五―四一七頁他。

(77) さしあたり、末弘嚴太郎「判例を通して見た人身賣買」法律時報第三巻九号（一九三一・九）三―五（八三五―八三七）頁、中山太郎「我國人身賣買禁止の法制史的考察」法律時報第三巻九号（一九三一・九）一一―一八（八四三―八四九）頁他。

(78) 宮野彬「第三三章　略取、誘拐及び人身売買の罪」阿部純二編『基本法コンメンタール［第三版］刑法』日本評論社（二〇〇七）二九四―三〇二頁、特に二九八頁。

(79) 宮野・前掲注(78)二九八頁。
(80) この点に関しては、中川かおり「人身取引に関する国際条約と我が国の法制の現状（総論）」外国の立法第二二〇号（二〇〇四・五）三―一二頁、特に一〇頁。
(81) 稲角光恵「アフリカ連合（AU）のアフリカ国際刑事裁判所の概要と特徴」金沢法学第五九巻一号（二〇一六・七）一―二五頁、渡辺豊「アフリカ人権裁判所の発足」法政理論第四三巻三・四号（二〇一一・三）一―五三頁。
(82) この点に関しては、浅田和茂「刑法・刑法学の歴史的変遷」法学セミナー第五七巻四号（二〇一二・四）二九―三三頁、特に二九頁。
(83) 増田隆「ジェノサイド処罰と中核犯罪の法益」早稲田大学大学院法研論集第一一九号（二〇〇六・九）一六三―一八二頁、特に一六四―一六五頁。
(84) 團藤重光『刑法の近代的展開』弘文堂書房（一九四八）一六六頁。
(85) 團藤・前掲注(84)一六七頁。
(86) 団藤重光『刑法綱要　総論［改訂版］』創文社（一九七九）。
(87) 団藤・前掲注(86)七六頁。
(88) 刑法講学上の区別に関する（より早い段階での）指摘は、森下忠によって既に加えられている。
(89) 團藤・前掲注(84)『刑法の近代的展開』一六七頁。
(90) 団藤・前掲注(86)『刑法綱要　総論［改訂版］』七五―七六頁。
(91) 団藤・前掲注(86)七六頁。
(92) 団藤・前掲注(86)七六頁。
(93) 安藤泰子『国際刑事裁判所の理念』成文堂（二〇〇二）七四頁、安藤・前掲注(70)『個人責任と国家責任』九頁以下。
(94) 本章は、ジェノサイド他について刑法典への新設ないし導入に関する提言を直接の目的とするものではないため、これについては詳述しない。なお、我が国では国際組織犯罪防止条約への締結に対しては、積極的な姿勢を示している。すなわち、二〇一七年四月現在の政府見解は「この条約を締結することにより、深刻化する国際的な組織犯罪に対する国際的な取組の強化に寄与することができると考えています。国際社会からの要請も踏まえ、早期にこの条約を締結することが我が国の責務で」あると示している。具体的には、「我が国の現行法には、一部の犯罪を除いて、犯罪の共謀を処罰する規定はありませんし、組織的な犯罪集団の活動への参加を一般的に処罰する規定もありません。したがって、我が国の現行法は、条約第五条が定める義務を充たしておず、組織的な犯罪の共謀罪を設けることなくこの義務を充たすことはできないと考えています」という説明が付されている。人道法の中核とされるジェノサイド条約への未加入という状況の中で、なぜ本条約のみの締結を急ぐのか、「条約上の義務」を理由に締結の早急化を図るのであれば両者の整合的な理由が求められると考える。この点に関しては、これが「政府の主体的選択」である点、同様に性急な締約を求める根拠の説明を求める必要がある点を指摘する論考として、松宮孝明「実体刑法とその『国際化』――またはグローバリゼーション――に伴う諸問題」法律時報第七五巻二号（二〇〇三・二）二五―三〇頁、特に二八頁。なお、政府見解については、http://www.mofa.go.jp/mofaj/gaiko/soshiki/boshi.html（二〇一八・四・二〇現在）を参照。その他、京藤哲久「日本刑法学会第八四回大会 ワークショップ 共謀罪」刑法雑誌第四六巻第二号（二〇〇七・二）二七〇―二七三頁、長末亮「共謀罪をめぐる議論」レファレンス第七八八号（二〇一六・九）五三―六五頁他。

(95) 高山佳奈子「国際刑事裁判権（二）・完」法學論叢第一五四巻二号（二〇〇三・一一）二二―六〇頁、特に五六頁。

(96) 高山・前掲注（95）五六頁。

(97) 高山・前掲注（95）五六頁。

(98) 飯田忠雄「海賊罪論」刑法雑誌第一三巻第一号（一九六三・六）三五―七一頁、特に三九頁。

(99) 飯田忠雄『海賊行為の法律的研究』海上保安研究会（一九六七）特に三六五―三八八頁は、海賊行為に対する戦争犯罪法の適用、国際刑事裁判所における本罪に関する管轄権の限界他に言及している。

(100) 飯田・前掲注（98）「海賊罪論」五九頁。

(101) 牧野英一『刑法に於ける重點の變遷』有斐閣（一九二九）三二〇、三二八頁他。

(102) 高山・前掲注（95）五六頁。

(103) 牧野英一『刑法の國際化』有斐閣（一九五六）四五頁。

(104) 牧野・前掲注（103）四五頁。

(105) 牧野・前掲注（103）五五頁。

(106) 我が国は有事法制を整備し、これによってジュネーヴ諸条約およびその第一議定書の重大な違反行為にかかる（普遍主義に基づく）国内刑罰権行使の準備が整ったといわれているが、それでもなお法整備には不備があり、国際人道法違反行為についてその可罰性を問えない状況の危険性がある。この点に関しては、本章の目的ではないため、問題の指摘のみにとどめることとする。なお、この点に関しては安藤・前掲注（70）『個人責任と国家責任』一六二頁以下、特に一六八頁。

(107) 高山・前掲注（95）三二頁。

(108) 高山・前掲注(95)三二頁。
(109) 高山・前掲注(95)三二頁。
(110) 高山佳奈子「国際刑事裁判権(一)」法學論叢第一五四巻一号(二〇〇三・一〇)一―二六頁、特に四頁。
(111) 高山・前掲注(110)「国際刑事裁判権(一)」四頁。
(112) 川口浩一「国家権力を背景とした犯罪――序論的考察――」奈良法学会雑誌第八巻三・四号三一七―三三三頁、特に三三〇頁。
(113) 枚挙に遑がないため、代表的なものとして、Haruo Nishihara, Internationale Strafgerichtsbarkeit, "krise des Strafrechts und der kriminalwissenschaften?, Schriften zum Strafrecht, Heft 129, 358-370 etc.
(114) 安藤・前掲注(98)『国際刑事裁判所の理念』三八九頁以下、特に三九〇頁、Gina E. Hill, "A Case of NGO Participation: International Criminal Court Negotiations", James W. st. G. Walker, Andrew S. Thompson, eds, Critical Mass: The Emergence of Global Civil Society, 2008, esp. pp. 133 ff.
(115) 大淵仁右衛門『国際法の拘束力の根拠に関する研究』三和書房(一九五二)三四頁。
(116) 大淵・前掲注(115)三四頁。
(117) 共存のための市民刑法を求める見解として、松宮・前掲注(94)「実体刑法とその『国際化』――またはグローバリゼーション――に伴う諸問題」二八頁。松宮は、犯罪カタログ統一の流れの中で、共謀罪の新設が客観主義ないし行為主義からの逸脱となる点、新設が人権保障との関係で諸種の問題を含んでいることを指摘する(この点については、同二七頁)。
(118) 高山・前掲注(95)五六頁。
(119) 団藤・前掲注(71)『刑法各論　法律学全集　四二』九九頁。
(120) 団藤・前掲注(71)九九頁。
(121) 還元論に関する我が国の代表的な先行研究として、原田保『刑法における超個人的法益の保護』成文堂(一九九一)、特に「第二部　個人法益への還元」一四一―一五八頁、梅崎進哉「個人の保護と社会法益の構造」刑法雑誌第三五巻第二号(一九九六・三)一七二―一九一頁他。
(122) 安藤・前掲注(48)「罪刑法定主義の相対性(一)」三一―五四頁、同「罪刑法定主義の相対性(二)」七七―一一三頁。
(123) この点に関しては、安藤・前掲注(45)「刑罰権の淵源(一)」二四頁以下。
(124) カール・ビンディング(Karl Binding)[著]齊藤金作[訳]『「ビンディング」刑法論 I』〈早稲田法學別冊第七巻〉早稲田法学会(一九三六)一〇頁。

(125) これについては、周知の通り権利性としては未だ確立していないことを付言する。
(126) 木村・前掲注（58）『法哲學 人と思想』一三五頁。
(127) 荘子邦雄「近代刑法の原初形態」刑法雑誌第五巻第二号（一九五四・一二）一五九―一九〇頁、特に一六二、一六五頁。
(128) 瀧川・前掲注（5）『犯罪論序說』五頁。
(129) 福田平「刑法における政治性の介入――罪刑法定主義を起点として――」ジュリスト第一六九号（一九五九・一）二八―三三頁、特に二八頁。
(130) この点については、多くの文献があるが、さしあたり桜木澄和「刑法『改正』作業の思想史的源流」法学セミナー第二〇三号（一九七二・一一）五〇―六〇頁他。
(131) 主権概念の変遷については多くの文献があるが、さしあたり、宮崎繁樹「二〇世紀における主権の地位」法律時報第三二巻四号（一九六〇・一）七三―七八頁他。
(132) 内藤謙「刑法の基本問題――刑法と国家」法学教室創刊号（一九八〇・一〇）二三―二九頁、特に二八頁。
(133) 内藤・前掲注（132）二八頁。
(134) 工藤達朗・市川正人「国家の役割と自由」法学セミナー第四六巻三号（二〇〇一・三）三二―三六頁、特に三四頁。
(135) 磯崎健之助「現代国家を観察する基準と国家の本質」横浜商大論集第七巻二号（一九七四・四）一―二〇頁、特に八頁。
(136) 石川裕一郎「自由と安全――憲法学から考える」法学セミナー第五三巻五号（二〇〇八・五）四〇―四三頁、特に四一頁。
(137) 石川・前掲注（136）四一頁。
(138) 石川・前掲注（136）四一頁。
(139) 高橋則夫「〔講演会〕犯罪被害者と刑罰――修復的司法への道――」青山法学論集第四八巻三号（二〇〇六・一二）一四一―一六八頁、特に一五三頁以下。
(140) 高橋則夫『修復的司法の探究』成文堂（二〇〇三）二頁以下。なお、世界各地に存在する国内難民の具体的な対応に関する三〇の「指導原則」(E/CN.4/1998/53/ Add.2, 11 Feb. 1998) について、これを自然災害における国家の義務原則への援用の可能性を探る論文として、墓田桂「『国内強制移動に関する指導原則』の意義と東日本大震災への適用可能性」法律時報第八三巻七号（二〇一一・六）五八―六四頁。
(141) 福島弘『日本国憲法の理論』中央大学出版部（二〇〇八）二七頁。
(142) ホセ・ヨンパルト『人間の尊厳と国家の権力』成文堂（一九九〇）六二頁。

(143) 初宿正典「ドイツ連邦共和国――ドイツ連邦共和国基本法、ヴァイマル憲法［抄］」樋口陽一・吉田善明編『解説 世界憲法集［第四版］』三省堂（二〇〇四）一八一―二五〇頁、特に一八九―一九〇頁。
(144) 刑罰の要請と憲法については、内野正幸「憲法と刑法」法律時報第六二巻七号（一九九〇・六）八五―八九頁、特に八八頁。
(145) 山田晟「ドイツ連邦共和国憲法」宮沢俊義編『解説 世界憲法集［第二版］』岩波書店（一九七六）一五三―二四〇頁、特に一七〇頁、初宿・前掲注（143）「ドイツ連邦共和国――ドイツ連邦共和国基本法」一八一―二五〇頁、同「ヴァイマル憲法［抄］」二〇一頁、小林直樹『［新版］憲法講義・上』東京大学出版会（一九八〇）、特に一〇―一一頁、但し、西ドイツ基本法旧第一四三条（一九五一年削除済）。
(146) 第九六条五項の改正については、戸田典子「国際刑事裁判所のための国内法整備」外国の立法第二一五号（二〇〇三・二）一一六―一二五頁、特に一二三頁。
(147) 内野・前掲注（144）「憲法と刑法」八九頁。
(148) 内野・前掲注（144）八九頁。
(149) 内野・前掲注（144）八九頁。
(150) 森末伸行「国家は人を殺す権利をもつか」ホセ・ヨンパルト・三島淑臣・竹下賢・長谷川晃編『法の理論 三〇』成文堂（二〇一一）一六五―一八七頁、特に一七六頁。
(151) 森末・前掲注（150）一七六頁、特に一八六頁註（21）。
(152) 森末・前掲注（150）一七七頁。
(153) 森末・前掲注（150）一七八頁。
(154) 森末・前掲注（150）一七八頁。
(155) 森末・前掲注（150）一七九頁。
(156) 森末・前掲注（150）一八〇頁。なお、傭兵についてはピーター・ウォーレン・シンガー（Peter Warren Singer）［著］山崎淳『戦争請負会社』日本放送出版協会（二〇〇四）他。
(157) 森末・前掲注（150）一八四頁。
(158) 瀧川・前掲注（53）『刑法講義 改訂版』四―五頁。
(159) 瀧川・前掲注（53）五頁。
(160) 瀧川・前掲注（53）三―五頁。

(161) 平野龍一「黙秘権」刑法雑誌第二巻第四号（一九五二・四）三九―六六頁、特に五一頁、同『捜査と人権』有斐閣（一九八一）特に九五頁。
(162) 宗岡嗣郎「刑罰から国家を考える――刑事訴訟における『被害者参加制度』を契機として――」ホセ・ヨンパルト・三島淑臣・竹下賢・長谷川晃編『法の理論 二八』成文堂（二〇〇九）三―二三頁、特に一三頁。
(163) 宗岡は、個人のみが実体であり、国家は「偶有」にすぎないことを説く（宗岡・前掲注（162）一二頁）。宗岡の法哲学の基底には、個人の実体と国家の「偶有」とを峻別した上、国家刑罰権を「すべての国民にかかわる利益」（宗岡・前掲注（162）五、一七頁）と位置づける――「公」に対する――普遍性の知覚が認められる。
(164) この点から、平野は、前掲注（161）「捜査と人権」九五頁でその目的達成のための手段として個人の人格を侵害することは自己矛盾であり、黙秘権を「刑事訴訟が譲歩した証拠禁止である」と指摘する。
(165) ヨンパルト・前掲注（142）『人間の尊厳と国家の権力』一六九頁。
(166) ヨンパルト・前掲注（142）一六九頁。
(167) ヨンパルト・前掲注（142）一六七頁以下。
(168) ヨンパルト・前掲注（142）一六七頁以下。
(169) ヨンパルト・前掲注（142）一六七頁。
(170) ヨンパルト・前掲注（142）一六八―一六九頁。
(171) ヨンパルト・前掲注（142）一六九頁。
(172) ヨンパルト・前掲注（142）一七二頁。
(173) ヨンパルト・前掲注（142）一七三頁。
(174) ヨンパルト・前掲注（142）一七七頁。
(175) ヨンパルト・前掲注（142）一七七頁。
(176) ヨンパルト・前掲注（142）一七七頁。
(177) ビュルラマキによれば、自然法の道徳には三種の「義務」が認められるという。第一に神に対する義務、第二に自己に対する義務、第三に他人に対する義務がある。さらにビュルラマキの思想は、キケロまで遡るというが、本章は、「義務」に関する法哲学的考察を加えるものではないため、ビュルラマキまでの見解の紹介を考察の対象とする。なお、これらの点に関しては、小林淑憲「『人間不平等起源論』とジュネーヴ共和国との関連についての一考察」北海学園大学経済論集第五四巻二号（二〇〇六・九）一五―四一頁、宇都宮純一〔書評〕種谷春洋『近代自然法學と權利宣言の成立――ビュルラマキ自然法學とその影響に關する研究――』法制史研究第三一号（一九八二）二八四―二八七頁他。

(178) ヨンパルト・前掲注(142)一七八頁。

(179) 豊島直通『修正刑事訴訟法新論』日本大學、有斐閣本店（一九一〇）二一六頁。

(180) 安藤・前掲注(45)「刑罰権の淵源（二）」特に三八、四九、五〇頁以下。

(181) 長井圓「環境刑法の基礎・未来世代法益」神奈川法学第三五巻二号（二〇〇二・四）四三一―四六七頁、特に四五九頁註(2)。

(182) 但し、胎児性致死傷については、水俣病の最高裁決定（最決昭和六三年二月二九日刑集四二巻二号三一四頁）を参照。なお、本決定に関する検討に関しては、松原久利「熊本水俣病事件と胎児性致死傷」刑法雑誌第二九巻第四号（一九八九・四）五二一―五三九頁。

(183) 長井・前掲注(181)四三一―四六七頁。

(184) 長井・前掲注(181)四三二頁。

(185) 長井・前掲注(181)四四〇―四四一頁。

(186) 長井・前掲注(181)四四二頁。

(187) 長井・前掲注(181)四四六―四四七頁。

(188) 長井・前掲注(181)四五一頁。

(189) 長井・前掲注(181)四四九頁以下。

(190) クレプファー・ミヒャエル（Kloepfer Michael）［著］高橋明男［訳］「国家目標としての環境保護――基本法新二〇条のａについて――」阪大法学第四六巻三号（一九九六・八）一五七―一八六頁。

(191) これについては、さしあたり岡﨑頌平「胎児保護と罪刑法定主義――厳格解釈原則を堅持する近年のフランス破毀院判例を契機として」近畿大学法学第六〇巻一号（二〇一二・六）一六一―一八四頁。

(192) ドイツ基本法における国家の義務については多くの文献があるが、さしあたり小山剛『基本権保護の法理』成文堂（一九九九）、同「基本権保護義務論と国際人権規範」国際人権第二二号（二〇一一・一〇）四一―四八頁、篠原永明『「基本権保護義務」の成否についての若干の検討」甲南法学第五六巻一・二号（二〇一六・一）三三―七七頁、特に三四頁の註（2）では、三五頁にかけて我が国での保護義務に関する主要な文献を紹介している。他に西原博史・前掲注(28)「『国家による人権保護』の困惑」八〇

—八四頁、同「平等と比例原則——平等権を『規制』する理由について」法律時報第七三巻八号（二〇〇一・七）九七—一〇〇頁他。

(193) 人口妊娠中絶に関する国家の保護義務と刑罰権の発動については、主に堀内捷三「揺れ動くドイツの堕胎罪」法学セミナー第四六四号（一九九三・八）二二—二七頁に拠った。

(194) 堀内・前掲注(193)二二頁。

(195) この点については、嶋崎健太郎「八 胎児の生命と妊婦の自己決定——第一次堕胎判決——」ドイツ憲法判例研究会編『ドイツの憲法判例』信山社（二〇〇三）六七—七二頁、同「ドイツにおける胎児の生命権と妊娠中絶判決」『人権保障と現代国家』啓文堂（一九九五）九五—一〇八頁、戸波江二「国の基本権保護義務と自己決定のはざまで——私人間効力論の新たな展開」法律時報第六八巻六号（一九九六・五）一二六—一三二頁、特に一二六頁他。

(196) 堀内・前掲注(193)二五頁。

(197) 堀内・前掲注(193)二五頁。

(198) 堀内・前掲注(193)二五—二六頁。

(199) 嶋崎・前掲注(195)「八 胎児の生命と妊婦の自己決定」六九—七〇頁。

(200) 嶋崎・前掲注(195)七〇頁。

(201) 嶋崎・前掲注(195)七〇頁。

(202) 本件に類似する以降の判決については、本書の目的ではないため、これ以上の言及はしない。なお、胎児の被害法益に関し不法行為法との関係という観点から、諸外国と我が国の状況を概観し比較検討を加えた論文として、関彌一郎「不法行為法における『胎児の被害法益』——わが国および英米系諸国の問題状況概観（その一）——」横浜国立大学人文紀要第二三巻（一九七七・一二）一—二二頁、同二四巻（一九七八・一二）二三—四七頁、同二五巻（一九七九・一二）三三—四六頁。

(203) 木村・前掲注(58)『法哲學 人と思想』二八五頁。

(204) 刑罰の史的変遷を顧みて、時代に沿った刑法原理を確立し、「人」を保護する必要がある。本書において、最終的に国際社会に共存する「人」の保護のためには、原始社会から「人」が採ってきた刑罰の歴史を辿ることによってのみ、国際刑法の将来を見通すことが可能となると考える。なお、保護法益については、本書の目的ではないため詳述はしない。

(205) 主権概念の変遷については多くの文献があるが、さしあたり和田英夫「現代国家における〈主権〉の変容と問題——イェリネクとデュギーの所説からの示唆をふまえて」法律論叢第七〇巻四号（一九九八・二）一一三—一四六、内田久司「主権概念の変容」

国際問題第二七九号（一九八三・六）二―一五頁、また欧州同盟との関係でこれを論じたものとして金丸輝男「欧州同盟（European Union）と国家主権――政策決定過程における国家主権の変容」同志社法學第四九巻三号（一九九八・三）五四―九一頁他。

(206)　宗岡・前掲注(162)「刑罰から国家を考える」特に、五、一七頁。この点に関しては、さらに検討を要するため、改めて論じたい。

(207)　西原春夫「民事責任と刑事責任」有泉亨監修・編『現代損害賠償法講座 1 総論』日本評論社（一九七六）二五―五三頁、特に二八頁。

(208)　この相違に関し、被害者の立場からさらなる検証と考察を加え、修復責任を展望する論究として、高橋則夫「刑罰と損害賠償――刑法・民法における行為規範と制裁規範――」現代刑事法第六巻六号（二〇〇四・六）三七―四二頁、特に四〇―四一頁。

(209)　早稲田大学フランス法研究会　北川敦子［文献紹介］フランス法研究会（九）ジャン・バティスト・ティエリー（Jean-Baptiste Thierry）［著］「『刑事法における個人化』―― L'individualisation du droit criminel ――」比較法学第四三巻三号（二〇一〇・三）三一一―三二一頁、特に三二〇頁。

第四章　義務論

第一節　瀧川幸辰の「義務論」

一　義務論

本章は、第三章までに論じてきた①「展望的な保護論」に立脚して、②瀧川幸辰の義務論につき理論的な検討を加えることを目的とする。「国家」は、重大な国際犯罪を犯した首謀者個人の処罰に関するローマ規程上の引渡義務を含む具体的または一般的な協力義務を負う。(1) これに加え本章において、③国際共存「機関」は、これ（国家の義務の遂行）を補完する「責務」を有するという理論を構築する。すなわち、国際刑法――における処罰意思を体現する共存社会の刑事裁判「機関」――は、（国内刑法が機能しない場合）「自らの刑事管轄権を行使する義務」に加え（今世紀初頭の補完性原則のもとでは、国家の刑事管轄権行使を）「補う義務」を有するものと捉えるのである。このような理論構成に対し、あくまで「国家」を基軸とし、共存「機関」は国家の管轄権不行使の場合に限って、次なる手続を「補完するにすぎない」という、補完性を原則とする立場からは、後に第一篇本章第三節一項以下で論じる、また同篇第五章第二節二項以下で詳述する社会刑罰論の主張の場合と同様に異論もあるだろう。

だが、「人」や「機関」に権利があるということは、その権利に義務が課されているないし附帯されている場合が多くあるといえる。(2) 一般に法律行為を巡っては、権利と義務とは、密接不可分の表裏一体関係を成す。公訴の提起から審理の開始、そして有罪の認定がなされた場合の刑事手続上の流れとしての刑罰権の行使について、「機関」が刑罰に関する権限または刑罰権能を有するということは、刑罰権という権限について「義務」に関係することが否定されることまでを意味するものではない。

右の義務論の原点を我が国の刑事訴訟法に確認してみると、第二四七条には、国家起訴独占原則が規定されている。これは、公訴の提起に関する権限を国家の機関である検察官のみに委ねていると解されるものである。公訴提起に関する権限は、原則として国家機関である検察官が有するということである。検察官は、国家における「公」益を確保するため、公平かつ公正にこの権限を行使しなければならない。恣意的判断によって公訴の提起がなされるまたはなされない場合、検察官は公訴権濫用によってその責任を追及されることになる。

この点をより明らかにして、従来とは異なる側面から「義務論」を強調したのは、井戸田侃である。公益を確保するため、すなわち訴訟の公正および客観性を確保するため、検察官に対し職務執行の「義務」が課される。(3) 井戸田は、このような義務を課すことによって、検察官にその公正な役割を担わせるという検察官論を主張した。この義務違反をもって公訴権濫用論を展開したのである。(4) その趣旨は、国家権力の不当な行使から被疑者・被告人の人権を守ることにあるという。井戸田は、公訴権濫用について説く意義を、被疑者・被告人の人権保障のためのプロセスに求め、目的は人権擁護であるとしている。国家機関＝検察官は、公訴に関する権限を適切に行使しなければならず、したがって、刑事手続の流れとして置かれているその（有罪判決確定）後の刑罰権の行使に関しても、国家は適正かつ迅速にこれを「行使しなければならない」。検察官は「全体の奉仕者であり」刑事訴訟に関与しつつ客観的態度の堅持――いわゆる客観義務(5)――が求められる。(6)

第一篇第三章から詳述してきたように、右のようにして刑罰「権」と刑罰「義務」とは表裏一体のものとして捉えられ、また公訴「権」と公訴の提起「義務」は、上述のように捉えられる必要がある。但し、精確に論ずるならば、右の公訴「権」は、公訴を提起する権限であって、恣意的な判断に基づく本権限の放棄は許されないものと考える。公訴権濫用論については、本章の目的とはしないため、これ以上詳述することはしない。

一般に多くの論者によって強調される補完性原則――によって国家刑罰「権」を「補完するに過ぎない」国際共存社会「機関」は、国家の公訴権が発動されない場合、すなわち、関係国家の管轄権が認められず国家刑罰権が行使されない場合、共存社会の国際刑罰「権」を発動する「義務」を負う――を採るローマ規程における構造に関し、その端緒を探究してみれば、刑罰「権」には、国際刑法においては、検知されなかった――見えざる――刑罰「義務」が既に一体のものとして観念され得るのである。

その巨視的把捉において、国家は国際社会全体の公益を確保するために適正な国家刑罰権を発動する。これができない一定の場合、国際共存社会における刑事裁判「機関」が刑罰権を行使するという補完性原則は、本章においては次のように解される。すなわち、今世紀国際刑法における体系的把捉においては、一定の場合、国家は適正に刑罰権を行使しなければならない。ローマ外交会議においては、ローマ規程の採択にあたり多くの国家の賛同が必要であったため、また関係国家の主権に対する意識が強く、共存社会の共通法益に対する「保護」の必要性よりも、主権への尊重という配慮が優先された。ローマ規程において直接的または具体的な国家に対する「義務」規定は多く置かれてはいない状況にある(7)。補完性原則の採用はその証左である。

しかし、本章は、「国家」刑罰権が行使されない一定の場合、国際刑事裁判「機関」は、その有する共存社会の「機関」刑罰権を適正かつ公正に行使する義務を負う、という構造を構築し得ると考える。但し、この説明は、汎く支持される補完性原則を基軸とした考え方における発展的展開の説明となり得るものであり、本書の見解は、これをさらに進めるのである。

すなわち、国際共存社会「機関」は、(関係国家とは別に) その有する刑罰「権」を独立して行使し得る。同時に、これについて刑罰「義務」を負うという把捉である。本書においては、共存社会が固有に有する刑罰権を機関が独立して独自にこれを行使し得ると考える。共存社会「機関」は、その有する刑罰権を適正かつ公正に行使する権限を有すると同時に、これに関する「義務」を負う。ローマ規程の諸規定にしたがって、「国家」が刑罰権を適正かつ公正に行使し得ない場合、国際共存社会「機関」は、その (固有に) 有する刑罰「権」を行使し、同時に刑罰権を行使する「義務」を負う、という義務論が導出され得ると考える。本章は、第一篇第三章第一節三項で検討した瀧川幸辰の義務論を踏まえ、次節以下に詳述する通り「機関刑罰義務論」を構築するのである。本書は、補完性原則を基礎とする学説とは異なるものである (この点については、後の第五章第一節以下及び第九章第三節、さらに終章である第一〇章第一節一項以下で詳述する)。補完性原則を軸として論を展開する立場とは異なる主張である。「機関」の刑罰権発動に国家の同意を求める補完性原則では説明し得ない (自国の刑罰権を放棄した) 自己付託については、次節以下に示す本書の主張によってはじめて整合的な説明をなし得るものと考える。

二　「機関」と義務

国際共存「社会」の処罰意思は、ローマ規程に具現化された。ローマ規程の執行主体は、「機関」である。すなわち、共存社会の「機関」は、共存社会の処罰意思が結実化されたものであると考える本書においては、この処罰意思を実行に移すものが「機関」となる。ここにおいて、重要なことは、国際共存社会の「人」より (国家を介在させて) 形成される国際世論は、共存社会に何を求めたのか、ということである。国際社会に共存する「人」および共存社会より成る国際世論は、紛争を防止すべく安全な社会を求めて自らの処罰意思を具現化させた「機関」に重大な国際犯罪の首謀者個人の刑事責任追及に関する刑罰権の発動を国家の合意を介在させて委ねたといえる。あるいは、本書が主張する固有説、すなわち国家による合意原則を手段として共存社会（＝国際世論）の意思を反映させるべく、国際社会は固有に刑罰権を有し、その執行機関である共存「機関」がこれを行使するという考え方もある。第一篇第一章に述べてきたように、共存社会の刑罰権を国際刑事裁判「機関」に委ねた、または共存社会が固有にその刑罰権を有するという観念があることが確認される。

他方で、国家による合意原則を手段として共存社会は、国家を介在させつつもローマ規程の列挙犯罪に関する刑罰権行使については、その「権限のみ」を――委ねた、与えた、委譲した、譲渡した、固有に有するといういずれの見解からも――付与した、ないし帰属させたまたは固有に有するという観念を認めたわけでは「ない」。国際共存社会は、「機関」が有する刑罰権に関する権限を適正かつ公正に「行使」させるために、または適正かつ公正な「行使」を前提に、共存社会の刑事裁判「機関」に対し、共存社会（における究極的には「人」が有する訴権を起源とする）の権限を――委ねた、与えた、委譲した、譲渡した――付与した、ないし帰属させた、あるいはその権限を「機関」は固有に有すると帰結される。そうすると、国際刑事裁判「機関」は、刑罰権を行使すべき場面において、適正かつ公正にこれを行使「しなければならない」ことまでを含めて、共存社会「人」はその刑罰権を国際刑事裁判「機関」に託した、逆には同「機関」はこれを当然のこととして刑罰権を固有に有するということになる。

国際刑法の枠組みを、国際共存「機関」は、管轄権行使の次なる手続として「国家」刑罰「権」を「補完するに過ぎないもの」と解する見解においては、国際共存社会「機関」が国家の有する刑罰「権」を超えて、さらに国家に対し、その管轄権の行使を「義務」づける、のみならず「機関」自らに刑罰「義務」までを課すということについては、受容し難いであろう。すなわち、ローマ規程には引渡義務ほか一定の義務を除けば、抽象的規定があるのみで、引渡協力義務等の幾つかの、例外的規定を除けば、具体的「義務」規定は存しない。したがって、第一篇第八章第一節二項で論じるように、「国際刑法は実効性がないことを前提」とする考え方によれば、関係国家の同意がなければ何もできない、という立論となるものと考えられる。

多くの論者は、法の分化を知見し得ずに、現象を一面からのみ把捉し、その欠陥ないし不備を指摘した上、国際刑法に関する実行を従来通りの国内刑事司法に戻す、あるいはこれにほぼ依拠することが今日の国際刑法に求められたものであると主張する。本章は、今世紀国際法の分化を認めない右の立論による見解が多くある中で、国際法研究の多数説に拠るならば、国際刑法の発展はみられない虞があると考え、以下に主張するものである。すなわち、現在、国際共存社会で起こっている自己付託や安保理付託は、法の分化を認めることによって、はじめて法理論上整合的に説明され得るもの、と考えるのである。そして、このことによって刑罰義務論が導き出されると本書は考える。

換言すれば、多数説の立論は、――あくまで国家主権が行使されない場合に限って、共存社会「機関」の刑事司法が機能するという法構造を構築しているものであるが、これが――国際「刑法」学の発展においては、回帰的な弊害ともなりかねない危険性を有しているのである。

この点で、「憲法改正の方向」と題する憲法調査会の意見書に対し、高柳賢三（委員）が示した見解は、（義務論を導出するという論理的把捉に関する方法論という限りにおいて）示唆的である。すなわち、国民の義務に関し「義務規定が少ないことから、この憲法は国民の義務を軽視しているように思うのは、第三章の完全な誤解であると言わざるを得ない（8）」、また「憲法典にこれらの義務を課する成文的根拠がなくとも、国民がこれらの義務を守るべきことは当然であって、何人も、これらの義務を課する明文的根拠が憲法のうちに書かれていないからといって、刑法や民法は違憲無効であるとは考えていない（9）」という解釈の展開は注視されよう。義務の遵守について、必ずしも成文的根拠がない場合であっても、寧ろこれを当然のこととし、憲法典に規定する自由および人権に関しては、「これらの権利に紹応する義務は、他の個人の義務ではなく、これを尊重する国家の義務である（10）」という理解のもとに、国家を対峙関係と捉えられず、国家を「個人の自由・人権の最も強力な保護者」[11]と捉える高柳の見解は、国際刑法を保護法と考える本章、わけても理論的な義務論の導出を探究する本章とその限りにおいて共通するものがある。

いうまでもなく、物理的強制力を法の効果とする国際刑法を憲法と同様に考えることはできない。また、右のような解釈は、当然主観的な誤謬を排除し得ないものであるがゆえに、法解釈の展開おいては（むしろ人権侵害の）危険性があることが指摘されなければならない。本章は、国際刑法理論の構築に当たり、ひとつのプロセスとして義務論を展開するものであるが、右の危険性を排除するべく、第二篇第一章及び同第二章を通じて、――相対性の中にも――厳格な罪刑法定主義を求めるのである。この点は、高柳の義務の導出における方法論のみに注目するという点を明らかにしておかなければならない。なお、本章における論述に関しては、高柳の思想を受けるものではまったくないこと、むしろ所論の義務に関する解釈内容＝考え方に関しては、対峙的であり解釈の方法論としてのみ着目すべきである趣意を付言する。

右のような危殆に対しては、第二篇第一章二項で論じるように、刑法学は常に検証的役割を担い、謙抑主義を守っていかなければならない。この点を認認した上で、以下に法の把握について論じていく。共存社会「機関」と国家、共存社会「機関」と被疑者・被告人を含む「人」との関係において、最終的には共存社会、すなわち個別国家から成る共存社会、換言すれば「人」から成る個別「国家」、ゆえに導き出される「人」から成る共存社会を今世紀国際刑法における刑罰権の視座と位置づける本章において、もっぱら理論という観点のみからは共存社会を「人」を保護するための社会と位置づけ、国際刑法を「人」を保護するための法と捉えるのである。このような共存社会論によれば、共存社会を「個人の自由・人権の最も強力な保護者」と把捉し得るのである。[12]

我が国の刑法典には、罪刑法定主義に関する明文規定は置かれていない。しかし、本原則に関する規定がないゆえに我が国の刑法典が罪刑法定主義を採っていないという帰結は導き出されない。それは、刑法典に明文規定がなくても憲法に規定されていると解釈されているためである。本原則の歴史的展開と「人」の権利に関する保障という本旨から、刑法典自体への規定の欠缺をもってその本旨が否定されるものではない。本章に置き換えるならば、義務に関する規定の欠陥をもって国際社会における「機関」の刑罰義務を否定することは理論上できないものと考える。本章は、国際刑法における具体的義務規定の欠缺については、判例や国際刑法の本旨にそった解釈が求められ、これをもって解決し得る問題であると考える。

現在の多くの国際法学者からは右のような義務論は容れ難いと思われる。しかし、右の義務論は机上の空論ではない。このような「国家」または国家「機関」の国民に対する義務については、多くみられるところである。本書は、もっぱら国際刑法理論の構築を目的とするものであり、国家の義務論に関する発生史または国家論ないし国家組織論ならびにこれに関する諸説の検討を考察するものではない。したがって、国家に対する義務論がどのように導き出され、さらにこれがどのような内容として刑罰義務として認められていくのかについて、――とりわけ、本章前節で取り上げた瀧川の結論のみを示した国家の刑罰義務論がどのような論理をもって帰結されたのかを――解明することを目的として、以下に検討するものである。国家の義務論については、カントやイェリネックをはじめとする多くの見解があるが、社会に表出する現象を本書と同様の見地から捉えるレオン・デュギーの考え方を先ず概観し、続いて我が国の刑法学における刑罰義務論を確認することとする。なお、本章は、以下に示す所論に拠るものではないこと、所論に対する具体的内容の検討ではなく、――刑法における義務論の論理的展開を求めるべく――義務を論じた先達の見解を概観するものであることを付言する。

三　レオン・デュギー

レオン・デュギー（Léon Duguit, 一八五九―一九二八）によれば、個人と国民との概念が異なるという。すなわち国民は、ひとつの意思を有する。その意思は個人の意思に勝り、集団は個人に勝るという。その優越が主権であり公権力である[13]。国民は組織され、国民を代表する政府を創設する。政府は、国民のために意欲し、且つ、国民の名において主権を行使する。政府に組織され限定された領土上にある主権的国民、これが「国家」である。ゆえに国家は、組織された国民に外ならないという。

デュギーにおいて、特筆されるべきは、「私人は主權を有する國家的集團の構成分子たるが故に公民[14]」と帰結する点である。デュギーは、公法を全体と捉えた。すなわち、「國家の組織及び國家と個人との關係に適用されるべき準則の全體[15]」である。国家と個人の関係において、人が人たるに値する権利の譲渡については、対立する場面が生じる。しかし、国家は個人の権利を保護し確保する爲に設けられる。この目的から公法は、可能な限り個人の権利の保護を確保するように組織されることを国家に義務づける[16]。「國家は個人權を保護する義務がある[17]」。

他方、すべての者の権利を保護するため、国家は個人権を制限し得る。国家は、個人権を保護するために外敵に対し防衛手段を組織する義務がある。デュギーによれば、国家には異なる類型の別の「義務」があるという。それは、第一に国家と個人間の衝突について、国家は組織された裁判権により裁判をしなければならないこと、第二に個人間の紛争解決の為に国家は独立かつ「凡ての保障を與ふる裁判所の機關に依りて裁判せねばならぬ[18]」こと、そのために「國家は裁判役務を組織せねばならぬ[19]」ことであるという。

「国家は個人権を制限し得る」の意義については、「自由の制限論」と捉えるのか、または公益論と解するのか問題が生じてくる。本章はこれを明らかにすることを目的とするものではない。しかしながら、デュギーの指摘は、今世紀国際刑法を論じるにあたり示唆に富む。すなわち、国家には「個人權を保護するやうに組織する國家にとりての義務[20]」がある。他者の権利を保護する場合には、必要な限度内での制限のみが求められるという。これは法の自己拘束を意味するものと考えられる。デュギーは、右のほか軍事役務、警察役務を組織し、且つ、運営することは国家の義務であり、「此處に長き歴史的過去から生じ且大革命の法律に依り完全に精密な言葉で表明された公法の全體系が短縮される」[21]と説く。

デュギーは、国家主権および自然権の概念は消滅すると展望している。両者は、いずれも形而上学的概念であり、「社会」の法体系の基礎とならないことを指摘していた。後の第一篇第七章に検証し明らかにする通り、デュギーもまた主権の帰属の変容――共存社会における権力がその（成り立ちの）初期に在っては神に拠っていたものが、次第にその帰属を君主へ、そして君主から国民に変移してくる形相――を指摘しつつ、権利が社会環境を基礎として享受し得るものであり、経済変遷がこれをもたらせることを指摘する。[22]さらにデュギーは、従来の小家族集団がもはや人間の需要を満足し得ないこと、広域に拡大する多数個人の協力を要求するより「廣大なる組織」のみが多数の重要に満足を与え得ること、科学の発展や産業の進歩の結果、人間間の関係が極めて複雑かつ多数となり社会の相互依存が非常に緊密になったこと[23]をその理由とする。

統治者に権力が認められるのは、統治者に課せられる「義務」に拠るものである。その権力は当該「義務」を履行する範囲においてのみ存在すること[24]をデュギーは強調した。「社會的進化は無限に複雑なる無限に連續するもの[25]」であり、法律制度は「歴史における一時期の制作物[26]」と考えるデュギーの思想は、その一部において本章を共通するものがある。デュギーは、国家は命令する主権的権力ではなく、個人の集団であると捉えたのである。このような考えによれば、国家権力は国家の義務から導き出されるという義務論が帰結されるのである。

四　穂積陳重

右に確認してきた通り、社会的進化は無限に複雑かつ連続するものであり、法律制度を歴史に現れるひとつの産物と捉えるデュギーの思想は、多くの法学者に影響を与えることになる。この点で、法制度や組織性が未熟な現在の国際共存社会における国際刑法を論じるにあたり、穂積陳重の見解もまた示唆に富む。すなわち、「法制未だ整はず又は法權分立する場合に於ては、（中略）加害反撥作用が延長して同種族又は同團族に對する加害を防禦応報する如き團體的自衛作用の存在するのは、人類存續の必要條件の遺在するものに外ならぬ(27)」。「法治未だ完からざるの時代に於ては、復讐を美俗なりとし、之を以て臣子の義務なりとする觀念が(28)」浸潤していた。これが次第に国家組織の整備を伴い国権が確立するにしたがって個人間に起きていた紛争や殺傷を禁止することになった。いわゆる公権力の成立である。「個體力の自衛作用は團體力の自衛作用に吸收せられ(29)」人を殺す行為をもって殺人罪と評価する観念は、「轉じて社會若くは國家に對する犯行なりと看做さるゝに至り、私力は轉化して公權力となる(30)」という。

穂積は、論文「法の起源に闘する私力公權化の作用」の中で、以下のような法の顕現現象および特徴を指摘している。すなわち、

「一、法の實質は社會力なる事。法は社會力の顯現なる行爲の規範であつて、公權力に依て制裁さるゝものである（以下、略）。

二、社會力は個體力の有機的集中轉化に因りて生ずること。

三、社會力の集中轉化作用中、私力公權化して法を生ずる事。

四、復讐禁止法は此私力公權化作用中顯著なる一事例なる事(31)」。

穂積の言を借るならば、

「一、公權未存の時代

二、公權撥生の時代

三、公權確立の時代(32)」

に区分され、今世紀国際（刑）法は、右の二、すなわち公権発生（前世紀国際刑法における萌芽期を過ぎ）初期に在るも

のと考える。穂積の右のような現象的分析は、本書に説く、国際法の刑法化から「国際刑法」現象へと遷り行く過程に在るものと捉える点で一致すると考える。組織化が充分整備されていない、共存社会について、本書はこれを「力の論理」が通有する、組織性において未発達の原初的社会と捉えようとするものである。このような把握によって次世紀国際刑法の展望が可能となるものと考えるのである。

「社會は人類の集合體なるが故に、國家は有機體なり(33)」と捉え、社会制度を定め国家を組織して国中に法令を布き、国家の安寧を侵害するものに対してこれを罰するのは、社会の安全のためである、と穂積はいう。すなわち、国家の法令制定は「是れ皆社會が自存を圖リ、正當保護を爲すの外に出でず(34)」として、社会の安全を法の制定目的に置いていた。「社會既に自存の權あらば、主權者は社會に對して其保存を圖リ、國內の秩序を紊る者を懲罰するの義務あり。既に其義務あれば、犯罪者に對しては之を刑罰に處するの權ありと云はざるを得ず。故に主權者は社會に對しては刑罰を行ふべき義務を有し、犯罪者に對しては刑罰を蒙らすべき權利を有す(35)」とする。穂積は、「刑罰權は法律執行の義務より生じ、法律執行の權は社會自存の權より生ず(36)」と説き、「社會自存の權は刑罰の基礎なり(37)」として刑罰の基礎を社会自存に求めた。

五　恒藤恭

法哲学的観点から国家と法との関係を考察する論究において、国家が負う義務論を導く見解は少なくない。わけても、すべての法を「制定法（das Gesetz）又は法律慣習の形式において發現する國家的團體の意志(38)」と捉える恒藤恭にその精髄が認められる。恒藤によれば、国際法は国家意志を證明するのみでは不充分であるという。それは、結局のところ「拘束的國家意志が法たる」からであり、「國家が法をつくる一切の行爲は、義務賦課の行爲として考へられなければならぬ(39)」ためであるとする。国家が当該法規の維持に関する任務を自己の機關を拘束し得ることはいうまでもなく、当該任務がある限りにおいて、国家が制定する法は「國家機關をも亦拘束する」ものであると説く(40)。その上で、恒藤は、「國際法の法的基礎(41)」が認められるのは国家を拘束する法規のあることを証明し得た場合であると主張する。

「機関」の自己拘束については、本書と同様に恒藤も「一見國家拘束（eine Selbstverpflichtung des Staates）といふ表象は、考え難いやうに思はれる(42)」と多数説への考え方に配慮しつつ、法学者一般の関心や研究対象が「國家の本體」ではなく、「單に國家の活動の表現されたものを研究の對象とするに過ぎない(43)」ことを（憂い）指摘している。そして、本章とほぼ同じ見地から「國家的拘束は不能であると主張する(44)」多くの法学者の見解は正当か、と問うのである(45)。この点で、本書と恒藤の、①法現象に対する把握、および②機関の義務論に関する見解は共通するものがあると考える。

続けて恒藤は、「義務を課することは、或る意志に對し、特定の動機をば絶對的に最も力強き動機と看做すべしとの要求をあたへること(46)」であると説く。諸考察を踏まえ、公法の範囲においては、「少くとも近代の國家では、國家權力は唯一の法の制定者であるから、かの限界は自己制限の結果(47)」と捉えるべきであり、第一篇本章第三節四項で論じるビンディングの主張、すなわち刑法規定が国家自身に向けられるという言説が正当であること、さらに国家は「臣民に對し公權を確保することにおいて、臣民に對し一定の給付の義務を負ふ(48)」ことを帰結する。恒藤によれば、国家はその目的に基づき法律秩序の設定維持の義務を有するという(49)。右の見解を突き詰めていけば、「すべての國家の義務は國家目的の充足を意味する(50)」ものであり、「國家の義務履行の擔保及び義務の繼續の問題については、國際關係におけるは、國內關係におけるとで異なる所はない(51)」という。このような考え方によれば、義務論の導出への可能性がさらに開けるのである。

六　牧野英一

国家の義務論については、牧野英一も国家権力の中に自己制限を認めることによって刑法が新しい論理を形成していくことを指摘している。すなわち、旧来型の権力者が国民をその社会構造における階級的支配の中で「弱いもの者として制壓[52]」する方法となっているが、他方で「刑法は、國家の權力が、漸次に人道化しつつ、社會化しつつ、國民すなわち庶民（ママ）の為に、自己制限を進めるところに、その發展を示すのである[53]」という。牧野は、「刑法は、刑罰權の行使についても、個人の立場、すなわちその尊嚴を漸次尊重しつつ、國家の權力が自己制限を進めるところにその發展」が認められ、「ここに、刑法の新しい論理觀が成立する[54]」とする。

そして、「國家は、刑法に依つて刑罰權の制限を受けるばかりでなく、更に、犯罪人に對し、これを人として尊重し、（中略）良き市民たらしめるために保護を與えねばならぬ[55]」と帰結している。一九世紀の国家の任務は、いわば警察的ないし消極的なものとして考えられたが、二〇世紀における国家はすべての人に対し人たるに値する生活を保障すべく、積極的な任務を負うことになるという国家論の変遷とともに、刑法も新しい国家理念によって変容していくもの、その意義において、刑法の「社會化[56]」を指摘する。そのような変動常態の中で、「刑法の新しい倫理化[57]」が成立するものであるから、現代における「刑法の國際的な様相を認識せねばならぬ[58]」ことを提唱した。

牧野も、①国家が刑法によって刑罰権の制限を受けること、これに加え②犯罪人に対する国家の保護を求めている。牧野において注視されるべきは、我が国の刑法学研究において「社會學的研究が度外に措かれることになると、立法論としても、解釋論としても、何の益するところなき概念法學に始終することにならないか[59]」との懸念を示し、牧野自身がこれを顧みている点である。牧野は、当時の研究者（小野清一郎および瀧川幸辰）には、「理念とそれに到達する努力とが、刑法論としては、何ものも展開せられていない[60]」との批判を加えていた。牧野は自らの見解、すなわち「刑法の發達は、國家權力がそれに依つて制限せられるところに成立する」[61]という刑法進化の特徴を、リストがモムゼンのローマ刑法史を引用して認めていた点を強調している。刑法の発展について、本書と同様の立場から、牧野もまた、その発展を「原始刑法の復讐主義から近代の人道主義に至る刑法の進化[62]」として把握していたのである。

以上の考察を踏まえれば、権限を行使する（国家）「機関」は自ら制定する法について拘束を受けること、法の立法者は自らその行使について制限を受け、なお且つ、刑法によって（国家）「機関」はその刑罰権行使に関し拘束を受けること、そのことによって刑法の発展が認められること、このような立論によれば、（「国家」）「機関」の刑罰義務が論理的に導き出され得ることが明らかになろう。

本節は、瀧川の刑罰義務論が国際共存社会の義務論として容れ得る可能性およびその論理的根拠について、結論だけを示した刑罰義務論がどのように導き出されるのかについて、これを模索するに瀧川以外の主な所論を概観してきたものである。

本節の最後に、重要な点を指摘しなければならない。それは、国際法研究において、強く主張されている「国家」の合意をもって、今世紀国際刑法が始動したという事態は、僅かにとどまっていることである。二〇一八年四月現在、常設国際刑事裁判所には、幾つかの事態があがっている。このうち、補完性原則基づいた締約国付託とは異なる、すなわちローマ規程採択時には想定されていなかった（自国の管轄権および刑罰権を放棄する）自己付託によって捜査が開始された事態が、ウガンダ共和国、コンゴ民主共和国、中央アフリカ共和国における二つの事態を含む四件にも上ることである。安保理の付託によるものは、スーダン共和国（ローマ規程の非締約国）、リビア共和国における二つの事態であり、検察官の職権によるものはケニア共和国とコートジボワール共和国[63]の二つの事態について捜査が開始されている[64]。

これら紛争における個人処罰の実効を予定する事態においては、補完性原則よりも関係「国家」による管轄権の放棄という自己付託や、安保理による付託という状況が続いている。これは、関係「国家」の管轄権に基づくものではなく、むしろ事態の解決を共存「機関」に委ねることによって個人処罰の実行を期したものと解することができる。

以上の考察を踏まえれば、補完性原則との関係とは別に、他面的側面である共存社会「機関」それ自体の役割および目的から、共存社会の秩序維持のために司法審査を開始すべき事態が生じた場合には、これに対して、国際共存社会における「機関」は審理を開始し、公正な手続にしたがって刑罰権を行使する「義務」があるという義務理論が構築され得るものと考える。補完性原則とは直接的な関係性を求めるものではない「機関」自体の役割および目的に着目する考え方は、本書によるばかりではない。内藤謙もまた、刑罰権の基礎を「国家の任務」に求めていた(65)。すなわち、個人の生活利益を保護するための不可欠の条件を刑罰によって当該侵害から国民を保護する、という、「機関」の役割ないし任務から刑罰権を導びいていた。

七　刑事法における義務論

(1)　刑罰義務論

刑罰権の行使における端緒は何か、当該端緒は如何なる性格を有するものであるかについて、以下確認していきたい。

犯罪の嫌疑を有する者に対し、公訴を提起し処罰の実現を図る役割を担う者が、「機関」の検察官である。個人責任追及の実効をもって国際社会の平和的秩序を図る観点からは、「機関」は国際社会における「人」の共存に適うものでなければならない。国際刑法は、「人」の共存に関する（すなわち、ローマ規程の列挙犯罪に対する具体的規定の法益を保護するという、本来的な役割を通じて）共通法益を確保し、究極的には安全と平和を維持し、共存社会の秩序を維持するものであることを要することが求められる。重大な国際犯罪に関する首謀者への個人責任追及とともに、「人」の共存を図るという役割を担ったものが「機関」であることが確認される。

そこでの刑事司法手続は、共存社会のために、一定の要件のもとで開始されるべきである。「人」の共存を目指した社会のために求められる刑事司法は、ローマ規程前文にも謳われるように「国際社会全体」の利益の確保が求められる。本規程の前文には、「国際的な犯罪について責任を有する者に対して刑事裁判権を行使することがすべての国家の責務」であることが明文化されている。この実現を図るべく、本規程は、第一五条、第四二条、第五三条に検察官の権限および捜査の開始に関する規定を置いている。

ところで、検察官の権限については、起訴法定主義と起訴便宜主義という考え方がある。前者は、犯罪の嫌疑と訴訟条件が具備された場合、訴訟が義務づけられると解する考え方であり、後者は、嫌疑が存在し、なお且つ、訴訟条件を具備する場合であっても、公訴を提起しない場合のあることを認める考え方である。我が国の刑事訴訟法は、第二四八条で「犯人の性格、年齢及び境遇、犯罪の軽重及び情状並びに犯罪後の状況により訴追を必要としないときは、公訴を提起しないことができる」とし、起訴便宜主義に関する規定を置いている。すなわち、一定の合目的理由が存在する場合、公訴は提起されない。起訴便宜主義は、犯罪の予防効果が期待される。特に、特別予防に関しては、高い効果が期待される。犯罪者に対しては、前科者というラベリング効果を伴わずに更生の機会が与えられるといわれている。(66)

これに対し、ドイツ刑事訴訟法は、第一五二条二項で「事実に関する充分な証拠」がある場合、起訴が義務づけられている。証拠が充分な根拠を有する場合、刑事手続が開始されなければならないとの意味である。審理の結果、有罪が確定した場合の有責者に対する要罰性という観点から、証拠が充分な根拠を有する場合、検察官または検事局は公訴の提起が「義務」づけられている、ということである。起訴法定主義においては、不当な政治的介入や非政治的要素を排外し得るという点にその特徴が求められる。検察側における恣意性を排除し、公正な審理を開始するという点は、優れた制度といえる。但し、幾つかの重要な例外もあることを付言しておく。

起訴便宜主義と起訴法定主義の両者は、かつて行われていた私的制裁としての復讐を克服し、秩序維持の観点から、国家「機関」である検察官に公訴の提起および遂行の権限を帰属させた結果である。内田一郎は、――ビルクマイヤーの「国家の刑罰権は同時に刑罰義務でもあると考えることによつて、犯罪についての職権的訴追の原理と起訴法定主義とを導き出[67]」すという見解を、また国家はこの訴追義務を負うものであり、「国家独自の刑罰義務は、犯罪であるが故に（quia peccatum est）、絶対的な義務であつて[68]」国家目的に応じて軽減ないし減殺される義務ではないという帰結――を示している。そして、ビンディングもまた「ビルクマイヤーと同じく国家の刑罰義務ということを説く[69]」という。ビルクマイヤーの見解を継ぐビンディングは、起訴法定主義の採用にあたり、刑罰の両刃の性質を考慮しつつ要罰性が認められた場合、「刑事訴追および処罰の義務を負うものとする[70]」という考え方を説示した。本章前節にいくつかの国家の義務論および国家の刑罰義務論を確認してきたが、ドイツにおいて義務論の展開は、古くはカントによって明確に打ち出されていたのである。すなわち、「刑罰の科行は国家権力の単なる権利であるにとどまらず、今や国家がそれを回避することを許されぬ基本義務としてたち現われてくることになる[71]」と説いていた。

補完性原則を基軸として論を展開する立場からは、刑罰「権」のみならず刑罰「義務」をも負う刑罰論は、容れられ難いと思われる。しかしながら、我が国の刑事法には、このような「義務」論を既に採用しているのである。以下に説明する。

(2) 刑事補償法

既述した通り、（我が国では刑訴法第二四七条によって）国家は公訴権を独占すると解されている。公訴の提起は適切かつ公正になさなければならない。適切かつ公正な訴追をもって国家の公益を確保すべきところ、何らかの事情によってこの目的が達成されなかった場合には、国家はえん罪を言い渡す可能性を残すことになる。本来なされるべき国家の任務に違反して、公益に反する結果を生ぜしめた場合には、国家はえん罪者に対し刑事補償をしなければならない。すなわち本法にいう補償に関しては、国家は無過失の責任を負わなければならないのである。このことは、当該補償をして国家に「義務」を課したものと考えることができる。

右の趣旨は、憲法第四〇条の「何人も、抑留又は拘禁された後、無罪の裁判を受けたときは、法律の定めるところにより、国にその補償を求めることができる」という規定にその根拠が求められる。刑事手続において、不当な扱いを受けた場合には、身体の自由に対する制限による人格的ないし精神的損害に対し、これを救済ないし賠償する必要が生じる。一九三一年に成立した旧刑事補償法は、明治憲法のもとにおける国家無責任の法理を継いだものであったため、恩恵的な性格をその内容とするものであった。旧刑事補償法は、国家主権無問責の上に国家は賠償義務および補償義務を認めていない。すなわち、「国家ハ一ツノ仁政ヲ布キ国民ニ対シテ同情慰藉ノ意ヲ表スルノガ此ノ法律ノ精神」である旨を示していた。[72] 旧刑事補償法は、国家から国民に与えられる仁政・同情慰藉に過ぎなかったのである。旧法を改め、憲法上の権利として、新刑事補償法が制定された[73]（昭和二五年法律第一号）。同法によって充足されない損害がある場合、同法とは別に、国家賠償法上の損害賠償請求を行うことができる。

国家は、刑事司法を運営するにあたり、訴追の主体者ならびに刑罰「権」行使の主体（者）として、公訴「権」および刑罰「権」を有するのみならず、当該権限の行使に関しその適正性・公正性が求められるのであって、任務に違反し、国家の公益が確保されなかった、換言すれば国家の役割を果たせなかった場合には、単なる権限を有する「権限」行使の主体（者）のみとどまることはできないのである。

えん罪者に対してその刑事補償がなされなければならない(74)という国家の「義務」は、以上の道筋から説明される。国家によって加えられる「人」に対する権利侵害の常態性に鑑み、法は無過失の責任としてこれを認めるに至ったのである。すなわち、「義務」としての補償という構造をここに視ることができる。公訴提起の次なる手続に置かれている刑罰権の行使について、適正かつ公正な行使ができなかった場合の「人」への保護について、刑事法は既に無過失責任を採っている。公訴「権」、刑罰「権」と称されるものの、国家は適正かつ公正な行使に関する権限を有するとともに、「義務」をも有していることが確認できる。

第二節　共存社会における義務論

一　刑事補償

国際社会に視点を移してみれば、一九五〇年の欧州人権条約第五条五項には「本条の規定に違反して逮捕され又は抑留された者は、補償を受ける権利を有する」と定められている。これに続いて、一九六九年の米州人権条約第一〇条では「何人も、誤判による確定裁判を受けた場合には、法の定めに従って補償を受ける権利を有する」と規定されていた。なお、これらの人権条約における補償を継ぐ形で一九七六年の「市民的及び政治的権利に関する規約」、いわゆる「自由権規約」第一四条では、公平な裁判を受ける権利の保障規定が置かれている。そして、本条六項には、「確定判決によって有罪とされた場合において、その後に、新たな事実又は新しく発見された事実により誤審のあったことが決定的に立証されたことを理由としてその有罪の判決が破棄され又は赦免が行われたときは、その有罪の判決の結果刑罰に服した者は、法律に基づいて補償を受ける。但し、その知られなかった事実が適当な時に明かされなかったことの全部又は一部がその者の責めに帰するものであることが証明される場合は、この限りでない」と定められている。(75)

上述のように前世紀中期以降、人権条約では刑事補償の権利が認められたものの、前世紀までのアド・ホック刑事裁判所規程にあっては、これら刑事補償に関する規定は、国際刑法上の権利としては存在しなかった。この点で、ローマ規程は、刑事補償に関し、第八五条で以下のような具体的規定をもってその権利を定めており、人権条約からのさらなる発展が認められると考える。すなわち、

「一　違法に逮捕され、又は拘禁された者は、補償を受ける権利を有する。

二　確定判決によって有罪と決定された場合において、その後に、新たな事実又は新しく発見された事実により誤審のあったことが決定的に立証されたことを理由としてその有罪判決が破棄されたときは、当該有罪判決の結果として刑に服した者は、法律に基づいて補償を受ける。但し、その知られなかった事実が適当なときに明かされなかったことの全部又は一部が当該者の責めに帰するものであることが証明された場合はこの限りではない。

三　裁判所は、重大かつ明白な誤審のあったことを立証する決定的な事実を発見するという例外的な状況においては、無罪の確定判決又はそのような理由による公判手続の終了の後に釈放された者に対し、手続及び証拠に関する規則に定める基準に従い、自己の裁量によって補償を与えることができる」というものである。

刑事補償に関する本条は、ローマ外交会議において、フランスから提案されていた。そこでは、本規程における刑事補償に関する規定は、「権利」として承認されるという解釈がなされている。但し、同条三項は、裁判所の裁

量によるものであり、権利の対象ではないと解されている。

以上のように、国家は刑罰「権」を有するのみならず、国内刑法における刑事補償について、国家は自らに対し義務を課し、当該義務に関しても無過失の責任を基本としている。これに対し、人権諸条約および国際刑法においては、強い義務規定は置かれず、むしろ権利性に着目した規定となっているところにその相違と特徴が求められよう。

二　国際刑法における義務論

起訴および刑罰義務に関する以上の検討を踏まえ、国際刑法においては、起訴と刑罰義務とはどのような関係のものとして考えられるべきであろうか。起訴便宜主義は、検察官がその要罰性を認めた場合に限って、可罰性の追及が可能となることが指摘できる。その結果、裁判所への付託や審理（の開始）にかかる不均衡や検察官の恣意性が払拭され得ず、共存社会「機関」に対する猜疑または不信が生じることとなろう。ローマ規程の列挙犯罪に関する重大性や特異性、被害の深刻さや甚大性を考慮するならば、起訴法定主義が望まれるであろう。

但し、国際共存社会の組織性は集約化されておらず、国内の刑事司法制度と同様に論じることはできない。また、国際刑法における「事態」は、国内刑法における事件との比較において、文字通り広域にわたる継続性が認められるものであるため、起訴に関する地理的・時間的・人的労力という観点からも、相当程度の配慮が求められるべきことになる。(76) ローマ規程第五三条一項(c)および二項(c)は、捜査・訴追の開始にかかる検察官の権限については選択的決定を求めていることから、起訴便宜主義が採られていると解されている。

検察官の公訴の提起は、公益への追求という「公」的性格が認められる。他方で、公益の概念については、多義的であり「公益」自体に関する定義の漠然性から、便宜主義を排除することは困難となる。「公」益概念の明確化への取り組みないし試みについては、——長らく検討が加えられてきたものの——長濱政壽によれば、最終的にはさまざまの価値観によることから、充分な明確性を示す定義、すなわち「その（公の：括弧内引用者）内容を完全に示すことは殆ど絶望に近い[77]」ことを指摘する。——公益の一定の明確性を維持しつつ、さらに加えて人的、物的費用、また時間的損失等の問題を抱えながらも——審理・処罰を個別国家に委ねた場合、公的地位に基づく不処罰が認められてきた。不処罰慣行の克服という原点に立てば、被疑者の有する特定の地位を顧慮する起訴便宜主義は、理論的には避けるべき司法制度と考えられよう。但し、ローマ規程は、第二七条において公的地位の免責を排除している。

国際刑法は、共存社会の秩序の安定と平和に寄与するもの、すなわち、ローマ規程前文に規定されるように「国際社会全体」の利益の確保に資することが求められる。最終的に、どのような刑事司法制度を採るのかという重大な問題に関しては、時代や社会経済の発展の程度のほか、ときの政治力学など、諸種の要素に大きく影響を受けるものである。したがって、司法機能がそれらの諸要素によって左右され、決定されるという矛盾が存在することになる。

しかしながら、刑事司法制度の採用にあたっては、原点に戻るべきである。国際共存「社会」は、国家の恣意的刑罰権の行使——国民に対し人権侵害や蹂躙を加えた国家の首謀者、すなわち、公的地位にある者またはあった者の免除を認めてきた国家刑罰権に対する猜疑およびこれによって生じた国家刑罰権への不信と——を回避して、首謀者の個人処罰に関する法的判断を国際共存社会「機関」に委ねた。国際刑法の出発点に立てば、重大な国際犯罪を首謀した個人の訴追に関しては、国家に対する義務のみならず、国家がこれを懈怠する場合ないしこの行使の可能性が閉ざされている場合、国際共存社会の裁判「機関」（＝検察官に）はその「訴追義務を負う」という義務「理論」が、ここに導き出され得る。そして、この道筋により、国際検察官は、捜査を開始しなければならないという解釈が整合的に導出されるのである。

三　共存社会

国際共存社会における刑事裁判「機関」創出の沿革と国際刑法の趣旨からは、必ずしも「国家」刑罰権がその基軸に置かれるものではない。国際社会における社会刑罰論が展望されるのである。社会刑罰論によって、共存「社会」全体にかかる共通法益論が整合的に導かれる。すなわち、国際社会全体の法益とは、個別国家の刑罰論からのみ説明され得る法益とは必ずしも一致しない（二一世紀初頭においては国家を介在させつつも）共存社会が「人」の共存のために確保すべき共通法益である。この共通法益の（究極的な）享受主体は国際「社会」に共存する「人」であると理論上は考えられる。一般に、国際共存「社会」は、個別国家から成ると説明されてきた。国際共存社会は、国家という個別社会の共同体と考えられる。

国際刑法の機能について、国家を前提とする――補完性原則を軸として立論する――立場からは、このような国際共存社会における社会刑罰論は、伝統的な刑罰論とは異なるものである。本書における刑罰権は、「国家」独占原則のもとに「国家」のみが有し、――国際刑罰権を「超」国家刑罰権と位置づけ、国家刑罰権の「例外」として行使すると把捉する見解をも含め――「国家」がこれを有し「国家」がこれを行使するという従来の「国家刑罰論」とは相違するものである。

国家と社会は別個であり区別されるものであるが、両者は密接不可分のものであり、社会なき国家はあり得ず、（今世紀初頭においては）国家なくして国際社会は存在しない。近代以降、刑法理論が展開され国家が刑罰権を独占することを前提に刑罰権が各種理論の対象とされ、刑罰権国家独占原則が確立されてきた。ところが、国際社会に国際国家ないし世界国家は存在しないことから（普遍主義や世界主義との主張も存在するが）、そうした国際共存社会での刑事裁判機関が刑罰権を行使するためには、国家以外の機関が刑罰権を行使することを認めることについての理論化が求められる。そこで、この点について、次節で考察を行うことにしたい。

第三節　共存社会における社会刑罰権論

一　社会刑罰権論

「国家」ではなく「社会」が刑罰権を行使した時代が存在したことは、後の第一篇第七章で詳述するところである。社会が刑罰権を行使したことは、歴史学や法学によって歴史的事実として検証されている。国家が存在する以前の社会においては、社会の在り方や社会秩序の維持については、宗教が媒介要素となっていた。社会刑罰権が行使されていたという（第七章における）実証的考察を踏まえれば、近代以降国家における刑罰権国家独占原則が絶対的なものであり得ないことはいうまでもない。よって、国際共存社会において、現在、国際国家ないし世界国家の存在を欠く以上、国際社会が刑罰権を行使することは否定されるべきことではない。また、国際共存社会の裁判機関は、刑罰権を行使するものとして創設されたゆえに、その本来的な目的からは、当該機関での審理に基づく刑罰権の行使は当然のこととも説明し得る。「機関」の連続性という点からはこの点について問題はないと考える。

国際共存社会における一定の「機関」が刑罰権を行使することは、社会が刑罰権を有するのか、あるいは国家のみが刑罰権を有するかの問題とは区別して認識されるべきことであり、個別国家からの譲渡を受けなければ国際共存社会は刑罰権を行使することはできないという帰結は、第一篇第七章の「刑罰の史的変遷」に関する考察に基づく以上、導き出されない（なお、この点に関する本書の基本的視座は、第一篇第一章を通して示してきたように国際共存社会が固有にこれを有するという立場に立脚する。そして、共存社会が有する刑罰権は、もとより「人」が有した復讐にその淵源が求められると考える。それが、近代国家成立以降は、国家がこれを独占することとなったという史実については、本章およびこれに続く第七章で論じる。付言するに、多くの論者においては、刑罰権の帰属の問題と執行力ないし実効性の問題について、これを区別することなく論じているが、本書においては、刑罰権行使の段階において両者は強い関係性を有することは当然であるが、刑罰権の帰属や淵源を考察の上では、別の問題であるとの認識に立つ）。

本書は、共存社会において個別国家が互いに存続し「共存」社会を形成し維持していくためには、国際社会の「機関」が刑罰権を行使する刑法を「理論」として確立することが不可欠であると考える。社会が刑罰権を行使する場合の当該刑罰権を社会刑罰権と呼称するならば、観念されるべきは国際共存社会における社会刑罰権である。

国際刑法における刑罰論に関しては、その基礎となるべき帰属概念については、そもそも国家刑罰権であるのか、あるいは社会刑罰権であるのか、このような問題の検討さえなく、個別国家においては、元来刑罰権国家独占が唯一無二の「原則」となっており、研究者もまた刑罰の史的変遷の考察や検証を踏まえることなくこれ（刑罰権国家独占原則）に立脚するため、この問題自体が論じられることは「ない」のが常態であり、これがいわば無自覚の原則となっている。「刑罰権の行使が正に国家主権の最たるものである以上、国家でない純然たる国際機関に、固有の管轄権や管轄権行使に必要な独自の法執行権限を所与のものとして認めることができないのは当然であろう」という山口幹生の考え方である(78)。

しかし、国際社会が、共存社会に固有な問題や犯罪に対処することが特殊的に要請されるようになって、国際刑罰権が、国家以外の機関において行使されるものとして論じられるようになってきた。

本書は、右山口のような見解に立つものではない。①国家でない機関や社会が固有（の管轄のもとに）刑罰権を行使するということ、②管轄権と刑罰権と執行権の問題は、分けて捉える必要があると考える。後の第一篇第七章でも検証するように、国家以外の「機関」が刑罰権を有し、且つ、これを行使すること自体は史的変遷の中に確認できるものであり、その事実の延長として位置づけられ、それ自体は何ら問題となることでもなければまた問題とされるべきことでも「ない」と認識している。したがって、本書の立場からは、国際共存社会での社会刑罰権に関する問題については、その行使が公平であるか、妥当性を有するものか、正当な行使であるか等に存するのであって、社会刑罰権概念の存否の問題は存しない。むしろ、同第七章での考察によって明らかにする通り、刑罰の史的変遷の中では、今日通有している刑罰権国家独占原則が例外と位置づけられるべきものであり、社会刑罰権こそが普遍のものとして連続してきたという史実に世紀的スパンをもって、①「機関」における刑罰権行使の連続性と、②人間の共存と社会秩序の維持、という価値を見出すものである。

この点、今世紀初頭における（実務家のみならず）研究者の多くが、刑罰権国家独占原則にのみ拠る、いわゆる既成の刑罰権概念にのみ依拠し国際共存社会における刑事裁判「機関」、すなわち共存社会「機関」による刑罰権の行使を是認しつつも、その刑罰権を「国家」との関係においてのみ解消しようとする。この点は、第一篇第一章に考察したように、いわゆる譲渡説がその典型であるといえる。「超」国家的刑罰権説においてもその思考において、本質的に大差は視られない。個別国家との関連においてのみ、「超国家」が論じられている。「国家の外側に、国家とは別に」とはいうものの、その思考には常時国家が据えられ、国家を離れて論じられるべき刑罰権のそれが対象として措定されているわけではない。個別国家なくして超国家的刑罰権を論じることはできない「超国家論」と評言せざるを得ないのである（この点ついては、後に触れるため、ここではこれ以上詳しく論じない）。国際社会を問題にするとき、なぜ「国家」に拘束されるのであろうか。執行力の問題は、別なる問題としても、刑罰権概念において、多くの研究者が「国家」のみを基軸に刑罰権を論じている。

本書は、右と異なり、国際刑法における刑罰論は、国際社会が固有に有する社会刑罰権として基礎づけられ、続いて論じるように社会公訴権概念が検出されなければならないことを以下に説くものである。

二　共存社会観

刑法は、国家との関係において強い密接性を有している。すなわち、刑法はときの国家論の影響を強く受けるものである。そうした意味から、今世紀初頭、国際社会における共存社会観が映し出されるべきである。必ずしも国家による刑罰論ではなく、国際社会において求められた司法権の発動、とりわけ刑罰権行使に関する判決言渡に関しては、共存社会観が展望されるべきである。右のような考えに立脚すれば、それは、同時に、国際共存社会における刑事裁判「機関」創出の沿革と国際刑法の趣旨からは、必ずしも「国家」刑罰権が基軸に置かれるべきものではない。「共存社会が固有する刑罰権」の行使を基礎づける理論が求められる。このような共存社会を基礎とする共存「社会」刑罰論によって、共存「社会」全体に対する共通法益論が整合的に導かれる。

国際刑法の機能について、国家を前提とする——補完性原則を軸として立論する——立場からは、このような国際共存社会観に基づく刑罰論は、伝統的な刑罰論とは異なるものである。刑罰権は、「国家」独占原則のもとに「国家」のみが有し、——国際刑罰権を「超」国家刑罰権と位置づけ、国家刑罰権の「例外」として行使すると把握する見解をも含め——「国家」がこれを有し「国家」がこれを行使するという従来の刑罰論とはまったく相違するものである。

二〇一八年四月現在の国際刑法研究において社会刑罰権論を主張するまたはこれを確認する論者はみられない。だが、刑法学においては、社会が刑罰権を有するという概念は、むしろ多くの研究者によって認められてきた。そして、第一篇第七章に詳述するように、史実として、社会刑罰権が通有してきたのである。いうまでもなく、以下に述べる社会刑罰権論と国際共存社会における刑罰論とを同じ基軸で論じることはできない。時代も社会構造も歴史的背景も異なるものである以上、以下の社会刑罰権論をもって直ちにこれを国際共存社会の刑罰権論に置き換えるまたは援用することはできない。

しかしながら、かつて我が国の刑罰論を基礎づける重要な考え方として、多くの学者がその拠り所を「国家」ではない「社会」に求めた史実があることを認識する必要がある。以下では、このような趣意を主眼として、社会刑罰権が観念的ないし抽象的あるいは机上の空論ではないこと、また我が国においても社会刑罰権論がかつて多数採られてきた史実の一部を確認することにする。

三　歴史的系譜

(1)　社会刑罰権論

社会が刑罰権を有するという立論は、無理なく先覚の刑法理論にそうものである。**岡田朝太郎**は、社会刑罰論に立脚していた。岡田は、社会に刑罰権があることを提唱したのである。すなわち「刑法ハ罪ト刑トヲ定ムル條目ナリ社會公權ノ代表者ヲシテ犯人ノ生命身體財産榮譽自由ヲ剝奪セシム」と捉えたのである(79)。続いて「社會ハ如何ナル理由アリテ此ノ如キ刑罰權ヲ有スル乎是レ即チ社會刑罰權ノ基本如何ト云フ刑法々理上ノ一大問題ナリ」と問いた(80)。これに対し、刑罰は権力によって科されるものであるが、刑罰権を有するのは「社会」であることを一貫して主張していたのである(81)。

そして近代国家成立以降、（刑罰権は国家がこれを独占し国家のみがこれを行使し得るものである、という今日多くの論者によって採られる刑罰権国家独占主義を考慮すれば）岡田は、極めて示唆に富む見解を述べている。すなわち、現行刑法が採用する折衷主義が必ずしも学理的には真理ではないことを指摘していたのである。換言すれば、刑罰権は何によって基礎づけられるのかという問題と、現行刑法が採用している刑罰権の基礎づけとは、必ずしも同一のものではない点を摘示していたのである。すなわち「現刑法カ折衷主義ヲ採レルヲ示スモノトス進ンテ之ヲ眞理トスベキカハ全ク別ノ問題(82)」であることを説示した。

岡田は、さらに時代と地域ないし場所によって犯罪概念が相違することを示す。国家は、「人」の生存競争の結果として成立した団体であり、ここに求められた法は、生存競争の結果として必要とされた結果である。このように、**国家をひとつの社会現象と捉え、法はその**（「国家」）**現象のひとつである**と構築する岡田の刑法理論の基底には本書と同様の社会観が視られる。「人」の生存競争の結果として成立した「国家」によって保護される生存条件は権利であり、したがって「人」に対し「国家」は人間の共存条件を「保護」することが求められる。国家は人類の結社生活に必要な諸条件を「保護」するものであり、これによれば保護の限界は、「人」が結社生活を営む必要性の限度において認められる。岡田は、「人」によって成立する社会には、絶えず競争や紛争が存在することを強調していた。社会に刑罰権の基礎を措定した岡田は、「社会のより進んだ集団としての国家の存立発展に座標を置いて、刑法を理解しようとした(83)」という。

同様に、**井上操**も、社会が刑罰権を有し、社会がこれ行使するという立場を採った。すなわち「凡ソ犯罪アレハ則チ之ヲ罰セサルヲ得ス而シテ之ヲ罰スルハ社會ノ權ナリ此權ヲ刑罰權トイフ社會ハ已ニ刑罰權ヲ有ス(84)」と示した。また、「社会カ有セル刑罰ノ権利ハ、十分ニ証明セラルヘキナリ、之ヲ概言センニ、至正至直（純一正直）ノ主旨ハ、以テ罪人カ責罰ヲ受クル所以ヲ明ニシ、又保存安寧（社会便益）ノ主旨ハ、以テ社会カ、此責罰ヲ行フ所為ヲ明ニスベキナリ(85)」と説いた。

また、**宮城浩蔵**も社会が刑罰権を有するものであるとする(86)。すなわち、刑罰を「社會ノ公権ヲ以テ犯罪ヲ理由トシテ犯人ニ科スル所ノ苦痛ナリ(87)」とされる。宮城は、刑罰について社会を害する所為と位置づけ、これに対して法律が必要であること、また「訴追者は被害者たる社会（検察官）であり、判ずるも社会(88)」であることを説いた。これは、すなわち、「『訴フル者』も『之ヲ判スル者』も、ともに社会である(89)」と捉えたものである。換言すれば、「公訴権を社会が有し、社会がその審判にあたる」ということである。本章は、宮城浩蔵の刑法理論に関する考察ではないため、宮城の刑法への捉え方に関する概要にとどめる(90)。

他方で、**井上正一**も「刑罰ノ目的ハ即チ社会刑罰権論の主義是ナリ(91)」という社会刑罰権論を唱えていた(92)。井上正一によれば、「社會ハ犯法者ヲ罰スルノ權アル(93)」、すなわち「社會ハ自己ヲ保護スルカ爲メ必要ナル法律ヲ設定シ若シ犯ス者アレハ則チ之ヲ罰スルノ權アリ(94)」したがって公訴について「公訴ハ社會ノ刑罰權ヲ實行スルノ手段(95)」と位置づけている。刑法の目的を社会秩序の維持に置き「刑罰權ハ即チ社會ノ安寧ヲ維持シ吾人ノ自由權利ヲ保全スルヲ以テ目的トナシタル命令權ノ附属權ニシテ翅ニ社會構成上必需ノモノナルノミナラス亦タ道徳ト公道ニ適合スルモノタリ(96)」と説いた。刑罰を社會秩序の維持のために創設するものと捉え、したがって「各國其宜ニ循テ之ヲ軽重スルヿヲ得ベシ(97)」とした。社会秩序の安寧については、「秩序トハ則チ社會ヲ構成スル原素タル人民ニ固有セル自由ノ互ニ相維持セラレタル態容(98)」と捉えていたのである(99)。そして、松室致も「犯罪とは何そや社會か有害と認むる所爲即ち是なり(100)」と説示していた。

このような社会刑罰権論は、我が国のみにとどまるものではない。もとより当時の我が国の刑法は、ボアソナードによるフランス刑法に強い影響を受けたものである。**ボアソナード**もまた「凡そ社會は其存在に必要なる自然法に依つて刑罰權を握有す(101)」と説いていた。遡るに、ボアソナードの師であるオルトランによれば、「刑罰権の正当根拠は何か。また、刑罰の目的が何か」という問いへの答が、刑法理論を成すものであると帰結する(102)。刑罰権の正当化根拠は、同時に何を犯罪として処罰することが正当とされるのか、またその内容およびその程度をも根拠づけるものとなる。このような観点から、**オルトラン**は、刑法において、①犯罪とされるべき行為は何か、②刑罰の性質、③刑罰の程度ないし限界について問い、それは、社会が刑罰を科する権利を持つのかという自らに向けた問いに対し、自己保全権説、すなわち、社会が不正な行為を処罰し得る根拠を、「（正義の観念を含む）社会の自己保全」と「（効用の観念を含む）福祉の権利」に基づくものとした。[103] オルトランの提示する理論に拠れば、正義と効用の二つの原理により、刑罰権が正当化される。右①から③についても、上述の二つの理論によってそれが解かれるとする。[104]

また、江口三角によれば、倫理的正義および社会的効用を刑罰の正当性に求めこれによって国家刑罰権の発動の限界を画することを企図した**ギゾー**は、他方で、この限界の判断の主体は「社会であって国家（政府、権力）ではない」[105] ことを明らかにしたという。すなわち、「国家は、社会が、倫理的正義に違反し、社会の利益を侵害すると考える行為のみを犯罪とし、市民感情に従ってこれを処罰しなければならない」[106] と解されていたことを論じている。これは、「権力は社会のためのみに存在するものであることを強調する」[107] フランス新古典学派[108]の特徴と思われる。江口は、この点を、（フランス新古典学派においては）市民という個「人」に立脚した刑法思想であると評言している。[109]

右の考え方を補説するように、**トレビュシアン**の思考を介しフランスでは「刑罰権は個人の集合である社会に属するものであり、社会は国家（Etat）と呼ばれる統治の機構を通じてこれを行使する、という考え方」[110] を採ることを江口は明らかにしている。社会が刑罰権を有するという観点から「一般に、国家権力、国家刑罰権とはいわないで、社会権力（pouvoir social）、社会刑罰権（pouvoir social de punir）と」[111] 表現することを指摘していた。

以上を概観すれば、旧来からの国家主権独占理論に基づく刑罰論ではなく、共存社会論が展望され得る。**瀧川幸辰**も、（初期の瀧川刑法学においては）「はじめに国家ありき」という刑法理論を採るものではなかった。むしろ、国家を社会のひとつと把捉していた。（初期の）瀧川刑法学の基底には、国家組織よりも共存社会が措定されていた。すなわち、共同利益をもとに成立する国家は、「社会」のひとつであり、社会は「個人の集団」であるという把捉であった。そこには、個人の法益を最優先としてまた最大限に保護しようという思想が視られる。

瀧川は、「法律は國家という社會の團體規則である。人類が共同の利益のもとに結合するところ、そこに社會が成り立つ。大は世界社會から、小は夫婦に至るまで」[112]と説く。続けて、「社會が國家という高度のものに發展した時」[113]風習と法律と道徳とが分化したことを指摘していた。共存利益団体としての国家は、社会のひとつであるという理解のもとに、共通利益を内容としてのみ、社会との結合点を認めている。旧来、一般に説かれてきた、国家主権至上主義や国家の最高権力性とは離れて、瀧川は、法の自己完結性を求め国家の万能性を排外しようとした。すなわち、国家の内実は、社会のように人間によって形成されているという把握のもとに、また社会をあくまで個人の集団と位置づけていたのである。[114]このような共通利益（の確保）を介してのみ「国家」に価値を見出し、「人」の共存を図る社会観は、本書が提唱する共存社会観と共通するものがある。

(2) 刑罰義務論

刑罰「義務」論に関しては、瀧川や本章によるばかりではない。その思想自体が古い歴史を有しているのである。もちろん、以下に概観する義務論を国際刑法を対象とする本書に直ちに容れることは慎重であるべきと考える。しかしながら、時代や社会構造他の諸条件が異なっていても、刑罰思想史という大きな流れ——時代的変遷——の中に、刑罰義務論が認められている。その史実の一部を以下で確認することにする。なお、概観する所説については、さらに深い考察が必要であると考える。すなわち、刑罰義務論の基礎を成す所説においては思想自体も思考の方法論も異なるのみならず主張内容も相違する。本章は、これらの詳細を検討することを目的とするものではないため、左の刑法思想を前提に事実として刑罰義務論がかつての思想家・刑法学者によって主張されていた、また刑罰義務の内容こそ異なるものの、刑罰義務論が展開されていたことを確認することを主眼とし、以下、概要を紹介するものである。

ロック（John Locke, 1632–1704）における刑罰権は、自然法を犯すことにより、犯人を「人類によって危険な存在」と位置づけ、これに害悪を科すことによって同様に悪を生じないようにするという。その意味で、人類保存権から一般予防を展望する。刑罰権については、万人が有するものであり、万人は全人を保存する自然権を有する。ロックは、犯罪を「全人類に対する犯罪」と捉え、万人がその被害者であると位置づける。人類保存権は、万人が有するものであるため、ロックにおける刑罰権は人類保存権から導き出される。自然状態では万人が人類保存権を有する。それが権利である以上、これを行使するか否かについては各人の判断によるものとされる。しかし、刑罰の過少が生じることを鑑みれば、これは権利によることから起こる問題である。したがって刑罰は、義務として把捉される必要性を説く。他方、刑罰義務と捉えることは、刑罰の過剰を惹起させる危険性を内包させるものとなる。このような問題の解決にあたり瀧川裕英は、一定の者に刑罰義務の割り当を求め[115]、その主体となったのが国家であることを補説している[116]。

また、**カント**（Immanuel Kant, 1724–1804）も、刑罰を科することは、同時に正義の実現のための権利であることを説いたという[117]。国家は「人」の自由を保障する目的のために組織された団体である[118]。「人」が互いの権利自由を侵害することは国家目的と相違する。国家は犯罪人に対し強制力をもって防御方法を講じなければならない。すなわち、「国家が犯罪者に刑罰を科すことは権利であると同時に義務である」[119]という把捉を採っていた。換言すれば、「刑罰の科行は国家権力の単なる権利であるにとどまらず、今や国家がそれを回避することを許されぬ根本的義務としてたち現われてくることになる」[120]のであり、国家は刑罰権を行使し得るばかりでなく、むしろこれを「なさねばならないのである」[121]と解していたのである。

ラーバント（Paul Laband, 1838–1918）も、国家に対する保護義務を説いたという[122]。ラーバントによれば、国家の任務は、自力救済を排除して国民の権利を保護することにあるとする。すなわち、国民の権利の基礎づけを国家の自ら課した国民への権利保護に関する義務に求めた[123]という。これによれば、司法機関である裁判所への訴えは、国家に当該紛争に関する解決を求める、換言すれば、国家への助力を求めることを意味することとなるため、したがって、国家はこれに関する権利保護を承認することになる。こうして、公的訴権の権利が、公法上の権利として認められることを導いた。

イェリネック（Georg Jellinek, 1851–1911）もまた、「人」に対する国家の権利保護義務を認めている。但し、イェリネックにおいては、法秩序に先立つ権利概念を認めるものではなく、権利の承認以前に保護されるべき法秩序の存在を前提に「義務」概念を導出[124]する。イェリネックにおける公的権利保護に関する請求権は、私法的請求権から生じるものではなく、その源泉を「人」格に求め[125]るという。国家による「人」への承認が、公法的訴権の根拠を求めることとなったのである。

続いて、**シュミット**（Richard Schmidt, 1862–1944）もまた、国家の訴追義務が導出されなければならないことを説いた[126]という。シュミットは、国家の市民に対する権利保護について、特に市民と司法という観点からこれを明らかにしたとされる。すなわち、裁判は裁判官の専断によるものではなく、裁判所という国家はその市民の裁判に関する権利保護義務――司法領域に関する国家への拘束＝公権としての権利保護請求権[127]――を負うと説いた[128]。このようにして、訴権について裁判所を含む「国家」に対する権利として位置づける公訴権的訴権学が登場することになった[129]のである。

既述した刑罰義務論は、**ビルクマイヤー**の論にその先駆的な見解を認めることができる[130]。大場茂馬の引用によれば、ビルクマイヤーは「國家ハ法律秩序ノ保有者ナリ。犯罪ハ法律秩序ニ對シ攻撃ヲ爲スモノナレハ犯罪アルトキハ之ニ對シ應報ヲ行ヒ以テ法律秩序ヲ保持スルハ國家ノ權利ニシテ同時ニ義務ナリ[131]」と主張したという。すなわち、ビルクマイヤーは「犯罪は国家利益の侵害なので国家のみが刑罰に関する権利義務を持つ[132]」とし、起訴独占主義を唱えた。

刑罰権行使の実体を基礎づける検察官の起訴については、既述した通り我が国が採る起訴便宜主義や、ドイツにおいて一貫して採られてきた起訴法定主義、さらには両者の目的論を深化させたものとしてその折衷を説く立場もある。公訴に関する右の訴追「義務」については、繰り返し述べるように国家の役割や目的という、いわゆる国家論がその拠り所となり、またその辿るべき方向性がそれ自体を決定していくものと思われる。この点で、国際社会においても、――「機関」と共存社会の在りようを展望する――どのような共存社会論が採られるべきなのかという問題と直結してくるように思われる。

四　カール・ビンディング

右に論じてきたことは、ビンディング（Karl Binding, 1841-1920）の刑法思想(133)からより明らかになるものと考える。本書は、ビンディングの刑法思想を容れるものでもなく、その刑罰論を直ちに国際刑法に導くものではない。先にも触れたように、時代も社会構造も人権思想の発展段階も異なる中で、これを等しく論じるものでは全くない。それにもかかわらず、本節以下にこうした義務論が説かれていたことを示すのは、以下の理由による。すなわち、①これまでの刑罰論の研究においては、このような刑罰「義務」に着目した論考が多くみられたわけではないこと。②さらに、国際刑法においては、未だに着目さえされてはいないこと。しかしながら、③刑罰を義務として把捉する考え方があったということ、そして④当該義務論がどのような内容において展開されていたかを認識することを主要な目的として、以下、概要的に確認するためである。本章の論述は、もっぱらこの点に主眼があり、それ以上の意味はなく、本書がこれに立脚するものではないことを再度明らかにしておきたい。

ビンディングは、以下の如く主張する。すなわち、「國家カ罰スヘキ權利ヲ有スルコトハ同時ニ罰スヘキ義務ヲ有スルモノナレトモ國家ハ總テノ非行ニ對シ斯ル權利義務ヲ有スルモノニ非ス。刑罰ハ兩方面ニ對スル害惡ナリ。其科セラル、者ニ對スル害惡タルノミナラス之ヲ科スル國家ニ對スル害惡ナリ。故ニ國家カ刑罰ヲ採用スルハ法律違反カ重大ニシテ刑ヲ以テ罰スルヲ以テ其權利ト爲シ其義務ト爲スヲ必要トスル場合ニ限ル」(134)。犯罪行為が発生した場合、国家は犯罪者に対する刑罰権を有するとともに、他方で、「國家ヲシテ刑罰ヲ採用スヘキコトヲ强要スルモノナリ」(135)とする。要約すれば、「刑罰權ハ犯罪ニ發源ス。刑罰義務ハ犯罪ノ破壞的效力ヲ顧ミ法律威權ヲ保持スル必要ニ發源ス」(136)という主張である。ここに、ビンディングの刑罰義務論が認められると考える(137)。

右の刑罰義務論は、以下に帰結する。すなわち、「刑法の命令は私人に対し課せられない。されば刑罰権の基礎の問題を若し人々が何が許され何が禁ぜられているかを述ぶる社會の權利が如何なる基礎に立つかを知る問題と解するならば、解決することが出來ない」(138)と。続いて「統治者は確實に集團の內部の安全を保護せねばならぬ。人々は彼等に常に此役目を認めた。彼等は刑罰法規を制定して此責務を果す。其に依り刑法は强制的であり適法である」(139)と。ビンディングのこの見解にこそ、①刑罰の名宛人の問題を発端とする、②集団内の「人」の「保護」を図る、③刑罰法規制定の必要性、および④その責務に関する問題の呈言を認めることができる。

そこで、本章においては、ビンディングの見解を昭和一一年に我が国に最初に紹介した、齊藤金作による訳出『「ビンディング」刑法論 I』一九三六（BINDING'S HANDBOOK OF CRIMINAL LAW）(140)を辿ることにする。齊藤は、ビンディングの見解を以下のように訳出する。本節においては、本章に関する当該訳出の一部について、必要な限度においてその概要を示すものである。

ビンディングは、人類の共同生活は最も素朴な手段によるとする。個々の法規が個々の権利義務を与え又は奪うものであり、個々の法規には目的がある。しかし、権利者と義務者との行為において生成発展する法律活動は、法律人が形作るものである。秩序の維持は、現在の危険に対する防衛によってあるいは報復によって行われるものである。あらゆる法律保護は、「保護法」によって基礎づけられ、実施される。[141]

ここに、「人」の保護を目指す、すなわち国際社会における「人」の平和的共存——を視い出すのである。このようにビンディングは、①刑法を「保護」法と捉えた上に、②その対象範囲を国家内外という国家を軸とする刑法を捉えず、かつ③必ずしも国家との関係を前提とはしていない。さらに、本書においては、後の第一篇第八章二節二項に指摘する④重大な国際犯罪の中に、可及的速やかに対象犯罪とされるべき「核を含む兵器の使用」[142]、すなわち、高度の爆発的破壊性を有しその被害において回復不能な侵害に対する特別予防の可能性をも含み得る刑罰論を展望し得ることが明らかとなろう。[143]

我が国においては、このような歴史を背景にした、刑法の醸成を俟ったものではなく、それは、移植ともいわれている。したがって、上述のような「人」への「保護」を求める、統治者の「義務」という思考が広汎に浸透しているものではないとも考えられる。

ビンディングは、犯罪の嫌疑だけに公訴権を基礎づけ、刑罰権者と犯人との関係を債務関係（obligatio）と把握した上、前者と後者との峻別強く主張した。[144]刑罰権者は同時に公訴権者ではないこと、刑罰権者と公訴権者とが異なるのは、刑罰権者である元首もドイツ帝国もともに公訴権提起の「機関」ではないためであり、したがって、刑罰権の実行には（他の機関をも含めた：括弧内引用者）他人に委ねなければならないことを説示した。そして、「一個の刑罰權に對し、數人の刑罰權者が存在すること」[145]を主張する。続いて、このことは「若し、普通法上の犯罪につき、その管轄原因が独逸聯邦の各邦に存在するとするならば、恰も連帶債務に於ける連帶債權者のごとく、同一の權能を享有する數名の保持者が併存する」[146]と帰結する。ビンディングによれば、有罪判決によって刑罰権の執行義務が生じること、換言すれば、「確定力の發生と同時に實行せられ、そうして、これに因つて、刑罰權は、即時に執行することを得且つ爾せねばならなくなる」[147]という。ビンディングは、その著第五二章第二節「刑罰法規の課題と刑罰権の本質とよりする發展」において、「刑罰法規は、國家乃至國家元首の権利と義務とを規定するものである」(148)と言明していたのである。(149)

このような見解は、ドイツにおける(150)当時の刑罰思想を示すものであり、これを現在の刑法に採用することは適切性が問われるという反論も予想される。

ところが、この刑罰義務論は、我が国においても継がれているのである。

五　齊藤金作

ビンディングの思惟は、刑法講学上いまに系譜されている。すなわち、三上正隆によって訳出されたヨアヒム・レンツィコフスキーの著『規範理論と刑法解釈(151)』にその連続性を視ることができる。ヨアヒムは、一般法学においては、認識が汎く行き亘ってはいない「行為規範と制裁規範の区別」に関し、その系譜と区別について詳述する。すなわち、ビンディングやベンサムによって採られていた、「行為規範の名宛人を市民であるとしつつも、制裁規範の名宛人を裁判官（ベンサム）または国家それ自体（ビンディング）であるとし、名宛人を異にすることによって、両規範を区別(152)」したという先覚の思想の系譜——連続性——をここに検知することができる。

法は、その権限について自己拘制を有してはじめて完結するという「法の自己完結」、あるいは「刑法の名宛人＝国家」と位置づけ裁判「機関」は刑罰「義務」を履行しなければならない、という瀧川の言説は、——齊藤金作の訳出『「ビンディング」刑法論 Ｉ』を介することにより——さらに敷衍されるのではあるまいか。瀧川、齊藤およびビンディングにおいては、義務論を説くに、その意味するところが同一のものではないと考える。本章は、各論者の刑法思想と刑罰義務との検討を目的とするものではない。あくまでも刑罰を義務として把握するという考え方があったこと、その訳出によって義務論が詳解されたことを示すに留めるものであり、各論者の主張や見解に論考を加えることを目的とするものではない。本章においては、かつてこのような義務論が採られていたことを確認する。右の検討を踏まえ、続く本篇第五章で考察する訴権に関し、本書と同様の立場に立脚する齊藤金作の公訴権に関する見解を、義務論との関係で本節の最後に触れたい。

齊藤は、「國家は犯人に対し刑罰権を行使しなければならないのである(153)」という見解を主張していた(154)。齊藤によれば、検察官の権限は国家によって「付与」されるにとどまる性質のものであるという。すなわち、「公訴権は、元來、國家に専属し、ただ検察官が犯罪ありとするとき、これを行使しうる権限が、訴訟法上―制度上―検察官に附與せられているに過ぎない、と解するのである(155)」とする。

続いて、齊藤は、検察官の権限行使をもって「ただ、一般には、この事態を以つて公訴権は検察官がこれを有する(156)」という通説の立場と通説およびこれに立脚した場合の用語の使い方を、――しかし、そこでは、その権限の（「義務」と一体化された）本質――を説く。すなわち、検察権とは、「刑事について、㈠公訴を行い、㈡裁判所に法の正当な適用を請求し、㈢裁判の執行を監督するとともに、㈣如何なる犯罪についても捜査をする権限をいい、通常は、この意味で『検察権』という言葉が用いられている(157)」ことを明示していたのである。

さらに言及すれば、齊藤によれば、「公訴權は、當初から國家に歸屬して存在し、ただ、法が、検察官に、この権利を行使する権限を賦與するものである(158)」とする。すなわち、公訴権の、公訴条件にかかる「発現性」ではなく、「既存性ないし帰属性」を説いていた。

(1)　本章は、今世紀国際刑法における国家の義務に関する個別的検討を加えることを目的とするものではない。本書の目的は、これまで構築されてこなかった国際刑法に関する「体系的」な理論について、これを国際刑法の本質ないし役割から整合させる論理の構築を試みるものである。さらに、本規程の実効性を求めて刑罰義務に関する理論の導出を主要な目的とするものである。各個別条文に関する「義務」規定の解釈や義務の内容・程度如何については別稿に譲り、本章ではこれを詳述しない。

(2) いうまでもなく、未成年は成人と異なり、一般的な法的義務を負うものでもない。また、この義務については、具体的状況において相違するものであるため、抽象的意義における権利・義務関係を指す。
(3) 井戸田侃『刑事手続構造論の展開』有斐閣（一九八二）二二四頁以下、特に三二八頁。
(4) 井戸田侃「公訴権濫用論序説」法律時報第四九巻一三号（一九七七・一一）八—二〇頁、特に一四頁以下。
(5) 井戸田侃『刑事手続の構造序説 刑事法研究第一巻』有斐閣（一九七一）一四五頁以下、岡部泰昌「刑事手続における検察官の客観義務（一）——（六・完）」金沢法学第一一巻二号（一九六七・三）一—一〇二頁、同第一三巻一号（一九六七・一一）五五—一四〇頁、同第一三巻二号（一九六八・二）七八—一二八頁、同第一四巻一号（一九六八・一一）五九—一三六頁、同第一四巻二号（一九六九・五）三四—一二二頁、同第一五巻一・二号（一九七〇・五）七八—一五二頁他。
(6) 他方で、客観義務に関し、憲法第九九条及び同第一五条二項の趣旨からは、当該義務は「検察官に限り求められるものではない」という見解もある。これについては、新屋達之「起訴強制手続の生成と発展——付審判手続の理解の前提として（一）」法学雑誌第三四巻一号（一九八七・九）三五—五八頁、特に三六頁。その他、客観義務に指摘を加える見解として、川崎英明『現代検察官論』日本評論社（一九九七）特に二〇二頁他。
(7) ローマ規程を採択するにあたって多くの国家の賛同が必要であったため、また採択時にあたっては関係国家の主権に対する意識が強く、これを尊重したものと考えられる。このような国家主権への尊重と配慮によって、ローマ規程は、②補完性原則を採用し、また②義務規定に関しては引渡協力義務等幾つかの規定以外、直接的義務を置くことを敢えて避けたものと考えられる。
(8) 高柳賢三「『憲法改正の方向』と題する意見書を読んで」法律時報第三六巻一号（一九六四・一）九六—一〇四頁、特に九九頁。
(9) 佐藤功「憲法研究入門 三〇『権利偏重・義務軽視』という問題——憲法調査会の議論から」法学セミナー第九六号（一九六四・三）一〇—一四頁、特に一一頁。
(10) 佐藤・前掲注（9）一三頁。
(11) 佐藤・前掲注（9）一四頁。
(12) 勿論、その執行の可能性や手続において、国際刑法と国内法では異なる。本章においては微視的・巨視的観点からの法理論の構築を主要な目的とするため、これ以上詳述はしない。
(13) レオン・デュギー（Léon Duguit）［著］木村常信［譯］『公法變遷論』大鐙閣（一九三〇）四頁、なおデュギーについては、中村義幸「レオン・デュギーの公法理論における越権訴訟＝客観訴訟論の構造」明治大学大学院紀要法学篇一七巻（一九八〇・二）一三五—一四七頁、和田英夫「主権・国家・歴史——デュギー『公法の変遷』における——法律論叢第六〇巻四・五号（一九八八・

三）三三九―三八三頁、同「デュギー『公法の変遷』とラスクのデュギー論――紹介と素描」青山法学論集第二七巻三号（一九八五・一二）二一七―二六九頁、佐々木允臣「レオン・デュギーにおける法の概念と社会法（二）」同志社法學第二〇巻四号（一九六九・一）七五―八四頁、和田小次郎「デュギーにおける法の概念」早稲田法學第二四巻一号（一九四八・七）五一―九九頁、中井淳「法と國家――レオン・デュギーの場合――」日本法哲學會編（法哲學四季報　第三號）『法と政治の連關』朝倉書店（一九四九）四九―七四頁。

⒁　デュギー（Duguit）［著］木村［譯］・前掲注⒀四―五頁。

⒂　デュギー（Duguit）［著］木村［譯］・前掲注⒀五頁。

⒃　デュギー（Duguit）［著］木村［譯］・前掲注⒀五―六頁。

⒄　デュギー（Duguit）［著］木村［譯］・前掲注⒀六頁。

⒅　デュギー（Duguit）［著］木村［譯］・前掲注⒀七頁。

⒆　デュギー（Duguit）［著］木村［譯］・前掲注⒀七頁。

⒇　デュギー（Duguit）［著］木村［譯］・前掲注⒀七頁。

(21)　デュギー（Duguit）［著］木村［譯］・前掲注⒀七頁。

(22)　デュギー（Duguit）［著］木村［譯］・前掲注⒀一〇頁。

(23)　デュギー（Duguit）［著］木村［譯］・前掲注⒀一〇頁。

(24)　デュギー（Duguit）［著］木村［譯］・前掲注⒀一一頁。

(25)　デュギー（Duguit）［著］木村［譯］・前掲注⒀三五四頁。

(26)　デュギー（Duguit）［著］木村［譯］・前掲注⒀三五四頁。

(27)　穂積陳重『復讐と法律』岩波書店（一九三一）六六頁。なお、穂積陳重と法については、現在多くの研究者によって分析が加えられている。さしあたり、牧野英一「穂積陳重先生の永逝二十五年」國家學會雜誌第六五巻五・六・七号（一九五二・三）三一九―三四一頁、同「穂積陳重博士の生誕一〇〇年記念会」季刊刑政第四巻二号（一九五六・一）七―一〇頁、穂積重行「穂積陳重とドイツ法学」法学協会雑誌第八四巻五号（一九六七・五）五九―八八頁、菊池勇夫「穂積陳重と社会権」日本学士院紀要第三〇巻一号（一九七二・三）二一―四二頁、松尾敬一「穂積陳重の法理学」神戸法學雜誌第一七巻三号（一九六七・一二）一―四四頁、古賀勝次郎「比較社会思想史研究（三）――穂積陳重と法律進化論――」早稲田社会科学研究第三〇号（一九八五・三）一―三〇頁、小林好信「穂積陳重の刑法理論」大阪学院大学法学研究第一〇巻一・二号（一九八五・二）一五―四九頁、青木人志「穂積陳重とサー・ジェームス・フレーザー」一橋論叢第一一五巻一号（一九九六・一）六二―八六頁、石部雅亮「穂積陳重と比較法学」ノモス第一五号（二〇〇四・一二）四九―五五頁、石澤理如「穂積陳重の法律進化論に関する一考察――穂積陳重の法認識」青森法政論叢第一五号（二〇一四）六五―七八頁他。

(28) 穂積陳重・前掲注(27)六六頁。
(29) 穂積陳重・前掲注(27)六七頁。
(30) 穂積陳重・前掲注(27)六七頁。
(31) 穂積陳重・前掲注(27)六七頁。
(32) 穂積陳重・前掲注(27)九九頁。
(33) 穂積重遠『穂積陳重遺文集 第一冊』岩波書店（一九三二）一九八頁。
(34) 穂積重遠・前掲注(33)一九八頁。
(35) 穂積重遠・前掲注(33)一九九頁。
(36) 穂積重遠・前掲注(33)一九九頁。
(37) 穂積重遠・前掲注(33)一九九頁。
(38) 恒藤恭『國際法及び國際問題』弘文堂書房（一九二二）四一六頁。
(39) 恒藤・前掲注(38)四一六頁。
(40) 恒藤・前掲注(38)四一六―四一七頁。
(41) 恒藤・前掲注(38)四一七頁。
(42) 恒藤・前掲注(38)四一八頁。
(43) 恒藤・前掲注(38)四一九頁。
(44) 恒藤・前掲注(38)四二二頁。
(45) 恒藤・前掲注(38)四二二頁。
(46) 恒藤・前掲注(38)四二三頁。
(47) 恒藤・前掲注(38)四二八頁。
(48) 恒藤・前掲注(38)四三〇頁。
(49) 恒藤・前掲注(38)四四四頁。

(50) 恒藤・前掲注（38）四四五頁。
(51) 恒藤・前掲注（38）四四六頁。
(52) 牧野英一『刑法の國際化　刑法研究第十五巻』有斐閣（一九五六）五〇頁。
(53) 牧野・前掲注（52）五〇頁。
(54) 牧野・前掲注（52）五一頁。
(55) 牧野・前掲注（52）五一頁。
(56) 牧野・前掲注（52）五一頁。
(57) 牧野・前掲注（52）五二頁。
(58) 牧野・前掲注（52）五三頁。
(59) 牧野・前掲注（52）五二頁、註（一）
(60) 牧野・前掲注（52）五四頁、註（四）
(61) 牧野・前掲注（52）五三―五四頁。
(62) 牧野・前掲注（52）五四頁、註（五）。
(63) ケニアの事態に関しては、竹村仁美「〔判例紹介〕国際刑事裁判所検察官の自己の発意による捜査に対する予審裁判部の許可決定――ケニアの事態（国際刑事裁判所予審裁判部二〇一〇・三・三一決定）」国際人権第二二号（二〇一一・一〇）一六八―一七〇頁。
(64) なお、近時の裁判所の事態に関する Court Records については、http://www.coalitionfortheicc.org/ ほかを参照。最近の事態に関する状況を伝える文献として、さしあたり竹村仁美「国際刑事裁判所に対する国家の協力義務の内容と法的基礎（一）」愛知県立大学外国学部紀要国際編第四七号（二〇一五・三）二三五―二七一頁、二三七―二三八頁。
(65) 内藤謙「刑法の基本問題――刑法と国家」法学教室創刊号（一九八〇・一〇）二三―二九頁、特に二三―二四頁。
(66) 松尾浩也監修『条解　刑事訴訟法　第四版』弘文堂（二〇〇九）四九四頁。
(67) 内田一郎「ドイツにおける起訴法定主義」早稲田法學第四〇巻二号（一九六五・三）三三三―三五七頁、特に三三七頁。
(68) 内田・前掲注（67）三三七頁。
(69) 内田・前掲注（67）三三七頁。
(70) 内田・前掲注（67）三三八頁。

(71) 三島淑臣「カントの刑罰理論（一）」法政研究第五一巻三・四号（一九八五・三）六五九―六七五頁、特に六六九頁。

(72) この点を第六回国会衆議院法務委員会会議録第三号四の記録に遡り、旧刑事補償法提案理由を詳解し具体的な内容を検討している文献として、横山晃一郎「再審無罪と刑事補償――刑事補償の理念と現実（一）」法律時報第五三巻五号（一九八一・四）二一―二七頁、特に二三―二四頁、また現行刑事補償法における無過失責任賠償の根拠および同法における補償内容の適正性ほかに関する問題を指摘している文献として、同「再審無罪と刑事補償――刑事補償の理念と現実（二）」法律時報第五三巻六号（一九八一・五）一〇二―一〇九頁。

(73) 刑事補償については多くの文献があるが、さしあたり横山晃一郎「刑事補償――法の沿革と運用の問題点」法律時報第三一巻一二号（一九五九・一一）九五―一〇五頁、小野清一郎「刑事補償の法理（一）――（四・完）」國家學會雜誌第四六巻五号（一九三二・五）一―六〇頁、同第四六巻六号（一九三二・六）三二―七二頁、同第四六巻八号（一九三二・八）三六―七三頁、同第四六巻九号（一九三二・九）六二―九六頁、末弘嚴太郎「誤判賠償の根本原理」『法窓閑話』改造社（一九二五）特に一〇五―一二〇頁。

(74) なお、刑事補償の内容については、完全な賠償と捉えるのが通説である。刑事補償の法的性質および補償の内容ならびに（特に、補償の内容を巡る法的性質に関する）学説の動向については、西埜章「刑事補償の法的性質」法政理論第三〇巻四号（一九九八・三）七九―一〇〇頁。

(75) 本規約第一四条六項の成立経緯に関しては、福島至「再審無罪者に対する十分な補償・序説」龍谷法学第二七巻四号（一九九五・三）一―四一頁。

(76) この点に関しては、竹村仁美「日本と国際刑事裁判所における検察官の裁量」九州国際大学法学論集第一五巻三号（二〇〇九・三）一七七―二四一頁。特に二〇〇頁以下。

(77) 長濱政壽「國家機能の分化と集中」『近代國家論　第二部　機能』弘文堂（一九五〇）三四頁。

(78) 山口幹生「国際刑事裁判所に対する国の司法上の協力について」ジュリスト第一一四六号（一九九八・十二）六一頁。

(79) 岡田朝太郎『日本刑法論　完　総則之部　改訂増補第三版〔復刻叢書法律学篇二四〕』信山社（一八九五、復刻版一九九五）四―五頁、小林好信「岡田朝太郎の刑法理論」吉川経夫・内藤謙・中山研一・小田中聰樹・三井誠〔編〕『刑法理論史の総合的研究』日本評論社（一九九四）一七七―二一三頁、特に一八四頁。

(80) 岡田・前掲注（79）五頁、小林・前掲注（79）「岡田朝太郎の刑法理論」吉川ほか〔編〕・前掲注（79）『刑法理論史の総合的研究』一八四頁。

(81) 岡田・前掲注（79）五頁、なおこの点については、小林好信「〔刑法理論史の研究―一五―〕岡田朝太郎の刑法理論　一」法律

時報第五一巻八号（一九七九・七）八九―九五頁、特に九二頁。同「〔刑法理論史の研究―一六―〕岡田朝太郎の刑法理論 二・完」法律時報第五一巻九号（一九七九・八）一〇四―一一〇頁。
(82) 岡田・前掲注（79）二七頁。
(83) 小林・前掲注（81）「〔刑法理論史の研究―一五―〕岡田朝太郎の刑法理論 一」一一〇頁。
(84) 井上操『刑事訴訟法述義 全〔日本立法資料全集 別巻二一五〕』信山社（一八九〇、復刻版二〇〇一）特に七頁以下。
(85) 園田寿「井上操の刑法理論」關西大學法學論集第三五巻三・四・五合併号（一九八五・一二）一一一五―一一五二頁、特に一一二四頁。
(86) 宮城浩藏『刑法講義 第一巻』明治法律學校（一八八七）、特に「社會刑罰權の基礎」四五―四七頁。
(87) 澤登俊雄「宮城浩蔵の刑法理論」吉川ほか〔編〕・前掲注（79）『刑法理論史の総合的研究』二三―五〇頁、特に三三頁。
(88) 澤登俊雄「井上正一の刑法理論」吉川ほか〔編〕・前掲注（79）『刑法理論史の総合的研究』五一―六六頁、同「〔刑法理論史の研究―二―〕宮城浩蔵の刑法理論 一」法律時報第五〇巻五号（一九七八・五）六二―六八頁、特に六七頁。
(89) なお、宮城浩蔵の刑法学については、木田純一「旧刑法と宮城浩蔵の刑法学」愛知大学法経論集法律篇第六八号（一九七二・三）二五―五八頁、その他、村上一博編『東洋のオルトラン 宮城浩蔵論文選集』明治大学出版会（二〇一五）。
(90) 木田・前掲注（89）三八頁。
(91) 澤登・前掲注（87）「宮城浩蔵の刑法理論」吉川ほか〔編〕・前掲注（79）『刑法理論史の総合的研究』三四頁。
(92) 澤登・前掲注（88）「井上正一の刑法理論」吉川ほか〔編〕・前掲注（79）『刑法理論史の総合的研究』五一―六六頁、特に五七頁以下、沢登俊雄「〔刑法理論史の研究〕井上正一の刑法理論」法律時報第五〇巻七号（一九七八・七）九五―九九頁、特に六七頁。沢登俊雄「〔刑法理論史の研究（補遺）〕井上正一の刑法理論」法律時報第五一巻一号（一九七九・一）一四五頁。
(93) 井上正一『刑事訴訟法義解 上巻』明法堂（一八九〇）八頁。
(94) 井上正一・前掲注（93）二頁。
(95) 井上正一・前掲注（93）五頁。
(96) 澤登・前掲注（88）「井上正一の刑法理論」六〇頁。
(97) 沢登・前掲注（92）「〔刑法理論史の研究〕井上正一の刑法理論」九九頁。
(98) 沢登・前掲注（92）九九頁。
(99) 宮城浩蔵および井上正一の刑法理論については、澤登俊雄「〔刑法理論史の研究―一―〕フランス刑法継受の時代――明治前

期の概観」法律時報第五〇巻四号（一九七八・四）八〇―八八頁、特に八七頁。
(100) 松室致『刑法 総則之部』東京専門學校（一八九六）特に二頁。
(101) 山中俊夫「明治初期刑事法思想の研究――ボアソナードの思想を中心として――」同志社法學第一九巻三号（一九六七・一二）一―四二頁、特に二一頁。
(102) 江口三角「問題的思考とフランス刑法学」『平野龍一先生古稀祝賀論文集 上巻』有斐閣（一九九〇）一二一―一六〇頁、特に一三三頁。
(103) 江口・前掲注(102)一三五頁。
(104) 江口・前掲注(102)一三六頁。この点で同一三六頁は、①について、正義の観念に対し、当該行為を抑止することが社会の自己保全と福祉にとって重要な行為であるという。また③については、「正義をこえては罰しない、効用をこえては罰しない」ことが必要であるという。なお②については、特に当該箇所において詳細な説明が付されてはいない。この点、オルトランにいう正義に関しては、同一三六頁以下を参照。
(105) 江口三角「ボワソナードと政治犯」岡山大學法學會雑誌第二八巻三・四号（一九七九・三）三六七―四〇六頁、特に三九三頁。
(106) 江口・前掲注(102)「問題的思考とフランス刑法学」一四九頁。
(107) 江口・前掲注(102)一四九頁。
(108) フランス新古典学派については、山中・前掲注(101)二二頁他。
(109) 江口・前掲注(102)一四九頁。
(110) 江口三角「フランス刑法学における犯罪論の体系（一）」岡山大學法學會雑誌第三一巻四号（一九八二・三）三八五―四二五頁、特に四〇五頁註釈(1)。
(111) 江口・前掲注(110)「フランス刑法学における犯罪論の体系（一）」二一頁註(1)。
(112) 瀧川幸辰『刑法讀本』世界思想社（一九五五）五頁。
(113) 瀧川・前掲注(112)『刑法讀本』五頁。
(114) 瀧川幸辰の刑法理論については、内藤謙「瀧川幸辰の刑法理論」吉川ほか[編]・前掲注(79)『刑法理論史の総合的研究』五三七―五八六頁、同「刑法理論史の研究―二六―」瀧川幸辰の刑法理論―五―」法律時報第五二巻一一号（一九八〇・一一）七六―八〇頁。
(115) 瀧川裕英「国家刑罰権の正当化」ホセ・ヨンパルト・三島淑臣・竹下賢・長谷川晃編『法の理論 二八』成文堂（二〇〇九）

二五―五〇頁、特に四五頁。
(116) 瀧川裕英・前掲注(115)四五頁。
(117) 北尾宏之「カントの刑罰論」立命館文學第六二五号(二〇一二・二)九三三―九四三頁、特に九三六頁。
(118) 同じくウェヒター (C. G. Wachter, 1797-1880) も、国家は個人の保護に役立つものであるという見解を採る。
(119) 北尾・前掲注(117)九三七頁。
(120) 三島・前掲注(71)「カントの刑罰理論(一)」六六九頁。
(121) 三島・前掲注(71)六六九頁。
(122) 海老原明夫「公権としての権利保護請求権」法学協会雑誌第一〇八巻一号(一九九一・一)一―九三頁、特に二八―三一頁。
(123) 海老原・前掲注(122)二九頁。
(124) 海老原・前掲注(122)四七―四八頁。
(125) 海老原・前掲注(122)五〇頁。
(126) 内田・前掲注(67)三四七頁。
(127) 海老原・前掲注(122)七六頁。
(128) 海老原・前掲注(122)七五頁。
(129) 海老原・前掲注(122)七六頁。
(130) 内田・前掲注(67)三三七頁。
(131) 大場茂馬『刑法總論 上巻』中央大學(一九一二)五〇頁。
(132) 新屋達之「起訴強制手続の生成と発展(二・完)――付審判手続の理解の前提として」法学雑誌第三四巻二号(一九八七・一二)二五三―二七六頁、特に二五六頁。
(133) 本書は、ビンディングの刑法思惟を受けるものではなく、国際刑法における義務論を論理的に導き出す目的のみから、ビンディングの(義務論に関する幾つかの)所論の一部を示すものである。なおビンディングに関する文献は多くあるが、さしあたり團藤重光「公訴權理論とその批判」『宮本博士還暦祝賀 現代刑事法學の諸問題』弘文堂書房(一九四三)五一三―六〇四頁、特に五二五頁以下、大森英太郎『刑法哲學研究』關西學院大學法政學會(一九五四)一四五頁以下、鴨良弼「公訴権論」刑法雑誌第一六巻第二・三・四号(一九六九・八)一九―四六頁、特に二五頁以下他。
(134) 大場・前掲注(131)六四頁。

(135) 大場・前掲注(131)六四—六五頁。
(136) 大場・前掲注(131)六五頁。
(137) この点については、鴨・前掲注(133)「公訴権論」二五—三二頁、富田敬「ビンディングの規範論——刑法学における規範論の史的展開(一)」国士舘法学第二号(一九七〇・三)五三—八一頁、日沖憲郎「法益論」日本刑法學會編『刑事法講座 第一巻』一二五—一三六頁、特に一二九頁以下。
(138) デュギー(Duguit)[著]木村[訳]・前掲注(13)『公法變遷論』一〇六頁。
(139) デュギー(Duguit)[著]木村[訳]・前掲注(13)一〇六—一〇七頁。
(140) カール・ビンディング(Karl Binding)[著]齊藤金作[訳]『「ビンディング」刑法論 I』早稲田法學別冊第七巻(一九三六)。
(141) ビンディング(Binding)[著]齊藤[譯]前掲注(140)七頁。
(142) 他方で、一瞬にして地球規模の破壊的侵害を加える「核兵器に関する」予防の可能については、伝統的刑罰論をもっては対応し得ない。そのため、新たな刑法理論が構築される必要がある。
(143) この点で、本書は共存社会の平和的秩序の維持を目的とし、(歴史の変遷とともに所有権絶対原則が変容し、所有権(に関する一部)が公法化されてきたように)核保有に関する核保有国間の条約にとどまらず、条約自体の公法化が図られるべきと考える。
(144) 團藤重光『刑法と刑事訴訟法との交錯』弘文堂(一九五七)一一一頁。
(145) ビンディング(Binding)[著]齊藤[譯]・前掲注(140)二五三頁。
(146) ビンディング(Binding)[著]齊藤[譯]・前掲注(140)二五三頁。
(147) ビンディング(Binding)[著]齊藤[譯]・前掲注(140)二五五頁。
(148) ビンディング(Binding)[著]齊藤[譯]・前掲注(140)三一一頁。
(149) 本章は、ビンディングの刑法思想を受けるものではなく、本篇の最終章である第一〇章において詳述する——保護論と義務論をもって——国際刑法における刑罰論に関する独自の理論を構成する限りにおいて、ビンディングの義務論に着目するものであることを再度付記しておく。
(150) なお、我が国の刑法とドイツ刑法との関わりについては多くの文献があるが、さしあたり福田平「わが刑法学とドイツ刑法学との関係」一橋論叢第九七巻六号(一九八七・六)七三三—七四四頁他。
(151) 三上正隆「ヨアヒム・レンツィコフスキー『規範理論と刑法解釈』」早稲田大学刑事法学研究会(資料(外国文献紹介))早稲

田法学第八四巻二号（二〇〇九・三）三三七―三四七頁。
(152) 三上・前掲注(151)三三九頁。
(153) 齊藤金作『刑事訴訟法學 増補版』有斐閣（一九五九）三頁。
(154) なお、齊藤の宛名人に関する見解については、齊藤金作『刑法総論 改定版』有斐閣（一九六一）二―三頁。
(155) 齊藤・前掲注(153)『刑事訴訟法學 増補版』六六頁。
(156) 齊藤・前掲注(153)六六頁、齊藤金作『新刑事訴訟法大意』朝倉書店（一九五〇）四九―五〇頁。
(157) 青柳文雄・伊藤栄樹・柏木千秋・佐々木史朗・西原春夫『註釈 刑事訴訟法 第二巻』立花書房（一九八一）三一二頁。
(158) 早稲田大學法學會『中村宗雄教授還暦祝賀論集 訴訟法學と實體法學』有斐閣（一九五五）三五四頁。

第五章　社会公訴権

第一節　訴権の検出

一　国際刑法の本質

国際刑法においては、(1)補完性が原則であることから、また現行ローマ規程上の構造から、その文言にしたがって国際刑事裁判所の「管轄権と受理許容性が確認されて初めて、ＩＣＣによる国際法上の犯罪の審理が開始される」(2)。すなわち、「実際に裁判を開始する十分な条件がそろっているという受理可能性（admissibility）が認められなければならない」(3)とされている。換言すれば、①管轄権の問題と、②受理許容性が「認められ」、かつ③予審部の許可を得て、「初めて審理が開始される」という構造である。

右のように、「幾重の諸要件を充たして初めて審理が開始される」という前世紀に確立化された要件論は、現在、「機関」(4)でなされている付託の状況を整合的に説明し得るのかについて疑問があると考える。国際法研究においては、前記諸条件の充足をもって審理が開始されると理解されているが、はたしてこのような把握が現在の国際社会情勢に妥当するのであろうか。これら従来の要件論をもって、現在、国際共存社会に生じている付託を整合的に説明するにつき、矛盾が存在している。本書は、国際共存社会の刑法を巡っては右に指摘した諸問題が存在していると考えるものであり、よって、以下にこれら諸問題について検討を加えることとする。

前掲①②③が国際「機関」の刑罰権行使に必要な要件とされたのは、前世紀のローマ外交会議における採択時に、各国の（主張の）調整を図る目的として画定されたものである。すなわち、国際共存社会での絶対的な要件として規定すべきものとして理論化されたものからの帰結ではない。よって、諸要件を変更することについては、関係諸規定の変更も可能であると考える。右の①②③が現在の共存社会の問題解決に当たり桎梏である場合、改正すべきであることについては、論を俟たない。法は時代の影響を強く受けるものであり、その解釈において、現状に沿った解釈が求められ改正もなされていく。強い動態性を有する国際刑法は、その特徴ゆえに、解釈に幅が求められると考える。本章は、その議論すべき軸およびステージに相違はあるものの、上記のような「①管轄権の問題と、②受理許容性が認められ、かつ③予審部の許可を得て、初めて審理が開始される」という要件論は、本来の「訴」権概念を減殺ないし削ぐものなのではなかろうか、と考える。

幾重にも課される要件を充たしてはじめて審理が開始される国際刑法における管轄権の所在確認に関し、国際社会における共通の利益を求める「訴」の意義は何か。これまでの国際刑法研究は、管轄権所在の確認に傾注し、「訴」権に関する考察がなされてきたわけではない。右の①②③というあたかも手続「的」要件の充足を俟ってはじめて審理が開始されるという法構造は、法の本来的な目的に沿うものであろうか。もちろん、ローマ規程には当該解釈を基礎づける第一二条、第一三条、第一四条が置かれている。また、解釈によって自己付託が認められているという見解もある。しかし、現行ローマ規程は自己付託に関する規定を置いてはいない。自己付託自体を直接定める規定も刑法理論もないまま既に幾つかの付託事件にかかる審理が開始されているのである。本書は、具体的規定のないかつ刑法理論が形成されずに在る状況において開始される刑事裁判とは何か、とりわけ自己付託に関しこれを整合的に説明し得るのであろうか、という問いを本章に提起せざるを得ない。

再度確認すると、①管轄権の問題と、②受理許容性、さらに③予審部の許可が「認められる」(5) 場合、共存社会の「機関」に刑事管轄権は承認され「初めて審理が開始される」というのが従来の要件論である。これに対し、本書においては、自己付託がなされた場合、審理が開始されるという刑法理論を構築するものである。本書において自己付託とは、国際「機関」による審理への「本来的関与」という把握のもとに、審理は固有の管轄権および刑罰権とを有する国際社会の「機関」において開始される、という刑法理論を築く試みるのである。さらには、本篇終章で論じるように自己付託がなされた場合、「機関」は「審理を開始しなければならない」という義務に関する解釈が、理論的に導き出され得ると考えるのである。

本章は、旧来より主に国際法学で研究されてきた、(a)管轄権に関する検討では解決し得ない「訴」の問題があること。そして、(b)それが「機関」の管轄権行使に関する敷居要件によって知覚ないし認識されがたい立ち位置に存在していること。しかし、「訴」権に関する問題が未だに死角となって見出されないものの、(c)これが刑法理論を構築する上で重要な鍵となるものであり、(d)検知されるべきことを提起するものである。

管轄権の所在確認とは異なる、「訴」権に関する問題について、本書は、刑事法学上の原点に戻る必要があると考える。いうまでもなく、国際刑事裁判とは、重大な国際犯罪を犯した首謀者である個人の刑事責任を追及する司法作用であり、この場合の司法とは、具体的に生じた事態（国内法にいう事件）について刑事責任を問うことである。最終的に国際刑法は、国際社会の秩序維持に基づき「人」の平和的共存の実現を目指すものといえる。多数の見解によれば、「機関」の刑事管轄権は、国家の同意を前提とする補完性を原則として国際刑事司法は作用すると把握するものである。

しかしながら、国際刑法の本来の目的は、管轄権の所在の決定ではなく、刑事責任の追及、すなわち特別予防をもって共存社会の平和的秩序の維持に資することであると考える。これまで、国際刑法は国際法の一部と捉えられていた。主に国際法学からは国際法の一部とされる刑法という理解の上に、国際刑法の研究対象として研究が重ねられてきた。具体的事件の分析やこれに関する諸問題、またローマ規程上の個別的論点に関する解釈、ローマ規程に関する総括的概要、補完性原則に関する諸問題が取り上げられ、国際法学においては、ことさらその原則性が強調されている。刑法学からも研究が行われてきたものの、ローマ規程については、補完性に関する諸問題や国際刑事司法上の例えば引渡に関する諸問題、同規程上の個別的論点、判例の考察にとどまっている。また、共犯ほかに関する一部の刑法理論的考察は行われているが、体系的な国際刑法理論に関する試みや訴訟法学という観点からの本格的な研究は、まったくなされてきてはいない。

関係国家の合意を軸としてローマ規程の法解釈を展開する主張にあっては、訴権の存在の発見に至る以前の段階で、既に訴権の検出を塞ぐ体系構造となっており、さらに要件論を審理開始の前提とする解釈を展開することから、未だに国際刑法における「訴」権は検出されてはいない。本章は、こうした関係国家の同意を要件論をいわば必要的前提とする審理開始の枠組みが、国際刑法理論を構築する上で極めて重要かつ本質的な「訴」権（以下、「社会公訴権」と略称）の存在を排斥するものであると危惧するのである。国際法学において強く主張される管轄権の所在確認に関する各要件の充足に関する旧来の論理からは、いうまでもなく訴権を理論的に導出し、また効果的にこれを行使することは困難である。

そこで、本節においては、国際刑事裁判「機関」における裁判の本質を再確認する必要があると考える。すなわち、審理は、「誰が」「誰（または何）のために」「如何なる目的」をもって開始されるのか、または開始されるべきなのか。国際社会における「訴」は、誰のために提起されるべきかという問題でもある。また、補完性原則は、何を、どのように実現する目的をもっているのか、その実現の可能性と現状はどのようになっているのか、等々の問題を検討することの必要性である。ここに、本質論を捉えようとする立場と、既に与えられた諸規定に関する要件ないし条件のみを無二の前提とし、あくまでその前提条件に拠ってのみ解釈を加え（解決を図）る立場との相違が明瞭となってくるのである。

審理は、締約国または関係「国家」のためではなく、被疑者・被告人を含む「人」の共存と共存社会の秩序維持を確保するために開始されるものと考える。共存社会における社会公訴権（以下、「社会公訴権」と略称）は、国際刑事裁判「機関」に所属する検察官が行使するものではあるが、後に詳述するように、それは本来共存社会、すなわち国際「共存社会」自体が有するものであると考える。

今世紀初頭に創られた国際刑法においては、実体法と手続法が分化していない(6)。それゆえに、国際刑法における公訴権概念は具体的に明確になり難いものとなっている。我が国ではこれまで主に補完性原則や個別的な論点、判例等に研究の重点が置かれ、「訴」権については、全く注目されてはこなかった。現時点でのローマ規程においては、刑法の一般原則や刑罰といった実体的規定と、裁判手続や司法共助といった刑事裁判に関する手続的規定とが一体化されていることから、国際刑法＝ローマ規程に関する多くの解釈においては、実体法および手続法という両者を含む包括的規程という説明に終わっている。深く掘り下げた「訴権」概念に関する研究は未だに着手されてはいない。精確に記せば、右の問題に関しては着目さえされていないのが現状である。

本書は、国際共存社会における組織性が明確になってより発展し、あるいは解決されるべき事態（事件）が増加するに伴って、実体規定と手続規定の両者は分化していくものと考える。社会構造の組織化ないし発展とともに、実体法である国際刑法と手続法である国際刑事訴訟法が、一連の拙稿「刑罰権の淵源」(7)に説く「法の進化」――法の細分化ないし専門化を含む「分化――現象」を伴って、漸次相互に分かれていくものと考える。本書は、こうした法の進化を必然とすることを既に第一篇第二章で指摘してきたが、分化現象を容れるのは、国際共存社会のさらなる組織化であり、個別国家と伴に本来的には共存社会自体が自ら対応すべき事態の展開と考える。

本章は、社会公訴権の概念を明らかにすることを目的としている。すなわち、刑法および刑事訴訟法理論の基礎を成す訴権について、①社会公訴権概念を提起し、②この社会訴権概念が、続く第一篇本章第一節以下で論述する社会刑罰権を視座として整合的に導き出され得ること（第一篇第三章「保護法としての国際刑法」参照）、③国際刑法および国際刑事訴訟における（訴権を介在させつつ）理論構築を試みるものである。本章は、その理論構築の過程において、観念的であり抽象的である社会公訴権の内実を捉え具体的に描出するものである。加えて、社会公訴権は理論的次元の問題ではなく、現に実際的に機能しているものであることを実証するものでもある。以下、国際刑法における訴権に関し、考察を行うことにする。

二　国際刑法の現在

ローマ規程は、その構成上、実体規定およびそれに続く手続規定という流れにおいて叙述され終わるのが一般的である。[8] 実体規定および手続規定を全体として包括的に捉え説明するにとどまり、より深い考察は加えられてはこなかった。その第一義的な原因は、「訴」に関しては、既述した通り（ローマ規程が包括的な体系的構造を採ることから、「訴」は研究者においても）着目されにくい概念であったといえる。「訴」権は、死角に在り、なお且つ、潜んでいた法概念であったため、――とりわけ国際法学から着眼さえされることもなく――これが研究の遅延を招いたものと思われる。国際刑法理論や国際刑事訴訟法理論に関する根底的な論究は、ほぼ放置された状態であったといっても過言ではない。[9] それは、一連の論考「刑罰権の淵源」で示したように、これまで、そして現在もなお「国際刑法は国際法の一部」として考えられてきており、ひとつの学問としての国際刑法論という特有の理論形成が立ち遅れていることを証左するものである。

国際刑法創設初期の特徴ともいえる、「訴」権と「管轄」権との理論的未分化状態は、それゆえに、「訴」権概念が――とりわけ国際法研究の視点からは――国際刑法に関わる重要な問題として明確に把捉されない状況にある。また、検察官の公訴提起以前の職権捜査に関わる捜査権限については、――検察官付託を認めるか否かという出発点において議論が生じていたように――捜査に関する個別的な権限規定が置かれてはいない。既に、第一編第一章で指摘したように（ローマ規程の採択にあたっては）検察官付託について、譲渡説によっても「国家」が有する主権を超える刑罰権を譲渡することを厭う事態が生じていた。すなわち、ローマ外交会議に参加した諸国家の中でも、とりわけ国家主権を重んじる多数の国家が、（捜査に関する具体的権限を規定することを真っ向から）反対したという状況にあったのである。

弾劾主義を採用した以上、公訴権＝判決請求に関る権利を行使するのは検察官であり、判決請求に対して判断を示す機関が、国際刑事裁判所である。先に指摘した通り、共存社会の組織構造としては未発展であることから、今世紀国際刑法は、実体法と手続法とはひとつの包括的な規程として創り出された。近代国家を前提とする国際刑法の創出は、国家との関連においてそれ自体で矛盾や不整合を抱え、学問としても未発展である。

創設された「機関」は、現在、真実発見のための適正な判決が導き出されるためには、どのような方法をもって審理が進められるべきか、という訴訟に関する問題以前の捜査段階において苦戦を強いられる状況にある。これは上述したように、国際組織が熟していないためである。また、国際刑法は、実体法である「刑法」と実体法を具現化するための手続法である「刑事訴訟法」に関するひとつの独立した「学」という把捉では全くなく、ローマ規程はあくまで「合意」に拠るもの、すなわち「国際刑法は国際法の一部」として考察されてきたことにその一因があると考える。

さらにいえば、国際社会――とりわけ国際法学――においては、国際刑法が「人」に対し「物理的強制力を加える法」という捉え方ではなく、あくまで合意という把捉によるものであったためと考えられる。端的に纏めれば、二〇一八年現在もなお、①国際刑法は「国際法としての刑法」という構造をもって論じられていること、②刑法学の視点からする国際刑法研究の場合でさえも、「訴」権に関する問題として知見されることはなかったこと、③自己付託を理論的に説明しようとする姿勢が全く見られなかったことが指摘されなければならない。その結果、国際刑法は、重大な国際犯罪を犯した首謀者個人に関する要罰的観点から求められたものの、理論「刑法学」の形成という観点からは等閑されてきたのである。もっぱら必要性の見地から理論に先立つ「国際法の一部としての国際刑法」という把捉であり、独立した国際「刑法学」としての体系的な理論の構築は未着手状態にあった。

確かに、国際刑法は、近代国家という既存の個別「国家」における合意をもって創られたものである。したがって、ローマ規程への罪刑法定主義の導入ほか、近代国家における刑法の特徴を個別国家と――相対性を有しつつ(10)――共有している。そして、国際刑法は、現在の国際社会で「国際法の一部として、同意を媒介とした刑法」と認識するのが一般的な見解である。

しかしながら、国際刑事法の実体は「国際法の一部分」ではなく、共存社会における（合意をもって創られたという）特殊性を有する「刑法および刑事訴訟法」であるということが明確に確立されれば、国際刑事法＝「刑法および刑事訴訟法」は発展していくものと考える。「国際刑法は合意によって成立したものであり、管轄権行使を含むその実行については、前世紀＝ローマ規程創設『当時』の如く国家の同意を必要不可欠とする」という法的把握ではなく、現在「機関」においてなされている自己付託や安保理付託を整合的に説明し得る今世紀国際「理論」刑法学を構築することができれば、国際刑事法学は、今日的課題を解決しさらに深化していくものと考える。国際社会に生起する刑事事件の問題解決に際し、現実的必要性の先行、すなわち当該事案の学問研究的考察のみならず、よって形成される「刑法理論」および「刑事訴訟法学」固有の法的理論と根拠が得られ、国際「刑法」の本質が明らかにされるに至るならば、国際刑法学はさらに展開し得ると考える。

三　刑事裁判化の端緒

ここにおいて重要なことは、「今世紀」国際刑法は、前世紀＝すなわち、「近代国家」における刑法と同質でもなければ前世紀国際法理論の一部を構成するものでもないことである。無論、この点に関しては、多様な見解や批判が予想される。しかしながら、今世紀国際刑法が、少なくも個別国家に共通する法益（＝人間共存の保護）の確保を目的とするという観点からは、公法的性質を色濃く有しているという点は、否定できない事実であると考える。国際刑法は、現在国際共存社会において諸種の分野で立法が進められる国際「公法の先駆」として位置づけられるものと考える。(11) 前世紀まで慣習法によって処罰されていた重大な国際犯罪を犯した首謀者の個人責任追及に関しては、不処罰慣行が形成されてきた「国家における刑事裁判」には必ずしも拠らず、（他方で実効性をも考慮し）国際共存「社会における刑事裁判化」が、今世紀初頭に図られはじめたといえる。これが国際刑法の原初的な現象である。従来の慣習法処罰を脱し、近代国家の所産に与って「罪刑法定主義」が可視化された今世紀国際刑法について、国家ではない共存「社会における刑事裁判化」の本格化の過程に「入った」または「入り、かつ進行中である」ことが再度確認されるべきであると考える。

諸種の分野において人類の共存社会立法――「法の共存社会化」――が確立される中、重大な国際犯罪を犯した首謀者個人の責任について「刑事裁判の共存社会化」が図られはじめた。必ずしも伝統的「国家」主権論に拠ることなく、むしろ近代国家論の枠をこえて、一般に説明される超「国家」的刑罰権を観念すべく国際刑法が創られた。新たな学域を成した国際刑法の解釈および運用において、必ずしも旧来の国家論および「国際法原則＝合意」に拠る必然性はないものと考える。従来の伝統的国家刑罰論のみに拠れば、むしろ国際刑法の発展は遅滞し、またその刑法理論の構築は困難となろう。

かつて、私法領域において、ローマ法の適用は「立法によらず、法学識者によって実務上おこなわれてい」た。[12] これに拠れば、旧来の各固有法の画一化への困難さから、法の統一は苦戦を強いられ、その目的達成は遠のいたという沿革が確認される。これに対し、カロリーナ刑事法典が創られたことにより、[13] それまでにはなかった訴訟手続における形式化と原則化が図られるに至ったのである。この点で、米山耕二は、中世の刑事司法手続が、それ以前の「私的な観念を駆逐し、公的・社会的な課題として認識されるようになっていく過程、並びに、それと呼応して証拠法が、形式的な思量から脱却し、一般的思考法則に適うものとなっていく過程」[14] の中に、訴訟手続の展開を認めている。

刑事実体法ならびに刑事手続または刑事訴訟の発展は、多くの刑事訴訟法学者によって説かれているように、「刑事手続の公化」[15] によって、その史的展開を遂げていくのである。そして、いったん「公化された刑事手続は、それ以前の私的・共同体的司法システムが採用していた原理、すなわち共同体的コンセンサスの獲得という題目をそのまま引き継いでいくわけにはいかな」[16] いといわれている。無論、今世紀国際刑法は、その成立から僅か一五年余りを経過したに過ぎない。この点では、法自体に不備もあり、多くの論者から指摘されるように、法としての実効性に欠けるという問題が存在する。

しかし、歴史を遡れば、司法制度の実効に問題のあった時代は少なくない。フランク王国崩壊後のフランスにおいては、国王権力と封建領主権力とが併存し、必ずしも一元的ないし中央集権的な国家体制は敷かれていなかった。このような社会状況のもとにあって、当時の裁判制度では被害者が自ら課された（被告人との対等関係を貫徹させる弾劾手続が採用されていたため、判決確定まで身柄拘束が行われていたという沿革からも明らかになるように）身体的移動の制限や経済的負担等の理由から、裁判手続は敢えて開始されなかったといわれている。

このような審理の開始に至るまでの負担や弊害を回避し、もって執行力のある裁判を目指して、弾劾手続の例外として職権訴追制度が導入されることになった。その結果、次第に法の実効性が伴っていくことになったのである。当時のフランスでは、私訴である被害者訴追に加え、これを補う形で公衆ないし市民訴追が原則的に採られていた。

他方で、公権力の強化とともに、犯罪は国家権力そのものに向けられる侵害とみなされ、職権訴追という制度を採り入れながら、私訴＝被害者訴追も維持されていった。このような観点から、弾劾手続においては、被害者は刑事手続の中心として位置づけられることになったのである。(17)

四　公訴権概念の峻別

国際刑法における公訴権概念と、国内刑事訴訟法における公訴権概念とは（一部重なり得るものの、今世紀初頭の国際刑法においては、補完性原則を採る限り）、異なるものとして峻別されるべきであると考える。なぜなら、刑事手続に関する法規定、とりわけ刑事訴訟法規定は、その史的変遷から明らかなように、権力の組織性および集約性ないし集権性に強い影響を受けるためである。この点、団藤重光は、（国内の）刑事手続は「國家權力の端的な發現」(18)であり、その背景を成す「社會的要素そのものの近代化」という問題を結合させて考える必要があることを説く。(19)これは、国家の内実を成す、あるいは国家の統治体制を形成する社会の在りようそれ自体の問題であると考える。

国際刑法と国内刑法における公訴権概念の峻別の必要性を本章に主張するにあたっては、団藤の指摘した「國家權力の端的な發現」に関し、予め歴史的分析を加える必要があるように思われる。(20)そこで、刑法および刑事訴訟法の淵源に関する史的変遷について本章における当面の課題に関する限りで以下に概観する。(21)

(1) 刑法および訴訟法の史的展開

刑罰権は、一般に国家刑罰権と称される。しかし、先達の著を僅かに遡れば、「今日の刑法は國家『的』刑法」[22]と表している。国家が確立した近代以降、「國家が其の公權力を以て國家的共同體における道義秩序を維持するために刑罰を行ふ」[23]ものを当時の刑法、すなわち国家「的」(共同体における)刑法と表していたのである。そして、さらに遡れば、第一篇第四章第三節一項[24]以下で示した通り、また、同篇本章第二節以下で詳述するように、刑罰権は社会の権利であり、社会がこれを有するという「社会」刑罰権が観念され、またこれが通用していたのである。[25]今日、多数の論者が支持する刑罰権国家独占原則には拠らない、社会がこれを有するという考え方である。

本節冒頭においては、多くの刑法学者によって詳解される刑法の歴史性について、(刑法に関する表記・論述の関係上、これを国家「的」刑法と記する)小野清一郎に一先ず拠ることとする。[26]なお、本引用においては、小野の国家「的」刑法、国家「的」共同体という表記の引用を主眼とするものであり、所論の刑法思想を受けるものではまったくないこと、特に道義的秩序に表する「道義」について、本書の立場とは全く異なるものであることを念のため付言する。

小野によれば、公罰権の観念は「国家」観念の成立と相まって成立するのであり、組織が確立されない時代において公刑罰は行われなかったという。すなわち、小野もまた刑法を歴史的な問題であると把握したのである。刑法の起源については諸説あるが、一般に復讐であるといわれている。後に、本篇第七章[27]で述べるように原始社会において本質的な公罰権が行われたのは、家族ないし氏族内における家長や族長の制裁や、部族における共同制裁であり、政治統制が成立するに至り権力による制裁に至る。[28]その間、近親による復讐またはそれに代替するものとして贖罪的賠償が行われ、私法的観念が容れられていた。しかし、原始社会における犯罪の「本質的部分は、共同體的な利益を侵害する犯罪に對して行はれたものであり、政治的權力への反抗又は宗教的冒瀆こそは最も原始的な犯罪であった」[29]。

この点、小野によれば、刑法の発展に関し、ゲルマン民族における国家「的」秩序の萌芽を認めつつ、ジッペ（氏族）の勢力は失われず、その間、「近親による復讐が行はれ、重大な反共同體行爲に對してのみ、共同體制裁として、平和喪失（Friedloslegung）が行はれた」[30]という。これが近世以降、「國家的公刑罰は飛躍的に發達」[31]することになったのである。近世における産業および交通の進展に伴う「社会」生活の変動により、浮浪者・犯罪者が急増する。小野は、これに対し「國家權力は峻嚴な警察的及び刑事的手段を用ひる必要を感じた。是れ、近世初頭の刑罰が慘酷であり、その手續が專斷的であった所以である」[32]と敷衍する。「近世初頭の刑事立法及び刑事法學はまだ刑罰の慘酷と專斷とを克服することが出來なかった」[33]。

このような「刑罰の慘酷と專斷」とに特徴づけられる近代初期の刑事法の弊害を克服すべく、一八世紀末に至り（特に、フランスでは）市民は「人道主義及び自由主義の思想」[34]を発展・普及させることになったのである。（とりわけ一八世紀末、新興階級であるブルジョアが経済的支配を獲得した後の）啓蒙的自由主義の高潮は、「刑罰の慘酷と專斷」に対する市民の憤激を背景とするものである。フランス刑法を起点とする一九世紀の刑法の特徴は、自由主義、人道主義刑法といわれる。この点で、小野は一九世紀のフランス刑法の特徴を「近世初頭に於いて確立された國家『的』公刑罰の觀念を基本としてゐるが、市民的自由主義思想を濃厚に反映」[35]するものと指摘している。

このように、近代以降に確立された国家「的」公罰権の概念を基本としつつも、一九世紀後半には犯罪現象、特に累犯者の著しい増加が認められたことから、上述の考え方のもとに発展した古典的刑法学が破綻し、これに代わる実証学派、近代刑法学派が誕生することになる[36]。

刑法の史的展開の中に、同じく近代以降に確立していく国家「的」公罰権の発展について詳解する小野坂弘によれば、刑罰権の実現は「国家的な問題」としてこれを捉える「国家主義的な考え方の現れ」＝職権主義から、国家権力への懐疑を反映した「民主主義の精神」＝当事者主義へ、そしてこれに拠りつつデュープロセス論を展開するという三つの段階に分けられるという。(37) このような刑法および刑事訴訟に関する法現象を史的観点から捉えれば、刑罰権の発動は、小野が指摘するように（フランス革命を機とし）「刑罰の惨酷と專斷」をいかに防止ないし回避するかという観点から発展してきたといえる。

これに対し、国際刑法の発生・展開は（もとより不処罰慣行の克服＝「国家」刑罰権の不行使＝司法権の機能不全への回避を目的としたものであり）国家刑罰権の「刑罰の惨酷と專斷」の回避から求められたものではない。また、国際刑罰権の実現についても、小野坂が指摘した、「国家的な問題」としてこれを捉える「国家主義的な考え方の現れ」＝職権主義から、「国家権力への懐疑」から採られた当事者主義へと展開した、とりわけ戦後の刑事訴訟法学上の特徴を国際刑事法にそれを重ねることはできない。

多くの刑法研究者が、国際刑法と国家刑法との形成の史的変遷をその発生史までへと遡る考察ないし検証することなく、歴史の所産である（両者における）罪刑法定主義を一線上に同一の定規で図ろうとするきらいがあるように思われる。他方で、多くの国際法研究者が、「国家」刑罰権が本来的に内在する恣意的・専断的行使――小野の指摘する「刑罰の惨酷と專斷」――に対する危惧なく、安易に、且つ、何らの立論や理論なく、これ（国際刑罰権を国内刑罰権と）に置き換えられることについて、批判や指摘を加える論考がないこと自体が不可思議である。

このような観点から、刑法の形成および刑罰権の創設過程を俯瞰しつつ刑罰法規における諸原則について、江橋崇が「不可逆の長い歴史の積み重ねの所産(38)」であることを注記していることは意義深い。すなわち、(39) 国際刑法における罪刑法定主義は（自らの長い歴史の所産というよりも）、先に指摘した通り「刑罰の惨酷と専断」をいかに防止ないし回避するかという観点から発展してきた（国際刑法よりも長い歴史を有する）近代国家刑法の恩恵を多分に受けているものと考える。これに続く、江橋の「理論は輸入しえても、歴史は輸入できない(40)」という指摘は、国際刑法にも

妥当すると考える。(41)

(2) 刑事訴訟法理論からの分析

本章において、(手続法を含む) 国際刑法と国内刑事訴訟法における公訴権概念の峻別を説く理由は、実体法と手続法を理論的に分析するならば、刑事訴訟に関する手続については、後述するように弾劾主義のもとでは「社会から国家へ公訴権の主体が理論上移動するのに伴い必要となる理論的手当て」(42)、すなわち、公訴権概念の抽象化 (訴訟法化)(43) が求められるためである。

共存社会に刑罰権を基礎づける以上、公訴権の主体が国際刑罰権を行使する国際共存社会へと漸次変化するという動態的変容性の中に抽象的な訴訟法化が求められると考えるべきであろう。公訴権の主体の明確化である。公訴権の主体は理論上移動するが、これに伴う理論的措置が求められる。この理論的手当とは、公訴権概念の抽象化であり訴訟法化である。本章においては、共存社会から (理論的には、ローマ規程が「国際社会全体の関心事である重大な国際犯罪を犯した首謀者個人に対し、その刑事責任を追及し、もって社会秩序を維持するという公益の追求のために公訴の提起を行う、という意味からは」個別国家が強調される共存社会から、敢えて国家とは異なると捉える) 共存「社会」へと公訴権の主体が移動すると考えるのである。

これはすなわち、刑罰請求権と刑罰科刑権とが異なるということを意味する。国際刑法においても「刑罰の請求主体」と「刑罰の科刑主体」が相違するため、これを理論的に説明するためには、訴訟法化という作業過程が求められると考える。実体法上は、国際刑法と国内刑法は重畳し得る法――刑法典、特別法ほか――を有し、外観上科刑可能であるように考慮され得る場合であっても、これを刑事訴訟という観点から考察すれば、「国際社会全体の関心事である最も重大な犯罪の処罰」に関する訴訟において、「刑罰の請求主体」と「刑罰の科刑主体」とは、必ずしも重なるものではない。法執行の技術的問題から一般に採られる補完性原則によって、「刑罰の科刑主体」が「国家」になった場合であっても、本章において「刑罰の請求主体」は、被害を受けた（「人」を含む）国際「共存社会」と解するのである。

右の区別を求める刑事訴訟の意義は、公訴が提起される場合、被害者を刑事手続に置くことを理論的に説明することにある。かつて、原始共生社会においてなされた私的復讐から次第にこれが緩和され、犯罪に対する制裁が私的手段によって実行された、いわば訴権の生成期にあっては、被害者訴権という形態をもって「訴」は行われた。後の第一篇本章第二節四項及び第六章第一節二項並びに同第六章第二節三項以下で詳述するように、訴権は、あくまで被害者（側）が有していた。

訴権の形成にかかる沿革と刑事裁判における被害者の訴訟化に関する理論についての考察を踏まえれば、国際刑法における刑事訴訟において、仮に補完性原則に従って科刑主体が原則として「国家」とされた場合であっても、刑罰の請求権（主体）はあくまで被害を受けた「人」が共存する社会に求められることになると考える。これによれば、公訴権を有する帰属主体は、「人」から成る共存社会に求められ、これを行使する主体が関係国家または国際共存社会のいずれかの「機関」の検察官であることになる。

以上の検討から、（今世紀初頭においては）(a)（手続法を含む）国際刑法と国内刑事訴訟法における公訴権概念が異なること、また(b)（手続法を含む国際刑法における）公訴権の帰属主体が共存社会であり、(c)公訴権の行使主体が、「機関」における検察官であることを先ず右に確認したい。(44) 国際刑法における訴権とは、国際社会における特定の刑事事件についての裁判所への審判の申立（訴追）をする権利を意味するものであると考える。国際社会における社会公訴権は、個別国家における秩序維持を目的として提起されるものではない。したがって、本来、関係国の同意によって認められる、または認められないという性質のものではない。すなわち、偏えに理論を突き詰めていけば、原理的には国際刑罰権の行使・発動について、国家の同意は必要としないことを本質とするものである。さらにいえば、国際刑法における公訴権は、個別国家の存立や崩壊、また当該国のローマ規程への加入、脱退等によって承認されるまたは承認されないという性質のものではないと考える。

国際刑法における公訴権は、国家（という組織を介し、究極的には国家から構成される国際社会）が、国際刑事裁判所という「機関」に委ねた、託した、譲渡した、委譲した、またはこれを固有に有するといういずれの立場によっても、個別国家による一定の事実または条件に拠って「（多くの論者が主張する如く）認められる」ものではない。（法益侵害の発生または（核兵器の使用に関しては）危殆によって）既に、被害者という（「人」を含む）国際「共存社会」がこれを有しているのである。

本章は、「公訴権は、当初から國家に歸屬して存在し、ただ、法が、検察官に、この権利を行使する権限を賦与するものである」(45)という齊藤金作が説いた公訴権の「帰属性ないし既存性」を、同じく共存社会に説くものである。これに拠れば、国際刑法における公訴権は、当初から国際共存社会に帰属し、ただ、法が検察官に、この権利を行使する権限を付与するものである、という社会公訴権の帰属理論が導出され得るのである。(46)

本章は、古来より人間の原始的な「種族」の「生存」欲求を包含しつつ、同時に展望的保護を図るため、近代刑法における個人責任原理を継受しながら、被疑者・被告人を含む「人」の「共存」欲求を充たす（社会秩序の維持べく、公訴権は、もとより国際共存社会に固有に帰属するという帰属論を整合的に導き出するものである。そして、この公訴権は、第一篇第六章第二節において、社会刑罰権と結合することになるのである。

第二節　社会刑罰論と社会公訴権

一　補完性原則を巡る諸問題

補完性原則は、共存社会における国際刑事裁判機関が有効に機能するため、共存機関と主権国家との刑事管轄権の存在ないしその所在に関する調整機能を担うものであり、これをもって「訴追する国家の第一次的義務を補強すると同時に、国家がその義務を実行することができず、また怠る場合に生じる不処罰の格差を、ＩＣＣが補完して埋めることが期待されたのである(47)」。

刑法原理を効果的に貫徹させるために用いられる補完性は、第一次的に「国家」の刑事管轄権の行使を予定していることから、論者は原則性を強調する。そして、共存「機関」が創設されても、なお「ＩＣＣには条約の拘束力を超えた強制力は存在しない。ＩＣＣの実効性はひとえに関係国の意思にかかっている(48)」と主張している。本書は、もっぱら国際刑法理論の構築を目的とするものであり、刑法原理と補完性原則の関係、すなわち理論と現実とのあり方や優先性について論じることを主な目的とするものではない。

しかし、国際外交上の力関係が多分に影響する中で、「法の原理論ないし本質論」と政治力学の上に創られた「法制度や技術的解釈論」の問題とは、区別されるべきものであろう。本書は、国際社会での政治力学による決定とはいえ、国際刑法理論の存在があってこそ正当な刑罰権は行使し得ると考えるため、すべての基礎は刑法理論の構築に在ると考える。およそ管轄権の調整に関する規定を前提に、刑法の本質を考える方法は適切ではあるまい。本書は、前世紀のごとき「必要性から求められた刑法」ではなく、今世紀国際刑法の本質を考察し、これを明らかにする刑法理論を展望しようとするものである。本質論に先行した、法的技術論ないし現実的観点から加えられる修正論、条件の充足あるいは不備を論じることは妥当ではない。法の進化＝今世紀国際刑法における列挙犯罪の刑事責任追及に関する「刑事法の確立化」および「刑事法の客観化」は、刑事法学の本質論、刑法の原理論において探求されるべきものである。

国際共存社会の現実をみれば、東澤靖も指摘したように、国際刑事裁判機関創設時には予測されてはいなかった「国家が自国の刑事裁判権を放棄してＩＣＣに事件を委ねるという状況（いわゆる、自己付託）に直面[49]」している。「機関」創設の折には（自国の裁判権および刑罰権を放棄するという状況は、社会公訴権の発動要件として）理論的に想定されていなかった事態が惹起しているのである。

東澤の主張によれば、国際共存社会機関は、「二次的な刑事裁判権しか持たないことを前提とされた[50]」。すなわち、ローマ規程第一二条二項が示すように「基本的には犯罪が行われた国、又は被疑者の国籍国が管轄権を行使することを前提として、まさに補完性の原則により、それがかなわなかった場合にはＩＣＣが乗り出すと[51]」いう把握である。すなわち、管轄権の所在確認において、国家の刑事管轄権行使が原則とされている。管轄権が「国家」に認められるということは、当該「国家」の司法権発動が予定され、その手続上の流れにおいて刑罰権も行使され得るということを意味する。「それがかなわなかった場合」、第一二条に限っていえば、いわば「例外」的に共存社会「機関」に管轄権が「認められる」ということである。

このような、右第一二条に関する、いわば「原則・例外」解釈が、国際共存「機関」をして二次的刑事裁判権、さらに今日に至っては、（後述するように論者によっては）国家の「代替」裁判所として把握され解釈されている。こうした「原則・例外」解釈に基づく展開は、あくまで第一二条＝締約国付託についての刑事管轄権の行使条件であり、ローマ規程には、（締約国による付託以外の）安保理付託による規定が置かれている。多くの論者によって展開される「原則・例外」解釈は、本来の「原則・例外」解釈ではなく、締約国付託に関する「原則・例外」規定であり、安保理付託には妥当するものではない。加えて、先より指摘しているように、ローマ規程の採択時においては想定外であったことから直接的な規定のない自己付託が、現実になされている。多くの研究者が強調する如く「原則と例外」により特徴づけられる第一二条は、締約国付託、すなわち犯罪実行地国または被疑者国籍国という、関係「国家」による付託に限られた「原則・例外」解釈であり、第一三条一項(b)の安保理付託および個別的規定を欠く自己付託には妥当する論理ではない。

そして、何よりもこの「原則・例外」は、ローマ規程を採択した外交会議――今世紀国際刑法の（形式的）出発点においてさえ――において最大の争点となっていたことを失念すべきではないと考える。換言すれば、国際刑事裁判「機関」における管轄権の行使について、①関係国家の同意が必要か、②必要とした場合、如何なる国の同意が求められるのか。これに関し、ローマ外交会議では――各国間で異なる見解が主張され、議論が重ねられた――重要な争点であったのである。③最終的に「犯罪実行地国」と「被疑者国籍国」とが承認されたものの、さらに、この問題を巡っては、④両者をその文言上「または」で結ぶのか、あるいは「および」で続けるのかという点も重要な問題として引き続き各国間では異なる見解が主張され議論が交わされていたのである。すなわち、「犯罪実行地国または被疑者国籍国」とするのか、あるいは「犯罪実行地国および被疑者国籍国」とすべきかという論議である。最終的に現行規定、すなわち第一二条二項に規定されるように「または」を用いることになったのである。(52)ローマ規程採択時には、精確に記せば、むしろ「締約国付託を前提とした」「原則・例外」という事態（国内法にいう事件）が想定されていたのである。そして、現在もこの延長線上に多くの研究者により上記のような、「原則・例外」解釈が展開されている。

しかしながら、もはや右の説明、すなわち、多くの研究者が主張する「原則・例外」では、解明し得ない事態が生じている。この点で、いわゆる「原則・例外」論によっては、先に指摘した自己付託を多面的観点から整合的ないし総体的に捉えることはできない。国際共存社会の機関は、「捜査・訴追する国家の第一次的義務を補強するものとして理解され、ＩＣＣは、国家がその義務をあえて実行しない、できない場合に生ずる不処罰の格差を防止するための国際機関[53]」であるという把握によれば、「不処罰の格差防止のための国際機関」の刑事手続における公訴概念はどのように捉えられるのであろうか。ローマ規程上の諸規定――に付された、公訴の提起にかかる幾重の要件論の充足――と、現在国際社会でなされている自己付託や安保理付託という現状を捉えるならば、原則・例外論による単純な論理では事態の解明は困難を伴うこととなろう。

拙著がかつて主張した[54]ように、今世紀国際刑法の対象犯罪であるジェノサイド、人道に対する犯罪、戦争犯罪、侵略犯罪については、歴史を遡れば、また現今においてすら、いずれも国家による関与のもとで実行されることが危惧されるが、犯罪実行地国の国内裁判所には実効的な犯罪捜査および審理、そして科刑という一連の司法手続を期待することができないことが予想される。このような懸念は、ジェノサイド条約の起草過程においても多くの国から指摘されていたところであった。

特に、このような場合を想定して、重大な国際犯罪を犯した首謀者個人に対する刑事責任の追及に関しては犯罪実行地国での審理の対象とはされない危険性から、従来の属地的管轄権を基本とする原則の限界が示された。その修正が必要とされた結果、従来の管轄権修正の契機となったのが、ジェノサイド条約であった。とするなら、国家の関与する蓋然性が極めて高い重大な国際犯罪――とりわけローマ規程の列挙犯罪について、その処罰の実効性の確保という観点からは、論理的にも実際的にも国内裁判管轄権を優先して認めることは合理的ではあり得ない[55]。上述した状況の中ではルワンダでの国内裁判による先例等をも考慮すれば、あるいは報復的判決に傾く危険性を払拭し得ない国内裁判所よりも、無色の司法権が期待される国際刑事裁判所の管轄権が優先されるべき必要性が高いと考えられる。[56]

この点、大沼保昭もまた、対象犯罪が「国家機関を巻き込んだ国家ぐるみの大規模な人権侵害[57]」であるために、当該犯罪行為が行われた国家自らが積極的に「侵略、人道に対する罪、ジェノサイドといった犯罪の具体的事案について、自国の指導者たる国家機関を裁く国際裁判所の管轄権を受け入れることは、実際上ほとんど考えられない[58]」と主張していた。個別国家における裁判の困難を予め考慮した上に、後述するケニアの事態を例として踏まえると、国際共存社会における機関での審理開始について、関係国の同意の不要性が再考される必要がある。

二　刑罰権の基礎――理論と実務

重大な国際犯罪を犯した首謀者個人の処罰に関しては、関係諸国家の司法が機能しない場合が多く、不処罰の慣行が形成されてきた。この克服のために、国際刑事裁判機関が創設されたとするならば、執行力がない「とされる」国際「機関」をいかに運用していくのか、または今後どのように法の整備をすべきか、あるいは解釈のあり方、また義務規定を設ける可能性は見出されるのか、見出されるとすればどのように理論化するのか、如何なる義務規定をどのように設けていけばいいのか、これらのことが法理論として求められるべきものである。

ところが、共存社会における国際刑事裁判「機関」には、①執行力が「ないから」、あるいは②補完性がローマ規程の「原理だから」という、研究者の「捉え方」によって、採択の折にその調整役として期待された補完性は、公理として昇格されてしまっている。(執行力が)「ないから」または「原則だから」を前提とする立論ではなく、補完性は、①ローマ規程採択にあたり、多数国を採択へと導く調整を担ったものであり、精確に記せば、管轄権決定のための調整規定ともいえる。すなわち、②今世紀国際刑法の対象犯罪に関する「共存社会の刑事裁判化」という発展過程の初期における調整機能を果たすよう「予定された」規定である。幾重の要件論の中に置かれたベールを取っていけば、これまでは、もっぱら管轄権の問題としてのみ捉えられていた本来の社会公訴権、すなわち、共存社会における公訴権の存在が発見されるであろう。

ローマ規程においては、①執行力が「ないから」、あるいは②補完性はローマ規程上の原則において採り入れられたわけではなく、東澤が指摘するように、それは国際刑法を起動させるための補完的役割を担うものなのである[59]。確かに、現行ローマ規程は、各論者の指摘通り、関係国家の協力なしにはその実効性を確保することはできないことは事実である。だが、この点は、国際共存社会の欠陥でもなければ問題点でもない。なんら矛盾するものは存在しない。すなわち、（今世紀初頭の）国際共存社会は、国際社会として抽象的に存在するわけではなく、具体的な個別国家から形成され維持されるゆえに、国際社会たり得る。このような考えに立脚すれば、ローマ規程を機能させるについて、国際「機関」のみならず個別国家が協働して行うことは、何ら不可思議なことではない。個別国家の共存する社会こそ、国際共存社会であると考える。

第一篇第四章第三節三項で詳述した通り、(a)現行刑法が採用している刑罰権の基礎づけと、(b)刑罰権は本来何によって基礎づけられるのかという問題とは、異なるものである[60]ことを認識すべきであると考える。すなわち「刑法ガ何ヲ刑罰權ノ基本トシタルカ如何ナル主義ヲ根據トシテ制定サレタルカト言フ問題ト。學理上何ヲ刑罰權ノ基本トスベキカ如何ナル主義カ最モ學理ニ適シタルカト言フ問題トハ全ク別ノ問題タルヲ注意スベシ[61]」という岡田朝太郎の指摘は、国際刑法学の進展および国際刑法理論の構築においても妥当するものと考える。加えれば、「何故に國家が刑罰權を有するが正當であるかと云ふこと、即ち刑罰權の淵源に關する原理と、刑罰を課するには何を標準とすべきかと云ふ課刑の原理との間に判然たる別區を立て、居ない[62]」という樋口秀雄の指摘が妥当する。

それにもかかわらず、今日の国際法学および国際刑法学は、もっぱら政治力学上の上に展開する刑罰権や現象的考察を追いかけ、その分析ないし検討に終始しているように思われる。あるいは、第一篇第一章二節以下で指摘したように事実的に認められる（とする）刑罰権を、——刑罰権の史的変遷に関する考察や現状における客観的分析・刑法理論を介在させず——必要性の観点のみから論じるに終っている。ローマ規程の原則と謳われる補完性原則は、刑法原理ではなく、国家あるいは国際共存社会のいずれの機関において公訴の提起を認めるか、という決定のための調整機能を担うものである。

加えるに、国際刑法は、国際共存社会組織の不充分性ゆえに「国際法の一部」として把握され、——国際「刑法」学からの検討が加えられるにしても、それは「国際法の一部」を前提とした国際法の「刑法」という枠組みにとどまり——とりわけ刑法理論としての探究がなされてこなかった。先にも指摘したように、国際刑事裁判所創設以来、国際法学研究の主な対象は、ローマ規程上の個別的争点、同規程の概観、補完性原則、具体的判例の研究等、国際法の論理的枠組み内での研究であった。ゆえに、国際刑法学の遅れ、わけても国際刑事訴訟法学における「訴」権に関する研究が、遅滞したのである。

国際刑法学がこのような状況に陥ったのは、ローマ規程総体が訴権概念を含む刑事手続法と実体法とに区別され分離されておらず、それぞれが自立していないこと、これが研究者において充分に認識されていなかったことが原因ではないかと考えられる。本章は、この問題をあらゆる角度から明らかにし指摘するものである。

「訴」権に関する考察と、検察官の職権「捜査」協力に関する具体的検討ならびにその実効性への考察に基づいた提言が、今後の共存「機関」の機能を高めていくものと思われる。国際共存社会がさらに組織化して発展すれば、——社会的共存の重要性が汎く浸透されるにしたがって——「予定された」調整役の役割も軽減されることになり、研究者においても事実的必要性という説明から、刑法の理論へと接近する研究方法論が採られ得る、すなわち、本質の把握が次第に可能となるものと思われる。共存社会における裁判「機関」の実効性は、分化を伴いつつ次第に高まっていくものである。

国際共存社会の処罰意思を反映したローマ規程を現実のものとして採択したのは共存社会の意思であるが、他方で補完性原則に関し、「国家」の主張が採用されたのは、主権の問題であったと思われる。現在の国際社会でなされている（安保理付託や）自己付託という状況は、国家と国際刑事裁判「機関」との調整機能を期待された補完性原則の対象外の発生である現状ないしその結果と考えるべきである。

共存社会における――特に自己付託という――現状については、審理の開始は何のために行われるのであろうかという、刑法と刑事訴訟法の原点に戻る必要があると思われる。換言すれば、国際社会における公訴権は、誰が有し、誰のために、これを行使するのか。刑罰を科す「機関」と被告「人」という把握について、再び確認する必要があるように思われる。

今世紀国際刑法の創設にあたっては、検察官の職権捜査開始については大きな争点のひとつであった。小和田恒が記した通り「国家がそういう告訴ないし告発の手続を取るとか、あるいは安全保障理事会がそういう告発の手続を取るとかいうことは、政治的な動機によって動かされる度合いが高いだけに、それだけしか訴追の手続がないというのは、片手落ち（ママ）ではないかという考え方も(63)」あり、ローマ外交会議では、議論の結果、予審部による審査を介在させることによって、検察官の職権捜査を認めるということになったのである。

このように、検察官の公「訴」権に関する問題は、刑事裁判についての最も本質的かつ重要問題でありながら、国際政治力学の中ではむしろこれを認めることに消極的な見解が見られた。この立場は、司法権を国際政治力学へと還元する見解であると思われる。このように、検察官の公訴権については、ローマ規程を採択した（ローマ外交会議の最終的段階に至って漸く認められることとなったのである。

三　訴権の帰属性

近代国家が形成されて以降、刑罰権国家独占原則のもとに、起訴独占主義や起訴法定主義等が採用されてきた。いずれも国家主権のもとで導かれる原則である。我が国の場合は、周知の通り刑事訴訟法第二四七条が「公訴は、検察官がこれを行う」と規定する。本条は「公訴の提起および遂行の権限が国家機関である検察官に、しかも検察官のみに属する」[64]ことを意味している。

このような「国家」訴追主義ないし「国家」起訴独占主義から、今世紀初頭、国際刑法に「国家」起訴独占主義とは異なる、国家とは別の独立した国際「機関」に訴権概念が容れられたことは、極めて意義深いものがある。[65]すなわち、我が国の刑事訴訟法では「国家」にのみ帰属する公訴権が、「国際共存機関」にも帰属し、国際検察官はこれを提起し得るという法の現象が生じたのである。そして、ローマ外交会議の中盤までは、当初、安保理と締約国だけに認められていた付託権限が、会議の終盤では検察官にも認められ、それに先行する職権捜査も認められるに至った。すなわち、国家公訴権ではなく、国際共存社会の公訴権概念が確立されたと考えることができるようになったのである。本書では、右の事態を人類の共存社会における訴権概念と捉え、以下これを「社会公訴権」と呼ぶことにする。

国際刑法が補完性原則を採用した限り、国家の刑事管轄権が行使されない一定の場合、国際刑法における社会公訴権が認められる、という構造になる。その意味から国際検察官は、当該関係国家内外の公訴に関する状況を綿密に把握した上で、国家とは別の共存社会の機関に公訴を提起することになる。公訴の提起に関しても、補完性原則が大きく影響してくる。

だが、今世紀初頭の国際刑法における公訴権は、個別国家の公訴権概念、あるいは起訴独占主義という制度と本質を同じくするものではない。調整機能を果たすべき補完性原則を含めた場合であっても、国家とは別な機関である国際共存社会に帰属している公訴権と、国家の公訴権概念は、――とりわけ、その帰属性において――同一の内実を有するものではない。国際社会における公訴権の提起は、国際社会全体の公益を確保するという目的をもって提起されるものである。

補完性原則は、当該事態に関する刑事管轄権の所在ないし帰属の確認を主な目的とするものであり、それは併せて国家の管轄権行使後に引き続く刑事手続の実効性が期待されたものである。しかし、いずれの機関が管轄すべきかという刑事管轄権と、そこにおいてなされる公訴を提起する権限、すなわち公訴権と、有罪判決に基づく刑罰執行権とは、その本質において異なるものである。したがって、これらは峻別して論じられるべきであると考える。補完性原則は、あくまで管轄を決定するところまでが射程範囲で、役割としてはその機能が期待されるべきものであると考える。実効力という観点からは、国家の管轄権の確認に引き続く刑事手続の開始が認められよう。

他方で、国際社会における社会公訴権（概念）については、訴訟法学の視点からは、本書が主張する、社会刑罰権を採った場合であっても、なお補完性原則によって社会公訴権が国家における国家公訴権を補完するという構成は、法的擬制に過ぎると考える。その理由は、刑事管轄権行使に関する補完性原則が採られた場合であっても、刑事訴訟法学上の公訴権に関する理論からは、共存社会における公訴権を観念することは困難であることによる。

国際社会における刑罰権行使の正当性を共存社会に基礎づける社会刑罰論を視座とした場合であっても、社会公訴権をもって個別国家における公訴権と観念することは、無理があると考える。なぜなら、国際刑法における公訴は、あくまで「共存社会全体の公益」の確保という観点から提起されるものであるためである。端的にいえば、公訴の提起にかかる「公益」に関し、国家刑法と国際刑法のそれは重畳し得るが、究極的には――同質性が認められる場合であってもその対象となる範疇、帰属等――本質的に異質なものがあると考えるからである。

そこで、本書は、共存社会の実体に着目する。すなわち、国際共存社会は個別国家から成り、個別国家はこれを構成する社会から成り、社会は人から形成される。「人」と「社会」、「国家」、「共存社会」に関しては、すべては、その連鎖において連続している。また、既に触れたように、個別国家なくして国際社会はあり得ず、経済発展によって形成されてきた複雑な社会構造と情報化社会の中で、グローバリゼーションといわれる現在、国際共存社会なくして個別国家の存続もあり得ない。完全な鎖国国家がこれまで存在したことのないのと同様に、現在は特に国家の相互関係なくして個別国家は存在し得ないほど密接に国際社会関係が形成されてる。いわゆるグローバル社会が主張されるゆえんである。本書は、こうした内実を考慮して、――第一篇第二章以下で――引き続いて論じてきたように、このような社会概念を「国家を含む共存社会」という今日の共存社会の特質的な要素を変遷過渡期に在る特徴を表す文言を駆使して、二〇一八年四月現在の人類の共存社会を表現してきたものである。以下において、「国家を含む共存社会」あるいは**「国際共存社会」**とは、右に明らかにした現象的事態を指すものとする。

本章は、**国際刑法における**（未だに検知されていない）**公訴権の基礎づけを**（これまでは全く説かれてこなかった）**「国家を含む共存社会」に求め、これをもって、社会公訴権を整合的に理論化し得る**と考える。ゆえに、右に示した本書における社会刑罰権とは、国家を含む国際共存社会（通説によれば譲渡によって、本書では固有にこれを有するという固有説に立脚する）がこれを有するのであり、当該共存「機関」がこれを行使するということになる。そこで、次節において社会公訴権は、国家を含む国際共存社会が有するもの[66]であることを確認していくことにする。

国際刑事訴訟（手続法を含む国際刑法）における公訴権は、「国際共存社会全体の公益を確保」ないし共存社会全体の秩序を維持」するため、共存社会の検察官がこれを適正かつ公正に行使しなければならないという理論が導き出されることを次節以下で検証する。[67・68]

四　社会公訴権

これまで、国際刑法は、刑法学・刑事訴訟法学としての国際刑法というよりも、国際法の一部として把握されてきた。そのような中、共存社会における国際刑事裁判「機関」を「代替的な機能をもつ国際機関である」(69)と解されるようになってきた。そこで、「如何なる場合に国際的刑事裁判所が代替すべきかについて国際法規が成立する必要がある」(70)という主張がなされている。説明の便宜上、本書ではこれを「代替説」と呼ぶことにする。はたして、右の理解は妥当であろうか。「ICCには条約の拘束力を超えた強制力は存在しない」(71)という解釈によるならば、目下、①独立裁判機関でなされている付託はどのように説明されるのであろうか。加えて、この立場は、②補完性を重視する、すなわち厳格な譲渡説に立脚する国際刑事裁判機関という把握によると思われるが、そうであれば、国内裁判所を「補完するに過ぎない」国際刑事裁判所と一般に理解されるところ、「補完するに過ぎない」国際刑事裁判所は、一定の場合に限りその管轄権が認められるという原則になる。その結果、刑罰権を行使し得るという構成であろう。だが、本篇第一章第二節以下において考察の上に検証した通り、譲渡説からは国際刑事裁判所はあくまで国内裁判所を補完するものであり、国内裁判所に代替する機関であるとの、①理論的根拠もなく、またこのような道筋を、②国際法委員会等の議論の経緯からは認めることはでき「ない」。また、右の主張においては、刑罰権の淵源はどこに求められ、代替刑罰権行使の正当性は、どのような根拠に基づくものか合理的な説明が行われなければならない。右の見解によれば、「国際刑事裁判所はそれぞれの必要性によって設立されていることを考えれば、早急な成立も望めない」(72)と説明している。

最も重要な問題である刑罰権に関する考察を抜きに、多くの研究者から必要性のみによって国際刑事裁判所の創設や同「機関」における刑罰権行使に関する説明が行われている。このような事態が現在の国際法学および国際刑法学の現状である。しかしながら、刑罰権の創設やその行使の正当性は、必要性のみによって基礎づけられるものではないと考える。本書においては、「人」に対し科刑を行う刑事裁判所およびその刑罰権行使の基礎づけについては、必要性のみをもって説明されるものではないこと。また、補完性原則は理論的に国際刑事裁判機関が国内裁判所を補完することを意味するものであり、国内裁判所に代替するものでは「ない」と解する。(73) 国際共存社会「機関」に提起される公訴「権」に関する固有の研究が深化すれば、代替という考え方が国際刑事訴訟法および国際刑法における公訴権概念にそうものか否かが明らかになるだろう。共存「社会」における公訴権は、「共存社会」が固有に有するものであり、この共存社会の意思に基づく国際刑事裁判機関、すなわち、「機関」の検察官が「共存社会全体の公益」を確保するために行使するものである。この社会公訴権について、これを個別国家の公訴権として把握するためには、如何なる理論をもってそれを説明し得るのであろうか。

本書においては、国際刑法についてこれを国際法（の一部）ではないと考える。国際刑法は、国際法と関係を有しながらもその実体を視れば、物理的強制力を行使する刑罰法規である。国際共存社会が国際刑法における公訴権を有しているがゆえに、「人」（の生存）を含む共存「社会」の（共存自体に関する）法益侵害に対し、共存社会の（国際）「機関」、すなわち共存社会の検察官がコア・クライムを首謀した個人について訴追を行うのである。この訴追に関する権利は、「国際共存社会全体の公益のために」ないし「国際共存社会全体の秩序維持のために」これを行使するのであり、したがって、この公訴概念を個別国家の刑事手続における公訴概念と同様に捉えることは、妥当ではない。公訴権理論からは、国際刑事裁判機関の「執行力の欠如ゆえに」、「代替」という構造は採り得ないことが判明する。また、自己付託について「国内手続に代わってＩＣＣが問題となる事件を取り扱う」(74) という把握はなし得ない。その理由は、本篇第三章以下に詳述してきた通り、**国際刑法における刑罰権行使の正当性を、個別国家ではなく、「国際共存社会」**（の処罰意思）**に求め、この社会刑罰権の実効をもって共存社会の秩序維持を図るという**

「理論」を構築したことによる。

五　社会公訴権と代替説

締約国が自ら自国の刑事裁判権を放棄してこれを「機関」に託する、いわゆる自己付託について「関係国が真摯に捜査・訴追を行う意思または能力を持たない場合には、国内手続に代わって、ＩＣＣが問題となる事件を取り扱う」[75]と古谷修一は説明を加えている。この見解によれば、国際刑法は「その根底には旧来の国際法秩序と連続する側面を強く残している」こと、あくまで「従来の国際法秩序が基礎を置く原則・制度——国家を中心とした責任体系、法執行の分権性、主権国家の同意に根差した規範体系（中略）が持つ特質と意義を十分に評価したうえで、ＩＣＣの革新的側面を運用・発展させる」[76]ことが求められるという。

しかし、本章による考察を踏まえれば、自己付託についてこれを「国内手続に代わって」国際刑事裁判所が審理を開始すると捉えることはできない。本書の立場からは、自国の管轄権を放棄して「機関」にこれを付託する自己付託は、国際刑事裁判「機関」の本来的な司法権の発動として把握されるものであり、これを国内手続ないし国内裁判所に「代わって」あるいは「代替」するものと考えることは「できない」。国際刑法は、当該重大犯罪を首謀した指導者個「人」の刑事責任を追及する法である。「人」の「行為」および「結果」に対する刑法の評価において、国家を中心とした責任体系、古谷が示す「主権国家の同意に根ざした法規範」の評価は、むしろ切り離されるべきであると考える。個人の刑事責任を追及する国際刑法は、あくまで当該犯罪を首謀した個「人」の「行為」およびその「結果」、「因果関係」等が評価の対象となるのであって、刑罰権行使の基礎づけに関し、古谷が主張する「主権国家の同意に根ざす」、すなわち所論が結ぶ、「従来の国際法秩序を基礎」とすることも、その意義ないし評価を前提とすることもできないばかりか、理論的に関係することの必然性は見出されない。

国際刑法は常設国際刑事裁判所設立条約という条約によって創設されたものである。だが、①法の創設手段ないし態様と、②法の評価、③実効性の問題はまったく異なる次元の問題である。個人責任の追及、すなわち、「機関」の刑罰権行使を、国家を中心とした責任体系や主権国家に根差すものとすることは、来た道の回帰であると考える。これらを一線上または一元的に解することに、賛意を示すことはできない。この点で、国際刑法の法的枠組みについて論じる豊田哲也の「伝統的な国際法の論理的枠組みに挑戦するもの[77]」であり、「国家を単位として国際法秩序を把握する国際法学の理論的枠組みの妥当する範囲を超えたところに生じつつある法として理解すべきだ[78]」という指摘は、適切であると考える。国際刑法を論じるにあたっては、これに関する**牧野英一**の指摘、すなわち「刑罰制度の進化は専ら賠償的分子と離遠するの點に存す[79]」という言説を解する必要があろう。

右に関しては、刑法学研究からも同じような把握がなされている。高山佳奈子は、「超国家的刑法への要請は、国内刑罰権が十分に機能しないという問題から生まれてきた。（中略）刑事司法が現実しないところでは、大量虐殺のような重大な犯罪が行われても、これが放置されることとなるから、国家に代わって刑罰権を行使する国際機関が求められる[80]」ことを強調している。だが、国家が重大犯罪の処罰に対応できない問題と国際刑事裁判所が行使する刑罰権の淵源ないし根拠の問題とは別個の問題であることを認識する必要がある。

本書において超国家的刑罰権が超国家的刑罰権たり得るためには、国家刑罰権に「代わって」刑罰権を行使するものではなく、理論的に当然のことながら「自立して独立に」その刑罰権が行使されなければならないと考える。この場合、高山の主張する「超」を「例外」と解した場合であっても、国際刑罰権は国家刑罰権を「補完」するものであり、国家刑罰権を「代わって」行使するものでは「ない」、と考える。「機関」が有する国際刑罰権は、国家に「代替」するものでも国家に「代わって」これを行使するものではなく、「固有に」「独立して」行使するものであると考えることが、本篇第一章を通して論じてきたところの刑罰権である。このように導出し解することによってのみ論理的にも「理論の一貫性」を保ち得ると考える。独立機関説と固有説とは、右のように理論として整合することとなるのである。

本書においては、第一篇第二章第四節五項で述べてきたように、また、後の本篇第六章第一節三項及び同本篇第七章ほかで論じるように重大な国際犯罪については、国際社会の組織性が確立していく過程（今世紀国際刑法はその原初期に在ると考える）において特徴づけられる、「私法から公法へ」と分化が現象する中で、刑罰も「かつての私刑（血讐を含む復讐）から公刑」罰の創設へと変遷していくものであると捉えるのである。

刑罰については、**穂積陳重**も「法の起源に関する私力公権化の作用」[81]で指摘するように、国家成立以前から私人によって修復が図られた神や宗教に対する罪さらに復讐について、組織化・統治化の端緒およびそのプロセスにおいては、かつてなされた同一行為が「公」に向けられた行為として評価されることとなることを指摘している。重大な国際犯罪は、まさしく国際共存社会そのものの秩序に対する犯罪として理解されるようになるのである。それゆえ、重大な犯罪は「国際社会全体に対する犯罪または法益侵害」として捉えられるようになる。この点、かつて**カント**が犯罪を公的犯罪と私的犯罪に区分し、前者については「公共体そのものを危うくするような種類の公的法則の違反」[82]であるとし、これをもって刑事裁判の対象としたことが想起されよう。但し、カントの理論にあっては、未だ国家と社会とが明確に区別されていなかった点には注意を要することを付記しておく。この時代の「私」から「公」への分化は、秩序維持が主要な目的であり法治の問題であったとも考えられるが、この点については本章の目的から逸れるためこれ以上の言及はしない。

国際刑法が、「機関」を通じて刑罰権という権限や義務を規定するのは、当該「機関」を通じて共存社会全体に関わる共通法益を確保しようとするためである。これは、国際刑事裁判機関のみならず諸種の機関に求められた目的であり、なお且つ、「機関」の任務であると考える。個別国家（間）の利益を調整するために国際法が求められた。これを超えて、すなわち個別国家の利益のみならず国際社会自らの存続、究極的には共存社会の「人」が享受すべき利益の確保を求めて国際刑事裁判「機関」が創設された。本篇第七章を通じて明らかにするように、未成熟な組織にあっては利益や権利は潜在化されたままであった。

しかし、経済が急激に発展し軍事産業が専門化するまた情報化社会へと社会構造が変容すると、組織化が図られ次第に活発となりより広域にわたって、「社会」自体の利益を確保しようとするのである。組織化に伴って近代国家が成立し、以降は急速な変化を伴って利益や権利概念は明確化するのである。換言すれば、血族、氏族、小規模共同体内で行われていた無自覚の、原始的慣習（としての規範）が近代国家の成立をみて、自覚的に公罰へと転換し刑法が制定されるに至るのである。このような歴史の変遷の中に国際法を置いてみれば、「人」の欲求、「人」を含む国際「社会」自体の存続欲求を充たすために国際刑法が求められたことが明らかとなろう。「人」と、人から成る「社会」、人から成る「国家」、人から成る（国家を含む）「国際共存社会」の存続のために国際刑法は求められ、近代国家刑法を継いで罪刑法定主義が採用されるに至ったのである。

牧野英一によれば「刑法の世界的法典」が求められたのは、（当時、重大な犯罪と考えられていた政治犯については）「思想の「變遷」があるという。すなわち、犯罪を理解するにあたり、これを単なる法律的なもの entité juridiqu とせずに、社会的なもの、別言すれば「犯罪人は、これをその屬する國の國民というやうに見ないで[83]」犯罪実行地国のみならず、犯罪者居住国これらを超えるように考えるようになったという。**ガロファロ**や**リスト**においては、犯罪地国、犯罪人国籍国などを主張し「事を論ずるのは背理も甚しい[84]」との見解であたったことが示されている[85]。重大な犯罪は「文化諸國一般の共通の敵であると考へられるやうになつた[86]」のである。

ローマ規程における補完性原則は、“com” plementarity の原語を採っている。この点で、同じく補完性原則を採るEUにおける補完性原則は、“sub” sidiarity を原語とする。ローマ規程における補完性原則は、「人」の共存するための条件を確保すべく、国際社会全体に向けられた犯罪について、これを合意に基づく、または、関係国家に代わる（代替する）ものではなく“obligation erga omnes”すなわち、共通法益侵害に対する処罰義務を求めたものと解し得るのである。ジェノサイド条約第六条がこれを証左するものである。

右の刑罰に関する歴史的考察および原語からの概念を踏まえれば、国際社会に対する重大な犯罪とは、国際社会全体（の共通法益）に対する侵害またはこれに向けられる行為として把握されるべきものであり、これに対して審理を開始し科刑を行う常設国際刑事裁判所は、特定の関係国家に「代わる」または国家に「代替」するものではなく、「国際社会全体の公益ないし共通法益を確保する」機関として理解されるべきであると考える。刑罰は、ときの一時的現象のみをもって考察されるべきものではなく、歴史的展開の上に、当該社会構造の変容の中に捉えられる得るものと考える。

——代替説を主張する論者においては、自らの理論の整合性の欠如においてこれを認識するものではなかろう。ゆえに、国家に「代わる」または「代替する」刑罰論を展開するものと考えるが——本書においては、個別国家における刑罰権ないし個別国家における公訴権概念をもって、国家を含む共存社会の刑罰権を捉えようとするところに、「代替」説の理論的不整合性が生じるものと考える。「訴」権概念と法理論についての欠缺がこのような事態を招くものと考える。もとより、「代替」なる概念は、少なくとも片面的な互換性を伴うものであると思われる。しかし、補完関係が、なにゆえに、また「如何なる理論」をもって「代替」となるのであろうか。この点については、まったく明らかにされてはいない。

愛知正博もまた、国際刑罰権の合法性について、「ＩＣＣの管轄権は、国際刑罰権の行使ではあるが、それ自体はオリジナルなものではなく、各国の普遍主義的管轄権に基づく国内司法の代替」[87]と解し得ると主張する。そして右を前提に、「そうだとすれば、個別国家の刑罰権行使を超えることにより何か特別な配慮を要する不都合が生まれない限り、基本的に、一種の普遍主義的な刑罰権の行使として、一応関係国の同意などとは無関係に正当性を有しうることになろう[88]」と主張する。その上で、ローマ「規程の中に各締約国の国内管轄権が変形して規定されているると考えることになるから、その国内管轄権を各国の国内法にも個別に規定しておく必要は必ずしもない[89]」と帰結する。ローマ規程の新効果について、愛知は「非締約国にとっては、ＩＣＣによる国際刑罰権の行使は、しょせん一部の国々による事実上の権力行使にすぎない[90]」と捉え、「国内司法の代替」と位置づける。髙山や愛知を含む多くの論者が補完性原則との関係を論ぜずして、当然の如く「代替」説を採っていることは既述してきた（「代替」性問題に対する持論の見解は、右に示した通りである。また、普遍主義に基づく刑罰権概念の多義性とその問題については、第一篇第一章第一節三項以下で既に論じている）。

しかし、このような代替説の上にさらに、刑罰権の合法性について、「『何か』『特別な』『配慮を要する』『不都合』が『生まれない限り』、『基本的に』、『一種の』『普遍主義』『的』な刑罰権の行使として、『一応』関係国の同意『など』とは無関係に正当性を有し『う』ることに『なろう』」という、幾重にも、さらに幾重にも解釈の余地を残す刑罰権概念を容れることはできない。さらに愛知は「規程の中に各締約国の国内管轄権が『変形』して規定されている」と説示する。しかるに、これが、どのような「変形」を伴って、どのように国家を超え、指称されるところの「超」国家的刑罰権へと連なるのか。国際刑罰権は、一種の普遍的なもの、という説明をもって足りるのか。国際法委員会での議論を踏まえる必要がある。さらにローマ規程の新効果（非締約国への拘束力）について、愛知の如く「しょせん一部の国々による事実上の権力行使」と解することは適切だろうか。

社会科学も、科学である以上は、そこに、動態的な作用とそれに対する反作用が理論的ないし実証的に説明されなければならない。すなわち、国際刑法における厳格性は、国内刑法における厳格性と必ずしも同一の基準を求めるものではないにせよ、可能な限り刑罰権の概念は、明確性が保たれるべきであると考える。付言するに、「ＩＣ

Cの管轄権は、国際刑罰権の行使ではある」[91]とするが、管轄権と刑罰権とは、異なる概念である。

本章において以上の考察を踏めば、これまで多くの国際法学者によって説明されてきた、「代替」や「譲渡」という説明では国際刑罰権の正当性を根拠づけることはできない。なぜなら、国際刑罰権の行使は、単なる主権の形式的な制限、いわば量的増減ではなく、国家主権では説明し得ない刑罰の本質——特に、(非締約国への)新効果——を伴うものであるためである。換言すれば、従来の合意原則を破って物理的強制力を伴う刑罰権の行使を認めるという斬新な異質要素を核とする刑罰法(及びそれに続く手続法)である。したがって、これを国家刑罰権で説明することについては整合性が見出せず、国家刑罰権の限界——「国家」刑罰論ではない刑罰理論(本章が提起する社会公訴権および本書が説く社会刑罰論)——をもって説明されるべきであると考える。

刑罰権は、「機関」を介して行使するものである以上、観念上または形而上学からの「変形」という一語をもって説明することは困難であると考える。何を犯罪の本質とするか、何を保護法益とし、何を保護するために刑法が機能するのか、刑法理論をもって説明される必要がある。仮に、国際刑事裁判所が、国連の「下に」創設された国際機関であるならば、国際連盟にはじまり、国際連合、国際司法裁判所、旧ユーゴスラヴィア国際刑事裁判所、ルワンダ国際刑事裁判所という一連の流れによって、これを説明することもできよう。

ところが、国際刑事裁判所は、国連の「下に」創設された機関ではない。「独立」した国際機関であるからして、創設にあたり自ら法人格を有している。ということは、自らの権限を有しているということである。(安保理とは強い関連を有しながらも、またローマ規程自体が安保理との不可分性を求めながらも)機関は、「独立」している。すなわち、

ローマ規定第四条は、

「一　裁判所は、国際法上の法人格を有する。また、裁判所は、任務の遂行及び目的の達成に必要な法律上の能力を有する。

二　裁判所は、この規程に定めるところによりいずれの締約国の領域においても、及び特別の合意によりその他のいずれの国の領域においても、任務を遂行し、及び権限を行使することができる」と定めている。

本節は、国際刑事法学における公訴権に関する研究の遅れを指摘するものである。（何らの立論や理論がないまま、無意識のうちに）個別国家における刑罰権ないし個別国家における公訴権概念をもって、国家を含む国際共存社会の刑罰権を捉えようとするところに、「代替」説の理論的不整合性が生じていることが発見されるべきである。換言すれば、補完関係が理論的根拠のないままに、さらには国家刑罰権の専断的・恣意的行使の危惧ないし虞を考えることなく多くの研究者が、「代替」論を主張する。また、社会公訴権に関する知見のないままに当然のごとく「国家」公訴権と捉えることが、法の目的ないし本旨にそうものであるのかという原点に戻り、再考すべき点を指摘したい。この点を、高野雄一は、以下のように明らかにしている。すなわち「國際刑事裁判所はまだ存在しないが、（中略）國家においてでなく、國際社會において直接個人について追求（ママ）・處罰される場合として[92]」把握している。国家刑法と国際刑法との形成に関する史的変遷を辿る必要があると考える。

この点で、以下に示す酒井安行の指摘は、意義深い。すなわち、国家刑罰権拡大化の中で、「刑事立法に見られる刑法的介入の多様化[93]」という現象について、「『近代刑法の原則』への懐疑ないしその『時代に応じた』修正の必要という根本的な問いかけを伴って展開される[94]」点を積極的に評価しつつ、他方で、それが「『超近代という衣を被った前近代』への先祖帰り[95]」という危険性を払拭し得ない権力の特殊性を考慮すれば、これに対し警戒が必要であること喚起している酒井は、国際刑法における刑罰権行使のあり方に関し、示唆に富む。刑罰権の拡大・強化の現象においては、「刑事制裁の最終手段性、謙抑性という近代法原則との緊張関係[96]」が生じることは否定できないこと、したがって刑法の介入にあたっては「妥当な投入範囲を模索することが強く求められること[97]」、国際テロ組織、組織犯罪集団等に関しては処罰の必要性から「近代刑法の諸原則の修正、変容」[98]も求められるが、これに対しては慎重かつ謙抑的な姿勢が求められる点を強調する。本書においては、酒井の見解を、国際法学研究において見落されがちな刑法における謙抑主義と刑罰権の恣意的行使への警鐘を鳴らした主張と捉えることができると考える。

本書においては、刑罰権について、理論もなく、また刑法原理への言及もなく、安易に代替なる見解が示されること自体に妥当性が問われるものと考える。刑事法学における刑罰の謙抑性や最終手段性などが厳に求められるものと考える。このような考え方からしても、代替説は支持されるものではない。

ケニアの事態ほか共存社会に起きている自己付託に関する国際刑事裁判「機関」の関与は、本書に説く「共存社会」に基礎づけられた刑罰権および今なお未検知の社会公訴権（さらに刑罰義務および公訴義務）論によってはじめて整合的に説明され得るものと考える。

(1) 本章においては、多数の拙著・拙稿の引用を行う。これは、国際刑法における理論構築の必要性を指摘する論文は僅かに存在するものの、二〇一八年四月現在、著者の調査の限りにおいて本理論の構築自体を試みた論究がまったく存在せず、安藤泰子「国際刑事裁判所規程の『構造的矛盾』に関する法理論的解決――慣習国際法化プロセスと個人処罰に関する国家主権の内在的制約理論――」関東学院法学第一〇巻三・四合併号（二〇〇一・三）一五七―一八四頁ほかを所収した自らの学位論文や同「刑罰権の淵源（一）――法の分化――」青山法学論集第五八巻四号（二〇一七・三）一―九七頁、同「刑罰権の淵源（二）――保護法としての国際刑法――」青山法学論集第五九巻一号（二〇一七・六）五一―一五二頁、同「国際刑法における刑罰権の淵源」刑法雑誌第五二巻第二号（二〇一三・四）二一〇―二二六頁など、本研究に携わってきた自らの研究成果に拠らざるを得なかったという事情によるものであることを予め付言する。

(2) 洪恵子「国際刑事裁判所における管轄権の構造」国際問題第五六〇号（二〇〇七・四）六―一六頁、特に七頁。

(3) 洪・前掲注（2）七頁。

(4) 本章において、特に断りがない限り「機関」とは、二〇〇三年三月、オランダのハーグに創設された常設国際刑事裁判所を指するものとする。また、本章にいう国際刑法とは、手続規定を置いているローマ規程、すなわち手続法を含む国際刑法を指すものとする。

(5)　他方で、これを精確に記せば、訴権は本来「認められて」生じるものではない、と考える。この点については、本章の後に詳述する。

(6)　中村宗雄「裁判の理論構造」法哲学年報一九五八（一九五九・四）一―四五頁、特に八頁ほか、一二頁は「訴訟法が、実体法から法制度的に、また体系的に分離したのは近代国家のもとにおいてである」ことを示す。

(7)　安藤・前掲注（1）「刑罰権の淵源（一）」一―九七頁、同「刑罰権の淵源（二）」五一―一五二頁。

(8)　一般に社会の組織性が強固になるにしたがって、実体法である刑法と手続法である刑事訴訟法は、両者が分化される傾向にあると考える。

(9)　この問題を指摘するものとして、ギュンター・ヤコブス（Günther Jakobs）［著］飯島暢・川口浩一［訳］『国家刑罰――その意義と目的』関西大学出版部（二〇一三）八五頁、佐瀬昌三「国際平和に対する犯罪」『刑事法學論集 故 林頼三郎博士追悼論文』中央大学法学会（一九六〇）七七―九九頁、特に七八頁、髙山佳奈子「国際刑事証拠法」川端博・浅田和茂・山口厚・井田良編『理論刑法学の探究 三』成文堂（二〇一〇）一四三―一七二頁、特に一五七頁以下、安藤・前掲注（1）「国際刑法における刑罰権の淵源」二一〇―二二六頁、特に二一〇頁。

(10)　この点については、本書の第二篇で詳解する。

(11)　本章は、国際社会における社会公訴権について論じることを主な目的とするため、国際公法については、これ以上論じない。この点に関しては、安藤泰子「公法としての国際刑法」青山ローフォーラム第六巻一号（二〇一七・七）八一―一一〇頁。

(12)　米山耕二「刑事訴訟における合目的性と正義――ドイツにおける糺問訴訟の進展に即して――」一橋論叢第七一巻一号（一九七四・一）七四―九八頁、特に九五頁。

(13)　なお、カロリナ刑法典については、塙浩［訳］「［資料］カルル五世刑事裁判令（カロリナ）」神戸法學雜誌第一八巻二号（一九六八・九）二一〇―二九九頁、米山耕二「カロリナ刑事法典について――刑事訴訟における合目的性と正義（二）」一橋論叢第七一巻四号（一九七四・四）五一九―五三七頁、同「カロリナの刑事手続――近代的刑事司法の礎――」一橋大學研究年報法學研究第九号（一九七五・六）一五九―二六二頁。

(14)　米山・前掲注（12）「刑事訴訟における合目的性と正義」九七頁。

(15)　藤本幸二「中近世ドイツにおける証拠法の変遷について――カロリーナ刑事法典における法定証拠主義を中心として――」一

橋論叢第一二五巻一号（二〇〇一・一）六九―八六頁、特に八二―八三頁。
(16) 藤本・前掲注（15）八三頁。
(17) なお、この点に関しては、水谷規男「フランス刑事訴訟法における公訴権と私訴権の史的展開（一）」一橋研究第一二巻一号（一九八七・四）一四五―一五九頁、特に一四八頁。
(18) 團藤重光「職權主義と當事者主義」日本刑法學會編『刑事法講座 第五巻』有斐閣（一九五三）九三五―九五一頁、特に九三九頁。
(19) 團藤・前掲注（18）九三九頁。
(20) 近代および現代（一九世紀末葉から一九二〇年代にかけての我が国とドイツにおける）の刑事手続に関する法現象の歴史的な観点から詳細かつ多面的分析を加えた著書として、小田中聰樹『刑事訴訟法の歴史的分析』日本評論社（一九七六）他。
(21) 本節は、公訴権概念の峻別を説くことを目的とするものであり、刑事訴訟法の展開を史的変遷の上に分析するものではない。したがって、この目的に必要な範囲で概観するものとする。
(22) 小野清一郎『新訂 刑法講義 總論』有斐閣（一九五〇）二二頁。
(23) 小野・前掲注（22）二二頁。
(24) 安藤・前掲注（1）「刑罰権の淵源（一）」一―九七頁。
(25) 安藤泰子「刑罰の史的変遷」青山法学論集第五九巻一号（二〇一七・六）二〇三―二三四頁。
(26) 小野・前掲注（22）二三頁以下。
(27) 安藤・前掲注（25）「刑罰の史的変遷」二〇三―二三四頁。
(28) 小野・前掲注（22）二三頁。
(29) 小野・前掲注（22）二四頁。なお、小野は、同二四頁で刑法の発展に宗教観念を挙げなければならない点を強調する。この点については、穂積陳重『法律進化論 第三冊』岩波書店（一九二七）、増田福太郎『原始刑法の探求』ダイヤモンド社（一九四四）他。
(30) 小野・前掲注（22）二八頁。
(31) 小野・前掲注（22）二九頁。
(32) 小野・前掲注（22）二九頁。
(33) 小野・前掲注（22）三〇頁。

(34) 小野・前掲注(22)三〇頁。
(35) 小野・前掲注(22)三〇頁。
(36) 小野・前掲注(22)三一頁。
(37) 小野坂弘「刑罰制度の構成原理としての憲法——刑罰権・処遇権を中心に——」刑法雑誌第二四巻第三・四号(一九八二・二)四七三—五〇二頁、特に四八六頁。
(38) 江橋崇「刑罰と人権」奥平康弘・杉原泰夫編『憲法学　一　人権の基本問題　I』有斐閣双書(一九七六)一〇〇—一一七頁、特に一〇一—一〇二頁。
(39) いうまでもなく、国際刑法は前世紀からの長きに亘る歴史を有している。本章においては、罪刑法定主義という原則に着目した場合の比較における表記にとどめる。
(40) 江橋・前掲注(38)一〇二頁。
(41) これらの指摘は、国内刑法と国際刑法を巡る罪刑法定主義への考察にも示唆を与えるものと考える。
(42) 小田中聰樹「刑事訴訟理論の歴史的概観」吉川経夫・内藤謙・中山研一・小田中聰樹・三井誠編『刑法理論史の総合的研究』日本評論社(一九九四)七一五—七六〇頁、特に七二五頁。
(43) 小田中・前掲注(42)七二五頁。
(44) 本章は、社会公訴権を観念するものであるが、本篇第五章第二節三項及び第六章第一節二項以下で示す通り、その究極的な主体は「人」であると考える。
(45) 齊藤金作「刑事訴訟と應訴權」早稲田大學法學會『中村宗雄教授還暦祝賀論集　訴訟法學と實體法學』有斐閣(一九五五)三三七—三六九頁、特に三五四頁。
(46) なお、本章における公訴権については、その「帰属性」に関する限りにおいて齊藤と同じ見解に立脚する。齊藤は公訴権について「その行使せられる以前から、制度的な権利として存在し、承認されていると考うべきではあるまいか」(齊藤・前掲注(45)三五四頁)という制度的帰属性という考えを採っている。齊藤は、「訴訟条件が具備することによつて公訴権が、『存在する』に至ると解するのは妥當ではなく」(齊藤・前掲注(45))三五四—三五五頁)「公訴権を『行使しうる』とすべきものではあるまいか」(同三五五頁)と主張する。公訴権の帰属に関しては、「帰属性」が認められるとした場合であっても、さらに共存社会においては「制度的」帰属性まで認められるのかという問題が生じよう。これについては、更なる検討の必要があると考える。公訴権自体については、——組織性という観点からは未発展の国際共存社会に制度的に認められるのかという問題ほか——より深い考察が求められるものと考えるが、本書の目的である刑法理論の構築からは逸れるため、本章は、国際社会における社会公訴権概念の検出の必要性を説くにとどめ、これ以上の詳述はしない。この点に関しては、今後の研究課題としたい。

(47) 東澤靖「国際刑事裁判所（ＩＣＣ）における受理許容性の審査――判例法理の発展と、結論を異にしたリビアの2つの判決」明治学院大学法科大学院ローレビュー第二一号（二〇一四・一二）五三―七七頁、特に五五頁。

(48) 洪恵子「グローバリゼーションと刑事司法――補完性の原則から見た国際刑事裁判所（ＩＣＣ）の意義と限界」世界法年報第二四号（二〇〇五・三）一〇九―一三九頁、特に一三一頁。

(49) 東澤・前掲注（47）五四頁。

(50) 東澤・前掲注（47）五四頁。

(51) 奥脇直也・小寺彰・齊木尚子・田中利幸・薬師寺公夫「〔座談会〕日本法の国際化――国際公法の視点から」ジュリスト第一二三二号（二〇〇二・一〇）六―三五頁、特に一三頁。

(52) この点に関しては、安藤泰子『国際刑事裁判所の理念』成文堂（二〇〇二）一四六頁以下。

(53) 東澤・前掲注（47）六六頁。

(54) 安藤・前掲注（52）二九八頁以下。

(55) 安藤・前掲注（52）一三六頁以下。

(56) この点、James. Crawford, は、The I. L. C. Adopts a Statute for an International Criminal Court, AJIL, LXXXIX, 1995, p. 407で、規程草案第七五条（死刑を科すことはできない）により最も重大な犯罪を犯した者が国際刑事裁判所で無期刑を宣告され、それよりも軽い責任を負うべき者が国内裁判所で審理されることにより死刑の判決を受ける危険性との不公正を指摘している。

(57) 大沼保昭『人権、国家、文明――普遍主義的人権観から文際的人権観へ』筑摩書房（一九九八）一〇三頁。

(58) 大沼・前掲注（57）一〇三頁。

(59) 東澤・前掲注（47）五四頁以下。

(60) この点に関しては、小林好信「岡田朝太郎の刑法理論」吉川ほか『刑法理論史の総合的研究』一七七―二一三頁、特に一八五頁。

(61) 岡田朝太郎『日本刑法論 総則之部 改訂増補第三版〔復刻叢書法律学編二四〕』信山社（一九九五）二六―二七頁。

(62) 樋口秀雄（龍峡）『社會論叢』日高有倫堂（一九〇九）六三頁。

(63) 小和田恆・芝原邦爾「〔対談〕ローマ会議を振り返って――国際刑事裁判所設立に関する外交会議」ジュリスト第一一四六号

（一九九八・一二）四―二八頁、特に一七頁。

(64) 松尾浩也監修『条解 刑事訴訟法 第四版』弘文堂（二〇〇九）四九〇頁。

(65) この点、後述するように、ジェノサイド条約やジュネーヴ諸条約では締約国に訴追義務を課している。

(66) 究極的には、これまで詳述してきたように、元来「人」が有する訴権であると考える。

(67) この点で、第一三条は「機関」における管轄権行使について、三つの場合を規定している。すなわち、「裁判所は、次の場合において、この規程に基づき、第五条に規定する犯罪について管轄権を行使することができる。

(a) 締約国が次条の規定に従い、これらの犯罪の一又は二以上が行われたと考えられる事態を検察官に付託する場合

(b) 国際連合憲章第七章の規定に基づいて行動する安全保障理事会がこれらの犯罪の一又は二以上が行われたと考えられる事態を検察官に付託する場合

(c) 検察官が第一五条の規定に従いこれらの犯罪に関する捜査に着手した場合」である。

これらのいずれかによって管轄権が認められた場合、すなわち事態が特定され、(c)の場合、さらに捜査開始に関る許可を予審裁判部に申請し、これが承認された場合、検察官には広汎な裁量権が認められることになる。検察官は訴追を行うにあたり、以下に従って行動する。第五三条、すなわち、

「一 検察官は、入手することのできた情報を評価した後、この規程に従って手続を進める合理的な基礎がないと決定しない限り、捜査を開始する。検察官は、捜査を開始するか否かを決定するにあたり、次の事項を検討する。

(a) 利用可能な情報により、裁判所の管轄権の範囲内にある犯罪が行われた又は行われていると信ずるに足りる合理的な基礎が認められるか否か。

(b) 事件について第一七条に規定する受理許容性があるか否か又は受理許容性があり得るか否か。

(c) 犯罪の重大性及び被害者の利益を考慮してもなお捜査が裁判の利益に資するものでないと信ずるに足りる実質的な理由があるか否か。

検察官は、手続を進める合理的な基礎がないと決定し、及びその決定が専ら(c)の規定に基づく場合には、予審裁判部に通知する」と規定する。

続いて、第五四条は、捜査についての検察官の責務及び権限を定める。すなわち、

「一 検察官は、次のことを行う。

(a) 真実を証明するため、この規程に基づく刑事責任があるか否かの評価に関連するすべての事実及び証拠を網羅する

よう捜査を及ぼし、並びにその場所において罪があるものとする事情及び罪がないものとする事情を同等に捜査すること。

(b) 裁判所の管轄権の範囲内にある犯罪の効果的な捜査及び訴追を確保するために適切な措置をとり、その場合において被害者及び証人の利益及び個人的な事情（年齢、第七条三に定義する性及び健康を含む。）を尊重し、並びに犯罪（特に、性的暴力又は児童に対する暴力を伴う犯罪）の性質を考慮すること。

(c) この規程に基づく被疑者の権利を十分に尊重すること。

二　検察官は、次の(a)又は(b)の場合には、いずれかの国の領域において捜査を行うことができる。

(a) 第九部の規定に基づく場合

(b) 第五七条三(b)に基づく予審裁判部の許可がある場合

三　検察官は、次の行為を行うことができる。

(a) 証拠を収集し、及び検討すること。

(b) 被疑者、被害者及び証人の出頭を要請し、並びにこれらの者を尋問すること。

(c) 国若しくは政府間機関による協定又は政府間取極に基づく協力であってそれぞれの権限又は任務に基づくものを求めること。

(d) 国、政府間機関又は個人の協力を促進するために必要な取決め又は取極であってこの規程に反しないものを締結すること。

(e) 手続のいずれの段階においても、専ら新たな証拠を得るために秘密を条件として自己が入手する文書又は情報について、これらの情報の提供者が同意しない限り開示しないことに同意すること。

(f) 情報の秘密性、関係者の保護又は証拠の保全を確保するために必要な措置をとること又は必要な措置をとるよう要請すること」である。

第五四条で特筆されるべきは、検察官には真実発見「義務」が課されている、ことである。検察官の権限については、森下忠『国際刑事裁判所の研究』成文堂（二〇〇九）一一九―一二八頁、また検察官の真実発見義務についても同一二一頁を参照。なお、本節におけるローマ規程訳については、薬師寺公夫・坂元茂樹・浅田正彦『ベーシック条約集 二〇一六』東信堂（八五二頁）に拠る。

(68) 検察官の刑事訴訟制度利用の限界づけを明らかにするという目的から、訴訟制度利用の許諾を巡って発現してくる利益の問題を「公訴の利益」という観点から分析した緻密な論究として、能勢弘之「公訴の利益（一）」北大法学論集第一九巻一号（一九六八・八）一二一―一二二頁。所論においては、刑事訴訟に関する独創的で重厚な基礎理論が展開されている。所論に付された註については、能勢刑事訴訟法理論を理解する上で、また近時展開されている諸種の学説の検討にあたり、有益であると思われる。特に、ザウアーが主張した（便宜主義における）起訴の基準、すなわち、「基本的には、国家に具現された共同体の利益を標準とする」（同一二八頁）という指摘は、国際刑事訴訟法の訴権概念を抽出し、展開する本章において示唆的であると考える。

(69) 洪・前掲注（48）「グローバリゼーションと刑事司法」一三一頁。

(70) 洪・前掲注（48）一三一頁。

(71) 洪・前掲注（48）一三一頁。

(72) 洪・前掲注（48）一三一頁。

(73) なお、本章と同じ見解を示すものとして、松田誠「国際刑事裁判所の管轄権とその行使の条件」ジュリスト第一一四六号（一九九八・一二）四五―五三頁、特に五一頁。

(74) 古谷修一「第一章 国際刑事裁判権の意義と問題」『国際刑事裁判所』東信堂（二〇〇八）三―三九頁、特に三〇頁。

(75) 古谷・前掲注（74）三三―三四頁。

(76) 古谷・前掲注（74）三三―三四頁。

(77) 豊田哲也「『国家の国際犯罪』の責任主体」山口厚・中谷和弘編『安全保障と国際犯罪』東京大学出版会（二〇〇五）六三―八二頁、特に七〇頁。

(78) 豊田・前掲注（77）七一頁。

(79) 牧野英一『刑事學の新思潮と新刑法』警眼社（一九〇九）二〇二頁。

(80) 髙山佳奈子「国際刑事裁判権（二）・完」法學論叢第一五四巻二号（二〇〇三・一一）一二―六〇頁、特に二八頁。

(81) 穗積陳重『法律進化論叢 第四冊 復讐と法律』岩波書店（一九三一）特に七―六八頁。

(82) 三島淑臣「カントの刑罰理論（一）」法政研究第五一巻三・四号（一九八五・三）六五九―六七五頁、特に六七四頁。

(83) 牧野英一『刑法に於ける重點の變遷』有斐閣（一九二九）三一七頁。

(84) 牧野・前掲注（83）三一八頁。但し、ガロファロやリストの見解に対し、牧野は、「しかし、それはさし當り理想論たるに止まる」（同三一八頁）と記している。

(85) 牧野・前掲注（83）三一八頁―三一九頁。

(86)　牧野・前掲注(83)三一六頁。
(87)　愛知正博「国際刑事裁判所の管轄権の合法性」中京法學第三三巻三・四号（一九九九・三）一二六―一六〇頁、特に一四一頁。
(88)　愛知・前掲注(87)一四一頁。
(89)　愛知・前掲注(87)一四六頁。
(90)　愛知・前掲注(87)一四〇頁。
(91)　愛知・前掲注(87)一四一頁。
(92)　高野雄一『國際公法』弘文堂（一九五八）二四頁。
(93)　酒井安行「刑事規制の変容と刑事法学の課題――最近の刑事立法を素材として〔緒論〕」刑法雑誌第四三巻第一号（二〇〇三・七）一―一〇頁、特に八頁。
(94)　酒井・前掲注(93)九頁。
(95)　酒井・前掲注(93)九頁。
(96)　酒井・前掲注(93)五頁。
(97)　酒井・前掲注(93)九頁。
(98)　酒井・前掲注(93)九頁。

第六章　公訴義務

第一節　訴追義務

一　訴追制度の変遷

今世紀初頭、国際刑法＝ローマ規程の発効をみるに至ったが、国際共存社会の組織性は充分とはいえず、国際刑法には実効性がないと指摘されている。そうだとするならば、（手続法も含む）国際刑法における公訴権展開のための課題は、如何なるものとして把握されるべきものか。共存「社会」における公訴権はどのように捉えられるべきものなのであろうか。

本節では、国際刑事手続における公訴権に関する考察を加える理論的前提として、私人訴追が国家訴追へと変移していく訴追制度の史的展開を確認する。なお、訴追制度の史的変遷については、各国の訴追制度を参考にすべきであるが、本章は各国の訴追制度の比較検討を目的とするものではないため、一先ず、ドイツにおいて採られていた私人訴追から国家訴追への変容について、これを概観することにする。

(1) 私人訴追

古代社会においては、いうまでもなく民事と刑事の区別はされてはいなかった。公訴や公訴権という概念も存在しなかった。そのような中で、内田一郎によれば、中世に至ると、被害者は自らの損害を私訴によって回復するという手続が採られるようになったとされている。(1) 他方、糾問主義の原型を成す裁判官の職権による手続開始も認められることになった。そして両者の折衷を成す、国家の特命による公訴官によって公訴の提起がなされるという、ドイツ刑事訴訟法の原型も認められるに至った。

中世の刑事手続では、犯罪者に対する国家防衛の目的から、糾問主義の傾向となっていった。その後、いわゆる啓蒙主義を通して個人の権利が尊重され、糾問主義の欠陥を補うべく、国家から被疑者・被告「人」、そして人間を保護するという今日の刑事手続が採られることになったのである。

中世の刑法ないし刑事訴訟的思想は、私法ないし民事訴訟的枠組みと同様な方法論に拠っていたものであり、刑罰は、被害に対する復讐としての性格を有していた。換言すれば、犯罪は被害者に向けられた侵害と捉えられ、刑罰は侵害（犯罪）者に対する被害者の「復讐」として認識されていた。それゆえ、刑罰は、国家的な要素を有するものでも、国家の権利として捉えられるものでもなかった。すなわち、中世においては、未だ「国家」に対する刑罰請求「権」という観念は形成されていない。むしろ、刑罰に代替し得るものとして、贖罪——賠償の支払い——が認められていたのである。古代より、私法と刑法とは混淆を常態としていたが、中世に至ると次第にその区別がなされることになる。このことは、当時の社会構造における訴訟的制度が、一方において人民を支配する支配者による統治概念の発展と、他方において訴えを提起するに充分な経済力を有している私人たり得ることによって、はじめて訴えが起こされる、ということを意味した。

（現在のような、公益の確保という観点からではなく、経済力を有する）私人によってのみ個別的な訴えがなされ得るという――今日の刑事司法制度との比較でいえば、公平かつ公正なというよりもむしろ片面的な――「実効性を有しない」刑法および刑事手続は、新たな時代の到来によって改変されることになるのである。すなわち、中世末期になると、旧来とは異なる罪質の、形態的にも別個な諸種の犯罪が増大したことから、社会は対応を迫られることになる。犯罪の増大化に伴う社会の混乱にあたり、国家的事業として一四九五年に永久ラント平和令が敷かれ、帝室裁判所が設立されたことにこれらの事態がみられることを内田は主張している。(2)

かつて採用されていた、私人による訴えの提起――訴訟――および「非力な刑法」は、カロリーナ法典を通じて次第にその様相を変移させていくことになった。（私訴による――無罪判決が確定した場合、被告人への損害賠償請求の発生という危険を伴うこととなり――）裁判制度は、むしろ被害者側の提訴を留める、あるいは場合によっては「訴」の回避さえ招く側面を持つことになったのである。(3)

(2)　国家訴追と訴追義務

右の如く、不処罰を許さない制度――糾問訴訟――という道が開かれることとなった。「糾問訴訟の不変の功績は、犯罪訴追ということが国家の任務であって被害者の私事ではないという認識をもたらしたことであり、その不運な欠陥は、糾問訴訟が国家による犯罪訴追の仕事を裁判官に委ねたために、裁判官と当事者という二つの役割を一人の者が演じることになった点にある(4)」と内田一郎は指摘している。(5)国家と被疑者という訴訟主体の構造のもとでは、裁判官は個別具体的な事案について適正な刑罰権の行使に関する権利を有するとともに、それを確定する「義務」を担うことになるのである。しかし、本制度は不完全性を内包するものであり、裁判の公平性や中立性に欠陥を招ぜしめることになった。糾問訴訟の欠陥を補い、またこれに伴って発生した弊害を除去すべく、やがて国家はその訴訟に検察制度を採り入れることになった。検察官による公訴の提起は職権行為であり、有責者に対する科刑の請求は、国家刑罰権行使の手続として把握されるに至るのである。

この点で、内田武吉は、「ドイツ刑事訴訟法学において、公訴權理論があまり発達しないで、訴訟条件理論が中心的課題となっている」[6]背景には、公訴権の本質にかかる問題に関して一般公法理論に委ね、深く掘り下げた研究が行われなかったこと、その学問的態度が我が国の刑事訴訟法学にも反映していることを指摘している。[7]そして、検察官の公訴の提起を単なる職権行為と把握するのみならず、その職権行為がどのように展開ないし進行していくのかという「訴訟の動態的考察」が必要であること、そのために公訴「権」概念が求められること[8]を内田武吉は主張していた。[9・10・11]

ところが、公訴権の把握について、——とりわけその源泉について——右と異なる見解がみられることは注意を要する。

二　「人」が有する訴権

(1)　市民が有する訴権

公訴権の意義について、**鯰越溢弘**はその原始を「国家」ではなく「市民」に求めるのである。鯰越は、我が国における戦後の改革——糾問主義的検察官司法からの脱却——に求められる二つの課題、すなわち刑事訴訟の目的は「実体的真実発見」と「国家的な関心事である」ことを指摘し、日本国憲法のもとでは、訴追理念にその転換が必要であるとする。[12]

鯰越は、刑事訴権を基本的人権として捉えるのである。[13]すなわち、フランス治罪法を踏襲した我が国における刑事訴訟法の歴史的沿革から、本来公訴が意味するところを、「被害者たる私人が存在しない場合及び被害者が訴追をしないかあるいは訴追できない場合に、公衆の代理として検察官が行う刑事訴追」[14]に求めている。そして、後述するように——潜在性への喚起を促す——現行刑事訴訟法第二四七条の解釈において、本条をもって「国家」訴追主義の根拠とされていることに対し、その是非を問う。そして、この問いへの理論的解明の中で「国家訴追主義が現行刑事訴訟法の基本理念であるとする妄想に、多くの論者がとらわれている」[15]と指摘するのである。続いて鯰越は、現行刑事訴訟法では、告訴・告発に関する私人訴追「権」の視点が欠落しており、市民と警察を含む公務員の違いを、前者の「訴追の権利」と後者の「訴追が義務とされている点を職務としての犯罪摘発による期待から設けられた」[16]ことを強調する。

また、**川崎英明**は、公訴権の帰属主体を市民に求め、「市民の公訴権」という考え[17]を主張する。この考え方は、検察官について「市民の公訴権」を行使する「市民の代理人」と把握する。ドイツ検察官制度の生成と確立の史的展開の中に訴追抑制の理念として、「公訴権はすべて市民に帰属する」[18]という帰属論を展開するのである。これによれば、右に同じく公訴権は、市民である「人」が有するものと導かれるであろう。市民の公訴権という理念のもとでは、検察官は「公訴権の帰属者たる市民が付託した公訴権の代理行使の機関」[19]と位置づけられる。検察官は「国家」の代理人ではなく、市民の代理人であることが強調され、検察官の公訴権行使に対する市民による事後的抑制手段を導くものと帰結する。[20]

この点については**水谷規男**も、同様に以下の説明を行っている。すなわち、旧来よりフランスでは、私訴が認められていた。（後述するように）特に、人権宣言に逸早く刑事法に関する四か条が置かれた。とりわけ一七九一年法では、市民および被害者が告発・告訴によって治安判事に義務的に捜査を行わせることを可能としていた点、また公訴権は「市民の権利である」[21]という支配的な思想が背景となり、「一般市民にも訴追、公訴権行使の権利が認められていた」[22]点を指摘する。[23]一七九一年法をほぼ再現した罪刑法典において、公訴権および私訴権が認められたことは、「被害者（私訴原告人）の権利が、近代市民社会の刑事手続法の中で再確認されたことを意味する」[24]と論じて

いる。すなわち、

「四条　すべての犯罪は本質的に公訴権を生ぜしめ、同時に私訴権を生ぜしめる。

五条　公訴権は社会秩序にもたらされた侵害を処罰することを目的とする。公訴権は本質的に人民に属する。公訴権は人民の名で、そのために特別に定められた官吏によって行使される。

六条　私訴権は犯罪がもたらした損害の賠償を目的とする。私訴権は損害を被った者に属する。

八条　私訴権は公訴権と同時に、同一裁判官に対して請求され得る（以下、略）」(25)。

水谷は、フランスにおけるこのような制度について、被害者（私訴原告人）の権利が重視されており、被害者「保護」という観点から（刑事法における）ひとつの柱として配慮されている、と帰結している。被害者が刑事裁判所で私訴権を行使する場合には、被害者に訴追権と刑事手続の当事者としての資格が認められることになる(26)という、同国刑事法上の特徴を明らかにする。その上で、このシステムを、①被害者に訴権を認め、②迅速な刑事手続を進めることを可能とするのみならず、③検察官との共同により効率的な立証活動によって、④犯罪者から容易に賠償を得ることを可能ならしめる、これらによって⑤被害者の意思を刑事裁判に反映させることができるとして、「比較法的にみても被害者にとっては有利な制度であった(27)」と評価する。同国では、一九七七年に国家補償制度が導入されたことによって、被害者の救済、補償の重視という新たな展開がみられたことを指摘する(28)。

白取祐司も同じく、フランスにおける上記の制度について、諸外国と比較すれば「異例なほどに、被害者に対して大きな権限を付与している(29)」ものと評価する。また、**ボイルケ**も、国家刑罰権の源泉について、国家に属する立場を維持しつつ、最終的には「対象となる市民の司法権発動請求権(30)」に求めている。ボイルケは、ドイツ刑事訴訟法の詳解にあたり、「市民が犯罪被害者として自身に加えられた危害に対し自ら報復することを許されないのであれば、犯罪から生じた刑罰権を実現することは、国家の権利というだけでなく、義務でもある(31)」ことを指摘する。

(2) イギリスにおける訴追制度

訴追について特筆されるべきは、イギリスにおける制度である。同国における刑事訴追制度は多くの研究者によって紹介されてきているが、古くは田村豊によって、（同国での）起訴がほぼ私人に委ねられてきた史実が論じられている。[32] 水谷もこの沿革を踏え、同国の訴追に関し「全ての市民に訴追権が帰属することを制度的に保障し」[33]ているとする。この点を大野真義は「国家または国家権力を担った国家機関の手によるのではなく、被告人の近隣の民衆の手によるものであった」[34]とし、沢登佳人は同国の裁判制度の特質を「国王から独立の人民の機関であり、厳格に当事者主義的な訴訟手続を持ち有罪無罪の決定は人民から選出された陪審員に委ねられるという意味で、人民自身の手による裁判の機関」[35]と評している。

イギリス独自の特徴といえる刑事訴訟手続──個人訴追主義──について、田村理論によれば、その由来は「彼等を被害者又は其の親族友人の私的復讐に任すにあるといふ古代に行はれた観念の歴史的産物」[36]に遡るという。すなわち、古代アングロ・サクソン人が採用した原始的裁判制度は、その実質において私闘への代用物であった。[37] 訴訟手続は、私人の出訴によって開始され、「訴」を受理した裁判官に委ねられていた。しかし、ノルマン人が同国を征服した以降は、治安の維持が重視され、私闘は廃止されるに至る。治安判事は、当初上級警察官であった。その義務は、広汎に亘り、犯人の発見・逮捕及び犯人に不利な証拠の収集に従事した。

その後、次第に治安判事は、捜査官としての役割を失い、事実の審査という裁判上の役割を担うのみとなる。既述したようにノルマン人とその後継者は、陪審制度を開始した。ノルマン人によって制度化された陪審は、陪審員自らによるものではなく、当事者によって収集されかつ提出された事実の真偽を裁判上審査する、現在の形態を採ったという。[38] このように、当初は、治安判事および陪審員が存在したにもかかわらず、国家がこれを主導しなかったのは、個人訴追制度による責任の原則が採用されていたためであるという。

イギリスにおける刑事訴追の特徴は、訴追の開始に当たり国王の法律官が有する権利と同様の権利を私人が有し、手続開始後にあってはそれを代理する法律家は政府代表の法律家が有する権利と同等の権利を有した(39)ことであると説明されている。しかるに、同国における起訴は、原則として個人に任され、いくつかの例外はあるものの、何人も起訴をしない場合に限り警察がこれを提起し得る制度を採ることになった。(40)より正確には、このような警察起訴のほか、職権起訴および上述した個人起訴の三類型があるが、本節では以下、個人起訴について触れる。

訴願者は、自ら選んだ訴師に全事件を委ね得る。訴師は警察と協力し、事件の端緒からその指揮の任に当たり、被告人が公判に付される場合、弁護士として尽力する状師を指令し、これに適切な助言と援助を与える。(41)かつて刑事事件については、既述したように捜査を行った警察が、私人という立場で訴追を行った。裁判の立ち合いについては、基本的に警察からの依頼を受けた弁護士に任せていた。

しかし、一九八五年に検察庁（Crown Prosecution Service＝CPS）が創設され、翌一九八六年から同庁の活動が開始されることとなった。(42)同年、犯罪訴追法（Prosecution of Offences Act）の制定を受けて、旧来、訴追ソリシタ（Solicitor：事務弁護士）によって行われていた訴追業務が警察から検察（公訴官）へと委託されることになり、訴追制度は大きく変わることになる。(43)同法の実施にあたっては、訴追裁量に関する基準のほか、一般的原則を定める規則が発行された。(44)証拠収集および公益の確保という観点から、検察官は原則として治安判事裁判所において公判を遂行する権限を有するとされている。捜査および公訴提起については、原則として警察が行っている。

三　検討――公訴権

右を踏まえ、国際共存社会の刑事手続における公訴権はどのように捉えられるべきであろうか。結論を先に示せば、第一篇第五章第二節三項以下の検討を踏まえ本章においては共存社会が充分に組織化されておらず、未だにその生成過程——原初期——に在るという理解のもとに、公訴権は元来私「人」が有するものであり、（国際社会（＝国際世論）が「国家」を媒介にし、国家は、条約という方法（手段）をもって）右の訴権を国際「機関」（の検察官）に委ねた、または抽象的な国際共存社会「人」が有する権利を具体的な（個別規定において保護されるべき）法益侵害の発生とともに、これ（訴権）については、被害者である私「人」を含む「国際共存社会」が固有に有し、その共存意思が反映された「機関」＝国際検察官がこれを行使するものであると考える。無論、こうした理論構成は、法的擬制であるとの批判も予想される。事実的には国民の意思を代表する国家が条約によって国際「機関」を創設した、ということである。

しかしながら、本書は右の考え方が擬制ではなく、刑罰の史的変遷にその真実性を認めることができること。そして、右の考え方が、旧来、刑法学者によって主張され、説かれていた史実を示さなければならない。すなわち、本章においては、後述するように「公訴權ハ社會權ノ一部分ニシテ犯罪アルヤ直チニ發生スルモノナリ」(45)と説いた井上操の見解とその基礎の一部を同様とするものである。(46)繰り返し述べるように、元来、訴権は、私「人」が有していたものである。原始共生社会においては、被害者「側」が加害者「側」へと加える復讐という形態を採ったものの、次第に被害を受けた「人」が、侵害を回復すべく訴える「権利」として把捉されるようになった。

時代が下がると、復讐は秩序を乱すものと考えられるようになり、近代国家成立後は、被害を受けた「人」ではなく、統治組織である「国家」が秩序を維持するために、被害者である私「人」に代わって、犯罪者に対し科刑を行うことになる。ここに、分化が認められる。国家という有機体組織の社会構造の発展に伴い、刑罰権の実効主体が私「人」から「国家」へと集中ないし専門化され、最終的には集権化されるのである。「被害者に私的復讐を認めない代わりに、被害者に代わって国家が犯罪者に刑罰を科す国家刑罰の制度が成立した、という刑罰制度についての歴史的説明(47)」が行われる。他方で、水谷によれば「少なくとも近代以降の刑罰制度は、被害者のための制裁として存在するわけではない」(48)とする。この点は、留意すべきであり、それは秩序維持による犯罪防止との関係によって説明されるものである。

ここに、第一篇第三章第五節五項(49)以下で論じ、後に同篇第八章第一節三項(4)以下で触れる西原春夫の「展望的保護」(50)が整合的に説明され得ることになる。被害を受けた「人」が有する訴権という構成を採れば、被害者が死亡した場合、訴権を行使することはできない。訴権の行使は、秩序維持＝「公益」を確保するために行使されるのである。すなわち、加害者に対する科刑は、被害者および被害者遺族のためにのみ加えられるものではあり得ない。刑罰の目的は、もっぱら被害者および遺族の宥恕ないし加害者への復讐ということでは説明できない。刑罰は共存社会のための秩序維持という展望的な目的のために加えられる、と解すべきものである。

本章で検討してきたように、また後の第一篇第七章で検証するように、訴権は発生史上、とりわけ古代社会から中世に至るまでは、被害を受けた「人」が有するものと考えられた。ところが刑罰は、宥恕のみでは説明できない（例えば、被害者が死亡した場合）。ここに、被害者（を含む「人」）から成る「社会」、すなわち共存社会における平和秩序の維持（＝公益）のために、社会がこれを有するという帰結が整合的に導き出されるのである。国家という社会構造の発展に伴い、権利が権限へと変容するとともにその実効主体が私「人」から「国家」へと集中化ないし専門化され、最終的には集権化されるのである。

我が国においては、最近に至るまで司法制度の中に本来位置すべき被害者は、「忘れられた人」であった。しかし、現在の司法制度においては、右に論じてきたように、フランスをはじめとする諸国において被害者や社会に視点が当てられている。また、ローマ規定第七五条は、被害者に対する賠償に関する直接規定を置いている。その意味から国際刑法は、被害者を刑事司法の射程に入れて「人」を保護するものである。被害者の賠償に関する諸権利はもとより訴権から出発するものであると考えられる。そのため、基本的には被害が認められなければ訴権は発生しない。ただ、このような配慮にもかかわらず、ローマ規程は、締約国付託、検察官付託、安保理付託を認めるのみで、個人による訴えを認めてはいない。それは、結局のところ、公訴権という名が示す通り、「国際社会全体の公益」の確保をもってコア・クライムに限定し検察官の訴追を認めるという趣旨であり、他方で、「機関」における検察官は、「国際社会全体の公益」の確保もって訴追を行うという考えを採ったものであると思われる（この点、国際刑法における公益とは何かについてさらに検討を要するものであるが、本書はこれを明らかにすることを目的とはしないため、これ以上の言及はしない。他日、詳しく論じる予定である）。

現在、国家は相互に連携し密接かつ頻繁に交流する。さらに、国際共存社会は経済・産業・文化ほか諸種の分野において、従来以上にグローバル化され複雑化している。かつて、国家にのみ集約されていた刑罰制度について、「国家を含む共存社会」がこれを有するという制度、すなわち、今世紀国際刑法における法の枠組みが創設されるに至ったのである。

四　公訴義務

民事訴訟法学から分化した刑事訴訟法学[51]では、私人間の争いを解決すべく提起された訴追において、私「人」が有していた訴権が国家という組織により行使されることによって刑事訴権と観念されるようになり、把握されるに至った。このことは、私「人」が訴権の起点に存在していることを明らかにするものである。訴権は、私「人」の権利として[52]被害を受けた私「人」が有していたことを出発点とする。これが、刑事訴訟法第二四七条の「公訴は、検察官がこれを行う」という規定において、「国家」訴追主義・起訴「国家」「独占」主義の根拠とされ、殆ど異論をみないままに理論的な展開がなされてきた。それは、条文上、もっぱら「国家」独占が当然として帰結されるという素朴な、しかし、それは色濃い国家観を映し出した解釈論の顕現といえる。もちろん、このような解釈の時代的背景には社会構造の発展とともに国家の肥大化に伴う訴追制度の展開という事態があったように思われる。現象的にいえば、いわゆる訴追手続に関する専門化の――分岐――契機である。

本質的に、「人」が有した訴追権、すなわち私人の訴「権」は、社会経済の発展とともに（逮捕から公判段階での立証を含む訴訟技術、経済的・時間的負担等が考慮され）公訴「権」へと――「刑事司法の国家化」ないし専門化を伴いつつ――展開された現象が視られるのである。そしてまた、その「社会」構造が一層組織化されると、訴追権は訴追「義務」へと変容していくものと考える。社会の組織性が強固になるにしたがって、秩序維持との手段として法の拘束力が求められ、また、その実効性を担保する執行「機関」にも「義務」が課されることとなる。このようにして、訴追は単なる「権利」にとどまらず、「義務」として導かれ、また認められることになると考える。

既述したように、現今の国際共存社会は個別国家の如き統治機関を有するものではなく、――他方で国際連合という組織を有するものの――かえって、力の論理が通有する原初現状にある。組織性という観点からは、未熟である国際共存社会に国際刑事裁判所が創設されるに至った。ここに、個人責任に関する法理は確立されたと評価し得るものの、他方で、現実的には「国家」機関を媒介することによって、共存社会「機関」の管轄権ないし刑罰権は行使され「得る」という、状況のもとにある。補完性原則とこれに従う多くの論者からは本書に取り上げる「義務」論は、拠って立つところからして異なるものであり、容れられることはなかろう。

しかしながら、国際共存社会における平和を渇望する「人」の意思＝国際世論を顕現させるべく国際刑事裁判「機関」が創出されたという事実は、「共存社会における刑事組織化」への大いなる前進であり、また国際社会のより一層の情報化・技術化に伴って生じた現象と考えることもできる。それは、（歴史国家の成立過程と）同様に社会構造の発展をみて、法の進化が認められ、共存社会における「人」の共存欲求を充たすべく表出した現象といえる。ここに「刑事司法の共存社会化」における端緒を認めることができる。このような刑事司法の史的変遷から展望すれば、今後の進展においては、むしろ管轄「権」や刑罰「権」という権利を中心とする思想は、「人」の「保護」を目指して次第に「義務」論へと変容していくことを本章は展望するのである。

ローマ規程の公判手続は「職権主義と当事者主義との中間的性格を有しておりＩＣＣ規程も手続証拠規則も、いずれかの制度の採用を強く推認させるような文言を注意深く回避している」(53)。これは異なる法文化を有する、あるいは多様な刑事訴訟法およびその他の諸規則ないし裁判制度を有する諸国家から成る共存社会の特異性を踏まえ、訴追制度について偏頗的な採用を避けた結果と考えられる。また、既述した通り、現況においては合意原則が重んじられ、「義務」概念が認められるべきであるという見解は汎く承認されてはいない。

しかし、本書は、従来伝統的国家主権概念において説かれてきた主権の絶対性に関しては、次第にそれが相対化される中で、国家とは別の共同体や国際共存社会という共存社会観が容れられ(54)、今世紀あるいは次世紀において、――今後、①国家はいかに他の国家と共存するのかという視点からのみならず、②国家はどのように（右に例示した共同体や国際共存社会と協動し、自らの構成員である、国民、民族、氏族、「人」間の）共存を図っていくのか、という観点から――「国家の共存社会化」が自覚と無自覚とにかかわらず求められていくものと考える。そのような主権概念の変容の中に刑罰権行使の在り方を見通せば、国際共存社会を構成する「人」が国家を媒介として国家および国際世論を形成する国際社会自らの処罰意思を顕現させた「機関」、すなわち、国際共存社会が、共存社会を構成する個別国家に対して課する義務が、刑法理論の体系的な構造の中に捉え得るものと考える。これを展望すれば、漸次「法の実効性」＝「義務化」が容れられていく可能性が視えてくる。社会の発展においては、権利は、生活利益が守られるべき法益として、抽象的な法益が具体的な保護法益となって次第に権利として確立し、さらにその権利が実効性が問題となる次なる段階においては、「制度」としてあるいは「社会的」権利として認められ義務論としても展開されていくように思われる。この点については、本章の目的ではないため、これ以上の言及はしない。そして、さらに当該法の中核要素を成す重要な権利については、その実効性の確保に向けてこれが「義務化」、すなわち「権利から義務化へ」と導かれ得るものと展望するのである。本章は、（本篇の終章である第一〇章で詳述するが）このような――「義務論」に関する可能性や視界――展望が単なる画稿ではなく、法の、あるいは権利概念が辿った史的変遷にその実証性を求めるのである。

いうまでもなく自由権的権利は極めて重要であるが、社会組織が成熟するにしたがって「権利」については次第に「自由的権利から社会的権利へ」あるいは「権利から義務化へ」という、潮流が認められるのは周知の事実である。国際刑法研究者は、研究の対象となる当該法＝ローマ規程のみに着目した検討方法を採るべきではないと考える。当該研究対象の法には、法を創出した社会的背景や構造的要因、目的があり、その社会的背景にはこれを裏付ける史的変遷がある。そして、その史的変遷をさらに辿っていけば、「国家」ではなく原始共生「社会」における「人」が映し出されるであろう。その原始共生「社会」から今世紀に継承されてきたものは、何であるか、という今世紀国際刑法の表出現象に至る系譜とその源泉を確認する必要がある。

第二節　社会公訴権と公訴義務

一　訴権に関する序説的考察

(1)　**刑罰義務**

刑事司法における義務づけという考え方は、本章によるばかりではない。瀧川幸辰、小野清一郎、ホセ・ヨンパルト等がこれを説いている。

最初に**瀧川幸辰**の見解を本節に再び確認することにしたい。瀧川によれば「刑法は、犯罪あれば當然に刑罰が科せられることを定めるのではなく、犯罪によつて國家に處罰義務の發生することを定めるのである。國家は犯罪によつて社會の秩序維持の義務、卽ち處罰義務を負う(55)」ものと説く。「刑法は權利を本質とする法律ではなく、義務を本質とする法律である。刑法の名宛者は國家機關である(56)」「國家機關は刑事訴訟法の規定に從い處罰義務を履行せねばならない。一定の義務を負う者のみが義務を履行する權利をもつ。國家の處罰權は國家の處罰義務から生ずる(57)」「刑法は權利を理由ずけるものではなく、義務を理由ずけるものである(58)」「國家にとつては、それが社會の秩序維持を擔當する限りにおいて處罰義務が生ずる。（中略）國家の處罰權は國家の處罰義務から生ずる(59)」とする。

この論述の具体的内容は必ずしも明確とはいえず、瀧川の刑法思想の帰結のみを表したものと思われる。無論、右のような抽象的な表現となったことについては、当時の時代的・社会的背景が大きく関係していると考えられる。わけても「國家は犯罪によつて社會の秩序維持の義務、卽ち處罰義務を負う(60)」とする場合の、秩序の内容が如何なるものとして捉えられるのか、この点が最も重要なであることはいうまでもない。当該行為が右に指す秩序に反するか否かの基準は、秩序自体の意義内容によって決定される。

それにもかかわらず、秩序の意義および内容は明らかとされていない。この意義および内容の解明を求め、同書、すなわち一九三一（昭和六）年に著された『刑法講義 改訂版』を再検討するに、「第八章 刑法の解釋」（四五頁以下）において、若干の解説が得られるものの、当該箇所のみでは判断できない。すなわち、刑罰義務に関する意義について明確な結論を導くことはできない。そこで、同じく瀧川の著『刑法讀本』（一九三二、一九四九、一九五五年）を確認すれば、秩序内容が全体を通じて若干明らかになる。ただ、翌一九三二（昭和七）年に発刊された『刑法讀本』は当時官憲による「××××」という伏字が施されていた（同一五—一六頁他）。二〇一八年現在、その内容は明確にされるが、そうした遡解は後付けとも解される。瀧川の原典にのみ拠れば、「義務」を本質とする刑法

「理論」を導くことは困難である。

瀧川は、随所で義務を明確に主張しながらも、その内実を導く「理論」を提示しなかった。敢えて避けたものとも推察し得る。本書は、国際刑法における理論の構築を目的とするものであり、瀧川の刑法思想を追うことを目的とするものではないため、この点に関しては詳述しない。しかしながら、当時の我が国における時代的および社会的特殊性が、あるいはこのような抽象的ないし形式的な論述を強いたことは論を俟たない。刑法の本質を論じるにあたり、その根幹に「義務」を据える理論は、小野清一郎(61)等によっても説かれているが、本章において主張する「義務」の意義と、本節に挙げる瀧川・小野所論の意味する精確な「義務」概念は各論者によって異なり、必ずしも同義ではないと考えている。

刑事司法における義務づけが認められるべきことについては、**小野清一郎**もまた（本書の立場とは全く異なる、文化任務からの承認を）説いていた(62)。すなわち、「元來刑事司法に依る法律秩序の維持は決して或る一の國家が其の國家的乃至國民的利益のためにのみ認められるべき權利ではない。其はより人類的・世界的な文化任務を有するものである。その文化任務の下に一定の範圍に於ける國家の刑事裁判權が認められ、同時にそれが義務付けらるるものである(63)」と。小野は、このような刑事立法における国際主義ないし世界主義は国家主義よりも高次の原則として認められなければならないこと、加えて、当該義務については「國際的文化が發展するに從つて此の原則の適用は漸次その範圍を擴張し來るべきものである(64)」としていた。本書は、時代の相違もさることながら小野の思想を受けるものでは全くないため、これ以上の言及はしない。ただ、史的変遷の中に「権利から義務へ」という変容が見出されるであろう展望およびこれを整合的かつ論理的に説明する国際刑法理論の構築において、かつて「義務」論を説いた重要な学説があった事実のみを指摘するものである。

刑罰義務については、**ホセ・ヨンパルト**によって以下のように主張していた。すなわち、「学者も政治家も一般国民も、国家には当然罰する権利があると考え」[65]それ以上深く考える必要がないとされているようであるが、「国家には先ず罰する『義務』があるからこそ、その『権利』がある」[66]と。ヨンパルトは、自らの結論を導くにあたり、**ロバート・フォン・ヒッペル**の刑罰権は「同時に国家の刑罰義務である」[67]との言説を引用し、その根拠としてヒッペルが起訴法定主義を挙げていた点を、またヨンパルト自身がこの引用の上に「起訴法定主義は、刑罰権は国家の義務であるという思想の実体化と言え」[68]ることを論じていた。

勿論、現在の刑法学において、右のような義務論を説く見解は多いとはいえない。加えて、右の学説は、もっぱら国内刑法を対象としているものであり、これが社会構造も時代も異なる国際刑法に直ちに妥当ないし援用し得るものであるとすることは困難であろう。しかし、こうした刑罰義務論は、国家が「人」のためのみ存在するという――法の存在に関する根本――思想から導き出され得るものと考える。これが適切であるか否かについては、別途詳細な検討が必要となってくるであろう。

また、「義務」という文言のみならず、「①誰が、②誰に、③何を、④如何なる理論によって、⑤どのように、義務付られるのか」という実質的な意義を探究する必要があると思われる。本書は、国際刑法理論の「体係的構造」を明らかにしようとするものであり、その理論構築の端緒を思索するものである。右の個別的な問題、すなわち、ローマ規程の具体的条文に関する解釈の展開――各論――に関しては稿を改め他日を期して論じたい。

もとより、同一研究者における特定の研究課題に関する見解も、また実体法の内容のみならず判例も変化していき、瀧川・小野においても、――とりわけ戦前から戦後という――時代の変化とともに価値観の変容に伴って見解の相違を視ることができるが、本章はこの変化を追いかけることを目的とするものではない。本章は、汎く指摘されている国際刑法の実効性の問題を如何に克服するか、実効性確保を目的する義務理論をどのように構築すべきかを主眼とするものである。本書は、国際刑法理論構築の試みにおいて、瀧川の示した「義務」が容れられ得るないし有用な手段となり得るのかという素朴な疑問を論考の出発点としたものである。すなわち、刑罰義務の端緒をかつての刑法理論の中に視い出すべく瀧川の幾つかの著書にあたっていったものである。この理論分析を行った作業過程において瀧川の著述をさらに辿っていけば、その見解には、「国家」に対する捉え方のみならず、刑法と「社会」に関する見解に幾つかの変化もみられる。本章は、瀧川の示す義務について瀧川自らが詳述しなかったその著の意義および当該著述に現された「刑罰義務」に関する具体的内容を探究し確認したが、この問題（刑罰義務の意義）に関する解決の糸口を見い出すことに困難を極めた。結果として、瀧川以外の著述に拠らざるを得なかった。最終的にこの打開を――先覚の業――齊藤金作が訳出したビンディングの著に求めることになった(69)。瀧川が引用したビンディングの著における「義務」に関する意義および具体的な内容については、さらに慎重な検証が求められると考える。

しかしながら、少なくとも右の説明を介し、瀧川の義務に関する著述当時の刑法思想の一部――であるとはいえ、その一部は瀧川刑法思想の核心を成す――要素を本章に確認することができる。刑罰権はこれを行使する側の物理的強制力を伴う権限ないし「権利」であるとともに、行使する側はこれを適正かつ公正に行うことを要する「義務」を負うとする理論であったことが、一連の考察を通じ明らかになる。

このような考え方に立脚すれば、第一篇第三章第四節二項で示したドイツ連邦共和国憲法第一条一項の「人間の尊厳は不可侵である。これを尊重し、かつ保護することは、すべての国家の義務である」という義務論が整合的に導かれる。これによって、国際刑法においては権力のひとつと考えられている司法権においても義務論が導かれ得ると考える。

本章は、被疑者・被告「人」の権利を保障し「人」間の共存を目的とする国際刑法においては、共存社会における社会の役割――しかしながら、組織性という点では未発展ではあるものの――共存社会における「機関」が果たす役割およびその存在意義に着目し、（執行力ないし実効性の問題とは別に）義務論を導出する可能性を探究するものである。

(2) 義務理論

本節に示した義務論を異なる視点から考察すれば、本書を通観して明らかになるように、第一篇第四章第三節五項に論じたヨアヒム・レンツィコフスキーの見解も、第一篇第三章[70]第三節二項に述べたドイツにおける憲法判断の傾向においても、国家の役割や目的また存在の意義が、次第に変容してきたことが理解されよう。「人」が、権利・義務の中軸に据えられるべきであり、「人」を中心として「国家」のあり方は決定されなければならないという、（国際共存社会における）「人」の保護論を起点とする「国家」の――存在意義および国家刑罰権を介する――「義務」理論は、国家や共存社会の役割や存在目的から導かれるものと考える。

二　社会公訴権の起源

「国家」刑罰権は、重大な国際犯罪を惹起させた首謀者に対し適正かつ公正に行使されてはこなかった。そこでは、国家無問責や指導者無答責という責任理論によって、不処罰の慣行が形成されてきた。その不処罰の事態を克服し、もって共存社会の秩序を維持するために、国際社会（の構成員、すなわち、国家やNGOを介して処罰意思を表明する「人」）は、（国家間の合意により）国家とは異なる刑事裁判「機関」にこれを委ねた。関係国家の同意を――必ずしも前提とはしない刑罰権を認めるに至ったのである。すなわち、国家の同意以外の安保理付託や自己付託という、国家とは別の独立・固有に――国際社会が本来的に有する刑罰権およびその行使を認めたのである。

国際刑法の形成の起点に遡ってその展開の沿革を辿り、さらに第一篇第四章第三節一項及び同第五章第二節二項以下で示した社会刑罰論に拠れば、国際刑法における公訴権は、「国家」ではない共存社会（における「人」を含む）国際「社会」自体がこれ（公訴権）を有するものと考えられるのである。共存社会における公訴権は、国家の管轄権行使に関する諸条件のもとに認められる発現性の問題ではなく、「共存社会」に固有なものあるいは本来的に在るものという既存性ないし帰属性の問題として扱われるべき性質のものである。ここに、本章は、齊藤金作の公訴権に関する「帰属性」を同じく国際刑法において説くものである。

さらに自己付託という状況において、これを理論的にあるいは整合的に説明し得るものは、「国家」起訴独占主義でも、「国家」起訴法定主義でもない。国際刑法における公訴権は、本来「国家」の管轄権の存否やその刑罰権行使の如何によって認められたり認められなかったりする性格ではなく、国際共存社会が固有に有するものであると考える。

本書は、公訴権概念に関し、補完性原則が採られる限りにおいて、(a)国際共存社会全体の利益のために適正に行使されるべき社会公訴権と、(b)国家の公益のために行使されるべき「国家」の公訴権概念とは、存在性においては重なり得るものの、本質的な原理においては峻別されるべきものであると考える。本章は、国際共存社会における①刑罰権の存在および②刑罰権行使の前提において機能する固有の公訴権について論じるものである。

三　社会公訴権の原点と系譜

一般に公訴権は、国家のみが有するものと考えられている。我が国の現行刑事訴訟法は、第二四七条で国家訴追主義・起訴独占主義を採用している。したがって、公訴の提起および遂行の権限は、国家機関である検察官に（のみ）属するものと解される。刑罰権独占原則と形式的整合性を有するこの起訴独占主義は、国家＝検察官が公訴権を行使するとの解釈論と結合する。このような考え方によれば、「社会が公訴権を有する」という捉え方に対しては、本篇第四章第三節一項以下三に示した社会刑罰権と同じく異論があるだろう。
ところが、右の「社会が公訴権を有する」という考え方は、現に実務上、既に採られており、歴史性を有しているのである。

(1) 社会公訴権

フランスでは「公訴権は社会に、かつ社会のみに属する。社会のみが公訴権を行使しまたは放棄する権利を有する[71]」と解されている。「訴権の本来の帰属主体である社会[72]」とは対照的に、検察官は「単に公訴権を行使することを任務とするにすぎない[73]」と把握され、訴権は「国家」ではなく「社会」に帰属し、「社会」の名において行使されると捉えられている[74]。

沢登佳人によれば、フランスでは「社会の名において、社会の利益のために、司法機関に対して行使される訴権を刑罰訴権ないし公訴権と呼ぶ[75]」、「人民＝公衆の代りに社会を以て公訴権の帰属主体とする[76]」、「社会は、公訴権を司法官に行使させる[77]。」司法官は「人」への奉仕者＝公僕であり、公訴権の帰属主体は、「社会」、「人」、「公」衆、「市民」、「万民」と指称されるものの、その観念するところは同じであるという。沢登は、我が国における公訴権の理解とフランスでのそれとの相違を明らかにするにあたり、我が国における「社会」概念は、「国家」の中に吸収されてしまい、「公訴＝国家訴追」という捉え方がなされるが、同国での「公訴権＝公衆訴権」という原理は、一貫不変のものであることを説示する。さらに「被害者が損害賠償請求訴権としての私訴権を行使すると同時に、公衆の一員たる資格で公訴権＝公衆訴権を駆動する権限を有する[78]」同国においては、公訴と私訴との峻別がなされ、検察官である公的訴追機関と被害当事者である私訴原告人とが共同して公衆訴追を行うという。

フランスにおいて検察官は、公訴権を行使する者であり、「人」民＝「公」衆＝「社会」の機関であって、国家機関ではない(79)。この点は、我が国とは大きな相違であり、フランス検察制度の特徴といわれている。検察官は、国民の代表者であって、政府の代理人ではない(80)。そして、同国における私訴権は、必ずしも公訴権に従属するものではなく、独立に行使される。私訴権は、検察官の意思に反する場合であっても、検察官をしてこれを義務的に行使させる効力を有してきた(81)という。

沢登は、フランス法における公衆訴追の理念は、一七九一年以来不変のものであり、むしろその制度的保障を巡って、検察官をして「社会」＝「人」民＝「公」衆の利益のために適正かつ公正な公訴権の行使をなさしめた、これが私訴権であると論じている(82)。換言すれば、犯罪被害者は刑事裁判所において「犯罪者に対する損害賠償訴権を行使することができ、かつその行使は、たとえ検察官の意に反してでも、義務的に公訴権を始動させる効果を持つ。これは、（中略）検察官の起訴独占に対するチェックである(83)」といわれる。私訴権は、単なる損害賠償請求訴権ではなく、科刑請求訴権であることを本質とする。判例は、予審判事につき予審を行うことを義務づけている(84)。被害者は、「公訴権を駆動し予審判事をして予審を義務として行なわせしめることができ（中略）科刑請求権は検察官をして公判から科刑の段階まで代理行使せしめること(85)」を可能とする。沢登は、また、私訴権の本質は、刑事公衆訴追権であり、科刑請求訴権であることを強調している(86)。

フランス法における私訴権は、「社会」＝「人」民＝「公」衆の一般利益を代表して検察官が行使する公訴権を、あるときは補充・協同して行い、被害者および一般利益と不可分に結合している公衆の集合的利益を守ることを目的とするものである(87)。このように解することによって、市民を保護し、その保護を定めた刑法・刑事訴訟法の遵守を裁判所に求めて公訴を提起し、有罪判決が下された場合、科刑を実行する(88)。フランスでは、市民の「保護」と平和の維持において実現される公共の福祉を国王代官として追求する役目を担ったアンシャンレジーム期の検察官の伝統を今に伝えているという(89)。

白取祐司は、私訴権の法的性質に関し、私訴をあくまで民事と捉えるという見解と民刑という二元的に捉える見解があり、被害者が私訴原告人として公判に出廷し積極的に活動することなどを評価し、後者が多数説である旨を論じている(90)。このような状況を背景として、フランスでは二〇〇〇年に無罪推定法を立法し団体・集団私訴の拡大を図ったこと、他方で同国の被害者参加が右肩上がりの夥しい数となり、過剰な被害者参加の現状につき再考の余地があることを指摘する(91)。白取も同国での公訴権の把握について、同様に「公訴権は、社会（société）に属し、社会の名において検察官が、刑罰の適用という目的のためにこれを行使するのである(92)」という。

さらに、団藤重光も**ガロー**を引用し、同旨を示している。すなわち、フランスでは「犯罪は犯人を処罰する社会の権利（droit de la société de punir le délinquant）を発生させ、また損害賠償を得る被害者の権利を発生させる(93)」という。「可罰行為と犯人の責任とを認定し法によって規定された刑を適用させるために、社会の名においてまたはその利益のために行使されるところの、司法官憲への recours が刑事訴権または公訴権と称される(94)」ことを指摘する。

フランス刑事訴訟法は、イギリスの刑事手続の系譜を受けるものである。すなわち、フランス法の予審制度は、イギリス法の予備審問および大陪審(95)を直接継受し、若干の修正を加えたものである(96)。フランスにおける私訴権の本質は、引き続き（本章では、公訴権国家独占原則の相対性を主張することを目的とするため、フランス・ドイツ・日本における詳細な検討は行わない。）公衆を代表する被害者の科刑請求訴権を本質としている(97)。

また、**指宿信**は、一八七〇年法のもとにおける合衆国での公衆訴権採用(98)について(99)、その社会的背景を歴史の中に置いて詳解する。指宿は、合衆国連邦の史的展開の中に、「新大陸にあって訴追官は、個人の代理（王）（ママ）ではなく、地域共同体、政府の代理として位置付けられた(100)」とし、私人訴追主義に代わって固有の訴追理念、すなわち公衆訴追主義が形成された(101)沿革を示している。指宿は、連邦では訴追理念の変遷が固有の検察官像を必要とし、私人訴追から公衆訴追への分化事象が認められること(102)。その分化現象の背景には、私人訴追への不満や新大陸での不慣れな環境への克服の必要などがあり、植民地固有の内在的要因から誕生したことを明らかにしている。

ジャコビーの「公衆訴追は、より民主的な社会に委ねられた全住民の為に使用可能な進歩的な救済手段（avaiable《ママ》 and progressive remedy）であった(103)」との引用に、指宿は訴追の代理人概念を描写し、私人から公衆へと変容する訴追理念は、コモン・ローの当事者主義、弾劾主義構造を変化させることなく訴訟制度に採り入れたものであるという自らの見解を重ねている。したがって、公衆訴追主義とは、「地域的な基盤」を有する訴追概念であるとする。同国では、訴追制度を集権化させた司法省が後に設立され、現代の検察官制度を整備させるに至るが、訴追を国民の手中に留める理念を承継しているという。所論においては、代理人概念を発展させた新大陸における訴追理念は、その発展過程の中で、公衆訴追主義という制度を確立していく経緯が詳細に論じられている(104)。

我が国においても同様に社会公訴権が説かれていた。**井上正一**は、「社會ハ犯法者ヲ罰スルノ權アル（以下、省略(105)）」、「刑事訴訟法ハ専ラ社會ノ刑罰權ヲ實行スル（以下、省略(106)）」、「公訴ハ社會ノ刑罰權ヲ實行スルノ手段ナル(107)」、「凡ソ社會カ公訴權ヲ有スルハ即チ刑罰權ヲ實行センカ爲ナリ(108)」、「社會ハ自己ヲ保護スルカ爲メ必要ナル法律ヲ設定シ若シ犯ス者アレハ則チ之ヲ罰スルノ權アリ(109)」と説示していた。

井上操も公訴権は社会権の一部であることを唱えていた。既述したように「公訴權ハ社會權ノ一部分ニシテ犯罪アルヤ直チニ發生スルモノナリ(110)」とした。井上操は、以下のように公訴権に関する重要な淵源を確認する。第一篇第四章第三節一項以下で示した通り(111)、刑罰権について「凡ソ犯罪アレハ則チ之ヲ罰セサルヲ得ス而シテ之ヲ罰スルハ社會ノ權ナリ此權ヲ刑罰權トイフ社會ハ已ニ刑罰權ヲ有ス(112)」と説き、それゆえに「犯罪アルヤ直チニ一個ノ權利ヲ生ス之ヲ稱シテ公訴權トイフ公訴權ハ犯罪ノ證明及ヒ刑ノ適用ヲ要求スルノ訴權ナリ之ヲ公訴權トイフハ社會公益ノ爲社會ノ名義ヲ以テスル訴權ナル(113)」と論じている(114)。井上操は、「公訴ハ……社会カ有スル刑罰ノ権利ヨリ生スルモノ(115)」であり、したがって「檢察官ハ社會ノ代人ニシテ之ニ代リテ其權ヲ行フ者ナリ(116)」という所論を展開した。

これに拠れば、小田中聰樹も指摘するように、「刑罰及び公訴権の主体をともに『国家』ではなく『社会』と」[117]捉えるものといえる。

宮城浩蔵も同様に、公訴権は社会が有するという立場を堅持した。すなわち、「訴追者は被害者たる社会（検察官）であり、判ずるも社会」[118]という見解を視座として、宮城は「社会ハ自ラ訴テ自ラ判シ一人ニシテ原告判者ノ二質ヲ兼有スルモノナリ」と主張していた。[119]右の見解は、**ボアソナード**の「此刑事ノ訴訟ハ一ノ訴権ニシテ之ヲ行フヤ社会ノ名義ヲ用テシ之カ爲ニスル所ハ社会ノ公益ナリ故ニ之ヲ名ケテ公訴ト謂フ」[120]という思想から由来しているものといわれている。

以上、国家訴追主義ではない、社会公訴権（や公衆訴権）という訴権概念が、フランスや我が国において多くの論者によって唱えられた史実と、フランスでは現在も社会公訴権が採用されていることを本節に確認した。

(2) 検察官の代理・代表概念

検察官が「社会」または「国家」の代理人であるとして説く学説は少なくない。ここで特筆されるべきは、検察官が国家の代理人とし訴追者たる地位を有する場合であっても、これを検察官の権利としてのみとどめるものではないという説明が付されることである。すなわち、訴追権は「権利」であるとともに訴追「義務」を負うと解されている点は、留意すべきであろう。

豊島直通は、検察制度について「國家ハ犯罪ヲ訴追スルノ權利ト義務トヲ有スル」[121]と説いた上で、「我國ノ検事ハ國家タル原告ノ代理人タル職務ヲ主ト爲ス」[122]とともに「公益ノ代表者タル職務」[123]として任務に当たるものであり、フランス法を範としたものであることを論じていた。[124]豊島によれば、フランスにおいては、初め検事という職務はなかったものの、プロクレウル、ジウ、ロアという王の代理人として王室の利益を主張し、王室の権力盛んな時期においては、一四世紀前半期頃にひとつの官職となって、ミニストル・パブリック（検事）という名称を有するに至り、当時の検事職は、一四三九年及び一四九八年条例をもって「法律ノ番人即チ公益ノ代表者タルノ職」(125)と規定されたという。(126)

小田中によれば、豊島はビルクマイヤーをはじめとするドイツの学説に拠りながら、刑法と刑事訴訟とを異なる関係として捉えたという。すなわち、公訴権に着目し、実体上の公訴権である刑罰請求権からこれを区別していたのである。(127) そして「社会から国家へ公訴権の主体が理論上移動するのに伴い必要となる理論的手当て」(128)、とりわけ公訴権概念の抽象化（訴訟法化）を提唱したという。(129)

他方で、第一篇第四章第三節三項に示した井上正一もまた、「検事ハ社會ノ代人ト爲リ以テ公訴ヲ起スモノトス」(130)、検察官は「社會ニ代リテ之ヲ行フ者」(131)であることを主張した。井上正一は、社会公訴権を説いていたのである。すなわち、「公訴權ハ社會ニ属シテ検事ニ属セザル」(132)ものという見解である。我が国においても旧刑事訴訟法では私訴が認められたが、この私訴「権」の帰属について、**井上正一**は「何者私訴權ハ元來被害者ニ属スル者ナルカ故ニ被害者カ賠償ニ付テ私和ヲ爲シ得ルハ固ヨリ其自由ナルト雖モ抑〻公訴權ハ撿事ニ属セスシテ社會ニ属スルモノナル」(133)と唱えていた。井上は、あくまで「公訴ハ社會ニ属スル者ニシテ撿事ハ社會ノ代人ト爲リ之ヲ實行スルニ止マル」(134)ことを明かにしていたのである。

井上正一はまた、「公訴權ハ検事ニ属セスシテ社會ニ属スルモノナル」(135)、また「社会」の「代理人」としての訴追官という構成、すなわち「犯罪アレハ社會之レカ原告人ト爲リ検事ハ社會ノ代人ト爲リ以テ公訴ヲ起スルモノトス」(136)という見解に立脚していた。(137) この点、**沢登佳人**は、フランス法および我が国の（治罪法の）もとでは「検察官は、国家権力＝政府の代理人として訴追する国家訴追の担当官ではなく、公衆＝社会の名においてその代理人として訴追する公衆訴追＝社会訴追の担当官(138)」であり、被害者が私訴を提起した場合、検察官は公訴に反対しても、私訴に協力する義務として公訴の提起をしなければならない[139]、と指摘する。

(3) 集団訴権・団体私訴

近時、「国家」ではない「社会」が有する訴権概念が、いわゆる共同体や集団訴権として認められている。これは、右に論じてきた「人」または社会が有する（公）訴権という概念を承継したものと考えられる。このような社会＝共同体ないし集団訴権という概念は、伝統的国家主権概念に基づく主権「国家」による訴権独占概念の変容過程を映し出しているものと考えられる[140]。

この点で、特筆されるべきは、フランスにおける環境団体が刑事裁判所への訴権を有していることである。例外とされる[141]環境団体による訴権の行使については、直接かつ個人的な損害の証明に関しその立証の困難性によって認められた[142]といわれている。環境団体の訴権は、「環境団体固有の訴権[143]」として認められており、訴権の行使については訴訟追行の能力および適格性を備えたものとして共同代理も承認されている。環境団体の有する「固有の訴権」は、これに基づき行政裁判所・民事裁判所・刑事裁判所において固有の損害賠償請求をすることができる[144]。

伊藤浩は、このような環境団体訴権は、①被害者が特定できないゆえに加害者が損害賠償義務を免れるという結果の回避を目指したものであり、これをもって②個人的な損害に還元できない損害について、賠償の実効性を見出す枠組みを提示していると説明している[145・146]。

団体私訴に関し、**水谷規男**は、消費者保護や環境問題という検察官独自の裁量では扱いにくい問題に関し、「社会構造の変化に伴う新たな犯罪について、市民的感覚からの訴追[147]」の必要性を問う手段となり得る点で積極的に評価する。水谷は、このような刑事訴追に関する歴史的展開を発展的に捉え、市民の利害を刑事訴追に反映させるという目的においては、経済犯罪や公害犯罪等の多様な犯罪に関し、フランスの訴追制度が我が国の訴追制度の改革・展望という点から示唆的であることを指摘している。[148]

フランスでは、被害者の権利として訴追権が認められていると同時に独自の検察官訴追という制度が併存している。被害者は、利益侵害によって他に代理され得ない固有の訴追権者となるため、手続においてもこれが尊重され（検察官と同等の）特別な地位が認められた。恩恵的な保護の客体ではなく、刑事手続の主体者として位置づけられていることは注視されよう。被害者を主体とする刑事手続という観点から、今日、団体私訴が拡大し、訴追主体が多様化したことは、訴追制度の公衆化ともいうべきことである。水谷は、被害者訴追について、フランス刑事法学協会第二三回大会のテーマである「公訴権は脅かされているか、それとも分割されているか」における各研究者の見解を紹介しつつ、私訴の淵源について論じている。その上で、現在のフランスにおける刑事手続の状況と問題点を指摘し、団体私訴に関し展望する。[149]

「訴」権の史的変遷と、今日採られている上述の考え方を考慮すれば、公訴権は必ずしも「国家」のみに従属ないし独占されるものではなく、「人」または「社会」に帰属していることが明らかになる。国際刑法における公訴権（を探究する本章）は、齊藤金作の公訴権帰属論の系譜をいまに継いでいることを、右に確認した。

本書は、「国家」ではない、「社会」が公訴権を有するという史実およびこれが現在まで承継され採用されていることについて、本章第二節二項に引き続き、以上同第二節三項にこれを確認した。

（1）　なお、本章本節の私人訴追に関する記述については、主に内田一郎「ドイツ検察制度の成立」早稲田法學第三九巻二号（一九六四・三）一―二〇頁に大きく拠った。その他、水谷規男「フランス刑事訴訟法における公訴権と私訴権の史的展開（一）」一橋研究第一二巻一号（一九八七・四）一四五―一五九頁、特に一四八頁、同「フランス刑事訴訟法における公訴権と私訴権の史的展開（二・完）」同第一二巻三号（一九八七・一〇）六一―七四頁、上田信太郎「ドイツ私人訴追手続の沿革と私訴犯罪について」一橋法学第一七巻二号（一九九二・七）四一―六四頁、田村豊「英國に於ける刑事訴追に就いて」法政研究第五巻一号（一九三四・一二）

五七―一〇六頁ほかの文献に拠る。

（2）内田一郎・前掲注（1）五頁。

（3）内田一郎・前掲注（1）五頁。

（4）内田一郎・前掲注（1）七頁。

（5）この点、小野清一郎『刑事訴訟法講義 全』有斐閣（一九二九）一四頁も同旨、すなわち「糺問訴訟の功績は、犯罪の處罰は公の事であるといふ認識を徹底せしめ、犯罪によつて國家に刑罰權及び訴追權を生ずるものであるといふ法律思想を確立したことである」と示す。

（6）内田武吉「公訴權理論の一考察――民事訴訟法學に於ける考察態度を基盤として――」早稲田法學第三一巻一・二号（一九五五・六）八九―一二二頁、特に九一頁。

（7）内田武吉・前掲注（6）九一頁。

（8）内田武吉・前掲注（6）九一頁。

（9）他方で、訴訟条件は、公訴権の各発展段階を規制する諸条件にほかならないこと（内田武吉・前掲注（6）九二頁）、したがって、訴訟条件は公訴権概念を背景として分類されるべきであり、その理論が組み立てられるべきこと（同・前掲注（6）九二頁）を主張している（同九三―九四頁）。

（10）なお、内田武吉は、公訴権論が訴訟条件理論の一場面とは解し得ないこと、公訴権理論は刑事訴訟制度理論の出発点であり、その発展段階を規定するものが訴訟条件であると指摘する。公訴権の原型を民事訴訟法学における訴権にあたるものとする内田の訴訟法学においては、検察官はなぜ公訴を提起し、国家刑罰権の発動による科刑を請求し得るのか、という刑事訴訟の本質論について、公訴権概念と訴訟条件理論とを結び付けて考察する必要がある（内田・前掲注（6））こと、訴訟は発展する連続体である（同九八頁）こと、団藤の「公訴権理論をもって訴訟条件理論の一場面に過ぎない」という見解には賛意を示し得ないこと、すなわち、訴訟は「発展する一つの連続体」（同一〇〇頁）であることを説いた。

（11）また内田武吉は、（前掲注（6）一一九―一二〇頁で、訴訟の権利主体は、国家（検察官）であり、公訴は「提起し得る」ものであり、これが抽象的公訴権から具体的公訴権へと変貌すること、具体的公訴権は具体的内容を有する判決請求権、すなわち科刑請求権へと逐次変貌することを説いた。一連の論を通じて、刑事訴訟法学における公訴権理論は民事訴訟法学における訴権理論に拠るものであり、権利保護請求権を経て私法行為請求権へと発展するに従い、発展的・段階的な訴訟構造理論に変貌したのと同様に実体的審判請求権説に至って刑事訴訟構造論にまで変貌したことを記している。

(12) 鯰越溢弘「公訴権の運用とその規制」法律時報第六一巻一〇号（一九八九・九）三〇―三四頁、特に三〇頁。
(13) この点で、告訴権について、「国家が奪うことのできない重要な人権のうちの一つ」である旨を示唆する見解として、黒澤睦「告訴権の歴史的発展と現代的意義」法学研究論集第一八号（二〇〇二）一―一八頁、特に一七頁。
(14) 鯰越・前掲注（12）三一頁。
(15) 鯰越・前掲注（12）三二頁。
(16) 鯰越・前掲注（12）三三頁。
(17) 市民の意義について、議論の前提となる鯰越と後掲注（18）に示す川崎のそれとが同じものを指すのかを含め、詳細な検討がなされるべきであると考えるが、この点に関しては本章の目的ではため、今後の研究課題としたい。
(18) 川崎英明『現代検察官論』日本評論社（一九九七）特に二六九頁。
(19) 川崎・前掲注（18）二七〇頁。
(20) 川崎・前掲注（18）二七五頁。
(21) 水谷・前掲注（1）「フランス刑事訴訟法における公訴権と私訴権の史的展開（一）」一五三頁。
(22) 水谷・前掲注（1）一五三頁。
(23) なお、沢登佳人は、公訴権を「社会」＝「人」民＝「公」衆が有するものという見解を示している。公訴権は、国家ではなく「社会」＝市民である「人」民＝「公」衆のものであるという立場から、沢登の見解については、後述する「社会公訴権」（本篇本章第二節三項）で詳解することにする。
(24) 水谷・前掲注（1）「フランス刑事訴訟法における公訴権と私訴権の史的展開（一）」一五四頁。
(25) 水谷・前掲注（1）一五四頁。
(26) 水谷・前掲注（1）一五七頁、註（6）。
(27) 水谷規男「フランス刑事法における『被害者の権利』の動向」一橋研究第一三巻一号（一九八八・四）六一―七八頁、特に六三頁。
(28) 水谷・前掲注（1）「フランス刑事訴訟法における公訴権と私訴権の史的展開（二・完）」六一―七四頁。
(29) 白取祐司『フランスの刑事司法』日本評論社（二〇一一）特に二二二頁。
(30) ヴェルナー・ボイルケ（Werner Beulke）［著］・加藤克佳、辻本典央［訳］『ドイツ刑事訴訟法（一）』近畿大学法学第六一巻四号（二〇一四・三）八一―一二六頁、九六頁。

(31) Beulke［著］・加藤、辻本［訳］・前掲注（30）九六頁。
(32) 田村・前掲注（1）五七—一〇六頁。
(33) 水谷規男「フランスの私訴制度の現代的展開と訴追理念の変容」一橋論叢第一〇三巻一号（一九九〇・一）一〇〇—一一九頁、特に一一四頁。
(34) 大野真義『罪刑法定主義 新訂第二版』世界思想社（二〇一四）八四頁。
(35) 沢登佳人「罪刑法定主義の歴史的意義への反省」団藤重光・平場安治・平野竜一・宮内裕・中山研一・井戸田侃編『佐伯千仭博士還暦祝賀 犯罪と刑罰（上）』有斐閣（一九六八）四六—八〇頁、特に七四頁。
(36) 田村・前掲注（1）五九頁。
(37) 田村・前掲注（1）五九頁。
(38) 田村・前掲注（1）六〇—六一頁。
(39) 田村・前掲注（1）六一頁。
(40) 田村・前掲注（1）六三頁。
(41) 田村・前掲注（1）六四頁。
(42) 法務大臣官房司法法制調査部編『イギリス警察・刑事証拠法——イギリス犯罪訴追法』法曹会（一九八八）、鯰越溢弘『刑事訴追理念の研究』成文堂（二〇〇五）、同「イギリス陪審の歴史と現状」法律時報第六四巻五号（一九九二・四）二六—三二頁、小山雅亀『イギリスの訴追制度——検察庁の創設と私人訴追主義』成文堂（一九九五）、同「イギリスの刑事訴追制度の動向——イギリス検察庁をめぐる近年の動きを中心に」西南学院大学法學論集第三五巻三・四号（二〇〇三・三）二六六—二三五頁、井上正仁・長沼範義「イギリスにおける刑事手続改革の動向——『刑事手続に関する王立委員会』の報告書について（一）—（四）」ジュリスト第七六五号（一九八二・五）八二—九一頁、特に八四頁以下、同第七六六号（一九八二・五）九七—一〇七頁、同第七六九号（一九八二・六）一一四—一二一頁、同第七七〇号（一九八二・七）一〇〇—一〇六頁、イギリスの刑事手続の流れの概要を解説するものとして、清野憲一「外国刑事法務事情 英国刑事法務事情（二）」刑事法ジャーナル第四号（二〇〇六・七）六九—七八頁他。
(43) この変革期における新制度導入への困難さ、二〇〇三年刑事司法法施行後の訴追手続の流れについては、小山雅亀「イギリスの刑事訴追制度の動向（補論）——二〇〇三年刑事司法法施行後の訴追方式について」西南学院大学法學論集第三九巻一号（二〇〇六・六）六二—八二頁、前者については六二頁以下、後者に関しては七三頁以下。

(44)　渡部保夫・指宿信［訳］「『公訴官に関する規制』（Code for Crown Prosecutors）――イギリスにおける公訴官の訴追基準の紹介」北大法学論集第四〇巻一号（一九八九・一一）二八四―二六八頁。
(45)　井上操『刑事訴訟法述義 全〔日本立法資料全集 別巻二一五〕』信山社（復刻版二〇〇一）三七頁。
(46)　なお、本書においては、「人」を含む共存「社会」が訴権を有するものと理解する。本章は、「訴権の検出」の必要性およびその属性（必ずしも「国家」によるもののみではないと考える）について論じるものでり、この点に関する考察を主要な目的とするものではない。しかし、この検討は今後国際刑法を如何に把捉するかについて、重要な要素となるべき事項であると考えるため、この問題に関する詳細な考察は今後の課題としたい。
(47)　水谷規男「被害者の手続参加」法律時報第七一巻一〇号（一九九九・九）三七―四二頁、特に四〇頁。
(48)　水谷・前掲注(47)四〇頁。
(49)　安藤泰子「刑罰権の淵源（一）――法の分化――」青山法学論集第五八巻四号（二〇一七・三）一―九七頁。
(50)　安藤・前掲注(49)一一九頁。
(51)　この点については、板倉松太郎『刑事訴訟法玄義 上巻』巖松堂書店（一九一五）一七頁以下。
(52)　なお、この点に関しては、学説上争いがあることを付言する。
(53)　髙山佳奈子「国際刑事裁判所における訴訟手続の特質」国際問題第五六〇号（二〇〇七・四）一六―二五頁、特に一九頁。
(54)　なお、この点については、さらに深い考察が求められるため、稿を改め検討を加えることとしたい。
(55)　瀧川幸辰『刑法講義 改訂版』弘文堂（一九三二）三頁。
(56)　瀧川・前掲注(55)五頁、九―一〇頁。
(57)　瀧川・前掲注(55)五頁。
(58)　瀧川・前掲注(55)四頁。
(59)　瀧川・前掲注(55)五頁。
(60)　瀧川・前掲注(55)三頁。
(61)　小野清一郎『刑の執行猶豫と有罪判決の宣告猶豫及び其の他』有斐閣（一九三一）一八二頁。
(62)　なお、小野清一郎の「文化任務」については、本章の目的ではないため、これ以上の言及はしない。また、本書は、史的変遷の中に「権利から義務化へ」という変容が見出されることを展望し、これを整合的かつ論理的に説明する国際刑法理論の構築において、小野と同様の「義務」を見出すものであるが、国家と「人」の関係、刑罰権の基礎を含む刑法思惟において、小野と同じくするものでは全くないことを付言する。
(63) 小野・前掲注(61)一八二頁。
(64) 小野・前掲注(61)一八二―一八三頁。
(65) ホセ・ヨンパルト「国家の罰する権利の根底にあるもの」三島淑臣・阿南成一・栗島壽夫・高見勝利編『法と国家の基礎に在るもの』創文社(一九八九)四四三―四七六頁、特に四七〇頁。
(66) ヨンパルト・前掲注(65)四四五頁。
(67) ヨンパルト・前掲注(65)四六五頁。
(68) ヨンパルト・前掲注(65)四六五頁。
(69) 安藤・前掲注(49)一―九七頁。
(70) 安藤・前掲注(49)一一〇―一一三頁。
(71) ガストン・ステファニほか(Gaston Stefani, Georges Levasseur, Bernard Bouloc)〔著〕澤登佳人・澤登俊雄・新倉修〔訳〕『フランス刑事法〔刑事訴訟法〕』成文堂(一九八二)六九頁。
(72) ステファニ(Stefani)〔著〕澤登ほか〔訳〕・前掲注(71)六九頁。
(73) ステファニ(Stefani)〔著〕澤登ほか〔訳〕・前掲注(71)六九頁。
(74) ステファニ(Stefani)〔著〕澤登ほか〔訳〕・前掲注(71)六三頁。
(75) 沢登佳人「フランス刑事訴訟法は検察官と私訴原告人との協同による公衆訴追主義を採る」法政理論第一六巻一号(一九八三・一〇)九六―一七五頁、特に一〇〇頁。
(76) 沢登佳人・前掲注(75)一〇〇頁。
(77) 沢登・前掲注(75)一〇〇頁、ステファニ(Stefani)〔著〕澤登ほか〔訳〕・前掲注(71)六九頁。
(78) 沢登・前掲注(75)一〇二頁。
(79) 沢登・前掲注(75)一〇一頁
(80) 沢登・前掲注(75)一〇六頁。
(81) 沢登・前掲注(75)一〇八頁、沢登佳人・中川宇志「明治治罪法の精神」法政理論第一九巻三号(一九八七・二)一―一〇八頁、特に一九―二一頁、八二頁。
(82) 沢登・前掲注(75)一四七頁、沢登・中川・前掲注(81)八二頁。なお、一七九一年法については、水谷・前掲注(1)「フランス刑事訴訟法における公訴権と私訴権の史的展開（一）」一五三頁以下。
(83) ステファニ（Stefani）［著］澤登ほか［訳］・前掲注（71）三頁。
(84) 沢登・前掲注（75）一五〇頁。
(85) 沢登・前掲注（75）一五一頁。
(86) 沢登・前掲注（75）一五二—一五五頁。
(87) 沢登・前掲注（75）一五六頁、沢登・中川・前掲注（81）八二頁。
(88) 沢登・前掲注（75）一五八頁。
(89) 沢登・前掲注（75）一五九頁。
(90) 白取・前掲注（29）『フランスの刑事司法』二八七頁以下。
(91) 白取・前掲注（29）二三〇頁。なお、同三〇三—三〇四頁は、二〇〇七年には私訴権の濫用を防止する方向で改正が行われていることを、他方で訴権の交錯が認められる限り、その調整が困難であろうことを記す。
(92) 白取・前掲注（29）二九〇頁。
(93) 團藤重光『刑法と刑事訴訟法との交錯』弘文堂（一九五七）一〇六頁註（2）。
(94) 團藤・前掲注（93）一〇六頁註（2）、同「公訴権理論とその批判」『宮本博士還暦祝賀　現代刑事法學の諸問題』弘文堂書房（一九二三）五一九頁註（一）。
(95) イギリス陪審の起源と歴史については、鯰越・前掲注（42）『刑事訴追理念の研究』、同・前掲注（42）「イギリス陪審の歴史と現状」二六—三三頁他。
(96) 沢登・前掲注（75）一三七頁。
(97) 沢登・前掲注（75）一四六頁。
(98) なお、指宿は、以下に詳解する沢登の見解に示した公衆訴追における「公衆」との意義が異なることを指摘する。この点に関しては、指宿信「合衆国検察官制度成立史序説——公衆訴追主義の成立とその意義——」北大法学論集第三九巻四号（一九八九・一二）八九五—一〇〇二頁、特に九九一頁。
(99) 指宿・前掲注（98）九八三頁。
(100) 指宿・前掲注（98）九九一頁。
(101) 指宿・前掲注（98）九九一頁。

(102) 指宿・前掲注(98)九九二頁。
(103) 指宿・前掲注(98)九九二頁。
(104) 指宿・前掲注(98)九九三頁。
(105) 井上正一『刑事訴訟法義解 上巻』明法堂(一八九〇)二頁。
(106) 井上正一・前掲注(105)三頁。
(107) 井上正一・前掲注(105)五頁。
(108) 井上正一・前掲注(105)六頁。
(109) 井上正一・前掲注(105)八頁。
(110) 井上操・前掲注(45)『刑事訴訟法述義 全〔日本立法資料全集 別巻二一五〕』三七頁。團藤・前掲注(93)『刑法と刑事訴訟法との交錯』一二四頁。
(111) 安藤・前掲注(49)「刑罰権の淵源(一)」一三八頁。
(112) 井上操・前掲注(45)七頁。
(113) 井上操・前掲注(45)七頁。
(114) この点で、松室致も「犯罪アレハ直チニ公訴権ヲ生シ公訴権生スレハ直チニ公訴ヲ提起シ得ヘシ」と示している。これについては、松室致『改正 刑事訴訟法論』明法堂・有斐閣書房(一八九九)特に一三七頁を参照。
(115) 小田中聰樹「刑事訴訟理論の歴史的概観」吉川経夫・内藤謙・中山研一・小田中聰樹・三井誠編『刑法理論史の総合的研究』日本評論社(一九九四)七一五—七六〇頁、特に七一九頁。
(116) 井上操『治罪法講義 上〔日本立法資料全集 別巻一〇七〕』信山社(一九九八)三四頁。
(117) 小田中・前掲注(115)「刑事訴訟理論の歴史的概観」七一九頁。
(118) 澤登俊雄「井上正一の刑法理論」吉川ほか・前掲注(115)『刑法理論史の総合的研究』五一—六六頁、同「〔刑法理論史の研究—二—〕宮城浩蔵の刑法理論 二」法律時報第五〇巻五号(一九七八・五)六二—六八頁、特に六七頁。
(119) 木田純一「旧刑法と宮城浩蔵の刑法学」愛知大学法經論集(法律編)第六八号(一九七二・三)二五—五八頁、特に三八頁。
(120) 小田中・前掲注(115)七二〇頁。
(121) 豊島直通『修正 刑事訴訟法新論 全』日本大學・有斐閣本店(一九一〇)一六六頁。
(122) 豊島・前掲注(121)一六八頁。

(123) 豊島・前掲注(121)一六八、一七六頁。
(124) 豊島・前掲注(121)一六六頁。
(125) 豊島・前掲注(121)一六七頁。
(126) 検事制度については、豊島・前掲注(121)一六六頁以下を参照。
(127) 小田中・前掲注(115)七二四頁。
(128) 小田中・前掲注(115)七二五頁。
(129) 小田中・前掲注(115)七二五頁。
(130) 井上正一・前掲注(105)一五頁。
(131) 井上正一・前掲注(105)一四―一五頁。
(132) 井上正一・前掲注(105)二五頁。
(133) 井上正一・前掲注(105)二三頁。
(134) 井上正一・前掲注(105)六七頁。
(135) 井上正一・前掲注(105)二三頁。
(136) 井上正一・前掲注(105)一五頁。
(137) 小田中・前掲注(114)七二六頁。
(138) 沢登・中川・前掲注(81)「明治治罪法の精神」八二頁。
(139) 沢登・中川・前掲注(138)八二頁。
(140) なお、「訴」権概念の動態的変容について、（消費者法との関係ではあるものの）ソラヤ・アムラニ＝メキ（Soraya Amrani Mekki）は、「世界に集団訴権が伝播したことに伴い、今日においても特別の鋭さを有している。集団訴権は、ポール・リクール Paul Ricoeur が訴訟の『長期的な目標』と呼ぶところの、すなわち法の擁護と実効性 effectivite を追求するのに役立つ」（ソラヤ・アムラニ＝メキ［著］・幡野弘樹［訳］「消費者法における集団訴権」新世代法政策学研究第一五巻（二〇一二・三）二一一―二四〇頁、特に二一一頁）と指摘する。
(141) 伊藤浩「フランスの環境団体訴権」愛媛法学会雑誌第三三巻三・四号（二〇〇六・三）一一九―一三三頁、特に一二六頁。
(142) 伊藤・前掲注(141)一二六頁。
(143) 伊藤・前掲注(141)一二九頁。

(144)　伊藤・前掲注(141)一三〇頁。
(145)　伊藤・前掲注(141)一三〇頁。
(146)　なお、フランスの集団訴権については、服部有希「立法情報 フランス 集団的消費者被害回復のための集団訴権制度の創設」外国の立法第二六〇巻一号(二〇一四・七)一〇―一一頁、荻野奈緒「元老院調査報告書第五五八号(二〇〇八―二〇〇九)の概要――フランス民事責任法の現代的課題」同志社法學第六二巻二号(二〇一〇・七)二一七―二五二頁、柴崎暁・丸山千賀子「制度紹介 フランス法におけるグループ訴権の導入――金融分野における集団的損害回復制度の研究」国民生活研究第五六巻二号(二〇一六・一二)一〇一―一一一頁、町村泰貴「フランス集団的消費者被害回復制度(グループ訴権)の実際(国際消費者問題)」消費者法ニュース第一一〇号(二〇一七・一)二〇七―二〇九頁等。他にも、会社訴権・個人訴権に関する論考として、古川朋子「フランスにおける会社訴権の個人的行使制度の展開――株主の会社訴権行使権限を中心として」早稲田法学会誌第五一巻(二〇〇一・三)三三七―三九四頁、フランス一八八四年三月二一日法律、すなわち組合団体権法との関係から職業的組合、農業組合、商人組合、理髪師組合、ブドウ栽培組合、医師会へ労働法典第四一一条の一一(一九二〇年法律)の明文化によりこれら組合の訴権を認めるに至った紹介として、エマニュエル・ジュラン(Emmanuel Jeuland)[講演]加藤雅之[訳]「フランスにおける私訴権(附帯私訴)」慶應法学第一〇号(二〇〇八・三)三二九―三四六頁他。
(147)　水谷・前掲注(33)「フランスの私訴制度の現代的展開と訴追理念の変容」一一六頁。
(148)　水谷・前掲注(33)一一七―一一九頁。
(149)　この点に関しては、水谷・前掲注(33)一一四頁以下。

第七章　刑罰の史的変遷

はじめに

伝統的国家論に基づく国際法概念は、二二世紀に向かってその変容を余儀なくされているように思われる。国際社会自体が、二一世紀までの国家論を基礎とした国際法概念に転機を迎えていることを自覚しつつあるように思われる。このような伝統的国際法から今世紀における国際「公」法の受容に関する変遷過程の先験現象の中で、本章は、未開社会における復讐の生成や刑罰の展開に着目する。その上で本篇第六章までに論じてきた刑法思想がどのように今世紀初頭に創らされた国際刑法へと継受されていくのかという点を明らかにすることを目的とし、復讐や刑罰の史的展開を辿るものである。二二世紀における国際社会の刑罰論について展望することを最終的な目的に据え、本章は刑罰の史的変遷の概観を目的とする。

第一節　刑罰の史的変遷

一　史的検討の必要性

本書が、人間の社会形成の発生史に遡り、これに即して人類の存続のために採ってきたさまざまな手続や慣習を歴史的考察に基づく実証を媒介に、一定の結論を導くという研究方法を採る所以は、以下に示す通りである。すなわち、法の創出や存在のみならずその執行方法ないし制度を含む実効性の問題は、その背景を成す社会や国家のあり方、あるいはそれらの目的ないし組織性の程度と密接不可分の関係を有するものであり、社会の変遷や国家論と切り離して考えることはできない。このような観点から、従来からの把握、すなわち多くの国際法学者が主張する「合意によって創られた刑法」、ゆえに執行力がないとの捉え方ではなく、次章第一篇第八章で国際刑法の「公法」性を主張するに先立って、法規範を生み出す社会の変遷過程に着目する必要性があると考えるためである。国際「公」法の萌芽に関する史的考察は、社会構造の変移を背景とする法の生成過程や史的展開を明らかにすることのみならず、これによってはじめて今後の刑罰論に関する展望を可能にするものと考える。換言すれば、国際刑法における刑罰論を見通すことができると考える。

本章においては、公権力の確立した国家に対し、未だこれが確立されず「力の論理」が通用する現今の国際社会を組織性という観点のみにおいて、原初社会と近似する要素が視い出され得るものと捉えるものである。しかしながら、諸国家から構成される社会形態において、従来からのいわゆる国家中心主義をもって変容なきものといえるかと問えば、それは否であろう。従来——とりわけ近代以降——の刑法は、国家との関係において存立するものであり、国家のみが刑罰権を独占するものであるという伝統的刑罰権概念が汎く採られていた。

現在、社会が国際化する中で、犯罪は国家領域を越えて犯され、また犯罪者は国家を越えて逃亡する。あるいは、従来型の二国間戦争ないし紛争ではなく、それが多数国間で行われる場合や、さらには国家とは異なる主体による重大な攻撃などについて、国際共存社会はその対応と防止に重い課題を有している。前世紀から今世紀にかけ国際刑法は飛躍的な展開をみせ、個「人」から成る国家が共存する国際社会に常設の国際刑事裁判機関が創設された。既に幾つかの事態解決にあたり、刑事手続が開始され国際刑罰権が行使されている。

だが、未開の原始社会から幾世紀を経て今世紀に繋いできた復讐や制裁、さらに刑罰論に関しては、国際刑法学上、史的な説明はほとんどなされていない。そこで、刑罰権国家独占原理と国際刑法における刑罰権との関係をどのように説明し得るのか。このような問題意識を有しつつ、本章では刑罰の変遷について明らかにすることを目的とする。なお、本章は、本篇最終章での「国際刑法理論の構築」にあたり、実証的観点から国際社会における（本書に主張する共存）社会刑罰権を基礎づけるひとつの支柱として、古代社会からの復讐とその後に確立してゆく刑罰の史的展開を確認するものである。

このような目的のみから本章では、史実としての刑罰の史的変遷を概観するものであり、復讐が如何なる意義を有し、これが如何なる経緯を辿って刑罰となったのか、そこにはどのような問題が存在し、両者は如何なる異同を有するのかについての考察ではないため、これらについては敢えて言及しない。その理由は、①社会科学一般ではなく刑法学という視点から刑罰史を考察したものが他の領域に比べ少ないこと、②古代からゲルマン時代以前については幾つかの例外を除いた場合であっても記録については（法史学を専門とするものではないため）自ら当該資料の客観性を検証し得ないこと、③僅かな文献に拠った場合であっても当該資料が刑罰史の一面を扱ったものである可能性も否定できず、本書においてその客観性を担保し得ないものを採り上げることを敢えて避けたこと、④各時代性と地域性さらには多様な社会構造と密接不可分の関係にあり、複雑な諸要素をもって国家（社会）に現象する刑罰について（多数の客観的資料に基づく）複眼的検討ができない以上、右の重要な問題について見解を示すことは避けるべきとの判断による。

本書は、あくまでも「国際刑法理論の構築」に目的を置くものであり、本章はそこに辿り着くひとつのプロセスである。なお、本章における刑罰は、基本的には刑法第九条に規定する「刑」を発動する国家刑罰権を意味するものであるが、この他に、復讐や習俗に基づく制裁をも含め、その歴史的展開を追うことを目的とするものであることを付記しておく。

二　考察の対象

現在、多くの国においては、死刑を廃止する傾向がみられる。（一般に死刑を極刑と位置づける）刑罰は、法の史的系譜の中で時代性や地域性、また国家を背景とする刑罰制度ないし刑罰慣行によって説明され得る。それは、最終的には、何をもって犯罪とし、これに対し如何なる刑を科するのか、という問題に置き換えられるであろう。すなわち、（当該時代における歴史国家、国家から成る社会における具体的な犯罪行為）現象と（それに対する法的）評価と換言し得る。刑罰ならびに刑罰制度は、社会構造や経済的発展の各段階と密接な関連性を有している。したがって、ときの刑罰論はこのような関連において検討される必要がある。

右の観点から、本章では、先ずは公権力が未だ確立していなかった原始社会に遡り、その歴史的展開を辿ることとする。刑罰の史的展開を確認するについては、既述した通り汎く地域性と刑事法史の考察が必要となってくるが、これをすべて論じることは叶わない。そこで以下に、その概要を述べるものとする。

本章においては、汎く研究が行われてきた現在のドイツ連邦国家、一九世紀初めの大小三〇〇余りから成る領邦国家という地域的な刑事法史に考察対象を限定することにする。時代的類別については、我が国の先行研究に拠って一般的な区分に従うものとするが、本章では、いわゆる未開の原始社会における刑罰に関する概観も含めることとする。[2] すなわち、人類未開発の時代といわれる①原始と、②ゲルマン古代、③フランク時代、④封建時代、⑤中世後期、⑥近世初期における刑罰史を鳥瞰し、その刑罰権概念の特質を――とりわけ、封建社会の刑法の本質が何に求められるのか、またその刑罰観は如何なる形態をもって次なる時代の刑法へと映し出されることになっていくのか、について――確認する。[3]

三　原始

未開社会における刑罰観の特徴を簡潔に纏めれば、「原始宗教並びに呪術に対する信仰の重要さ」[4]であり、これを抜きにしては発展を論じることはできないといっても過言ではなかろう。未開の原始社会における刑罰観は、信仰に依拠していた。刑罰観の源を遡れば呪術的であり同時に色濃い宗教性を有していたという。後に現れる王制に採用された法律家が呪術者であったこと[5]がそれを証左するものとなろう。未開社会の法的規範には、「『此れを為すなかれ、然らずんば其々の事が起るであらう』といふ消極的禁止の規範たる禁忌（taboo）と、『其其の事を起こらしめむがために、此れを為せ』といふ積極的命令の規範たる呪（charm）が綿密な体系を形成してゐる」[6]といわれるように呪術の思想が横たわっていた。[7]

刑罰観の根底には呪術があった。呪術と宗教性に基礎づけられた意識を伴った刑罰観は、「もっぱら死者の靈を鎮め、穢れを祓ふ贖罪に存」[8]したのである。この時代には、紛争や闘争を解決するための裁判機関がなかったため、加害に対する行為（現在の刑罰）は必然的に私刑――私的復讐――の形態を採ることとなる。加害行為に対する復讐の正当性ないし正当化根拠は、被害者側の共同体に認められた。復讐は、血族関係を伴う被害者側からの加害者側へと、自らの存続をかけた防衛ないし回復という反作用行為として行われた。したがって、未開社会における（現在にいう）責任概念は、集団責任という形態が採られていた。

集団責任が時代の推移に伴って「加害者引渡制度及び基督教的贖罪によつて次第に崩壊し、個人責任の原則が擡頭するに及んで、賠償が復讐から分化し、犯罪と不法行為の区別の端緒も漸く認められやうとするに至」(9)るのである。自らを含む共存本能に基づいた色濃い宗教的呪術的存念は、未開の原始社会における贖罪の観念と密接不可分の関係を有していた。例えば、殺人が起きた場合、未開社会の人は死者の祟りを回避するため、部族社会や後に成立する国家による解決を求めたという。

このような沿革によれば、贖罪が刑罰に先行することとなる。(10)未開の原始社会における刑罰観の特徴を挙げれば、（原始においては、人の所思の未熟ゆえに、〔自然〕と〔自らの人生〕との峻別が困難であった状況のもとに）①刑の対象も自然人のみならず動物や物が対象とされたこと、神の怒りに対する宥恕を求め、いわゆる動物・器物裁判に「奉納物」制度が採られたこと、既述したように②復讐は血族によってなされ、血族がその（現在にいう）責任を負うという集団責任を採っていたこと、③復讐は血縁にとって（権利を通り越してむしろ宗教的）義務と捉えられていたこと、などが示される。(11)このような復讐は、加害者側への制裁であるとともに、――自己の共同体の存続欲求から認められる――社会の平和的秩序を維持するために採られたものである。(12)淵定によれば、集団責任から個人責任への進化の過程において重要な役割を担ったのは、既述した(i)（被害者側の復讐の権利に対応する）加害者引渡制度（institution of noxal surrender）と、(ii)（人格的救済を求めた）基督教の影響であるという。(13)(14)

集団責任の崩壊は、復讐に替わって賠償を採ることを意味することになる。但し、犯罪と不法行為の峻別は、未だになされていない。後に続く近代法の賠償が（金銭の）量的意義を考慮したのに対し、未開社会における賠償は、（科刑の）同質的意義を重視しこれを求めた点にこの時代の特徴を見出すことができる。すなわち、未開の原始社会における刑罰観ないし制裁思潮には、「同害報復＝タリオ」がその基底に置かれており、平和に対する侵害または生活利益に対する侵害に対しては同質の行為（現在にいう法益侵害）法益をもってその回復が求められた。

近代法のもとで認められる金銭賠償は、いうまでもなく観念されずに、侵害行為自体への非難が加えられ、同種の回復が求められた。換言すれば、未開社会におけるタリオについては、法益侵害に対する金銭的評価を含む経済的価値への代替性は認められなかった(15)。共生社会生活の根底には――死者の祟りを畏れ――集団（として行動すること）を求める傾向があったが、そこには宗教と習俗、道徳、ルールが混淆状態となっていたのである。

このように、「人類未開の時代における刑罰観は、復讎することを以て刑罰の中核としてゐた」(16)。この時代においては、刑法学者、人類学者等が汎く説くように「復讎と刑罰とが分化してゐなかつた」(17)ことにその特徴が認められる。

四　ゲルマン古代

ゲルマン古代においては、統一的な国家形成はみられず、分立的な形態としての共同体が存立していた。いうまでもなく、公権力は、未だに確立されない状態であった。すなわち、統一的な国家の形成には至らず、家や氏という親族共同体（Sippe：ジッペ）がその自治を担っていた。ゲルマン民族の原始的共同社会における（現在の法、当時の慣習や規範）の基礎を成すものは、平和（Friede：フリーデ）であった。平和における自由人という状態・身分こそが、この時代の保護（法益）の根幹を成すものであり、これに対する侵害が（現在にいう）犯罪とみなされていた。ゲルマン古代においては、平和を破ることが犯罪であった(18)。家・氏族・血族共同体は、その内部的な平和秩序を確保するため刑罰権を有し、この刑罰権は氏族の長老や家長によって行使されていた(19)。すなわち、共同体の長は、その共同体の成員間に起きる紛争を解決するため、――犯罪者に対しては共同体外への追放刑や死刑他の刑をもって

——刑罰権を行使したのである。追放は、共同体における保護の喪失を意味し、外へと追いやられた者は平和喪失者となるのである。保護の喪失は、この時代、死刑と同等であることを意味した。平和喪失者およびその妻子への保護は、認められなかった。

加害者側に対する被害者側の制裁は、正当な行為としての「復讐」として認められていた。各氏族は、自らの存続欲求に基づき、自力救済によって平和の回復を図っていた。この時代における平和概念は、神によって与えられる自然と魔術ほかの諸力であった。諸種の平和侵害は、秩序維持に対する侵害であり、タブーの侵害である[20]。平和に対する侵害は、魔術的諸力の憤慨を引き起こし、呪術力の怒りとともに加害者側に及ぶと考えられていた[21]。復讐敵対関係（Fehde：フェーデ）の平和解決について、調停や仲裁が社会や国家の機関を介し行われる場合、当該制裁は賠償金（Busse：ブーゼ）の授受という形態を採っていた。復讐は、加害者のジッペ全体に対して行われ、ブーゼはジッペ全体に支払われた。これに対し、加害者のジッペもまた加害者に加勢・援助する義務を負っていた。ジッペは、共同体内における違反行為に関し、自治的な紛争解決に関する権限（裁判権）を有していたのである。

他方で、紛争解決が社会や国家の機関を介して行われる場合であっても、集約的権力の不存在ゆえに、審判にあたる者（裁判官）は裁判の進行に関する強い主導権[22]を発動することができなかった。その結果、国家的刑罰は存在せず、侵害行為に対しては贖罪——賠償金の支払い——が認められていくことになる[23]。民事・刑事の区別はなく未分化であった。古くからの贖罪制は、中世後期まで引き継がれ、訴訟の雛型を形創っていくことになる。集約的な権力構造とは異なる体制のもとでは、復讐に成功する社会的強者は生命・身体の安全が保障され、弱者は復讐をもなし得ないという社会的現象が黙認されていた。社会的強者の復讐は、ときに深刻かつ重大な紛争にも至ったが、その犠牲となるのは農民等の弱者であったという。

上述したように親族共同体は、自らの存続のために追放刑や（現在にいう）死刑を含む刑の科刑権を有し、もっぱら共同体の長がこれを行使していた。**未開の原始社会において、「個人」は社会の主体たり得ず、「共同体」を通じてのみ保護されていた。責任の形態という観点でいえば、集団責任を採っていたのである。**「共同体」構成員「個人」は、あくまで共同体という組織媒体を通じて保護（現在の法益）を享受し得たにすぎない。別言すれば、共同体を構成する「人」の生命・身体は、氏ないし家という親族「共同体」として保護されていた。

公権力が未だ確立されていない時代において、共生「共同体」は、外部からの侵害に対し、正当な行為とされる復讐をもって自らの存続を図るという考えに拠っていた。不文の慣習（に基づく現在の法）の時代ゆえに、平和は、「神＝自然」によってもたらされるものという宗教性を色濃く有していた。神によって与えられる平和的な秩序への侵害、すなわち平和喪失こそが、タブーと考えられていたのである。被害者となった死者は、死に至ることなくなおも生き、復讐を求め続ける。このような始源的な宗教色と呪術ないし魔術力の存在が、被害共同体の復讐を観念的ではあるものの、現在の「権利」の如く認め、さらにこれを宗教的な「義務」へと昇華させることになるのである。[24] このことは、逆に、無制限の報復、加害者側の殲滅を目的とさえしていたといえる。重大な犯罪ないし攻撃は、たとえ一（個）人に向けられた場合であっても、これに対する報復は集団としてなされ、また集団として行われなければならないという復讐の義務が、汎く認められていた。

他方で、無制限の報復を回避するという趣旨からは、贖罪制度が採られていた。この贖罪金の支払制度は、既に慣習として成立していたが、加害者側血族の存続に重大な危機を招くほど高額なものであり、そのことは逆に加害者側の共同体の存続を不可能ならしめる程の決定的な重い罰であったことを意味する。

特筆すべきは、このような原始的な親族共同体にあって、氏族や家共同体の処罰に委ねられない程、「重大な犯罪、即ち民会平和破壊、神殿平和破壊、戦時犯罪（裏切り行為、軍紀違反乃至怯懦行為等）、破廉恥罪（夜間の重窃盗、夜間の放火、強姦、境界犯罪等）魔術の罪などについては、既に公共的関心に基づく処罰即ち公罰権[25]」が観念されていたということである。ここにおいて、①通常犯罪とは異なる重大犯罪という、犯罪の重大性に対する明確な区別がなされ、②重大犯罪に対しては、「公」罰権が観念されていたという指摘は注視されよう。

刑の執行に関しては、例えば平和喪失者については裁判所（民会）に訴が提起され、有罪宣告があれば、死刑判決が言渡された。(26) また窃盗犯人については「絞首され、強姦犯人は斬首され、風俗犯人は沼地に埋められ、魔術師や魔女は焚刑に処せられた」(27) ように、強い呪術的要素と宗教性が認められる。平和喪失の効果は、ジッペから犯罪行為者への保護の遺棄にとどまらず、むしろ積極的な追放であった。ゲルマン古代という共生社会では、法の一般的な分化が認められない国家不在の原初的社会構造のもとで、法は刑事・民事の区別もまた未分化状態であった。他方で、「公」刑罰の概念が萌芽的存在として認められたことを、以上に確認する。

（現在にいう）手続に関しては、私的司法が採られていた。手続開始、被疑者・被告人の尋問、立証手続から判決に至るまで、すべての（現在にいう）訴訟手続においてその主導権を有するのは被害者およびその氏族であった。ゲルマン時代の訴訟手続は、主要には「救済」、すなわち償いという要求であったといえる。

五　フランク時代

フランク時代に至っても、ゲルマン古代からの贖罪を引き継ぐ刑罰観を採り、実質的には科刑の無起動性を払拭できないでいた。いわゆるゲルマン民族の大移動を契機として、かつて民会を中心としていた共同体は次第に統合され、新たに幾つかの部族国家が成立することになる。この過程において、首長制の共同体は廃止され、王制国家が成立することとなる。民族の移動は、その過程で必然的に戦争を惹起させ、ここにおいて求められたのは、強い政治的な主導権であった。部族国家の中でも最強といわれるフランク部族国家は、ローマ領域の広範に影響力を及ぼすヨーロッパの主な勢力となった。(28)

公権力概念が未発達のゲルマン古代においては、被害者側の事情によって復讐か贖罪かが決定され、刑罰の実効性という観点からはその本来的な機能を充分に発揮することができなかった。したがって、被害者側による復讐か贖罪かという「任意的な選択」を非選択的な「強制」として制度的に採り込むことが求められた。このような社会的状況を背景に「王」権は、「氏」が有する刑罰権を超えることになっていく。王権は強化され、刑罰権を含む権力は独占化されることとなる。同時に、復讐がもたらす害悪、すなわち社会の無秩序化を避けるべく、贖罪契約締結強制という制度が採られることになったのである。(29) 紛争の解決にあたっては、国家の裁判機関を介在させるという形式ないし手続を制度化することによって、国家は贖罪金の一部を平和金として得る、という「贖罪強制と財源確保の一体化システム」をここに確立させたのである。

フランク部族国家においては、その頂点を成す王権のもと（国家の重要な財源を確保する目的から、裁判による解決をもって加害者から贖罪金の一部を国家へ支払うという）贖罪契約締結が強制されることになる。(30) このことは、ジッペの権力を超える国家権力の強大化に伴って訴訟に関する契約が強制されるようになったことを意味する。この訴訟契約締結を拒否することは、法に背くものとみなされ、国家に対する平和喪失と認識された。すなわち、二次的な平和喪失とみなされたのである。(31)

フェーデ・血讐・自力救済は、次第に制限が加えられていった。国家の、フェーデほかへの関与について、その実行の範囲や時間など漸次、狭められていくこととなる。これに伴って、避難所が設置され、裁判所の平和に関しては、遵守が強いられていた。復讐の制限は、贖罪へと変容していくのである。ときに贖罪を巡って新たなフェーデを招いたことから、これを回避するため贖罪契約は、その内容として金額を画定することになった。「贖罪金のカタログ」(32) といわれるものである。被害物ないし被害身体の具体的部位によって、個別的な贖罪金額が定められ、この受領を拒否することもまた法に対する否定と捉えられた。

贖罪金および人命金は、極めて高額であったことから、その支払いはジッペの（存続を困難ならしめ）解体を招くこととなる。復讐に替わって、贖罪金をもって和解とするというウルフェーデ（Unfehde または Urfede：フェーデの和解）の強制が、ジッペの弱体化に伴って進められることになったのである。[33] 贖罪金額を明示する法典整備および訴訟強制は、①フェーデによる秩序混乱の防止という目的とともに、②贖罪金の一部を平和金として要求する権利を国家に認めるということをも意味することとなった。具体的には、贖罪金の三分の一を平和金として国家に納金させるという制度を採るまでに至った。[34] 平和金として納付される贖罪金の一部は、国家財源の一部となったという。[35]

このような制度を国家が独占すること、すなわち国王による刑罰権の独占は、国庫の安定を意味するまでに至る。国家は、平和金として納付される制度を確立すべく、和解（ウルフェーデ）を禁止し、贖罪金の支払拒否を平和喪失とみなすこととなった。裁判外の和解は、国家への平和金の不納の機会を作出することとなるため、犯人蔵匿罪と類似の罪とみなされることになったのである。[36] このような「（極）刑の執行＝財源の確保」という制度は、これを背景とする当時の社会経済構造が創り出したものといえよう。さらに加えれば、（極）刑の執行数に比例して、（贖罪金の一部は国家に公納されたことから）部族国家の国庫は富むという「刑罰執行数に比例する富国システム」が導入された。このような点から、フランク時代の刑罰制度は、「刑法の金権政治化」[37] とまでいわれた。

他方で、教会では、死刑は採られるべきではないという考え方であった。すなわち、教会では制裁（刑罰）によって与えられる苦痛をもって「神との和解を図る」という思想のもとに、世俗権力との調和を求めていたのである。[38] このような事情から、一時的には死刑自体の実施数は減少したものの、カロリング王朝期になると再び死刑執行数に増加がみられるようになる。刑罰もその執行方法も残虐化する。これは、権力の非集約性や弱体化に起因するものである。ここに、物理的強制力を伴う刑罰権の行使について、厳格な実定刑法の画定が、――中世国家における重要な課題として――求められたのである。実定刑法の創出は、これを（それぞれの身分に従って）[39] 適用する刑事裁判所を開所させることになった。このことは刑罰の具体的内容の明確化と刑事裁判の出現において、その手続を整える契機となったという。平和崩壊に対する重大な行為類型が「公的な訴訟で争われるかぎりにおいてであるが、国家的機関により、国家的機関自らが執行の責を負う刑事刑をもって制裁されるに至る(40)」ことは、平和と公共の概念の形成契機となったものであり、同時に刑事裁判と民事裁判とを分かつものとなった。とりわけ前者においては、「違法行為を犯罪とそれ以外のものとに、制裁を刑罰（国家的刑罰）とそれ以外のものとに分離させる機縁(41)」となった。

特筆されるべきは、執行対象が（従来は、奴隷に対する公刑罰が、自由人にまで）拡大化されたことである。極刑を含む実刑は、すべて贖罪をもって償うという制度のもとにおいて、このような刑罰執行対象の拡張化は、国庫収入のさらなる安定を図るものとなった。ここに、刑罰の残虐化が、社会構造の中に積極的に採り入れられることとなったのである(42)。

他方、刑事手続については、かつて採られたゲルマン時代の訴訟手続は必ずしも適合するものではなかった(43)。フランク時代においては、国王の権力が独占化され、個人は臣民と位置づけられた。このような考えからゲルマン時代には認められた被害者の地位が剥奪されることとなった。裁判官は、支配者たる国王の影響下に置かれた。裁判官は被害者側の地位を引き継ぎ、被害者は刑事手続の当事者というよりも第三者的な立場に置かれることになる。加えて、弾劾手続が採用されたことによって、旧来、被害者側が有していた訴追機能については、国家側、すなわち公訴官がこれを引き継ぎ、被害者側に代わることとなった。

このような背景には、加害者処罰の可否が被害者の意思によって左右されること、重大な犯罪であっても被害者の賠償金の受領により犯罪者が訴追されないという司法制度上の欠点を克服しようとした試みがあったという(44)。

六　封建時代

ゲルマン・フランク時代に、社会秩序の個別的な主体となっていた氏族「共同体」は、次第に衰退しこれに代わって地方の領主が台頭することとなる。九・一〇世紀から一三世紀にかけ、これら地方の領主は、旧来の王権の次なる「支配階層」として権力を有することになる。かつての王の絶対的支配力は、独占化へと向かうことなく、領主の支配力が強化されていった。

これら領主の社会的支配力の強化とその政治的地位の向上に伴い、国王が独占していた権力――刑罰権――に相対化が認められるようになる。別言すれば、国王の絶対的権限の弱体化に伴って、集約的刑罰権概念が変更を余儀なくされるに至ったのである。かつての部族法や王法は、その権力集約制に関し、弱体化を辿ることになる。このような社会的背景をもとに、一一世紀以降「各地方には互いに異なる固有の慣習法が支配するようになり、裁判は慣習法を適用し発展せしめる手続(45)」と認識されるようになる。

経済の発展に伴って、(ゲルマン古代には家僕のみに対して有していた懲戒権が、農民にも及び)農民に対して行使された刑罰権は、さらに強化されかつ拡張化されることになる。前時代から実施されてきた贖罪金による財源確保政策が、結果として「領主」刑罰権の拡大化を招くことになったのである。このような状況は、国王による刑罰権限の集中化がなされていなかった事実を証左するものである。

強大な権力を有していたフランク時代の王政においては(復讐＝フェーデの実効がもたらす弊害を回避するという観点から)贖罪契約締結の強制が採られたものの、王権の弱体化に伴い、権力は次第に分散化することとなる。当時の社会における権力構造は多元化し、その結果、王以外の刑罰権を認めることとなったのである。王の刑罰権非独占化、すなわち領主刑罰権が領主権力とともに拡大強化されていくことになったのである。既述した通り裁判では、絶対的な王権の不存在は、再び古来の慣習法を承認することとなる。

以下に述べるように封建時代においては、①紛争の解決手段として贖罪契約締結の強制に代わり、復讐＝フェーデ（私的闘争）が復活することとなった。また、②社会秩序の維持という観点からラントフリーデが採用されたこと、そして、③ラントフリーデの実効力を担保する手段として、死刑や身体刑を含む実刑が容れられた点にその特徴が見出せよう。(46)

血讐を含む復讐――フェーデ――は、国王による刑罰権の独占に不和を生ぜしめるものであり、中世から近代へと時代が変遷する過程において排斥されなければならないものであった。この役割――権力の独占化――を果たすものとして期されたものが、以下に示すラントフリーデ（Landfriede：ラント平和令）である。(47)

中世から近代へと遷り行く過程で、権力――わけても刑罰権――の独占化を導いたものが、フェーデを抑制する役割をもって宣布されたラントフリーデである。(48)ラントフリーデは、もとより復讐が繰り返される現世俗に対し、教会権限が布いた（神の平和）誓約が発展したものである。(49)このラントフリーデは、復讐が本来的に包蔵する有害要素の排除、すなわち社会秩序の維持を目的とするものであった。旧来、教会も権力を有し、教会は同時に領主という身分も兼ねていたため、全教会民を保護する必要から平和を求めた。しかし、教会の制裁は、主要には「破門」という形式を採ったことから、フェーデの抑止という目的を達することはできず、実効性を担保することができなかった。すなわち、教会における制裁は、①破門であり、また②キリスト教徒の共同体のみをその対象としていたという制限から、結果としてフェーデを克服することはできなかった。(50)

「教会」によるフェーデ抑止の実効性の欠如という現実を目の当たりにして、これに替わって復讐――フェーデ――の抑止の任務を担ったのが、ラントフリーデである。「神の平和」という教義は、世俗権力におけるラントフリーデに採り入れられ、復讐以外の重大な違法行為に対しても刑罰をもって威嚇することになった。(51)

一二世紀から一三世紀前半の間は、「神の平和」と「ラントフリーデ」の互関的な協動により、重大な違法行為に対し厳罰をもって対処すべきであるとの思想が、――従前は科刑の対象を奴隷のみと捉えていたが、平和の破壊に対しては「公」の関心という観点から――その適用を自由人にも拡大することになったのである(52)。

ラントフリーデは、国王のみならず封建諸侯や世俗権力によって導かれた。教会から世俗への権力の移行は、刑罰権行使の客体をキリスト教徒共同体のみに限定せず、一般人民から成る領域共同体へと拡大することを意味した。ラントフリーデは、復讐――フェーデ――に対する抑止という役割に加え、さらに暴力行為に対する克服という目的を有していた。国王による権力の集中化ではなく、権力の分散化ないし多元的構造を採って、領主による刑罰権の行使および血讐を含む復讐――フェーデ――が認められたことが、この時代の特徴といえる。

既述したように、ラントフリーデは、（教会による「破門」という制裁ではなく）世俗権力における刑――厳格には「実刑」――という方法を採ったものである。続いて、ラントフリーデの執行力を強化するという目的のもとに登場した実刑が、どのような形式をもってその任務を遂行したのかについて、以下に述べる。

フランク時代の犯罪処罰の特徴は、前述したようにいわゆる「刑法の金権政治化」であるといわれた。しかし、封建時代の社会構造は、質的な転換を迫られることになる。ラントフリーデの台頭は、刑法の金権政治に転換をもたらせた。すなわち、「教会」権力から「世俗」権力へと権力構造が変遷する過程において表舞台に登場することになったラントフリーデには、犯罪処罰の実効性が求められた。ここに、ラントフリーデの実定法化が求められたのである。

固有の慣習法が支配する「社会」においては、復讐か贖罪かという選択が、被害者側の権利として認められた。したがって、贖罪を選択するという事実上被害者側の意思によって、復讐は避けられることとなった。既述の通り、ラントフリーデは、旧来の刑法の執行方法に転換を招き、刑の実刑化を導いた。実刑の執行による復讐――

フェーデ――の回避、換言すれば、フリーデ化を要請しながらも、他方で、国庫の安定という政策的配慮から贖罪契約締結を廃止することは実質上困難であった。法理論的には矛盾を孕みながらも、現実的には（当時の）裁判官は実定法への厳格な拘束は要求されず、――（むしろ具体的個別的事件への法の柔軟な解釈および適用という点から、緩和的な科刑が認められ）裁判官の恩赦のもとに言い渡される刑の軽減――実刑に変わる罰金（平和金）の支払いが行われていた。

犯罪に対する実効的処罰という観点から求められた実刑は、その執行という本来的な役割を求めつつ、他方で贖罪契約締結という選択肢を残すこととなった。このことは、ラントフリーデの最大の目標とされた復讐――フェーデ――の抑止ないし禁止という目的には及ばなかったことを意味する。このような――実質的絶対権力者としての国王の不存在という――状況においては、刑罰権の独占は認められず、次第に刑罰権の分権化という社会構造を生み出すことになったのである。

封建時代における権力関係は、多元的構造を採っていた。ゆえに刑罰権は、国王が専断的に行使するものではなく、国王とともに領主においても行使された。血讐を含む復讐――フェーデ――の回避ないし抑止という本来的役割を期されながら出現したラントフリーデは、その機能を充分発揮し得ず、旧来からの贖罪契約締結や裁判官による恩赦という執行形態を温存することによって、結果として復讐――フェーデ――を許容することになったのである(53)。

この時代の刑罰権に関する特徴を纏めると、以下のようになろう。すなわち、封建社会における多元的権力の社会構造のもとにおいては、特に刑罰権行使の実効性・執行力の欠如が指摘される。このような執行力の欠如を補完すべくラントフリーデにかかる実効力を担保するためには、世俗権力を背景とした――ゲルマン古代の氏族社会でも、またフランク時代の奴隷刑を前提とする刑罰でもない、さらには教会権力、すなわち神のフリーデにおける担い手とも相違する、――一般「人」を主体とする「共同体」が前提とされなければならなかったのである。

フランク期から封建社会時代へと遷り変わる中でみられる刑罰に関する変容は、その主体を（フランク期における）奴隷から（奴隷を含む）一般「人」へと拡大化させたことである。刑罰権の独占という観点でいえば、これを達するには至らなかった。

七　中世後期

一三・一四世紀の中世に入ると、従来の封建社会に変化が生じる。都市の発達などによる自然的経済から貨幣経済への転換である。このような経済の発展的転換に伴い、絶対的地位に基づく国王の専制政治もまた変容を迫られることになる。すなわち、貴族や一般民が、それぞれの身分共同体を強化することによって、身分制国家を成立させたのである。各身分的共同体の存在は、国王の独占的な権力に対し、ときにこの絶対的権力を抑制する機関として、またときにこれを支える機関としてその役割を果たすこととなる。

それぞれの身分共同体は、憲章等を制定し独自の諸機関を設立したという。ここにおいて、国家や国王の権力の独占性は低下し、公的性格を強めていくことになったのである。身分制国家の進展は、地域によってその展開を異にするものではあったが、この中世後期という時代において見出される顕著な共通点は、（都市の発展・貨幣経済の普及によっていわゆる新興市民階級の政治的地位の向上が認められていたものの）一般（農）民の社会的地位の向上や権利行使という点からは進展がないという点である。ここに、「市民階級＝支配階級」と「農民＝被支配階級」という図式の身分社会が確立されることになったという。(54)

このような身分制国家の発展は、刑罰制度自体も変遷させることとなる。より残酷な方法による死刑や身体刑が置かれ、財産犯に対する刑としての死刑が認められるようになった。この時代の刑罰のあり方を特徴づけるものとして、死刑および身体刑の執行が多くなされたことが挙げられる。窃盗犯に対する絞首刑、ラントフリーデ違反に対する車裂刑の他、信仰喪失罪や魔術行使罪、毒殺に対する火焙刑(55)などの具体的な規定が置かれるようになっていた（但し、身分制により刑の内容や種類が決定されたわけではなかった点は留意すべきである）。

一五・一六世紀になると、生命および身体に対する刑罰の適用において著しい増加がみられる。(56)とりわけ死刑が多く執行されるようになった社会的背景には、封建社会の崩壊に伴い、多数の浮浪者が発生し、経済状況の悪化に伴って凶悪犯罪が急増したことがその理由として挙げられる。(57)他方で、都市化が広域に認められるようになると、従来からの不文法が実定法化され、慣習法の支配から脱して公刑罰への観念が容れられることになる。

浮浪者による犯罪の急増は、刑罰形態をも変容させることとなった。すなわち、贖罪金の支払能力を有しない犯罪者は、国家にとって贖罪金制度の本来的役目を果たし得ず、国家財政の収入確保という点からはこれに寄与する者ではないとされた。これら支払資力を有しない犯罪者に対し、有効かつ現実的な刑罰方法として採られたのは、生命刑や身体的苦痛を伴う身体刑である。凶悪事件を起こした犯罪者に対し死刑をもって処すことは、当時の過剰労働力の減少という人口政策的観点からはむしろ採られるべき選択と考えられたという。(58)贖罪金の支払資力を有しない犯罪者は、生存そのものの意義さえ問われたのである。

その後、国王が新興市民階級と強い関係を築き財政が安定すると、身分制議会は弱体化の一途を辿ることとなった。ここに、絶対王政が確立することになる。これにより権力の一極化が強固となった結果、刑罰の手段は残虐性を増していく。これは、国内治安、すなわち浮浪者の処罰(59)による国家の安寧を目的とする国家観によるものであるとの説明も行なわれている。本章はこれを論じるまたは検証する目的ではないため、これ以上の言及はしない。このような――国家の任務を治安の維持と捉える――国家観においては、刑罰は浮浪者の行為を鎮圧するための手段として用いられ、専断的に刑罰権が行使されることになった。

この時代の死刑執行数の顕著な増加について、竹内正は「これら浮浪者が求め侵害するのは、正に財産であり、しかも新興の市民階級が最高の価値を置き、強烈に保護を要求したものは、財産に他ならなかった[60]」ためであると指摘している。

訴訟手続については、どのような展開がみられたのであろうか。経済の発展は、都市を復興させる。都市においては、公的な起訴官（都市検察官）が設置され、充分な嫌疑があると思料される場合には、犯人の逮捕が認められるとともに、職権による事実調査が行われた。この取調べに当たっては、拷問の手段を用いることが許可されていた[61]。訴訟は、形式主義に拘制されていたが、宗教的起源からは解放されたという。訴訟の負担や危険を少なくするため、当事者は（弁護人や訴訟代理人ではなく、陳述に缺陥があった場合、後にこれを訂正することが可能であった）代弁人を使用することが多かった。裁判官は、決定権を有しなかったため、訴訟の進行は遅々としていたという[62]。

八　近世初期

絶対王政時代への突入期といわれる近世の初期は、――地方の諸等族と共存する形態が衰退し――領主からの多額の収入他、新興市民階級の資力を利用することによる利益等によって、国王が中央集権的ないし独占的権力を確立していく時期である。国内政治の集約的統治に関しては、いうまでもなく豊かな国庫が求められるところ、国王は絶対的権力を背景に経済を主導していくことになる。

このような経済社会を背景として、初期の絶対主義国家では、囚人を受刑者ではなくもっぱら労働力として捉えた。すなわち、囚人は、労働力を補うものとして「奴隷船労伇（Galley）、流刑及び強制労伇附自由刑等が漸次採用された[63]」のである。とりわけイギリス・フランス・ドイツなどのヨーロッパ主要国では、戦争による顕著な人口減少によって労働者が不足するという状況に陥っていた。それを解消するための打開策として採られたのが、受刑者

の労働力として有効活用である。(64)

これが、――キリスト教国とマホメット教国間に起きた――海戦時代に入ると、船舶の漕手の確保が喫緊の課題となる。(65)このような時代的ないし経済社会的状況のもとで、スペインでは多くの犯罪者や浮浪者、乞食に船舶労動が強いられた。フランスでも船舶労動が偽造や再犯窃盗他に対する刑とされたという。(66)かつて死刑が科された者は、この時代にあってはガレー船の漕手――人的資源――とされた。被告人に対しても、敢えて死刑宣告は避けられ船舶労働刑が科されることになったのである。ガレー刑は、スペイン、イタリア、フランスからオランダ、ベルギー、オーストリアと次第に北部へと広まり各国で採用されていったという。(67)ガレー苦役といわれる過酷な刑の執行は、――経済的困窮者も避ける過酷な刑――船舶漕手を確保しこれを利用する手段として採られた。(68)すなわち、ガレー船漕役刑採用の要因は、もっぱら社会的事情に基づく要請から認められた、労働力提供の強要であったといえる。(69)このようなガレー苦役は、歴史的には後の懲治場や監獄と共通の特徴を有し、やがて懲治場における刑務作業と事実上同質のものとなっていった。(70)

ガレー刑は、時代の変化とともに航海技術の進歩によって次第に消えてゆくこととなる。船舶技術の発展によって漕手の要請は減退したものの、一七世紀以降になると囚人をもっぱら労働者と位置づける考え方が採られる。これにより、主要には――城塞築造のために利用される拘禁刑である――城塞刑が科された。これらの他にも、道路清掃や国境警備隊編入等の労働を伴う刑罰形態が認められたという。(71)他方で、強制労働を伴う自由刑は、社会復帰を促す、いわゆる矯正を目的とした施設内労働という措置も採られていた。いずれにしても受刑者を労働者として位置づける以上、必要以上に科される生命刑や身体刑は避けられ、むしろ労働刑の必要性が説かれたのである。刑罰は、漸次残酷な執行方法を採る身体刑や死刑から、労働を伴う懲役刑（強制労働付自由刑）型へと変容していくことになるのである。

残虐な刑罰に代わる、このような労働刑は、当時の経済社会を背景として求められたものであり、その後の人道刑を考慮するという死刑廃止論への起点となるのである。(72)

第二節　検討

一　「国家」以外が有する刑罰権

以上のように、原始社会からの刑罰の歴史的変遷を遡れば、家共同体では家長に家の構成員である妻・子ほかに対する科刑が認められていた。(73)ゲルマン古代においても、家共同体・氏族共同体の内部において、家長・氏族の長老によって刑罰が行われていた。(74)また、中世の封建社会では、法皇や教会が宗教的権力を有するとともに、他方で政治的権力も有し、そのひとつとして教会制裁権(75)や、ほかにも領主刑罰という刑罰権の多元化が図られていた。(76)これが近代に入ると、かつて中世封建社会に認められていた多元的権力が中央集権として一元化されることになる。

この「国家」とは異なる組織が有する刑罰権について、我が国では、（私的自治のもと）共同体に独自の制裁ないし刑罰権を認めていたことがそれを証左するものといえる。村八分にその端緒のひとつを認め得ると考える。明治維新以前、村はひとつの共同体ないし組織体として、独自の制裁ないし刑罰権を有していたのである。古くからの追放という制裁が、最も強力なものとしてほぼ是認されてきた。社会の発展とともに、村八分は、明治以降、法制上解消された。(77)

長い間、国家ではない「社会」共同体における（家の構成員に対する家長の）刑罰権が容認されてきた点を、木村亀二は、明治四一年まで適用されていた我が国の旧刑法典第三一一条の「夫の姦通処罰権(78)」を例に挙げ、その系譜に言及している。すなわち、「本夫其妻ノ姦通を覺知シ姦所ニ於テ直チニ姦夫又ハ姦婦ヲ殺傷シタル者ハ其罪ヲ宥恕ス」と規定されていたことを指摘する。この点、瀧川幸辰によれば「妻は經濟的に夫に從屬して居るので、所有物と同視された」という。木村は、これがフランス刑法第三二四条二項においても同旨の規定が置かれていたことについて、これが「家長の刑罰權の形を変えた遺物である」と評言する。（著述当時の）ドイツでは姦通罪に関し男女の別なく罰し、逆に全く可罰性を問わないのがソヴィエト刑法、またフランス刑法が男性に対し制限的にまた女性に対しては無条件で姦通罪の成立を認めることを瀧川は示している。(82)

(79)(80)(81)

国家以外が制裁ないし刑罰権を有していたことについて、小野清一郎は、原始的共生社会における名誉にかかる罪に関し歴史的な展開を踏まえた上で、自ら文化哲学的観点からの検討と称しこれを詳解している。以下に、小野の見解の概要を示す。未開の共生社会における秩序維持に関し、わけても名誉は極めて重要な意義と作用を有していた。(83)いわゆる「英雄と神の時代」において、名誉として評価された価値は、「人」の肉体的「力」でありこれを示す「勇気」であった。(84)この時代においては、精神的文化的名誉に関し、その概念は熟せず抽象的な思議にとどまった。民族に存する英雄神話や伝説にこの影響を視ることができる。(85)加えて、名誉が後世に至るまで、いわゆる武士道や名誉保全のための決闘が行われた事実に、これを見出すことができることを指摘する。(86)

名誉への意識の変移について、小野は、古代における国家的組織の形成を起点に、法秩序の発展と社会生活の変化を伴って、それが変容してきた沿革を明らかにしている。古代における外部的秩序の安全から、身分制の名誉および国家（的組織）の承認との有機的結合にその価値の高さが求められた。ゲルマン人の種族的共同社会生活においては、平和喪失が最も重い社会的制裁であり、社会における構成員への評価は極めて重要であったのである。(87)

これが中世に入ると、もっぱら社会的承認による名誉が重視されたこと、共同社会的団体生活における承認と尊敬が「人」としての価値を決定する重要な要素であったことを、小野はいくつかの例――中世における債務不履行の債務者に対する制裁として公然の侮辱が許されたことほか――を挙げて説示している(88)。特に、階級的名誉に関して、西洋における騎士の名誉観と我が国における武士の名誉観に共通の性格が見出されること、自らの生命をかけ名誉を守ることに誇りを見出した点を指摘する(89)。

時代が過ぎて、近世に入ると「人」の名誉は、社会的承認の事実を離れ、客観的に存在する独立の価値となる。古代における身分的名誉から中世における団体的・階級的名誉観を経て、近世においては「人」格主義的名誉ともいうべき自我の自覚を基礎とする道徳的な「人」格価値をもって名誉とする概念が容れられたこと、さらに現代における名誉観が社会生活に対する貢献的価値や労働の価値が重視されるに至ったという変容を刑罰の変遷の中に説明している(90)。

二　社会が有する刑罰権

刑罰権の行使を基礎づける権力独占状態は、「一朝一夕に爲し遂げられたものではなく、緩急の度はあるにもせよ、徐々に爲し遂げられたものである」(91)という。荘子邦雄によれば、「各々の時代は、前代への遡及關係、換言すれば先の時代で發展せしめられた諸力のその時代まで引きつゞいてゐる作用を含んでゐると同時に、又時代の中に、すでに次の時代を準備する努力と創造とが含まれている」(92)という。

「今日の近代国家組織においては、司法というしごとは国家に独占され、整備された専門の官僚がそのしごとを独占的に管轄しているが、中世では」(93)（民事責任に関しては）商人ギルドの裁判所や村民集会や若衆組による有形のサンクションが存在したことを川島武宜は指摘する(94・95)。

氏族・家・ギルド・マルク共同体のような「国家」以外の組織・団体においても刑罰権の行使が認められ、そこには私的刑法が支配したことを荘子は指摘している。但し、荘子によれば、国家機関による刑罰権行使に刑法の本質を求める場合、私的刑法が氏族・家の内部に認められたという見解には疑問を払いきれないという。荘子によれば、刑法の本質的基準を「公」に求める場合、氏族的農耕社会の性格を色濃く有する社会においては、未だ「支配者国家」が成立していない以上、国家機関による科罰契機は認められないという。(96)

これがフランク期に入ると、重大な転換を迎えることになる。それは、荘子の見解において「インペリゥム(imperium)による贖罪契約締結強制が行われたという事實のうちに、まさに、近代刑法生成の原初的起點(97)」を認めることができるためという。ゲルマン時代の復讐においては、相手の面子を貶すことを目的としていた。そして「公」と「私」との未分化により、民事的要求と刑罰的要求とが混淆していた。(98)これが、フランク期に入ると、強大化された王権＝権力のもとに、「公」的観点から「贖罪契約締結強制を行うことにより贖罪金を科したという事實を辯え得たと共に、かかる事實のうちに、公法と刑法とが接合する端緒的契機を認める(99)」ことが首肯されるという。荘子は、ここに近代刑法生成への原初的起点を認めている。(100)

このことは、荘子の「封建制社會における刑法の特質を、なによりもまず、刑罰權の多元的構造に在(101)」ったという検証に求められよう。すなわち、荘子は、封建社会における権力の構造が多元的構造を採っており、したがって「刑法の特質も亦封建制社會の現實を反映して刑罰權の多元的構造を指し示す(102)」ことを導いている。刑罰権の行使形態として、「國王による刑罰權行使と並び、封建制社會の基本的單位である古典的グルントヘルシャフト(Grund-herrschaft：荘園制、括弧内引用者)において、領主による刑罰權の行使が行われたことを(103)」荘子は論証している。

他方で、杉山晴康は、我が国における原始から古代にかかる責任の分化を、その社会条件の展開において法学・社会学的観点から総合的に検討した後、「ハラへ(104)から刑罰への分化は、わが古代における階級社会の出現を条件としたものであり(105)」この階級社会が進むことによって刑事責任の確立されたことを検証している。杉山も同様に、原始「社会」の分裂の結果、刑罰権を行使し得る支配者と、刑罰権が向けられる被支配者との関係が現出し、これが権力的契機として系譜されていく沿革を跡づけている。杉山は、我が国の刑罰権発生史に関し、原始社会における復讐から公罰権へ、集団責任から個人責任へと遷り変わった沿革――すなわち原始社会から支配国家へと辿った道――を丹念に検証し、原始共同体ないし原始「社会」に刑罰権が認められた事実を一連の考察を通して論証した。但し、本章においては、原始共同体ないし原始社会にあっては、刑罰「権」という明確な権利ないし権限ではなく、当該共同体あるいは社会の内部に無自覚な習慣ないし掟として認められていたものと考える。

以上の検討を踏まえれば、木村も指摘したように「國家は歴史的產物であつて、社會の或る發展段階において成立したものである。國家の成立以前の部族社會においては永い間不法行爲に對する反動は公罰權と異なつた形式を採つてゐた」(106) ことが明らかとなる。

三　刑罰権国家独占原則の相対性

第一篇本章第二節における一連の考察を介せば、必ずしも近代国家を起点とした「国家」によってのみ刑罰権は独占されるものではないことが明らかとなる。長きにわたる刑罰の変遷を辿れば、国家ではない、すなわち家長、部族、氏族を含む共生「社会」において始源的に刑罰権が行使されてきた史実が認められる。「犯罪の科罰は、国家の独占物ではなかった」(107) のである。歴史の中では、一元的に集約化された刑罰制度を明確に採るようになったのは、近代（国家成立）以降のことである。既述した通り、フランク期における「支配者国家」においても刑罰権の原初的形態は認められたものの、封建時代に入り刑罰権は、多元的構造を採ることになった。封建制社会（の単位としてのグルントヘルシャフト）においては、国王による刑罰権と領主刑罰権が行使されていたという。

刑罰権「国家」独占原則が説かれたのは、近代国家を前提とするものであり、これが時代や社会構造を異にする場合、この原則は相対的原理であることが明らかとなる。(108) この点では、ハンス・V・ヘンティッヒも「現在、刑罰権は國家にあるが、かつては諸多の機關が處罰についての權能を持ち、義務づけられていた」[109]ことを検証したという。そして、何よりも刑罰の史的展開における帰属主体において、近代以降の国家が刑罰権を独占する「状態」は、原始社会からの刑罰の変遷を踏まえれば、「点」として捉えられるものであり、「線」ではないことが判明する。中島重の言を借りれば、「國家と共同社會との分化は日尚ほ淺」[110]いのである。戶澤鐵彥が指摘するように「人類が、早くから、社會生活を營んでいた、ということも確かだ、といってよかろう。しかし、人類のうちに國家というものが現われたのは、随分新しいこと」[111]なのである。

古来より、共存社会における（種族維持本能にかかる）共通利益の侵害こそが平和を破ること、すなわち犯罪であってこれに対し復讐という報復反動が認められた。それが、国家の成立をみて、国家公罰権が認められるようになると、刑罰権は国家に専属することになる。換言すれば、公罰権は国家刑罰権を意味することとなるのである。この意味における公罰権は、小野清一郎が引用したビンディングの指摘、すなわち「決して人類社会の原始的現象ではなく、其の成立は寧ろ新しい歴史的事実である」[112]ことを明らかにするものといえよう。また、ピカール・エティエンヌが説くように「一九世紀末までは公権力でしかなかった国家が、安易なフィクション（擬制）によって、国家は権利と義務を持ち得るものであるという法律的説明を用いて、法人となった」[113]ことが検証される。牧野英一もまた「犯罪と刑罰との關係が法律關係として理解されるに至つたことは、人類の文化史においては、むしろ新らしい事相に屬するのである」[114]と記している。

我が国においても、公罰権をもって統一的な科刑を加えることがより明確になったのは、明治維新以降である（いうまでもなく、明治以前においても刑罰規定は存在するが本章では、とりわけ明治六年布告の旧刑法典に着目する）。敷衍すれば、明治六年二月七日太政官布告第三七号の「人を殺すは国家の大禁にして、人を殺す者を罰するは政府の公権に候処、古来より父兄の為に讐を復するを以て子弟の義務となすの風習あり、（中略）私憤を以て大禁を破り、私義を以て公権を犯す者にして固擅殺の罪を免れず[115]」と明文化された。これにより、かつて行われていた復讐が禁止され、「人を殺すは（中略）殺の罪」が科されることとなったのである。

こうした刑罰史を辿れば、リストも説くように「一般歴史的観察に従えば、刑罰の始源は人類社会生活の始源と一致している[116]」ものの、他方で国家によって認められるようになった公罰は、新しい事実であることが判明する。

ここに、史的検討を踏めば、刑罰権国家独占原則は絶対原則でないことが明らかとなるのである。むしろ、国家成立をみた近代以降に、刑罰権が国家によって集約ないし独占化されることになったのであり、これを歴史の変遷という長きにわたる世紀的スパンをもって鳥瞰すれば、逆に刑罰権国家独占状態は、社会刑罰観の例外ともいえることが明らかとなる。

（1）ゲルマン古代以前の刑罰観を論じるにあたっては、これをいわゆる未開社会と称する見解や原始社会とする見解があるが、本章はこの表記の問題および時代的特定に関する問題他についての解明を目的とするものではない。本章においては、主要な先行研究に従って一先ずゲルマン古代以前の原始社会と記すことにする。

（2）本章における概観については、以下の文献に大きく拠った。塙浩「三 刑罰の歴史——西洋——」荘子邦雄・大塚仁・平松義郎編『刑罰の理論と現実』岩波書店（一九七二）一二一—一四二頁、竹内正「刑罰の変遷と社会構造（一）——一つの概観」島根大學論集（社會科學）第二號（一九五六・二）四一—五六頁、寺沢一「血讐論—一—」法学協会雑誌第七〇巻一号（一九五二・一一）一二一—四六頁、同「血讐論—二完—」同第七〇巻二号（一九五三・一）一一八—一六六頁、大下英希「自救行為について（一）」大阪市立大學法學雑誌第五二巻一号（二〇〇五・七）一八—六四頁、ハインリッヒ・ミッタイス（Heinrich Mitteis）［著］世良晃志郎［譯］『ドイツ法制史概說』創文社（一九五八）、穂積陳重『法律進化論叢 第四冊 復讐と法律』岩波書店（一九三一）、杉浦健一『未開人の政治と法律』彰考書院（一九四八）、増田福太郎『未開社会における法の成立』佐野書房（一九七一）、同『文明社会における法の成立』佐野書房（一九七二）、マリノウスキー（Bronislaw Malinowski）［著］青山道夫［譯］『未開社會に於ける犯罪と慣習』改造社（一九四二）、明石三郎『自力救済の研究』有斐閣（一九六一）、小野村胤敏『刑法に於ける自力救濟の研究』弘文堂（一九三八）、曽根威彦『刑法における正当化の理論』成文堂（一九八〇）他。

（3）この点で、齊藤金作『刑法總論 改訂版』有斐閣（一九七三）五頁以下は、刑法の変遷に関し、①復讐時代、②贖罪時代、③威嚇時代、④博愛時代、⑤科學時代という五期に区分する。また我が国における刑法の変遷について、同書七頁以下は、①原始法時代、②中國法系時代、③融合法時代、④欧米法系時代の四期に類別する。なお、中世法の基本的特色およびゲルマン法・中世教会法における犯罪観については、梅崎進哉『刑法における因果論と侵害原理』成文堂（二〇〇一）特に二一頁以下他。

（4）青山道夫「人類學的法學――その理論と實踐」法律時報第八巻一一号（一九三六・一一）二一―二四頁、特に二二頁。

（5）淵定「原始的刑法の諸様相」法律時報第一〇巻二号（一九三八・二）三四―三七頁、特に三五頁。

（6）淵・前掲注（5）三五頁。

（7）なお、淵については、恒藤恭「淵定君の追憶――忘れえぬ人々――五（完）」法律時報第三五巻五号（一九六三・五）六〇―六三頁。

（8）淵・前掲注（5）三五頁。

（9）淵・前掲注（5）三五頁。

（10）淵・前掲注（5）三六頁。

（11）淵・前掲注（5）三六頁。

（12）末川博「不法行為における倫理性」法律時報第二六巻一号（一九五四・一）五―一二頁、特に六頁。

（13）これらに関しては、本章の目的ではないため詳述しない。

（14）淵・前掲注（5）三六頁。

（15）淵・前掲注（5）三七頁

（16）植松正「刑法改正問題と刑罰論争」法律時報第一九巻二号（一九四七・二）三一―三六、四一頁、特に三五頁、なお復讐については多岐にわたる文献があるが、さしあたり小野村・前掲注（2）『刑法に於ける自力救濟の研究』一七四頁以下、明石・前掲注（2）『自力救済の研究』四頁以下、田能村梅士『世界最古の刑法』有斐閣書房（一九〇四）一一七頁以下。

（17）植松・前掲注（16）三五頁。

（18）小野清一郎『刑法と法哲学』有斐閣（一九七一）一七二頁。

（19）莊子邦雄「ゲルマン古代刑法の性格――処罰権と正統性との関連を中心として――」法律時報第二八巻三号（一九五六・三）三三―三八頁、特に三四―三五頁。

（20）竹内・前掲注（2）「刑罰の変遷と社会構造〔一〕――一つの概観」四一―五六頁、特に四二―四三頁。なお本節においては、同竹内に大きく拠った。
(21) 竹内・前掲注（2）四三頁。
(22) 塙・前掲注（2）「三　刑罰の歴史――西洋――」一二二頁。
(23) 塙・前掲注（2）一二二頁。
(24) 竹内・前掲注（2）四三頁。
(25) 竹内・前掲注（2）四三頁。
(26) 竹内・前掲注（2）四三頁。
(27) 竹内・前掲注（2）四四頁。
(28) 竹内・前掲注（2）四五頁。
(29) 竹内・前掲注（2）四五頁。
(30) 竹内・前掲注（2）四五頁は、公納すべき平和金について「当初は贖罪金の三分の一であったが、フランク時代末期には、国家の分け前は次第に主要部分を占めるようになり、ついには贖罪金全額が裁判官に帰属するに至つた」ことを記している。
(31) 大下・前掲注（2）「自救行為について（一）」二八頁。
(32) 大下・前掲注（2）二九頁。
(33) 大下・前掲注（2）二九頁。
(34) 竹内・前掲注（2）四五頁。
(35) 竹内・前掲注（2）四五頁。
(36) 大下・前掲注（2）三〇頁。
(37) 竹内・前掲注（2）四六頁。
(38) 塙・前掲注（2）一二四頁。
(39) この詳細な管轄区分については、塙・前掲注（2）一二四―一二五頁。
(40) 塙・前掲注（2）一二五頁。
(41) 塙・前掲注（2）一二五―一二六頁。
(42) 竹内・前掲注（2）四六頁。
(43) この点に関しては、訴訟法上との複雑な関係が求められるが、本章はこれを目的としないため、これ以上詳述しない。なお、この点に関しては、塙・前掲注（2）一二六頁以下を参照。

(44) 黒澤睦「告訴権の歴史的発展と現代的意義」法学研究論集第一八号（二〇〇三・二）一―一八頁、特に五頁。
(45) 竹内・前掲注（2）四八頁。
(46) 竹内・前掲注（2）四八頁。
(47) 莊子邦雄「封建制社會における刑法――刑罰権の多元的構造――」『瀧川先生還暦記念 現代刑法學の課題 上』有斐閣（一九五五）一七一―二一〇頁、特に一八八頁。
(48) 莊子・前掲（47）一八八頁。
(49) 莊子・前掲（47）一八九頁。
(50) 莊子・前掲（47）一九〇頁。
(51) 塙・前掲注（2）一二三頁。
(52) 塙・前掲注（2）一二三―一二四頁。
(53) 封建時代の刑罰については、主要な先行研究である竹内・前掲注（2）一二頁以下に同じく拠った。
(54) 竹内・前掲注（2）五一頁。
(55) 竹内・前掲注（2）五一頁。
(56) この点で、竹内・前掲注（2）五一頁は、イギリスのヘンリー八世の時代およびエリザベス朝時代の死刑執行率が驚異的であることを具体的に示している。
(57) 諸説に用いられる封建社会ないし封建制概念は、多義的であるところ、本章にいう封建社会とは、もとより汎く一般的に捉える封建社会を意味するものではなく、ほぼ九世紀から一三世紀におけるヨーロッパ社会の一部を成したドイツを中心とした社会構造を対象とするものとする。
(58) 竹内・前掲注（2）五二頁は、犯罪者を「社会から除去し（死刑）、或は毀損すること（身体刑）は、過剰労仂の減少という意味では、好ましいことでさえあった」と記する。
(59) 我が国でも、旧刑法原案第五節の第一九六条以下に「浮浪ノ罪幷ニ乞丐ノ罪」が置かれていた。すなわち、「自己ノ家又ハ常住ノ家ナク職業或ハ其他ノ正當ナル營生ノ手段ナキ者ニシテ公ケノ道路公ケノ場所或ハ無人ノ場所ニ浪遊スル時ハ浮浪ノ罪トシテ十一日以上二月以下ノ重禁錮ニ處ス若シ兇器僞鑰又ハ家屋ヲ毀壞スルノ具及ヒ其他犯罪ノ用ニ供ス可キ器械ヲ持スル時ハ一等ヲ加フ何ノ場合ニ於テモ浮浪人ハ一年以上二年以下ノ監視ニ付ス」と定められていた。浮浪の罪に関し、『ボアソナード氏起稿 刑法草

案註解　上』出版者不詳四七四頁以下は、「外國ノ刑法浮浪人ヲ罪スルモノ多シ」と記している。この点、ボアソナードは、悪事を為さない浮浪人が家を失い道路に浮浪することは不幸の結果である。しかし、立法者はこれを社会の危険とみなし刑罰規定を置いている。この点で「開化ノ國在テ唯不幸ノ故ヲ以テ家ヲ失ヒ産業ニ離レタル者ハ其再ヒ産業ヲ得ル迄必ス公私ノ扶助ヲ得ベキヲ以テナリ然レモ此罪ヲ罰スル所以ノモノハ唯道徳上既往ノ損害ト社會公益上將來ノ危難トヲ臆測シタルニ出ツルガ如シ」したがって、浮浪の罪に関しては、特別に論述すべき性質のものであると記している（同書四七四—四七五頁）。なお、現行の軽犯罪法では、第一条四号、同条二二条に類似の規定が置かれている。

(60)　竹内・前掲注（2）五二頁。
(61)　ミッタイス（Mitteis）［著］・世良［訳］・前掲注（2）『ドイツ法制史概説』三二五頁。
(62)　ミッタイス（Mitteis）［著］・世良［訳］・前掲注（2）三二六頁。
(63)　竹内・前掲注（2）五三頁。
(64)　竹内・前掲注（2）五四頁。
(65)　藤本哲也「近代自由刑の起源」法學新報第九五巻三・四号（一九八八・八）一—三八頁、特に七頁。
(66)　藤本・前掲注（65）九—一〇頁。
(67)　藤本・前掲注（65）九頁。
(68)　高橋則夫は、ガレー船漕役刑を「人間のすべての自由を剥奪する」と記す。この点については、同「制裁規範としての自由刑の意味と制度」法律時報第八七巻七号（二〇一五・六）一六—二三頁、特に一七頁。
(69)　藤本・前掲注（65）一二頁。
(70)　藤本・前掲注（65）一四—一五頁。
(71)　竹内・前掲注（2）五五頁。
(72)　竹内・前掲注（2）五六頁。
(73)　荘子・前掲注（47）「封建制社會における刑法」一八二頁。
(74)　荘子邦雄「近代刑法の原初形態」刑法雑誌第五巻第二号（一九五四・一一）一五九—一九〇頁、特に一六五頁。
(75)　この点で、吉田道也「教会刑事裁判権について」法政研究第二五巻二・三・四号（一九五九・三）二一九—二三四頁、特に二一九—二二〇頁は、「教会は信者（構成員、世俗人）に対して親に類似した立場にある。信者の霊的成長を扶ける責任と権利がある」こと。したがって、教会は信者に対し教育的目的から紀律の強制を加えることが可能になることを記している。また、教会における懲戒権は、法的根拠に基づく刑罰とは異なる点、他方で教会罰としての刑罰、すなわち教会法によって定められる教会刑罰権があることを注記している。吉田は、同二一九頁以下で刑罰を巡る国家と教会との関係について詳述している。なお、このような区別を設けない見解もある。

(76) 内藤謙「刑法の基本問題――刑法と国家」法学教室創刊号（一九八〇・一〇）二二三―二二九頁、特に二二五頁。

(77) 平野竜一「〔報告〕日本刑法の特色」法学協会雑誌（一九六一・五）六七〇―六八八（九八―一一六）頁、特に六七七（一〇五）頁。

(78) 木村龜二『全訂 新刑法讀本』法文社（一九五四）一二一―一二三頁。

(79) 木村・前掲注（78）一二三頁。

(80) 瀧川幸辰『刑法讀本』世界思想社（一九五五）一三八頁。

(81) 木村・前掲注（78）一二三頁。

(82) 瀧川・前掲注（80）一三八頁。

(83) 小野清一郎『刑法に於ける名譽の保護』有斐閣（一九三四）一三五頁。

(84) 小野・前掲注（83）一三五―一三六頁。

(85) 小野・前掲注（83）一三七頁。

(86) 小野・前掲注（83）一三七頁。

(87) 小野・前掲注（83）一四〇頁。

(88) 小野・前掲注（83）一四二頁。

(89) 小野・前掲注（83）一四二頁。

(90) 小野・前掲注（83）一四七―一四八頁。

(91) 莊子・前掲注（74）「近代刑法の原初形態」一六二頁。

(92) 莊子・前掲注（74）一六二頁、同一六七頁註（9）ルードルフ・ゾーム（Rudolf Sohm）〔著〕久保正幡・世良晃志郎〔譯〕『フランク法とローマ法』（一九五二）一二四―一二六頁、註（22）。なお、本節の検討においては、刑法学上先駆的な研究である莊子邦雄の見解に拠った。

(93) 川島武宜「現象としての慣習法」法律時報第二八巻七号（一九五六・七）四―一一頁、特に七頁。

(94) 川島・前掲注（93）八頁。

(95)　川島・前掲注(93)八頁。
(96)　荘子・前掲注(74)「近代刑法の原初形態」一七四―一七五頁。
(97)　荘子・前掲注(74)一七六頁。
(98)　荘子・前掲注(74)一七七頁。
(99)　荘子・前掲注(74)一七九頁。
(100)　荘子・前掲注(74)一八〇頁。
(101)　荘子・前掲注(47)「封建制社會における刑法」二〇〇頁。
(102)　荘子・前掲注(47)一九九頁。
(103)　荘子・前掲注(47)一九九頁。
(104)　「ハラへ」とは、後掲杉山『日本の古代社会と刑法の成立』七七―七八頁で示すように、上代人の感情を具現した存在という。杉山によれば、ハラへは本来「神に対してなされた宗教的義務であり、儀式である」という。杉山は、我が国の古代における公刑罰の始源を「ハラへ」に求めている。
(105)　杉山晴康『日本の古代社会と刑法の成立』敬文堂（一九六九）特に一九一頁。
(106)　木村・前掲注(78)『全訂　新刑法讀本』一二頁。
(107)　荘子邦雄「ゲルマン古代刑法の性格――処罰権と正当性との関連を中心として――」法律時報第二八巻三号（一九五六・三）三三―三八頁、特に三五頁。
(108)　現代の諸国家においては、それぞれの地域における歴史的発展を伴いながら異なる法文化が形創られてきた。古代、中世における刑罰観は、宗教性や呪術性が色濃く混淆していたが、今世紀国際刑法（二〇〇二年七月発効の常設国際刑事裁判所設立条約）は、かつての宗教的・習俗的要素を捨象するものであり、近代刑法の大原則である罪刑法定主義を採り入れた点からは、刑事法学上、巨歩を印する発展であったと評し得る。
(109)　ハンス・V・ヘンテッヒ（Hans Von Hentig）［著］宮澤浩一［訳］［紹介と批評］『刑罰（Ⅰ）その原始形態と文化史的聯關』（一九五四）、『刑罰（Ⅱ）その近代的な現象形態』（一九五五）法學研究第三〇巻五號（一九五七・五）五五―六一頁、特に五七頁。
(110)　中島重「法の組織關係規範觀と機能主義的考察」法律時報第五巻一〇号（一九三三・一〇）二九―三三頁、特に三三頁。
(111)　小野・前掲注(18)『刑法と法哲学』一七一頁。
(112)　戸澤鐵彦『國家の將來』勁草書房（一九九五）二八頁。

(113) ピカール・エティエンヌ（Etienne Picard）［著］川本哲郎・中田静［訳］「公法人の刑事責任——根拠と適用範囲」京都学園法学第二二巻（一九九七・三）二九七—三二〇頁、特に二九七—二九八頁。
(114) 牧野英一『刑法』岩波書店（一九三九）五三—五四頁。
(115) 小野・前掲注（18）『刑法と法哲学』一八四頁。
(116) 小野・前掲注（18）一六九頁。なお小野は、この問題に対し自らの見解を一六九—一七〇頁で論じている。

第八章　国際刑法の公法性

はじめに

多国間を規律する法としての国際法は、契約に基づく合意をその中軸として展開してきた。国際法の多大なる貢献をもって、国際社会は発展してきたといえる。しかし、現在、国際法自体の定義は必ずしも明確とはいえず、よって、（一般に）その延長上で国際刑法が論じられているように思われる。本章は、合意を原則として規律されてきた国際法の中に、国家間合意といういわゆる条約法の域を脱し次第に公法へと接近しつつある、あるいは既に公法として位置づけられ得る法があるのではないかという問題を提起するものである。そして——前世紀までの近代国家を前提とする法とは異なる、今世紀の国際社会に特徴づけられる——国際公法が存在するとするならば、その明確な定義が求められ、法の分類が体系的に再構築されるべきであるとの問題意識を有しつつ、本章は国際刑法の本質について論じるものである。

第一節　前世紀国際法から今世紀国際法へ

一　国際公法の萌芽

一般に国際法は、旧来より国家間を規律する法として、水平関係という構図の中で把捉されてきた。「私」法原理のもとでは、犯罪と不法との区別は当然不明確なものとなり、その責任形態は不法行為に基づく賠償という形で私法原理が優先されてきた。公権力の存しない国際社会においては、私法原理が貫かれることは、当然の帰結となろう。「合意は拘束する」という絶対原則のもとに、とりわけ近代国際法のもとでは、「公」的性質は潜在化されてきたといえよう。無論、私法の基底には、契約の自由があり、所有権絶対の原則がある。「私」法と「公」法とが未分化のもとにおいて犯罪行為は、犯罪と評価し得ず不法として認定された。むしろ、後述するように、「刑」法を含む「公」法とは逆に、「私」法における不法は、曖昧性ないし不明確性が求められていたのである。古い条約理論での合意は、絶対性を有する原理であり、法原則や慣習法も排除するという考えも採られてきた。そこには、明確な形での「公」法という観念が存在しなかったと考えられる。仮に観念自体はあったとしても、それは私法原理によって、無自覚のままに没「公」法化されていたといえよう。

ところが、社会の発展と時代の変遷は、集団を脱し「人」である「個」人に着目することになる。「人」である「個」人を啓発し、自らを自覚させるのである。近代国家においては、「人」を「個」人としていかに尊重すべきか、という観点から「人」権思想が発達する。他方で、「人」の保護を巡って多くの場面で「個人」は、「国家」と対峙することになる。なぜなら、「国家」は、従来からの伝統的国家観をもって「人」である「個」人を統制ないし支配しようとしたためである。伝統的国家観から導かれる刑罰権国家独占原則のもとで、国家はしばしばその独占状態を奇貨として刑罰権を多用した。国家側の刑罰権を含む権限の専断的・恣意的行使の常態化さえあった。ここに、残虐刑が汎用され、「人」の生命・身体に対する侵害が「国家」内で加えられ、「人」権侵害が繰り返されてきた。

長らく国際法は、国家間合意による条約＝私法原理をもって汎く国家間の調整を図ってきた。しかし、国際関係は、合意による条約＝私法原理をもっては対処しえない事態を惹起させることとなる。それは、第一次世界大戦後に追及された（前世紀初期の一九一九年）ドイツ皇帝ウィルヘルム二世（以下、「カイザー」と略称）の開戦責任への問責である。また、これに続く（前世紀中期）一九四五年のニュルンベルク国際軍事裁判および翌一九四六年の極東国際軍事裁判における第二次世界大戦の戦争開始指導者への刑事責任追及に、国際法の「公法」性が求められたといえよう。いわば国際「公法」の萌芽――国際刑法の起点――である。

二　国際刑法の展望

(1) 前世紀後期

前世紀中期（ニュルンベルク・極東国際軍事裁判における）戦争首謀者個人の刑事責任の追及という形で国際社会を舞台に現れた、「国際刑法の萌芽」は、その後、どのような展開を見せたのであろうか。とりわけ我が国の国際法学研究においては如何なる展望が示されていたのであろうか。

国際社会を背景とする刑事裁判「機関」の設立に対し、大沼保昭は「国際刑事裁判による刑事責任の追及にこだわる限り、近い将来実効性を持つことは困難といわざるを得ない」(1)と主張していた。すなわち、「ジェノサイドに代表される大規模かつ深刻な人権侵害を、責任者の刑事責任の追及という形で阻止しようという試みが実効性をもつということは、きわめて困難といわざるを得ない」(2)と。また坂本一也も「ＩＣＣ（常設国際刑事裁判所、以下、同：括弧内引用者）規程が発効すること、また発効した後もＩＣＣの活動が実効性をもつことは非常に困難であると考えられる」(3)という見解であった。そして、藤田久一は「結局、ＩＣＣ規程の採択が、見る人々の錯覚を誘う『手品』の美学に終わるのか、括弧付きの『世界』裁判所あるいは『国連』裁判所の設立という『奇跡』を生み出すかは、今後ＩＣＣ設立過程における諸国の態度、とりわけ米国の態度と諸国の対応如何にかかっているように思われる」(4)と述べていた。

(2) 今世紀初期

我が国においては、右の如き主張のもとに捉えられてきた、――しかしながら本書においては設立されるべくして――設立された共存社会「機関」は、現在（同じく国際法学研究の理論において）はどのように受け入れられているのだろうか。

猜疑と危惧と懸念のもとに生れ出でた国際刑事裁判「機関」に対し、新井京は「ＩＣＣは（中略）『何ものか』(5)という疑問を呈し、――カッセーゼのＩＣＣは「手足のない巨人」である旨を引用しつつ――この巨人に対しては「国家こそがそれに与えられた義手・義足である。すくなくとも巨人は生まれたのだと評価できるが、その反面、巨人は未だに義足なしでは立てないのである。（中略）これが現在ＩＣＣの置かれた状況なのである」(6)と締め括る。また、古谷修一も、結論で「個人責任の拡大は、国家を中核とした国際法の性格そのものを変えるわけではない」(7)「個人責任は、（中略）『サブ・チャンネル』として捉えられるべきものである」(8)と示す。同様に、洪恵子も結論部で「関係国の同意が必要な点には変わらない。（中略）ＩＣＣの制度には根本的な問題があり」(9)「ＩＣＣには条約の拘束力を超えた強制力は存在しない。ＩＣＣの実効性はひとえに関係国の意思にかかっている」(10)、ＩＣＣの創設以降も「国際法の枠組みは変化していない[11]」とする。

三　国際法の限界と再定義

(1) 再定義

既述した通り、前世紀中期、ニュルンベルク・極東国際軍事裁判所条例（憲章）に国際刑法の起点が確認され、国際公法の萌芽が視られた。他方で、国際法・国際公法・国際刑法については、①とりわけ国際（公）法の定義が多義的であることから、これによって生じる②伝統的国際法と今世紀国際法との国際法自体における齟齬の調整が求められると考える。その根本的な問題の解決として、先ずは③国際法の再定義がなされるべきであると考える。（これは、〔常設国際刑事裁判所規程、以下、「ローマ規程」と略称〕の管轄権行使に求められる条件、すなわち国家の同意という問題にも直接関係してくるが）国際法は、「公」――とりわけ国際「刑」――法に、如何なる理由によってどれだけの干渉ができるのか、できるとすればどのような基準でどこまでそれが可能となるのか。あるいは、従来通り国際法は国家間を規律する法であるべきなのか、という国際法の定義とあり方、他の法域との関わり方など――現実性・実効性とは別に、その本質や区別の基準――が問われているのでなかろうか。

（このような峻別がなされず、また区別基準が設けられないまま）国際刑法はその本質を抜きに論じられている。国家刑罰権をア・プリオリなものとして、また国家間合意の原則を前提に措定した上で国際刑罰論を展開しているのである。すなわち、伝統的国家論から導かれる刑罰権独占原則を基軸とする思考を貫いているように思われる。他方で、物理的強制力を有する法の――国際法を介在させた――「合意原則の公法化現象」があるとすれば、従来の伝統的私法理論を貫く思考は、適正かという問題も生じてくる。国際法は、時代の変遷とともに、当該行為に対する評価について、国際「法違反」が国際「犯罪」へと明確化させてきた。すなわち、"international delicts", "offences", "wrongful acts"が、"crimes"へと変容し、ローマ規程において具体的な犯罪構成要件が示されたという現象をもって、「国際法の公法化」現象が「国際法に関する公法」として位置づけられ得る、もしくは「公法にかかる国際法」という位置づけがなされ得るのではなかろうか。または国際刑法に関しては、——資源開発や食料・人口問題その他の法域とは異質の物理的強制力をもって——いわゆる国際公法の座が与えられたものと考えることはできまいか、という問題を投じたい。

換言すれば、刑法との関わりにおける「国際法の本質と限界」が明らかにされるべきであると考える。合意原則の「限界」と「修正の必要性の是非」、修正が必要とされる場合の「修正の根拠、範囲、程度、基準」等の画定である。

そのためには、「公」法という文言表記の意義の明確化にとどまらず、社会の変遷と社会構造の変容の中で、「公法」と「私法」の区別の必要性如何に関わる議論が、いつ、どのような文言をもって国際法委員会や国際法学会ほかで挙げられ、当該表記を巡り如何なる議論が展開されたのか、という過去の記録を辿る必要があると考える。議論に関する資料の精査から具体的な検討を加えなければならない。現象の分析にあたっては、国際社会に顕現した当該（国際刑事裁判所の創設という）現象の性質や特徴の把握が求められよう。先ずは、考察の対象となる法（ローマ規程）現象自体に何ができて何ができない状況にあるのかに関する確認作業が重要な考察となる。

しかし、さらに切要なことは、当該現象が如何なる社会構造のもとにどのような状況をして表出されたのか、またその現象は今後どのようになっていくのであろうかという、現状分析や通解からさらに一歩踏み出して——社会構造の変容——原因——現状の受容——将来の見通し——今後の対策および喫緊課題への対応——という展望的な考察への取り組みが必要となってこよう。

(2) 「公」法「私」法の区別

今世紀初頭に生み出されるべくして生み出された国際刑事裁判「機関」の創設を契機に、法の類型に関する再編が求められていると考える。すなわち、①国際公法概念が認められるのか否か、②(これが認められるならば)論者によってその捉え方に差異が生じている国際法・国際刑法・国際公法、とりわけ国際公法の定義をどのようなものにすべきか、③公法性の強い分野——国際刑法、環境法、食料を含む資源配分の格差問題ほか——に関する今世紀における国際法の特徴を確認した上で、これに関する新しい体系化ないし分類化が求められる時期に入っていると考える。

このような観点から考察を加えるにあたっては、「公」法「私」法の区別の意義が明確にされなければならない[12]。(これまで汎く議論はなされてこなかったものの、)例えば一九八五年のアメリカ国際法学会第七九年大会のワークショップで挙げられた"Should We Continue to Distinguish between Public and Private International Law : Remarks"というテーマ[13]に関する検討が再論されるべきであると考える。議論の席上、国際法の「公」法「私」法の区別を"no sense"と説く論者もいたという[14]。もちろん、このような考え方もあろう。

この議論は、詰まるところ、国際法の役割の問題であると考える[15]。換言すれば、

(i) 国家間を規律する法を国際法と捉えるのか、あるいは

(ii) 国家間を規律する法を国際法と把捉した上に、これに加えて公法化実現への架け橋(α)としての国際法(例えば、常設国際刑事裁判所の創設など、国際機関の設立に至るまでのプロセスを担う、すなわち、機関創設のための条約の締結等を役目とする)と捉えるのか＝右(i)＋α(媒介役)、さらに

(iii) は、同じく右(i)(ii)を含む、架け橋(役としての＋α)後の直接的関与をも含む国際法と捉えるのか＝(i)(ii)＋α＋(後の直接的関与)、という問題に置き換えられよう。

本章においては、以下のように考える。

(i)については、これまでの重要な役割を果たしてきた伝統的国際法である。

(ii)に関しては、今世紀国際法の特徴的役割と理解するものである。しかしながら、

(iii)については、喫緊に検討されなければならない。(例えば、今世紀国際刑法＝ローマ規程など) 分化をみた独立性を有する学域に国際法はどれだけ踏み込めるのか、踏み込んでよいのか、あるいは国内事項以外について今世紀の国際に関する法は、伝統的国際法のもとでの合意原則をもって (国際刑法をはじめとする、今後新たに分化するであろう法域も含め) すべての学域が論じられるべきなのか、という問題である。そして、後者を採る場合、関与する根拠基準、目的、正当性ほかが詳細に検討されるべきであると考える。

(3) 法の把握に関する相対性

法の把握如何に関する限り、すべては相対的であるといえよう。もとより「公」法は「私」法から派生したものである以上、「私」法が法のすべてであり、「公」法を含む「私」法という考え方もあろう。これによれば、「公」法も「私」法のひとつであり、当然「公」法も「私」法に含まれるものと導かれる。他方で、「公」法は、もとより「私」法から派生したものではあるが、その本質や法の目的を考慮すれば、「私」法との決定的な特異性をもって「公」法と位置づけ、これを別に分類化する必要もあるという考え方もあろう。

いずれの見解に立脚しても、前述した国際法の体系的な整理と今日的な類別化が求められているものと考える[16]。この類別化にあたっては、①「私」法の根底にあるものと、「公」法——とりわけ刑法——のそれとを各々確認し比較検討した上で、(また、後者〔「公」法と「私」法とを区別する考え方〕を採った場合の) 国際刑法が辿ってきた沿革、②

「私」法から「公」法を分離独立させて区別してきた、すなわち、人類が歩んできた道——第一篇第二章第四節五項で論じた「法の分化」——の意義と、③今後「私」法と「公」法の果たすべき役割、および④国際法の限界、⑤両者の有機的関係、⑥両者の展望等、を見通されなければならないと考える。本章は、これについて考察を加えるものではないため、問題の所在のみを明らかにするにとどめる。

本論考は——、伝統的国際法を称した“International Law”という表記が今世紀国際法として適正なものであるのか、またはこれに代わる別の、例えば、“Transnational Law”あるいは“Common Interest Law”などが適切であるのか、あるいはこれら以外の別なる表記を用いるべきか、という——発展的な議論に繋がってくるように思われる。もとより、近代以前の「君主」間の交渉により成立した国家間合意としての条約＝「国際法」と、今世紀国際法の「国際法」にかかる法の表記の適切性および意義が問われることを指摘したい。

(4) 民事責任と刑事責任

本章の「はじめに」で投じた問題——すなわち国際共存社会における刑事裁判「機関」の創出をもって（諸種の法分野で認められる）「国際法の公法化」現象が「国際法に関する公法」として位置づけられる、もしくは「公法にかかる国際法」という位置づけがなされ得るのではなかろうかという問題——に関し、（伝統的な国際法と今世紀国際法との区別を含む）国際法自体の定義と役割について、あと一歩、具体的には「公」法と「私」法との関係を明らかにすることができれば、さらに「人」の保護が図られるのではないかと考える。[17] このような問題意識を有しつつ、次なる考察の前提として、本節では民事責任と刑事責任との区別について概観する。

本章において、民事責任と刑事責任の区別を論じ強調する意義は、刑罰の本質論における刑事責任の基礎を明確にすることにある。「私」法と「公」法の考察[18]にあたり、以下ではその典型である「民」法と「刑」法との区別を明確にすることを目的とする。[19]

民事責任の主な特徴として、損害の填補や損害賠償を挙げることができる。これに対し、刑罰の本質は、一般に犯罪に対する規範的応報であると解される。刑罰の機能として主要なものに、一般予防と特別予防による法益の保護が挙げられる。これと同時に、刑罰は（被害者および遺族を含む〔側〕）復讐感情への宥和機能や保安機能も有している。刑事責任の基礎は、「結果無価値（法益の侵害）だけでなく、事態無価値（Sachverhaltsunwert）（法益の危殆化）もまたこれに加わる。一定の挙動だけで犯罪が完成する挙動犯や、既遂の前段階としての未遂がそれ自体で違法とされる」[20]。刑罰は「法益の保護という——将来に向かった——展望的な機能を営」[21]む点に、その特徴を認めることができる。[22]

刑罰は、「規範的応報という回顧的本質を持ちながら、犯罪人の特別予防という展望的機能」[23]をも有する点、またこれが「時として国家そのものの利益を保護するという性格を持つものであるため——したがって国家というものは本来刑罰権を多用する本能を持つ」[24]。ここに、刑法の謙抑主義が求められるのである。「刑罰は基本的に副作用の激しい『劇薬』であることから、刑罰をなるべく避けようという方向性が出てくる」[25]。謙抑主義は、——罪刑法定主義が求められた歴史的事実から明らかとなるように——刑法が、「国家」刑罰権の不当な行使から被疑者・被告「人」の権利および自由を保障する「役割」を担っているために求められるものである。「国家は、国家・社会秩序を維持するという自衛本能から、国家刑罰権をできるだけ広く確保し、これを無限に行使したい欲望を持つものであるから、罪刑法定主義は、その歯止めとして」[26]大いなる意義を有している。

これに対し、民法は、本質的に「私」人と「私」人との間を調整する法であるため、「社会生活の変化につれて新しい種類の権利侵害が生じた場合に、権利保護ないし利害の調整」[27]が容易となることもある。民事責任においては加害行為の反倫理性に関し刑法におけると同程度の厳格性が要求されないことに対し、刑事責任のそれは行為者の非難可能性を求めることにある。

(5)「公」法「私」法区分と「保護」契機

前節における検討を踏まえれば、「公」法のモデルとなる「刑」法においては、〔法益「保護」および当該「保護」に向けられた侵害の意識的な確認〕と、〔国家刑罰権の行使に対する意識的な「謙抑」〕が視られる。他方で、「私」法のモデルとなる「民」法においては、「刑」法における上述のような「人」に向けられた「保護」への侵害および国家に向けられる「謙抑」への意識的な確認は認められない。「民」法「刑」法の「分化をみた」今日の共存社会にあっては、以上のような結論が導かれる。これによれば、「未」分化状態における加害行為への法的評価は、「公」法と「私」法ないし「刑」法と「民」法はいっそう潜在化され混淆化していることが明らかになる。

本章にこのような考察を踏む所以は、国際刑法という新たな法分野における刑法理論構築の足掛かりを求めるためである。そのためには、国際社会に表出した現象の解析のみならず、既に分化をみた先験現象を、①史的展開の中で、②複眼的、かつ③社会構造的観点から、周到、且つ、客観的に観察する必要がある。このようないわば手続的考察を踏む理由は、共存社会の変遷にかかる刑罰権の原初形態およびその在りようを、「経験」科学として確認するためである。経験科学としての原初刑法が、如何なる分化をみて、如何なる法の形態を伴い、さらにどのように分岐されるに至ったのか。この分化によって、さらに如何なる法の形式を纏って（本章では、これ以上の言及は避けるが、可視化を図って）どのように細分化あるいは専門化されていくのか、という〔――先験――現在――未来――〕いわば「線」、法的展開を描くためである。

このような史的変遷に関する経験認識をもとに、「線」を描き、法的展開を確認し、さらに行うことによって、（いまは視えない）将来への刑罰観を画稿する、すなわち可視化を図るのである。本章に思索する「公」法と「私」

法の区別は、宮沢俊義も説くように「決して論者が頭の中でただおもしろ半分に作りだすものなどではない」[28]ことが理解されるであろう。

一般に説かれる、「公」法「私」法の区別に関する現象ならば、それは両者の「融合統一」ということで説明することも可能となろう。しかしながら、本書においては、法の「本質」が検討されるべきものであり、何よりも考察の対象が「刑法」であるところ、精緻な論理が求められる。（換言すれば、刑法の「本質」が考察の対象である由による。）なぜなら、既述した通り、「公」益の確保をもって「個」人の身体的自由を含む「人」権を制約することになるためである。約言すれば、刑法においては、「融合」「統一」や「調和」という、多義的・不明確性ないし曖昧性を有する漠然をもって他の法律と統一されることは、避けるべきであると考える。刑法への具体的介入にあたっては、抽象性を有する「融合」や「調和」という（刑法の本質に相反する基準や）文言は可能な限り避けなければならない。とりわけローマ規程においては、刑法原理ではない補完性原則の上に、さらに融合統一・調和という構造要素を、容れることはできないと考える。

この点で、国際刑法を保護法と把捉する本書[29]は、田中二郎ほか汎く支持される「國家權力関係の法を公法、平等関係の法を私法」[30]と解する関係を、保護関係に置き換え得ると考える。なぜなら、第一篇第三章第五節四項以下[31]で通観してきたように、国際刑法における刑罰権行使の正当性およびその行使の契機を伝統的な「権力」関係ではなく、「保護」に求めるためである。右の論理的展開の上に、本書が主張してきた、共存社会「機関」刑罰権論[32]は、従来からの伝統的な刑罰権国家独占原則によって導きだされるア・プリオリの権力契機を、矛盾なく保護契機と置き換えると考える。ここに、「保護」法と把捉された国際刑法は、矛盾なくその契機性を説き、従来その帰属性や区別の基準を巡って争われていた「公」法「私」法との区分にかかる主要な争点を整合的に解くものである。

右立論の整合性は、原始社会から発展してきた法の進化を、歴史的・社会構造的な変遷にそいながら紐解いてきた「人」の共存欲求の系譜に求められるのである。

第二節　伝統的刑罰論から今世紀刑罰論へ

一　犯罪概念の動態性と政治力学

ここに、国際法についての再定義の必要を主張する本章、すなわち、「民」法「刑」法区別に関する前節までのモデル検討は、国際刑法における刑罰論について重大な意義を伴って相関することになるのである。かつての、そして今なお私法原理の中核となっている国家の「合意」という刑罰権の行使について制限を加えている国際刑法は、次第にそれを解き、共存社会を護っていくであろう。本書を通じて示す、未開の原始社会からの（復讐を含む）刑罰観の変遷という「線」上に、今世紀国際刑法（＝ローマ規程）を置いてみれば、次世紀国際刑法における刑罰観の展開が展望される。

現在、ローマ規程には対象犯罪として、集団殺害犯罪（以下、「ジェノサイド」という）、人道に対する犯罪、戦争犯罪、侵略犯罪という四つの犯罪が挙げられている。しかし、（人から成る国家を含む）国際社会の存続・維持共存を最終的な目的に据えるならば、これは精確な国際共存社会の意思による犯罪列挙とはいえないと考える。なぜなら、列挙犯罪を決定する「場」は、大国の力学が大きく働く「外交」会議であり、純粋な――法益侵害に対する保護要請の表明――司法性を貫くことは困難を伴うためである。もちろん、これら一連の外交会議でなされた努力によって国際共存社会における刑罰観に関しては、大いなる発展がみられる。他方で、共存社会の精確な意思を、大きな力学が働く「外交」の場で精確に発現させることは難儀といえよう。

加害行為に対する法的評価をむしろ不問とする（または不問としたい）私法＝合意原則においては、加害行為も、行為が有する破壊的兵器の使用の危険性も、強い力を有する幾つかの「国家」の影響と核兵器を保有する国家間（の暗黙の、あるいは政治力学上の）「合意」のもとに、列挙犯罪には挙げられてはいない。

ここに、「公」法「私」法の区分に関する本来的意義が求められるのである。今世紀または次世紀国際刑法において、極めて重要な課題であるのは、再びここに記す、「合意」のもとに、列挙犯罪には挙げられない最も重大な犯罪、すなわち核を含む兵器使用の列挙に関する問題であると考える。国際共存社会は、従来からの合意原則とは異質の国際刑法を求めたのである。（国家より成る）国際社会は、国家間合意という旧来からの「私」法原理を脱する国際社会全体の共通法益を図るべく国際社会を構成する国家、国家を構成する「人」は、「公」法＝今世紀国際刑法を求めた。その意義、すなわち、（「民」法を含む）「私」法から（「刑」法を含む）「公」法へと人類が辿ってきた道程を振り返って確認する必要がある。

二　核兵器の使用

国際共存社会において、ローマ規程の対象犯罪である四つの犯罪、すなわちジェノサイド、人道に対する犯罪、戦争犯罪、侵略犯罪という罪をもこえる、最も重大な犯罪があると考える。それは、広汎かつ深刻な結果を惹起する即成犯である「核を含む、重大な破壊力を有する諸種の兵器の使用」である。兵器の中でも今日、“the mother of all crimes”に位置づけられるべき核兵器の使用は、可及的速やかに列挙犯罪に挙げられるべきであると考える。

核兵器に関しては、ローマ規程を採択したローマ外交会議（一九九八年七月）における戦争犯罪に関する議論——特に国際的武力紛争に適用される法および慣習その他の重大な違反に関しては——では主に以下のような検討が加えられていた。すなわち、本規定第八条二項(b)は、ハーグ陸戦規則及び第一追加議定書を軸に、さらにジュネーヴ諸条約に関連する二六の行為類型から構成される。同条二項(b)は、国際的武力紛争にのみ適用され、非国際的武力紛争への適用はないことが確認された。

戦闘手段に関するローマ会議での主な争点は、核兵器（の使用）をローマ規程の対象犯罪とするか否かという点であった。[33・34] 核兵器の威嚇・使用を人道法上違法であると考える国々、また核兵器実験の被害国となっているフィリピン、インドネシア、ニュージーランド、サモアなどの太平洋諸国は、これを戦争犯罪に入れるよう要求した。[35] また、「強い裁判所」の設立を目指すNon-Aligned Movementのメンバーも本規程に核兵器の使用を含むべきであるという見解を表明していた。[36] ローマ外交会議の最終日、アラブ諸国を代表してスーダンが、アラブ諸国は大量破壊に用いられる核兵器の使用につき、将来これを対象にしなければならない旨の見解を示している。[37・38] 他方で、核兵器の使用そのものが必ずしも違法とはいえないと考える国は、戦争犯罪への挿入に反対した。[39]

一瞬にして、「人」を殺傷し、「人」の知的物的史的創造にかかる営為を破壊して、核使用の恐ろしさを世界に知らしめ——二度にもわたって我が国をして実験場へと化した核の投下については不問とし——それにもかかわらず、極東国際軍事裁判所の被告人席へと引き摺った力の支配に、国家の同意は求められたであろうか。あるいは、核兵器の使用という、あってはならない事態が仮に生じてしまった場合、国家の同意は求められるのであろうか。[40]

ローマ規程の列挙犯罪に関する国際共存社会の意思と——とりわけ核の保有——「国家」の意思とは必ずしも一致しない。核兵器を有する強い「国家」は、この使用および保有に関し、今後も本規程の対象犯罪への列挙に反対するであろう。本章は、「私」法「公」法の分化について、「民」法「刑」法の分化を例に挙げ、なぜこれが必要であるのか、なぜこの区別が求められたのかという観点からこの問題を原始共生社会に遡って紐解き、国際刑法の発展のためには、次第に現行ローマ規程上の「国家の同意」という制限を外していく必要があることを説くものである。

また、社会構造の変容とともに、今後国際社会を舞台に現れるであろう新たな表出現象にあっても、それはひとつの過程であると考える。「人」の保護を図ってさらなる分化現象——国際刑事裁判機関の（例えばアジア支部などの）地域的な支部制——が生じていくことを本章に素描するものである。

三　個人責任法理のさらなる展開

(1) アフリカ諸国の脱退

社会構造の変化は、法の変容を求めるものと考える。刑法の発展とともに、個人責任法理も展開していくであろう。それはまた、形を変えつつ展開していくものであると考える。国際共存社会は、社会構造の変化や兵器開発を含む加速度的な技術革新、のみならず核兵器を含む諸種の（この点に関しては、別途詳細な検討を要する）新型兵器の独占化、同兵器創出技術の専門化さらに高度な情報化と情報産業の複雑化・優勢化など多様な状況を、また今後（現時点では）想定し得ない変容を伴って進化してゆくであろう。

個別国家の国益優先の要求や思惑が直接的に露呈される共存社会においては、ますます「人」の保護は求められる。危険の深刻性や広汎性に従って、「人」の保護はより強く求められる。ここに、個人責任法理も次第に変容しながら展開していくものと考える。現今の共存社会に立って、次世紀国際刑法を見通せば、より確実なものとして「私」法と「公」法との分化が認められ、分化現象はさらに（国際刑法と国際刑事訴訟法との）細分化ないし専門化、地域的分化ないし分岐化を伴っていくものと思われる。「人」の保護を求めて、刑事責任を追及する個人責任はさらなる発展が予想される。

その展開において、既に条約＝合意原則の限界が発見される。その手段性に限界がみられる。すなわち、手段が手段たりえず、別の形態を伴って表出した法現象がある。ローマ規程からのアフリカ諸国の脱退は、刑事裁判「機関」創出にかかる限界ではなく、合意原則の限界によるものと考えられる。すなわち、各国家の妥協が妥協足り得ず、別の異なる態様で表出した結果といい得る。本章に、国際刑事裁判「機関」からの地域的分岐現象が説明されよう。

アフリカでは、二〇一六年一〇月、ブルンジ、南アフリカ、ガンビアの三か国がローマ規程から脱退した。濱本正太郎は、本現象について、以下のように解説する。すなわち「国際刑事裁判所から脱退し始めたアフリカ諸国」に対し、「それらは否定的・抗議的な行動であり、何らかの新たな秩序を積極的に構築しようとするものではない」(41)と。濱本は「グローバル化がいやだからといっても、国境を閉じてその内側に逃げ込めば明るい未来が待っているというわけではない」(42)と結んでいる。

はたして、本規程の脱退は、単なる否定的・抗議的な行動であり、何らかの新しい秩序を積極的に構築しようとするものでは「ない」のであろうか。多くの論者や報道機関においては、この脱退に関し、極めて否定的に捉えている。また、Human Rights Watch においては、脱退は裏切り行為であるという批判さえ加えている(43)。

だが、現象を精査し、アフリカ諸国の対応に即して検討する必要がある。脱退＝否定、裏切りという表現とは異なり、脱退した諸国においては、――独自の刑事司法を運営すべく刑事裁判「機関」創設を前提とする――アフリカ司法人権裁判所国際刑事法部（African Court of Justice and Human Rights within Criminal Chamber）に関する裁判所規程を付属文書として含む、いわゆるマラボ議定書を採択している。本裁判部規程は、ローマ規程よりも独自の発展を伴った法、すなわち国際刑法の展開をみせている。

後述するように、脱退したアフリカ諸国は、「国境を閉じてその内側に逃げ込」むという回避的な行動のみをとっているわけではない。本章において、（二〇一八年四月現在）アフリカ諸国の右動向は新たな刑事司法制度を創るべく独自の地域性や固有性を重んじ、コア・クライム処罰に積極的な姿勢を示したものと考える。

(2) 内在的矛盾

「国内裁判所に実効性が期待できない状況に対処する目的で設立されるＩＣＣが、『国際裁判所により補完される国内司法手続に基礎を置』くというのは、一種のジレンマ」[44]を内在させているといえる。このジレンマは、刑法理論から生じるものではない。この内在的な矛盾を、補完性原則という手段をもって補うべく刑事裁判「機関」創出条約が締結された。右のアフリカ三か国のローマ規程からの脱退は、もとよりそこに内在していた矛盾や、訴訟経済を含む審理にかかる非合理性等、国際刑法の理論的精確性と整合せず、異なる法の形態を伴って露呈された結果といえる。前述した、ローマ規程からのアフリカ三か国の脱退は、矛盾を抱えた妥協が矛盾を解消できずに限界を超えたのである。

訴訟経済上の問題という点からは、前世紀の国際刑事裁判においても、同じ現象が視られた。例を挙げれば、ルワンダ国際刑事裁判所の経験である。同裁判所の運営については――今後の国際刑事裁判「機関」創出に関する国際共存社会の信頼に影響を及ぼしかねない――深刻な事態が指摘されていた。すなわち、同裁判所の第一審裁判部が置かれた場所はルワンダ本国ではなくタンザニアのアルーシャであり、上訴裁判部がオランダのハーグにあったこと、(次席)検察官はルワンダのキガリで職務を遂行していたこと、その物理的な距離が業務の運営という点から効率性を著しく低下させていたこと、その他厳しい経済的問題が存在したことが指摘されていた。[45] ルワンダ国際刑事裁判所は、締約国によって創出された裁判機関ではなく、安保理決議によるものであった。したがって、関係「国家」の同意が求められる場面ではなかった。

上述した通り、裁判にあたっては被害地域がルワンダであったことに対し、審理の開始場所がルワンダ国外であったこと。これによって、訴訟経済上の負担の問題が生じていたことが指摘されていた。具体的には、ルワンダとタンザニア（アルーシャ）・オランダ（ハーグ）とを行き来する証人の時間的経済的負担。ルワンダの特定地域における言語に関し、通訳を介さなければならないという言語上の問題と人的経済的負担。その他、証人のプライバシーを守りながら出頭に関する宿泊を含む安全性をどのように確保するのか、という現実的な問題が起きていた。裁判「機関」が距離的に遠いハーグにあるということそれ自体に関し、さまざまな問題が派生していたのである。

こうした問題は、ローマ外交会議によって創設されたハーグに所在する国際刑事裁判「機関」においても同様に存在しており、変わるところは何もない。主要には、付託の関係国となったアフリカにおいては、さまざまな不便と時間的経済的負担が強いられたことは否定できないであろう。

(3) 検討

ローマ規程を脱退した右アフリカ三国は、他のアフリカ連合（ＡＵ）諸国とともに――アフリカ司法人権裁判所の中に新たな国際刑事法部の開設を前提とした――マラボ議定書を採択している。(46) 本議定書附属に加えられている裁判所規程文書の改正を経た新裁判所規程は、国際共存社会における刑事裁判「機関」が審理の対象とする（ローマ規程における）①四つのコア・クライムを踏襲しつつ、②アフリカという地域性を踏まえながら、③対象犯罪を拡大し、(47) ④刑事責任の形態として、組織・集団たる企業責任をも含み、さらに⑤（一定の条件のもとに）個人、アフリカ連合、アフリカ連合機関のオブザーバー資格あるＮＧＯに主体性を認め、これらの主体による付託を可能とした(48)という諸点は、第一篇第二章を通じて検証した「法の分化」のまさしく具体例であり「法は分化をみながら進化を遂げる」という、来るべき展開と評価し得る。

右分化現象または発展的解決へと向かう組織化の中で特筆されるべきは、本裁判所規程の管轄対象が個人のみならず法人も含んでいることである。これは、多くの論者によって説かれてきた、コア・クライムは「国家」または国家（の指導者）によって犯される犯罪、という伝統的な観念あるいは潜在的な認識を覆すものといえる。(49)「国家」

を基軸として展開されてきた前世紀国際刑法と、多くの論者によって今日も支持されている「国家」を基軸とする今世紀国際刑法との間には、既にさまざまな齟齬が生じているのである。このような流れの中で、上述の特徴を伴って打ち出されたアフリカ司法人権裁判所国際刑事法部設立構想の意義は大きい。もちろん、ローマ規程とは異なる――例えば、特権免除（国際刑法の後退）を認める――特徴を有し、国際刑法発展の原点における目標――首謀者への個人責任追及――とは相違点もみられる。本章は、アフリカ連合による（アフリカ）司法人権裁判所国際刑事法部創設の構想について論じるものではないため、これ以上の言及は避ける。

しかしながら、右の現象を一面的に捉えるべきではないと考える。共存社会に展開される国際関係論の中で、本現象の意義および目的を多面的に検討する必要があると考える。右三国のローマ規程からの脱退（＝発展的解消）へと至った根本的な原因は、――関係「国家」の合意という条件のもとに発動されるべきローマ規程で認められている――関係「国家」の同意なく、共存社会「機関」の検察官が捜査を開始したことによるものと伝えられている。(50)すなわち、補完性原則によって管轄権の行使条件として認められていた関係「国家」の同意なく捜査が開始され、且つ、その捜査の対象となった「国家」がアフリカ諸国に集中したという、主に二つの原因に起因するものと伝えられている。ここに、異なる形態を纏った「自立的分岐」現象が視られることとなったのである。

総じて、国際刑法の目的という観点から、――この現象は――本章を含む一連の「刑罰権の淵源(51)」に関する論考に説く、分化にかかる論理をもって矛盾なく説明し得るのである。アフリカ司法人権裁判所国際刑事法部創設規程を付属文書として含む、いわゆるマラボ議定書付属文書（改正後）新規程の採択については、直近に生じた共存社会「機関」＝ローマ規程からの（脱退＝）独立性が強く顕示されるものの、地域性を重んじながら実効性を確保する形で、且つ、同時に自律性を堅持しつつ表出された人の共存に関する「公」益確保のための「機関」創出にかかる分化の兆候現象であり、本書の立場――法の分化――からは整合的に説明される。

今後、国際共存社会にあっては多様な分化現象が生じるものと思われる。それは、今世紀初頭に表出された、人の共存のための「公」益を確保する「機関」(としての常設国際刑事裁判所)が、原初的「公」益確保のための「機関」では賄いきれず、地域性や独自性を重んじつつ、自立をもって細分化ないし専門化、あるいは地域化していく過程であると考える。そして、このような過程の中に、これまでは密接不可分のものとも考えられていた国際刑事裁判所と絶対的主権、すなわち国家との関係性が次第に希薄化されていくものと思われる。

今世紀国際刑法における刑罰観は、共存社会の処罰意思を背景にいったん刑事裁判「機関」として表出させたものの、さらなる社会構造の変化や時代の変遷、共存社会が求める必要性(国際社会におけるコア・クライムに対する処罰意思)に基づいて共存する「人」のみならず国際社会の保護を図っていくであろう。強行法規"jus cogens"をもって保護されるべき客体に関しては、自覚的にまたは無自覚のままに「公」法性が既に認められ、個別国家の主権を制限する法としての公法が、本章に認められると考える。物理的強制力を行使する(刑事手続法を含む)国際刑法は、そのモデルを示す――先端的な――法として位置づけられるものと考える。

国際共存社会における現象に着眼すれば、時代的変遷の中にあっては、ひとつの社会共同体組織としての「国家」のみが刑罰権を有するものではないことが明らかとなろう。国際共存社会においては、伝統的「国家」論を基礎としながらも、今世紀を含む世紀的考察からは、刑罰権国家独占原則は、修正を余儀なくされているものと考える。

共存社会における刑事裁判「機関」の刑罰権行使において、国家の同意は「絶対」条件ではなくなるであろう。既に、安保理付託やローマ規程における新効果が、関係国家の同意に基づくものではない、という意味において、「公」法性を基礎づけている。時に異なる形態、また時に分岐的現象を伴って、次第に時代の流れが刑罰権国家独占原則が相対化されているという客観的な事実を明かしてくれるであろう。

四　社会構造の変化と刑罰論の変遷

⑴　共存社会刑罰論

刑罰の本質については、諸種の見解があるものの、主に犯罪に対する規範的応報と解されている。人は生まれながらにして平等であるという「啓蒙主義的人間観が色濃く影響している[52]」刑罰観のもとでは、刑罰は、——違法行為に対する責任能力、故意・過失のみを考慮する——反作用と解されていた。しかし、時代の変化とともに、「現在の人間観が一九世紀の自然科学的人間観の試練を経、さらには人間の実質的不平等を出発点とする社会法原理の洗礼を受けていることなどから[53]」今日、違法行為に対する——責任能力、故意・過失のみならず、その他の個人的事情をも考慮する——非難可能性にその科刑の根拠が求められているといえる[54]。

これは、刑事責任の追及において社会での具体的状況に置かれた「人」の個別的事情が考慮されるに至ったことによるものである。すなわち、刑事責任における、抽象的な機械的平等から具体的な個別的事情をも勘案する条件を思慮することになった結果である。条件的平等ということもできる。形式的平等から実質的平等へと、また抽象的な「人」から具体的な「人」へと、刑事責任もその追及形態において、抽象的責任から具体的・個別的責任へと転換していくのである。ここに、その史的展開を視ることができる。

刑法が国家論の変遷により変容していくと同様に、右の例に挙げた責任論も、そして刑罰論もまた時代の推移や社会構造の変化とともに変容する。前世紀国際刑法の始原となった第一次大戦後のカイザーの戦争開始責任追及についても、第二次大戦後のニュルンベルク・極東国際軍事裁判所での戦争責任追及も、それは「国家」間に生じる戦争を前提とした個人責任法理への試行と画定であった。カイザーの戦争開始に関する真実性については、本書の目的とするところではないため、歴史研究に委ねることにしたい。

しかし、前世紀から今世紀にかけ、国際共存社会の構造は変貌を遂げている。多くの国家において、整備されている高度の通信技術を含む情報化は、瞬時に世界各地で起きている紛争や事件に関する正確な情報の伝達を可能とした（但し、各国政府およびメディアが当該情報を、①いつ、②どのような方法で、③どれだけ正確に、④どれだけの情報量を提供するか否かについてはまた別の問題となる。この点については論点から逸れるため、これ以上の及言はしない）。そして、多くの場合、「人」の無自覚のままに「国家」主導のもとで軍産複合体による兵器開発が急激な速度で進められている。核を含む兵器の破壊力は、時間の推移に伴って増強され、なお且つ、その開発および保有において高度に専門化、独占化している。こうした兵器の先端技術ついては、「平和的利用」や「安全保障」という名目とは裏腹に、大国を含む各保有国が共存社会存続に対しさらに重大な危殆をもたらせるものであり、世界情勢の中ではとりわけ核兵器を持つ国家と持たざる国家との軍事力格差が指摘されている。国際共存社会対しては、今後従来型の兵器のみならず（兵器を持たざる国家に対して向けられる）新型兵器使用――わけても核兵器、化学兵器、生物兵器他の大量破壊兵器等の使用、弾道ミサイル、サイバー攻撃などが向けられる可能性がある。共存社会においては、いわゆる大国はさらに強い国家となり、防衛・軍事力に関するこうした社会の非対称的構造を奇貨として、威嚇力を確立させていくことが予想される。

本書は、核兵器の実験およびその使用については、ローマ規定第八条二項の戦争犯罪の一行為としてでは「なく」、戦争犯罪と並ぶ、すなわち、ローマ規程第五条の(a)集団殺害犯罪、(b)人道に対する犯罪、(c)戦争犯罪、(d)侵略犯罪に続く第五の犯罪類型(d)として「核兵器の実験およびその使用」が挙げられるべきことを一貫して主張するものである。さらに同規定第八条二項(e)の中、未発効に終わっているローマ規程検討会議決議五による追加テキストの(viii)「毒物兵器の使用」及び(xiv)「窒息性ガス、毒ガス又はこれらに類するガス及びこれらと類似するすべての液体、物質又は考案物の使用」について、可及的速やかに挙げるべきであると考える。本書は、名目的列挙にとどまった侵略犯罪にとどまらず、これとは別に(d)核兵器の実験およびその使用の他に、(e)毒物兵器他の使用が第六の列挙犯罪として挙げられるべきであると考える。厳格な罪刑法定主義を貫く見解——国際刑法における罪刑法定主義の相対性——を否定する立場からは、右主張は問題があるとの批判も予想される。

しかし、兵器開発の実体のみならずその開発状況（に関する情報）自体が、高度の軍事機密とされ非公開にある中で、われわれは、兵器開発の実体を知り得ない。すなわち、兵器が兵器として使用され、当該使用の結果が生じてはじめて、これを国際犯罪として捉えなければならないという共存社会の一般認識を俟ち、なお且つ、「国家」同意＝条約を基に（核）兵器の使用をコア・クライムとして承認するという矛盾する手続が求められる。今世紀国際共存社会の構造は、緊密且つ高度化し情報化されている。右に論じてきた通り、とりわけ軍事機密によってわれわれが知り得ないところで産・官・学複合体が新型兵器の開発を進めている。かつての如く「慣行」が重ねられてはじめて法的確信をもって国際犯罪となるという、①前世紀の社会構造とは大きく異なること、②刑法は社会構造の変容に伴って解釈適用されなければならないことを本書は指摘するものである。

このような難題を克服するためには、核を含む兵器の実験およびその使用が繰り返されている事実とこれに対する（抑止ではなく防止さらには禁止、そしてこれを国際犯罪へと繋ぐ）国際社会に共存する「人」の知見の発達を俟たなければならない。他方で、それを俟つ遑なく、刻々と新型兵器への開発が図られている。この開発に関する研究はとどまることを知らない。国家の欲求である。いわば力の顕示欲求である。他国への優勢を誇示すべく縦横的に増産される支配欲であろう。国家自らの欲求を充たすべく、国家の欲求と国家の欲求とのぶつかり合いが起こされてきた中で、さらに着々と高度の軍事開発が進められている。時間の経過と伴に増強していく兵器技術の開発に邁進する国家に対し、現今の国際共存社会は、悲しいかな、この開発状況について、「国家」安全保障上の機密をもって知らされないことが多くある。国家は、平和的利用の核使用、安全保障のための原子力利用を謳ってきたが、その結果は如何なるものであったのか、これらの点が指摘されなければならない。

そして、現在、「国家」のみならず、組織もまた諸種の化学兵器を造ることができること、戦争においては、かつての「国家」対「国家」という構造のみでは捉えることができずに、「国家」のみを主体とする法では、共存社会の存続が図れない状況、すなわち「国家」対「組織」ないし「組織」対「組織」という構造で紛争を繰り返し、そこにおいて新型兵器が使用されているという現状も踏まえる必要があると考える。

共存社会における強行規範の浸透や認識の拡大に伴って、今世紀国際刑法は展開し、ローマ規程に対象犯罪を画定させた。だが、「外交」会議で挙げられた犯罪はコア・クライムの中の最大公約数的な選択に過ぎず、共存社会の「保護」の具体的必要性を真に配慮したものではない。これは、関係国家を含む共存社会が重大犯罪として処罰されるべき（最少限度の）許容的刑罰観を反映させた跡づけに過ぎず、今世紀国際刑法において〝the mother of all crimes〟として認識されるべき最も重大な犯罪は挙げられてはいない。

ローマ規程（を採択した一九九八年七月のイタリア・ローマ会議）において、名目的列挙〝nominal inclusion〟にとどまっていた侵略犯罪に関し、その〝nominal〟状態をどのような定義をもって列挙犯罪とするべきかについて議論がなされた二〇一〇年五月のウガンダ・カンパラ再検討会議では、侵略犯罪が具体的な犯罪構成要件を伴って画定された。この史実は、侵略犯罪に関する一九四七年の「侵略の定義に関する決議」を出発点と位置づけるならば、大いなる発展であったといえるだろう。

しかし、これを法の変遷という史的観点から捉えれば、列挙犯罪として定義の不明確性ゆえに〝nominal inclusion〟にとどまっていた侵略犯罪が漸く挙げられたに過ぎないとも評し得るのである。このような多面的視点からの法の創出に関する史実を確認すれば、飛澤謙一が指摘する「法学はあらゆる学問の中で、最も時代おくれの学問だといわれている」(55)という言説は傾聴に値する指摘であると思われる。飛澤は、法学の遅れについて、実践的目的において導き入れられた技術が絶対的原理として定立されたものであること、またこの法的思考における保守性が法の更新を妨げたものであること、わけても「法の本質的に個人主義的な性格であった(56)」こと、すなわち「主権的な自主的な個人が法の最高の目的であり個人の意志が法の拘束力の排他的な基礎と考えられた(57)」ことによるものであることを論じていた。

今世紀、ローマ規程のもとで対象犯罪となった侵略行為は、国際犯罪とされる。しかるに、「国家」または集団・組織の他に対する統制・支配「欲求」は、本規程の列挙犯罪にかかる直接的な法的「評価を受けない」行為を駆使し、且つ、従来の「国家」自らが参戦する全面戦争ではない、すなわち「国家」自らが前面にでない方法をもって、例えば豊富な資源を有する地域ないし領域を巡り――外観上は内紛のごとき様相を呈しながら――、しかし事実上は「国家」が関与する武力紛争を繰り返すであろうという危惧も否定し得ない。

一連の論究(58)から明らかとなるように、現在では国際社会の産業経済構造の変化によって、紛争は従来の「国家」戦争よりも、むしろ非「国家」武力紛争――内戦の多発が顕著となってきているのである。かつての東西冷戦という強大「国家」である「極」を中軸に展開された「国家」間戦争ではなく、非国際武力紛争が顕在化してきている。既述した通り、このような、従来の国家間戦争から非国家間武力紛争の顕現化現象は（かつての植民地支配崩壊以降の）世界経済構造の急速な変貌に因するものでもある。国際社会を舞台に展開される、工業の進展、情報・通信・交通手段の発展、貿易の相互依存の進化、投資経済時代の登場という特徴を伴った(59)「根底的な構造変貌(60)」は、個別国家に代表される「私」的組織と捉られる国家と「私」的組織と捉えられる国家の間の戦争や紛争を解決すべく国際刑事裁判「機関」を創出させ、「国際法」から国際「刑法」へと法を分かって、必要的に「法の進化」を促すこととなったのである。すなわち、前世紀における（不文法たる）慣習法処罰から（今世紀初頭、成文法たるローマ規程を）「明文化」させ、共存社会における刑罰権を確立してきた。前世紀から今世紀に亘る（人間共存に関する）法の変遷の中で慣習法処罰から生じた、すなわち罪刑法定主義を巡って紛糾してきた（前世紀中期（におけるニュルンベルク・極東国際軍事裁判で残された））未解決の問題を克服すべく、成文法たる国際刑法の中に罪刑法定主義の明文規定を置いて自らの刑罰論を確立したといえよう。

(2) 核を含む兵器の使用責任と保有責任

右に示した刑罰論は、今世紀初頭における刑罰観に拠るものである。時代の流れとともに、また社会経済構造の変化とともに、国際刑法も変容を求められ、したがって刑罰論もまた変容していくであろう。さらには、責任論の変容も展望される。

「刑事責任から最も遠ざかるのは、鉱業法、原子力損害の賠償に関する法律」(61)における無過失責任、すなわち危険物の保有者であるという状態の中に責任の根拠が求められる(62)ことが、（関係の個別条約や個別国家の国内法ではなく）国際刑法上明示されるようになれば、共存社会に住む「人」はさらに安全に暮らせるようになるであろう、という責任論の展望が開ける。国際刑法では、その実効は、「遠い」のかもしれない。しかし、核・原子力の使用に関しては、我が国において甚大な被害を伴った深刻な事故が起きており、また近隣国からの核兵器搭載可能なミサイルによる攻撃の危険性について、危機感をもって取り組むべき重大な事態が生じている。

個人責任の概念に、集団・組織を採り込むことは、国際共存社会における刑事裁判「機関」創設にあたり、フランスから提案されてきたものの、結果的にはローマ会議では「否」とされた(63)。しかし、共存社会における刑事裁判「機関」の分化ないし分岐現象が表出されたアフリカ司法人権裁判所国際刑事法部の創設構想に関する規程においては、その主体に集団・組織＝企業責任が採り入れられている。これは、責任の発展といえる。「人」の保護を目指した大いなる展開である。

時代の変遷とともに、遠くない時期に、核兵器保有「状態の中」に指導者責任にかかる「危殆責任」が認められることを、また今日、核兵器を製造する集団・組織という企業責任について、さらなる展開を期するものである。刑法原則も、社会経済構造の変貌の中に変容を伴って、従来「刑事責任と原理的に異なるもの」とされていた責任論も――「人」の保護を目指して――次第に「核を含む（平時に使用され得る）兵器の使用」（に関する首謀者責任が追及されるという）が列挙犯罪として挙げられるべきである。さらに、これらを保有することの（大量破壊兵器の新創出を首謀した個人の刑事責任追及に関する）「危険責任」が検討されるべきである。

戦争法が辿った公法化への道を、核を含む兵器使用・保有に関する法も同様に歩む必要があろう。個別国家ではなく、国際社会に共存する、また共存すべき「人」を保護する社会刑罰論を基礎としコア・クライムに関する責任論を展望すれば、核を含む兵器の創出および使用に関する首謀者責任に加えて、企業責任概念が採り入れられる必要があろう。今世紀国際刑法＝ローマ規定第二五条は、管轄権の対象を自然人に限定している。しかし、同規程の草案においては、フランスから法人・組織に対する企業の刑事責任追及案が提起されていた。現在においても、人権侵害の実態に着目すれば、これを容れようとする見解が多くある(64)。すなわち、今世紀国際刑法における刑罰論および責任論は、これまでの近代「国家」刑法とは異なる概念をもって従来とは異なる観点から国際社会に共存する（べき）「人」を保護する必要があると考える。長い時間をかけながらも、しかしながら長い時間をかけてはいけない――その遑なき――問題として緊迫性を有する、まさに重い課題であると考える。

共存社会においては、部族法から国家法へ、慣習法を含む不文法から成文法へ、犯罪法から刑罰法へ、刑罰法から保護法へと遷り変わるであろう中で、その刑罰論も変容するのである。部族法から国家法へと変移してきた法の形態はさらに変容し、国家法のみならず国際共存社会法を求めているように思われる。国際社会における「人」間の共存のための保護を目的とした保護法である。

そして、その中の刑法における責任においては、近代以前の集団責任論から近代国家の成立以降採られた個人責任観へ、個人責任論から——多くの法学者からは容れられず、またローマ会議でも「否」とされたものの、アフリカ司法人権裁判所国際刑事法部創設構想に関する新規程において採られた——（企業・組織責任を含む）「個人および企業・組織」責任論へと変遷していく様相を国際刑法の中に視ることができる。伊東研祐の環境に対する保護について「近代刑法原理にとどまっていると環境刑法は説明できない」(65)という言説は、国際刑法理論の構築にあたって示唆に富む。

五　「人」の可能性

我が国の国際法学の消極的展開を出発点として国際共存社会における刑事裁判「機関」創出に関する各種問題点を、諸々述べてきた。「機関」に対し、積極的評価が加えられないのは、機関が有する本来的権能の限界のみならず、「今世紀国際刑法＝共存社会機関」に対する姿勢や取り組みなど——恒藤恭も指摘する研究「態度と方法」(66)が最も重要な問題として存在しているであろう、という問題意識を基礎にして論を進めてきた。また、第一篇本章第一節二項に明らかにしてきたように、国際刑法に対する、国際法学からの前世紀から今世紀にかかる、ほぼ同一線上にある国際刑事裁判「機関」に対する消極的な評価について根源的な要因はどこにあるのか。我が国の国際法研究に関わる研究者の見解は、今後の国際刑法の展開の方向と一致するのであろうか、あるいは何らかの展望を見出すことができるのであろうか、という問題意識を有しつつ論じてきた。

一連の考察を踏まえれば、多くの論者が今世紀国際刑法における刑罰論に、伝統的国家論から導かれる刑罰権国家独占原則を、「刑罰権への謙抑や危惧なく、すなわち刑法の本質論を論じることのないまま、無意識に採用している」ように思われる。国際刑法における刑罰権の行使を基礎づけるものは、「あくまでも国家刑罰権によることが基本であり」[67]当然のことながら合意原則である。その前提のもとにその例外として「国際」刑罰権の発動を認め得るという伝統的思考のもとにおいては、法の発展や分化は認められない。共存社会における刑事裁判「機関」が実際に運用されている今世紀においてもなお、国際法の主体は国家であり、国家の従属——同意——のもとに個人責任を認めるという伝統的国家中心主義から導かれる刑罰権国家独占原則に拠っているためと思われる。すなわち、国際刑法に関しては（各個別の解釈・適用の可能性について、非国際的武力紛争という構成を採るものの）マクロ的構造においては、潜在的に「国家を軸とする国際刑法」を主張していると考える。

このような観点からは、国際法学および刑法学研究者を含む法学者から一般に指摘される「国際社会には国内法と同様の組織性を有する機関が存在しないために、すなわち①国内法のような立法・行政機関が不存在のため、②実効力もなく執行力を有するものではなく、③また法に不備がある、④したがって、国家の同意および国内法にかかる履行整備がなければ国際刑法は起動しない」という指摘が加えられる。要するに、法の実効面に着目し、国家組織の媒介を必要とする主張である。ゆえに最終的には、国際法の履行にあたっては国家法を媒介させる必要があるため国際刑法は結局のところ実効性を有するものではない。（本章の冒頭に示した）諸論が指摘するように「国家の力を借りなければ起動しない国際刑法」という把捉がなされているのである。そして、さらにこれに加え、主権絶対性の壁は低くなってきたものの、現実性を考えればやはり「国家」同意のもとに、すなわち合意原則のもとに共存社会における刑事裁判「機関」は実効力を伴うことになる、という考えであると思われる。

しかしながら、もしもそうだとするならば、国際刑法は「法」たり得るのであろうか。このような考え方に従えば、国際刑法は「合意」と位置づけられるものと考える。はたして、「物理的強制力」を伴う国際刑法は、「法」ではなく「合意」なのであろうか。仮に同意や合意によってはじめて起動する刑法という把握を採るならば、刑法は、国際刑罰「合意」と位置づけられよう。本書に拠れば、「私」的集団ないし組織である国家を構成する「人」

間の共存のために創設された「機関」に過度の制限を課する国家合意によって法の起動性が委ねられる法は、未だ「刑法」たり得ず、ここに法の分化は視られない。

国際社会は、「国家」という組織の介在によって法となる「法」の画定化を求めたのであろうか。勿論、右の見解に拠る立場も多くある。しかしながら、このような通説に拠るならば、ローマ規定第一三条(b)を理論的に説明することはできない。ここに、国際社会での共存を求めた「人」は、国家や国際刑法自体を起動させる「機関」によって「法」となる「法」を求めたのではない。換言すれば、共存社会における刑事裁判「機関」の正当性は、国際社会の要罰意思に拠るという原初を確認する必要があろう。「国家」の本質については、諸種の考え方があるが政治的統治といわれる。他方で、共存社会における国際刑法の本質を保護、すなわち国際社会に生存する「人」の共存欲求を認める保護契機に求めるならば、この法を個別国家による条件的介在やこれによって起動可能となる共存社会の刑事制裁組織たる「機関」に拠るべき法に限定することは、適切ではないと考える。

立論の中軸にあくまでも国家を措定し、国内法との比較において実効性の欠如ないし法の不備を主張する見解の基底には、国家の最高主権があり、「その延長ないし比較」としての国際共存社会という構図を潜在的に採っているように思われる。したがって、国際社会には（国内法に存在する）組織機関の不存在ゆえに、国際刑法は国内法と同様の執行力は持ち得ないという把捉である。これに拠れば、諸考察の展開は必然的に「法の不備や（執行ないし履行上の諸問題を含む）実効性の欠如」を強調し、これに帰結する、という立論の流れになるのである。

しかし、右のような考え方に立つことは、整合性を持ち得ないと考える。なぜなら、繰り返し述べるように国際刑法に求められた「法」は、国家を含む国際共存社会の要罰意識――「人」を含む共存社会自体を保護の客体と捉える――として実効されるためである。

新藤榮一の指摘する「多くの人々はそれを、変わることない近代の論理の中で考えているのではあるまいか。国家対国家の戦争が〝常態〟である」[68]という潜在が思考の中に既に刷り込まれているように思われる。今世紀国際刑法を論じるにあたり、伝統的国家論に基づく伝統的国際法をもって合意原則という絶対的原則に縛られれば、「人」の可能性を視ることはできない。また、これにのみ拠れば、次世紀国際刑法における刑罰論を展望することは困難となろう。

国際刑事裁判「機関」の権能に着目し、機関の限界や非力性ないし現状を指摘強調することから踏み出して、国際共存社会において「機関」創出が求められたのはなぜか、という――恒藤の言を借りれば「国際法の本質の問題の考察」[69]――根源に迫る必要があると思われる。法は、社会・経済構造の変移や時代とともに変容することを本質とするものであるから、固定的法観念から導き出される既定原則による解釈のみならず、今世紀の諸法の中で、動態的に考慮されなければならない。

このような意味から、現今においては、「国家」刑罰権を基礎として、「国家」同意を前提とする補完性原則が採られるものの、国際刑法の形態は、ハーグに開所された刑事裁判「機関」のみではない。旧ユーゴスラヴィア・ルワンダ国際刑事裁判所やアフリカ司法人権裁判所国際刑事法部創出構想への企図の例をみるまでもなく、今後は多様な形態および多種の責任主義を採りながら、国際刑法は「人」を保護する法として機能するであろう。

国際刑法によって、保護の客体となり、また究極的にはその目的たる保護法益の享受主体が被疑者・被告人を含む共存社会に共存するまたは共存すべき「人」であるという把捉によれば、「人」は、生まれた事実をもって既に「公益を受ける主体」[70]であるといい得ると考える。自らの国を失って他国へ移住するためにボートに横たわる「親子」も、アマゾンの中に生息する先住「民」も、ウォール街で活動する経済「人」も、国際連合または各国政府関係「者」も、公法、とりわけ本章に論じてきた国際刑法のもとに等しく守られるべき「人」、すなわち（自覚または無自覚なままの）「公益の享有主体」なのではなかろうか。

（1）大沼保昭「人権は主権を超えるか」『国際化と人権』国際書院（一九九四）二八頁。
（2）大沼保昭『人権、国家、文明――普遍主義的人権観から文際的人権観へ』筑摩書房（一九九九）一〇三頁。
（3）坂本一也「国際犯罪に関する序論的考察――国際刑事裁判所の対象犯罪の分析から――」九州国際大学法学論集第六巻三号（二〇〇〇・三）二七―六五頁、特に五〇頁。
（4）藤田久一「国際刑事裁判所構想の展開――ＩＣＣ規程の位置づけ」國際法外交雑誌第九八巻第五号（一九九九・一二）三一―六二頁、特に六一頁。
（5）新井京「国際刑事裁判所における規程非締約国の取扱い」世界法年報第二八号（二〇〇九・三）七七―一〇八頁、特に九七頁。
（6）新井・前掲注（5）九八頁。
（7）古谷修一「国際法上の個人責任の拡大とその意義――国家責任法との関係を中心として――」世界法年報第二一号（二〇〇二・二）八二―一〇九頁、特に一〇二頁。
（8）古谷・前掲注（7）一〇二頁。
（9）洪恵子「グローバリゼーションと刑事司法――補完性の原則から見た国際刑事裁判所（ＩＣＣ）の意義と限界」世界法年報第二四号（二〇〇五・三）一〇九―一三九頁、特に一三〇頁。
（10）洪・前掲注（9）一三一頁。
（11）洪・前掲注（9）一三二頁。
（12）国際社会における今日的現象と公法・私法の再編を考える文献として、さしあたり浅野有紀・原田大樹・藤谷武史・横溝大編『グローバル化と公法・私法関係の再編』弘文堂（二〇一五）、横溝大「抵触法と国際法との関係に関する新たな動向――抵触法と国際法との合流について」法律時報第八五巻一一号（二〇一三・一〇）二六―三一頁、同「グローバル化時代の抵触法」社會科學研究第六五巻二号（二〇一四・三）一二九―一四二頁、同「抵触法の対象となる『法』に関する若干の考察――序説的検討」筑波ロー・ジャーナル第六号（二〇〇九・九）三―三〇頁他。また、グローバル化という現象が急激に進む中で、近代公法学が前提としてきた「国家」と公共政策に生じる変容に関し、現状追認ではなく公法学固有の理論が求められることを説く論考として、原田大樹「政策実現過程のグローバル化と公法理論」新世代法政策学研究第一八巻（二〇一二・一一）二四一―二六六頁。なお、同様の問題意識からグローバル化と公法学を取り上げる文献として、松本和彦『日独公法学の挑戦――グローバル化社会の公法』日本評論社（二〇一四）他。
（13）Michael Cardozo,〔Academic Workshop〕: Should We Continue to Distinguish between Public and Private International

Law : Remarks, Proceedings of the Annual Meeting American Society of International Law, p. 352ff, 1985.

(14) op. cit. p. 353, Mark W. Janis, "While it makes sense to distinguish legal rules as municipal, i. e., single state, or international, i.e., multistate, in their origin or sources, it makes no sense to divide international law into private and public parts."

(15) 山本草二『国際法〔新版〕』有斐閣（一九九八）一―三頁他。

(16) 西原春夫『刑法の根底にあるもの 増補版』成文堂（二〇〇三）。

(17) 本章は、これに関する考察を目的とするものではないため、以下で両者の区別にかかる概観を示すにとどめたい。

(18) 西原・後掲注（19）「民事責任と刑事責任」二五頁以下。

(19) この区別については、西原春夫「民事責任と刑事責任」有泉亨編『現代損害賠償法講座 1 総論』日本評論社（一九七六）二五―五四頁、特に二六―二九頁、三二頁ほかに拠る。なお、本章は、民事責任についての検討ではないため、これに関する詳述はしない。

(20) 西原・前掲注（19）「民事責任と刑事責任」二八頁。

(21) 西原・前掲注（19）二八頁。

(22) 牧野英一『刑事學の新思潮と新刑法』警眼社（一九〇九）一五五―一六六頁、二〇二頁。

(23) 西原・前掲注（19）二八頁。

(24) 西原・前掲注（19）二九頁。

(25) 酒井安行「なぜひとは悪いことをすると罰せられるのか」法学セミナー第四二四号（一九九〇・四）三六―三八頁、特に三七頁。

(26) 西原・前掲注（19）三二頁。

(27) 西原・前掲注（19）三二頁。

(28) 宮沢俊義『公法の原理』有斐閣（一九六七）二二頁。

(29) 安藤泰子「刑罰権の淵源（二）――保護法としての国際刑法――」青山法学論集第五九巻一号（二〇一七・六）五二―一五二頁。

(30) 田中二郎『公法と私法』有斐閣（一九六六）一四頁。

(31) 安藤・前掲注（29）「刑罰権の淵源（二）」五一―一五二頁。

(32) 安藤泰子「刑罰権の淵源（一）――法の分化――」青山法学論集第五八巻四号（二〇一七・三）一―九七頁。

(33)　本章では、核兵器についての詳述を避けるが、人類の生存そのものを脅かす核兵器の使用については、今世紀国際刑法の中核犯罪として扱われるべき問題であると思われる。本書は、全人類を滅ぼして余りある核兵器そのものの違法化、軍縮への実現は、極めて重大な問題であると考える。

(34)　核兵器の威嚇・使用の国際法上の合法・違法を巡る問題について、一九九六年七月八日の国際司法裁判所の勧告的意見は、「核兵器の威嚇・使用は、武力紛争に適用される国際法の諸原則、特に人道法の原則及び規則に一般的に違反するとしつつ、国家の存亡自体のかかった自衛の極端な事情のもとで、合法か違法かを直接結論することはできない」との判断を示している。

(35)　ローマ外交会議における核兵器の使用に関する各国の見解については、安藤泰子『国際刑事裁判所の理念』成文堂（二〇〇二）一七四頁以下。

(36)　Mahonoush H. Arsanjani, The Rome Statute of the International Criminal Court, AJIL, Vol. 93, No. 1, 1999, pp. 22-43, esp. p. 30ff.

(37)　Press Release L/ROM/22

(38)　Press Release L/2889

(39)　当該問題は兵器の定義を抽象的に述べるにとどまるか、具体的に兵器を列挙するか、列挙するとした場合、限定列挙か例示列挙とするかという問題であった。具体的には「過度の傷害又は不必要な苦痛を与える以下の兵器を対象とする」とし、「毒又は毒を施した兵器、窒息性・毒性ガス、いわゆるダムダム弾、生物兵器及び化学兵器禁止条約で定義される化学兵器（の五種類の兵器）および国際法により包括的使用禁止対象となる他の兵器」の六種類を対象とする案で妥協する方針が示された。この点に関しては、五大国を含む他の諸国が罪刑法定主義の観点から限定列挙を主張し、その結果「過度の傷害若しくは不必要な苦痛を与える兵器又は本質的に無差別的効果を有する兵器であって、国際法による包括的使用禁止の対象となりかつ改正手続によって付加されるもの」という文言で妥協点を見出している。

(40)　核兵器出現への対応や地球環境保護の必要性については、本章の考察の目的とするところではない。しかし、これら保護を要する価値を前提とする国際社会における共通法益概念は、極めて抽象的かつ多義的であることが指摘されなければならない。他方で、共通法益概念が個別国家の利害と直接に対峙する場面が生じていることは疑いを得ない。すなわち、個々の国家間の利害関係の調整の度合いが今日の様に緊密化すると、個別国家の利益確保の次元を超えた国際社会全体の視点から要請される共通利益の確保が容赦なく求められる。その端的な現れが、地球環境の問題であるといえよう。国際社会には、個々の国家に上位する権力機構は存在しないが、個別国家の利害とは異なる「公」益＝国際共存社会全体としての公益概念が存在することが汎く認められるに至ったと考えられる。
(41) 濱本正太郎「グローバル化と法の変容――グローバル化による法学研究の変容と学問共同体の課題（一一）グローバル化社会と国際法」法律時報第八八巻一三号（二〇一六・一二）二四二―二四七頁、特に二四七頁。
(42) 濱本・前掲注（41）二四七頁。
(43) Human Right Watch 二〇一六年一〇月二三日付「南アフリカ共和国――ICC脱退は被害者に対する裏切り行為」については、https://www.hrw.org/ja/news/2016/10/24/295770（最終アクセス二〇一八・四・一）その他、同二〇一六年一〇月二三日付 https://www.hrw.org/ja/africa/burundi（最終アクセス二〇一八・四・一）
(44) 岡田泉「国際刑事裁判所の管轄権」國際法外交雑誌第九八巻第五号（一九九九・一二）六三―九八頁、特に七六―七七頁。他方で、岡田はこれに続けて、補完性原則が国家主権の尊重する体制に寄与することから、本規程への採択という点ではその効果が期待されることを指摘している。
(45) Perrottet Tony, The Trials of Justice : United Nations' International Criminal Tribunal for Rwanda, World Press Review, 26 April 1997.
(46) この点に関しては、稲角光恵「アフリカ連合（AU）のアフリカ国際刑事裁判所の概要と特徴」金沢法学第五九巻一号（二〇一六・七）一―二五頁。
(47) ローマ規程における四つの犯罪、すなわちジェノサイド、人道に対する犯罪、戦争犯罪、侵略犯罪のほかに、違憲的政府転覆罪、海賊、テロ、傭兵、贈収賄罪、資金洗浄罪、人身売買、麻薬密輸取引、危険廃棄物取引、天然資源の不法開発など、全一四の列挙犯罪を置く。
(48) 稲角・前掲注（46）一〇―一一頁、特に註（19）。
(49) この点については、安藤・前掲注（35）『国際刑事裁判所の理念』一七五、二二三頁、安藤泰子『個人責任と国家責任』成文堂（二〇一二）八三頁以下。
(50) 稲角・前掲注（46）五―八頁。
(51) 安藤・前掲注（32）「刑罰権の淵源（一）」、安藤・前掲注（29）「刑罰権の淵源（二）」。
(52) 西原・前掲注（19）「民事責任と刑事責任」二七頁。
(53) 西原・前掲注（19）二七頁。
(54) 西原・前掲注（19）二七頁。

(55) 飛澤謙一「フランスにおける社会法の概念——その学説史的変遷」法律時報第三〇巻四号（一九五八・四）三八—四三頁、特に三九頁。
(56) 飛澤・前掲注(55)三九頁。
(57) 飛澤・前掲注(55)三九頁。
(58) 安藤・前掲注(49)『個人責任と国家責任』一九三頁以下。
(59) 新藤榮一「二一世紀世界の戦争と平和——アメリカの外交・軍事戦略を解剖する（上）」軍事問題資料第二四四号（二〇〇一・一二）八—一四頁、特に八—一〇頁。
(60) 新藤・前掲注(59)八頁。
(61) 西原・前掲注(19)五〇頁。
(62) 西原・前掲注(19)五〇頁。
(63) この経緯については、安藤・前掲注(35)『国際刑事裁判所の理念』一四〇頁。
(64) 稲角光恵「人権侵害及び国際犯罪に関わる国際法上の企業の責任」名古屋大學法政論集第二四五号（二〇一二・八）五六一—五八三頁、特に五七三頁。
(65) 伊東研祐「［報告2］環境保護における刑法の機能と視座——近代刑法原理を超えて」北大法学論集第五六巻三号（二〇〇五・九）二五三—二六五頁、特に二五三頁。なお、環境刑法については、同『環境刑法研究序説』成文堂（二〇〇三）、山中敬一「ドイツ環境刑法における解釈論上の諸問題」刑法雑誌第三二巻第二号（一九九二・三）一九三—二一四頁他。
(66) 恒藤恭『法の基本問題』岩波書店（一九三六）二一六頁。
(67) 髙山佳奈子「国際刑事裁判権（二）・完」法學論叢第一五四巻二号（二〇〇三・一一）二三—六〇頁、特に四七頁。
(68) 新藤・前掲注(59)八頁。
(69) 恒藤・前掲注(66)二一五頁。
(70) 本章に指す主体とは、汎く公法の法益を享受し得る者を指す。

第九章　国家が負う義務

第一節　国家が負う義務

一　刑事手続の国家化

国家刑罰権概念のもとに個「人」が科刑の俎上に載ったのは、近代国家成立以降のことである。第一篇第七章第一節三項以下で論じたように、近代以前、とりわけ現在でいうドイツ地域を中心としていえば中世期（四世紀）以前においては、近代以降にいう国家刑罰権の行使をもって個人に刑罰権を行使するという概念はなかった。そこでは集団生活が営まれ、加害者に対する被害者〔側〕の報復は、被害者〔側〕によってなされる復讐やフェーデという形態が採られていた。「私法」と「公法」、「民法」と「刑法」という概念もない中では、これらの区別はなされていない。未成熟な社会においては、いうまでもなく（現在のような国家による）物理的強制力という刑罰権概念は採られるには至らなかった。このような集団責任観に分化が認められ、次第に刑事責任概念が醸成されて個人責任へと変遷してきたのは、近代に至って国民国家（的）組織が形成された以降である。[1]

かつて、恣意的に行われていた被害者〔側〕の復讐やフェーデは、社会秩序の確立に伴いこれを乱すものとして、漸次統制されていくようになる。これが「復讐の秩序化」[2]といわれるものである。このような秩序維持を重んじ始めた社会では、次第にフェーデも制限され、侵害に対し私人による復讐や回復は消滅していくことになった。替わって秩序の維持を担うことになったのは、国家である。「国家」の成立によって、刑事と民事の理論的基準の確立とそれに基づく区別がなされた。無論、イギリスにおいてみられるように、公法・私法の区別は刑事・民事の区別と同じではなく、公法・私法の区別は制度的なもので、理論的なものではない。

民事と刑事または私法と公法の分化に関する史的変遷を辿れば、国家の組織化に伴い、復讐に替わる「公」刑罰として発展してきたのである。刑罰権の確立とともに、次第に復讐は制限されるに至った。だが、国家権力を有する支配者側は、「何を犯罪とし、何を刑罰として、如何なる方法をもって刑を科すのか」という点について、自ら決定していくことになるのである。このような観点からも、刑罰権は国家権力の担い手である支配者から自由たり得ず、「国家権力の階級制の側面を無視することはできない(3)」といわれる。すなわち、「国家刑罰権には歴史的時代的制約があり、支配階級の利益(4)」が既に織り込まれているという点は、右のように説明されるのである。

加藤久雄は、「刑罰権が『国家』に独占されるということを前提にすれば、『刑罰』の目的は、『正義』および『社会の秩序』を回復し、維持することにある、とする認識は、現代のどの『刑罰論』によるにしてもほぼ共通のものであるとえいえよう。しかし、現代の『刑罰論』ではこうした（中略）目的の実現は、『刑』を定め、『刑』を宣告し、『刑』を執行する役割を担っている『国家』の利益（中略）に他ならない(5)」と指摘する。これをより根源的な問題として突き詰めていけば、多くの論者の主張、すなわち刑罰権「国家」独占原則に基づいた場合であっても、「国家」も「社会」も「人」から成立していること、そしてこれが考察の原点とならざるを得ないことに気づくであろう。すなわち、「国家」や「社会」を構成するのは本質的に自然人であり、「人」をおいて成立するわけではない。いずれも自然「人」によって担われる以外の方法を有しない機関組織であるとの観点からは、それは当然の理というべきである。

社会の秩序維持に対する侵害行為の評価は、権力機（構）関としての「国家」にあっては、法も「私法」と「公法」とに分化し、これに呼応するように刑事司法手続も「国家」へと集約されるようになる。旧来、国家ではない「私」人によって賄われてきた被害者側の損害回復について、近代国家のもとでは国家が被害の回復をはかり、社会秩序の維持に努める目的において「刑事手続の国家化」が図られることになる。右のような過程において、刑罰権国家独占原則は、国家の司法作用に導入されることとなった。そして、第一篇第三章第一節三項及び同篇第四章第一節他で論じたように刑罰権国家独占原則のもとで犯罪の嫌疑が生じた場合、国家「機関」は公正かつ適正にその実体的真実を追求するための義務を負う、という義務論が導かれることになる。

大陸法系のフランスやドイツにおいては、一定の比較的軽微な犯罪については、私訴犯罪として私（人起）訴制度が残されている。(6) それは、私訴制度が主に、①刑事訴追における機関の負担軽減と、②被害者による積極的訴訟活動を通じた被害者自身の権利獲得という利益に適うものであるためといわれる。(7) よって、秩序を侵害のうち重大な犯罪の場合、私訴を許さない。すなわち公訴にかかる、ということである。

右のように、近代国家成立以前の「社会」にあっては、復讐「義務」時代といわれるように復讐が行われていたが、社会構造の発展とともに復讐制限時代を経て、復讐禁止時代、すなわち「私」刑＝復讐は、「公」＝刑という形態に発展していくのである。ここに、「私」刑から「公」刑罰へと遷り変わる過渡期を見出すことができる。かつて採られていた復讐においても、義務者が決定されていた。(8) すなわち、重要視されたひとつの要素は血の濃さである。血族、氏族、部族へと義務観は希薄化されるのである。

刑罰権を有する国家に向けられる、被害者の回復（復讐）感情や欲求は、当該行為者＝犯罪者に対し秩序違反として評価されるべきもの、すなわち（刑罰権を有する）国家に対する行為として評価され、国家は当該行為者＝犯罪者に対し、「公」刑罰という形態（実質的には、被害者＝「人」を含む「国家」に向けられた回復〔かつての復讐の刑罰への転化」）をもって刑罰を科す、という説明が加えられる。そして、さらに社会組織が発展すると、旧来は絶対的権力としてみなされていた「国家」さえも、（復讐に替わる）賠償の主体として位置づけられることになるのである。すなわち、刑罰「権」のみならず、刑罰「権」に附帯する刑罰「義務」が認められるようになるのである。このことは、第一篇第四章第一節七項(9)で例に挙げた刑事補償法に関しても同様の説明が可能である。

復讐に替わって国家が刑罰権を独占することは、復讐を禁止するということである。復讐を禁止するためには、国家は訴訟制度とその執行およびその保全について、常時、これを制度的に整備しておかなければならない。すなわち、刑事に関する「訴」がなされた場合、公共の利益を維持し、「訴」に関する権利の確定およびその実現がなされなければならないという国家の「義務」は、このようにして導き出されるのである。

右に示した通り、「公」刑罰の原型を成していた復讐は、歴史の変遷の中にその形態を変容させつつ、その後に現象することとなった刑罰に（被害を回復するという人間の欲求および「人」の共存欲求の）本質を残しているものと考えることができる。ゆえに、刑罰は、もとより人間の本性、すなわち共存欲求から生じるものであると考える。

二　刑罰権の起源――国家と「人」

重要なことは、上田信太郎が指摘する"key word"ないし"magic word,(10)本章に示す「潜在」意識ないし「潜在性」である。すなわち、右に述べてきたように歴史の変遷から明らかなように、刑法は常に国家のもとに置かれ、国家の強い影響のもとに原則・指針が示され解釈がなされてきた。社会の秩序を守るための刑罰権は、刑罰権国家独占をあたかも歴史の常態のごとく、すなわち刑法の基本原則のごとく、さらにいえばア・プリオリに、

(α)国家が犯罪を決定し、

(β)国家がその刑罰権を独占し、

（γ）**国家がその刑罰権を行使する。**

という無意識の潜在が、刑法学者をして刑罰論を論じるにあたり、その思考力を角質化させてしまっており、刑罰の本質への考察には至っていないのである。

この点を、中山研一は、以下のように指摘している。すなわち、「刑罰権論の歴史は、かつては論ぜられた刑罰の正当性をめぐる議論が次第に姿を消し、むしろこれを当然の前提として刑罰の性格と内容を論ずるという方向に動いてきており、戦後の転換も本質上これをあらためるにはいたらなかった(11)」と記している。

その例外として、加藤久雄と只木誠を挙げてみる。加藤は、「刑罰権が『国家』に独占されているということを前提に(12)」

（α）**国家が刑を定め、**

（β）**国家が刑を宣告し、**

（γ）**国家が刑を執行する。**

という「潜在的な」思考によって刑罰論が展開されているのではなかろうかと指摘する。

こうした無自覚の潜在を、只木は「従来は国家と個人という関係図式の中で(13)」刑罰権が説明され、刑罰権国家独占原則を前提に「犯罪者が負うのは、国家という抽象的な存在に対しての責任という形で捉えられてき(14)」たと指摘する。

只木によれば、現在、犯罪現象は右に示した指摘——従来の「国家と個人という関係図式」のみ——では説明されない考え方が台頭してきたという。かつて等閑視されてきた、①被害者が司法の主体として理解されることになってきたこと、また「社会」に生起した犯罪現象に注目すれば、コミュニティーの存在も忘れてはならない。すなわち「コミュニティーもまた同様にその本来の姿を回復することができる(15)」という捉え方が受容されていることを只木は指摘している。これは、権力関係を「国家」と個人とによってのみ把捉してきた考え方から、次第に、「国家――権力――被告人」という把捉から脱し、現在においては、「国家――権力――被告人」に加え、被害者を含むコミュニティーも司法の主体として、これが捉えられるべきであるということを示すものと考える。すなわち、「国家――権力――被告人――被害者――コミュニティー」という図式が考えられ得る、ということを示すものであると考える。

今世紀国際刑法（＝ローマ規程）は、第七五条で「裁判所は、被害者に対する又は被害者に係る賠償（原状回復、補償及びリハビリテーションの提供を含む）に関する原則を確立する（以下、略）」という被害者賠償請求に関する直接的規定を置いており、修復的司法という考え方を容れている。このことは、第一篇第一〇章の終章でも触れるが、刑罰権の実効性について、「国家」のみを基軸とした把捉ではなく、国際刑事司法における「人」、すなわち個「人」に着目するものであると考える。刑法学上の観点からは、刑罰権を行使する「国家」のみならず、被害者と、これに加えて「コミュニティー」にも着目するものである。刑事法学とりわけ犯罪学の主体としての「人」を求め、その基礎に「コミュニティー」を置くという考え方のように思われる。このような視座に立脚し、今後は国際刑法においても「修復的司法と人間像」という視点からの考察が求められるべき、あるいは説明されるべきものと考える。この点で、フランス刑法における刑事法の淵源を従来から説かれてきた国家独占原則ではなく、「国内と欧州の二つの法源を持つことが不可避である[16]」ことを指摘し、欧州連合加盟国の国内および国際的治安のためにこれが求められることを強調するイヴ・ジャンクロの見解は、示唆に富む。

ところが、旧来の刑罰権国家独占主義に基づく刑罰権を基礎とする考え方からは、以下のような主張がなされる。すなわち、「もとより本来は国家権力を背景として行われる刑事裁判をそういった権力基盤のないところで行うＩＣＣの刑事手続[17]」という構造である。このような前世紀からの常態思考に拠って国際刑罰権の行使が基礎づけられ、また行使され得ると捉えるならば、結局のところ、その帰結＝刑罰権行使の結果は当該「役割を担っている『国家』の利益[18]」となってしまう危険があることが指摘されなければならない。このことは、国家における刑罰権の行使に関する変遷――第一篇第五章第一節四項以下で論じた小野清一郎の「刑罰の惨酷と専斷」的ないし専断的行使――が、国家刑罰権自体を内包する危険性について明らかにするものである。この危惧は、権力を有するいずれの国家にも共通するものであり、我が国では、かつての治安維持法にそれを視ることができる。

「刑罰に関する史的変遷」についての実証的な考察を踏まえれば、刑罰権は、本篇第七章で論じた如く[19]、①「国家」のみが有するものではなかった。また②仮に、社会構造の変化とともに刑法が変容せず、したがって刑罰観も変移しない――如何なる時代・状況のもとでも常時国家が刑罰権を独占しこれを行使した――と「仮定」した場合であっても、それは「国家」から刑罰権行使「機関」に付与ないし与えられた権限ではない。刑罰権は、国家から刑罰権行使を担当する「司法権」に与えられた、ないし付与された性質の権限ではなく、一連の論を通して検証の上に指摘した通り、発生史上は「人」に由来した権利である。それは、端緒ないし発生史上からは被害者（側）という「人」が有していた復讐の権利であった。（そして、それは以下に示す通り権利にとどまらず、さらに被害者側の「義務」でさえあった）それゆえ、③刑罰権行使を決定する「機関」においては、（具体的な事態の解決を通して「人」の保護を図り、もって共存社会秩序を維持するため、〔いうまでもなく、考え方によっては、共存社会の秩序維持をもって「人」の保護を図るという考えもあろう。ただ、今世紀初頭においては、前者と考える。〕）それを適正かつ公正に行使する「義務」を負うのである。したがって、④刑罰権は、必ずしも「国家」のみを前提にするわけではない。

繰り返し述べるように、原始共生社会の共同体においては、被害者（側）が行使するものとして復讐は観念され、共生社会が発展するとともに、この復讐は、復讐「義務」でもあると観念された。復讐することは名誉あることとして賞賛され、むしろ「義務」と捉えられたのである。これが、さらに社会の展開に伴い、復讐は公共の秩序を乱すものと看做され、許可制となって、制限されることになる。この復讐という現象に替わって登場するのが、贖罪金である。当初は、復讐を伴った贖罪金の支払いが行われていたが、その後、国家の成立をみて、かつて私的に行われていた――社会の秩序を乱す――復讐は、次第に消滅することとなっていく。統治権限を独占する国家は、この贖罪金の一部を「保護の対価」（＝罰金）として納めさせることとなる。このような――「私」刑から「公」刑罰への変遷の――中で、刑法は発展していくことになるのである。

上述の形成過程を踏んで、国家の基盤がより強固になるにしたがい、刑法と「国家」との関連性は密接なものとなっていく。原始的な未開[20]の社会においては、現在でいえば、刑法上、評価の対象とされる犯罪の実行「行為」は、「神」に対する侵害＝（罪）としてその悪行性が問われた。それが、宗教色の希薄化の中に、これに替わって「国家」に対する重要性が増していくこととなる。すなわち、国家としての性格が顕著化する――「国家」組織の強化――とともに、国家成立以前に行われた同一行為が、「神に対する侵害（＝罪）」や「宗教に対する侵害（＝罪）」という評価であったのに対し、国家確立以後は「国家」秩序に対する罪として、国家に向けられる侵害＝「国家に対する罪」として認識されるようになるのである。

このように、共生社会において「神」や「宗教」に対する侵害（と評価された）行為は、（国家成立後は）「国家秩序に対する犯罪」とされるようになり、「国家」は贖罪金の納付を要求することになる。こうして罰金は刑罰制度の中に採り込まれ、刑法は刑罰の種類の多様化を獲得していくことになる。加害者〔側〕への被害者〔側〕による復讐を消滅させ、国家は自らを刑罰法定の中心の座に置き、「被疑者・被告『人』」と「国家」という構造を、国家刑法の中に確立させていくのである。重ねていえば、統治権独占を基礎として、

（α）国家が犯罪を決定し、

（β）国家がその刑罰権を独占し、

（γ）国家がその刑罰権を行使する。

という構図をもって、近代刑法は「犯罪とは何か」という問いを起点に、犯罪構成要件へと考察を加える理論刑法学の沿革を——近代「国家」成立以降——辿ることになった。(21) このような変遷をみて、国家（に集約されることになった「人」の復讐権は）刑罰権はその行使にあたり、それに先立つ公訴の提起が前提とされる。

しかしながら、「公」益を守るために公訴の提起がなされる、という「公」にかかる、いわば術語はその端緒となるべき「公」益に指す「公」において、既に漠然性・不明確性を有するものであり、私訴と公訴とを分ける重要な基準でありながら、公益の有無ないし存否の判断について——公訴の提起権限——検察官である「国家」自身の手中にある、ということが明かされる。(22)

本節は、国際刑法における刑罰権について、その基礎となるべき社会公訴権が発見されるべき必要性を主張するものである。加えて、「国家」刑罰「権」が行使「されない」場合に「限って」、国際刑罰権の発動は例外的に認められるという幾重にも制約的な要件論の中に隠された（刑罰「権」に付帯されている）「義務」を検知し、これによって「義務」論を論理的に導出するものである。

三　主権の相対性と「機関」創設

君主制のもとではその有する絶対的権力＝主権は、既述した通り（原初形態において）文字通り君主が有していた。しかし、この主権の（帰属性に関する）絶対性は、永劫絶対的であったわけではないことが歴史上明らかになる。主権（の帰属）は、時代と社会構造の変移に伴い、変容してきた。そしてまた、変移していくものであると考える。主権もまた、社会構造の変化や「学」の発展に伴って変遷する動的概念であることは歴史的事実である。

古代社会においては、宗教や信仰が支配の起源となっていた。支配の正当性は、神権に由来するものとされた。

自然を含む万物は神のもとにおかれた。古代宗教および支配は神から授けられたものであった。したがって、教会は神から授かる支配力を有した。ところが、王政時代に入ると教会に対し国王の力を誇示すべく、王は自らが神より授かった神権に基づき統治をなす者である（という王権神授説）を唱え強調した。すなわち、自らを神聖化したのである。国王は、権力の淵源を神に求めた。

しかし、フランス革命を経て、人権宣言がなされると、かつての神権説は国民主権へと変容していくのである。社会の変革は、思想の刷新を促し、これによって主権概念も変容することとなる。(23) ここに、（王政のもとで）絶対と説かれた主権の相対性を視るのである。そして、今世紀初頭において国際共存社会の「機関」創設にあたり（ローマ外交会議では）、多くの国家あるいは代表団の間では、その有する主権、すなわち刑罰権の一部を「機関」に譲渡する、という譲渡説を採ったのである。だが、ローマ規程の中には、主権の譲渡によっては説明し得ない安保理付託や新効果規定を認めることになった。ここにも「国家」主権の相対性を視ることができる。

国家主権の相対性は、いわゆる人道的介入のほか、国籍離脱の自由などによって説明し得る。現在、多くの国家では国籍離脱が保障されている。国民に国家を離脱する自由が保障されているということは、当該国家に国籍を置き続けることを国家は国民に対し絶対化しないということである。ここに主権の相対性を視ることができる。国家主権の不可分・不可譲・不可侵性の相対性——伝統的国家主権概念からこれとは異なる国家主権概念へと遷り変わるひとつの現象ないし過程——を視るのである。なお本章においては、国家主権絶対性の側面のすべてが否定されることを主張するものではまったくないことを付言する。

主権の相対性の先験的知見の中で、先覚は、「人」の権利について、その不可分・不可譲・不可侵性を説くこととなったのではなかろうか。「人」の権利の「非」相対性＝絶対性を、瀧川幸辰はビンディングほかの見解を媒介に刑罰義務論を主張したものと考えられる。(24) いずれにしても、刑法学上の刑罰における「義務」論は、右に示したようにして導かれることとなり、当該「義務」の目的は、「人」の権利保障ないし「保護」という目的[25]であったことがより明らかになる。

「人」の（福祉を実現する）権利を保障ないし「保護」するために「国家」があり[26]、国家機関はこの目的に従って行動する「義務」がある。にもかかわらず国家によるコア・クライムの処罰が実行されず、不処罰慣行が形成されてきた。そこで、国家を構成する「人」は、自らの平和的共存のために、国家以外の「機関」をもって、コア・クライムに関する首謀者処罰（＝個人責任の確立）の実行を図るべく「国家」を媒介に国際共存社会に「機関」を創設した。刑事事態（件）の解決を通じて「人」の平和的共存を図ることを最終的な目的とする国際刑事裁判「機関」は、刑罰権行使に関する権限を有する。これはもとより「人」が有していた訴権について、「機関」を創設する手段としての「国家」を媒介に、国際「機関」に付与した（「人」の訴権を起源とする）刑罰「権」であり、共存社会の機関である国際刑事裁判がこの刑罰権を固有に有するものである。「人」の刑罰権を託された、またはこれを実体化させて固より有する「機関」は、国際共存社会の処罰意思を顕現させるものであり、この刑罰「権」を適正にかつ公正に行使する「義務」を負う。

国際刑法の形成・発展の沿革に即して考えると、「国家」機関には期待し得ない法の領域に関し、国家は共存社会における構成員＝「人」の処罰意思を、国家間合意＝条約を媒介にして、国家ではなく国際社会の「機関」にそれを委ねた、託した、譲渡した、委譲した、固有に有する、等々、いずれの立場によっても、（補完性原則を採用すれば、刑罰権は国家のもとにその執行力を確保できるであろうという期待のともに）共存「社会」にその司法判断を委ねたのである。このように解することにより共存社会の「機関」は、独自にその有する刑罰権を行使する、と帰結されるのである。この点、ローマ規程を採択した外交会議以前の創案準備段階から国際社会における刑罰権は、国家からの譲渡によるものではなく、第一篇第一章第三節以下に論じた通り、国際社会が固有に有するものである、という法は、目的をもって生まれてくるものであるから、その目的に沿うまたはその目的の基礎となる本質に立脚した解釈が求められるべきである。

「固有」説も主張されていたことを踏まえる必要がある。[27] [28]

四　国家が負う義務

(1) 国際連合憲章

本節の最後に、国際共存社会に対する国家の「義務」を確認することにする。先ず、国際連合憲章（以下、「憲章」という）が挙げられる。憲章は、これに加盟する「国家」に対し、以下の主要な義務を課している。

憲章は、前文で「われら連合国の人民は、われらの一生のうちに二度まで言語に絶する悲哀を人類に与えた戦争の惨害から将来の世代を救い、基本的人権と人間の尊厳及び価値と男女及び大小各国の同権とに関する信念をあらためて確認し、正義と条約その他の国際法の源泉から生ずる義務の尊重とを維持することができる条件を確立し、（以下、略）」と謳う。そして、第二条二項で「すべての加盟国は、加盟国の地位から生ずる権利及び利益を加盟国のすべてに保障するために、この憲章に従って負っている義務を誠実に履行しなければならない」と定める。第四条では「国際連合における加盟国の地位は、この憲章に掲げる義務を受託し、且つ、この機構によってこの義務を履行する能力及び意思があると認められる他のすべての平和愛好国に開放されている」と定める。

国際刑法との関係では、第二四条が極めて重要である。本条は一項で「国際連合の迅速且つ有効な行動を確保するために、国際連合加盟国は、国際の平和及び安全の維持に関する主要な責任を安全保障理事会に負わせるものとし、且つ、安全保障理事会がこの責任に基く義務を果すに当って加盟国に代って行動することに同意する」と規定し、続いて同条二項で「前記の義務を果すに当たっては、安全保障理事会は、国際連合の目的及び原則に従って行動しなければならない。この義務を果たすために安全保障理事会に与えられる特定の権限は、第六章、第七章、第八章及び第一二章で定める」と規定する。

第二四条は安保理に対し、その「責任」と「義務」とを課している点において注目されるべきである。すなわち、安保理に対し憲章は、国際平和および安全の維持に関する主要な「責任」と、国連の目的および原則に従って行動しなければならない「責任」ないし「責務」を課している。よって、安保理の「権限」は、憲章が課している「責任」ないし「責務」から基礎づけられていることを意味するものと解することができる。また、理事国の「責務」から「権限」が導き出されるとも解し得る。

続いて、第三五条二項には「国際連合加盟国でない国は、自国が当事者である如何なる紛争についても、この憲章に定める平和的解決の義務をこの紛争についてあらかじめ受諾すれば、安全保障理事会又は総会の注意を促すことができる」と定める。また、第九四条では、紛争解決に関する国際司法判断について「事件の一方の当事者が裁判所の与える判決に基いて自国が負う義務を履行しないときは、他方の当事者は、安全保障理事会に訴えることができる。理事会は、必要と認めるときは、判決を執行するために勧告をし、又はとるべき措置を決定することができる」と規定する。そして、第一〇三条では「国際連合加盟国のこの憲章に基く義務と他のいずれかの国際協定に基く義務とが抵触するときは、この憲章に基く義務が優先する」と憲章義務の優先性を定めている。

(2) 国際人道法および国際人権法

国家の当該条約（国際共存社会）に対する「義務」を確認することを目的に、国際人道法および国際人権法の一部を以下に挙げる。

先ず、ジェノサイド条約を挙げることができる。既に指摘したところであるが、本条約は、（二〇一八年四月現在）

一五〇の国家が締約国となっており、汎く国際社会の支持を得ている条約である。すなわち、一五〇か国という国家が相互にジェノサイド行為を禁ずる直接的ないし具体的「義務」を負うことを承認しているということである。締約国は、本条約は、必ずしも加入以前において、その整備を必要的に求めるものではないが、第六条に規定する集団殺害犯罪（ジェノサイド）に関する行為を禁止する国内法整備に関する具体的「義務を負うことになる」。換言すれば、一五〇か国の締約国は、既にジェノサイド行為に関する国内法処罰規定の制定「義務」を負っているのである。これは、本章で論じてきたジェノサイドを含むコア・クライムに対する刑罰義務論を認めていることである、と解することができる。

ローマ規程は、対象犯罪として第五条(a)でジェノサイドを規定している。同規定第六条のジェノサイドに関する定義は、一五〇か国が締約国となっているジェノサイド条約に求められており、ジェノサイド条約にはその第五条に、「締約国は、それぞれ自国の憲法に従って、この条約の規定を実施するために、特に集団殺害又は第三条に列挙する他の行為のいずれかを犯したものに対する有効な刑罰を規定するために、必要な立法を行うことを約束する」という国内立法「義務」規定が置かれている。本条約への加入国は、国内法整備に関する具体的「義務」を負うことを意味するのである。本条約に加入した以上、この「義務」を負う。換言すれば、本条約の締約に当たっては、（加入の前後は問わないものの）必要的に国内法整備が求められるのである。

締約国への直接的な処罰「義務」を定めた国際人道法は、ジェノサイド条約だけではない。拷問等禁止条約においては、第四条一項に「締約国は、拷問に当たるすべての行為を自国の刑法上の犯罪とすることを確保する」と定め、同二項に「締約国は、一（項）の犯罪について、その重大性を考慮した適当な刑罰を科することができるようにする」という義務規定を置く(29)。

さらに、ジュネーヴ第三条約第一二九条においては、一文で「締約国は、次条に定義するこの条約に対する重大な違反行為の一を行い、又は行うことを命じた者に対する有効な刑罰を定めるための必要な立法を行うこととする」と規定し、続く同二文で「各締約国は、前記の重大な違反行為を行い、又は行うことを命じた疑のある者を捜査する義務を負うものとし、また、その者の国籍のいかんを問わず、自国の裁判所に対して公訴を提起しなければならない。(以下、略)」と規定する。また、ジュネーヴ第四条約第一四六条も同旨(但し、違反行為に相違がある点は留意を必要とする)を定めている。

そして、人種差別撤廃条約では、第二条一項で「締約国は、人種差別を非難し、また、あらゆる形態の人種差別を撤廃する政策及びあらゆる人種間の理解を促進する政策をすべての適当な方法により遅滞なく採ることを約束する」と規定し、同項に具体的な約束・措置にかかる義務規定を置いている。また、第三条では、人種隔離及びアパルトヘイトの非難、防止、禁止、根絶への約束規定を置く。さらに第六条では差別に対する救済確保規定を、第九条では締約国の報告義務規定を置き、義務の不履行があった場合の措置に関しても第一一条で具体的な定めを置いている。

このように、ジェノサイド条約やジュネーヴ諸条約に挙げられた重大な違反行為に関しては、締約国に処罰義務が課されているのである。

(3) 今世紀国際刑法

国家の刑罰「義務」が国際人道法および国際人権法には具体的義務として課されていることを右に明らかにした。本節の最後にローマ規程上の、国家の(一般的)「義務」および具体的「義務」について確認する。(30)

ローマ規程は補完性原則を採りつつ、締約国の「義務」に関する規定を置いている。すなわち、第八六条は「締約国は、この規程に従い、裁判所の管轄権の範囲内にある犯罪について裁判所が行う捜査及び訴追において、裁判所に対して十分に協力する」として（一般的）義務の根拠を定めている。また、第八八条は「締約国は、自国の国内法の手続がこの部の定めるすべての形態の協力のために利用可能であることを確保する」と規定する。続いて、第八九条一項は、「裁判所は、ある者の逮捕及び引渡しの請求を第九一条に規定するその裏付けとなる資料とともに、当該者がその領域に所在するとみられる国に対して送付することができるものとし、当該者の逮捕及び引渡しにおいて当該国の協力を求める。締約国は、この部の規定及び自国の国内法の手続に従って逮捕及び引渡しの請求に応ずる」と規定する。さらに、第七〇条四項(a)は、裁判所の運営に対する犯罪として「締約国は、自国の捜査上又は司法上の手続の健全性にかかる犯罪を処罰する自国の刑事法の適用範囲を、この条に規定する裁判の運営に対する犯罪であって自国の領域において又は自国民によって行われたものまで拡張する」と定めている。

また、本規程は第五五条で捜査における被疑者の権利に関し、詳細な規定を置いている。これは、締約国に対し被疑者の権利保障を締約国に義務づけたものと解される。同第六七条は、被告人の公平な裁判を受ける権利を保障し、締約国は国際的基準に則って公平な裁判を行わなければならない（一般的には抽象的な）義務を負うと解される。

続いて、第九三条一項は、「締約国は、この部の規定及び国内法の手続に従い、捜査及び訴追に関する次の援助の提供についての裁判所による請求に応ずる」と定め、逮捕及び引渡以外のその他の形態にかかる協力義務について、詳細な規定を置いている。そして、刑の執行に関し、第一〇五条は「拘禁刑は第一〇三条一(b)の規定により特定した要件に従うことを条件として、締約国に対して拘束力を有するものとし、締約国は如何なる場合にも当該拘禁刑を修正してはならない」と定める。すなわち、締約国は「機関」によって科された刑罰に関し減刑等を加えることが禁じられている。また、罰金及び没収措置の実施に関し、第一〇九条一項は「締約国は、自国の国内法の手続に従い、善意の第三者の権利を害することなく、第七部の規定に基づいて裁判所が発する罰金又は没収の命令を執行する」と規定している。

ローマ規程においては、締約国の義務に関し、主として以上のような諸規定を置いている。

第二節　義務論の実証的検討

一　欧州連合における刑罰論の展開

本章では、共存社会における刑事裁判の実効性に向けて、裁判「機関」の――わけても機能性に着目し――、(31)（第一篇第二章第一節及び同第二節、同篇第五章第二節、同篇第七章第二節二項で論じてきた）共存社会論に基づく、（また第一篇第四章第一節及び同第二節、(32)同篇第六章第一節四項及び同第二節以下で詳述してきた）義務論について、実証的視点から主に以下の二点について検討する。すなわち、本章に続く第一篇終章における国際刑法理論構築の基礎として、①欧州連合（以下「ＥＵ」という）における環境刑罰権の展開を概観した上、②欧州司法裁判所および欧州人権裁判所での判決や学説等を通じた実証例を確認するものである。

すなわち、本節は、国際共存社会における刑罰義務の現実的な可能性を捉えた上に、その理論的根拠の探究を目的とするものである。以下では、上述の①および②に関する二点を中心に刑罰権の行使の可能性に関し、実証的観点からこれを論じていく。ＥＵ共同体における「刑罰論の展開」(33)と、共同体が加盟国家に対し「義務」を課している点を確認した上で、続く終章第一〇章において「義務」論を探究したい。

(1)　環境刑罰権

欧州では、とりわけ第二次世界大戦での惨事への猛省から、戦争による経済的疲弊や弊害を克服すべく、地域的統合のもとに経済発展が求められ、一九五二年、欧州石炭鉄鋼共同体が設立された。その後、欧州連合（EU）は、共通市場を指向した欧州経済共同体（EEC）の創設以後、諸種の基本条約の改定を経て、現在に至っている[34]。国際共存社会の中における欧州連合（EU）は、その経済力と統合力をもって「人」の保護を図るべく、積極的な活動が期待されている。

このような中で、欧州連合（EU）の環境政策の目的が、環境保護を求めるものであることは周知の通りである[35]。欧州共同体（以下、「EC」という）においては、環境問題に関して欧州連合を構成する「国家」に対し、国内法整備の具体的な「義務」を課し、これを遵守しない場合、「強制金という罰金を課す[36]」制度を採り入れている。この点で、欧州連合という「機関」が、欧州連合という共存社会の環境を「保護」するために（法人を含む）「人」に刑罰を科すことができるのか、という問題が存在する。

これは異なる側面から捉えれば、「国家」主権の問題である。すなわち、刑罰権を行使し得るのは「国家」のみであるという刑罰権「国家」独占原則を踏まえると、国家以外の共同体（「機関」）がこれを行使し得るのか、という問題が生じてくることになる。一方、環境の保全を実効あらしめるには、刑罰の投入の必要性が汎く承識された。しかし、刑罰権国家独占原則が優先され、EC条約では[37]、欧州共同体には、刑罰権を付与しなかった。ECの構成国は、独自の歴史や法的文化を形成した。いうまでもなく刑罰権国家独占原則がそれぞれの構成国において確立されてきたのである。

ところが、右の原則に関し、変容が視られることになる。国家主権のひとつの権限として認められていた刑罰権に関し、欧州司法裁判所は次のように判示した。

(2) 国家に対する義務

① 欧州司法裁判所判例

欧州司法裁判所は、（EC条約第一〇条のもとに）EC構成国は、構成国に求められる義務の履行にあたり、EC法違反行為に対し、国内法に設定された罰をもって当該違反行為に対し、罰を「科さなければならない」という「義務」――同化の原則（principle of assimilation）――を示したのである。環境犯罪については、EC法自体と各構成国との間に刑罰権行使の可能性の有無のみならず犯罪構成要件も異なる中で、環境保護のためには、EC法違反について最小限度の基準が求められるべきであるという認識が示されたのである。

二〇〇二年一一月のプレステージ号重油流出事故[38]を受けて、欧州委員会は、さらに違反行為に対する刑事上の責任追及に関する指令案を提示する。同事件において、欧州委員会は、運輸政策の目的達成のために刑罰権を行使し得ること、また単に関係国家に対する刑罰要求のほか、①刑罰の種類及びその②軽重も「共同体レベル」で決定し得ることを欧州司法裁判所に求めたのである[39]。

欧州司法裁判所は、これに関し、①共同体立法「機関」は、立法権限を有し運輸の安全に関する規定を定める権限を有する。②同「機関」は、EC条約第八〇条二項（現EU運営条約第一〇〇条二項）を基に、権限内において環境保護の促進を決定し得る。③刑罰立法にかかる要請権限に関しては、（原則的に刑事法は、ECの権限事項ではない、しかしながら）EC共同体の目的から実効性を確保するため、関係国家に罰を要請し得る余地があること、また一定の刑罰の適用を関係国家に要請することにより目的を達するため（EC条約第八〇条二項を根拠として）採択されたことを示した（他方で、刑罰の種類およびその軽重に関してはECの権限外である旨を示すに至った。結局決定は、その枠組が不可分性を有するため、決定（全体）は無効とされた[40]）。

他方で、ECの本来的権限を越えた刑罰権行使の可能性については、越権にあたるとの議論が環境保護に関する

理事会決定で採択された。この採択を受け、二〇〇三年四月一五日、欧州委員会は、ＥＵ条約第三五条に基づき、欧州司法裁判所に同決定の無効を求めて提訴した。これが、いわゆる環境刑罰事件である。

本件につき欧州司法裁判所は、刑事司法に関する権限について、ＥＣの権限に属するものではないとした。しかし、重大な環境犯罪の対応にあたっては、その科刑において均衡性および謙抑性が維持され、必要かつ効果的な刑罰である場合、「構成国の刑事法に関する措置をとることをＥＣ立法機関に妨げるものではないとした」(41)。このようなＥＣにおける刑罰権の帰属性と範囲に関し、中西優美子は、ＥＣ立法に基づきＥＣ機関が加盟する国家に対し刑罰義務を課すことになった事実、すなわち、刑罰の権限とその拡大傾向を指摘している(42)。

その後、環境保護への重要性が汎く認識されるに至り、欧州議会は、刑罰権行使の実効性を確保すべく「必要な措置をとらなければならない」という姿勢を示すこととなった。このような共同体「機関」(43)の、国家に対する刑罰義務の確立に関する沿革から、中西は、（指令に関する）国内法の義務化にとどまらず、その履行確保のための指令規定違反に関する罰則については、構成国への立法「義務」を求めるようになるであろうことを展望する(44)。

このことは、ＥＣの「機関」において個別的権限行使の目的とその効果的結果を求め、加盟する国家に対し刑罰を科すことを要請する権限を認めたことを意味する。ＥＣ法の目的の効果的実効のため、「ＥＣ法に違反する「人」（及び法人）に刑罰を科すことが考慮されるべきであるという。最後に、フランコビッチ事件を挙げ、「ＥＣ法違反の構成国に対し、個人が賠償を求めることができるという国家責任の制度を創造した(45)」と指摘している。

② 検討

中西は、ＥＣの各構成「国家」に対する「共同体の刑罰立法要請権限」については、個別的分野に限定されるものであり、「刑事法分野の権限は、ＥＣの権限の範囲に入らないことは明らかになったが、ＥＵに刑事法分野の権限が付与されていない訳ではない(46)」と結論づける。

この点で、須網隆夫は、フランコビッチ判決[47]の意義を、「共同体法が私人に与える権利の実質化を図るとともに、共同体法自体の実効性を高めようとするところ[48]」に求める。須網は「共同体法に違反した加盟国に対する賠償請求権を私人に付与[49]」するという構成を採り、これを説明している[50・51]。

本判決は、かつては見られなかった賠償責任に関する共同体責任を認めたものとして、その意義は大きい。すなわち、戦争犯罪ほかに関する首謀者個「人」責任に関しては、従来、国家主権無答責ということで免責されていた。このような、国家に対する無問責原則を否定し、「共同体（の機関）が個別国家に対し賠償責任を追及する」可能性を示した点は、巨歩を印したものといえよう。

二　問題の所在

前節に検討してきたように、ＥＵでは国家の主権を認めながら、他方で「国際社会」の共同体として諸「国家」共存のために、さまざまな政策を採っている。とりわけ、「人間」が生きていくための必須条件となる環境に対しては、一定の政策基準を設けこれに違反する場合、「機関」としてのＥＵが個別「国家」に対して刑罰権の行使を要請、国際「機関」に対する「国家」の「義務」を認める歴史的な流れを概観した（人間の環境破壊行為による人間共存問題）。

ＥＵのように一定の強制力を展望する組織――「機関」――を必然化させた契機は、古代から現在に至るまでの人間の営為であることはいうまでもない。国際共存社会の秩序形成とそれを維持する、あるいは共存社会の維持によって各構成国家の人間を擁護するという共存社会の目的実現のために発動される刑罰権の具体的態様については、一連の論に説く[52]「刑罰権の淵源」のみならず、本節に論じるＥＵにその例を視ることができる。

このような共同体における刑罰観の展開とその現状を確認した上で、次節においては、①共存社会における裁判

「機関」自体に刑罰の義務が課され得るのか、また②課されるとすればどのような根拠をもって、あるいは如何なる理論をもって当該「機関」自体への「義務」づけが正当化されるのか、という点を中心に検討を加えることとする。

三　「機関」の「義務」

「公平な裁判を受ける権利」は、基本的人権の中核を成すものとして、世界人権宣言第一〇条、米州人権宣言第一八条及び同第二六条、米州人権条約第八条一項、バンジュール憲章第七条一項、欧州人権条約第六条一項ほか、諸種の条約で採用されており、「公平な裁判を受ける権利」の保障は、各国において汎く制度的に採用されている。本節は国際刑法理論形成へのひとつの要素としての「義務」を（実証的観点から）論ずべく、本書に説いてきた社会刑罰論を基礎に、欧州人権裁判所判決の法解釈に「義務」論を基礎づける実証的な可能性を確認することを目的とするものである。以下、幾つかの判例を素材に、本章に必要な範囲において――①公平な裁判を受ける権利、②判決理由記載義務および同趣旨を焦点として――これを考察する。[53]

先ず、本件事案に関するMoreira de Azevedo v. Portugal、すなわち、欧州人権裁判所一九九〇年一〇月一三日判決[54]に義務論への端緒を視ることができる。欧州人権条約第六条一項は、「公平な裁判を受ける権利」を保障している。同条三項は「刑事上の罪に問われているすべての者は、少なくとも以下の権利を有する」と定め、同三項(b)は「防御の準備に十分な時間および便益を与えられること」を保障している（これについては、本考察の目的ではないため割愛する）。この点、玉田大によれば、同第六条一項及び同条三項(b)から判決理由記載「義務」が生じてくる余地があるという[55]。欧州人権裁判「機関」は欧州人権条約の締約国（の国内裁判所）に対し、当該事件に関する判決理由を示すことを「義務」として課している[56]。すなわち、被告人の防御権の実効性を確保するため、裁判「機関」＝裁判官に判決に至った理由の記載義務が課される。

次に、Foucher v. France 事件[57]を分析してみる。本件で注目すべきは、締約国の国内裁判所が負う実効的審理「義務」を認めたことである。第六条一項「公平な裁判を受ける権利」は、「人」に対する権利を規定し、他方で締約国の国内裁判「機関」に実効的な審理をする義務を課すことを明示した。この義務から、被告人の聴聞を踏み、審理を経て合理的な判決に至ったことを明らかにすべく、裁判機関（判決）にその理由を記載すべき「義務」が課されているとの理論が引き出される。「公平な裁判を受ける権利」は、単に被告人の権利ではなく、裁判「機関」に対する「義務」に転化するものであり、事実上「義務」を課す機能を果たしている。

上述したように、裁判「機関」には、判決理由記載「義務」が課され得るという点を明らかにした事件は、Kraska 事件や Dulaurans〔v France〕事件[58]など少なくない[59]。重要なことは、欧州人権裁判所という「機関」は、締約国（の国内裁判「機関」）に対し、被告人の主張の他、提出証拠等の判断にあたり合理的な審理に基づき適正な判決を導く義務、すなわち、国家ではない**国際「機関」が、国家が負う「義務」を課す**ことを認めた点である。欧州人権裁判「**機関」は、国家の国内裁判所に対し**同条約第六条一項「公正な裁判を受ける権利」を認めることを要求する、のみならず適正かつ実効的な**審理を行う「義務」を課し**たのである。

「公平な裁判所」にその根拠を求める立場は、どのような道筋を辿るのであろうか。元来、裁判「機関」は訴訟機能を有するものであり、関連する法規範およびその手続に従って当該紛争を解決する役割を担う機関である。その本質は、事件の解決という機能に求められる。裁判「機関」は、独立かつ公平な立場において、判決言渡の権限を有し、これをもって紛争解決に当たる。Alija 事件[60]が示すように、「機関」には、独立性、公正性が求められ、右の独立かつ公正な立場をもって判決を下す「義務」が課されている。**裁判「機関」の独立性、公正性が義務づけられ、その「義務」**（のひとつ）**として判決理由記載**（「義務」）**が論理必然的に生じる。**

欧州人権裁判所は、ベルギーに対する二〇〇九年及び二〇一〇年のTaxquet事件において、「重罪院の判決に理由が付されない制度が公平な裁判を受ける権利を保障したヨーロッパ人権条約第六条に違反する」[61]ことを示した。この判決理由記載義務に関し詳細な検討を加えた玉田は、欧州人権裁判所は公平な裁判を受ける権利について、法の支配などの原理と結合させることによって、（その当否に関する問題は別として）拡大解釈の可能性を見出し、「条約第六条一項に判決理由記載義務が含まれるという解釈を確立するに至っている」[62]ことを明らかにしている。

判決理由記載義務は、既に国家の司法運営に影響を与えているという。フランスでは二〇一一年八月一〇日法により、①参審制の拡大、②重罪判決への理由記載義務が定められるに至った。[63]これは、欧州人権裁判所における判決理由記載義務を受けたものである。すなわち、フランス憲法院においては、「ヨーロッパ人権裁判所に倣って、有罪／無罪の判断に理由を付すことを憲法が直接求めていないとしても、何らかの方法でその判断が恣意的でないことが保障されなければならない」[64]ことが明らかにされたことを意味するものである。

本章では以上の点を踏まえて、**国際刑法において国際裁判「機関」が個別国家に対し義務付を求める「義務」論（義務付論）の理論的端緒を**（右判決文の中に）**捉えようとするものである。**被告人は公平な裁判を受ける権利を有し、「機関」は当該事件にかかる紛争解決について正当な司法機能を発動させる「義務」を負う。他方、条約締約「国家」は、正当な司法機能を展開し適正な判決を実際に実現させる「義務」を負う。締約国裁判所は、判決に当たり欧州人権裁判所と同様、判決理由の記載義務を負うといった義務論が、すなわち記載の義務付としての「義務論」、これが欧州人権裁判「機関」における先行例として「確立された」ことが確認できる。

玉田が指摘するように、この義務への確立については、特別な規定に拠るものではなく、汎く認められる一般原則「裁判を受ける権利」からも導き出され得るものと考える。[65]また、この「義務」によって、「適正かつ公正な裁判」の論理が担保され得る。権利の実効性と裁判の公正性という観点から、共同体における裁判「機関」が（国家が負う）義務論に関し既に積極的に容れられていることを、以上、右に確認した。

四　義務規定の萌芽期

国際共存社会で人間に関する諸権利を保障するための「国家」や「機関」の、「義務」ないし「保護義務」という——とりわけ国際刑法における——概念は、今世紀初頭は先に触れた通り、若干確認できるにすぎず、義務論は未だ萌芽期に在るといえる。人間の権利のさらなる実現性に向けて、今世紀においては、「人」の保護を図る目的から、**「国家」機関や組織・機関が人権の実現のために義務を負う**とする、こうした「義務論」の形成が主要な論点になるものと考える。

本章における論述は、「合意論から義務論へ」と遷り変わると予測される今世紀以降の刑罰論を展望するものである。現行ローマ規程における義務規定は、引渡義務等、一定の（直接的）規定を除けば、抽象的な規定にすぎず、義務論は積極的に容れられてはいない。すなわち、（とりわけ国際）刑法においては「義務論」自体が概念的に検出されているわけではなく、理論として明確に認識されているわけではない。否、我が国の国際法学・国際刑法学研究からは、このような問題提起はまったくなされておらずむしろ国際裁判機関の「非力性＝実効力の欠如」が強調されている。いうまでもなく歴史を遡り、かつての刑事裁判「機関」における「非力性＝実効力の欠如」の問題を如何に剋服してきたのかという点に関する示唆を求めた論考は存在しない。

しかし、こうした事態は、誕生まもない国際刑法の今世紀初頭期における（現象的）形態であり、徴されるべき当然の事態と考える。刑事裁判の制度的変遷を鳥瞰し、古く裁判の在りようを確認すれば、今世紀国際刑法＝ローマ規程を体現した共存社会の「機関」と同様に、実効性を欠く裁判を歴史の中に発見することができる。そして、その実効力の欠如を克服するに当たり、「義務」を採り入れていった史的変遷を視ることができるのである。例えば、ドイツ・フランク時代では、ジッペ間に起こった平和喪失に関する争いについて、復讐から次第に贖罪金制度が採られていった。その過程の初期においては、贖罪金を画定した。贖罪の金額に対し不満を抱く者は、訴訟契約を拒否した。このような事態を回避すべく、訴訟契約は次第に強制的なものになる。換言すれば、訴訟契約締結の拒否は、二次的な平和喪失とされたのである。訴訟契約の両者においてこれが任意的契約に基づいた場合、争いは起きなかったが、強制訴訟契約のもとでは、契約内容自体に関する争いが生じ、債務不履行者や裁判所に出頭しない者が出るに至った。このような事態を回避するため、「全自由人に裁判所協力義務が課され、裁判に出席し、裁判を非難または承認する義務が課された(66)」という。

ここに、かつての非力な裁判が「ジッペの結合の弱体化と国家権力の増大に伴って、国家による刑罰の賦課手続として発展してきたという流れを見ることができ(67)」る。この訴訟制度の発展は、「当初は国家犯罪に対する処罰へのジッペからの介入を防ぐために行われた訴訟手続の萌芽(68)」であったといわれている。国際共存社会における刑事裁判「機関」は、今世紀初頭、完全な司法権を有するものではなく、指摘されるように「国家」の協力を俟って国際刑法の実効性は担保されている。これは、コア・クライム処罰に関する共存社会初期における司法権集約化の端緒を映し出しているものと考えることができる。

物理的強制力の実効性が、権力の集中化を必要とするものであるとすれば、国際共存社会は未だこれを有していない。共存社会は「人」の共存のみならず国家の共存両者にとって重要な基盤を成すものであり、ゆえに、それが明確に理論として体系的に確立されるならば、国際刑法が国際法から分化した事実的現象も汎く認められ、さらに国際刑法が自ら自己と国際刑事訴訟法とを分かって、訴訟制度や執行手段を発展させていくであろう。国際法は、他の法分野と同様、専門かつ細分され進化すると同時に、訴訟法を含めた全体が刑法原理において理論的に統一されていくことになる。刑法、規則を含む刑事訴訟法各々が独立別個的に発展するものではなく、国際法との関連性を保ちながら展開されていくものと考えられる。無論、共存社会の刑事裁判機関は、甚だしく分化・独立して地域的かつ自立的な独自性を有する存在性を顕現させるであろうが、それは国際共存社会における司法権の集約を背景に統一の理論とを連結させることが必然である。現在は、その揺籃期に在るものといえる。

以上、本節においては、コア・クライムに関する刑事司法権が国家独占から「国家」とは異なる共存社会へと次第に遷り変わるであろう、移行過程における原初期に在って（現在は多くの論者により国家刑罰権が拡大化されると解釈されている中で）、必ずしも、①国家のみが（公訴権や）刑罰権を有するものではなく、②私「人」のみならず、②共同体ないし（国家より成る）「社会」自体が刑罰権を行使し有しこれを得ること、さらに③共同体ないし「機関」が共同体構成「国家」に対し刑罰義務を課することを——環境刑罰権を例に——実証的観点から右の諸点を確認した。

第三節　義務論の可能性

一　義務論

ローマ規程の解釈において、前節に論じた義務論を否定するものは何か。(69) 考えられ得るのは、個別「国家」の主権論である。現行ローマ規程のもとでは、国家の同意のもとに、補完性原則、受理許容性という「条件を充たして」「はじめて」国際共存社会における刑事裁判「機関」に管轄権が「認められる」場合であっても、審理の開始には、なお且つ、予審部の許可がなければならないと（いう構造を採るものである以上、これに拠ってのみ解釈は展開されなければならない）されている。すなわち、本書にいう国際共存社会における「公訴権」（以下、「社会公訴権」という）が「認められる」——検察官の公訴権発動の——ためには、諸種の要件を充足させなければならない、とされている。すなわち、（国際）社会公訴を提起する＝検察官の公訴権発動のためには、幾多の要件を「充たして」「はじめて」共存社会刑罰権は発動可能という構造である。このような裁判の枠組みは、今日起きている「共存社会の刑事裁判化」現象の把握を困難にさせることは明らかであろう。

補完性原則を中軸にして論を展開する見解のほぼすべてが、ローマ規程の効力ないし国際刑罰権行使の正当性については、（権力が表裏一体となった）「国家」に求めている。これによれば、合意を基軸とし、あくまでも法の解釈に国家同意を求める従来型の国際法を形成していくということになろう。あるいは、先述した通り、東澤靖の「締約国にさらなる義務を課すという改正は、実際には不可能に近い」[70]という指摘は、「国家」の「義務」に関する直接的ないし現実的な否定を示すものである。

しかし、未だ提起されていない国際刑法における義務論の考察にあたっては、国家の義務を論じ導き出すためには、本章が明らかにしてきた義務論を媒介とすることが最も合理的であると考える。理論的な次元に限定していえば、本書は義務論を構築し、よって「機関」が「国家」に対し一定の義務を行わせることは、右に検討してきた通り「不可能」ではないと考える。現実の実効性の問題とは区別して、理論的に①義務論を論じること、②義務への可能性を探ること、③義務論を裏付ける実証的研究を行うことは、④むしろ現実の具体的「義務」観念の形成に資する、あるいは⑤個別的な義務規定の創出へと近づくための契機——実効性が欠如すると指摘されるローマ規程の実現性を求める接近——となり得るものである。本章は、第一篇第四章第三節三項で論じた岡田朝太郎の刑罰権の基礎づけに関する(a)現実と、(b)学理上の区別の必要性を同じく国際刑法において説くものであり、同時に、同篇第四章第一節以下で論じてきた瀧川幸辰の義務論を国際刑法に採り入れる可能性を探るものである。

本章では、(a)二一世紀初頭における国際刑法（現行ローマ規程）が採用している刑罰権の基礎づけと、(b)刑罰権は本来何によって基礎づけられるのかという問題とは、(c)異なる問題であるという(a)(b)両者の区別を否定するべきではないと考える。すなわち、現行国際刑法＝ローマ規程における現実的可能性を把握しつつも、それにとどまることなく、さらにあるべきないし次世紀国際刑法における（本来、何によって基礎づけられるべきかという）刑罰権行使の正当性の根拠あるいは淵源を探究し続ける姿勢が求められると考える。かつて、リスト[71]やビンディングが言及していたように（国際刑法における）「次なる時代への刑罰論」への展望を本書に探るのである。

現実的「実」務に満足するものでも、また現「実」的可能性の探求を放棄することなく、刑法「学」と「実」務は強い関連性を有しつつ、創出された法の目的を実現することが要請されている。実効性がないとの主張の中で、「実」務と刑法「学」研究とは表裏一体性を保ちつつ、さらに刑法「学」――義務論の理論的導出への探求――を論じていくことが、国際刑法の発展にとって必要かつ意義あることと考える。

欧州人権裁判所における先例の一端は、「機関」が「国家」に義務を課す義務論――すなわち、国家が負う義務理論――が不可能ではないことを実証するものと考える。すなわち、右に確認してきたように、①欧州連合における環境刑罰権（の一般に説明される）拡大（本書においては罪質における転換、この点については、稿を改め論じる予定であるため、本章ではこれ以上の言及はしない。）の傾向、および②欧州人権裁判所における判決理由記載義務からの理論的必然性を踏まえれば、国際刑法における「義務」論が構築される可能性を視るのである。

以上、本章第二節においては欧州司法裁判所の判決を通じて、続いて欧州人権裁判所における刑罰権の拡大化傾向の中に、「機関」が「国家」に課す刑罰権行使の義務、すなわち、右に論じてきた「義務論」が導き出され、現実のものとなって運用されている事実を実証的観点からこれを確認した。

二　共存社会の現在

多くの研究者は、以下のように主張する。すなわち、国際刑法は、その「機関」における実効力を有しないいため、その機能は充分とはいえない。したがって、国際刑法の実効性は国内法に拠る、という立論である。国際刑法の実効性の欠如を強調する右の立場からは、いうまでもなく義務論を検討するという作業の必要性は認められない。加えて、右の立場は、共存社会「機関」に対する国家の義務は抽象的であり、重ねて国際刑法の実効性はないと主張するであろう。かつて、実効性に基づき、国際法は法ではないと主張された。現在でもこのような議論がみられ(72)これを支持する見解もある。また、国内法との差異、国際共存社会における法的組織や体制の未成熟性をもって「法の実効性の欠如や不備を説く」論者も多くいる。

今世紀初頭においては右の論者の指摘の通り、関係「国家」の捜査協力を得られない共存社会の刑事裁判「機関」の機能ないし運用現状は――苦戦を強いられ――厳しい状況にある。例えば、二〇〇七年一二月以降のケニアにおける総選挙後の広域に亘る人権蹂躙事態（国内刑法にいう「事件」）について、国際共存「機関」は、検察官の職権に基づく捜査を開始していた。しかし、裁判はケニヤッタ大統領起訴後の重要証人の証言撤回等による証拠不充分のため、検察側は――ケニア政府に対し捜査協力を要請したものの、協力が得られず、立証準備の困難から――起訴を取り下げた。

多くの論者が指摘するように、関係国家の協力なしで国際刑事裁判所の機能は停滞ないし不全であることは事実である。この状況をいかに克服するのか、東澤靖は、幾つかの具体的な提案を試みる。「ＩＣＣ規程において締約国にさらなる義務を課すという改正は、実際には不可能に近い(73)」したがって、このような前提のもとでも検察官の職権捜査を容易ならしめるために、①規則改正、すなわち、二〇一三年一一月二七日改正の第六八条規則の見直しの必要性、および②締約国の協力義務を実効的なものとする取組み、具体的には「ＩＣＣ自体よりも、協力を求める相手の締約国をピア（同僚）として監視する締約国会議に期待(74)」することへの可能性を探る。端的にいえば、協力義務に違反した国家とその内容を公式に認定し、安保理に付託するという制度を活用するというものである。

ケニアの事態の取下に対し、その克服に向けて、東澤は、「非協力に関しての締約国会議の手続」(75)が採択されていること、「非協力の認定と付託という制度は、本来非協力の締約国に『恥』という制裁を行う可能性を示すことによって、締約国の協力を」(76)間接的に奨励しようとする制度の活用に期待をする。

しかしながら、後者②に関しては、東澤自身も認めるように、被告人に対する刑事手続とは別の制度であり、また将来への犯罪予防として機能することはできても、継続中の当該審理における関係国家の協力を得ることには疑問がある。「恥」の文化をもって犯罪予防を期待することへの現実性が問われる。「恥」をもって当該行為の中止ないし抑制を期待し得る場合には、共存「機関」における司法権の発動は不要なものとなろう。もはや刑事司法が機能しない国家への対応については、当該「国家」への協力を求めること自体に、換言すれば、補完性原則自体に問題が内在しているものと考える。すなわち、補完性原則における国家の同意とは、近代国家における理性国家を前提としたものであると考える。

補完性原則は、第一篇第二章以下に示した通り、同意が得られる程度の「国家」機能が作用することを前提とするものである。協力義務を義務として受け得る国家を前提としているもので、当該事態が問題となるその多くの場合は、協力義務が否定される場合である。このような現実に直面しながらも、締約国の協力義務を実効的なものとする具体的な取組み、最終的には安保理付託という選択肢が主張されている。先にも指摘した通り、東澤は示す。「締約国にさらなる義務を課すことは不可能に近い」と。

しかし、本書の立場は、右とは異なる。一連の考察を通して主張してきたように、「義務」を求め得る理論的可能性をさらに思索し続け、これを展望するものである。

三　義務論の理論

本章においては、共存社会における裁判「機関」がローマ規程の締約国に課する義務の理論的・体系的構造を、以下の三つの可能性に見出し得るものと考える。第一に、本章第二節一項以下で示してきたように、EU共同体「機関」から締約国に対する刑罰「義務」概念の援用と、欧州人権裁判所自体への判決理由記載「義務」の実証的検討に拠る。第二に、本節以下に基づく解釈論に拠る。第三に、第九章以下で展開する刑法理論からの「義務」論である。本節では、特に解釈および刑法理論からの「義務」論について考察する。

(1)　第二一条と学説

本章前第二節一項以下を通し、欧州共同体「機関」がこれに加盟する国家に対して刑罰義務を課し得ること、また現実的にこれを課していることを概観してきた。欧州連合という「機関」自体は、刑事法上の権限を有しない。他方、理事会は特定の分野においてこれに加盟する国家に対し、刑罰の立法ないし国内履行を義務づけることができる。この刑罰法に関する権限について、旧EC条約は明文規定を有していなかった。

しかし、条約上義務規定は置かれていないが、多数の事件において、「学説」は義務が存在する旨の解釈を行ってきた。すなわち、「①加盟国の国内法を調整・調和させる権限に付帯、②特定の法規を接近させる指令を発布する権限（EC条約一〇〇条）の援用」[77]がなされているのである。本章前節一項以下で論じたように、この点については、共同体機関が、「特定の制裁の法定を義務づけることも可能」[78]とする学説も存在する。

国際社会には立法機関がないことから、国際刑法の執行力の欠如が指摘されている。他方で執行に関しては、慣習法を含む国際法原則・規則、法の一般原則のほか、判例（法）が重要な役割を担っている。だが、ローマ規程の

第二一条には「学説」が、挙げられてはいない。いうまでもなく個別の具体的判決においては、学説は考慮されているであろう。しかし、根拠条文となるべき第二一条に、「学説」が規定されていないのである。

すなわち、ローマ規定第二一条は、

「一　裁判所は、次のものを適用する。

(a)　第一に、この規程、犯罪の構成要件に関する文書及び手続及び証拠に関する規則。

(b)　第二に、適当な場合には、適用される条約並びに国際法の原則及び規則（確立された武力紛争に関する国際法の原則を含む）。

(c)　(a)及び(b)に規定するもののほか、裁判所が世界の法体系の中の国内法から見いだした法の一般原則（適当な場合には、その犯罪について裁判権を通常行使し得る国内法を含む）但し、これらの原則がこの規程、国際法並びに国際的に認められる規範及び基準に反しないことを条件とする。

二　裁判所は、従前の決定において解釈したように法の原則及び規則を適用することができる。

三　この条に規定する法の適用及び解釈は、国際的に認められる人権に適合したものでなければならず、また、第七条三に定義する性、年齢、人種、皮膚の色、言語、宗教又は信条、政治的意見その他の意見、国民的、民族的又は社会的出身、貧富、出生又は他の地位等を理由とする不利な差別をすることなく行われなければならない」と規定する。

第二一条設置を考察するについては、その審議過程を辿る必要がある。国内刑法と同様に、国際刑法においても当該規定が画定されるまでに至る起草案や審議検討の経緯を確認する作業は必須である。

すなわち、ローマ規程の草案第三三条は、裁判の適用法規に関し、

「(a)　裁判所規程

(b)　適用のある条約並びに一般国際法の原則及び規則
(c)　適用可能な範囲内で国内法のいずれかの規則」

と定めていた。(79)

この草案を基礎に創り出された一般原則に関する規定を置くローマ規程の第二一条は、国際司法裁判所規程第三八条を根本とする規定である。したがって、国際法においては、慣習法や判例のみならず「学説」もまた重要な法源といえる。

国際司法裁判所規程第三八条一項は、

「裁判所は、付託される紛争を国際法に従って裁判することを任務とし、次のものを適用する。
(a)　一般又は特別の国際条約で係争国が明らかに認めた規則を確立しているもの
(b)　法として認められた一般慣行の証拠としての国際慣習
(c)　文明国が認めた法の一般原則
(d)　法則決定の補助手段としての裁判上の判決及び諸国の最も優秀な国際法学者の学説」と規定する。

国際司法裁判所は、「国際法に従って」国家間の紛争を解決する司法機関であるものの、国際刑事裁判所と同様にその背景に立法機関を有するものではない。本条にいう国際法とは、一般条約または特別の国際条約等、実定国際法規に限定されるものではない。慣習法、法の一般原則、判例のみならず「学説」も法源として認められる。判決の指針として、先例を作り上げる判例のみならず、「法源としての学説」に依拠して具体的事件の解決に当たる国際法における判例および「学説」に課された役割については、国際刑法と「決定的」に異なることが右第三八条から明らかになる。(80) いうまでもなく、①本規程、②慣習法を含む国際法原則、③法の一般原則、④従前の決定（＝

先例に従った原則・規則・解釈）が法源であって、これらは重要な役割を果たしている。ところが、国際司法裁判所規程第三八条一項を継受する今世紀国際刑法では、この学説が挙げられてはいない。

ここに、本章は、学説の重要性とその役割に注目して、ローマ規程の第二一条に「学説」の列挙を主張するものである。「人」の保護を求めて刑法を起動させるために、刑法「学」は罪刑法定主義に対し謙抑性を求めつつ、その連続性を（近代刑法から今世紀国際刑法へと）繋いできたといえる。その意味から国際刑法は、刑法原理である罪刑法定主義を（今世紀に）継受しているといえることがより明らかとなる。国家が理性を保つとき、「人」の保護は、司法権を発動する裁判機関を介して図られる。しかし、第一篇第二章第四節一項以下で論じたように、国家が理性を失なって反理性国家へと化すとき、国家が「人」の権利や保護されるべき法益を侵害する事態が生じ得る、と同様に国家の機関である裁判官にも同様に「人」を害する危険性が生じる。そのために、本書において刑法「学」は、批判的ないし検証的役割を担っているものと考える。国際刑法においても、刑法「学」は同様の役割を担っていると考える。

(2) 諸論

次に、刑法理論から整合的に「義務」論が導かれることについて検討する。国際刑事裁判「機関」が個別国家に対し協力義務を求める場合、他面的にいえば、ローマ規程第八六条および第八八条から求められる締約国の、「機関」に対する義務に関し、如何なる理論をもってこれを是認させるのか。国家間の引渡に関する協力義務については、双罰性を充たさず我が国では犯罪とされていない場合や公訴時効が成立している場合には、刑罰権は発生しない。ところが、右の場合であっても、国家の、共存社会における「機関」への協力義務が発生すると解されるがそれは如何なる根拠に基づくものであるのか。髙山佳奈子が指摘するように「ＩＣＣに対しては日本が協力する義務があり、これを理論的にどのように説明するかが問題となる」[81]のである。

本章は、国際刑法「学」上、問題とされはじめた、国家が「機関」に負う義務、所謂「義務」論、すなわち、国際刑事裁判「機関」が国家に対して義務を課す＝義務付論を理論的に導き出すことが、――刑法理論を基礎として――可能か否かを解明するものである。先の東澤の提言は、ローマ規程を如何に機能させるかとの観点からする検討である。無論、選択肢として、安保理にその解決を委ねるという方法は、現実性という点では積極的に評価され得るであろう。しかし、裁判所の独立性および刑事司法の運営という観点からは、可能な限り刑事裁判は独立して行われるべきものと考える。最終手段として、安保理に委ねるという見解は、（現実的ではあるものの）国際共存社会「機関」の司法の独立性の維持との点からは問題が残ると考える。この危惧は、現実のものとして惹起している。

スーダン・ダルフールおよびリビアの事態に関する（「機関」）の付託にあたり、安保理はローマ規程の非締約国である部隊派遣国の国籍を有する者について作戦計画上に行われた行為に関する法的評価を回避する、すなわち管轄権を排除するとの規定に関する決議を採択したのである。[82]「機関」に対する安保理のこうした態様による関与は、国際刑事司法制度の否定に繋がる問題と考える。

髙山は、「双方可罰性がない場合でも日本がＩＣＣに協力すべき義務を負うことは、どのように理解されるべきか」[83]と問う。所論は国際刑罰権の基礎づけについて、一方では「あくまで国家刑罰権によることが基本」[84]であるとしながらも、他方では「対象犯罪の処罰は、加盟国の国家刑罰権ではなく、ＩＣＣ独自の刑罰権に基づくものであるが（中略）ＩＣＣが国家刑罰権の外側に設けられた制度であり、それに対する協力も、国家間関係の場合とは区別して理解しうることから説明すべき」[85]としている。さらに所論においては、「ローマ規程の対象犯罪の性質から導かれるものではなく、刑罰権の位置関係によるもの」[86]、すなわち「ＩＣＣの刑罰権も『補完性の原則』に基づいて各国の刑罰権の外側に位置しているもの」[87]と説明する。国家が国際刑事裁判「機関」に対して負う協力義務の根拠について、国家は「ＩＣＣに対する垂直的関係では、双方可罰性が欠ける行為についても協力する義務がある。その理由は、ＩＣＣの管轄権が、もともと、国家が適切に処罰できないものを処罰するために『補完性の原則』に従って国家刑罰権の外側に設けられたものだから(88)」と主張する。

右の説明は、充分なものであろうか。所論は、「国家」の国際刑事裁判「機関」に対する義務付の根拠を「位置関係」をもって説明する。これは、(a)共存社会における刑罰権は国家自ら（領域内で）行使する「国家」刑罰権とは異なり、(b)国家の外側に位置するもの、したがって(c)「機関」への協力義務が発生するという主張である。国際刑事裁判「機関」に対する国家の協力義務は、「機関」が国家の外側にあるため、「したがって協力義務が発生する」と帰結する（本考察の便宜上、これを一先ず「位置関係説」と呼ぶ）。右の主張は、必ずしも理論として明快ではない。高山の主張からは文言的には「国家」と国際「機関」とは別の位置関係にあるため、それぞれが他者に対し協力を要請することになり、そこに協力義務が生じる、と主張するものと解し得る（所論におけるこのような説明は、ローマ規程第一〇二条の原語、すなわち、国家が国際刑事裁判所に犯罪人を引き渡す“surrender”という文言に拠ったものとも考えられる。国家間で行われる犯罪人の引き渡し“extradition”に対し、“transfer”でも“extradition”でもなく、“surrender”が用いられることになった。これにより、位置関係論が外観上から説明されるように思われる。そうだとすれば、なぜ“surrender”が用いられることになったのか。“surrender”と“transfer”の意義に関する異同をまず論ずる必要がある）。

右の論理からすれば、①国家の外側にある「機関」であれば、なぜ協力義務が発生するのか、国家がなぜこの義務を負うのか、これが問題とされるところである。既に論じてた通り、外側にある国際裁判機関は「外側にある」ことを理由として協力義務が発生するというのは、所論の結論であり、結論に至る「論理」的または構造的な説明は充分ではない。国際刑事裁判「機関」が国家の外側に創設された場合、なぜ国家の協力義務が発生するのか、それは、②「国家」ではなく、「国家」の外側にあるためであるとする。この点、所論の如く国際刑事裁判「機関」

を「超」国家「的」機関と位置づけるならば、右のような説明もあり得るであろう。だが、「機関」は、「超」国家機関では「ない」（ここに「超」の意味が問題となるが、本章では個別国家に拘制されることのない、個別国家とは理論的に区別された、という意義に解する）。

他方で、所論は「ＩＣＣの刑罰権」を「各国の刑罰権の外側に位置」するものとし、「ＩＣＣは独自の強制力をもたない」とする。右の見解、すなわち位置関係説——「機関」が国家の外に置かれていること——を、いったん首肯した場合であっても、はたして国家の「機関」に対する協力義務は、③外に置かれることを原因として当然に生じる、あるいは「機関」によって必要的に課されるのであろうか。

このような説明ならば、他に存在する国際裁判「機関」、例えば、欧州人権裁判所や国際司法裁判所のみならず他の米州人権裁判所等について、「国家の外側」に在るため当該各「機関」に対し国家の義務が生じる、と帰結されることになろう。あるいは、旧ユーゴスラヴィア国際刑事裁判所・ルワンダ国際刑事裁判所については、「国家の外側」に在ったため引渡義務をはじめとする協力義務が生じたと帰結されることになる。

この点は、本篇本章第二節一項で検証してきた通り、欧州司法裁判所判決および欧州人権裁判所判決では、加盟国の共同体「機関」に対する（刑罰権行使や判決理由記載等の）義務を認めているが、いずれの説明においても、位置関係説をもってその義務を認めたわけではない。欧州司法裁判所判決によれば、あくまでそれ（「機関」の「国家」に対する刑罰権行使に関する義務づけ）は、共同体の本来的な目的や創設趣旨、運営方針等から義務が導き出されるものであって、刑罰権の位置関係をもって説明するものではない。また、欧州人権裁判所においては、裁判「機関」の独立性および公平性という当該「機関」の特徴、ならびに共同体・国家を構成する「人」が本来的に有する「公平な裁判を有する権利」の解釈論を通じて、「機関」に対する「国家」の義務を導き出していることについては、本章第二節で検証されている。

髙山は、「ローマ規程の対象犯罪の性質から導かれるものではな」い旨を主張するが、その刑罰権は「位置関係」ではなく、「ローマ規程の対象犯罪の性質」をもって説明されるべきものと考える。なぜなら、常設国際刑事裁判「機関」は、右に挙げた他の国際裁判機関とは異なり、その重大な「対象犯罪」を首謀した首謀者個人への責任を追及するものと考えるからである。他の国際裁判「機関」との異同を論じるにあたり、「ローマ規程の対象犯罪の性質」が考慮された結果、これに関する不処罰慣行の克服という目的をもって本裁判所が創設され、これが他の裁判「機関」との比較において本裁判所の特徴と認められるとするならば、対象犯罪の本質論は、再考されるべき問題であると考える。

ローマ規程上、幾つかの義務が確認されるが、その中でも協力義務が特段の問題なく認められたのは、以下の理由に拠るものと考える。すなわち、従来より、国際法学上、重大な国際犯罪に関しては、“out dedere aut judicare”の原則によって、当該犯罪者を、国内裁判所で「裁く（訴追する）か、（請求）国に引き渡せ」という処罰義務が確固として汎く通有していたのである。ジェノサイド条約第六条の引渡義務がそれを証左するものである。ジュネーヴ第一条約第四九条、第二条約第五〇条、第三条約第一二九条、第四条約第一四六条に同じ趣旨を認めることができる。

国際刑法における刑罰「権」の基礎づけや義務づけについて考察する場合には、単に刑罰権の所在に関する位置関係の異同のみでこれを説明することは「不可能」であると考える。国際刑法を基礎づける刑罰が前世紀からどのように連続性を有しつつ如何に今世紀初頭まで承継されてきたのか、さらにはその社会構造と次なる世代への刑罰論の全体像を史的展開の上に鳥瞰しこれをもって論じるべきであると考える。国際法学に倣って国際刑法学においても、刑罰論の系譜や史的変遷、社会構造論、刑罰権行使の正当性等を考慮せず、現時点のみの平面的考察、現象的側面からの検討に終わるならば、前世紀国際刑法からの発展は視られない。現在「点」および一「面」的考察ではなく、――重大な国際犯罪を首謀した個人の刑事責任追及に関する前世紀から継受する――刑罰論の総体的把捉を踏まえ、敷かれ来た「線」と現在「点」との、また常設国際刑事裁判「機関」と、他の国際裁判「機関」との比較検討という多面的ないし複眼的視点からの「構造的かつ（前世紀、今世紀、次世紀を視る）多次元的」相関の連鎖における考察が求められると考える。

さらに、今後の国際刑法を展望するとき、右の「位置関係」説では次世紀国際刑法の刑罰論における義務を――本書が行ってきた前世紀からの史的変遷に立脚した「線」上からの――世紀的スパンをもって説明することはできないと考える。国際刑事裁判所の機能や運営、判例自体も変化しその解釈においても変容が求められていくであろう。その際に、求められるのが、（伊東研祐・井田良ほか多くの刑法学者が求め来た、そして）本書が求める刑法「理論」である。ローマ規程の対象犯罪自体、今後は変容し異なる犯罪類型を形成していくであろう。また（とりわけ、核兵器――をはじめとする、生物兵器・化学兵器他、軍産複合体（国家組織）が開発し続ける諸種の新型兵器――の使用については可及的速やかに対象犯罪として列挙しなければならず）対象犯罪のみならず、解釈も必要的に変容が求められることは、いわば必然である。その意味で、法は、変容を本質とするものと考える。

刑罰論の変遷の中で要罰的観点から刑罰権を基礎づけた前世紀国際法ではなく、今世紀国際刑法は他の各国際裁判「機関」との比較検討の上に、構造的・多次元的解釈が求められる。以上の検討を踏まえれば、国際刑法理論上、位置関係――わけても国家「内」・国家「外」の位置のみ――を基準とする義務論は合理的な説明をなし得ず、理論たり得ないと考える。位置関係説による立論であるならば、政策的な必要性によって「義務」が認められること、すなわち現状追認のための義務論にとどまってしまうのではなかろうか。したがって、国際刑法における義務について位置関係説を採ることはできない。

本書は、前世紀の如く必要性をもって論じられる国際刑法ではなく、理論をもって論じる刑法（の立論）を思索するものである。付言するに、高山は「ＩＣＣは独自の強制力をもたないため、各国の協力によって処罰が実現されることになる」とする。[89] 本書においても、各国の協力によって処罰が実現されることに異論はない。しかしながら、「ＩＣＣは独自の強制力をもたない」からとの根拠は、必ずしも妥当ではない。本章は、「機関」は「執行力」を欠いているものの、物理的「強制力」の行使を決定する「機関」であると考える。「強制力」と「執行力」「拘束力」ならびに「実効力」等は、異なる概念であると考える。刑罰権は、もとより刑罰を受ける者の同意を要するものではない形成権である。刑事裁判における判決は刑罰執行権とは異なるものの、被告人の権利を剥奪するという決定、すなわち公権剥奪を決定する性質を有する強制力である。これは自由を拘束する形成権であり、よって刑事確定判決は、強制力または支配力を伴うものであり、これを次なる手続段階となる判決執行権の実現と不可分に論じることは、適切ではないと考える。なお、刑事確定判決の既判力に関しては、本論の目的ではないためこれ以上詳述しない。[90]

国家が負う「機関」に対する協力義務は、本篇次章に示す理論によって認められるものと考える。

(1)　安藤泰子「刑罰の史的変遷」青山法学論集第五九巻一号（二〇一七・六）二〇三―二三四頁、特に二〇六頁以下。
(2)　上田信太郎「ドイツ私人訴追手続の沿革と私訴犯罪について」一橋研究第一七巻二号（一九九二・七）四一―六四頁、特に四六頁。
(3)　内藤謙「刑法の基本問題――刑法と国家」法学教室創刊号（一九八〇・一〇）二三―二九頁、特に二五―二六頁。
(4)　中山研一「八　刑罰権」芦部信喜・福田歓一編『岩波講座　基本法学6――権力』岩波書店（一九八三）二八五―三一二頁、特に三〇一頁。
(5)　加藤久雄『刑事政策学入門』立花書房（一九九一）一一二頁。
(6)　青柳文雄・伊藤栄樹・柏木千秋・佐々木史朗・西原春夫ほか『註釈　刑事訴訟法　第二巻』立花書房（一九八一）三二九頁。この点については、上田・前掲注（2）五一頁以下。

(7) 上田・前掲注（2）五一頁。
(8) 穂積陳重『法律進化論叢　第四冊　復讐と法律』岩波書店（一九三一）一二七頁以下、小野村胤敏『刑法に於ける自力救濟の研究』弘文堂書房（一九三八）一七六頁以下、安平政吉『改正 刑法總論』巖松堂書店（一九五二）三八頁以下、特に同頁註（二）。
(9) 安藤泰子「刑罰権の淵源（二）——保護法としての国際刑法——」青山法学論集第五九巻一号（二〇一七・六）五一—一五二頁、特に一三〇頁以下。
(10) 上田・前掲注（2）特に五八頁、同「西ドイツ刑事訴訟における私人訴追手続」同第一三巻四号（一九八九・一）八七—一〇四頁他。
(11) 中山・前掲注（4）二九九頁。
(12) 加藤・前掲注（5）一一二頁。
(13) 只木誠ほか「法における人間像を語る」法律時報第八〇巻一号（二〇〇八・一）四—三二頁、特に二九頁。
(14) 只木・前掲注（13）二九頁。
(15) 只木・前掲注（13）二九頁。
(16) イヴ・ジャンクロ（Yves Jeaclos）［著］小梁吉章［訳］「フランス刑法典の二〇〇年」廣島法學第三六巻三号（二〇一三・一）九二—四九頁、特に四九頁。
(17) 洪恵子「国際刑事裁判所規程の批准と手続法の課題」法律時報第七九巻四号（二〇〇七・四）三七—四二頁、特に三八頁。
(18) 加藤・前掲注（5）一一二頁。
(19) 安藤・前掲注（1）「刑罰の史的変遷」二〇三—二三四頁。
(20) 何をもって原始というのか、あるいは如何なる基準をもって開発・未開発とするのかという問題については、歴史研究に委ねたい。
(21) いうまでもなく、古代にはハムラビ法典他の刑法典があるが、本節の当該論述に指す刑法とは近代刑法を指すものとする。
(22) 公訴権概念の多義性については、青柳ほか・前掲注（6）三一五頁、松尾浩也『刑事訴訟の原理』東京大学出版会（一九七四）二八〇頁以下、上田・前掲注（2）五一頁、同六四頁註（82）他。
(23) この点については多くの参考文献があるが、すべてを挙げることは叶わない。さしあたり、牧野英一『刑法』岩波書店（一九三九）特に一四—一六頁、四五頁以下。
(24) 本章は、この仮説検証を目的とするものではないため、この点に関しては詳述しない。

(25) 本章は、ひとつの考え方から演繹されるひとつの目的を示すに過ぎない。多様な見解が期待される。
(26) この点に関しても、安藤・前掲注（9）と同様に本章では試論を示すに過ぎない。今後多種の異見や立論が期待される。
(27) この点については、安藤泰子「国際刑法における刑罰権の淵源」刑法雑誌第五二巻第二号（二〇一三・四）二一〇―二二六頁、特に二一三頁以下。
(28) 安藤泰子『国際刑事裁判所の理念』成文堂（二〇〇二）二五九頁以下。
(29) なお、我が国においては、憲法第三六条で、「公務員による拷問及び残虐な刑罰は、絶対にこれを禁ずる」という規定を置いている。
(30) 本章は、主として刑法理論の構築にその目的を置くため、個別条文に関する一般的ないし具体的「義務」に関する考察を加えるものではないことを予め付言する。
(31) 安藤泰子「刑罰権の淵源（一）――法の分化――」青山法学論集第五八巻四号（二〇一七・三）一―九七頁。
(32) 安藤・前掲注（9）「刑罰権の淵源（二）」五一―一五二頁。
(33) 本章では、EU共同体における環境刑罰権に焦点を当て論じる。「刑法の国際化およびヨーロッパ化」については、岡上雅美「ドイツ刑法学の五つの重点――古きものと新たなものとの両面で――」刑法雑誌第四一巻第二号（二〇〇二・二）二八七―二九三頁。特に同二九〇頁は、EU財政的利益保護協定（一九九五）により、「加盟国はEUの財政的利益を該（ママ）する『詐欺的行為』を処罰する義務を負うことにな」った点を指摘し、これに伴ってドイツ法の国内法整備に伴う諸問題を示している。
(34) なお、近時、欧州連合では、「リスボン条約（二〇〇九年一二月発効）意思決定手続」が合理化されている。
(35) 如何なる行為が環境への侵害となり、これに対し「国家」にどのような義務が課されるのかに関する検討については、現行ローマ規程をも基礎として個別具体的な考察を要するものであるが、本書はこれを目的とするものではない。本章においては、（最終的には、国際共存社会における刑事裁判「機関」が「国家」に対する義務を課し得るという（二〇一八年四月現在、世界的にも未構築の）理論を導出するにあたり、その具体例を概説するものであり）欧州連合という「機関」が環境侵害について環境保全という目的から「国家」に対し「罰金を課す」という点を確認すること、さらにこれが義務化されていることを紹介するに留める。
(36) 中西優美子「個別的分野に付与されたEC権限の範囲――EUにおける環境刑罰権に関する事例を中心に――」専修法学論集第一〇六号（二〇〇九・七）八一―一一六頁、特に八二頁。なお、本節における環境刑罰権に関しては、主に中西優美子に拠る。
(37) 本章においては、ECと表記する場合、リスボン条約発効以前のECにおける事案を述べることとする。

(38) 中西・前掲注 (36) 八九―九〇頁。
(39) 中西は、EC法の維持は、「共同体機関の責任である」こと、その保護法益が共同体機関の目的である場合、「ECは構成国に刑罰を科すように要請できる」ことを Colome 法務官が指摘した点を記している (中西・前掲注 (36) 九六頁)。
(40) これについては、http://www.jpmac.or.jp/img/research/pdf/A201640.pdf http://www.umitonagisa.or.jp/pdf/jikojirei/74_1.pdf 他を参照。
(41) これに対し理事会は、①②両者はECの権限外にあることを主張する。本件では、従来、その争点に上がってこなかった(i)①②にかかる権限の所在ないし属性、(ii)本権限は環境にかかる分野以外にも認められるのか、(iii)その刑罰権限の認められる範囲、すなわち、どこまでこの権限が認められるのか、について問題になった。これに対し、Mazak 法務官は、(a)環境保護のみがECの本来的目的ではない、(b)刑罰権限については環境分野のみに限定する理由は存在しない、(c)権限の存在意義は効果原則に求められ他の政策分野においても同様に認められるべきである、という見解を示した (中西・前掲注 (36) 九七―九八頁)。他方で、その権限の範囲に関しては、「共同体レベルで刑罰の種類や重さを定めると、各国刑法制度の一貫性に影響を与える」(同九四頁) ことを指摘した。
(42) 中西・前掲注 (36) 九九―一〇〇頁。
(43) 本章に記す「機関」とは、欧州共同体を指す。
(44) ECの刑罰要求に関する権限とその具体的な履行「義務」を巡って、EC条約第一〇条を出発点とした中西の論考では、同条約第一七五条一項により、ECという「機関」が、個別的権限に基づいて「国家」に対し刑罰を科するよう要請し得ることを明らかにしている。EC自体に、刑罰法規立法権限は認められないが、EC条約を介してEC「機関」は個別分野に関し、当該目的の実現のための権限 (が付与されている) を有する。その理由は、ECの各分野については、当該目的を確保する「手段として、構成国に刑罰を科するように要請する権限をECに認めたということである」(中西・前掲注 (36) 一〇九頁) という。
(45) 中西・前掲注 (36) 一一〇頁。なお、その根拠として「EC法の完全な効果を保障すること」(中西・前掲注 (36) 一一〇頁) が理由となったことを指摘する。
(46) 中西・前掲注 (36) 一一一頁。
(47) 判決は、はじめに関係国の責任に関する一般理論の検討の上に、個人の責任を追及し得るのかという点に及んでいる (C-6/90)。この点で、関係国による共同体法に対する違法によって個「人」の権利が侵害された場合、その賠償を認めなければ、「人」の権利の「保護」が確保され得ないと導いている (op.cit. C-6/90)。これは、すなわち関係国の責任に関し、個別ではない、

「共同体を構成する共同体法固有のもの」から導き出されるという構成を採っていると考えられる。「個別国家ではない、共同体法に対する違法行為について」は、個別国家の責任ではなく、――「賠償責任に関する、いわば共同体責任」――共同体の固有の責任として位置づけたものと解されよう。すなわち、個「人」に対し、共同体それ自体から導き出されるものと考える。

（48）　この点に関しては、須網隆夫「直接効果理論の発展に見る欧州統合の現段階」日本EC学会年報第一九九四巻一四号（一九九四・四）一三九―一六二頁、特に一五六頁以下。

（49）　須網・前掲注（48）一五六頁。

（50）　3. Community law - Rights conferred on individuals - Infringement by a Member State - Obligation to make reparation for the loss and damage caused to individuals (EEC Treaty, Art. 5)
4. Community law - Rights conferred on individuals - Breach by a Member State of the obligation to implement a directive - Obligation to make reparation for the loss and damage caused to individuals - Conditions - Detailed rules governing reparation - Application of national law - Limits (EEC Treaty, Art. 189, third para.)

（51）　他方で、その帰結においては妥当できるものの、論理構成において整合するものなのであろうかという疑問も払拭し得ない。換言すれば、本判決においては、一方では"inherent"を謳いながら、他方でCommunity law - Rights conferred on individualsという構成を採っている。刑法哲学からは、再考の余地があるように思われる。

（52）　安藤・前掲注（9）五一―一五二頁、同・前掲注（31）一―九七頁。

（53）　なお、本節における事件紹介およびその判決理由記載義務については、主に玉田大「欧州人権条約における判決理由記載義務の根拠と射程」岡山大學法学会雑誌第五五巻二号（二〇〇六・一）四一一―三八七頁に拠った。

（54）　Affaire Moreira de Azevedo (22/1989/182/240) = Moreira de Azevedo case : Judgment of 23 Oct. 1990.

（55）　玉田・前掲注（53）三八七頁。但し、玉田は、必ずしも決定的な論拠が示されたわけではない、と論じている（同三八七頁）。

（56）　なお、この「義務」に関しては、学説上対立があるという。すなわち、同条一項から導かれる実効的審理義務から判決理由記載が「義務」として認められるという見解と、同条の「公平な裁判所」という裁判「機関」自体の機能、さらにいえば健全な司法機能が求められ、この機能から具体的判決における理由記載「義務」が求められるという見解である。

（57）　この点については、玉田・前掲注（53）四〇五―四〇四頁。他に10/1996/629/812, Council of Europe : European Court of Human Rights, 17 Feb. 1997.

（58）　34553/97

(59) 玉田・前掲注（53）四〇四頁。

(60) 73717/01, 1/1986/99/147

(61) シルヴィ・シマモンティ（Sylvie Cimamonti）［著］・小木曽綾［訳］「〔講演〕フランス刑事裁判における市民参加——市民参加による透明性ある刑事裁判の実現?」比較法雑誌第四六巻四号（二〇一三・三）七五—八一頁、特に八〇頁以下。

(62) 玉田・前掲注（53）一六四頁。

(63) シルヴィ（Sylvie）［著］小木曽［訳］・前掲注（61）七六頁以下。なお、厳密には、二〇〇〇年六月一五日法によって、重罪院の審理判決に理由を付することが義務づけられることになっていたという。

(64) シルヴィ（Sylvie）［著］小木曽［訳］・前掲注（61）八〇頁。

(65) 玉田・前掲注（53）一三九頁。

(66) 大下英希「自救行為について（一）」法學雑誌第五二巻一号（二〇〇五・七）一八—六四頁、特に三二頁。勿論、これを国際共存社会に直ちに置き換えることはできない。しかしながら、訴訟追行ないし裁判の実効性に関して、さまざまな制度を採りつつ実効性を図っていく刑事司法の変遷の過程のひとつとして、このような手法——「義務」——が採られていたことについては、特筆されるべきであろう。

(67) 大下・前掲注（66）三七頁。

(68) 大下・前掲注（66）三七頁。

(69) 勿論、判決理由記載義務と刑罰義務とを同列に論じることは避けるべきである。しかしながら、本章では専ら裁判「機関」が「国家」に義務を課するという義務論への端緒を認めることに意義を見出すことを目的としてこれを論じるものである。

(70) 東澤靖「国際刑事裁判所（ＩＣＣ）における検察官の職権捜査が抱える課題——ケニアの事態と訴追事件を素材として——」明治学院大学法科大学院ローレビュー第二五号（二〇一七・一）七三—九四頁、特に九〇頁。

(71) フランツ・フォン・リスト（Franz Eduard von List）［著］岡田朝太郎［校閲］吾孫子勝・乾政彦［共譯］『独逸刑法論』早稲田大学出版部（一九〇三）。

(72) 例えば、阿部浩己「国際法の過去・現在・未来（六）国際法は『法』なのか」時の法令第二〇〇八号（二〇一六・八）四四—四九頁他。

(73) 東澤・前掲注（70）九〇頁。

(74) 東澤・前掲注（70）九〇頁。

(75) 東澤・前掲注（70）九〇頁。

(76) 東澤・前掲注（70）九〇頁。

(77) 〔外国刑法研究会〕曽根威彦・勝亦藤彦・石井徹哉・内山良雄、岡上雅美・北川佳世子〔訳〕新刊紹介「Gerhard Dannecker〔著〕『欧州共同体における刑法』」比較法学第三〇巻一号（一九九六・七）二六一―二七八頁、特に二六六頁。

(78) ゲーァハルト・ダネッカー（Gerhard Dannecker）〔著〕外国刑法研究会〔訳〕・前掲注（77）二六六頁。

(79) ILC, Draft Statute for an International Criminal Court 1994, YILC, 1994, Vol. 2, Part II, pp. 51ff. なお、これについては以下から参照できる。http://legal.un.org/ilc/texts/instruments/english/commentaries/7_4_1994.pdf

(80) この点に関しては、安藤泰子「罪刑法定主義の相対性（二）――国際刑法の原点から考える――」青山ローフォーラム第五巻二号（二〇一七・三）七七―一一三頁、特に八二頁以下。

(81) 高山佳奈子「国際刑事証拠法」川端博・浅田和茂・山口厚・井田良編『理論刑法学の探究 三』成文堂（二〇一〇）一四三―一七二頁、特に一六一頁。

(82) S/PV.6705, Res. I, 24 Sep. 2012, p. 18 etc. この点については、松井芳郎「『国際社会における法の支配』が意味するもの」法律時報第八七巻一二号（二〇一五・一一）八―一四頁、特に一三頁。

(83) 高山・前掲注（81）一六九頁。

(84) 高山佳奈子「国際刑事裁判権（二）・完」法學論叢第一五四巻第二号（二〇〇三・一一）二二―六〇頁、特に四七頁。

(85) 高山・前掲注（81）一六九―一七〇頁。

(86) 高山・前掲注（81）一七〇頁。

(87) 高山・前掲注（81）一七〇頁。

(88) 高山・前掲注（81）一七一頁。

(89) 高山・前掲注（81）一七〇頁。

(90) 既判力に関しては、刑事訴訟法学から多くの検討がなされている。さしあたり、山中俊夫「刑事確定判決と既判力」同志社法學第一四巻一号（一九六二・五）六七―八四頁、特に六九頁、田口守一「刑事既判力の成立過程（一）」早稲田法学会誌第二三号（一九七三・二）二八三―三一五頁、中村宗雄「確定判決の既判力――其の意義竝に本質――」早稲田法學第一九巻（一九四〇・四）一―六六頁他。

第一〇章　国際刑法理論の構築

第一節　国際刑法における刑法理論の構築

一　西原春夫「保護論」と瀧川幸辰「義務論」

(1) 国際刑法理論の構築

本書と同様、ギュンター・ヤコブスも、国際刑法理論の構築が手つかず状態であることを指摘する。すなわち、「国際刑法論は、その政策的な意義については我が国でも注目され、国際法学分野のみならず刑法学においてもいくつかの研究がなされているが（中略）その『理論化』についてはいまだ研究は未着手の状態である」[1]と。国際刑法理論の構築が蚊帳の外に置かれ続ける中にあって、「現在の（特にドイツの）刑法学において国際刑法に関しては非常に多くの教科書、モノグラフィーや論文が出されているが、このような問題意識を持ったものは数少ない」[2]ことを指摘する。また、常設国際刑事裁判「機関」における刑罰権の行使について、「そこでの『処罰』とは（中略）『国家における刑罰が正当化されるのと同じ態様で正当化されるわけではない』」[3]との見解に立ち、国際刑法の理論的研究の必要性を説く。

国際刑法「学」研究者は、国際刑法の理論化という刑法の根幹に関する重要な問題が存在すること自体に気づき、一過的な現象の研究ではなく刑法「学」の本質に関する研究が要請されていることに留意すべきである。刑法学は、（評釈を含む判例研究、個別条文の解説、問題の所在および論点の指摘、学説の紹介などの――「現行法」の解釈にとどまらず、前世紀からの国際刑法の歴史的展開に関する考察を基礎に）国際社会に妥当する国際刑法理論を、そして次世紀国際刑法を展望し得る、またそれが次世紀の国際共存社会に通用し得る「理論」を構築する責任を負っている。いうまでもなく、刑法理論を構築することは容易なことではない。しかし、現実の問題として、国際社会において刑罰権は既に発動されている。そうであるならば、国際刑法理論を構築することが困難であろうとも刑罰権を基礎づける刑法理論構築への試行を試みるまたはこれに挑むことが必要なのではなかろうか。この問題が、忽略ないし閑却されてはならないと考える。単純な理論上の問題ではない。

一連の検討を踏まえていえば、（原初期における）国際刑法は被害者・被疑者・被告人を含む「人」の権利の保障のみならず、「人」の共存のために「保護」を図り、最終的には共存社会の秩序を維持することを目的としているといえる。このため、「人」の共存を目指す共存社会の秩序維持のために、どのような法理論を構築し得るかを検討する必要がある。国際刑法は、国際社会の平和的な秩序の維持[4]を究極的な目的とすることはいうまでもない。しかし、その目的とする秩序の内実は、国家や社会、共同体、組織、種族[5]を形成する「人」の共存自体の「保護」であるのではなかろうか。国際刑法における秩序維持とは、共存社会における「人」、種族、組織、共同体、国家、社会における「人」の生活に必須な条件の「保護」を介して実現されるものである。よってまたその目的は、共存社会のみならず先ずはこれを構成するすべての「人」の「保護」によって実現されるものであると考える。ローマ規程は、非締約国に対する効果を認め得る規定を置いている（第一二条二項(b)）。のみならず、国家付託以外の安保理付託を認め、現在ではローマ規程採択時は想定されていなかった自己付託に関する個人処罰への解決への道を歩んでいる。前世紀からの法の進化現象と考えられる。現在主張されている、「ＩＣＣには条約の拘束力を超えた強制力は存在しない。ＩＣＣの実効性はひとえに関係国の意思にかかっている」[6]との論理では説明し得ない事態が生じている。この事態を刑法学においてどのように捉えるのか、という今世紀国際刑法「理論」からの説明およびそのための理論構築という課題が生じていることを認識する必要がある。

ローマ規程の効果は、第一二条二項(b)をもって締約国であると否とを問わず、非締約国へ効果が及び得ることになった。国際刑法はローマ規程の列挙犯罪を首謀した者の個人責任法理を確立し、これによる特別予防を通じて、「人」の共存という――二一世紀初頭においては未だ課されてはいないマクロ的ないし展望的把握によれば――一般予防の役割を担うものと考える。他方、国際刑法は「人」の共存のために創られた（刑）法であるという理解に拠るならば、究極的にはローマ規程の締約国であると否とを問わず、「人」に着目されるべきである。刑法学上の「人」は、国家を通じてはじめて「人」になるわけではないが、合意を絶対的なものとして維持し理論構成を行う国際刑法では、国家を媒介とした「人」の把握または承認とならざるを得ない。だが、合意原則に拠る限りローマ規程の特徴といわれる新効果について、合理的に説明し得ない。

本書は、右に相違する。国家を通して「人」となる「人」という把捉ではなく、むしろ「刑法」によって措定される「人間」像に着目するのである。この視点が、従来の国際法学には欠けていた。また、国際刑法学においても充分に捉えることをしなかった欠陥であったと考える。国際人道法や国際人権法という「権利」に着目した法においては、「人」の主体性や保護の必要性が認められる。しかし、国際刑法におけるマクロ的把捉による刑罰権――わけても、これに付帯する義務づけ――を主張するにあたっては、具体的な「人間」が措定されるべきである。抽象的な「人」が刑事裁判を介することによって具体的「人間」と措定された場合、当該人間（＝被告人）をも含めた「人間」の共存を目指す共存社会秩序の維持のためには、如何なる法理論を構築し得るかが問題の焦点となろう。

本書は、①第一篇第一章以下に詳述してきた、国際法委員会やローマ外交会議に至る国際刑事裁判所設立準備委員会等で示された同刑事「機関」の刑罰権限源泉に関する譲渡説、固有説という考え方を明らかにしこれを理論的に精査しながら、②自ら築いた**内在的制約論および固有説の上に国際刑事裁判所が独立機関であること**を一貫して主張する。その上で、③**国際刑法が国際法から分化**する過程における**法の進化**について、設定した**仮説・検証を通じて**、従来より国際法の一部と捉えられていた国際刑法の分化論を提起し、この例外とされた国際法の一部としての国際刑法と、前世紀における罪刑法定主義の例外とを結合させ「**例外からの本質化**」を**ローマ規程の創出という社会現象に認めた**のである。さらに右を確認しながら、④第七章で示した「刑罰の史的変遷」において**検証した社会刑罰権の連続性・通有性**の帰結＝（国家刑罰権」ではなく）「**社会刑罰権**」**に関する史的概観に基づく実証的考察の上に**、⑤第五章第二節以下で導いた「**社会刑罰論**」**を基礎として**、⑥**これまでの国際刑法学において検知されなかった社会公訴権を社会刑罰論の中に発見し、国際社会に根ざした刑罰論**を主張する、すなわち、これを刑罰論の中軸とするものである。⑦同じく第一篇第三章第五節で詳述した**西原春夫の**「**保護論**」と、⑧同篇第四章第一節において論じた**瀧川幸辰の**「**刑罰義務論**」に関する諸考察とを縦横軸に相関させ、これに加え同篇第七章第一節以下で論じた原始社会から今世紀に至る**刑罰の史的変遷の上に共存社会における**「**機関**」**の連続性**を確認し、続く⑨同篇第九章第二節の**欧州連合における刑罰観の展開**――とりわけ「**機関**」が「**国家**」**に対し刑罰権行使を要請する義務論の導出**――に関する実証的考察を踏まえ、⑩本問に関する**論者の諸見の検討**という――刑罰権の史的変遷を出発点とする総合的かつ構造的、多面的視点から論究を通じて、⑪本第一〇章の最終章に**今世紀国際刑法の理論を提起**するのである。

本書の対象は、国際刑法のみならず、人類学、国際人権法・人道法を含む国際法、憲法、刑法、刑法哲学、刑事訴訟法、刑罰に関する歴史的考察という多岐に及んでいる。論考にあたっては可能な限り、(A)各分野における史的変遷を踏まえつつ、(B)社会構造の生成・変容を考察し、(C)国際共存社会に表出した法と法現象に着目し、その客観的分析を行い、(D)一定の仮説を設定していく方法論を採っている。このような方法論を本書の研究視座としたのは、本書の研究対象となった国際刑法という新たな（と一般にいわれる、他方で一連の本考察を踏まえれば、既に社会刑罰論という歴史性を有する）領域の開拓に当たっては、法の分化に関する実証を介して、すなわち、仮説設定――検証――実証――帰結――（仮説に設定した結論の）整合性に関する多面的視点からの精査を踏む確認――というプロセスを通じて行う先験現象への探究が、あるいは（次世紀を含む）後世への経験社会科学として一定の法則を提供し、法の進化ないし確立に一定の示唆を与える役割を果たすことになるのではなかろうかという考えに拠ったものである。

　したがって、本研究は、第一篇第一章の「国際刑法理論の基礎」を出発点として、国際共存社会の処罰意思と「人」の「保護」を考察の中心に置き、常に次世紀国際刑法における人間像を想定しながら論を進めてきた。いうまでもなく、「人」がいて社会があり国家がある。社会があって国家があり国際共存社会がある。本書においては、「人」を出発点とする――原始共生社会――国家社会――国際社会という**社会構造の変容および歴史の変遷の中に、法の保護主体たる不変の「人」が措定されている。**このような、「人」の把握の上に、本研究の対象である法現象＝今世紀（初頭の）国際刑法を、(a)原始社会からの史的変遷の中に機関刑罰論の連続性を実証的に確認しつつ、(b)時間軸と、(c)国際共存社会および国家社会ないし共同体社会あるいは組織社会という社会構造軸、三者(a)(b)(c)という多次元的構造の中に本研究の対象である今世紀国際刑法を置き、研究対象をこれらの軸に取り込んで仮説を検証するという縦横断的解析を通じて実体的・検証的な考察を重ねてきたものである。

　終章の目的は、第一篇第一章より論じ明確にしてきた（固有説を採ることにより国際刑法の淵源にこれを求める）国際刑法理論の基礎を起点に据え、実証的分析に基づきなした第一篇**第九章までの考察によって得られた幾つかの重要な**

結論＝支柱を、法理論の中に築き上げることである。すなわち、本章は今世紀国際刑法の理論構築にあたり、従来の国家主権絶対を前提に導かれる刑罰権国家独占原則には必ずしも拠らず、社会刑罰論[7]を基本的視座として、さらに**国家が適正な刑罰権の行使をなし得ない場合を含む、国際刑事裁判「機関」は**（「機関」自らに対し）**これを行使する義務を負う、という法理論を展開する**ものである。

本理論は、同時に、個別国家は刑罰権を有する自己に対して刑罰権を行使することは自己矛盾であるという二律背反理論の如き皮相な解釈論を排することを意味するものである。換言すれば、旧来、採られてきた主権者無答責、国家指導者無問責という原則から、ローマ規程の列挙犯罪の実行を首謀した指導者個人の刑事責任追及を図るという「共存社会の刑事裁判化」の現象を理論的に説明し得るものと考える。

かくして、本章は社会刑罰論を基礎として、第一篇第三章より論じてきた保護論[8]に立脚しつつ（国家の義務のみならず、「機関」自体の刑罰義務をも課す）刑罰義務論を刑法理論の中に採り込むものである。今世紀国際刑法の縦軸に西原春夫の保護論を、横軸に瀧川幸辰の義務論を据えるのである。本章は、国際刑法における刑罰「権」から理論的に刑罰「義務」を導き出し、両者を相関させながら整合的かつ体系的に組み立て得る刑法理論を構築しようとするものである。

我が国では、旧来──特に第二次世界大戦の前後を挟んで──①刑罰は「国家」秩序の維持を目的とするものであり、②統治権限を有する国家のみがこれを有し独占するという原則のもとに、国家起訴独占主義が採られていた。①に関しては、現行憲法の制定と同時に価値観の変容を伴って、刑罰の目的は、国家の秩序維持を一義的なものとするものではないという見解が支持されている。他方、②に関しては、いまなお多くの研究者が右の見解を支持している。とりわけ我が国では一般に公訴権は「国家」のみが独占するものと解されている。起訴独占主義により、基本的には、公訴権はすべて「国家」に集約され、刑罰権独占原則とともに「国家」によって独占されるものと理解される。公訴権の所持者がその所持者である自己を訴追し自己を処罰することは論理的に矛盾するとした背反論の主張も右のように説明される。

刑罰権国家独占原則を採る以上、(α)国家刑罰権と、(β)「国家」とは異なる国際「機関」がこの刑罰権を有すると解する国際刑罰権、(α)(β)両者は、単純に結合する関係ではない。刑罰権国家独占原則と国際刑罰権との関係について、理論的に整合する説明が未だなされていないのは、その証左といえる。それゆえ、多くの論者が、今世紀**国際共存社会で行使される、国際刑罰権を「超」国家「的」刑罰権と捉え、**またそのように指称している（既に第一篇第一章で前述したところであるが、この「超」国家的の意味内容については、これを用いる各論者において統一されているわけではない）。

ところが、国際「機関」における刑罰権の行使に関し、①なぜ国際社会の「機関」の刑罰権が「超」国家的なのか、「超える」とは如何なる意味か、「超」国家と解すべき必要性があるのか、②超えるとした場合であっても、如何なる立論によって「超える」ことが正当化されるのか。これら「超」を巡る「国家」と「機関」との関係についての重要な論点に関する理論的な説明はまったくなされていない。第一篇第一章に指摘した通り、この重要な問題は、問題としてさえ提起されることもなくこの議論を抜きに、国際刑法に関する個別的な論点の抽出および解説が行われている。必要性の見地から「事実上」国際刑罰権なるものが認められているに過ぎない。これを「『超』国家『的』刑罰権」といった認識のもとに、問題点の根本的な解決を放置したまま、研究者は現状分析や解釈論に専心している。国際共存社会に表出した現象とこれを刑法学上裏付ける刑法理論とを結合させる重要な手続ないし作業過程を怠っている。刑法学を基本的視座に据え国際刑法理論の構築を行う具体的な取り組みはみられない。

合意原則を基本とする国際法と、刑罰という物理的強制力を行使する刑法との関係について、旧来より「構造的な矛盾[9]」があることは指摘されてきた。この重大な問題に関し、著者はかつて、その解決を今世紀国際刑法＝ローマ規程の「慣習国際法化プロセスと個人処罰に関する国家主権の内在的制約理論」(10)に求め提起した。既にローマ規程が採択され法の運用がなされているものの、この点もまた問題の所在のみが指摘されるだけに終わり、刑法「学」の視点からする国際刑法「理論」は未だに構築されてはいない。二〇一八年四月現在（少なくとも我が国では）構築への試みは、確認されてはいない。

それは、これまで、(i)多くの論者によって国際刑法が「国際法の一部」であると把捉されていたことに加え、(ii)国際刑罰権の基礎づけについて、「あくまで国家刑罰権を基本とする」という思考にとどまり、(iii)現在に至っても、なお国際刑法における刑罰権――わけても「訴」――を検知し得ず、公訴権を「共存社会」に基礎づけることができないことがその原因と考えられる。そのために、国際刑法における公訴権および刑罰権を理論的に解明することが困難となり、また刑罰権の行使についても、未だにその法的根拠に関する正当性を見出し得ないでいる状況であると考える。

本書は、先達が築いてきた我が国における刑法理論を一条の光として、国際刑法における刑罰論への端緒を探究するものである。

(2)　問題の所在

国際「社会」においては、未だ刑法理論が構築されない状況の中で、刑罰権国家独占原則が、いわば公理の如く捉えられている。だが、(i)国家以外に刑罰「権」は観念し得るのか。(ii)観念し得るとすれば、それは如何なる理論に拠って、(iii)基礎づけ得るのか。さらには、(iv)刑罰「権」以外に〔a〕国際共存社会「機関」の、国家に対する義務づけに加えて、さらに〔b〕共存社会「機関」が自らに課す）刑罰「義務」を考え得るのか。(v)新たに創設された「機関」は、何故に、どのような「理論」をもって「義務付論」（義務論）を確立し得るのかの問題の存在を認識する必要がある。

右(i)に関しては、社会刑罰論が観念され、これが歴史上行使されてきたという史的事実について、第一篇第七章で論じたように、原始共生社会からの刑罰に関する法史学・人類学的観点からの考察を通して、検証を踏んでいる。(11) そこで、次節においては、これまで検討してきた、①国家を含む共存社会観を視座に、②保護論と、③刑罰義務論を基礎理論とし、これを前提として以下では、特に(ii)から(v)の点に関し、論じていきたい。

二 「機関」の連続性と社会刑罰権論

政治力学が働く現在の国際関係の中で、アメリカ、中国、ロシアという大国の賛同を得ることなしにはその設立が危ぶまれた常設国際刑事裁判機関は、現実のものとなって創設された。多くの文献は、第一次世界大戦、第二次世界大戦後に創設された国際軍事裁判所のほか、旧ユーゴスラヴィア、ルワンダ国際刑事裁判所を国際刑事裁判機関の先例として挙げる。しかし、国際社会における――世論を介した――（コア・クライムに対する）処罰意思によって生み出されたものは、これらの裁判「機関」のみに限るものではない。

ベトナム戦争の後に審理が開始されたラッセル法廷、カンボジア法廷、シエラレオネ法廷、アフガニスタン法廷ほか、平和を求める国際共存「社会」の意思こそが、国際刑事裁判「機関」を創出し、ここに首謀者個人の刑事責任法理と「機関」との連続性が確認される。このような考え方は、メタ・フィジカルな観念ではない。「社会」に根差した刑罰観が、歴史的変遷の中で変容しながらも、その本質を変えることなく「社会」への帰属性と「世代に亘る」史的連続性とを伴いながら展開してきた。個々各々の刑事裁判機関に「社会」刑罰展開の連続性が確認される。先例が踏襲されることにより判例法が形成されるように、「社会」刑罰論は、前世紀からの個々各々の刑事裁判判決に連続性をもって実証的な（社会）刑罰論へと受容されていくものと考える。本書においては、第七章に論じてきたように、原始社会を起点とする復讐が（復讐制限―復讐禁止時代を経て）制裁へと、制裁が刑罰制度へと変遷する中で、刑罰権の基礎は、「社会刑罰権の普遍性」それ自体に求められるべきものと考えている。（史的・社会構造的）連続性を有する国際共存「社会」の意思に支持され、（手段としての「条約＝合意」形式を用いて）常設の刑事裁判所が国際「機関」として創設された。「機関」を支えるものは、個別国家から発生するもの（と一般に解されている）ではあるが、それは国際「社会」の（世論を含む＝）共存欲求に基づく処罰意思である。そして、右に挙げたように、これまで創設されてきた幾つかの国際刑事裁判所について俯瞰すれば、「機関」の連続性を必然化させてきたのが「社会」であることが明らかとなる。さらに、刑罰の史的変遷に関する考察を踏まえれば、「機関」の連続性は、第七章で論じた歴史的検討――原始――ゲルマン古代――フランク時代――封建時代――中世後期――近世初期――における、各時代の刑罰権行使「機関」の属性への検証によって確認されるのである。

もとより、国際共存「社会」は、個別国家との連続性ないし結合の上に成り立っている。ここにおいて、留意すべきことは、国際人権法も国際人道法も国際慣習法も、個別国家との関係性を有するものの、国際共存「社会」を背景に形成されてきたという史実である。このような観点からも、個別国家ではない、（国家を含む）共存「社会」自らの連続性の上に国際刑法は展望されるべきであると考える。無論、個別国家なくして国際社会は存在し得ないことは明白であり、この点について異論はない（「国家」と国際共存「社会」との連続性については、他日、別稿において論じる予定であるため、ここでは敢えて詳しく触れない）。

本書においては、一連の論述を通じて明らかにしてきたように、国際刑法の本質を物理的強制力の行使とともに、（被疑者・被告人を含む「人」の生存を含む）「共」存およびその「保護」に求めるのである。(12) さらにいえば、抽象的な「人」から具体的な「人間」の生存を基礎とした「共存」にかかる「保護」に求めるのである。個別国家の意思――わけても（国家主権を重んじる傾向にある）大国の処罰（反対）意思の有無――にかかわらず、「機関」が創出された。そこには、個別国家とは区別された国際共存「社会」が顕現している。このような筋道にしたがえば、必ずしも個別国家の国家論に基づく、あるいは国家に立脚した刑罰論ではなく、右に述べてきた通り、国際「社会」に根差した「社会刑罰論」が必然的に帰結される。[13]

既に論じたように、国家のみが刑罰権を独占するという刑罰権国家独占の状態ないし同原則は、刑罰史という長い変遷の中では、「点」に過ぎない。刑罰権の起源とその系譜を原始共生「社会」から辿ってみれば、そこには、「国家」ではなく「社会」による刑罰権の行使が認められ、家、部族、氏族、階級（身分）、教会、地域「社会」が、これを有していたことが判明する。[14]このような刑罰権の端緒的発生――起源――からの展開を幾世紀にも亘る歴史的通貫の普遍性において検討すれば、刑罰権国家独占原則が絶対的原理であるとの論拠は歴史上存在しないと思われる。

いうまでもなく「社会」と「国家」とは同一ではなく、両者は区別して把捉されるべきであるものの、（今世紀初頭においては）国家なき社会、社会なき国家が存在するわけではない。両者は区別されつつも、統一的関係において存在している。この関係を如何なる理論を媒介に捉えるかについての問題は、国家が存続する限りにおいて重要な、永遠の課題のように思われる。しかし、刑罰権の問題の側面からこれを分析した場合、刑罰権が必然的に国家のみに帰属するないし独占されるべき、という歴史的理論的根拠は示されていない。また、そのように解すべきではないと考える。歴史的事実のみを基礎とすれば、第一篇第四章第三節に続く第五章第二節二項以下及び第六章第二節以下を介して検証してきた通り、社会刑罰権論が事実的に刑罰論の前提に置かれている。また、置かれ得る。そして、今世紀国際刑法にもこれ（新効果規定や安保理付託規定）が無自覚のままに置かれているものと考える。刑罰の史的展開を原始社会より今世紀まで考察した延長上に次世紀国際刑法の在りようを展望し、これを総括すれば、「国家」のみが刑罰権を有するという現象は、いわば「点」であり、多くの時代においては、「社会」がこれを有した。また有するであろう、という社会刑罰論が、普遍であり妥当なものであると考える。

原始的な共生社会が次第に発展するにしたがい、紛争ないし戦争は、国際社会へと舞台を移し、その刑罰論においても今日的状況においては国際共存「社会」へと展開している。国際法は、特定の分野に関し個別国家との関係を必ずしも前提とはしない、「独自の法を分化」させることになったのである。直接的な表言を用いれば、国際刑法は、伝統的国際法を分かって独立した法となったといえるであろう。国際刑法は、従来の国家間を規律する合意を媒介に、共存「社会」理論として独立し、且つ、固有の刑罰権を有する固有な「機関」を創出することにより、物理的強制力をもって（個別国家とそれが形成してきた「社会」、すなわち国際共存「社会」の秩序を維持し）「人」を「保護」することを目的とすることとなった。

ここに、国際共存「社会」においては、処罰意思をもって共存「社会」自らをも含めて規制する――「自主規制」――刑法を、社会存続のための秩序を目的とする国際刑法という構造を視い出すのである。(15)

三　共存社会の「機関」創設

(1)　「国家」への不信と「共存社会」への信頼

「国際法は、法として一元的に認識してこそ、より妥当するものである(16)」と粕谷進は主張する。続いて、「国際法といえども法としてある限り、個人の幸福をこそ保障するものであるはずであり、かつ個人の法意識こそ、国際法として妥当せしめる根拠なのである(17)」とする。そして、第二次世界大戦後に実効化された個人責任や国際機関に対する個人の提訴権の承認が認められる今日の傾向に着目し、「国際法が、国民の行為を直接に規制するに至った(18)」ことを指摘している。同じく高野雄一も以下に説く。「もとより、國際法も人間社會の規範であることにおいて國内法と全然變りはない。それが規律の對象とする國家が人間社會である(19)」とする。

もとより、国際刑法の原点は、どこであったか。何を求めて、何を目的に、国際刑法は形成されてきたのか。それが、コア・クライムに関する不処罰慣行の回避であり、「国家主権原理の理論」がそれを阻害ないし阻止してきたことを想起すべきである。この点で、国際共存社会は、今世紀の国際刑事機関に対し、――罪刑法定主義の形成背景となった、従来からの国家「（司法）権力に対するその濫用」への――不信は存在しない。

この観点から国内刑法に視点を移してみると、水谷規男によれば、「フランス革命期の刑事司法はその初期においては権力不信を背景として、司法権が国民に帰属するという考え方に立脚した法体系によって規律されていた」[20]という。また、内藤謙は、「近代国家における国家観は、その国家権力に対する『不信』を特徴とし、国家を『必要悪』とみてい[21]」たと指摘する。その問題を克服すべく「法の支配」や「三権分立」という国家権力の規制原理が求められたのに対し、今世紀国際刑法においては、刑事裁判「機関」に対し、上述の不信＝国家刑罰権の恣意的行使に対する猜疑は認められない。在ったのは国家刑罰権の発動に関する無起動性への疑念および不信である。

国際刑法の原点には、不処罰慣行を回避すべく「刑罰権の国家独占」とは異なる理論によって刑罰権が行使されるべきとの趣旨があったことを想起すべきである。刑罰権が「国家」のみによって行使されるという考えではなく、「国家」刑罰権に必ずしも依拠しない刑罰権概念を求めて国際刑法が形成されてきたのである。

以上のような考察を踏まえ、国際刑法においては、物理的強制力を及ぼす刑罰権概念自体について、如何なる理論を構成すべきであろうか。また国際社会の現状に対し、どのような論理が求められるのか、さらに適用されるのかという点については、――共犯（conspiracy）ほか個別的な問題は別にしても――体系的な理論構築に関する問題の提起自体も積極的に行われることなく等閑視されてきたといえる。

この点で、かつて牧野英一は、一九五一年三月から同年四月にかけてジュネーヴで開催された、国際社会委員会の議決の紹介を介し、国際刑法について「理論的構成を全く新たにせねばならぬことになつたことを、わが學界の特に若い人人に対し、警告せねばならぬ[22]」と指摘していた。伊東研祐は、二一世紀の我が国における刑事司法を検討する際に「『刑罰論』ないし刑罰理念論が改めて必要」であること指摘をしている。[23] また、本田稔も同様の趣旨[24]を強調した上、「刑法理論家を層として見たときに、刑法の現状に対する批判精神が失われつつあることは明らかであ[25]」ると主張する。さらに、寺谷広司は、「今日、国際法学では刑法哲学をほとんど顧みない[26]」と指摘する。国際刑法研究者は、これらの指摘や主張を真摯に受け止める必要がある。すなわち、（これらは、国際刑法における刑罰権の行使に関する正当性への理論構築が困難であるならば、少なくとも：括弧内引用者）「現状を追認する理論傾向がどこから生じているのかを考える必要がある[27]」ことを強く求めたものである。右の指摘は、国際刑法研究においても妥当する。

国際刑法が対象とする犯罪の処罰に関する国内法整備――国内刑法の規定新設ないしローマ規程の国内法履行に関する特別法の制定など――が既になされた国家においては、説明は充分理論的なものとなろう。他方、我が国のようにコア・クライムに対する直接的な刑罰規定が置かれていない国家においては、国際刑罰権の正当性は何に求められるのであろうか、またはどのような説明がなされ得るのだろうか。

本書は、このような国際刑罰権を基礎づけるものが何であるのか、またそれはどのような理論によって正当化されるのであろうかという問題意識を有しつつ、刑罰権の淵源へとさらに近づいていこうとするものである。未だ築かれることのない、しかし極めて重要な国際刑法に関する基礎理論構築の「必要性を説くのみ」ならず、自らこれらについての根拠を探究するものである。

(2) 刑罰の展開と刑罰権の淵源

本篇第二章で実証的に検討してきた通り、社会の発展による法も変容に伴って、刑罰の態様もまた変展する。社会の発展は「人」の生活利益のための変容であり、これに伴う法の現象や法の分化・進化もまた、「人」の保護のために表出してくるものと考える。

第七章において述べたところであるが、原始共生社会においては、いうまでもなく個人責任法理は確立されていない。向けられた攻撃や侵害に対し、被害者「側」という集団が、（近代以降に指す、）被害を受けた個「人」を含む自らの――「族」・「種」――存続をかけて無意識のうちに集団責任観が採られており、復讐の対象も今日のような自然「人」へのそれだけではなかったのである。そこでは、（現在の刑法学上用いられる）法益侵害または結果の発生に関わった死者のみならず、動物や植物までが対象となっていた。これは、被害者側を含む集団社会の加害者側に対する、強い憤怒、憎悪、嫌忌、怨嗟などが一気に噴き出した結果として行なわれる行動である。このような行動は、人間の本性に内在する自己保存欲求への侵害に対し、「目には目を、歯には歯を」という「同一の法益侵害＝タリオ」をもって、あるいはそれ以上の威嚇を伴って反撃するという被害者を含む被害者側集団の共存欲求に基づくものといえる。

既述した通り、攻撃や襲撃あるいは侵害に関わった動植物のみならず、死者への処罰や、死者――は生きたものとして復讐を求めているという考え――からの復讐が認められていた。原始共生社会においては、宗教と慣習や規範とが混淆状態であり、分化されてはいなかった。神の怒りはタブーとされた。この、怒り＝タブーを畏れ、これを回避すべく集団で共存するという形態をもって（心理的安堵を求めて）共同体生活が必要とされたと考えられる。そこで求められたものが、生存欲求から成る集団の存続を図るための慣習や規範である。そして、これが次第に「法」となっていくのである。社会の発展とともに、このような背景をもって、「人」の存続を図るべくさらに異なる社会構造の変化を伴って宗教と慣習ないし規範とが分化していき、したがって、宗教と慣習法へと分化し分化は「人」の集団の存続に必要なもの、すなわち、「人」を「保護」し社会の秩序を図るものとして具体的な表象を伴って表出する実体化現象といえよう。

宗教と法、法の私法化と公法化への分化など、分化は、「人」の共生社会の「保護」のために生じたまたは、求められる現象であり、その淵源を辿っていけば、そこには「人」の共存欲求があったのである。刑法、国際刑法を含む諸法の淵源には、共存「欲求」があった。

国際社会の刑事裁判「機関」は、共存欲求の顕現であることが判明する。「機関」をもって、国際共存社会における「人」は、自らの欲求＝共存欲求を充たそうと考えたことが、刑罰権の変遷にかかる史的考察から判明する。同「機関」は、「人」の共存欲求の実体化であったのである。

(3)　前「国家」人類法

以上の検討を踏まえれば、国際「機関」を求めたのは、理論的には「個別」国家ではないことがより鮮明になる。国際共存社会を成す国家の構成員である国民＝「人」の共存欲求が国際世論を形成し、「国家」を媒介に「機関」の創設を求めたのである。「人」の共存のための国際「社会」は、必ずしも「国家」という組織体を問題とするのではなく、「国家」を構成する自然「人」＝人間にその出発点があるという構造をとるのである。従来国際法においては、「国家」が法の主体であり、「国家」を通じてのみ「人」の権利や義務が認められるという把捉であった。これが、国際人道法や国際人権法によって、国際法の主体は必ずしも旧来のそれとは同様なものではなくなった。

国際刑法における「人」の把捉について、従来の捉え方のみによっては整合的にその主体性や法の目的を説明することはできない。伝統的国際法のもとにおいては、主権国家を前提としてまた合意原則を原理として論が展開される。もちろん、このような立論は、合理的であり今世紀初頭における国際社会の組織的状況を反映するものである。

しかし、「国家」や「社会」というものを、「人」の生活利益を実現させるための必要的な存在としての組織と把握するならば、補完性原則に拠る立論は永劫整合性を持ち得ないことになろう。「人」たるに値する生活を享受すべく、また「人」たるに値する権利の実現のために、「国家」（組織）が存在すると考えるならば、「人」＝人間がいて「国家」や「社会」があるという構成が原理たるべきである。このような道筋にしたがえば、個別国家の結合によって成立する共存「社会」は、他面的には個別国家を構成する各国国民＝「人」が共生ないし共存する「社会」を中核とするものといえる。「国家」が先験的に存在するのではない。「人」＝人間を「保護」するため個別国家は、各種の国際人権条約を採択してきた。国際人権条約や国際人道法の特徴には、それ自体の普遍性ないし広汎性が認められる。国際共存社会の情報伝達技術を含む物質的・経済的・社会的発展を背景として、人間の尊厳をはじめとする「人」の「保護に関する共存社会の自覚」にこれら条約の正当性が求められるであろう。

しかるに、国際人道法、慣習国際法の結集ともいうべき国際刑法において、「国家の同意＝合意原則」は、原理たり得るのであろうか。補完性がローマ規程の原則に採られた所以は、刑罰権の譲渡を拒む「国家」と、強い裁判所を目指す「国家」の調和を図り、もってローマ外交会議という限られた開催期間内でのローマ規程の採択を目指した由のことである。また、刑罰権行使の実効性の確保という観点から補完性は採られたのである。関係国の同意を前提とする刑罰権の行使という把捉は、国際刑法の本質とは必ずしも一致するものではない。[28] 補完性原則は、ローマ規程を採択した外交会議の席上、主権を重んじる「国家」と、（"Like - Minded Group"に代表される）国際裁判所の独立性を確保して「強い裁判所」を目指す「国家」との間に生じた不協和について、これを解決するべく採られた調整原理であったことを失念すべきではない。[29]

この点で、外国法研究や比較法研究の意義を「普遍性の要請」に求める井田良の言説は示唆に富む。すなわち、「条文がそうなっているから、これまでの判例がそうだから、日本人の国民性がそうだから、社会通念に一致しているから、というところに理由が求められる解決は『弱い』解決にすぎない[30]」こと、これに対し、「普遍化可能な価値判断と論理に基づく解決は『強い』解決であり、それが目ざされなければならない[31]」と主張し、刑法「学」の存在理由を「価値判断と論理の普遍化可能性という意味での合理性を高めること[32]」に求める井田の指摘は、目的となる考察に対するアプローチの手法こそ異なるものの、結果的には本書と同旨である。

第一篇第一章及び同第二章に詳述したところであるが、今世紀国際刑法は誕生したばかりである。国際政治力学が影響する（ローマ規程における四つの対象犯罪を決定しこれを採択した一九九八年七月のイタリア・ローマ外交会議および［本外交会議では名目的な対象犯罪として位置づけられていた］侵略犯罪の構成要件を画定した二〇一〇年六月のウガンダ・カンパラ締約国再検討）会議では、一定の犯罪構成要件と本法の運営に関する指針が示された。無論、これは最終的なものではない。国際刑法研究は、歴史的展開の中では長い歴史を有する国際法から分化し、現在はその出発点に在るに過ぎないと考える。二〇一七年のローマ規程は完結法ではなく、強い動態性と可変性を特徴とする法である。補完性原則を強調する立場に対しては、諸種の人権条約は、国家の同意のもとにその保護が導かれるのであろうか、という第二の問題が呈され得る。「人」は、人権条約があるがゆえに「人」権が付与されるのでは「なく」、「保護」されるべき「人」の存在がある、ゆえに明文規定をもってこれが条約化されるものと考える。「人」の保護のために法が求められ、そこに分化が表象してくるのである。これは、「個人は国際法の主体たり得るか」という問題、すなわち「人」の把捉に関する問題にも通じるものと思われる。「国家」を主体として法を解釈する、あるいは理論を構築する場合、古谷修一が主張するように国際刑法は国家法ないし国際法の「サブ」となり、また「人」は国家の「サブ[33]」という把捉となろう。

しかし、国際「刑」法における「人」について、公益（本概念については、諸種の見解があるが、本書はこれを目的とするものではないため、これ以上の言及はしない。本章においては、先より触れたように、「人」の共存のための共通法益と捉えることとする。「人」の共存のための共通法益に関しては別稿をもって検討するため、本論文においては細述しない）を受ける主体と捉えるならば、「人」を「サブ」と位置づけることはできない。また、本書は、「人」＝人間を法の主体と把捉することから、「人」を法の中心に置くのである。国際刑法は、――巨視的観点から――「人」＝人間の共存「保護」を目的とし、――微視的観点から――被疑者・被告人との関係においてはその本質である物理的強制力をもって個「人」の権利を制限する法でもあることから、一般条約とは区別されるべき法であると考える。本書は、関係国家の同意によって、いわば関係「国家」管轄権の不承認ないし不受理とそれに引き続く「国家」刑罰権の不行使という近代「国家」権力の反射的効果に拠って、国際刑事裁判機関の刑罰権が行使「される」＝補完性原則という法の構図を必然的原則として採るものではない。重大な「人」権侵害に対し、共存社会の「人」の（共存にかかる）「保護」を図る国際刑法においては、個別「国家」の刑罰権に従属しない、すなわち国家主権に付随する刑罰権不行使または国家の不同意を俟って、共存社会「機関」が刑罰権を行使するという刑法理論は、構築すべきではない。

本篇第三章で論じてきたところであるが、我が国においても外敵から国民を護ること、個人の生命身体等を護ることが刑法の主要な役割であると考えられてきた。と同時に、国家の同意＝合意原則が尊重され、個別国家における固有の法規範や法的価値によりその優位性が求められることになる。このような思考のもとでも、「人」＝人間が有する絶対的な普遍的権利は、個別国家の同意の有無とは無関係に尊重されるのが原則である。しかし、事実として人権条約は関係「国家」の合意のもとに締約される限りにおいて、すなわち、人権条約と雖も国家の「同意の範囲内において付与的に保障される」という結論にならざるを得ない。[34]

本書においては、「国家」の合意または同意如何によってはじめて「人」を保護すべき法が発動するのではなく、保護すべき「人」のためにその役割を果たす法が求められると考えるのである。

四　社会公訴権の本質と刑法理論

今世紀国際刑法が創設され、また他方で“responsibility to protect”が強く観念されつつあるものの、前者における公訴権の理論的構造が明らかにされるものでもなく、また後者においてはその権利性が認められているものでもない。これは、（二一世紀初頭における）社会の発展との関係性の問題と考える。すなわち、コア・クライムに関する「共存社会における刑事裁判化」については、緒に就いたばかりの状態であると考える。

特に、公訴権に関しては繰り返し指摘するように、①ローマ規程が実体法と手続法とを含む包括的体系を採っていること、②刑罰権は何によって基礎づけられるのかという問題と、現在何を基本として刑罰権が基礎づけられているのかとの問題が、異なる問題であるという認識に至っていない、ために、③刑罰権のあり方などが明らかではなく、④現行ローマ規程が採っている補完性を文字通り原則としてのみ理解して（補完性原則が採られた経緯や背景のみならず国際法委員会での諸議論にも留意することなく、法解釈も現状分析のみに拠って）いるため、国際刑法学上、公訴権概念は未だ研究対象として取り上げられてはいない。この公訴権概念の本質をどのように捉えるのかという問題に関しては、先行研究はみられず、よって、自らの刑法理論ないし刑事訴訟法理論と不可分性の中にその本質＝手続をどのように進行させていくのかが問われ、この点こそが重要な問題となるのである。

刑法が国家の影響を受ける以上に、刑事訴訟法はより一層強く国家の在り方や目的に拠るものと考えられる。同じく、国際刑法は（近代）国家の影響を強く受けるのか、あるいは国際共存社会の影響をより強く受けるものなのか。在来、国際共存社会を基礎に置いて刑罰論を構築する研究、本書以外の諸説は国家のみを絶対的なすべてとして捉えこの絶対的基準のもとに国家刑罰権の例外、すなわち「超」国家的刑罰権論なる無内容の術語によって国際刑法現象を説明してきた。ゆえに、国際公訴権に関する検討は、行なわれることなく放置されてきたといえる。

否、精確には国際公訴権を発見できないまたは検知し得ないのである。
だが、多数の研究者が汎用する、譲渡説に基づく「超」国家「的」刑罰権論において示す「超」の意義を国家刑罰権絶対の「例外」と解した場合であっても、当該「例外」とは、個別国家によって例外とされる判断基準に基づく例外であり、これ以外に例外は存在しない。したがって、その「例外」さえも個別国家による刑罰権の理論を超えるものではない。個別国家の主権に基づき、個別国家が決定した、個別国家の主権の枠組みのもとにおける例外に過ぎない。国際刑法を論じる多数が右の主権理論にのみ拠るためか、国際「公訴権」に関する詳細な検討は、「国際法」の側面からも、また「刑法」の視点からも取り上げられてこなかった。

しかし、国際社会全体の利益にかかるコア・クライムに関する刑事手続において、本来の国際（本書に指す、「社会」）公訴権概念を置いて刑事裁判は展開されない。従来、補完性を原則として論じられてきた国際刑法は、補完性原則が機能しない――自己付託という――現状に遭遇している。共存社会におけるこのような現状は、補完性という妥協が妥協たり得ず、本質を求めている現象が生じたものであると解すべきであろう。自己付託で求められているものは公訴権の本質であると考える。

そこで次に、国際共存社会（以下では単に「社会」という）における公訴権の本質を探究することとする。

(1)　国際刑事訴訟法の現在

国際刑事裁判における訴訟法に関しては、未だ体系的理論的な訴訟法理論は構築されてはいない。ローマ規程が多くの国家によって採択されたことは、当事者主義または糾問主義のいずれかが採用されたことを意味するものではない。ローマ規程においては、コモン・ロー（英米法）における当事者主義（adversarial or accusatorial system）とシビル・ロー（大陸法）における糾問主義（inquisitorial system）の両者が採られたものと考える。英米法における訴訟構造は、当事者が互いに証拠を提出する対審構造を採るのに対し、大陸法における訴訟構造にあっては、予審制度を採ることにその特徴がある。ドイツ法やフランス法が伝統的なシビル・ローの制度を、イギリス法やアメリカ法がコモン・ローの制度を採っていることは周知の通りである。コモン・ロー制度を採用する当事者主義では、裁判官の役割はもっぱら訴訟指揮にとどまり、証拠提出や証人尋問等は、検察官および弁護側に委ねられている。これに対し、シビル・ローの制度を採る職権主義のもとでは、裁判官は重要な役割を担うこととなる。すなわち、訴訟指揮はいうまでもなく、証拠提出・検討、そして判決を言い渡すことになる。

ローマ規程では、証拠の提出に関し当事者の「義務」が定められているが、捜査を含む検察官（または予審部の）の権限に関する明確な規定は置かれていない。検察官は捜査の開始にあたり合理的理由があるという結論に達した場合、予審部に捜査の許可を請求する（第一五条三項 shall submit）。予審部は当該請求を審査し、捜査を開始するに足りる合理的根拠があると判断する場合に限り、捜査の開始を許可する（同条四項）。

検察官は捜査を開始した場合、すべての締約国および当該犯罪に関し、通常裁判権を行使するであろう国家に通告する（第一八条一項 shall notify all States Parties and）。通告から一か月以内に当該国から要請があった場合、補完性原則にしたがって検察官は当該国の捜査に付託しなければならない（同条二項 shall defer to the State's investigation）。検察官による捜査開始後、一定の要件を充たす場合、予審部は逮捕状を発しなければならない（第五八条一項 shall … issue a warrant）。この点、トリフテラー（Otto Triffterer）の遂条解説書を確認すれば、各条文にて obligate ないし obligation という「強い義務」の意義を明示している。我が国で紹介されているいわゆる条約案の「訳」とは、異なるものであることを指摘しなければならない。裁判所は、当該逮捕状に基づき被疑者の引渡を所在国に求めることができる（同条五項）。被疑者が引き渡されまたは任意に出頭した場合、予審部は合理的期間内に、嫌疑確認のための聴聞を行わなければならない（第六一条一項 shall hold a hearing）。予審部は聴聞に基づき、被疑者が被疑事実を犯したと信じるに足りる実質的な根拠を立証する充分な証拠があるか否かを決定しなければならない（同条七項 shall ... determine）。この確認聴聞が、正式な起訴とされる。

ローマ外交会議は、本規程の採択を目指したのであり、国際刑法に関する詳細な刑事訴訟法の創設を期するまでには至っていない。今後も実務を通し、法の不備・欠缺については裁判官を中心として必要な規則が創られていくものと考えられる（第五一条三項）。[36]二〇一八年四月現在、国際刑事訴訟法については、ローマ規程を補う形で、以下の規則が整備されている。最初に、二〇〇二年締約国会議によって全二二五条から成る手続証拠規則（Rules of Procedure and Evidence）が採択された。これは、裁判所の構成と運営、管轄権と受理可能性、証拠法、被害者および承認に関する規則、捜査と訴追、審理手続、刑罰、上訴と再審、裁判所の運営に対する犯罪、被告人に対する補償、国際刑事裁判所協力手続法に関する補完ルールなどを定めるものであり、刑事訴訟に関わる総則と位置づける考え方もある。

続いて、二〇〇四年、（裁判官により）全一二六条から成る裁判所規則（Regulation of the Court）が承認されている。本則は、裁判所の構成と運営、裁判手続全体に関する問題、予審、第一審、上訴審・再審の手続に必要な規則、弁護人および法律扶助に関する規則、被害者参加と補償、拘禁に関する規則、国際刑事裁判所協力手続法と刑罰執行に関する規則などを定めるものである。

さらに、二〇〇六年、（総括部により）全二二三条から成る裁判所事務局規則（Regulations of the Registry）、すなわち裁判手続全体に関わる手続、書記局の言語使用、被害者と承認に関する書記の責任、被害者参加と補償、弁護人および法律扶助、拘禁に関する規則が承認されている。

(2) 義務論

国際共存社会は、個別国家より成り、個別国家は社会、そして「人」から成る。国家存立の正当性が「人」権保障にあるとすれば、国家の存立目的は、個別国家から成る国際共存「社会」での人権保障へと連続し、その連鎖・連結の保障に役立つものでなければならない。[37] 人間の尊厳を保障する「国家」「機関」という考え方は、「人」＝人間が個別国家のみならず共存社会と関係する限りでのみ生存し得ることを考慮すれば、(国家は) 共存社会の「機関」へと必然的に繋がることはいうまでもない。この点については、何よりも国際刑事裁判「機関」を生み出した処罰意思が、(「人」から形成される国際世論、また「人」から構成されるNGOなどを含む) 個別国家から成る国際共存「社会」の意思であったことが確認されなければならない。ローマ規程の対象犯罪は、持論に拠って精確に記するならば個別国家の犯罪規定の「拡張」ではなく、国際共存「社会」によって形成され生長してきた慣習国際法を実定法として画定化したものである。すなわち、共存社会自体に向けられた (と捉握される) 共通法益に対し、この共通法益を享受すべき国際社会に共存すべき「人」を保護するという意味においてコア・クライムを首謀した個人の刑事責任を追及するという刑罰論である。

右のように、また、第一篇第三章第四節で論じたように、①国家は「人を保護するために存在する」[38] と考えるならば、国家は「人」の権利の保障に対して義務を負う。これを (現実の問題は別として) 理論上の問題として共存社会における国際刑事裁判「機関」のゲネシス論的視点で捉えると国家を含む共存社会を「人を保護するための」存在、また「機関」を (第一篇第二章二節以下で論じた如く、人の共存欲求に基礎づけられた)、「人を保護するための」存在と考えるならば、共存社会は「人」の権利の「保護」に対して「義務」を負う、という論理が導き出され得る。[39] 次に、②この論理基礎に、国際共存「機関」を置いてみる。そうすると、「人」の共存のために創出された「機関」は、「人」の共存にかかる「保護」に対し「義務」を負う、と同じ結論を導き出し得る。

さらに、③国家は主権（司法権）に基づき犯罪者に対し（諸説あるが、）国家の秩序維持ないし共通法益のため、この侵害に対し回復の権利を有し「義務」を負うと捉えることが可能である。とすれば、これを同じく（敢えて）共存社会に妥当させてみると、共存社会はその有する刑罰権（ないし司法権）に基づき犯罪者に対し、当該侵害に対し回復の権利を有し、「義務」を負うと解することができるのである。

ところで、④刑罰権は主権の一部を成すものであり、ゆえに国家は刑罰に関する権限を有するとともに適正かつ公正にこれを行使する「義務」を負う。共存社会の問題に即していえば、刑罰権は、（譲渡説によれば国家は自ら有する主権の一部を共存社会における国際刑事裁判「機関」に譲渡したものであり、〔固有説によれば共存社会がこれを有すると考える立場であるが、第一篇第一章で論じたように〕その当否は別にして一般には譲渡説が採られている。これに拠れば）主権の一部（＝刑罰権）を共存社会の「機関」に譲渡させたものであり、ゆえに共存社会における「機関」は刑罰に関する権利を有するとともに適正かつ公正にこれを行使する「義務」を負う、ことになる。

そうすると、⑤検察官は、公共の利益のために公訴をもって裁判「機関」に対し科刑請求権を有し、これを適正に行使する「義務」を負う。また、裁判「機関」は科刑請求者に対し、審理をもって判決を言い渡す「義務」を負う。これを共存社会における理論としていえば、共存社会の国際検察官は、（国際社会の）公益のために公訴をもって「機関」に対し科刑請求権を行使する「義務」を負う。無論、後述するように共存社会における刑事裁判「機関」は、当該科刑の請求に対し、適正な裁判手続を踏んで判決を言い渡す「義務」を負う。

他方、⑥被告人は、自己の利益となる審理を請求する権利を有する。共存社会の刑事裁判「機関」おける被告人は、自ら利益となる審理を請求する権を有することになる。続いて、⑦審理の請求を受けた裁判「機関」は、物理的強制（判決〔または法律〕による刑罰請求）[40]権限を有するとともに、適正かつ公平な審理を行う「義務」を負う。審理請求を受けた共存社会における裁判「機関」は、物理的強制権限を有するとともに、適正かつ公平な審理を行う

「義務」を負う。

総括すれば、国家を含む国際共存社会を「人を保護するための」存在と解するならば、共存社会またその処罰意思とそれを顕現させた国際刑事裁判「機関」は「人」の権利の保護に対して「義務」を負う、という「義務」理論が導き出され、（ミクロ的把捉によれば）現実的には具体的事態にかかる首謀者個人の刑事責任への追及であるものの、（巨視的把捉によれば）究極的には（被疑者・被告「人」＝一人を含む）「人」の共存のために創出された国際刑事裁判「機関」は、「人」の共存にかかる保護に関し「義務」を負う。共存社会「機関」は、その（譲渡によって、または固有する若しくは、これらに必ずしも拠らない「超」国家的刑罰権概念によって）有する司法権に基づき、犯罪者に対し当該侵害に対し回復の権利――刑罰権――を行使し、同時に適正かつ公正にこれを行使する「義務」を負う。

繰り返し述べるように、審理請求を受けた共存社会における裁判「機関」は、判決確定権という物理的強制権限を有するとともに審理を行う「義務」を負うという理論が導出され得ることが明らかとなる(41)。

五　「保護」と「義務」

(1)　動態法の現在

本書は、これまでなされてはこなかった国際刑法に関する体系的把捉を理論的な観点から構築しようとしたものである。国際法学においては法の分化は認めないのであろうか。祖川武夫は、「国際社会にあつては、（中略）公私の分化は認められない(42)」という。これを補足するように藤田久一は「国際社会では、社会構造上公私の分化は認められないから、法の創設・変更を求める動的紛争も個々の国家間の交渉において現れるほかない(43)」と示記する。また、国際法学の研究を考察するに、その多くが補完性原則を基礎とする、すなわち合意原則をその中心に置いている。研究対象を独自に捉える理論的考察はほぼみられず、補完性原則が採られた経緯ないし沿革への言及は多いとはいえない。

国際刑法は、「国家」刑法において形成・確立された罪刑法定主義を継承したものともいい得る。(44)本篇第五章第一節四項で示したように江橋崇が指摘する歴史から結実された法理の承継である。その意味で国際刑法における罪刑法定主義は、近代国家において形成されてきた刑法原理そのものであり、――わけても、譲渡説、中就「超」「国家」「的」刑罰権説によれば――特異な罪質をその対象犯罪とする国際刑法から本来的、且つ、理論的に導かれるものではない。ニュルンベルク・極東国際軍事裁判における諸種の問題を克服すべく今世紀国際刑法＝ローマ規程に採られた原則ではあるものの、むしろ近代刑法の大原則を継承したものというべきであろう。

ローマ規程の採択時には、犯罪法定に関し、形式的列挙犯罪であった侵略犯罪が名目的列挙犯罪（“nominal inclusion”）から二〇一〇年六月にウガンダで開催されたカンパラ会議を経て実質的な列挙犯罪として認められるに至った。だが、これをもっては充分ではなく、犯罪構成要件に関する具体的な文言の中には常に動態性や可変性が求められる。

我々は、さまざまな先行を研究し自らの研鑽を踏むことによって、凡そその関係する法についての見通しを立てることができる。他方で、誰もが「潜在意識」を有している。特に、気にかけることなく日常を過ごしていれば、いま現在の当該地域における文化・教育・情報によって思考を巡らせ、研究の対象となる法または法現象に関しても、現代の、あるいは現在の、あるいは、――とりわけ法学者においては――「近代国家」を前世紀に学び、暗黙のうちに既存の国家論の上に、何らの立論なく当然のものとして無自覚に国際刑法における刑罰論を既成観念として築いてしまっていることも少なくない。

しかし、我々が巡らす思考は、世紀的スパンをもって展開する史的変遷の中では「点」に過ぎず、最終的な決定でも法思想でもなく、それは過程的なひとつの評価に過ぎない。逆理的にいえば、将来を見通せば、「点」への必要的拘制は求められるべくもなく、また「将来」への展望についても、「点」をもってすべてが語られるべきではないと考える。

(2) 権利と義務の多義性

本書は、重大な国際犯罪を首謀した首謀者個人の刑事責任追及に関し、国際共存社会を舞台として、表出されるべくして顕現した「機関」が、国際刑事裁判所であることを主張してきた。本章は、国際刑法の分化を検証した直後の立論であることから、また、国際刑法の分化に関する考察自体も国際刑法理論構築に関する直接的な先行研究も未だ存在しないため、必ずしも充分とはいえず概要的であり概観的なものにとどまっている。立論において、保護とは何かという問題に取り組む際に、また「公」とは何か、公益とは何かを論じることができれば、さらに考察は進展するものと思われる。

繰り返し述べるように、これらの文言が意味するその「公」に関しては、多義性を有していることは否めない。この点では、「公共の秩序」や「共存」についても、同様の指摘が向けられよう。[45] このことは、「保護」や「義務」についても同じく多義性や不明確性は排除し得ない。もとより国家主権にいう「権」限とは、国家組織が高度の統治性を伴った場合、諸種の「権」限が認められるが、他方で、当該文脈に指す「権」限という概念自体も、[46] 社会の発展や変容によって、すなわち、時代の社会的要素を色濃く有するものであるため、——国家権力や裁判手続が整備されてはじめて、行使される「権」限や——保護される利益としての「権」利という概念が説明されることが多い[47]のである。[48] 同様に、——努力義務、抽象的義務、一般的義務、具体的義務など——「義務」という概念自体が、社会の発展とともに次第に明らかなものとなってくると考える。

このような中で、国際共存社会は、諸条約や諸宣言への「義務」規定の創設に関する準備を既に始めていることが認識される。既述した通り、ジェノサイド条約やジュネーヴ諸条約のみならず、米州条約条約においては、その第一部（第一条以下）に「国家の義務」他の規定が置かれ、同第三二条には、（個人の責任として）「個人の家族、社会、人類に対する責任」が定められている。

① **国際人権宣言**

佐藤功は、一九二九年一二月に国際法学会によって採択された国際人権宣言[49]について、特段の留意事項がある、と指摘する。すなわち、

「第一条　すべての個人に対して、生命、自由、財産の平等な権利を承認し、その領域においてすべての人に、国籍、性別、人種、言語及び宗教の区別なく、この権利の十分かつ完全な保護を与えることは、すべての国の義務である。

第二条　その実行が公序良俗に反しないところのあらゆる信仰を公私にわたって自由に奉ずる平等な権利をすべての個人に認めることは、すべての国の義務である。

第三条　自ら選んだ言語を自由に使用し、かつそれを自由に教育する平等な権利をすべての個人に認めることは、すべての国の義務である」

というものである。

佐藤は、その前文の「文明世界の法意識は、国家からのあらゆる侵害を免れる権利を個人に対して承認することを要求している[50]」という点が注視されるべきであるという。本起草の趣旨は、「国家からのあらゆる侵害」、換言すれば「国家からの自由」を求める権利を具体的に確認したものであるという。人権宣言成立の沿革を辿ってみると[51]、そこには「人」の権利保護に関する「国家の義務」が定められている。すなわち、

「第一条　如何なる国も、各個人に対して生命、自由および財産に対する平等な権利を承認し、かつその領域において国籍、性、人種、言語または宗教による差別なく、この権利の完全かつ十分な保護を与える義務を有する。

第二条　如何なる国も、その実践が公の秩序および善良の風俗に反しないすべての信仰、宗教または信念の自由な実行をなす平等の権利を各個人に対し承認する義務を有する。

第三条　如何なる国も、各個人に対しその選択する言語の自由な使用と享受とを承認する義務を有する。

以下、省略[52]」。

佐藤は、ここに「後の国連憲章・世界人権宣言の前史が始まっていた[53]」とする。加えて、その前史には、一九四一年一月のルーズベルトの「宗教の自由、言語の自由、欠乏からの自由、恐怖からの自由という、四つの自由」（一九四一年八月）、大西洋憲章（一九四一年八月）、連合国共同宣言（一九四二年一月）、国連憲章原案とされるダンバートンオークス案（一九四四年一〇月）、チャプルテベック協定（一九四五年三月）が挙げられることを指摘する。そして、上述した一連の憲章や宣言、原案、協定、議定書が、人権保障に関する思潮となって国連憲章に結実されたと論じている。続いて佐藤は、事務局案に提起された「四つの自由」について言及する。すなわち、

「一、人権および自由が尊重されなければ平和は存在しない。

二、人間は、権利のみを有するものではない。人間はその形成する社会に対して義務を負う。

三、人間は、各自の国および世界の一市民である。

四、戦争及び戦争の威嚇が排除されなければ、真の人類の自由または尊厳は存在しない[54]」というものである。

右に示した事務局案の二、において、「人」が「社会に対して義務」を負うことについては、注目されるべきで

あろう。本案以前では「人」の権利の側面が重視された。本案は、権利とは別に、「人間が社会に対して義務を負う」という点を確認するものであり、それまでの法意識を発展させるものという観点から、国際刑法の展望において示唆的であると考える。

佐藤は、本宣言成立の沿革の中に、国際法の主体に関する重要な議論があったことを強調している。すなわち、国家によってなされた人権侵害について、被害者が国際連合にこれを提訴する権利を有するか否かという点が――本宣言の法的拘束力の問題と併せて――争点となっていたという[55]。本宣言に法的拘束力を認めるというイギリス等の見解と、これに反するアメリカ・ロシアの見解が分かれ、後者が支持され国家に対して立法「義務」を求めた規定条項は削除された。これに加えて、フランスから提起されていた「この宣言の違反は、法律によって罰せられるべきである[56]」という罰則規定も不承認となって、本宣言は、文字通り拘束力を有しない「宣言」にとどまったという[57]。

② 世界人権宣言

右のような経緯を経て、世界人権宣言は一九四八年に採択された。同宣言は、公権力の行使にあたり、「人」の基本的権利に対する尊重を「義務」づけている。同宣言第一〇条は「すべての人は、自己の権利及び義務並びに自己に対する刑事責任が決定されるに当たって、独立の公平な裁判所による公正な公開の審理を受けることについて完全に平等の権利を有する」と規定する。また、同第二六条一項は「すべての人は、教育を受ける権利を有する。教育は、少なくとも初等の及び基礎的の段階においては、無償でなければならない。初等教育は、義務的でなければならない。技術教育及び職業的教育は、一般に利用できるものでなければならず、また、高等教育は、能力に応じ、すべての者にひとしく開放されていなければならない」という義務規定を置いている。続いて、第二九条一項では、「すべての人は、その人格の自由かつ完全な発展がその中にあってのみ可能である社会に対して義務を負う」

という「人」の、「社会」に対する義務が定められている。

これに対し、一九五〇年に採択された欧州人権条約は、「人」の権利に関するさらなる実効を制度化させたものといえる。世界人権宣言に掲げられた人権に関し、その第一条で各「国家」に対する尊重「義務」を定めている。本条約の中には、欧州人権委員会と欧州人権裁判所の設置に関する規定を置いている。人権委員会に対し提訴ができるのは、加盟国である。個人または団体ができるのは、請願である。

③　バンジュール憲章

アフリカでは、「人」の権利に関する憲章が採択されている。一九八一年のアフリカ統一機構元首首長会議が採択した「人及び人民の権利に関するアフリカ憲章」、いわゆるバンジュール憲章は注目すべきものである。同憲章は、「人」のみならず、共同体ないし集団としての人民の――経済的、社会的及び文化的、市民的及び政治的――権利に関する規定のほか、諸種の「義務」規定を置いている。本憲章は、前文と六八か条から成っているが、そのうち二九か条が「人及び人民の権利及び義務」に関する規定である。本憲章の冒頭第一条は締約国の遵守義務を置いている。

同憲章の本旨は、「人」と共同体を「保護」することにより、個「人」も「保護」されるという、いわば共同体を構成する個「人」の人権保障にある。本憲章における特徴は、――前世紀における国際人道法や国際人権法には多く見られなかった――諸種の「義務」規定が具体的に記述されていることである。例えば、第二七条一項は「すべての個人は、自己の家族及び社会、国家並びにその他の法的に認められた共同体及び国際社会に対する義務を有する」と定め、続いて、同二項で「各個人の権利及び義務は、他の者の権利、集団の安全、道徳及び共通の利益を十分尊重して行使される」という規定を置く。さらに、第二八条は「すべての個人は、差別なくその同胞を尊敬しかつ思いやり、並びに、相互の尊敬及び寛容を促進し、擁護しかつ強化することをめざした関係を維持する義務を有する」という規定を定めている[58]。続いて、第二九条はその他の「義務」として八項を設けている。

同条七項は「寛容、対話及び協議の精神をもって、社会の他の成員との関係において積極的なアフリカ文化の価値を維持しかつ強化すること、並びに、一般的に社会の道徳的福祉の促進に貢献すること」と定める。これは、同憲章におけるアフリカの人権概念や価値観が凝結された義務規定と考えられる。同憲章は、アフリカにおける人権の保障について、布石を打ったものといえるであろう。

無論、本項は義務規定であるため、特定の精神論を強くまたは一定の価値観を強要する虞が懸念される。我が国における刑法改正の際になされた――「人」の「保護」を巡って交わされた――激しい議論が想起される（この点は、本章の目的ではないため、これ以上の言及は避ける）。その意味から、同項の適用にあたっては、慎重かつ同憲章の本旨に沿った妥当な解釈が求められる。この他、「児童の権利に関する条約」でも、諸種の義務規定を確認することができる[59]。そして第一篇第三章第四節二項で既述した通り、「ドイツ連邦共和国基本法」においても、国民に対する「国家」の保護「義務」が明確に規定されている。

社会構造の変化とともに、法も進化し、これまで――前世紀――の権利本位的な視座からその実効性を確保すべく、次第に――今世紀から次世紀にかけ――権利と義務とを構造的ないし統一的に捉える法（解釈）が成立（展開）していくものと思われる。異なる角度から考慮すれば、国際法の台頭そのものが重要な法の進化と考えられる。歴史の中にあって、法は常に発展し進化する。社会がさらに組織化し、「人」の存続のためには「他」との共存が必須であるという自覚の深化と浸透にしたがって、権利のみならずその実効のための「義務」が求められることを「人」は、知覚するであろう。就中、地球規模での、水、食料を含む資源（配分）、環境、エネルギー問題の山積がその解決を人類に要請している。それを、一層高次なる法への過程として本書に展望するのである。

「人」がいて「社会」があり、社会があって「国家」がある。それぞれは互いに媒介的な存在である。さらに、個別国家によって形成された「共存社会」が存在する。「共存社会」では各種の組織化、機関化が図られつつある。わけても、旧来の伝統的な「刑事裁判の国家化」から——コア・クライムに関する「刑事裁判の共存社会化」へと変容していることが発見されるべきである。すなわち、「人」が本来固有に有する共存欲求によって、生じた紛争を解決すべく原始共生社会で採られていた復讐が時代の変遷を経て制裁に変わり、国家の誕生とともに秩序維持論としての刑罰論が展開されることになったのである。国家成立以前の共生社会や共同体で行われていた復讐や制裁が国家という組織を介することにより、かつての「神に対する（＝侵害）罪」や「宗教に対する（＝冒涜）罪」という重大な犯罪は、「国家（秩序）に対する罪」と観念されることになったのである。原始共生社会の特徴である、神・宗教・集団責任・復讐の混在化からの分化した国家組織により、（犯罪に関する）紛争解決はもっぱら国家の専権事項ないし専属権限のものとしてこれを国家のみが扱うという制度を確立していくことになったのである。これは、本篇第五章第一節三項で論じた「刑事裁判の国家化」である。

右に明らかにしたように、前世紀、また今世紀において採られている「刑事裁判の国家化」と伴に、今世紀共存社会において採られている「刑事裁判の共存社会化」が検知されるべきである。

無論、コア・クライムに関する「刑事裁判の共存社会化」という現象が如何に展開されることになるかとは別に、個別国家組織における各種の法制度が存続していくであろうことはいうまでもない。本書は、国際国家、世界国家の樹立を目指すものではない。現象としての「司法権の国家化」を経て、——コア・クライムに関する「司法権の共存社会化」という、同じく現象への受容の過程においては、「人」の保護を求めて次第に権利意識から「義務」意識も容れられていくものと考える。国際刑法における義務論に関する法的展開の端緒ともいうべきものである。

「人」の生活基盤において伝統的な主権国家に加え共存社会が特段に重要となってくる中で、コア・クライムの処罰に関し絶対的と観念されてきた国家主権は、必然的に相対化を余儀なくされるであろう。刑罰権国家独占原則も例外を多数認めざるを得なくなり、次第に「国家より成る共存社会」から「国家および共存社会」へと、そして「国家を含む国際共存社会」へ、さらには共存社会における「社会刑罰」論が明確な概念として容れられるであろうことを本書に見通すことができると考える。

右の主張は、観念的思考や単なる（試論としての）理論的展開、そして思想的把握だけではなく、第一篇第九章第二節一項以下で詳述したように、欧州連合という共存ないし共同体「社会」「機関」が発動する環境刑罰「権」によって、加盟「国家」に「義務」が課されることが受容され、当該「義務」は既に共同体を含む共存的社会で実効化されてきている事実に基づく検討を踏んで実証しようとするものである。[60] ①個別国家での法体系と、②国際共存社会での法体系、両者は排斥し合うものではない。国際社会での刑罰権行使の問題は、その時代と社会構造の変遷、また、コア・クライムの内容によって共存社会自体が決定していくことになると思われる。「人」＝人間の権利保障は、これにより次第に確固となっていくと考える。

六　国際刑法と「国際法の刑法化」

国際刑法は、（自然）「人」が行った「行為」と当該行為から生じた「結果」に対し、法的評価を加えるものである。徴視的把握によれば国際刑法の本質は、物理的強制力を科す強制法といえる。同時に本法は、当該事態の解決のための裁判ないし行為規範であり、またその組織性において未熟性を払拭できないものの、独立の刑事裁判「機関」によって担われるという点では、ひとつの組織法でもある。こうした特徴を有するローマ規程＝今世紀国際刑法は、現在の国際法の枠組みから捉えられつつも、国際社会における共存を目指し、物理的強制力をもって「人」の権利に制限を加える法である。いずれの法も前述した社会構造の中にあって、あるいは発展の過程において、諸種の制限があるものの、すぐれて特異な性質を有するものである。とりわけ、国際刑法が「人」に対して当為を要求し、「人」に対して直接的な強制を命令する法であり、強制法という特異性を徴するという点は注意を要するところである。

創られたばかりの国際刑法は、――「国家」の介在ないし補完性原則を（通説においては、これを必要的）媒介とすることから――未だその本質を全面的に顕現させるものではない。共存社会の刑事裁判「機関」における管轄権の行使およびそれに続く刑罰権の発動という法の構造については、「国家」の管轄「権」ないし刑罰「権」が行使されない場合に限って現行ローマ規程通りの二次的管轄・刑罰「権」が行使され得ると解するのが――本書以外の――多数説の立場である。本書においては、このことが、国際刑法の発展を阻害している最大の要因であると考える。加えて、国際刑事裁判における公「訴」概念の（未だ充分な先行研究はないものの）展望的考察およびその歴史的変遷等の検討もみられない。その結果、刑罰権と公訴権とが明確に峻別されていないのである。要言すれば、その行使主体の帰属性を区別して検討することなく、国際法学と同じく、管轄権の主体および帰属にのみ専心しているのである。

国際刑法の本質の中心は、犯罪者に対し物理的強制力を行使することである。とするなら、個別「国家」を通じてのみ刑罰「権」を行使し得るという通説を含む伝統的な観念ではなく、現行ローマ規程を含む次世紀国際刑法に向けては、――とりわけ補完性原則を採った場合には――「機関」が「国家」に対して要求する（ローマ規定第八六条、第八八条、特に第八九条の）引渡「義務」が理論的に導き出されるべきである。この義務の理論的導出に関する問題については、同じく第一篇第九章第一節および本章第三節以下に詳述してきたところである。このような考え方に拠るならば、国家に対し適正かつ公正な刑罰義務を課す「機関」は、「超」国家的裁判所と説明されるのではないかとの反論が予想される。しかし、本書はこの予想される反論に対し、既に第一篇第一章第五節二項で持論を展開した。

さらに、本章においては、「機関」自体が自らを義務づけ得ると考えるのである。国際共存社会の刑事裁判「機関」においては、提起された公訴に対し、適正かつ公正にこれを審理し、当該事態に関する判決を言い渡す具体的な「義務」としてこれが構成されることになる。本書は、その萌芽と認められるべき諸種の「義務」規定を概観してきたものである。と同時に、それがどのような理論をもって導出できるのか、換言すれば、如何なる理論を媒介にすれば義務を論理的に帰結し、どのような道筋をもって論証し得るのかという、国際刑法の実効性を求めつつ、刑法理論の体系的構造の構築を目指してきたものである。国際法研究においては、合意をもって刑罰権を論じる見解が極めて多いこと、否、これ以外に刑罰権を基礎づけるもの、また基礎づけようとする論究が「ない」ことは先に触れた通りである。

しかしながら、刑法は、「人」の行為に対する評価をもって、最終的には、**「人」に対し物理的強制力を加える法である。**そこには、被疑者・被告人を含む「人」の共存に必要な秩序維持のための当為が観念され、且つ、当為の観念が権利としてのみならず、直接的な「義務」としても措定されている。刑法の宛名人の問題とは別に、強制的な命令をもって個「人」に刑事判決を言い渡すという裁判所＝「機関」の機能は、そこに既に根源的「義務」の拘束を強制するものであって、その意味から刑法においては、「義務」が観念されていなければ、それは法の核心を有しない形骸法といえる。

個別「国家」の同意によって、この核心が映し出され、または反映されないという刑法は理論的にはあり得ず、そうした法であるならば、「国際法の刑法化」現象にとどまるものである。目下、国際刑法は「国際法の刑法化」現象を解説するが如き説明が行われているが、このような考え方の原因には、共存社会における社会公訴権が検知されていないという問題が潜在するものと考える。「国際法の刑法化」ならば、（とりわけ我が国の）国際法学からの論究の如く、今後も引き続き合意を軸とする合意法が展開されるであろう。しかしながら、本書に詳解してきた通り、国際刑事裁判「機関」の創出は、そうした「国際法の刑法化」現象では「ない」。

今世紀国際刑法は、その実体化および（慣習ではない）可視化にあたり、多くの加入国の必要性から、刑罰規定でありながら、当面、多数の国家の加入をもってローマ規程条約の採択を目指し直接的な義務規定を多く設けるには至らなかった。それは、本書を通じて主張し、また検証してきた通り、ローマ規程を採択した一九九八年七月採択時点の、①国際共存社会における国際刑法に対する捉え方が、「国際法」または「国際法の一部」としての刑法、すなわち、「条約によって創られる刑法」、別言すれば、「合意刑法」という考えに拠っていたものであり、さらに②ローマ規程の創設が外交会議という外交官＝国家による採択であり、国際関係を扱うことを業務とする官吏によって創られたものであるために、より以上に潜在的な「国際法によって創られる刑法」「合意によって実効性が（例外的に）認められる刑法」という捉え方が続いている。この点で、国際刑法は――それ自体が国際政治の力学的影響を受け、さまざまな非司法的作用を受けている、または受けるものであるという問題とは別に――国家（官僚）的色採ないし要素を無自覚に容れているのである。すなわち、刑法の本質や共存社会における「人」の保護、またはコア・クライムに対する共存「社会の処罰意思」が引き続き軽んじられる傾向が存在する。端的にいえば、いずれの論者も合意刑法を論ずるにとどまっており、そこから踏み出して国際「刑法学」を論じてはいない。「機関」創立時においては国家のさまざまな思惑や主権問題の調整によって、国際刑法は、国際「合意」刑法という把捉が採られざるを得なかった。

しかし、実効性の欠如を強調する立場に対して、本書は、実効性欠如を克服するのみならず、現在、共存社会に起きている自己付託という事態をも理論的に整合する刑法理論の形成を試みるのである。この試行の過程の中に、「人」の保護や共存社会における、コア・クライムに対する処罰意思が重視されることによって国際合意刑法から真の国際刑法へと脱却することが可能になるものと考える。

伝統的な合意論によれば本規程の適用にあたっては、国家管轄権および国家刑罰権の介入余地を多く残すものとなり、主権を重んじる国家への配慮からその介入権限ゆえに、「国家」が第一次管轄権を有し、その結果として「国家」が第一次刑罰権を有するものとしたのである。国際刑法研究においてさえ、右に関する重要な問題を忽せにしたまま現状分析にあたるのが一般的である。今世紀国際刑法＝ローマ規程の成立過程、準備委員会や国際法委員会に提示された草案、そこでなされた討議等の確認をせずして、多くの研究者が、現在採られている国家刑罰論のみをもって国際刑法のあたかも（不動の）原理として捉え、国際刑法における刑罰論を検討の対外とせず、全くといっても過言でない程、論じてはいない。

国内刑法改正においても、議論の経緯が極めて重要性を有していることはいうまでもない。多くの研究者が、現行ローマ規程を動態性を有する過程法という把捉ではなく、無自覚のままあるいは潜在的にこれを完結法と捉え、現実に採用された刑罰論を原理の刑罰論、さらに補完性原則をあたかも公理ないし刑法原理として論を展開していることについて、本書は賛意を示すことができない。刑法の本質が見落とされている。無論本規程では、国家が第一次管轄権を有しそれに引続く第一次刑罰権という枠組みが採られている。

しかしながら、――繰り返し述べるが補完性は、共存社会における国際刑法の初動期における妥協の策であって普遍ではない――本質論の探究においては、妥協＝外交会議における歩み寄りをこえて、刑法の淵源に近づく必要がある。「現実と本質」、「妥協と原理」との間にはさまざまな矛盾や相克が存在する中で、本質・原理を失わないために、換言すれば、現況に流されず、本質を見極めるために刑法「学」が存在するものと考える。

「機関」は、僅か一五年前に創設されたばかりの、また政治力学上の影響を受ける中で存在するものであり、右に述べてきた通り国際刑法学上、「義務」論は展開されてはいない。それゆえ、国際刑事裁判「機関」と個別「国家」、「共存社会」、それぞれの関係においては、刑罰「権」よりも、刑罰「義務」、とりわけその属性を明らかにしてゆくことが今後の課題となろう。

本章の主張については、「人」への権利を制限するものとの誤解の虞が生じる可能性が残る。単なる「義務論」であるならば、誤解はむしろ自然なことであろう。だが、「義務」自体ではなく、義務を「課す」という点が留意されるべきである。一般に、法において「義務」の画定を認めるということは、「人」や「機関」をして強制力を働かせるということである。これは、当該「人」を構成員とする「社会」全体の利益を確保するために、換言すれば、共存社会における何らかの価値――公益――の「保護」の必要性が既存のもとのものとして認められ、「義務」が課されるという、ひとつの定理であると考える。そこには、いうまでもなく、「人」＝人間の権利保障が組み込まれており、「義務」が課されることにおいて権利保障の実効性が確保されるものとなっている。「義務は権利であり、権利は義務である」という（ヘーゲルの）言は、右のように理解されよう。(61)

現在、このような義務論は、汎く認識されていない。近代国家成立以降、権利理論を軸として基本的「人」「権」が汎く認められてきた。人権の浸透にあたり、「人」の権利は、「人」に由来するものであり、ゆえにこの権利は侵害されない、という理論が既に存在している。前世紀までは、「人」の権利の保障を実効あらしめるべく、その確立に向けて邁進してきた。そして、それは大いなる発展をみたのである。

第二節　次世紀への展望

一　共存社会における刑罰論

国際刑法における刑罰論は、必ずしも個別「国家」の主権論に拠る（理論的・実証的）必然性はないと考える。被疑者・被告人を含む「人」の共存を保護する（今世紀初頭における）現行国際刑法は、形態的には未だ初期的な法である。時代の変遷とともに、共存社会の「機関」と個別国家の国内裁判所とは、相互関係において「人」を保護していくものと考えられる。――今後の刑罰論を展望するにあたり――合意原則を重視する補完性原則は、あくまで「はじめに国家ありき」という構成を採るものであって、国際共存社会「機関」が行使する刑罰権もまた「国家」を前提とする伝統的な理論の枠域内にとどまる刑罰論である。

本書は、右の伝統的国家論に基づく近代国家刑罰権ではなく、今世紀国際刑法における刑罰論が――現在、国際共存社会に惹起している安保理付託や自己付託を整合的に説明し得る――理論であることが求められていることを説き、その刑罰論が「共存社会に根差した刑罰論」であることを主張するものである。「人」々の共存欲求は、必ずしも個別「国家」のみの存在を媒介として観念されるものではなく、「人」が個別国家において有する生存欲求と国際共存社会を媒介として生じる国際「社会」でのそれが観念され得る。いうまでもなく、生存ないし共存欲求は、自ら積極的にその帰属主体を求めるものではなく、無自覚の生来的な欲求として認められるものである。

今世紀初頭、共存社会における刑事裁判機関は「国家」と強い関連性を有しつつも、必ずしも「国家」の刑事管轄権を基礎とすることなく、独自の刑事管轄権に基づき独立して刑罰権を発動するという法のシステムを構築すべく、国際社会構造の進展・変化とともに——法の分化——を伴って、共存「社会」に表出させた国際共存「社会」に顕現したものと考える。本書においては、今世紀国際刑法における刑罰論は、国際共存「社会」に固有なまたは内在する契機として形成されており、共存社会自らが必要なものとして求めたものであると考える。

　ところが、ローマ規程の解釈にあたり、伝統的国家に立脚する刑罰論のみを観念する論者は、補完性の原則性を強調し、国際「社会の処罰意思」に基づく刑罰論、すなわち「社会」刑罰論を個別「国家」論の中へ解消しようと試みる。無論、国際刑法が国際刑法たり得るためには、その実効性の問題をはじめとして、個別国家から大きな影響を受けるものであり、国家から多くの理論を吸収するものである。したがって、国際「社会」それ自体は、個別国家を抜きにして成立し存続していくわけではない。

　とはいえ、このようなことと、個別国家の刑法と国際刑法の異同の問題とは別個のものである。双方は相互に関連するものでありながらも、理論的には厳格に区別し分かつべきものである。国際刑法における源泉と国内刑法における源泉とは重なるものであるが、必ずしも一致するものではない。現在、国際法学・国際刑法学を研究する多くの論者が、右の①根源ないし源泉の問題と、②執行力の問題を、一絡げに論じている。すなわち、国際刑法学は、その淵源が発掘されずに、**実効性がないという現実をもって、旧来の源泉から刑罰権を導き従来型の刑罰権国家独占原則に国際刑法の刑罰権をおさめようとする。**

　国際刑法学は、（実効性の問題をいったんは別の問題として置き）その本来の淵源を探究すべきであり、国際刑罰権が理論的に導き出される道を造らなければならない。あくまで、実効性がない、ないし執行「力がないことを前提とする国際刑法」ではなく、刑法「学」と「実」務とをいったん区別して論究する必要がある。国際刑法は、個別国家での刑法から（実効性の点は別な問題とし、刑罰の源泉としてこれを）区別されて、より発展し得るものと考える。

　国際刑法が独自の司法権を確立して行使するためには、その刑事司法において個別国家に依拠することなく、自らの執行力を有する必要がある。執行も個別国家に委ねられ、共存社会の刑罰権の存否自体さえ個別国家の同意の如何によって決せられるならば、それは国際共存社会の独立たるべき司法の否定に過ぎず、国際刑罰権は個別国家の刑罰権の従属にとどまり、独自性や発展性を視ることが困難となろう。現実の国際刑法と、あるべき国際刑法「学」とは区別されるべきである。すなわち、「刑法ガ何ヲ刑罰権ノ基本トシタルカ如何ナル主義ヲ根拠トシテ制定サレタルカト言フ問題ト。（ママ）學理上何ヲ刑罰権ノ基本トスベキカ如何ナル主義カ最モ學理ニ適シタルカト言フ問題トハ全ク別ノ問題タルヲ注意スベシ[62]」という岡田朝太郎の刑法研究を軸としなければ、国際刑法に「学」の確立なく、ただ現実の後追いにとどまるものと考える。

国際刑法「学」が国際刑法「学」たり得るためには、現行ローマ規程のみの検討にとどまるべきではない。刑法「学」と「実」務とを理論的に分かち、刑罰権とその淵源とをいったん分けて理論的に考察する必要がある。可能なかぎり、近代「国家」刑法を分かって今世紀に沿う国際刑法「学」を論じる必要があると考える。国際刑法の独立性、換言すれば国際刑事司法の独立性は、「国家」の必要的合意のみに拘束されるものではない。国際刑法の源泉は必ずしも国家合意ではない（個別国家に拠って認められるものではなく、国際共存「社会」全体によって認められてきたエルガ・オムネスにも妥当する慣習国際法である、という）ことの知見ないし認識を得ることができれば、訴権を検出し国際刑法は自らを国際刑事訴訟へと分かち大きな発展を遂げるものと考える。

この点、新刑法の真義を説明する牧野英一の指摘は、示唆に富む。牧野は、（我が国の）新刑法の制定に関して「何故斯く制定されねばならなかつたかの理由、卽ち、時代の趨勢とか社會の必要とかいふ方面から新刑法を観察しまして、其の立法上の精神を了解するといふ點[63]」を強調した。牧野は、「其の法律の大精神を遺却するといふことがあつたならば、法律の解釋は徒らに字句の末に馳せ、専ら形式上の論理を重んずるの結果、法律の適用と社會の實情とが甘く調和しないことになつて仕舞ふ[64]」ことを懸念していた。牧野もまた、「新刑法の運用といふことは現代社會に採りて重大なる義務となること」[65]と捉え、解釈論のみならず、むしろ法理論の形成を欠くならば、「刑法の運用を明かにする譯に行かない」[66]ことを説いていた。そこには、「形式上の論理」と「実質的な原理」とを分かつ姿勢が伺える。

いうまでもなく、国際刑法が独自の司法権を独立して行使するためには、むしろ「国家」からは干渉を受けず、共存社会自体の執行力を伴ってこれを行使するという段階に至ることが望まれる。本書においては、いまはその初期段階の入り口にあるものと考える。「刑事裁判の国家化」からコア・クライムに関する「刑事裁判の共存社会化」への原初期である。

旧来、近代国家という視点においてのみ法の主体性が認められたものの、前世紀から次第に国家を含む国際共存社会という「社会」、いわゆる国際社会が（国連憲章やローマ規程前文をはじめ、国際人道法ならびに国際人権法からも明らかな通り）明確に概念化されている。このような変容の過程において今世紀初頭の国際刑法は、その形成過程の濫觴期に在るものと考える。

ケニアの事態については、締約国の協力を得られず結果的には失敗、すなわち、首謀者の個人処罰が実現されることはなかった。国際共存社会における首謀者の刑事責任追及の実現に向かう刑事裁判手続の中断という不成功のケースであったといえよう。しかし、この失敗のプロセスには、大いなる意義があったものと考える。ケニアの事態への解決の過程において、①補完性原則は必ずしも原理たり得ないこと、②共存「機関」における執行力が欠如すること、主要には右の二点が問題点であり、これを克服すべき課題として示すところとなった。管轄権、公訴権という問題について考察の必要性を指摘することになったのである。

失敗に学び、自己付託の本質およびこれを解決する刑罰権の基礎づけに関する究明、執行力の担保について、今後は①現実性という点からは「採り得る」、他方で、②どのような刑法理論をもって、③自己付託に関する刑罰権を何に基礎づけるのか、という諸点が解明され、実効化に向かうことができれば、「機関」の機能はさらに稼働的なものとなり、次第にコア・クライムに関する「刑事裁判の共存社会化」は、実現していくものと考える。かくして「訴」、すなわち、共存社会における公訴権の考察がさらに深くなされなければならないと考える。

社会科学の歴史を先験事実の後に捉えていくことは、比較的容易になし得る研究であると思われる。他方、現象となって顕現した国際刑法を理論的に構築することは、二〇一八年四月の現時点においては、先行研究も行われておらず、難儀である。だが、国際社会の構造に反映した法現象がある。①この現象と、②これに関する史的変遷と、③法の生成ないし発展の因果は、動かしがたい真理である。

本書は、この真理と、④先覚による刑法学の緻密な研究をもって、今世紀以降、採られ得るひとつの国際刑法の理論を築こうとするものである。

二　主権の変容性と「人」の平和的共存

絶対性を有するとされた主権は、絶対ではないことが明らかとなってきている。すなわち、近代国家形態の形成を担った主権は、先ず君主であった。君主制のもとでは、君主こそが絶対的なものとして捉えられ、世襲制と各種の身分制がそれを支えた。無論、宗教が重要な役割を果たしたことはいうまでもない。君主の有する権力は神より授かった神授説として説かれた時代もあった。

しかし、フランス革命を経て啓蒙思想を継受する現在、神授説または身分制や宗教を媒介とした主権概念は否定されている。この主権を巡って、その帰属性に——君主から人民へと——変移がみられる。それは「国家」へと変容していく、国家主権の確立でもあった。「人から組織へ」という変容である。主権概念は、主権理論の変容、すなわち史的展開に応じて、その帰属性を変移させ、あたかも絶対性を有するがごとき外観——論理化——を装うのである。主権は絶対性を装って、その帰属を君主ないし王制に、そして立憲国家へ、立憲国家から国民国家とその態様を変えつつ展開してきたことが判明する。

主権の属性は、絶対性を有するがごとき外観を呈するものの、少なくとも近代国家主権は、近代社会の史的所産である。それは、国家主権という政治体制を形成してきたのであり、統治権絶対の結果としての国家刑罰権独占原則もその形態のひとつを成すものである。主権が国家の所産であるということは、国際社会の組織的確立に伴い国家主権絶対の原則もまた変容する、ということではなかろうか。

本書は、伝統的国際法から分化した法があり、この法は、理論的には国家に拘束されることなく、被疑者・被告人を含む「人」の平和的共存を求めて創られた共存社会の法であると把捉し得ること。また、この法が、コア・クライムを犯した首謀者個人――ミクロ的把捉においては――の処罰をもって前世紀形成されてきた不処罰慣行を克服し、もって――マクロ的把捉においては――「人」の共存を保護する法であることを主張するものである。

「主権」や「国家」という形態や組織性は絶対性を有するものではなく、社会の変化に応じて変容するものであり、それら自体の意義や役割もあるいはその概念の内容や機能さえも、時代とともに変化することは、これまで明らかにしてきたところである。

国家は何のためにあるのか、そして法は如何なる意義において創設されるのか、これらを求めた「人」が期待する役割や目的とは相違しその任務を果たさなくなれば、その存在意義は失われる。国家も社会もそして法も、「人」の生活利益や福祉を保護し、平和な共存を目指して創られるものである。法も、法から導かれる原則も、国家も社会も、「人」を護るために、あるいは「人」の保護に役立つために創られる。ゆえに、「人」があって法があり、法があって原則がある。「国家」があって法があり、法があって「人」権があるとして顕現するが、そうした国家や法は、「人」が形成したものである。

国際刑事裁判「機関」の表出は、「人」の共存を求めた結果としての現象である。安保理付託や自己付託を認めている国際刑法は、個別国家の国家（刑）法によっては説明し得ない。すなわち、旧来の国際法とは異なり必ずしも国内法に拠ることを必須としていないことが判明されるであろう。

本書において国際刑法は、国家を含む国際社会全体にとっての秩序維持(67)にかかる「公」法であるべく創出されたものと捉えるが、「各国が古臭い主権に執着する限り(68)」、国際刑法の実効性は遠ざかると考える。法は、目的をもって生れるものであるから、その法を解釈する「人」自らのためにもまたこれにそわなければならない。国際刑法の実効性の欠如を指摘し、結果としてその強制力を国内刑法に求める立場、すなわち伝統的な国家主権に依拠する見解からは、自己付託または安保理付託を構造論的に捉えることはできない。森下忠の言を借りれば、国家主権への過度な「執着(69)」または依存である。

刑罰権を有する主権国家は、その絶対性ゆえに、刑罰権を有するがごとき外観を呈しているが、刑罰権は時代によって属性を変えてきたことをわれわれは知覚すべきである。本書は、「人」の共存を図り「人」を保護する「刑法の国家化」＝刑罰権国家独占原則から、今世紀初頭に表出した国際「刑法の共存社会化」を歴史上の史的変遷の中で捉えようとするものである。国際刑事裁判「機関」が行使する刑罰権は、国家（主権）刑罰権の譲渡を受けたものである、と構成する譲渡説は、「機関」の創設時においても、現在においても支配的である。本書における一連の実証的、且つ、（第一篇第一章から本第一〇章までの一連の）客観的考察を踏めば、国家「主権（刑罰権）は、可譲」——相対性を有するもの——であるといえる。

だが、先述した譲渡説ないし「超」国家的刑罰権説における主観的思考を突き詰めていけば、その内実は、（本来、国家刑罰権は、「国家」のみが有するものであるが、これを例外的に「機関」に譲渡する、または例外的に「機関」がこれを行使するという構成を採るものであることから）右に指摘した個別国家の主権への過度な「執着」であり、刑罰権国家独占原則の絶対化に他ならないのである。

三　司法発動請求権と「人」

人権は不可譲であり、これこそが絶対的価値の根源であることは周知の通りである。国籍の離脱は認められるが、共存社会からの離脱は観念され得ない。「人」は、国家を含む共存社会の存在なくして生存し得ない。ここに、「人」の存在意義は、国家を含む共存「社会」に求められる。このような考えを背景に、本書においては今世紀国際刑法における刑罰権を基礎づける共存「社会論」を展望するのである。

すなわち、国際刑法における刑罰権について、本書は共存「社会論」を視座として、重大な国際犯罪を犯した個人への処罰欲求を体現させた、国際刑事裁判「機関」への司法発動請求「権」とともに、これを実効あらしめるべく、「義務」を附帯するという理論への端緒を探求するものである。

古来より採られてきた被害者を含む被害者「側」の権利として観念されてきた復讐（行為への正当性＝）「権」は、「国家」統治組織をもって一般には「国家」が独占的にこれを有することとなったという説明が行われている。我が国では、刑罰権国家独占原則のもとにおける起訴独占主義が、当然のごとく採用されてきた。

しかしながら、復讐に端を発する刑罰権は、元来国家ではなく（被害者を含む）「人」が有していたものである。第一篇第七章において刑罰の史的変遷に関する実証的な考を踏まえれば、時代の変移や社会構造の変容の中で強い統治組織性を有する「国家」がこれを独占することになったのである。「人」を含む集団ないし社会が有した復讐・制裁・刑罰権の独占にあたっては、国家はその司法権を適正かつ公正に行使しなければならない。ここに、「人」を含む集団ないし社会から当該権限を独占した「国家」は、「人」が司法救助を求める場合、「人」を保護すべく司法権を適正かつ公正に発動しなければならないという「義務」が発生する。

右の司法「権」の属性に関しても、「国家」が有すると把捉されてきた。しかし、本書を通じて述べてきたように、国家主権の絶対性は対象によって左右されるものであり、常に絶対的であるわけではない。「人」の権利こそ不可譲・不可侵のものであること、換言すれば、絶対であることが判明する。国家が有する「とされる、または一般にそのように理解されている」訴権＝司法発動請求権は、（国家ではなく）本来「人」が有していたものである。刑罰の史的変遷にかかる考察を踏まえれば、司法発動請求権＝訴権は、統治機関ないし組織性の発達によってその本来的な属性が変容するものではないと考える。

四　権利から義務化へ

第一篇第一章から同第一〇章をもって検討してきたように、旧来、国家の首謀者責任については（国家主権）無答責という原則が採られてきた。これを克服すべく創出された国際刑法は、現象的にはコア・クライム処罰に関する「国家」刑罰権の適正な行使に対する猜疑や不信から形成されてきた法といえる。したがって、むしろ国家ではない、国家以外の「機関」＝国際社会の刑事裁判「機関」に、共存社会を構成する国家が処罰の実効性を委ねたものである、という今世紀国際刑法の沿革が認められる（本書のように、「人」より成る国家、国家より成る（――もとより被害を受けた「人」が共存する――）国際社会が自らの機能として固有に有する刑罰権を行使するという見解もある）。そうであるならば、刑罰権国家独占原則のもとに採られる起訴独占主義は積極的に用いられるべきではないことが判明する。本篇第六章第二節の検討を論じ明らかにした通り、発生史的考察からすれば、訴権は「人」が有していたものである。さらにいえば、「人」に由来する人格権のひとつ[70]としてこれを認めるという見解も存在する。そして、その「人」が、適正な刑罰権の行使を期待する「国家」が理念通りに、または機能としてこれを期待し得ない場合、それを国際社会の役割とする、または国際共存社会が自ら固有の刑罰権を行使するという、国際刑法の原点およびその沿革を顧みれば、共存社会自体に固有の訴権が認められ得るものと考える。あるいは、その実効性という観点から、今世紀初頭の現行ローマ規程上、実効性が期待されない共存社会において、（補完性原則を整合させ得る本書のように）これを「国家を含む共存社会」という構成も採り得ると考える。

統治機構の統一化、具体的にいえば、有機的な組織性を伴って、裁判制度も次第に分化を遂げることになったことは本篇第六章で論じたが、この分化に伴う制度として、「国家」機関が「人」間の復讐を巡る諸関係を（担当し）規律する以上、「人」が司法的救済を求めた場合、これに対し国家は――司法を整備し司法権を適正かつ公正に行使し――「人」に対する保護「義務」を負うとの論理的帰結は当然導かれると考える。刑罰権国家独占原則の根拠は、国内的には統治自体に求められる。刑罰権国家独占原則が国家構成員＝国民生存のための秩序維持であると構成される以上、国家による秩序維持は当然の「義務」として観念されるだろう。本書は国際刑法の理論化を目指すものであり、国家における秩序維持の意義については敢えて言及しない。

「国家」刑罰権行使の機能不全を原点としてこれを克服すべく発展してきた国際刑法においては、「人」が共存するための秩序維持を求めて、国際社会全体の公益を確保し、当該事態（「事件」）の解決をするために国際検察官は、公訴を提起する。国際刑法における公訴権は、（国際共存社会に共存する「人」を含む）「社会」が有するものであり（と理論的にも構成する）、「機関」の検察官がこれを行使する。合意原理を基本として立論を展開する立場からは、右の主張は容れ難いものと思われる。

しかし、刑法においては、被疑者・被告人のみならず、「被害者」、すなわち、「人」に着目すべきである。コア・クライムが犯された場合の加害の客体となるのは、国家ではなく「被害者」すなわち、「人」なのである。他方で、検察官は、その公訴にかかる権限を適正かつ公正に行使しなければならない「義務」を負う。同時に、「国家」が自ら求められる「義務」（＝適正かつ公正な公訴の提起義務）を怠る場合、国際社会における「機関」の検察官は共存社会の公益を確保するため公訴を提起し、共存のために社会公訴権を適正かつ公正に行使する「義務」を負うものと考えることができるのである。

前世紀までは、主に「人」の「権利」に焦点が置かれ、いわゆる「人権」を基軸として法は制定されまた解釈されてきた。しかしながら、国際社会の複雑な発展、わけても核を含む兵器に関する軍事産業技術の急速な展開とともに、刑罰権――兵器開発に関する「国家」安全防衛情報およびその技術的知識――が「国家」安全保障という名のもとに、国家や組織（企業）に専門化・独占化されると、「人」を保護するためには、新たな視点が求められる。とりわけ、核を含む兵器開発の加速度的発展とその使用によって利益を得る「国家」や軍事産業複合体組織、他方で、その使用によって計り知れない被害を受ける「人」の現今の状況を鑑みれば、これが強く要請される。

国際共存社会において、伝統的国家論から異なる国家形態の模索がはじまり、それが変容するとき、これまでの「権利」中心の基軸の法体系とは相違する新たな体系が求められる。これが「権利から義務化へ」という新機軸である。そして、これらを遡って社会の変遷史に関する考察を踏まえ将来を展望すれば、「権利から義務化」への視点が考慮されるべきであると考える。近代以降、「人」の「権利」に着目し、これを実効あらしめるべく「権利」を具体化させた、各国において憲法をはじめとする諸法が確立されてきた。他方、共存社会においては、国際人道法、国際人権法ほかの人権規約や人権宣言が創られ、今世紀初頭に慣習法の域を脱すべく国際刑法が可視化された。前世紀においては、「人」＝人間に関する諸規定の「権利」の実効の確保に向けて、「人」道法、「人」権法が形成されてきた。

今世紀においては、伝統的主権国家から次第に国家主権絶対原則が相対化され、国際共存社会自体が既に担っている活動・役割・機能等を考慮しこれを中核とする視点の重要性を踏まえれば、従来の刑罰権「国家」独占原則や起訴独占主義も再検討が要請されるものと考えられる。合意原則からこれとは異なる物理的強制力を認める国際刑法の展開過程において、前世紀より採られてきた（合意）原則は根本的な（安保理付託および自己付託を含む）修正を求められることになると考える。

今後、国際社会の重要性はますます高くなっていくとはいえ、個別国家の存在ないところに共存社会が存在するわけではない。本書は、個別国家を否定ないし排除して共存社会のみを考察の対象とするものでは全くなく、国際共存社会においては、個別国家とは異なる法体系が強く要請されているということを指摘するものである。

刑法「学」には、現行刑法に関する解釈等にとどまらず、次なる時代の刑罰論を展望する役割が求められているように思われる。考察の対象となる法について、国際刑法研究においては、これを動態的に捉え、権利化から「義務化」へと次世紀国際刑法の実効に向かって、考察の視点を移していく視角と国際情勢に関する分析力が求められると考える。刑罰権に関し、これを刑罰権としてのみならず権限と義務の一体構造(71)、すなわち、権利に附帯されている義務を「義務」の側面から捉える必要があるのではなかろうか。さらにその必要を必要性ではなく理論として提起することが、次なる世代に求められる刑法「学」の任務であると考える。

五　刑法学の役割

形成過程にある国際法を論じるにあたり、奥脇直也は指摘する。国際法学の「責務をも自覚的に果たしていかなければならない。それが国際裁判研究の意義であり、また国際法が国家間の政策決定の過程を有効に制御することを促進する国際法学の役割でもある。そうでなければ国際法学は国際裁判所の下僕に成り下がってしまう(72)」と。

しかし、国際刑法学においては、奥脇が指摘するが如く、刑法「学」が国際裁判所＝「実」務の下僕に成り下がる事態はない。刑法「学」には、国際裁判＝「実」務を先導するあるいは現実を理論化することが期待される。だが、たとえ刑法「学」が国際裁判＝「実」務に遅れても、これを後押しすることは、「実」務を先導していくことと同様の、あるいはそれ以上の役目を果たすものであるように考えられるのである。

二〇一八年四月現在、国際「刑法の本質論」を考察した本格的な先行研究および社会刑罰論ならびに社会公訴権に言及した論究はみられない。同法の本質については、今後、次第に国際刑法研究者によって取り上げられ諸種の見解が展開されていくと思われるが、本書における国際刑法は、――部族、種族、民族、共同体を含む自己保存**欲求**から生じる――**「人」の共存に関する「保護」と秩序維持**を目的とするものと考えた。刑法研究においては、他の分野に比べて時代や社会構造の変化に対応しつつ、社会科学としての刑法「学」を構成することが要請されている。本書は、その変容、すなわち「前世紀」「国家」刑法ではなく、「今世紀」「国際」刑法について、これを刑法「学」として構築する必要があると考え、基礎理論の一部を構築したものである。(73)

第一篇第二章第五節三項以下で触れた通り、学説に法源性を認める国際司法裁判所規程第三八条とは対照的に、現行ローマ規定第二一条は学説を法源として規定していない。しかし、時代の変遷とともに、刑法学がその役割を果たすことが可能となるならば、国際刑法においても次第に法源としての学説が認められていくであろう。刑法の在り方の問題である。個別国家における刑法学と同様、国際刑法における学説の果たす役割がさらに重要性を増してくるものと思われる。

国際刑法学研究においては、汎く支持される通説に固執するものではなく、また旧来からの多数説に拠るものでもなく、またこれらを異なる観点から論じるに終始するものでもなく、通説への批判に満足するものでもない。常に発展性を求めて、――時代の変遷と社会の変容に沿って――今世紀に妥当する刑法理論を築いていく必要がある。既存の視角をこえる視力を有し、視界を拡げて新しい原理に基づく国際刑法を考える必要があろう。また、国際情勢について何が正確な情報かを定め、これを精確に読み解く分析力も求められる。

このような考え方に拠って立てば、刑法「学」と「実」務との間に相克は生じない。たとえ、いったん「実」務に遅れてもこれに追いつき、刑法「学」は大きな齟齬なく「実」務を導いていくであろう。国際刑法は、「人」の共存を目的とし秩序の維持を図る法である。「人」を介して「実」「学」は展開していく。刑法は、「人」を巡る法の領域であるから、「人」を巡るに、「学」と「実」に優劣や相剋はなく、相互に補完的かつ有機的な関係を保つものであると考える。

国際刑法は、前世紀までは――自らを明らかにできない――未熟な学域であった。国際法学からは「国際法の一部」を成すもの、また刑法学からはほぼ未開の学域とされていたといえる。しかし、――今世紀初頭、ローマ規程が発効し、また世界各地で現在何が起こっているかを瞬時にして確認できる通信技術も発達した情報化社会（＝社会構造の変化）においては――もはや独立した国際「刑法学」を確立したものと考える。

刑法理論を構築することは、そこに求められる「人」間像を映し出し[74]、どのような刑罰論を形成すべきかという課題に――社会性や時代的契機を媒介とさせつつ――刑法が依拠する刑罰論にどのような「人」間を措定し、秩序の維持を図るのかという問題に行き着くように考えられる。国際刑法においても、同じく「人」間像が投影されるべきである。刑法は、「人」間を巡って生じる犯罪と、「人」に科される刑罰との関係が問題となる法である。その根底にあるものは、あくまで「人」間であり、「人」間の共存欲求であると考える。国際社会においても、刑法学に立脚すれば、法の中軸に据えられた「人」間像と、（補完性原則が採られる限りにおいて国家を含む）国際社会との関連において刑罰権は論じられるべきものであると考える。本書は、補完性原則は「共存社会における刑事裁判化」の過渡期における原則であり、時代の推移と伴に、必ずしも補完機能が求められない、という現象事態が表出し得ることを展望するものである。このような展望ないし立論によれば、国際刑法における「人」も「機関」も（考察角度ないし把捉の仕方こそ異なるものの）派生的主体ではなく、主体となるのである。

「人」の欲求に起点を求め、「人」を保護し「人」間の共存のために秩序を維持する刑罰論においては、こうした最も根源的な問題、換言すれば、「人」の行為たる犯罪とは何か、「人」に科せられる刑罰とは何か、これを思索するにあたり、さらに「人」が共存する秩序とは何か、国家とは、社会とは、共存社会とは、という問題が連続して生じてくる。これらの相互関連性がさらに検討される必要がある。

六　刑法における人間

本書において国際刑法は、究極的には「人間」の共存のためにある法であると考える。[75] このような考え方に拠れば、「人」間が存在して国家があり国際社会がある。本書を通じて繰り返し強調することは、国際刑法の根底に在るもの、それは「人」間の共存欲求であるということである。「人」間の共存を目指し「人」を保護するための国際刑法においては、国家ではなく「人」が主体でなければならない。この点、刑法は本来秩序維持を主な目的とし、その結果として「人」の保護を図るという考え方もあると思われる。しかし、今世紀初頭における共存社会は未だに力の理論が通有し刑罰権の集約化が図られてはいない。原初期における国際刑法においては、「人」の保護をもって「人」間の共存を図るという第一段階に在るものと考える。組織化が図られるにしたがって国際刑法の役割も秩序維持へとより強く繋っていくと考える。

物理的強制力を伴う刑罰権行使の主体たる「機関」は、国家「機関」であるとともに国際共存社会における独立国際裁判「機関」でもある。第一篇第二章とともに、本章においても「機関刑罰」論を確認することができるであろう。国家刑罰権論は、国家「機関」刑罰論であるともいえる。ここに、歴史国家から今世紀国際共存社会における「機関」刑罰論の連続性を視ることができる。

原始共生「社会」からの――家、氏族、部族の「長」を含んで次第に集団、共同体における「機関」の――刑罰権の史的変遷とともに、刑罰権は社会の「機関」、近代以降は国家機関を含む「機関」がこれを行使してきた。また、ニュルンベルク・極東国際軍事裁判所、旧ユーゴスラヴィア・ルワンダ、シエラレオネ、カンボジア、東ティモール国際刑事裁判所等、多様な態様を採りながらも、「機関」がこれを行使してきた。その連続性を終章に改めて確認することができる。

不干渉原則により貫徹されていた国家主権絶対原則は、国際人道法や国際人権法をもって修正されることになった。現在、刑罰権独占はいうまでもなく国家の原則である。だが、刑罰権国家独占原則が国際刑法をもって破られたことを、多くの研究者は認める必要がある。「人」を巡って共存があり、「人の共存」を巡って法がある。「人」を巡って権力関係論は説かれ、「人」を巡って刑罰論が展開されるのである。国際刑法の解釈および展開において、あくまで「国家」を軸とする見解は、「人」間を見落としているのではなかろうか。諸種の考え方に拠るところであるが、いずれにしても「人」を抜きにした法も国家も社会もあり得ないことは自明の理である。無論、刑事裁判「機関」の創出もなかったであろう。

本書は、国際共存社会における独立「機関」の行使する刑罰権について、既述した通り**共存社会に根ざした社会刑罰論を説く**ものである。そして、それは今世紀初頭、旧来の国家「機関」とともに、国際共存社会における独立「機関」自体も「人」を「保護する義務の主体」として位置づけられる（べき）ものであると考える。したがって、共存社会に機関が表出したという無自覚の、――しかし、かつての刑法学者、瀧川、平野、ヨンパルトらの刑法思想からはこれが整合的に導かれるのである――刑罰権に附帯する刑罰義務論に連結し得るものと考える。

いうまでもなく、右の所論の刑法哲学の基礎には「人」がある。刑法に限らず、法の中には「人」が置かれるが、とりわけ刑法思想の起点のすべてが「人」に凝集されている。「人」を保護するための国家があり、国家が権力を持つのではなく、国家は「人」を保護するために統治権を持つ。刑罰権を発動するのは、国家のためではなく、犯罪が「人」の安全な生活を侵害するため、国家は「人」を保護する手段として刑罰権を行使する義務を負うのである。形式的観点から刑罰権およびその行使権は国家にあるとされるが、実質的にはそれは国家の義務として行使されるものである。このような筋道に拠るならば、刑罰権は権利としてのみ観念されるものではなく、国家の義務の履行として把握され得る。国家が自らのために、権利としてのみ行使するものではないのである。

刑法は、他の法律と同様、常時、社会構造や時代の影響を強く受けるものであることについては、前述した通りである。社会構造において次第に組織化に向かっている共存社会は、右の義務観を無意識のうちに容れているものと考える。多くの研究者においては、刑罰「権」をもってのみ国際刑法を論じているのが、現在の状況である。しかし、社会・国家・共存社会において何故にこれが在るのかと問えば、「人」のために在る社会・国家・共存社会という関係を視い出すことができ、そこには義務論が導き出されるのである。

刑罰権は、刑罰権の基礎を成す社会・国家・共同体・国際共存社会の存在を前提とする。その存在は、「人」のためにある。「人」を保護する刑法は、その社会や国家、国際共存社会に根ざすものであるから、刑法はその社会・国家・共同体・国際共存社会との関連においてのみ論じられる。被疑者・被告の「人」権を保障し、「人」間の共存を目的とする刑法は、「人」のためにのみ存在する国家の（「国民の保護」）義務として刑罰権を行使するのである。同じく、「人」の共存ないしそのための社会秩序維持を目的とする共同体・国際共存社会の刑法は、「人」のためにのみ存在する共同体・共存社会の（「『人』の保護」）義務として刑罰権を行使する。もちろん、本書を通じて述べてきたように、国家「機関」における刑罰権の行使と国際共存社会「機関」における刑罰権の行使の正当性や実効性を安易に比較することは困難である。だが、本書は、敢えてこの理解の上に、刑法「理論」の構築を試みたものである。

最後に指摘すれば、ローマ規程の新効果は、国際共存社会の抽象的義務の履行として非締約国家「国家」の首謀者個人に対し、具体的刑罰権を行使することを求める。この具体的刑罰権を基礎づけるのは共存社会の抽象的義務であったことが明らかとなろう。本書の検討を踏まえれば、刑罰義務は整合的に導き出されるのである。「人」があって「社会」があり、「国家」があって「国際共存社会」がある。究極的には「人」間の共存を目的ないし価値の基軸とする国際刑法においては、社会・国家・共同体・国際共存社会は、「人」のために存在する。国家裁判「機関」も共同体裁判「機関」も共存社会における独立裁判「機関」も、「人」間が共存するために求められ創られたものである。社会・国家・共同体・国際共存社会の裁判機関自体に本質的ないし原初としての権限があるわけではなく、諸「機関」は、「人」間が共存するための存在であったことが、ここに検証される。「人」の共存のために創出された「機関」は、国家より受ける刑罰権の譲渡を条件に起動するものではなく、「人」が存する共存社会が固有に有する刑罰権を行使するのである。国際刑法の理論構築という目的からのみ「国家と刑罰の関係」を「国際共存社会と刑罰の関係」に置き換えてみれば、人を保護する国家の義務を導き出すことができるのである。研究者においても、今後は未だに検出されていない、社会公訴権とともに国際共存社会の義務をもって国際刑法が論じられると考える。

本書は、国際刑法の理論的構築を目指したものであるが、これに関する先行研究も全くなく、拠るべき文献はなかった。したがって、国際社会に出現した国際刑事裁判所の創出という法現象と自らの研究の蓄積によってこれを築き上げるほかなかった。そのため、以上のような基礎理論の一部のみの構成となっている。以降は、右に挙げた社会と国家、国際共存社会との関係と現状を踏まえ、本篇に示した基礎理論に具体的義務規定に関する詳細な検討を組み入れ、さらに精緻な刑法理論の構築を目指したい。

（1）ギュンター・ヤコブス（Günther Jakobs）［著］飯島暢・川口浩一［訳］『国家刑罰――その意義と目的』関西大学出版部（二〇一三）八五頁。
（2）ヤコブス（Jakobs）・前掲注（1）八五頁。

（3）ヤコブス（Jakobs）・前掲注（1）八四―八五頁。

（4）我が国における戦前および戦後の秩序維持とは、その概念を異にする。この点については、本章の目的から逸れるため詳述しない。

（5）何をもって種族とするのかという点については、ジェノサイド罪の成否にもかかわる問題であるが、本研究の目的ではないためこれについては触れない。

（6）洪恵子「グローバリゼーションと刑事司法――補完性の原則から見た国際刑事裁判所（ＩＣＣ）の意義と限界」世界法年報第二四号（二〇〇五・三）一〇九―一三九頁、特に一三一頁。

（7）なお、本章に指す社会刑罰論については、古代の原始共生社会より今世紀に至る刑罰の史的変遷の中で、「人」の共存欲求に基づいて、部族、氏族、都市、国家、共存社会を媒介組織として介在させ、――その進化を伴って展開してきた――綿々と引き継いできた復讐・刑罰観を基底とするものと考える。

（8）内藤謙「刑法の基本問題――刑法と国家」法学教室創刊号（一九八〇・一九）二二三―二二九頁。内藤は（国内刑法における国家権力においては）「人」の「生活利益をまもるという意味での公共性の側面をもつこと」（同二二六頁）を否定できず、またそれが「全構成員の生活利益をひとしく保護しようとしている点では、公益性の側面を濃厚にもっている」（同二二六頁）こと、さらに（国家を：括弧引用者）「個人の生活利益を保護するための前提条件としての機構とみるならば、その機構の作用を保護するものとして、公共性の側面を認めることができよう」（なお、同二二六頁は、これによって公務執行妨害罪などの国家に対する犯罪について説明し得ることになる）と論じている。

（9）小和田恒＝芝原邦爾「〔対談〕国際刑事裁判所の設立　ローマ会議を振り返って」ジュリスト第一一四六号（一九九八・一二）四―二八頁、特に二〇―二一頁。

（10）安藤泰子『国際刑事裁判所の理念』成文堂（二〇〇二）二四八頁以下、特に二五五頁以下。同「国際刑事裁判所規程の『構造的矛盾』に関する法理論的解決――慣習国際法化プロセスと個人処罰に関する国家主権の内在的制約理論――」関東学院法学第一〇巻三・四号（二〇〇一・三）一五七―一八四頁。

（11）安藤泰子「刑罰の史的変遷」青山法学論集第五九巻一号（二〇一七・六）二〇三―二三四頁。

（12）安藤泰子「刑罰権の淵源（二）――保護法としての国際刑法――」青山法学論集第五九巻一号（二〇一七・六）五一―一五二頁。

（13）安藤・前掲注（11）「刑罰の史的変遷」二三二―二三四頁。

(14) 安藤・前掲注（11）二〇三―二三四頁。
(15) 西原春夫「刑罰権の哲学的基礎」刑法雑誌第二五巻第一号（一九八二・一〇）一四八―一六二頁、特に一五一頁、一五五頁、梅崎進哉『刑法における因果論と侵害原理』成文堂（二〇〇一）特に一七六頁以下、同「罪刑法定主義と現代的自由保障」現代刑事法第三巻一一号（二〇〇一・一一）二九―三三頁、特に三〇―三一頁、宗岡嗣郎・梅崎進哉・吉弘光男「違法判断の実践性と法的価値発見」『法の理論 一四』成文堂（一九九四）一三―六四頁、特に四三頁以下。
(16) 粕谷進「国際法における主権の考察」帝京短期女子紀要第二号（一九六六・七）一七九―一九三頁、特に一九一頁。
(17) 粕谷・前掲注（16）一九一頁。
(18) 粕谷・前掲注（16）一九一頁。
(19) 高野雄一『國際公法』弘文堂（一九五八）一五頁。
(20) 水谷規男「フランス刑事訴訟法における公訴権と私訴権の史的展開（二・完）」一橋研究第一二巻三号（一九八七・一〇）六一―七四頁、特に六一頁。
(21) 内藤・前掲注（8）二九頁。他に庄野隆「近代国家における国家権力の変遷について」高知大学学術研究報告社会科学編第二二号（一九七四・三）一―一〇頁、特に二頁。
(22) 牧野英一「國際連合と刑法問題」季刊刑政第一巻二號（一九五二・一〇）一六二―一八九、特に一八六頁。
(23) 伊東研祐「〔特集 刑罰の現実と刑罰政策の新展開〕現代社会における刑罰論への一視座」法律時報第八七巻七号（二〇一五・六）四―七頁、特に四―五頁。伊東は、同四―五頁で「刑罰論」ないし刑罰理念論の停滞・不存在の理由は明らかではないが、理論学的議論へのインセンティブが強くなく、多くの立場の者にとっては放置がなお許される範囲内にある」ことを懸念し、犯罪論とともに展開する必要があることを指摘する。
(24) ヴォルフガング・ナウケ（Wolfgang Naucke）［著］本田稔［訳］「ベッカリーア――刑法を批判し、強化する者」立命館法學第三四七号（二〇一三・一）六二三―六五五頁、特に六五一頁。本田は、所論〈若干の解説〉の中で、「ベッカリーアの『犯罪と刑罰』を、（中略）近代刑法の理論的宝庫であると称賛し続けることはできない。（ナウケの：括弧内引用者）問題提起を受けて、今一度、自由保障的な刑法理論だったものが自由侵害的な刑法理論に変質し得る理論的契機を解明する必要がある」ことを指摘する。
(25) ナウケ（Naucke）［著］本田［訳］・前掲注（24）六五一頁。
(26) 寺谷広司「国際人権保障と国際的な刑事統制――国際制度と国内制度の交錯・対立・融合」ジュリスト第一二九九号（二〇〇五・一〇）三二―四二頁、特に三二頁。

(27) ナウケ（Naucke）［著］本田［訳］・前掲注（24）六五一頁。
(28) “The Like – Minded Group”とは、公正かつ実効的な国際刑事裁判所のために広範な権限及び機能を認めようとする諸国のグループと定義されている（The Like – Minded Group is the group of countries that are willing to give the broader scope of powers and function to the ICC, if necessary, so that the ICC may act in a fair and effective way.）。この点に関しては、Young Sok Kim, The Preconditions to the Exercise of the Jurisdiction of the International Criminal Court : With Focus on Article 12 of the Rome Statute, p. 47, footnote 4を参照。一般に、イギリス、ノルウェー、アルゼンチン、ベネズエラ、ヨルダン、南アフリカ共和国、セネガル、シンガポール、韓国などを含む六〇か国以上の国を指すとされた。
(29) 本件に関するローマ外交会議での各国代表団の主要な見解に関する描出については、安藤・前掲注（10）『国際刑事裁判所の理念』二六九頁以下。
(30) 井田良「外国法（学）の継受という観点から見た日本の刑法と刑法学」〔叢書 四一〕早稲田大学比較法研究所編『日本法の中の外国法――基本法の比較法的考察――』成文堂（二〇一四）一三九―一六一頁、特に一五七頁。
(31) 井田・前掲注（30）一五七頁。
(32) 井田・前掲注（30）一五七頁。
(33) 古谷修一「国際法上の個人責任の拡大とその意義」世界法年報第二一号（二〇〇二・三）八二―一〇九頁、特に一〇二頁。
(34) 勿論、この状況において、国内法との調整が必要になってくることについては了解しつつ、敢えてこのような問題を提起する。
(35) Daniel D. Ntanda Nsereko, Article 18 Preliminary rulings regarding admissibility, pp.395 to 404, esp.399, Angelika Schlunck, Article 58 Issuance by the Pre-Trial Chamber of a warrant of arrest or a summons to appear, pp.753 to 764, esp.757, Commentary on the Rome Statute of the International Criminal Court, Nomos Verlagsgesellschaft, Otto Triffterer ed., 1999.
(36) この点は、立法権限と裁判官の役割という観点から、更に検討が重ねられなければならないと考える。
(37) 但し、「役に立つ」または「役に立たない」という基準は、暫定的に用いる表記であって絶対的な基準ではない。このような「有益」か「無益」かという基準を立てることは、一定の危険を招来させることにもなりかねないことを懸念するものである。本章は、これに関する検討ではないため、これ以上の言及は避ける。
(38) 平野龍一「黙秘権」刑法雑誌第二巻第四号（一九五二・四）三九―六六頁、特に五一頁、同『捜査と人権』有斐閣（一九八一）特に九五頁、宗岡嗣郎「刑罰から国家を考える――刑事訴訟における『被害者参加制度』を契機として――」ホセ・ヨンパルト・三島淑臣・竹下賢・長谷川晃編『法の理論 二八』成文堂（二〇〇九）三―二三頁、特に五、一三、一七頁。

(39) いうまでもなく、一国家とそれを含む国際共存社会では、その把捉の仕方、権力関係を含む組織構造ほか多くの点で相違する。これを安易に比較しまたは当てはめるということは避けられるべきことと考える。しかしながら、本書においては、「人」を保護するための「組織」という点において両者の共通点を見出し、共存社会における国際刑法理論の端緒を探究するという目的においてのみ、「国家における人の保護」を「共存社会における人の保護」といったん敢えて置き換え、義務論の可能性を思索する。

(40) 団藤重光『刑法綱要総論 第三版』創文社（二〇〇六）四七四―四七五頁。

(41) なお、訴訟における法律関係の進行発展に関しては、本章の目的から逸れるため詳論しない。

(42) 藤田久一「『祖川武夫論文集 国際法と戦争違法化――その論理構造と歴史性』」法律時報第七七巻二号（二〇〇五・二）九六―一〇二頁。

(43) 祖川武夫［著］小田滋、石本泰雄［編］『祖川武夫論文集 国際法と戦争違法化――その理論構造と歴史性』信山社（二〇〇四）七六頁。

(44) 但し、極東国際軍事裁判時には、本原則を巡って国内刑法と国際刑法上の意義・解釈について拮抗があったことを付言する。この点については、安藤泰子「刑罰権の淵源（一）――法の分化――」青山法学論集第五八巻四号（二〇一七・三）一―九七頁、特に五七頁以下。

(45) 「公共の秩序」に関しては、木村龜二「新刑法草案各則の批判的考察」法律時報第三二巻一〇号（一九六〇・七）七六―八四頁、特に七九頁。

(46) これについて、①権利の生成と諸相、②権利と権利保護、③権利の社会的機能、④権利と法との関係を多面的観点から考察した最近の論文として、海老原明夫「〔特集「権利」を解剖する――基礎法学の挑戦〕『権利』について考えるためのさまざまな視座――比較法学・比較法史学からの素材提供」法律時報第八九巻二号（二〇一七・二）一一―一八頁、曽和俊文「権利の変容と公法学の課題」公法研究第七八号（二〇一六・一〇）一二五―四六頁他。

(47) この点に関しては、多くの文献があり、すべてを挙げることは叶わない。現在の研究報告として、さしあたり江島晶子「権利の多元的・多層的実現プロセス――憲法と国際人権条約の関係からグローバル人権法の可能性を模索する――（現代公法学における権利論）」公法研究第七八号（二〇一六・一〇）四七―六九頁。

(48) 藤木英雄・金子宏・新藤幸司編『法律学小辞典』有斐閣（一九七二）二四三頁。

(49) ミルキヌ・ゲツェヴィチ（Mirkine Guetzevitch）［著］小田滋・樋口陽一［訳］『憲法の国際化――国際憲法の比較的考察』有信堂高文社（一九八〇）特に一八二―一八三頁、同ミルキヌ・ゲツェヴィチ（Mirkine Guetzevitich）［著］宮澤俊儀・小田滋

［譯］『國際憲法——憲法の国際化』岩波書店（一九五二）一七九—一八〇頁。

(50) 佐藤功「人権の国際的保障——世界人権宣言とヨーロッパ人権条約」法学セミナー第一〇八号（一九六五・三）二四—三〇頁、特に二五頁。

(51) 法務府人権擁護局編『世界人権宣言成立の経緯』（一九五二・一）一頁以下。

(52) ミルキヌ（Mirkine）［著］宮澤・小田［譯］・前掲注（49）『國際憲法』一七九—一八〇頁、佐藤・前掲注（50）二五頁。

(53) 佐藤・前掲注（50）二五頁。

(54) 佐藤・前掲注（50）二六頁。

(55) 佐藤・前掲注（50）二七頁。

(56) 佐藤・前掲注（50）二七頁。

(57) 佐藤・前掲注（50）二七頁。

(58) この点については、小坂田裕子「国際人権法における人間の尊厳（二）——世界人権宣言及び国際人権規約の起草過程を中心に——」中京法学第四六巻三・四号（二〇一二・三）一〇一—一二二頁、特に一一八頁、渡辺豊「アフリカ人権裁判所の発足」法政理論第四三巻三・四号（二〇一一・三）一—五三頁、家正治「アフリカ統一機構と人権」神戸外大論叢第四六巻七号（一九九五・一二）二三—四一頁。なお、人権規範の実施制度、特に、ＡＳＥＡＮについて、地域的・形成時期に関する類別表を用いてわかりやすく解説する文献として、勝間靖「ＡＳＥＡＮ人権委員会——国際人権レジームにおける意義——」アジア太平洋討究第一五号（二〇一〇・一〇）一六五—一七六頁。

(59) ——児童の権利に関する条約——（関係資料として一部抜粋）

第五条

締約国は、児童がこの条約において認められる権利を行使するに当たり、父母若しくは場合により地方の慣習により定められている大家族若しくは共同体の構成員、法定保護者又は児童について法的に責任を有する他の者がその児童の発達しつつある能力に適合する方法で適当な指示及び指導を与える責任、権利及び義務を尊重する。

第七条

一　児童は、出生の後直ちに登録される。児童は、出生の時から氏名を有する権利及び国籍を取得する権利を有するものとし、また、できる限りその父母を知りかつその父母によって養育される権利を有する。

二　締約国は、特に児童が無国籍となる場合を含めて、国内法及びこの分野における関連する国際文書に基づく自国の義務に従い、一の権利の実現を確保する。

第一〇条

一　前条一の規定に基づく締約国の義務に従い、家族の再統合を目的とする児童又はその父母による締約国への入国又は締約国からの出国の申請については、締約国が積極的、人道的かつ迅速な方法で取り扱う。締約国は、更に、その申請の提出が申請者及びその家族の構成員に悪影響を及ぼさないことを確保する。

二　父母と異なる国に居住する児童は、例外的な事情がある場合を除くほか定期的に父母との人的な関係及び直接の接触を維持する権利を有する。このため、前条一の規定に基づく締約国の義務に従い、締約国は、児童及びその父母がいずれの国（自国を含む。）からも出国し、かつ、自国に入国する権利を尊重する。出国する権利は、法律で定められ、国の安全、公の秩序、公衆の健康若しくは道徳又は他の者の権利及び自由を保護するために必要であり、かつ、この条約において認められる他の権利と両立する制限にのみ従う。

第一四条

一　締約国は、思想、良心及び宗教の自由についての児童の権利を尊重する。

二　締約国は、児童が一の権利を行使するに当たり、父母及び場合により法定保護者が児童に対しその発達しつつある能力に適合する方法で指示を与える権利及び義務を尊重する。

三　宗教又は信念を表明する自由については、法律で定める制限であって公共の安全、公の秩序、公衆の健康若しくは道徳又は他の者の基本的な権利及び自由を保護するために必要なもののみを課することができる。

第二八条

一　締約国は、教育についての児童の権利を認めるものとし、この権利を漸進的にかつ機会の平等を基礎として達成するため、特に、(a)初等教育を義務的なものとし、すべての者に対して無償のものとする。

第三八条

四　締約国は、武力紛争において文民を保護するための国際人道法に基づく自国の義務に従い、武力紛争の影響を受ける児童の保護及び養護を確保するためのすべての実行可能な措置をとる。

第四三条

一　この条約において負う義務の履行の達成に関する締約国による進捗の状況を審査するため、児童の権利に関する委員会（以下、「委員会」という）を設置する。

第四四条

二　この条の規定により行われる報告には、この条約に基づく義務の履行の程度に影響を及ぼす要因及び障害が存在する場合には、これらの要因及び障害を記載する。当該報告には、また、委員会が当該国における条約の実施について包括的に理解するために十分な情報を含める。

(60)　西連寺隆行「重大なＶＡＴ詐欺に対して刑事罰を科すＥＵ構成国の義務―― Case C-105/04, Taricco and Others : ECLI:EU:C:2015:555［ＥＵ司法裁判所二〇一五・九・八日先決裁定］」法律時報第八八巻一〇号（二〇一六・九）一〇六―一〇九頁、同「環境侵害行為に対する刑事罰導入を構成国に義務づけるＥＣの権限」貿易と関税第五四巻一号（二〇〇六・一）七四―七〇頁他。

(61)　本章は、国際刑法の体系的な理論の構築を目的とし、法益論に関する考察を加えるものではない。これに関する検討については、他日に期したい。

(62)　岡田朝太郎『日本刑法論　総則之部　改訂増補第三版〔復刻叢書法律学編二四〕』信山社（一九九五）二六―二七頁。

(63)　牧野英一『刑事學の新思潮と新刑法』警眼社（一九〇九）二頁。

(64)　牧野・前掲注（63）二頁。

(65)　牧野・前掲注（63）二頁。

(66)　牧野・前掲注（63）二頁。

(67)　秩序の維持に関しては、国内刑法に指す秩序維持と同義ではないことを念のため付記するが、本章はこの点に関する検討ではないため、これ以上詳述しない。

(68)　森下忠「国際刑法」日本刑法学会編『刑法講座　一〔犯罪一般と刑罰〕』有斐閣（一九六三）七三―九〇頁、特に八九頁。

(69)　森下・前掲注（68）八九頁。

(70)　これに関しては、本章の目的ではないため、これ以上詳述しない。この点については、本篇第六章第一節二項参照。

(71)　これについては諸説あるが、すべての権利と義務とが一体的であるという見解ではないことを付言する。

(72)　奥脇直也「過程としての国際法――実証主義国際法論における法の変化と時間の制御――」世界法年報第二二号（二〇〇三・一）六二―九四頁、特に八四頁。

(73)　したがって、これによって生じる派生的な諸問題やローマ規程上の具体的義務規定の検討等の他に、別途、「人」と「国家」と国際共存「社会」との関係についての更なる研究が求められる。この点に関しては、他日を期してその詳細を考察したい。

(74) 中義勝「刑法における人間像」石原一彦・佐々木史朗・西原春夫・松尾浩也編『現代刑罰法大系 第一巻 現代社会における刑罰の理論』日本評論社（一九八四）七一—九六頁。

(75) 「人」を巡って刑法は論じられるが、とりわけ「生きた人間のための」刑法を強調するものとして、竹内正「近代的刑法学の発展——その人間観・國家観を中心に——」島根大學論集社會科學通號（一）（一九五五・二）一—二〇頁、特に一八頁他。

第二篇　国際刑法における罪刑法定主義

第一章　罪刑法定主義の相対性

はじめに

罪刑法定主義は、近代刑法の大原則である。この刑法原則は、汎く各国の刑法や憲法に採り入れられており、我が国においても、憲法第三一条、第三九条で明記されている。本原則の内容ないし派生原則については諸説あるが、その主なものとして、①成文刑法による犯罪および刑罰の法定、②慣習刑法の禁止、③遡及法処罰の禁止、④類推解釈の禁止、⑤絶対的不定期刑の禁止などを挙げることができる。

本原則については国内刑法のみならず、重大な国際犯罪を首謀した個人に対する刑事責任を追及するための常設国際刑事裁判所条約規程（以下、「ローマ規程」と略称）においても第二二条でこれに関する規定を定めている。そこで、第二篇においては国際刑法が「国際社会に妥当する刑法」であるという点に着目し、近代国家における刑法の大原則である罪刑法定主義——とりわけ、慣習法処罰の禁止——について、如何に把捉されるのかという点を中心に以下の課題について検討したい。

国際刑法における罪刑法定主義は、近代国家における刑法の基本原則である罪刑法定主義と同義なのであろうか。または同一の解釈がなされるべきものであろうか。あるいは、これをもって足りるのであろうか。この点に関し、国際刑法において、「慣習国際法に刑罰権行使の根拠を求めることは、罪刑法定主義に反するのではないか」

──という指摘が一部の論者から加えられている。[1]

近代刑法の基本原則である罪刑法定主義は、如何なる意味において絶対的な原則なのであろうか、という問題が先ず存在する。

「近代」「国家」刑法の原則は、「今世紀」[2]「国際」刑法に悉く妥当する必要があるのかという検討にあたっては、近代国家刑法における各種「原則」を強調するに先立って、先ずは国際刑法の源泉をたずねる必要があると考える。

本書は、近代国家刑法の原則とされる罪刑法定主義が国家刑法においては絶対性を有するものの、国際刑法の適用においては、①必ずしも国内刑法と同一の厳格性が求められるものではないこと、また②国際刑法にあってはその法源が国内刑法よりも広く認められていることから、本原則が相対性を有するものであること、わけても①の国内刑法上において要求されている厳格性については、（国内刑法とは異なり）その解釈においてはむしろ緩和性が求められることを明らかにするものである。このような観点から、以下では罪刑法定主義を巡って、国際刑法と国内刑法とにおけるその解釈の差異、とりわけ罪刑法定の「法」が求められるべき法源の異同を中心に比較検討していくこととする。

なお、以下で論じる「罪刑法定主義」とは、特に断りがない限り「国内刑法における」罪刑法定主義を意味し、それ以外を「国際刑法における罪刑法定主義」と称することにする。また、同じく本第二篇にいう刑罰権とは、特に断りがない限り実際の犯罪が行われたときに犯人を処罰することができるという意味で用いられる個別的刑罰権または刑罰請求権とは異なる、一般的・抽象的刑罰権を指すものとする。[3]

第一節　罪刑法定主義の役割

一　厳格性からの解除

第二次世界大戦後、法律学の分野でも研究対象の拡大化がみられた。とりわけ、憲法、刑事訴訟法などの分野では英米法への関心が高まり、多くの研究者が英米法研究に着手した。刑法学に限っていえば、今日、それが継受であるのか、輸入もしくは移植であったのか議論のあるところであるが、ともあれ刑法学は大陸法――わけてもドイツ刑法――の影響を強く受けたものであり、基本的に大陸法系に属するものと位置づけられている。（刑事訴訟法を含む刑事法が、英米法の影響を受けるとはいえ）大陸法的な体系的思考は、我が国の刑法学において基礎を成すものといっても過言ではなかろう。大陸法からの影響を受けた我が国の刑法学においては、罪刑法定主義が重視される。

他方、国際刑法における罪刑法定主義を論じる場合、一部においては、犯罪「法」定にいう法が、「法」か「非」法かの判断基準に基づき、「法」のみを「法」であると結論づける傾向があるように思われる。すなわち、犯罪法定にいう「法」に明確な刑罰がない以上、本原則の本旨からは許されない、という「法」の存否、すなわち形式的ないし外形的な判断によって、罪刑法定主義の趣旨にかかる是非を結論づける偏向があるように思われる(4)。

国際社会はいわば多元的構造の上に成立しているものであり、国際社会と国民国家とは法の構造において異なるものであるため、国内における法制度を国際社会に直接的に適応させることはできない。一般に、国際刑事裁判所がその機能において実効性に欠けると指摘されるのは、国際社会には国内制度に該当する立法機関(5)や執行機関が存在しないことを原因とするものである。

したがって、国際刑法における罪刑法定主義の検討においては、「近代」「国家」刑法のみからの一面的把捉ではなく、「今世紀」「国際」刑法という異なる（法体系）軸を相関させる必要がある。すなわち「近代」刑法と「今世紀」国際刑法という（時間）軸と、同時にまた国内の「国家」刑法と「国際」社会を背景に形成された国際刑法という法の（社会構造）軸である。これらの異なる基軸を互いに関連づけ、多面的な視点から考察する必要性が出てくる。このような考えに基づいて相関的考察を加えてみれば、本原則の果たす役割が、国内刑法上のそれと国際刑法のそれとでは、「決定的」に相違してくるのである。

既述した通り国際社会には（国内とは異なり）立法機関がないことも加わり、国際刑法における罪刑法定主義の解釈にあたっては、ローマ規程のみならず、慣習法を含む国際法の原則・規則、法の一般原則、判例法理が重要な要素になっている。無論、国内刑法における判例の役割も重要である。しかし、国際刑法においては、慣習法や国際法の原則、法の一般原則のほか、判例の果たすべき役割が、国内法レベルのそれとは著しく異なってくる。第二篇本章において、両者の決定的相違は、「国際刑法の特質」と説明されるべきものと考える。以下に論じていきたい。国際刑法においては、実体「法」に該当すべきローマ規程それ自体のみならず、左に掲げる規定の中でその法源を見出すものである。

すなわち、ローマ規定第二一条は、

「一　裁判所は、次のものを適用する。

(a) 第一に、この規程、犯罪の構成要件に関する文書及び手続及び証拠に関する規則

(b) 第二に、適当な場合には、適用される条約並びに国際法の原則及び規則（確立された武力紛争に関する国際法の原則を含む。）

(c) (a)及び(b)に規定するもののほか、裁判所が世界の法体系の中の国内法から見い出した法の一般

原則（適切な場合には、その犯罪について裁判権を通常行使し得る国内法を含む。）ただし、これらの原則がこの規程、国際法並びに国際的に認められる規範及び基準に反しないことを条件とする。

二　裁判所は、従前の決定において解釈したように法の原則及び規則を適用することができる。

三　この条に規定する法の適用及び解釈は、国際的に認められる人権に適合したものでなければならず、また、第七条三に定義する性、年齢、人種、皮膚の色、言語、宗教又は信条、政治的意見その他の意見、国民的、民族的又は社会的出身、貧富、出生又は他の地位等を理由とする不利な差別をすることなく行われなければならない」と規定する。

国際刑法は国際法の影響を受けるものであって、国際法において判例の果たす役割を踏まえると国内法のそれとは一致しないことは明らかである。(6)

国際刑法における判例の役割を考察するにあたっては、右第二一条の設置にかかった審議過程を辿る必要がある。国内刑法と同様に、国際刑法においても当該規定が画定されるまでに至る起草案や審議検討の経緯を確認する作業は必須となってくる。前世紀（中期）国際刑法＝ニュルンベルク・極東国際軍事裁判所で下された判決が国際刑法を進展させていく過程の中で、国際法委員会によって前世紀（末期）ローマ規程草案が示されていた。

すなわち、ローマ規程草案第三三条は、裁判の適用法規に関し、

「(a)　裁判所規程

(b)　適用可能な（applicable）条約並びに一般国際法の原則及び規則

(c)　適用可能な範囲内で国内法のいずれかの規則」

と定めていた。(7)

この草案を踏まえて創り出された法の一般原則に関する規定を置くローマ規定第二一条は、国際司法裁判所規定第

三八条に拠りながら創られたものである。国際法においては、慣習法や判例のみならず「学説」もまた極めて重要な法源になっている。

すなわち、国際司法裁判所規定第三八条一項は、

「裁判所は、付託される紛争を国際法に従って裁判することを任務とし、次のものを適用する。

(a) 一般又は特別の国際条約で係争国が明らかに認めた規則を確立しているもの

(b) 法として認められた一般慣行の証拠としての国際慣習

(c) 文明国が認めた法の一般原則

(d) 法則決定の補助手段としての裁判上の判決及び諸国の最も優秀な国際法学者の学説」と規定する。

国際司法裁判所は、「国際法に従って」国家間の紛争を解決する司法機関ではあるが、国際刑事裁判所と同様、その背景に立法機関を有するものではない。本条にいう国際法とは、一般条約または特別の国際条約等、実定国際法規に限定されるものではない。慣習、法の一般原則、「判例」のみならず「学説」にもその法源性が認められている。判決の指針として、判例を作り上げる各個別判決のみならず、「学説」に依拠して具体的事件の解決に当たるという、国際法における判例および学説に課された役割については、我が国の国内刑法と「決定的」に異なることが右第三八条から明らかになる。すなわち、判例の有する意義が、国際刑法と国内刑法とでは特段に異なるのである。我が国の国内刑法には明記されていない、上述「法の一般原則」とは、具体的事件について、当該条約や慣習国際法に適用法規がない場合、これを補うものを指すとされる。関係各国の国内法における共通規則が、法の一般原則として抽出される。

前世紀中期から末期へと時代の推移のなかで、前世紀（末期）国際刑事裁判（旧ユーゴスラヴィア国際刑事裁判所やル

ワンダ国際刑事裁判所）では、漸次諸々の判決を下していくこととなった。そこでは「法の一般原則」が採用されてきた。法の一般原則は、特に旧ユーゴスラヴィア国際刑事裁判においては条約規程の解釈指針、適用法規の補充のほか、法的論証の強化に役立ったとされている。[8] 法の一般原則に対する認定基準は厳格であるものの、裁判所が果たすこのような機能は、むしろ「法の創設にきわめて近い役割を果たしてきていると考えられている」[9]。

いうまでもなく、我が国においても判例は、先例拘束性を有し重要な役割を担っている。しかし、上述の通りローマ規程においては、①ローマ規程自体、②慣習法を含む国際法の原則、③法の一般原則、④従前の決定（＝先例に従った原則・規則・解釈）に法源性を認める旨の規定が置かれている。

加えて、先に指摘したように立法機関の不存在に加え国際刑法の特質から、先例の示す判断は、――前世紀に創設された国際刑事裁判所、すなわちニュルンベルク・極東国際軍事裁判所や、旧ユーゴスラヴィア・ルワンダ国際刑事裁判所などで下された判決が――今世紀国際刑法＝ローマ規程の適用場面において、極めて重要な解釈指針ないし法源となっているのである。国際刑法において、右①から④で明らかにした原則・規則・解釈に依拠する旨を定めていることは、これらを積極的に用いることを――用いられるべきことを――（裁判官に）意味（指導）しているのであって、かつて（近代啓蒙時代の裁判官に対する不信を払拭できない考え方）のように裁判官を、恣意的判断を避けるための「機械的な口」[10] に位置づけるものではない。

「国際刑法においては」、①ローマ規程、②慣習法を含む国際法の原則、③法の一般原則、④従前の決定（＝先例に従った原則・規則・解釈）に従い、（判決へと導く）裁判官への法の指導理念・指針・役割が示されたものといえる。[11] ローマ規定第二一条は、その列挙事項の判断基準に従って裁判官に厳格な要件のもと、判断・事態の解決を委ねたものと解し得る。国際刑法にあっては、このような観点から、国内刑法での罪刑法定主義における「法の厳格性」は必ずしも求められてはいない。むしろ、国際刑法に国内刑法と同一の厳格性原則を求めることは、法の弾力的解釈の可能性を閉じることになるのである。

ローマ規定第二二条は「法なくして犯罪なし」を定めている。

すなわち、本規定第二二条は、

「一　いずれの者も、問題となる行為が当該行為の発生した場合において裁判所の管轄権の範囲内にある犯罪を構成しない限り、この規程に基づく刑事上の責任を有しない。

二　犯罪の定義については、厳格に解釈するものとし、類推によって拡大してはならない。あいまいな場合には、その定義については、捜査され、訴追され、又は有罪の判決を受ける者に有利に解釈する。

三　この条の規定は、この規程とは別に何らかの行為を国際法の下で犯罪とすることに影響を及ぼすものではない」と規定する。

前世紀国際刑法（＝ニュルンベルク・極東国際軍事裁判所条例や旧ユーゴスラヴィア・ルワンダ国際刑事裁判所規程）では、罪刑法定主義に関する具体的な明文規定が置かれておらず、それゆえ罪刑法定主義を構成する原則のひとつである事後法禁止等について重大な問題が生じた。この問題を克服すべく、ローマ規程は第二二条乃至第二四条をもって罪刑「法」定主義を明文化し、これを採り入れるに至ったのである。従来、「罪」「刑」法定主義にいう「罪」については、諸種の人権宣言等で謳われてきたものの、今世紀初頭にローマ規程をもって、わけても「罪」「刑」法定にいう「刑」が明記されたことは史上初めてのことであり、国際刑事法学の展開という観点から高い評価が加えられている。

ところで、右第二二条二項に規定する厳格性については、罪刑法定にいう「法」の淵源を指すのではなく、ローマ規程自体に列挙された「犯罪の定義について」厳格な解釈を要求されるというものである。また、同条三項は、国際刑事裁判所以外の国際裁判所によって（慣習法による）個人処罰の実効性の余地を残している。同時に、国際法に基づく国内法による個人処罰を認めるという選択肢を提供している。すなわち、他の国際裁判所における慣習法による個人処罰の実効性を探る、あるいは国際法を根拠として個人処罰の実効性を模索するという選択を与えていると解釈し得るのである。

他方で、ローマ規程は第二三条で「法なくして刑罰なし」を定めている。すなわち、第二三条は、「裁判所によって有罪の判決を受けた者については、この規程に従ってのみ処罰することができる」と規定する。(我が国の)国内刑法においては、個別条文に「罰」が定められていることから、我が国内刑法との相異がみられる。換言すれば、「罪」「刑」法定主義にいう犯「罪」法定については、ローマ規程の第五条以下で各犯罪の構成要件が明示され、厳格な犯「罪」法定をほぼ充たしていると判断できる。他方、刑「罰」法定にいう「罰」に関しては、第七七条で包括的な「適用される刑罰」についての一般的規定を置いている。

すなわち、ローマ規定第七七条は、

「一　裁判所は、第一一〇条の規定に従うことを条件として、第五条に規定する犯罪についての有罪の判決を受けた者に対し、次のいずれかの刑罰を科すことができる。

(a)　最長三〇年を超えない特定の年数の拘禁刑

(b)　犯罪の極度の重大さ及び当該有罪の判決を受けた者の個別の事情によって正当化されるときは終身の拘禁刑

二　裁判所は、拘禁刑のほか、次のものを命ずることができる。

(a)　手続及び証拠に関する規則に定める基準に基づく罰金

(b)　一に規定する犯罪によって直接又は間接に生じた収益、財産及び資産の没収。但し、善意の第三者の権利を害することのないように行う」と規定する。

本規定は、一般的規定を置くのみで個別条文で具体的な「罰」を規定していない。この点で刑「罰」法定という側面からは問題を有していることが指摘できる。(12)

以上の検討から、国際刑法にあっては、国内刑法と同様の罪刑「法」定主義が求める原則のひとつである「法」の厳格性は、必ずしも国内刑法のそれと同義のものが要求されている訳ではないことが明らかになる。

第二節　判例と学説の役割

一　判例の発展に委ねて

一般に、刑法解釈において国内刑法における罪刑法定主義の厳格性が求められることはいうまでもないが、上述のような国際刑法における傾向は、国内刑法にも全くないわけではない。すなわち、国内刑法における構成要件もその内容のすべてを記載することができない以上、解釈によってその要件を補充せざるを得ない点については争いのないところである。国内刑法上は、この解釈の範囲が問題になってくる。この点各個別国家によって、その解釈の許容範囲が異なることを踏まえるべきである。本節においては、先ず刑法における法源に関し、罪刑法定主義との関係から判例の役割について平野龍一の見解を確認したい。

平野は、罪刑法定主義の実質的内容が——①民主主義と、②自由主義からの要請を充足させることによって確保されることを説いた。①は「如何なる行為が犯罪であるかについて、国民自身がその代表（機関）を通じて決定しなければならない」こと、②は「国民の権利ないし行動の自由を守るために事前に成文法により何が犯罪であるかを明示されなければならない」というものである。この二つを充たすことが、今日、我が国の刑法解釈学においても重要な指針となっている。平野は、刑法の解釈にあたり、立法と裁判との関係について、「立法者はある範囲では決定を裁判官に委ねたと見られる場合がかなり多い(13)」、立法者において、一定の範囲内で『判例の発展に委ねて』、自らは基本的な決定にとどまらざるをえない。これは立法の宿命(14)」であるため、限定された範囲では「裁判官は何が法かを決定する」ことを強いられると指摘する。

その上で、平野は我が国の裁判官に課された役割に対する一般的傾向を、次のように主張する。すなわち、「大陸法の罪刑法定主義は、裁判官の不信の上にたってもっぱら裁判官を法規にしばりつけることに重点があったのに対し、英米法ではむしろ裁判官を信用して裁判官に刑罰法規の実質的な適正さを判断させ不当な立法をチェックしよう(15)」とする。そして、我が国における刑法研究者が「どちらかというといわば、盲目的、形式的に罪刑法定主義を考える考え方が強かった(16)」ため、現行憲法の下では、刑法（解釈）における実質的な限界を考慮し、むしろ形式上の法律があった場合であっても、刑罰権の行使を抑制する考え方をとる必要があることを主張する(17)。

平野は、従来からの考え方に拠って罪刑法定主義を厳格に解すれば――これを頑なに守った場合――、以下の弊害を避けられないと主張する。すなわち、（我が国における）裁判官の役割は、法の忠実な適用に求められる(18)。「罪刑法定主義を形式的、盲目的に解すると、裁判官は法を忠実に適用すべきであって、犯罪成立の要件がそなわった以上必ず処罰すべきだということになる(19)」という帰結への懸念である。

さらに、我が国における刑法解釈に関する特徴を「我が国は制定法の国であって判例法の国ではない、したがって判例は法ではないという考え方が依然として強い。（中略）これはおそらく、罪刑法定主義の原則上、法律だけが法源となりうるのであって、判例は法源とはなりえないという考えにもとづくものであろう(20)」と示す。

その上で、制定法（を採る我が国と）と判例法（を採用する他の諸国）との違いを検討し、「判例は法か」あるいは「判例も法源であるか」という問題にこれを置き換え、制定法の不存在にかかわらず判例に基づく処罰は許されないという意味からは、判例を「非法」と位置づける。しかしながら、他方、イギリスではほぼ制定法に拠る処罰制度となっていること、またアメリカの多くの州もコモンローに拠る犯罪処罰を否定していることから、前者と後者の実体の相違を探究するに、先の問題は「法」を観念的に考えるのか、経験的なアプローチを採るか——問題提起をどのように把捉するのかという構造——の違いに、その答えが導かれることを明らかにした。[21][22]

二　学説の役割

(1) 諸説

法の適用に関する学説の役割については、いうまでもなく多くの論考が多くあるが、本章の展開に必要な限りで触れることとする。

（先の平野龍一の指摘を受け、本節においても〔立論の展開上〕）はじめに平野が主張した学説の役割を続けて以下に確認したい。平野は、法律によらない「生きた法」として、共謀共同正犯を巡る問題に触れながら——犯罪論が機能的観点からの検討の懈怠ないし遅滞ゆえに——刑法がもっぱら構造的に把握されてきた点について反省を求めている。特に、共謀共同正犯論を是認するについては、判例理論を「生きた法」として採用していることを強調する。[23]また、我が国における刑法学解釈の傾向にみられる問題、すなわち「単なる制定法の解釈に終始している」ことを直視し、自省を促す。犯罪の定義に関し「犯罪とは構成要件に該当する違法有責の行為である」という思考回路、すなわち「アプリオリ的な思考からまったくまぬがれてはいない」[24]こと、いわゆる体系論的思考を重んじ問題論的思考を軽んじてきたきらいがあることに対し、[25]その一面的思考にとどまる閉鎖性を指摘している。学説の役割を——裁判官による立法の契機——積極的に「裁判官にはたらきかけて法をつくらせること」[26]に求めている。

次に、前田雅英は、学説の任務を①立法的提言を行うもの、また②実務における理論的視座からの監督的役割

――国民の規範意識の乖離の防止を図る――ものであることを強調する。そのためには、①②の観点から、罪刑法定主義の自由主義的要請の見直しが必要である点を主張する。(27) すなわち、本原則からは、国民に対する行動基準としては（その規範の認識規準として）ハードルが高い旨を指摘する。(28) そして、②の視点からは、国民の予測不可能な行為の不処罰のためには、「言葉の可能な意味(29)」や「国民の予測可能性の範囲」の形式論からの判断では充分ではなく、言葉の本来的意味からの距離と要罰性との衡量の必要性を説く。

前田は、我が国の刑法解釈の特徴を論じるにあたり、ドイツにおける幾つかの判例を挙げながら、我が国では「ドイツ型の処理の方が法定主義に適うという感覚が、学説には強い(30)」点を指摘し、学説の立法的提言という立場から、我が国の判例形成の背景事情を考慮すれば、必ずしもドイツ型の解釈に沿う必要がないと主張する。すなわち、我が国の判例解釈の特徴を、立法機関の機能不全性と被疑者被告人の人権保障の担保ならびに国民の生活利益保護への規範的評価の結実に求める以上、「膨大な判例や学説が蓄積された現在、我国の解釈論の特色を意識的に展開することは、必ずしも危険なことではない(31)」ことを指摘している。(32・33)

続いて、村井敏邦によれば、罪刑法定主義は戦前の刑法学における学説の激しい対立をみなくなった今日、形式的・実質的観点からも「だれもが認める刑法上の原則(34)」であるという。この点で村井は、今日のこの傾向を必ずしも是とするものではないことを論じている。刑法「学」と「実」務との緊張関係の保持の必要性を指摘している。これは、罪刑法定主義を守るべき立場にある裁判官が本原則をもって、逆に「人」への侵害へと（その作用を）反転させ得ることへの危惧から示す提言と思われる。換言すれば、「実」務に刑法「学」が積極的に関与し、常に一定の緊張関係を保っていくべきである。刑法「学」は、「実」務に関わっていくべきであり、緊張関係に弛緩を生じてはいけない。(35) 刑法「学」は、常に「人」の保護を目指し、「実」務に対して「批判的機能をも果たさな」ければならないと論じている。(36)

(2) 学説の意義

判例主義の底流には、裁判官への信頼があるといわれる。その信頼をもとに裁判官中心主義が展開され、「法」のみによらない解釈学の発展がみられた。他方、学説は、裁判官の立法的役割について検討が重ねてきた。すなわち、その裁量をどこまで許容するのか。これは、「人」の保護を求めて、(国家の裁判)機関＝裁判官へと課した刑法「学」からの拘制であったと考えられる。

「人」権保障のためには、裁判官の裁量について、どこにどのような一線を画するのかという、裁判官の裁量権を巡る限界を設定するという目的の下に検討が重ねられてきた。その背景には、「人」の保護が刑法学の基底に据えられており、この保護について学説からの厳格な検証が求められていたことが見て取れる。「人」の保護を求めて刑法を起動させるために、刑法学は罪刑法定主義に対し謙抑性を求めつつ、原則の連続性を現代刑法へと繋いできたといえよう。

学説の意義を明らかにする右の諸説からは、共通点が抽出される。それは、判例自体の実質的な内容に対する評価に限らず、裁判官の法的解釈の範囲についてこれを精査している点である。所論においては、裁判官への法解釈の権限にかかる範囲または解釈領域について、罪刑法定主義からの厳正な精察とそれに基づく峻烈な批判を、自らを含む「学」と「実」との両者に向けて加えている。(37)

その意味からは、刑法学は歴史が創り出した原理——謙抑的な立場から——の系譜を今に伝えている。ここに、罪刑法定主義という原理の連続性を視るのである。右の観点から刑法「学」は、批判的ないし検証的役割を担っている。国家が理性を保つとき、「人」への保護は、司法権を発動する裁判機関、すなわち裁判官(国家＝裁判所＝裁判官)を介して図られよう、またこれが期待される。

しかし、国家が理性を保てなくなって非理性国家へと化すとき、国家が「人」の法益を侵害する事態が生じ得る、と同様に国家の機関を担う裁判官にも同様に「人」を害する危険性が生じる。すなわち、罪刑法定主義の駆逐である。歴史の所産である罪刑法定主義を、本来、「人」を保護すべき国家が裁判官を通して侵害する虞を、刑法学は知覚するものであり、これを恐れるものである。

しかるに、「人」の保護を求めて、罪刑法定主義への「厳格性」を、「国家＝裁判官」に決然と要求する。ここに、（とりわけ国内）刑法「学」のひとつの意義が見出せる。

刑法が、社会防衛刑法と化すのか、自由刑法を維持していくのかについては、「学」説の果たす役割が極めて重要な鍵となろう。時勢を主だった契機性とする「ときの国家」は、理性が保たれるとき「人」の保護に役立つであろう。しかし、これが逆転したとき、その役目は失われる。逆に、「人」への侵害と化す機関となることは史実が示すところである。

第三節　国際刑法における刑罰論

一　罪刑法定主義と譲渡説

罪刑法定主義には既述したように、二つの要請が含まれている。犯罪法定に関する、①民主主義的要請と、②自由主義的要請である。第一篇第一章に既述したところであるが、国際刑法における刑罰権行使の正当性については、国家が有する刑罰権の一部を国際刑事裁判所に譲渡し、国際刑事裁判所は譲渡された範囲内でこれを行使すると捉える考え方がある。(38) 説明の便宜上、本篇においても、第一篇と同じくこれを譲渡説と呼ぶことにする。譲渡説は、もとより国際刑法における刑罰権の源泉を国家（刑）法に求めるものである。したがって、右に示した民主主義的要請も自由主義的要請も、「国家」機関を既に介在している点において、（形式的には）満たされていることになる。

譲渡説、すなわち国際刑法における源泉を「国家」刑法に求める考え方の下では、国内刑法学上からは、平野の考え方に従う限り、「罪刑法定主義を堅持するかこれを緩和するかは、社会統制において、刑法の役割、さらには国家の役割をどれだけ重視するかにある。刑法及び国家の役割を重視する考え方は、権威主義あるいは干渉主義的な態度ということができ、重視しない考え方は、自由主義的ないし不干渉主義的態度だということができる」[39]であろう。そうすると、譲渡説は、（国際刑法における刑罰権の淵源に関し）そもそも国家体制ないし国家構造の異なる、各個別国家におけるそれぞれの刑法の目的・役割の相違のみならず、同時に「ときの」個別国家における刑罰権概念を（国際刑法における刑罰権行使の正当性へと）用いるものである。すなわち、各国家の異なる刑罰論が国際刑法に反映されることを意味することになるのである。

我が国の刑法は、制定以来一世紀以上の長きに亘り法的安定性を確保してきた[40]。その間、敗戦を通じて政治体制が変遷し主権が国民に存することになったことは、革新的転換であったと思われる。その下に公布された日本国憲法においては基本原則を維持しつつ――刑法改正を巡る諸問題[41]への克服に関しては――難儀を伴ったものと推察される。外形的には「時宜に適った柔軟な対応」という表現では説明できない重大な事態があったといわれている[42]。

このように、ひとつの国家の中においてさえも、ときの政治的契機に大きく影響を受ける刑法は、その支柱とする罪刑法定主義の解釈を巡り、当該時世の政治体制に強い影響を受けるものであることが判る。歴史の中では、――一九二六年ソヴィエト・ロシア刑法、一九三五年ナチス・ドイツ刑法における――罪刑法定主義の否定すらあったことを顧みるべきである。

以上の検討から、個別国家を基盤とする刑罰論を強く反映させる国家刑法と、汎く国際社会に培われた国際人道法と国際慣習法の結集であるローマ規程[43]とには、①罪刑法定主義の解釈のみならず、②刑罰論を巡って、大きな隔たりがあることが判る。この点で、③個別国家刑法におけるひとつの時代の刑罰論の変容・変遷に比較すれば、（国家における刑罰論によるものではなく、国際共存社会によって示された処罰意思の結実である）今世紀国際刑法＝ローマ規程における刑罰論がより客観性を有するものであること。これらに拠って、④また国際刑法における罪刑法定主義を巡っては、ときの一国家刑法における解釈よりもより相対的な解釈が期待されることが判明すると結論づけることができると考える。

二　先行研究

戦後我が国では、日本国憲法のもとに個「人」の価値を重視した法の解釈が展開されてきた。憲法の理念に基づき憲法が新たな展開をみせる中、刑法学は——全面改正へと向かったものの——多難に遭遇することとなったのである。戦前の刑法は、ときの国家法益や旧体制維持を重視する刑法であったことが指摘されている。ここに、刑法「学」は、改正刑法草案を巡って「実」務＝施行への抑制という役目を担うこととなった。旧体制の一部を継ぐ改正草案の施行＝「実」務に対し、刑法「学」は謙抑的な役割を担った。その「歯止め」が功を奏し、成功裏に収めたといわれている[44]。このような観点から、特に戦後の日本刑法史をみれば、「国家」を基底とする刑罰観、あるいは刑法機能は時代や治政に際立った密着性を有するものであることが明らかになる。

ひとつの国家における刑法学においても、「ときの」国家の在りように重大な影響を受け、変容や転換を含む変遷がみられる。ここに、国内刑法は個別国家における時代的影響を多分に受けるものであることは当然の理である。その意味から後に説くように、国際刑法における刑罰権の行使にあたっては、個別国家の刑罰論における諸契機を可能な限り排除することが望まれる。右に挙げた例は、国際社会を構成するひとつの国家——我が国——における刑法学の史的展開の一例に過ぎない。

しかしながら、戦後刑法史における学派の刑法理論の展開――犯罪論や刑罰論に据えられるべき本質を巡って積み上げられた多数の諸論究――の中に、国際刑法における刑罰論を考察する上で、欠くことのできない有益な示唆が多く収められている。

三　契機性の排除

ローマ規程の実効にあたり、「国家」刑罰権の行使を一次的に把捉し、これができない一定の場合に国際刑事裁判所は刑罰権を行使するという（補完性原則を議論の出発点としてあるいはこれをあたかもア・プリオリなものとして、国際刑法を論じる）立場においては、以下の点を留意する必要がある。すなわち、国際刑事司法作用に関しては、各「国家」における時代の権力的契機ができるだけ排除されるべきである。すなわち、何を犯罪とし、どのように処罰するのか、という罪刑に関わる本質的な判断は、繰り返し述べるように、①個別国家の、②ときの「国家」観を反映させるものである。国家刑法においては、刑法を政治体制や時代の価値観から切り離すことができないため、国際刑罰権の行使にあたっては時代性や政治性を含まないことが強く求められる。可能な限り、これらの契機性、換言すれば司法的要素以外の契機は排除されるべきである。この点、合意を基礎とし補完性原則を前提に論を展開する立場は、自ら積極的に国家の権力的契機を求めているように思われる。国家が理性を保つとき、「人」への保護は、国家をして実行されよう。

しかし、国際刑法創設の原点は、何に求められたのであろうか。「国家」による「人」の侵害、「国家」刑罰権に関する起動性への不信――国家刑罰権発動のあり方に関する反省――であったことを想起すべきであろう。「国家」が戦争を否定し「人」の保護を図っていたならば、国際刑法はその展開をみなかった可能性は否定できない。前世紀国際刑法を含む今世紀国際刑法は、「国家」の司法権、とりわけ刑罰権への不信＝不処罰慣行を克服すべく顕現した法である。

国際刑法における刑罰権の概念について、本書が第一篇に続く第二篇においても国際刑事裁判機関はその刑罰権に関し、個別国家からの譲渡によってこれを行使するものではなく、国際共存「社会」が固有に有するものであると考える見解（第一篇に同じく、「固有説」と略称）(45)を主張する第二の理由が第二篇本章本節に求められるのである。すなわち、国際共存社会は刑罰権を有する個別国家から構成されるのであって、国家という組織を媒介にしている構成体である以上、それはもとより刑罰権を有する個別の組織「社会」から構成されているとも考え得るのであり、（個別国家の刑罰権の一部を結合させ）諸国家から国際刑事裁判所に刑罰権を譲渡するという擬制的構成をとる必要はないものと考えるである。(46)理論を突き詰めていけば「譲渡」ないし「一部譲渡」という擬制によって、国際機関の刑罰権を基礎づけようとする場合、ローマ規程自体が認める付託や、本規程採択当時には想定されてはいなかった自己付託にかかる国際刑罰権の体系的正当性について、これを整合的に説明することはできない。

加えて、各「国家」刑法は、個別「国家」の憲法を最高法とする下位法と位置づけられるものの、――例えば、死刑に関する刑罰規定を存置する国と存置しない国など――各「国家」自体の、現在に至る刑罰思想とその系譜、のみならず国際人権思想の発展と受容にかかる程度や独自の歴史的な発展に基づく法文化の相異によって各「国家」刑法における罪刑の内容自体と刑法理論ならびに刑法解釈論はいうまでもなく、刑罰制度も異なってくる。勿論、ローマ規程は右のような問題を可能な限り避けるべく規定第五条以下で対象犯罪を四つの重大な国際犯罪に限定し、また同第七七条以下で各国における刑罰制度の差異からの影響を可能な限り回避している。

上述のような個別国家の「刑罰」権をもって国際刑法における刑罰権の正当性を基礎づけることは、――（仮に譲渡説に立った場合であっても）国家から国際刑事裁判「機関」への刑罰権に関する一部譲渡か全部譲渡か、またそれは任意的譲渡なのかまたは必要的譲渡なのか、さらには刑罰権譲渡について（ローマ規程の対象犯罪となるべき）当該部分を譲渡したのみならず残余部に関する刑罰権について譲渡したと構成する場合、残余部の内容如何が問われるものと考える。

結局のところ、国際刑法においても、犯罪とは何か、どのような行為が犯罪とされるのか、という問いについては、（一般に）刑罰を科すに値する行為が犯罪である、という公式を採るならば、刑罰に対する考え方如何によって、各「国家」ごとに犯罪概念が異なることは論を俟たない。それゆえに、この問題はコア・クライムを何にするかという問題に置き換えられるのであり、国際社会が未だに「核兵器の使用」についてこれをローマ規程の対象犯罪とすることができないのは、以上のような理由によるものと考えられる。この問題は、第一篇における検討にも関わってくるが、――刑罰権の淵源、首謀者個人に対して刑罰権を行使する正当性を何に求めるか――理論的解決には、時代性と価値観、法文化、法制度、宗教、政治等の契機性を排除できない以上、引き続き難儀を極めることになる。

そこで、先ずは国際刑法における犯罪論について、仔細な考察が必要となってくる。我が国においては犯罪の成否にかかる検討について、ひとつのモデル的な主張とでもいうべき瀧川幸辰によれば「犯罪トハ法律ノ保護する利益ノ侵害[47]」を指すと示すところ、何を侵害するものなのか、如何なる主観的要件を具備すれば処罰に値するのか、それが具体的事件を介し罪刑法定主義との関係でどのように解されるのか――例外を認める、すなわち司法的観点からは「国家」の、あるいは政治的な干渉をできるだけ排除する方向には向けられないのか――という精査が必要となってくる。

このような検討経路を辿ることは、被疑者・被告人の人権保障を担保することのみならず、研究者の思考経済にも資するように思われる。無論、国内刑法上採られている、「(a)構成要件に該当し、(b)違法、(c)かつ有責の行為」

という、犯罪成立に関する定型化された要件論は、必ずしも唯一無二の絶対法則ではなく、コア・クライムの成否にかかる判断について、この思考型式が国際刑法において最もふさわしい妥当性を有するものであるか否かについては、相当程度、疑義を内在させており、再考の余地があると考える。コア・クライムの問題は、前世紀国際刑法が混迷してきた（平和に対する罪や人道に対する犯罪についての処罰が、遡及処罰の禁止という争点を含む）罪刑法定主義に関する問題——例えば、目下、ローマ規程の列挙犯罪とはされていない「核兵器の使用」問題——をどのように解決すべきかという難題を国際社会に提起することになろう。

これは、国際刑法に特徴づけられる、例えば、①「首謀者（の個人）責任」という主体の特殊性、②法益侵害に向けられた規模性、組織性、被害の甚大性および回復不可能性ほか、③（集団、民族という）行為の客体に関する問題など、国際刑法の特殊性から導き出される主な要素に直接的な関連性が認められるためである。

基本的には、単独犯による通常犯罪を想定しこれを基準とする国内刑法における行為類型とは凡そ異なる特異性を有するという観点からは、従来から採られてきた犯罪成立に関する、右に示したⓐⓑⓒという三つの法的評価についての判断を従来の型式に沿って段階的に順序立てて考慮すること——さらに国際刑法に妥当する（その特徴を反映させる）思考型式があるのかまたはないのか、あるとすればどのようなものか——が適切か否かについては、改めて検討する必要があるように思われる。(48) わけても集団の共存にかかる法益をどのように評価するのかなどについては、理論的な説明が求められるのである。

第四節　刑法学史に学ぶ

一　国際刑法の原点

国際刑法の機能に関して、国際刑法が何を目的とするのか。（人権保障については、いうまでもないが）国際公序の維持を主要な目的とするのか、あるいは法益保護を目指すのか、という問題で提起され得ると思われる。この点で、国際公序の維持を強調するならば、（国際［刑］法においては、立法・行政機関はないものの）我が国における刑法学史が辿った道程――過去の反省――をふり返る必要があるように思われる。秩序維持に重点を置けば、それが国内刑法であれ、国際刑法であれ、裁判官への裁量の幅を必要以上に拡大することに繋がる可能性は排除できない。この問題を解決する糸口を求めるにあたっては、何よりも「国際刑法の原点」に遡る必要がある。国内刑法と異なり、国際刑法においては、不処罰慣行を回避すべく、国家の枠を外して個人責任の追及を目指したものである。この沿革を辿り、国際刑法の展開における起点を確認することが求められる。その原点に立ってみれば、公序維持については、結果として享受されるものと考えられる。この趣旨からは、国際刑法の目的は、（現在の国際社会における「力」の論理が通有する今日的様相を考慮すれば）第一義的には特別予防に重点が置かれ、それが（刑法の一機能として言及されるべきもの、すなわち）副次的または結果的に一般予防に資することになり得ると考えることが適切であろう。(49)

二　刑法の淵源

以上の考察を踏まえた上で、次に刑法の淵源について、国内刑法と国際刑法からはどのように解されるのであろうか。特に法形式と法源についての相違を明確にすることを目的として、以下、考察に必要な範囲に限定し、伝統的な国内刑法および国際刑法に関する学説を挙げ比較検討する。

(1) 主要な学説

国内刑法について、木村亀二は、以下のように主張する。[50]「刑法の淵源は、どこまでも、成文法でなければならない」[51]と。この点で、国際刑法における刑罰権の淵源は、「決定的」に相違する。本章のほか第一篇[52]を通して示してきたように、国際刑法における犯罪概念は、慣習国際法・国際人道法に依拠し、これに基づき形成されてきたものである。コア・クライム処罰に関しては、従来より慣習法によって国際法上認められ、それが漸く今世紀初頭に実定法に結実された。これが、ローマ規程である。換言すれば、国際刑法における刑罰権の淵源は慣習法に求められ、ローマ本規程における犯罪構成要件自体が、慣習国際法の結実として画定されたものである。

本書の立場からは、ローマ規程を採択した外交会議を国際刑法上の犯罪構成要件の確定（については「一部交渉を含む」確認）に関する「契機」と捉える。ここでより重要なことは、首謀者の個人責任追及に関しては、慣習国際法による処罰意思が「汎く認められていた」という「事実」、また国際社会に確立していたその「処罰意思」を成文法化するという国際的な「意思」が示されていたという史実である。そして、これを「成文法」化するための場が、ローマ外交会議であったといえる。国際社会においては、コア・クライムに関する首謀者の個人処罰は、国際人道法を含む慣習法に拠ったものであった。ジェノサイド条約第六条において、国際刑事裁判所の創設が予定されていたことは、その証左であると考える。

この点、国際刑法における罪刑法定主義について、国内刑法における罪刑法定主義と同じ基準をもってその厳格性を求める立場は、——「慣習」という外観上の表記に執心するためか——国際刑罰権行使の正当性が慣習国際法に求めていることを批判的に指摘する。この背景には、（先に指摘したように、我が国の刑法解釈学がドイツ刑法解釈学の影響を多分に受けていることから、本原則の厳格性については国内刑法と等しい基準を国際刑法にも当然に求める、すなわち）国内刑法における罪刑法定主義は、今世紀国際刑法にも当然妥当する絶対原則である、といういわば原則性に（潜在的にあるいは盲目的に）拘制されているように推察される。

そこで、最近の国際刑法に関するドイツの傾向を確認してみる。[53] ヘルムート・ザッツガー（Helmut Satzger）は、近著"Internationales und Europäisches Strafrecht. Strafanwendungsrecht"[54]において、明確な解説を付している。すなわち、国際刑法については、「当然のことながら、文面による確定（『成文法』）も、国内刑法に匹敵しうる。刑罰を根拠づける法の内容的明確性（『明確な法』）も要求されてはならない。国際刑法は、国際慣習法として誕生し、慣習法は、国際法の範囲では（国内法と違って）、最も重要な法源の一つなのである。したがって、国際法上の犯罪構成要件は、架空の立法者の『完結品（großer Wurf）として生まれたのではなく、最初から、徐々に、ダイナミックな発展に基づくものだったのである』[55]」と。そして、「国際法の領域では、国内法で認知された『犯罪なし』原則の一定の相対化[56]」を認めている。国際刑法における罪刑法定主義への緩和を含む解釈については、（本章ではこれ以上、詳述しないが）前世紀国際刑法――旧ユーゴスラヴィア国際刑事裁判 Zejnil Delalić et al 事件公判部判決[57]――が示したように国内刑法における罪刑法定主義への厳格解釈がむしろ制限されているのである。[58]

(2)　検討

罪刑法定主義を巡り、国内刑法と国際刑法との捉え方の相違について、以下に比較考察を重ねることにする。国内刑法における罪刑法定主義は、一般に如何なる把捉がなされ得るのか。木村亀二は、以下のように指摘する。「刑法典をはじめ、その他の刑罰法規は、すべて、成文法の形式をとっている。これは罪刑法定主義の結論であって、その理由は、刑法が成文をもって規定せられることによって、その明確性が維持せられ、裁判官の専断を排除して、個人自由を保障することになるからである。そこで、罪刑法定主義の派生原則として、成文法以外の慣習法や条理法としての刑法を排斥することになっているのである」[59]と。

これを、主に国際刑法における罪刑法定主義という観点から、便宜上、以下に分けて考察すると、「①刑法典をはじめ、その他の刑罰法規は、すべて、成文法の形式をとっている。②これは罪刑法定主義の結論であって、その理由は、刑法が成文をもって規定せられることによって、③その明確性が維持せられ、④裁判官の専断を排除して、個人自由を保障することになるからである。そこで、⑤罪刑法定主義の派生原則として、成文法以外の慣習法や条理法としての刑法を排斥することになっているのである」と区分される。

右の①「刑法典をはじめ、その他の刑罰法規は、すべて、成文法の形式をとっている」に関しては、ローマ規程自体に刑罰規定が置かれていることから、先ずはこれに拠ることになろう。しかし、ローマ規程が第二一条一項で⑴本規程のみならず、⑵慣習法を含む国際法原則、⑶法の一般原則、⑷従前の決定を淵源と規定するものである以上、国際刑法において刑罰法規に関する「法」は、すべて成文の形式を採用するものではない。

続いて、木村が主張する②「成文法が罪刑法定主義の帰結である」については、ローマ規定第二一条一項ⓒに基づき国際刑事裁判所は「従前の決定において解釈したように法の原則及び規則を適用することができる」と定められている。国際刑法においては、成文「法」のみならず、右の①に同じく、国際法の原則、法の一般原則、判例も（また本項ⓒにおける従前の決定に）含まれると解される。なお、この点に関連しては、国内刑法においても例外があることが想起される。すなわち、我が国の現行刑法第九四条にいう「外国交戦の際における局外中立命令違反」については、刑罰のみを規定し、如何なる行為を違反行為とするものか、行為自体についての明文規定は不存在であり、命令に委任している。すなわち、本条に指す「命令」とは、外国間に交戦が開始された場合に発令され、具体的にどのような行為が処罰の対象となるのかについては、当該事態の発生に応じて（発せられる命令の）内容によって決定されるというものである。このような特徴を持つ、いわゆる白地刑罰法規である本規定は、現行刑法典の唯一の例外とされるものである。

次に、③「その明確性が維持せられ」とは、何をもって犯罪とするかという問題であり時代や宗教、地域等によって規定されるものである。すなわち、罪刑法定主義における明確性については、各個別国家における政治的契機を排除できないものである。したがって、各国によって異なるところである。また、英米法において、特に罪刑法定主義を明示していない国々によっては、明確性の原則が必ずしも採られていない場合もある点が指摘されなければならない。無論、慣習法においては、明確性は厳守されるべき要素とはなっていないのである。

そして、④「裁判官の専断を排除して」については、繰り返し論じることになるが、裁判官に対する疑心（＝恣意的判断の抑止）が働く場面か、裁判官に対する信頼（＝判例解釈に、後の法的判断への期待）を寄せる場面か、当該国によって裁判官への役割・任務について相違がある点が指摘されよう。国内刑法における専断主義は、国家成立の歴史的観点からみれば、いわば近代国家に付随する内在・外在的危殆＝弊害要素であり、その排除はその重大な短所への克服に当たる。近代刑法の原則である罪刑法定主義は、刑罰の明文化ないし明確化という原則を媒介させることにより（国民統治を成す）国家原理の悪弊を排外すべく求められたものである。その起点（発端）は、諸説あるが国民の福祉の保障あるいは、人権を保障するため君主制に基づく権力の恣意的行使を防止するという目的から要請されたものである。他方で、国際刑法は、国家刑罰権行使の無起動性ないし不信から求められたものであり、この点が「決定的」に相違するのである。

最後に、⑤「罪刑法定主義の派生原則として、成文法以外の慣習法や条理法としての刑法を排斥することになっている」については、本文にいう排斥が、罪刑法定主義の本旨を指すのか、あるいは罪刑法定主義の機能を指すのか定かではないが、この派生原則が厳守されてきたならば、慣習法に拠るローマ規程は結実（＝国際刑法の飛躍的な〔定立化＝成文化への〕展開）することはなかった、と考える。

木村が主張する如く、「刑法の解釈は刑法の生命である。解釈なくしては刑法は死んだ文字に等しい(60)」との言説は適切であろう。そして、この点は、他の法律と異なるものではない。しかしながら、国際刑法においては「その解釈は、どこまでも、刑法の成文を基礎(61)」とすることはできない。

(3) 結論

以上の検討から、木村の（国内刑法における罪刑法定主義に関する）主張は、国際刑法には必ずしも妥当しないことが判明する。国際刑法における刑罰権の源泉に関し、これを批判的に捉える見解は、（行為に先立って成文法の存在を要求する）罪刑法定主義への厳格解釈こそが刑法の本来的趣旨に沿うものと考える立場と思われる(62)。ドイツ刑法の影響を受けた我が国の刑法解釈においては、規範的公理として高い原理性を保つ罪刑法定主義は、成文の法を求めるがゆえに、不文法、条理、社会慣習、学説のみならず、従来（あるいは見解によっては、現在においても）判例をその法源として（基本的には）認めないとする見解が伝統的な立場であり、これらを踏まえて刑法の解釈を行なっている。

それゆえに、本章は、国内刑法における罪刑法定主義と国際刑法におけるその解釈を巡り、同義性が求められるか否かを検証すべく、国際刑法の淵源をたずねようとするものである。国内刑法においても法源の研究は必ずしも積極的ではなかったとも考えられる。それは、（特に国内刑法において）罪刑法定主義の対象とされたのは主に成文法のみであり、不文法である条理や学説は、犯罪と刑罰の直接的な根拠とはなり得ないという解釈が、換言すれば、罪刑法定主義への厳格性を厳守することが、刑法の目的と解されてきたためと考える。

この点で、右に示したように、ヘルムート・ザッツガー（Helmut Satzger）は「国際法の領域では、国内法で認知された『犯罪なし』原則の一定の相対化(63)」を認めるものであり、本書と同様の見解を採られるのである。

第五節　罪刑法定主義の原理性

一　議論の起点

国際刑法における刑罰権の源泉について、それが慣習法による処罰であり罪刑法定主義に反するものではないかとの批判的指摘は、この問題を論じるにあたり国際刑法の特殊性やコア・クライムの本質について特段の考慮なく、「近代」刑法の大原則である罪刑法定主義を採る国内刑法を前提としているものと推察される。このような批判的指摘または見解は、罪刑法定主義という「近代」刑法の原則を、「刑法」という実体法のみに着目し、その大原則ゆえの原理のみをもって国際刑法の根源をたずねることなく、これが「今世紀」国際刑法に採用されるのか否かという基本的ないし本質的な検討をまったく行っていないものと考えられる。

国際刑法における罪刑法定主義を巡る議論の起点において、国内刑法における罪刑法定主義を前提にしていることから既に齟齬を来しているのである。国際刑法を論じるにあたり、(ローマ規程が補完性原則を採る以上)国家刑罰権概念は、一般には必然的な考察の前提とされている。だが、国際刑法の指導原理は、――(不処罰慣行の形成を黙認してきた)個別「国家」における刑罰権の無起動性ゆえに、右国家の不処罰慣行を是正する秩序維持の形態において――「人」の保護が図られるべきであることを目指したものであったことが想起されるべきである。

罪刑法定主義は、近代「刑法」の大原則であり普遍的な原則である。しかしながら、(我が国を含む)汎く大陸法系の諸国に採られている厳格な罪刑法定主義が、国際刑法においても同じ厳格性をもって刑法の原則に置かれている、また置かれなければならない、あるいは罪刑法定主義の「厳格性は、国内刑法と等しく」国際刑法にも求められるべきである、とする指摘や見解は妥当ではないと考える。

二　慣習法上の犯罪

国際刑法における刑罰権の源泉について、罪刑法定主義に反するものではないかという指摘は、ローマ規程の起草経緯および同規程に引き継がれてきた思想的系譜、実体——コア・クライムの列挙犯罪にかかる犯罪構成要件自体が慣習法に拠って画定されたという事実——を考慮せず、単なる外観上の法形式、すなわち一義的に成文「法」か否かという基準で、それが罪刑法定主義の本旨に沿うか否かまでをも判断しているように思われる。または現実的な国家主権問題との関係を配慮するためか、そこには法の定立における形式を重視される傾向、あるいは実質と形式の両者を同一レベルで捉える傾向があるように見受けられる。

この点、国際刑法においては、アントニオ・カッセーゼ（Antonio Cassese）[64]やシェリフ・バッシオウニ（M. Cherif Bassiouni）[65]が主張するように、法源として、条約、慣習法の他、法の一般原則（の適用）が汎く承認されているのである。

本章に設けた問題の取り組み方法について、江藤淳一は、「一般に刑法学者は罪刑法定主義を重視する傾向にあり（中略）、もっぱら裁判所規程に基づいて裁判を行う立場を支持する。これに対して、国際法学者は、国際法がいまでも不文法（慣習国際法と法の一般原則）に大きく依存することから、成文法を補充する不文法を適用法規に加えるのは不可欠であるとの立場を支持する」[66]傾向がある点を強調する。

その上で、江藤はローマ規程において定められた法源のひとつである「法の一般原則」の系譜を論じている。すなわち、法の一般原則は、条約や慣習国際法の規則の不明確性や規則が欠缺している場合に生じる審理不能という状況を回避するためこれが常設司法裁判所規程で採用されたものであること、本来は各国での私人間適用を前提とする法原則を国家間に類推して適用することを想定するものであったことを明らかにしている。[67]

第一篇で論じてきた通り、前世紀末から今世紀にかけて飛躍的に発展した国際刑法は未だ完全性を有するものではなく、――（特に、何をもって中核犯罪にいう「中核」、すなわちコア［"core"］とするのか、という点についての国際的な確認を反映する）過程法（"Process Law"）であり――それ自身の未熟性のために、具体的な法の適用の場面にあたっては、法規欠缺を補充ことは必然であるとされている。

この点、カッセーゼは、新たな法分野における法の欠缺は避けられないものであり、法の一般原則である法源が再び用いられることになることを指摘している。[68] また、江藤が引用するメアリー・ファン（Mary Fan）は「ＩＣＴＹは法源としての慣習と一般原則を復活させたとし、これらの不文の国際法の法源は、国際刑事法の緩慢な法典化より[69]」も目下世界で起きている戦争や紛争への対応を可能にしていたことを指摘する。ここにも、前世紀国際刑法での、――近代刑法における罪刑法定主義の厳格性とは異なる――法適用の特徴を確認することができる。

以上の本検討から、（前世紀国際刑法、また）「今世紀」「国際」刑法における罪刑法定主義の厳格性は、「近代」「国家」刑法における罪刑法定主義とは同義では「ない」。むしろ緩和されており、それが同時に国際刑法における罪刑法定主義（適用）の特徴となっている。確認すれば、国内刑法における罪刑法定主義と国際刑法におけるそれは「決定的」に相異することが明らかになるのである。

戦争犯罪や集団殺害犯罪（ジェノサイド）等のコア・クライムについては、「国際法違反の犯罪[70]」と称されるものの、以上のような所以から国際法ではローマ規程の列挙犯罪は――「慣習法上の犯罪[71]」と呼ばれているのである。[72]

三　慣習国際法の結実

罪刑法定主義を巡り、今世紀国際刑法（＝ローマ規程）における刑罰権の法源について、不文法を認めない見解は、近代刑法の派生原則のひとつである「慣習法による処罰の禁止」をその根拠とするものである。無論、この見解は、国際刑法も国内刑法も、法であることにおいて、同一に解されるべきとの理解に立脚するものと考えられる。

しかし、発効から僅かに一五年を経たばかりの今世紀国際刑法＝ローマ規程を、約一一〇年にも亘る歴史の中で精緻な理論を構築し同時に厳格な原理を貫いてきた国内刑法と比較すること自体において、規範の完結性およびその程度、のみならず本原理の所産に至った沿革他の考慮されるべき枢要な点を見失っていると考えられる。

国際刑法は、前世紀後半から今世紀にかけて飛躍的な展開をみせている。だが、二〇〇二年七月に発効したローマ規程は、未だ完結性を有するものではなく、先に指摘した通り「過程法」とも称される——政治的契機や時世性をも要素とする——いわば「動態法」である。この点で、今世紀国際刑法の国内刑法への導入、すなわち国内法整備にあたって採ったカナダの履行措置が注視されよう。カナダは、ローマ規程の列挙犯罪についての国内法整備に関し、刑法典への再編成という形を採らず、敢えてカナダ法へ再編成した。カナダ法第四条第四項、第六条第四項は、「コア・クライムが国際慣習法上の犯罪であると規定している。また、第六条第五項は、人道に対する罪が、ニュルンベルグ及び極東国際軍事裁判所以前から国際慣習法の一部を構成し、あるいは法の一般原則によって犯罪と認識されていたと規定する」(73)。これは、コア・クライムが時世的要素を含んでおり、国際社会のコンセンサスによって可変性を有しているという考えを反映させたことの証左である。要言すれば、カナダは国際慣習法が時代とともに展開することを前提として、（カナダ刑法ではなく、コア・クライムに対する国際社会の時代的変容を見通し）カナダ法による責任追及を認めたといえる(74)。

何をもってコア・クライムとするかについては、ローマ会議以降も重ねて締約国会議が開かれ、二〇一〇年ウガンダ・カンパラ会議おいて、(二〇〇二年発効)ローマ規程では名目的にとどまっていた)侵略犯罪が正式に列挙犯罪とされたことについては、既に論じたところである(75)。罪刑法定主義を巡る「近代」国家刑法から「今世紀」国際刑法への系譜、また近代「国家」刑法から今世紀「国際」刑法へと受け継がれてきた系譜は、今世紀国際刑法から、さらに次世紀、すなわち二二世紀国際刑法へと発展をみせながら連続性を保っていくであろう。

この点、罪刑法定主義の厳格性を貫き、国際刑法における刑罰権が慣習国際法を法源とすることに対し異論を説えるまたは批判的見解を展開する主張は、国際刑法の発展や法整備の完結度についての留意が欠落しているのみならず、国内刑法と国際刑法は有機的関係を形成すべきことに積極的な考察を加えるべきであると考える。国際刑罰権の行使に関し、補完性原則を採るローマ規程においては、いうまでもなく国家刑罰権の行使が優先されている。仮に、上述のような(国際刑法における罪刑法定主義について国内刑法と同義に解する)立場に立つならば、優先される国家刑罰権の行使の正当性について、国際刑罰権行使とを相関させ理論的に説明する必要があろう。ここに、国内刑法学からの考察が喫緊の課題であることを指摘したい。加えて、国内刑法の観点から、従来戦争犯罪の審理方式として採用されてきた「特別」裁判所条例や「軍事」裁判所創設に関するアド・ホック条例や(旧ユーゴスラヴィア・ルワンダ国際刑事裁判所)規程の、当時における国内刑法との整合性や今世紀的意義、ローマ規程＝「常設」国際刑事裁判所規程への(非継受も含める)継受性——非連続性と連続性——も検討されるべきであると考える。

我が国においてはローマ規程に加入した以上、コア・クライムが国内刑法上どのように解釈されていくべきか、すなわち、国内刑法と国際刑法との考察が必要的な検討課題として浮かび上がってくる。ローマ規程は、政治力学が働く国際共存社会において、多国間交渉の上に成立したものであり、いかに非締約国への垂直的効力を及ぼす

——新効果規定を有する——国際「刑法」であっても、国内刑法における罪刑法定主義における法定の「法」に関し、両者が同一の精確性を保つことは困難である。そこには常に——とりわけ、力学上の作用と反作用という、すなわち国際政治を背景とする力関係を契機として——非司法的契機が入り混じることも否めない。

罪刑法定主義の厳格性を厳守する、わけても犯罪構成要件の明確性を強調する立場からは、この、非司法的要素が指摘されるところである。しかしながら、これが国際刑法の特質であると考える。再述するところとなるが、ローマ規程は過程法であるものの、「規程自体が慣習法の結集」であり、特に「構成要件自体が、慣習国際法の結実したもの」と把握されている、また、そのように解すべきであろう。

本章は、ローマ規程に示された列挙犯罪に関る各構成要件自体が、慣習国際法と国際人道法に依拠しながら規定された点を指摘しつつ、刑法原理である罪刑法定主義を巡って、国内刑法と国際刑法における、「求められるべき厳格性の相違」を明らかにするものである。また、本書の見解と異論との間に——罪刑法定主義を巡る「国家」刑法と今世紀「国際」刑法との——議論の起点において齟齬が生じていることへの要因を探求するものである。

以上、本章においては、罪刑法定主義の厳格性——わけても慣習法による処罰の禁止——について、国際刑法におけるそれは必ずしも国内刑法における罪刑法定主義から求められる基準とは同一ではないこと、むしろ緩和が認められること、また国際刑法における法源について慣習法による処罰が罪刑法定主義に反するものではないか(76)、という指摘が（議論の起点を異なる軸に置くものであり）妥当性を有するものではないことを検証した。

（1）日本刑法学会第九〇回大会（二〇一二年五月、大阪大学）〈個別報告〉安藤泰子「国際刑法における刑罰権の淵源」における第一質疑「慣習国際法に刑罰権行使の根拠を求めることは、罪刑法定主義に反するのではないか」という指摘。本報告および応答については、刑法雑誌第五二巻第二号（二〇一三・四）二一〇—二一六頁、特に二一四頁。

（2）本章は、①「前世紀中期に創られたニュルンベルク・極東国際軍事裁判所条例、同じく前世紀末期に創られた旧ユーゴスラヴィア・ルワンダ国際刑事裁判所規程」と、②「今世紀初頭に発効したローマ規程」との比較において前世紀と今世紀という史的展開の上に――罪刑法定主義に関する③「罪」と④「刑」とを区別し、①から④を相関的に比較検討するものである。特に、①②にかかる各時代的な特徴を明らかにすることによって本章に設定した問題を解いていくため、説明の便宜上、ニュルンベルク・極東国際軍事裁判所条例や旧ユーゴスラヴィア・ルワンダ国際刑事裁判所規程を「前世紀国際刑法」と、またローマ規程を「今世紀国際刑法」と示すこととする。

（3）なお、本章は、我が国の罪刑法定主義を巡る解釈のあり方において、国内刑法と国際刑法における相違を明確にすることを目的としたものである。論の展開上、ドイツにおける国際刑法上の罪刑法定主義に関する文献を参照し解釈の傾向を示しているが、本章ではドイツの国際刑法に対する姿勢や解釈の指針を論じるものではないことを予め注記する。

（4）国内刑法において罪刑法定主義を採る以上、厳格性が求められるという点については異論がないことを念のため付言しておきたい。

（5）勿論、条約の採択、国際会議や国連総会での決議についてはこれを国際的な立法という考え方もある。本章においては、立法「機関」として、国内制度と同一の機関を有しないという意義であることを注記する。

（6）ローマ法やヨーロッパでの各国法においては、学説も法源と認める法制もある。

（7）ILC, Draft Statute for an International Criminal Court 1994, YILC, 1994, Vol. 2, Part II, pp. 51ff. なお、これについては、以下から参照できる。http://legal.un.org/ilc/texts/instruments/english/commentaries/7_4_1994.pdf

（8）Fabián O. Raimondo, General Principles of Law in the Decisions of International Criminal Courts and Tribunals, 2008, pp. 171-173.

（9）江藤淳一「国際刑事裁判における法の一般原則の意義」上智法学論集第五七巻四号（二〇一四・三）一三九―一六九頁、特に一四四頁。江藤は、同一四九頁で「少なくとも当面はＩＣＣにおいても法の一般原則が役割を果たす余地が残されていると考えられる」と指摘する。

（10）瀧川幸辰『犯罪論序説』有斐閣（一九四七）五頁。

（11）本章は、この関係性について検討するものではないため、これ以上の詳述はしない。

（12）但し、本規定（を含むローマ規程）は、英米法・大陸法・イスラム法など多くの法制度や法文化を背景として創られたものであり、本書においては「法の進化」という巨視的観点から法史学上巨歩を印したといえよう。他方で、（異なる刑罰論という観点からは）刑に関する一般的規定には、具体的「事態」（国内刑法における「事案」）における個別的事情を総合考慮し個別的判断を導くというメリットもある。いずれにしても、史上はじめて明文化された国際刑法において罪刑法定主義が採られたということについては、刑法学史の展開という同じく巨視的視点からは新たな学域を成したものであり、それ（同じく「法の進化」という）自体に顕著な意義が認められると考える。したがって、今後は「成文法の分類」について、従来の分類体系にとどまることなく新しい法域への留意が必要であり、然るべき定置が用意されるべきではなかろうかと考える。この点については、日本法社会学会二〇一六年度学術大会（二〇一六年五月二八日、立命館大学）の個別報告「国際社会における法現象の社会学的分析——責任の分化——」で指摘している。なお、刑法学の文献としてわかりやすい成文法の分類図を扱ったものは少ないが、大谷實『刑事法入門［第七版補訂版］』有斐閣（二〇一四）一三頁を参照。

(13)　平野龍一『刑法の基礎』東京大学出版会（一九八六）二二九頁。
(14)　平野・前掲注（13）二三〇頁。
(15)　平野・前掲注（13）二三二頁。
(16)　平野・前掲注（13）二三二頁。
(17)　平野・前掲注（13）二三二頁。
(18)　平野・前掲注（13）二三四頁は、上述の弊害を避けるために——刑罰権の行使を回避するため——犯罪を構成しない理論的説明が求められ、その任務を受けて顕された理論が、期待可能性の理論と可罰的違法性の理論であったことを注記する。
(19)　平野・前掲注（13）二三四頁。
(20)　平野・前掲注（13）二三六頁。
(21)　平野・前掲注（13）二三八頁、木村龜二「英米刑法と罪刑法定主義」刑法雑誌第二巻第三号（一九五一・一一）一—二五頁。
(22)　平野・前掲注（13）二三六—二四二頁。
(23)　平野・前掲注（13）二四六—二四九頁。
(24)　平野・前掲注（13）二四六—二四七頁。
(25)　平野・前掲注（13）二四七頁。
(26)　平野・前掲注（13）二四三頁。
(27)　前田雅英「罪刑法定主義の変化と実質的構成要件解釈」『第三巻　中山研一先生古稀祝賀論文集』成文堂（一九九七）五七—七三頁、特に六一頁、同「罪刑法定主義と実質的構成要件解釈」現代刑事法第三巻一一号（二〇〇一・一一）二二—二八頁、特に二四頁以下。

(28)　前田・前掲注(27)「罪刑法定主義の変化と実質的構成要件解釈」六二頁。
(29)　この点で、前田は、前掲注(27)「罪刑法定主義の変化と実質的構成要件」六八頁以降で「言葉の可能な意味」を超え「その概念にそのような内容を盛り込むことが、一般人には想定しがたい周縁部分」まで処罰の対象とした場合、このような解釈が罪刑法定主義に反すると記している。他方、この「言葉の可能な意味」を超えるか否かの判断に問題が起こってくること、更に解釈にあたって限界があることを指摘する。
(30)　前田・前掲注(27)「罪刑法定主義の変化と実質的構成要件解釈」七二頁。
(31)　前田・前掲注(27)「罪刑法定主義の変化と実質的構成要件解釈」七二頁。
(32)　前田・前掲注(27)「罪刑法定主義の変化と実質的構成要件解釈」六〇頁は、罪刑法定主義の民主主義的機能において、従来の民主主義的要請を充たしながら、さらに「裁判官」をはじめとする法律実務家にも独自の役割が期待されることを説く。すなわち、国民の意思を代表する議会「のみ」による立法を、これに限らず判例による立法的機能を積極的に認めるという見解である。
(33)　この点に関し、他方で、内田博文は「罪刑法定主義」法学セミナー第五一一号(一九九七・七)四二―四五頁、特に四五頁で以下の諸点に留意すべきことを喚起する。すなわち、第一点として戦前戦後に亘る日本型処罰制度については、大国論の立場から評価が加えられてきた点、第二点として日本型処罰制度の行き詰まりが顕在化しつつあるにもかかわらず、これらの問題に対する検討が先送りされ改善の動きが鈍い点、第三点として「日本主義」と「国際化」の矛盾は逆に拡大している点を指摘している。内田は、以上のような状況を勘案すれば、我が国においては「罪刑法定主義の自由主義的側面を幾ら強調しても強調しすぎることはない」点を指摘し、民主主義的要請と自由主義的要請を充たすとき、刑法は「市民による市民のための」それに近づくことになると結論づける。
(34)　村井敏邦『刑法』岩波書店(一九九三)二〇六頁。
(35)　村井は、前掲注(34)二〇九頁でこれを果たさなくなった学説には(中略)「今後の刑法理論の先行きに対する不安さえ感じられる」と指摘する。
(36)　村井・前掲注(34)二〇一―二〇九頁。
(37)　実証的観点からその精査を加えた代表的な検証論究として、酒井安行「フランス刑法学における不作為による作為犯論(一)――学説の概観――」国士舘法学第一八号(一九八六・三)二九―五七頁、特に三七頁他。
(38)　安藤・前掲注(1)「国際刑法における刑罰権の淵源」二一四頁以下。
(39)　平野龍一『刑法　総論Ⅰ』有斐閣(一九八三)四一頁。

(40)　山口厚「刑法典――過去・現在とその課題」ジュリスト第一三四八号（二〇〇八・一）二―七頁他。

(41)　我が国の刑法改正について検討した先行研究は、いずれも極めて有益でありまた豊富な示唆を含むものである。刑法改正を巡る諸問題は、我が国の刑法研究者（特に「若い学者」と記す文献が散見される）を中心に周知の通り積極的に議論検討し、これに関する文献も多数にのぼるが、本章は刑法改正を巡る考察ではないため、これ以上の言及は控える。なお、この概要を端的に纏め各争点から――とりわけ刑法草案の審議過程に表明された刑法学的観点からの具体的問題を指摘しつつ――批判的見解を示している代表的な論究として、さしあたり西原春夫「刑法制定史にあらわれた明治維新の性格」『刑事法研究　第二巻』成文堂（一九六七）二一三―二五五頁、特に二三八頁以下、中山研一「改正刑法草案の概括的批判」法律時報第四六巻六号（一九七四・六）八―一三頁、吉川経夫「改正草案と罪刑法定主義」同一四―一八頁、宮沢浩一「改正刑法草案の『刑罰論』について」同一九―二七頁、大谷実「保安処分に対する批判的視点」同二八―三四頁、中義勝「改正刑法草案各則の批判」同三五―四五頁、《座談会》「刑法改正手続の問題点」清水誠・内藤謙・平野龍一・松尾浩也・和田英夫《アンケート》刑法改正草案に対する刑事法研究者の意見「特集＝刑法改正の問題点」同第四六巻六号、「改正刑法草案の総合的研究」法律時報第四六巻六号臨時増刊（一九七五・四）他。

(42)　刑法学史を扱う論考では、この重大な問題に関して複眼的視点から先鋭な指摘を加えるものが多い。

(43)　この点については、安藤泰子『国際刑事裁判所の理念』成文堂（二〇〇二）二五八頁以下。

(44)　この点に関する詳解は、本章の目的ではないため、これ以上の言及はしない。

(45)　安藤・前掲注（1）「国際刑法における刑罰権の淵源」二一四頁以下。

(46)　この点で、多くの論考においては、国家をア・プリオリなものとして――国際社会は「国家」から成るという構成を当然の前提として――論じている。無論、補完性原則を採る以上、それは不整合なものではない。しかしながら、他方で史的変遷（という時間軸に共存社会を置いてみると、すなわち）その延長線上に国際共存社会を捉えこれを巨視的観点から視れば、その構造は常に流動的ないし可変的要素を有するものであり、必ずしも「国家」という組織のみによって構成されるという必然性はないと考える。

国際共存社会における構成については、国家のみが無二の統治組織ではなく、今後は他の組織形態も考慮し得る余地があると考える。すなわち、本書においては古代社会を含む原始共同体からの組織にかかる遷移から鳥瞰すれば、「国家」という統治組織は、歴史上は採られ得たひとつの共存社会の一形態なのではなかろうかと考えるのである。「国家をア・プリオリなものとして論じる国際刑法」ではなく、共存社会は常に可変的形態をとるものであり、本書において国家組織は歴史的産物として捉える必要があるのではなかろうか、という考えがある。

国際刑法に素描される共存社会は、国家を前提に論じなければならない必然性はなく、史的展開の中で法現象が現れた事実を考慮する必要があるという考えである。別言すれば、今日の国際共存社会は、自らを含む共存を自覚し始めた原初段階であり、いわば法的ないし組織的には萌芽期といえる。歴史的には、部族法から国家法へ、不成文法から成文法へ、犯罪法から刑罰法へ、刑罰法から保護法へと、その形態を変化させながら法が進化してきた現象が発見される。

旧来、国家法のみで対処された事項にもはやこれのみをもって対応できなくなった事態がある。この事態に求められた法が国際刑法である。そうすると、法の進化という観点からは、国家法のみがあった時代から国際刑法が顕現し、国家法と国際刑法が同時に機動する法構造を創造させることになったのである。

しかし、今後さらに共存社会の自覚が深まるとき、国家法のみをしてこれを整合的に説明することは困難を伴うことになるであろう。これらの点を巨視的観点から、また同時に人類学的法学という観点から鳥瞰すれば、「はじめに国家ありき」あるいは「ア・プリオリなものとしての合意原則」という立論は、国際刑法の始源およびその将来と乖離すると考える。この点については、稿を改めて論じたい。

(47)　瀧川幸辰「罪刑法定主義ノ歴史的考察」法學論叢第一巻六號（一九一九・六）五六―八四頁。

(48)　この検討にあたり、犯罪の性質に着目する鈴木茂嗣の「犯罪論に関する実体論的構造論」は示唆に富む。この点については、鈴木茂嗣『犯罪論の基本構造』成文堂（二〇一二）特に三九三―四一三頁。同「犯罪論は何のためにあるか――法科大学院・裁判員時代の刑法学――」近畿大学法科大学院論集第一巻（二〇〇五・三）一一一―一三四頁、特に一一一―一一三頁他。

(49)　なお、公「序」と公「益」とは、似て非なる概念であり、また刑法の「目的」と「役割」は必ずしも同義ではないため、本章においては犯罪の予防的観点からの言及にとどめる。

(50)　罪刑法定主義について解説を加える著書または論考は枚挙に暇なく、これをすべて挙げることは叶わない。本章においては、数多い論考の中、自論の展開上、便宜的に一先ず木村の表記にかかる一部を引用することにした。

(51)　木村龜二『新刑法讀本』法文社（一九七二）二七頁。

(52)　安藤・前掲注（43）『国際刑事裁判所の理念』、同『個人責任と国家責任』成文堂（二〇一二）他。

(53)　なお、ドイツにおける国際刑法に対する法整備については、松葉真美「国際刑事裁判所規程履行のための各国の国内法的措置」レファレンス第六四〇号（二〇〇四・五）三七―六三頁、特に四四―四五、四八―四九、五一―五二、五五、五八、六二頁他。国際刑事裁判所条約を採択した外交会議では、ローマ規程における罪刑法定主義に関し、アメリカからの――犯罪構成要件の明示化に関する――要請に対し、ドイツを中心とする大陸法諸国が（刑罰規定および証拠に基づく自由心証主義による有罪認定を主張する見解を採ることから）異なる立場を示した。規程第九条が現行の規定ぶりとなったのは、この妥協点を求めたものいわれている。この点については、小森光夫「国際刑事裁判所規程と裁判過程の複合化」ジュリスト第一三四三号（二〇〇七・一〇）四七—五六頁。

（54）　Helmut Satzger, Internationales und Europäisches Strafrecht. Strafanwendungsrecht, Europäisches Straf und Strafverfahrensrecht, Völkerstrafrecht, 6. Auflage 2013.

（55）　op.cit. Helmut Satzger, Internationales und Europäisches Strafrecht については、国際・ヨーロッパ刑法研究会［訳］（監訳・加藤克佳）加藤克佳＝辻元典央＝佐川友佳子＝金子博＝松倉治代［共訳］による一連の訳出が「同上（一）から（九・完）」として近畿大学法学に掲載されている。特に、同［共訳］「［翻訳］ヘルムート・ザッツガー著『国際・ヨーロッパ刑法—刑法適用法、ヨーロッパ刑法・刑事手続法、国際刑法』（八）」近畿大学法学第六二巻第一号三四〇—三四一頁。

（56）　国際・ヨーロッパ刑法研究会［訳］・前掲注（55）三四一頁。

（57）　1998.11.16 Zejnil Delalić nulla poena sine lege; no punishment without law.

（58）　IT-96-21-T, 参考資料として、判決文の一部を掲載。

http://www.icty.org/x/cases/mucic/tjug/en/981116_judg_en.pdf

—H. Construction of Criminal Statutes—

402. The principles *nullum crimen sine lege and nulla poena sine lege* are well recognised in the world's major criminal justice systems as being fundamental principles of criminality. Another such fundamental principle is the prohibition against *ex post facto* criminal laws with its derivative rule of non-retroactive application of criminal laws and criminal sanctions. Associated with these principles are the requirement of specificity and the prohibition of ambiguity in criminal legislation. These considerations are the solid pillars on which the principle of legality stands. Without the satisfaction of these principles no criminalisation process can be accomplished and recognised.

403. The above principles of legality exist and are recognised in all the world's major criminal justice systems. It is not certain to what extent they have been admited as part of international legal practice, separate and apart from the existence of the national legal systems. This is essentially because of the different methods of criminalisation of conduct in national and international criminal justice systems.

404. Whereas the criminalisation process in a national criminal justice system depends upon legislation which dictates the time when conduct is prohibited and the content of such prohibition, the international criminal justice system attains the same

objective through treaties or conventions, or after a customary practice of the unilateral enforcement of a prohibition by States.

405. It could be postulated, therefore, that the principles of legality in international criminal law are different from their related national legal systems with respect to their application and standards. They appear to be distinctive, in the obvious objective of maintaining a balance between the preservation of justice and fairness towards the accused and taking into account the preservation of world order. To this end, the affected State or States must take into account the following factors, *inter alia*: the nature of international law; the absence of international legislative policies and standards; the *ad hoc* processes of technical drafting; and the basic assumption that international criminal law norms will be embodied into the national criminal law of the various States.

406. The result of this difference has been well expressed by Professor Bassiouni, expressing the view that, [i] t is a well established truism in international law that if a given conduct is permitted by general or particular international law, that permissibility deprives the conduct of its criminal character under international criminal law. But if a given conduct is prohibited by general or particular international law it does not mean that it is criminal *ipso jure*. The problem thus lies in distinguishing between prohibited conduct which falls within the legally defined criminal category and that which does not.

407. This exercise being one of interpretation generally, and of the criminal law in particular, we now turn to general principles to consider the interpretation of the criminal provisions of the Tribunal's Statute and Rules.

408. To put the meaning of the principle of legality beyond doubt, two important corollaries must be accepted. The first of these is that penal statutes must be strictly construed, this being a general rule which has stood the test of time. Secondly, they must not be given retroactive effect. This is in addition to the well - recognised paramount duty of the judicial interpreter, or judge, to read into the language of the legislature, honestly and faithfully, its plain and rational meaning and to promote its object. This rule would appear to have been founded on the firm principle that it is for the legislature and not the court or judge to define a crime and prescribe its punishment.

409. A criminal statute is one in which the legislature intends to have the final result of inflicting suffering upon, or encroaching upon the liberty of, the individual. It is undoubtedly expected that, in such a situation, the intention to do so shall be clearly expressed and without ambiguity. The legislature will not allow such intention to be gathered from doubtful inferences from

the words used. It will also not leave its intention to be inferred from unexpressed words. The intention should be manifest.

410. The rule of strict construction requires that the language of a particular provision shall be construed such that no cases shall be held to fall within it which do not fall both within the reasonable meaning of its terms and within the spirit and scope of the enactment. In the construction of a criminal statute no violence must be done to its language to include people within it who do not ordinarily fall within its express language. The accepted view is that if the legislature has not used words sufficiently comprehensive to include within its prohibition all the cases which should naturally fall within the mischief intended to be prevented, the interpreter is not competent to extend them. The interpreter of a provision can only determine whether the case is within the intention of a criminal statute by construction of the express language of the provision.

411. A strict construction requires that no case shall fall within a penal statute which does not comprise all the elements which, whether morally material or not, are in fact made to constitute the offence as defined by the statute. In other words, a strict construction requires that an offence is made out in accordance with the statute creating it only when all the essential ingredients, as prescribed by the statute, have been established.

412. It has always been the practice of courts not to fill omissions in legislation when this can be said to have been deliberate. It would seem, however, that where the omission was accidental, it is usual to supply the missing words to give the legislation the meaning intended. The paramount object in the construction of a criminal provision, or any other statute, is to ascertain the legislative intent. The rule of strict construction is not violated by giving the expression its full meaning or the alternative meaning which is more consonant with the legislative intent and best effectuates such intent.

413. The effect of strict construction of the provisions of a criminal statute is that where an equivocal word or ambiguous sentence leaves a reasonable doubt of its meaning which the canons of construction fail to solve, the benefit of the doubt should be given to the subject and against the legislature which has failed to explain itself. This is why ambiguous criminal statutes are to be construed *contra proferentem*.

(59)　木村・前掲注（51）二七頁。

(60)　木村・前掲注（51）三七頁。

(61)　木村・前掲注（51）三七頁。他方で、木村は、「しかし、これに囚われることなく自由に、個々の規定と刑法全体の目的にしたがった目的論的方法によって、主観的解釈に堕することなく、客観的な法の精神においてなされることを要する」と主張する。

木村は、一方で刑法解釈に関し「どこまでも成文を基礎とし」と主張しながら、他方で「しかし、これに囚われることなく自由に」という相矛盾する見解を示している。

(62) 勿論、本書において、この考え方が間違いであると主張する趣意では全くないことを念のため付記する。

(63) op.cit. Helmut Satzger, Internationales und Europäisches Strafrecht, 国際・ヨーロッパ刑法研究会［訳］・前掲注（55）三四〇—三四一頁。

(64) Antonio Cassese, International Criminal Law, 2003. p. 25ff.

(65) M. Cherif Bassiouni, Crimes Against Humanity in International Criminal Law, 1999, 2th ed. p. 282ff.

(66) 江藤・前掲注（9）「国際刑事裁判における法の一般原則の意義」一四〇頁。

(67) 江藤・前掲注（9）一四〇頁。

(68) 江藤・前掲注（9）一四一頁、註（3）、Antonio Cassese, "The Contribution of the International Criminal Tribunal for the Former Yugoslavia to the Ascertainment of General Principles of Law Recognized by the Community of Nations", p. 46., Sienho Yee & Wang Tieya eds., 2001.

(69) 江藤・前掲注（9）一四一頁、註（3）。

(70) 山本草二『国際刑事法』三省堂（一九九一）八頁以下。

(71) Theodor Meron, "International Criminalization of International Atrocities", Vol. 89, No. 3, AJIL, 1995, July. pp. 558- etc.

(72) いうまでもなく慣習国際法上の犯罪と呼ばれるコア・クライムに対し、これが全てローマ規程における犯罪構成要件に挙げられたものではないことを注記する。

(73) 松葉・前掲注（53）四七頁。

(74) 本書においては、このような法の形態現象については、法社会学的観点から（ローマ規程という国際刑法に関する実定法化を「法の分化」と把捉し、さらに分化現象の上に）「法の進化＝細分化」が視られると考察する。この点については、第一篇第二章で論じている。

(75) 安藤・前掲注（52）『個人責任と国家責任』四九頁以下。

(76) なお、この点に関しては、日本刑法学会第九三回大会（二〇一五年五月、専修大学）で開催されたワークショップ国際刑法で討議されている。ワークショップ「国際刑法における基本原理」刑法雑誌第五五巻第三号（二〇一六・五）五六七—五七二頁。

第二章　罪刑法定主義と慣習法

はじめに

罪刑法定主義は、近代刑法の大原則として汎く各国の刑法で採用されている。これは近代以降に限れば、時代と国家をこえた刑法原則といえる。とりわけ大陸法の近代法制度を採る主な国々においては本原則が採用されてきた。我が国でも憲法第三一条、第三九条がこの原則を規定している。

本章では、罪刑法定主義を構成する原則ないしその派生原則のひとつとされている「慣習法による処罰の禁止」原則が(1)国際刑法と国内刑法において如何に把捉され、また本考察の過程・作業を通じてどのように理解されるべきなのか、その相違を明らかにすることを目的として、両者の比較検討を行う。この問題を取り上げる背景には、罪刑法定主義という近代「国家」刑法の大原則は、国家刑法にとどまらず、(ニュルンベルク・極東)国際軍事裁判において――特に、事後法禁止との関係で――問題とされながらも、どのように今世紀国際刑法に継受されてきたの(2)か、また、「近代」「国家」刑法原理が「今世紀」「国際」刑法へと連続性を保ち続けているのはなぜかという問いが存する。この問いへの解決の糸口をみつけるべく、本章では慣習法による処罰の禁止に論点を絞り、以下、検討を加えることにする。

第一節　国際刑法思想

一　罪刑法定主義の連続性

国際刑法は重大な国際犯罪を首謀した個人の刑事責任を追及する法であるが、後述するようにその原則である罪刑法定主義については、国内刑法における罪刑法定主義から求められる厳格性と同じ基準が求められてきたわけではない。今世紀に至り、国際社会は漸く国際刑法の中に罪刑法定主義を明文化させることとなった。すなわち、今世紀初頭に発効した常設国際刑事裁判所設立のための条約規程（以下、「ローマ規程」と略称）という実定法をもって国内刑法における罪刑法定主義の、①犯「罪」法定と、②「刑」罰法定——とりわけ前者——を明文化させることになったのである。

国際刑法の本源をたずねてみれば、古く人権思想や刑罰思想にその源泉が求められる。そしてその系譜は、いくつかの宣言や条約に現われた「犯罪」法定主義から「刑罰」法定主義へと遷り変わった流れを国際刑法思想に認めることができるのである。近代国家は、人権という不可譲の権利を認めている。それは、アメリカ独立宣言ほかを介し、これを「法」や「制度」として、次第に確立させていく。人権の保障については、時代の変遷に伴って次第に実定法に示されていくこととなるのである。(3) 後述する通り、これらの権利宣言を至高価値として多くの国家が、憲法・刑法ほかを介し、人権保障を図ることとなった。

今世紀国際刑法においては、前世紀の近代「国家」刑法における「人権保障」を、ローマ規程＝実定法の中に採用するものである。しかしながら、今世紀国際刑法における罪刑法定主義の起点は、必ずしも近代刑法における罪刑法定主義のみには拠らずして展開してきた。それは必ずしも「国家」刑法に拠らず、その後、いくつかの人権法規を介する形で――要罰性が先行され――翻って被疑者・被告人の人権保障という観点からは、遅れてローマ規程へと置かれたのである。自然法については、「如何なる側面からそれに近づくか、如何なる相関観念とそれを結びつけるかによって、非常に異なった様相を呈する」(4)法概念であるため、理論的一貫性が保たれるべき刑法の原則にこの法概念を直ちに容れることは許されない。

しかし、瀧川幸辰は、「罪刑法定主義は啓蒙思想と自然法的人権思想の表現」(5)であると説く。さらに瀧川は、「社會は無限に進化し、發展する。刑法も解釋によつて、新たな社會生活を規律せねばならない」(6)ことを付言する。

二　国家刑罰権の無起動性

国内刑法に関する数多くの文献に拠れば、罪刑法定主義は、人権保障を最大限に重視し、国家の刑罰権の濫用から如何に個人の人権を保障するかという目的から求められた原理である、という解説が加えられている。この刑法原理を担保するための重要な派生原則として、慣習法処罰の禁止が挙げられる。

無論、「慣習法による処罰は、近代刑法の基本原理である罪刑法定主義に反する」という指摘は、合理性を有するものである。「近代（前世紀以前）」国家刑法のみならず「現代（今世紀）」国家刑法にも通用する罪刑法定主義は、刑法における公理であり、刑罰の実施にあたっては行為に先行して成文法の法規を求めている。不文法をしては罪刑は根拠たり得ず、それは刑法の法源とすることはできない。このような定立によって慣習法による処罰の禁止の派生原則として導かれ、刑法における法源から慣習法は排外されてきたのである。

しかし、領域性や時代性をもこえて「罪刑法定主義」という原理性を有する大原則は、そのひとつの原理ゆえに、（専断主義による恣意的刑罰権の行使という残忍な史実と同様に、むしろそれ以上に）人類がその凄惨な戦争の歴史というける淵源を否定することはできない。

国際刑法は、国内刑法で強調される謙抑主義という観点とは直接的な関連性を有しない形で、第一篇第二章第一節一項以下に論じてきたまた本篇第五章第一節四項（一）で述べるようにコア・クライムを首謀した「指導者個人の処罰の必要性」から発展してきた。すなわち、国際刑法は、その対象とする犯罪の重大性・深刻性・大規模性・回復不可能性ゆえに、コア・クライムに関する個人責任については、国際社会における要罰的な思潮をもって形成されてきたものである。

ところが、国家法の下で残存されてきたコア・クライム「不処罰」の慣行という弊害を回避しようという志向は、その実現の過程において難題に遭遇することとなる。換言すれば、不処罰慣行を回避して個人の刑事責任を追及するにあたり、罪刑法定主義の派生原則である事後法処罰の禁止や慣習法に基づく処罰の禁止原則について、刑法と国際法上の問題が互いに相克する事態が生じたのである。その起点となったのが、ニュルンベルク・極東国際軍事裁判である。この問題は、両裁判を舞台に「国内刑法における罪刑法定主義の遵守」と「国際（刑）法における不処罰慣行の回避」という構図で真っ向から対峙することになった。ここに、罪刑法定主義を巡って、真逆のベクタを視るのである。

国家の存在を理論的前提とした刑法原理である罪刑法定主義は、国家刑罰権を前提とするものである。他方、国際（刑）法における法源に関する問題は、必ずしも「国家」刑罰権の存在を前提とするものではないことが本章の検討を通して明らかになる。その意味からは、今世紀国際刑法（＝ローマ規程）においては、罪刑法定主義の趣旨は重なるものの、その①原点、②系譜、②原理を生み出した社会的状況、④主な法意、また⑤厳格性の基準ないし解釈について、必ずしも同一性を有するわけではない。[7]

少なくとも国際刑法の萌芽・形成過程において、国内刑法における罪刑法定主義は（観念されつつも）前世紀の国際軍事裁判所条例（＝ニュルンベルク・極東国際軍事裁判所条例）では明文化されてはいなかったのである。第一篇第二章第五節で論じたように、人権条約上に挙げられた「罪刑」法定主義における犯「罪」としては認識されていたものの、具体的な「刑」罰規定を置くものではなかった。この問題を克服すべく国際刑法上の罪刑法定主義は、今世紀に至りローマ規程をもって史上初めて明文規定が置かれたのである。

ローマ規程の第二二条以下には、近代刑法の一般総則が明文化されている。しかし、これは、主に被疑者・被告人の人権保障という法意に基づくものである。すなわち、ローマ規程は、――国際人道法の要を成すジュネーヴ諸条約や、ジェノサイド条約を通じて――コア・クライムが明確化され、それが今世紀国際刑法へと継受され、初めて成文法化されるに至ったのである。ここにおいて、罪刑法定主義を厳格に解する立場からは、「慣習法による処罰は許されない」という指摘が加えられるであろう。しかし、本章における考察を踏まえれば、その指摘が必ずしも適切ではないことが明らかになる。

もとより国家の存在を前提とする刑法原理、すなわち、恣意的な国家刑罰権の行使から人権保障を図るため採り入れられた罪刑法定主義は、国内（刑）法を基礎とする「国家」[8]（刑罰権）を前提とするものである。他方、国際刑法における「法源」については、国際社会に形成されてきた慣習法や「法の一般原則」にも罪刑法定にいういわゆる「法」が認められるのであって、必ずしも個別「国家」（刑罰権）の存在を前提とするわけではない[9]。ここに、国内刑法と国際刑法、両者の法源（の構造）は異なっており、そのために、両者の刑法理論は類似性を有しつつも相違する構成となっている、という点を先ず指摘しなければならない。

罪刑法定主義を巡る議論においては、「国家」権力に対する人権保障の実効性を担保するための法原理を媒介にして今日に継受された結実性のみを、異なる基軸の系譜をもって形成されてきた国際刑法へと、その即応性ないし互換性の有無、原則の原理性のみを問うことは、その問題提起ないし批判的指摘それ自体に無理があるように思われる。

国内刑法における刑罰権は、いわば国家の「専断主義から解放される」べく市民が勝ち取った刑罰観をいまに継受させるものであり、他方、国際刑法における刑罰権は（重大な国際犯罪を首謀した指導者個人に対する）「国家刑罰権の無起動性ないしそれへの不信頼性」（＝首謀者の不処罰慣行への克服＝コア・クライムに関する個人処罰の確立）を原点に発展してきたものである。いうまでもなく、その背景には国家主権相互不干渉が結果として生み出した戦争責任無答責の問題がある。個別国家が加えるまたは行った非人道的侵害＝コア・クライムを、結果として国際社会が許してきていたという国際社会自らの問題でもある。したがって国際刑法における刑罰権の確立は、必ずしも国家に依拠するものではない刑罰論を目指したものである。ここに、国内刑法と国際刑法においては、同じく国家への「不信」という共通点が見出される。国家刑法においては、恣意的な刑罰権の行使に関する不信であり、国際刑法においては、首謀者に対する適正かつ公正な刑罰権の行使の無起動性に対する不信（＝不処罰）である。繰り返しいえば、前者においては恣意的な刑罰権の行使に対する「不信」であり、後者においては公的地位にある者の特権免除＝主権者無問責に対する「不信」であったことが指摘されるべきであろう。

瀧川幸辰の言を借りて比較すれば、国内刑法における罪刑法定主義は、フランス革命後、近代という「当時の国民が封建的専制裁判に苦しみ抜いた過去を顧みて、その禍根を断つために『苦い経験と辛い闘争の後に』始めてこれを獲得したもの」(10)であり、今世紀国際刑法の（不処罰慣行の克服ために要罰が求められた）刑罰論における法源・刑罰思想を同じくするものではない。

三　慣習法の補充性と受容

国内刑法――特に、我が国の場合――は、法の安定性を重要視する、いわば静態的な（体系的な）実体法といえる。他方、国際刑法は、プロセスを重視する、すぐれて動態的な法である。わけても、ローマ規程における列挙犯罪の抽出およびその犯罪構成要件の確定は、時代と社会構造の中に規定されるものであると考える。とりわけ、国際刑法においては、種族・民族・社会・国民・国家・国際社会を介して映し出される人類共存への欲求を色濃く現出する法であると考える。

右に示した異なる特徴を有する前者（国内刑法）と後者（国際刑法）とを相関的に連動させようとすれば、法的安定性を重視し法体系に統一性を維持しようとする国内刑法は、国際刑法に対応するために、「変化しつつある法」をその体系に（とりわけ我が国の場合には、これを）読み込む――国内法整備の――必要が生じる。「変化しつつある法」を受け入れる国内刑法は、時代と社会構造の変容に対応する際、国内法整備に関する手続の中で原則の厳格な維持や国内法制自体の柔軟性の欠如のために困難に逢着する場合がある。その（統一化ないし移植作業の）限界から、法的基盤が揺らぐ場面に遭遇する可能性も考えられる。このような場合、今世紀国際刑法の適合的な国内法への受容に際して、（特に大陸法のような）原理性を重視する実体法は、現実的な妥協を要請され調和が求められることになる。

別の観点からいえば、国内刑法は、「国家」（国内法）にその法源を求める実定法である。ローマ規程は、補完性原則を採ることから一般に国家刑法の適用が先行することになる。これに拠れば、国際刑法の正当性を「国家」間合意に求め、（法の変容、変遷の経過において）国家の主権原理を前提とする法の解釈および運用がなされる。結果、規範の意識は静態性が重んじられることになろう。動態法と静態法とを齟齬なく連動させるためには、互いの協調が求められる。法的安定性を重視する静態法には、動態法がその淵源とする慣習法や法の一般原則への受容が求められることになるのである。

ところで、国内刑法においても、刑法の機能という側面からは悉く慣習法の存在が否定されているわけではない。すなわち、慣習法を刑罰法規の直接的な根拠とすることは許されないという意味は、犯罪と刑罰とを規定する刑罰法規の「法源」を専ら慣習法に委ねることを禁じるという意味であり、ひとえに法の解釈を巡って成文法のみに依拠させるというものではない。換言すれば、刑法を解釈する場合、刑法典として存在する成文刑法以外の法解釈要素をすべて排除することを意味するものではない。

周知のように、実体法上、犯罪の成立を確定させる場合、構成要件要素の意義を明らかにするためには、むしろ慣習法その他の不文法に拠らなければならない場合が少なくない。すなわち、実体法規の完結に慣習法の形成が要求される場合——例えば、不作為犯における作為義務の根拠や過失の内容、わいせつ物頒布等罪（第一七五条）における「わいせつ」の概念など——法によって定義づけがなされていない概念の内容が慣習法の形成を俟つ場合である。あるいは、水利妨害罪（第一二三条）における水利の意義——その多くが、当該地方の慣習や慣行によって認められる水利権に拠るものとされている(11)——のみならず、水利権の帰属、存否などは慣習法による判断を俟つばかりでなく、むしろ必要とされている。また、窃盗罪（第二三五条）における財物の「他人」性について、刑法以外の法領域で形成された慣習法が刑法に容れられる場合などについては、慣習法の機能を認めるのが一般である。

問題は、以下の場合に生じる。罪刑法定主義の本来的な目的は、恣意的な刑罰権の行使からの人権の保障と解されるところ、それが実際上問題となるのは、法の適用場面、すなわち裁判官の裁量権が働く場合である。そこで、慣習法の機能を探れば、犯罪および刑罰に関する直接的規定に慣習法が入れられることは、認められるものではない。わけても、我が国の刑法においては、犯罪構成要件——各条——が処罰を根拠づけるものとされる。

他方、犯罪構成要件は、その完結を前提——あるいは罪刑法定主義からは当然の帰結——とされるものの、例えば開かれた構成要件など、構成要件の完結性に不備を認める——犯罪の成否にかかる明確な判断基準を示さない——場合には、完結のためにその判断については他の機関（主に裁判官）に委ねられている。これは、（立法機関ではない）他の機関をもって、慣習法の補充性を認めることになる。すなわち、当該判断を委ねられた範囲において、他の機関は慣習法の補充をすることになる。換言すれば、一定範囲のもとでは、慣習法の補充的機能を排除しないことを意味するのである。開かれた構成要件については、ここに、法による他の機関への黙示的委任を導き出すことができるという法解釈が行われ、且つ、これが妥当な解釈とされ、法の適用が行われるのである。

罪刑法定主義にいう、あらかじめ犯罪と刑罰とを受範者に対して明示しておかなければならないという要請は、行為に関する明確な規定を構成要件に求めることであり、これが比喩として犯罪のカタログと称される所以である。しかし、すべての場面においてこの要請に応じることは能わない。いうまでもなく成文法においては、構成要件の文言表記およびその内容を記述的要素によっているが、これによってのみ犯罪成立に必要な構成要件をすべて充足させることはできないためである。

四　慣習法への依拠

時代が推移して、国家体制・政治形態・社会・文化も変遷した現在、罪刑法定主義を構成する諸原則に厳格な遵守を求めることは、時代性を軽視する危険性を惹き起こす事態も生じかねない。刑法の合目的的解釈からは外れる場合が出てくるためである。ここに、慣習法に代表される不文的要素についても、実定法上の意義は実定法自らの解釈の前提となってきたのである。

罪刑法定主義の（継受）思想においては、時代性や社会性を排除できないという観点からは、同様に、瀧川春雄も、（罪刑法定主義の、我が国刑法への導入に関し、ヨーロッパで闘い克ち得た沿革を強調した上、「外國の法制を繼受したにすぎない弱點[12]」を指摘する。さらに（刑法制定以来の我が国の歴史を顧みることにより）「傳統的な歴史とその發展の觀念のないところへ、いたずらに空虚な政策を導入することは、無史観の上に立てられた悲劇をくりかえすだけ[13]」と主張する。他方、最小限度の要求を容れなければ「罪刑法定主義の思想――原則を捨て去ることは自殺を意味する[14]」とも言及している。

しかし、本書においては罪刑法定主義を採ることが、「悲劇をくりかえす」という批判的な評言は導かれない。本章は、国内刑法と国際刑法における刑罰権行使の正当性を探究するにあたり、自ら設定した諸問題――とりわけ、罪刑法定主義を巡る国内刑法と国際刑法との相違を明らかにすべく――に検討を加えるに過ぎない。したがって、この原則自体の史的展開やその背後にある思想およびその影響の如何を考察するものではない。

本章は国際刑法思潮を汲んで、歴史の流れの中から生み出された（国際刑法における）罪刑法定主義について、その厳格性の基準を国内刑法と同一に求めることが、国際刑法の本来的な趣意から離れる点を指摘するにとどめるものである。但し、本章の立場からは、瀧川春雄が指摘する如く「美辭麗句を以て理論構成に努めても一種のタウトロジーにすぎない[15]」という批判は妥当しない。むしろヨーロッパにおける複雑な社会的沿革をもって獲得された罪刑法定主義は、いうまでもなく国際刑法においても同様に刑法の原則として置かれるべきであると考える。

しかし、国内刑法と国際刑法とのそれがまったく同様の意義を有するものとして存在しているものではないことについては、既に明らかにした通りである。罪刑法定主義の原理とその存在意義は、国際刑法においても、無論否定されるべきものでは全くなく、今世紀国際刑法は、近代の罪刑法定主義という原則によって導かれた被疑者・被告人の権利の保障を採り入れその連続性を保っている[16]――わけてもその機能的役割については、際立って有益である――という点で、瀧川春雄とは意見を異にすることを付言したい。

本章の冒頭第二篇第一章第一節一項で示したように、氏族・民族・社会・国民・国家・国際社会の共存という原始的な欲求に基づく、いわば「前」国家法、すなわち、瀧川幸辰の罪刑法定主義に対する考え方、すなわち、それが「自然法的人権思想の表現」であることを引用した。国際刑法は、もとより自然法より導かれる慣習法によって形成されてきたものである。無論、先に論じてきたように国内刑法において慣習法は、法源にはなり得ない。他方で、慣習法は法源を補充するものとしての有用性が認められる。換言すれば、慣習法における補充性の機能は、刑法解釈上必要な役割として刑法全般に認められるものであることが確認されるのである。

元来、慣習法による処罰の禁止は、成文法に基づく処罰だけを許す原則のことであるから、慣習法による処罰を認めないことを意味するものである。よって、慣習法に刑法の解釈に関しての「法源性を認める」ことは背理ではない。通説は慣習法の法源性を認める場合であっても、罪刑法定主義における法源性に関する補充的機能による慣習は「消極的」に認めている。

他方、国際刑法の場合、法慣習が個別事案に関する慣習や判例の集積を俟って形成され、さらに慣習を生成する、あるいは法解釈の指針となっている。(19)国際刑法の場合には、慣習法の機能的役割は実に大きく、その解釈においても「積極的」にこれに拠っているのである。(20)

五　慣習法の機能

法律にすべての場合を想定した記述的構成要件を具備させることは不可能である。現実的な問題として、開かれた構成要件の解釈にあたっては、記述的要素にのみよることはできず、慣習法によってその限度で補充される必要性が求められている。もとより完全な法は指向であって、規範における記述的要素は完全性を有するものではない。(21)罪刑法定主義を採りながらも、——特に、国際刑法においては（第二篇前第一章で詳述した通り）——具体的個別的事件において、裁判官の補充的な規範形成が求められている。

罪刑が詳細までを明示できない以上、法律の内容を明らかにするという委ねられた範囲において慣習法での補充を裁判官に認めざるを得ない。その補充と解釈を裁判官によっているのである。罪刑法定主義の機能的役割の中に、裁判官による補充と解釈への幅を認めている。換言すれば、裁判官の判断に依拠するという意味において、（制限された範囲においては）補充が許されているという解釈が成立し得るのである。このような考えによるならば、罪刑「法」定にいう「法」とは、一般に成文法であるべきところ、この犯罪「法」自体の中に裁判官による慣習法の補充を承認している場合もあるといわざるを得ない。こうして罪刑「法」は完結されることになろう。

ここに、成文法（源）は、裁判官の補充と解釈、すなわち裁判官による慣習法の補充によって、罪刑「法」定が充たされる。成文「法」は、――裁判官による慣習法の補充ないし解釈という過程を経て――完結せざるを得ない場合が認められるのである。裁判官の役割という観点から考察を加えれば、同じく慣習法の――成文法への――法源性が認められることになる。

一般に、罪刑法定主義から派生するといわれている慣習法による処罰の禁止原則の本旨は、明確性を有しない慣習法による処罰を禁止することである。このような趣旨からすれば、上述した慣習法の成文法への補充機能は、本来排除されるものではない。成文法ではない慣習法を直接的な法源として、罪刑法定主義にいう罪刑「法」は認めないものの、個別具体的な法解釈や判例の集積の上に慣習法が形成されていくと考えられる。その意味から、――わけても国際刑法においては――慣習法が後の判例への指針となるのである。ここに、慣習法が果たす役割が客観的に明らかにされる。慣習法は、法解釈の具体化として顕現する判例に媒介され、または判例を媒介して発展し、有機的かつ連鎖的な慣習法化現象を創り出しているといえる。(22)

慣習法を巡るこのような現象は、国際刑法のみにとどまるものではない。同様の傾向が我が国の刑法解釈においいても認められる。一一〇年あまりの歴史を有する我が国の刑法解釈学においては、膨大な判例の積み重ねによって先例が認められるに至っている。いうまでもなく、先例が後の判例解釈に影響を与える。ここに、判例の連鎖・連続性が認められると考えることができる。慣習法と判例の相互媒介が成文法を補充し、成文法への連結現象をみて、判例「法」を形成するという連動性が認められる。学説の強固な反対を余所に、[23]共謀共同正犯が判例理論として確立されていることは、[24]これを裏付けるものと思われる。

目下、実務において有用性が認められている判例理論は、これが「法」でないという外観上の一理をもって罪刑「法」定に反するという評価については、再考の余地があるように思われる。判例が理論として汎く承認されるに至った場合、これを排外する積極的な根拠は見出されないという主張もある。無論、国際刑法においては、判例自体が法源のひとつを成していると解する立場が通説であり、また我が国においても（成文法のみならず）判例理論または判例自体に法源が認められると解する立場があることはいうまでもない。

第二節　罪刑法定主義の緩和

一　規範から罪刑「法」定へ

罪刑法定主義の淵源を辿っていけば、瀧川幸辰が指摘したように、「ここに謂ゆる法は規範であると同時に刑罰法規であるが、自然法文献では刑罰法規であるよりも、むしろ規範であると考えられた。斯かる法は本質的には成文法であることを必要としない」[25]ものであったことが重要となってくる。すなわち、罪刑「法」定にいう「法」は、もとより罪刑「法」規ではなく、むしろ規範であった。[26]本原則の指す「法」は、本来成文法であることを求めているものではなかった点、すなわち「規範」であったことが注視されなければならない。「規範」としての罪刑「法」は、成文法のみを指すものではなく、自然法、慣習法を包含する汎く「法」を指すもの、換言すれば（成文法をも含む、という意義における）「非」成文法（＝不文法）を意味したのである。

刑法における罪刑法定主義の意義については、多くの著述でその意義が論じられている。本原則の原理性や派生原則について詳述したものは多くある。しかし、本原則が、原則それ自体の成立および発展の過程でのみ理解され得べきものであることに論及した文献は、必ずしも多いとはいえない。

右の考え方に拠るならば、罪刑法定主義およびその派生原則である各種の諸原則は、歴史的意義においてのみ理解されるべきであると考える。瀧川幸辰によれば、その歴史的観察において、「罪刑法定主義の原則は統一的の思想過程をもたない。種々の、或部分は緊密な關係のない思想がこれを形成した[27]」という。フォイエルバッハ以前においては、「『刑罰法規は刑罰の必要的前提である』とゆう思想は未だ一般的ではなかつた[28]」のである。

この考え方が、後にフォイエルバッハによる心理強制説に基づき、いわゆる近代刑法における罪刑法定主義として確立していくことになる。この時代に至っては、（第二篇第一章で既述したように）アンシャン・レジームの下での残忍で苛酷な刑罰にフランス市民が反発し、罪刑を「法」定することを求めたのであった[29・30]。ここに、裁判官の専断を排除すべく、裁判官をして「裁量の余地を無くしようとする」刑法が求められた。裁判官は「法を語る口[31]」と位置づけられる。裁判官は、法の適用の道具と化すこととなるのである。

すなわち、瀧川幸辰が示したように、（近代においては）「裁判官は法律を機械的に適用する道具に過ぎない、法律の解釋はすべて立法権の領域に屬する事柄、裁判官には許されないとゆうことになる。裁判官の從來の萬能的地位は法律の奴隷のそれに一變せねばならない[32]」これが、罪刑法定主義の本来的な趣旨であった。このような思潮は、フランス革命以前におけるアンシャン・レジームを背景とした啓蒙期における原理への厳格な遵守を求める当時の流れを汲むものである。

この点で、酒井安行は、フランス革命後のフランス刑法における解釈が、――特に、今日、我が国で罪刑法定主義を巡る重要な争点のひとつである、不作為による作為犯に関する解釈について――「一変した」[33]事実を刑法理論上の観点から検証する。すなわち、同国での不作為による作為犯の成否に関する議論では「罪刑法定主義との調和」が求められ（つつも、この問題が、我が国やドイツとは異なる早い段階で論じられており）フランスでの議論が、我が国における不真正不作為犯論の発展に必要であることを酒井は強調する。[34]所論は、フランス古法との比較の上に、革命後の「フランスにおける罪刑法定主義の神髄」＝「自由主義の徹底した帰結」[35]を指摘し、その上で、裁判官の権限との関係から不作為による作為犯にかかる可罰性の否認を帰結する。裁判官は立法者権限に関与することは許されない、「不作為を作為と同視することも、また同視の限界を定めることも」[36]認められず、「解釈論にとっては、ただある行為が法によって処罰されているのかどうかだけが問題」[37]とされていた。所論は、判例の解釈過程を介し、フランス刑法の厳格解釈のあり方の変容を示している。

「近代刑法」のもとにおける、罪刑「法」は、「非」成文＝不文法であることは認められず、すべての罪刑は、成文法による規定であることが求められた。酒井の検証通り、専断を許す裁判官の解釈を可能な限り斥け、裁判官は機械と位置づけられることになった。[38]裁判官の法律への拘束ないし従属が求められていたという社会的背景――「アンシャン・レジームの下で猛威をふるっていた裁判官に対する憎しみ」[39]――が窺える。フランス刑法学は、不作為にかかる処罰規定がない場合、その処罰を徹底して排し、法的価値として法的安定性を重んじたという。[40]

このような思潮の延長として、フランス「刑法においては惨酷な刑罰の無用なことを明らかにする」[41]とともに、必然的に死刑の妥当性――残虐性への疑義――が問われることとなった。同時に、フランス刑法においては、罪刑の均衡が図られ、また「犯罪と刑罰を明確に定めること、刑法の規定に掲げてない行爲の罰せられないこと」[42]となっていくのである。

このようにして、漸次、罪刑「法」定は、徹底されていくことになる。(43)

二　「法」定、を補う法

(1)　二〇世紀以前——フランス——

フランスにおいては、近代以前における旧体制から脱すべく激動期の反動や混乱が治まると——時代の変遷とともに——、これに伴って、今度は成文法源の不充足性が問われることとなる。すなわち、罪刑法定主義における補充や解釈の果たす役割が期待されることになった。ここに、成文法を補う、慣習法や判例の機能的役割が求められ、刑法解釈上もこれが採り入れられることになったのである。

以上の沿革を俯瞰してフランス刑法における罪刑法定主義の解釈の緩和傾向を——刑法学および社会学等、多岐にわたる視点からの考察を加え——詳解したのは新倉修である。新倉は、犯罪類型の定立において行政命令に拠る法律の補充を許すものではなかった近代の厳格な罪刑法定主義——一七八九年人権宣言における罪刑法定主義の原型が（次第にその厳格性を保てず）——から、現代における変容の漸次的傾斜、すなわち、「離脱」現象と「緩和」現象が認められることを明らかにする。(44)この傾向が現れた背景には、フランス啓蒙思潮を余所に台頭してきた行政権の強大化、——という現実の前に——「増大する刑罰法規のインフレーション」(45)を伴って、その厳格な法定に人権保障を措定できないままに、罪刑法定主義の意義が変容・衰退していった社会実相があったことを描出している。「立法権を行政権が蚕食する現象が亢進」(46)し、人権保障の担い手が——法律の頽廃の中で——立法府から司法府へと交替することとなる。この過程において、罪刑法定主義の緩和が生じるに至った経緯を社会状況との関連・分析の上に示している。(47)

酒井は、古法、フランス革命以前、革命後、一九世紀、二〇世紀へと変遷するフランス刑法史の中で、先に示した「不作為による作為犯」の解釈を介し、罪刑法定主義がどのように位置づけられてきたのか――フランス刑法学における「罪刑法定主義との調和」――について、同国と他国での解釈の相違等、時代性と政治性、その他の諸契機を多面的かつ相関的に分析する。わけても、同国において展開された不作為による作為犯論について、「罪刑法定主義、または不作為犯の因果性の段階で、いわば葬り去られている」と評言し、――我が国・ドイツにおける解釈学と比較しながら――フランスの徹底した罪刑法定主義への貫徹性の姿勢に対し、不作為の因果性を容易に肯定する我が国の解釈論への反省を促している[48]。

新倉と酒井は、――アンシャン・レジームからの解放を勝ち取ったフランス社会では、罪刑法定主義への厳格性が守られていたが――国家観の変遷を伴って次第に国家権力の介入が拡大化していく様相を論じている[49・50・51]。

(2)　二〇世紀以降

時代が推移し二〇世紀に入ると、国家体制も変遷する。政治体制も異なって国家に期待される役割が相違する。刑法の任務においても人権保障から、利益の保護や生活利益の確保、さらには生活の安全が求められることになる。国家論の変移は、必要的に刑法解釈の変容を迫るのである。

国家論の変化は、刑法の任務のみならず刑法解釈や原理、判例の役割等の変容を求めてくる。裁判官の役割や判例の動態的解釈が、――時代の趨勢や変化に伴って求められること――右のフランス刑法の解釈を巡る諸論考を介して明らかにした通りである。

他方、新たな社会において旧法への適合を求める法現象が認められる[52]。この傾向は、我が国にもあてはまる。戦後刑法学は、「個人の権利・自由の保障に最大限の考慮を払おうとする姿勢から国家刑罰権の行使に一定の制限を課そうとするためのさまざまな理論構成が試みられたが[53]」国家観の変遷にしたがって刑法に課される役割や機能も変容することになる。既述した通り二〇世紀に入ると、国民生活の利益への「保護」が重視され、一定の場合には国家の介入が次第に認められることとなる。

ここに、国家論や価値観の変化によって、刑法の内容自体に変容が生じることが判る。具体的には、国家刑罰権行使の範囲がそれらによって異なってくるのである。かつての君主を含む国家は、刑罰権を専断的に行使した。それゆえに市民は、自らの自由を確保すべく君主を含む国家に対し、国家刑罰権を最小限に制限した。国家に対する恣意的な刑罰権行使への抵抗あるいは国家刑罰権の専断的行使への猜疑が、これらの専断の排除を求めて、国家刑罰権の行使範囲を最小限に制限すべきとの理論――刑法の厳格解釈や謙抑性――を生み出す。

しかし、「近代」当初から「現代」へと遷り来る中で、変化した国家論は、刑法の任務における人権保障機能の重視から、侵害利益の保護、すなわち「人」の生活利益に直結する法益保護の重視化へと変移したのである。国家観における「積極国家化現象[54]」の顕現とともに、司法の役割も変容する。旧来の法を適合させようという、裁判所の積極的動態性が認められることになる。新たな社会状況に応じて裁判所が担う役割の拡張化の要因は、価値観の変化によるものといわれる[55]。

国家観が遷り変わり、多様な価値観が顕著化する中で、平野龍一は「法はただ、違った価値観を持つ人の共存を保障すればいい[56]」と主張する。

(3) 二一世紀――ドイツ――

ロータ―・クーレン（Lothar Kuhlen）によれば、罪刑法定主義にいう「『法』定、を補う法」に関しては、従来からの伝統的理論を尊重しつつも、現在、ドイツにおいても重要な変更が加えられているという[57]。クーレンは、とりわけ「複雑でかつ急速に変化する現実の問題として、立法者単独では完全に不可能」な——例えば環境——法については、立法と行政とにおける分業的規範化においてのみそれが実現可能となることを主張する。(58)

このような規範の創出と刑罰権（行使）の基礎づけに対しては、従来の伝統的な罪刑「法」定主義——を厳格に解する立場からは——をもっては整合的に説明することができない。従来は、罪刑法定に指す「法」は、いわゆる制定法であり、「命令」までを含むものではない。(59)しかしながら、ドイツでは罪刑法定主義の変更がみられ、この「法」の中に、正規の法としては承認されていない「命令」を容れることになったという。命令の有するその本来的効果と現実的な社会への貢献が罪刑法定主義にいう『法』定、を補う法」として容れられた、というドイツの現実的状況を指摘した主張は留意されるべきものである。

クーレンは、「法規命令によって形式的な法律を具体化するという規則化技術は、環境法やそれとともに環境刑法にとってなくてはならない自然科学や技術の急速な変化への必要的適合を可能にするために、不可欠だという」(60)社会的要請が求められること、そして旧来の罪刑「法」定主義への修正を主張する。「刑法による刑罰の基礎づけという理想」と「現代社会からの規範からの要求」という関係は、「法律による刑罰の基礎づけに関する憲法上の必要性に沿っていると、解釈されている」(61)ことを主張する。なお、右の見解に対しては、諸種の指摘が加えられると考えるが、本篇第二章は、これを目的とするものではないため、これ以上の言及はしない。

第三節　国際刑法における慣習法

一　自然法、慣習法を含む「非」法

刑法解釈の基礎を何に求めるかについては多様な議論があり、一定の結論を導き出すことは困難であろう。刑法における保護法益に関する解釈が、慣習法に求められる場合も存在し得る。とりわけ国際刑法においては慣習法ならびに慣習法への補充に関わる必要性は、刑法解釈の全般にわたることが明らかである。

同様のことは、別の側面においても詳らかにされる。すなわち、我が国において判例拘束性は認められるが、判決には時代に即した柔軟性を有する判断が求められる。この観点からは、先例拘束性に縛られ時代の要請とは乖離した判決を下すことは、判例が有する本来的な動態性を失わせることになる。換言すれば、先例拘束力を根拠として、事案の妥当性を図らず、拘束性絶対的とすることは、当該法の目的とは異なる判断を招来しかねない。時代の変遷――社会のよって立つ価値の変化――とともに、判例変更は避けられない一現象となるであろう。

このような観点からは、罪刑法定主義から派生するとされる遡及処罰の禁止原則にも解釈の余地が生じてくる。すなわち、(一般に通説からは)罪刑「法」定にいう「法」とは成文法を指すが、先の考察を踏まえて罪刑法定主義の淵源を辿れば、フォイエルバッハによってこの原則が説かれたのは――一八世紀後半――近代である。したがって、この派生原則もまた、(国際刑法における罪刑法定主義を考察する)本論においては変化してくるのである。すなわち、フォイエルバッハ以前の罪刑法定主義にいう罪刑「法」が、先にも示した通り「自然法、慣習法を含む『非』」成文法を指すならば、本原則に示す「法」もまた、一八世紀以前においては、「自然法、慣習法を含む『非』」成文

法を指すのであって、（近代国家の刑法）原則から「当然に」派生するところの遡及禁止の原則は、「必ずしも」妥当するものではなくなる、という結論が導かれる。

（一般に）本原則に指称される罪刑「法」定とは、成文法を意味するところ、遡及処罰の禁止にいう遡及「法」もまた「成文法」を指すと解する。ところで、フォイエルバッハ以前の罪刑法定主義にかかる罪刑「法」にいう「法」が、「自然法、慣習法を含む『非』」法＝「非」成文法ならば、国際刑法に指す遡及「法」と、近代刑法の大原則である罪刑法定主義から（一般には）「当然に」導かれるとされる（一部の国内刑法研究者が指称する）罪刑「法」とは、同義の必然性は帰結されない。別言すれば（一般に説く）罪刑法定主義から派生する遡及法禁止とは、その原則に指す罪刑「法」を継ぐところ、遡及「法」に指す「法」もまた成文法となる。

しかるに、本章（国際刑法）の原型における罪刑法定主義の罪刑「法」とは、非成文法となる。すなわち、（自然法、慣習法を含む）非「法」、まさしく非成文法を指すところ、そこから派生するとされる遡及「法」についてもまた（自然法、慣習法を含む）「非」法、すなわち「非」成文法（＝不文法）となるのである。

それでは、本章に説く、非「法」に指す「法」とは何か、との問いが生じるであろう。ここに、（一般に厳密な意義で説くところの）非「法」、すなわち第二篇第一章第四節の検討で明らかにした[62]「慣習」法、「判例」法であり、また法の一般原則を含む「解釈」法を指すのである。

二　国際刑法における慣習法排除の妥当性

大陸法の影響を強く受ける我が国において（さえも）、共謀共同正犯に関する判例や判例理論に法源性を認めないことは躊躇される[63]。このように判例に法源性を認めつつ、一方で——時代の趨勢に伴う判例変更を積極的に認める——判例拘束性に緩和性を認める、また他方で、遡及「法」の「法」に必ずしも「近代」性を求めるものでもないという国際刑法の特徴が、ここに明らかになる。(64) ニュルンベルク・極東両国際軍事裁判において、人道に対する犯罪・平和に対する罪が罪刑法定主義との関係で問題となったことを想起されたい。

本章において、このような筋道を求める理由は、両国際軍事裁判において争点となった遡及法に関する（重大な、しかしながらいまなお論理的な解説が付されていない）問題について刑法理論上からの検討を行うこと、すなわち遡及法に指す「法」の位置づけについてこれを明らかにし、国際刑法理論の構築への足掛かりを思索するためである。いうまでもなく、ローマ規程では、ニュルンベルク・極東国際軍事裁判で議論が紛糾したこの争点を克服すべく、第二四条一項で「如何なる者も、この規程が効力を生ずる前の行為についてこの規程に基づく刑事上の責任を有しない」と定め、遡及法の禁止を明らかにしている。

近代刑法の大原則（＝罪刑法定主義）であることを理由に、国際刑法においても（国内刑法と同様に）、慣習刑法を排除するという指摘あるいは主張は、一見、合理性を有するように見える。しかし、それが「法」定でないという所以をもって、国際刑法における淵源、すなわち「法源性」までを否定することは適切ではない。

罪刑法定主義の本旨にしたがえば、それが目指すところは人権保障であることは揺るぎないところである。他方で、法的安定性に着目すれば慣習の集積が認められもはや慣習法の域に達した法源的効力については、成文性を有しないことの一理をもってこれを排除することは不合理であると考える。

「罪刑法定主義」という通用性を有する大原則は、そのひとつの原理性ゆえに、戦争の惨劇という史実から――特定の領域や時に拘制されることなく――人類が形成してきた国際刑法の淵源を否定することはできない。罪刑法定主義の本源をたずね、その沿革を辿って国際刑法の本旨による必要があるように思われる。

三　マグナ・カルタは、法か

罪刑法定主義は、刑法の原則として汎く認められている原則である。一般に、その起点は、一二一五年六月一五日のマグナ・カルタ：Magna Charta（全六三か条）、とりわけ同第三九条の「いかなる自由民も、同一身分者の合法な裁判にもとづき、かつ、国の法律によるのでなければ、逮捕、監禁、差押、法外放置、国外追放を受け、もしくは、その他の方法によっても侵害されることはなく、また、朕は彼のうえに赴かず、彼のうえに赴かしめることもない（Nullus liber homo capiatur, vel imprisonetur, aut desseisiatur, aut utlagetur, aut exuletur, aut aliquo mode destruatur, necsuper eum ibimus, nec super eum mittemus, nisi per legale judicium parium suorum vel per legem terrae.）[65·66]」に求められている。[67] 本条は、国王の不当な専断や干渉から国民の人身および財産を保護する内容として、これが国民の権利および自由を保障した人権保障の起源と理解されてきた。

この点で、浦部法穂は異なる見解を示している。すなわち、マグナ・カルタは、封建的身分関係を前提とし、封建社会の特権階級の自由を確保することを目的としたものであり、人身の自由を汎く保障する目的ではなかったことを指摘する。[68] マグナ・カルタをその成立当初の歴史的・社会的状況の中で捉える限り、浦部の指摘は正当であろう。

だが、刑事法学としての側面からのみ考察しこれを紐解くとき、マグナ・カルタに端を発する、実体法規範にかかる犯罪と刑罰は、その前提として法の存在がその理論的前提とされることを確立したものといえる。本原則は、国際法史を飾る諸宣言や各国の憲法のみならず刑法にも採り入れられている。ここに、マグナ・カルタ第三九条は、「近代刑法の基本原則たる罪刑法定主義の淵源をなし、その憲法的保障として世界の嚆矢となっている[69]」ことは、「刑法学上周知の事実[70]」と解されている。

ところで、ここに指称する法とは規範を指すが、先にも示した通り、フォイエルバッハの命題が提唱される以前は、必ずしも成文性や規範性が要求されるものではなかった[71・72]。慣習法は、成文法のように積極的な適用力や直接的な実効性を有するものではないが、成文法に不備がある場合、解釈を媒介にこれを補完する役割を担うものである。慣習法を含む成文法・不文法においては、刑罰に先行してあるいはまた上位ないし高次の法として自然法が観念されたという。

これが一八世紀になると、第二篇同章第二節で既述したように、罪刑法定主義にフォイエルバッハの心理強制説他の影響のもとに厳密な規範が要求されることになる。フランス革命期において、アンシャン・レジームの下で開始された名ばかりの刑事手続――わけても残虐刑――に非議が集まり、革命思想とともに刑事司法の改革、すなわち個人の人権保障を求めて罪刑の明確化と法定化が求められた。これによって、不文法である法源や慣習は否定され、また、当時の裁判官による恣意的専断的判断が排除されることになったことは既述した通りである。

罪刑の明確化と法定化が求められ、近代刑法の大原則へとその座を揺るぎなくしていった罪刑法定主義の淵源であるマグナ・カルタは、それ自体が「法」であるのか、または非「法」であるのか争いのあるところである。勿論、厳格な意味からは、これを「法」として捉えることはできない。

しかしながら、大野真義も指摘するように、「国王の専制を抑制し、一定の等族社会を規制していたものである以上、そこに『法』（二重鉤括弧引用者）律としての効力を認めざるをえない。（中略）この意味で、マグナ・カルタ第三九条もまた、当然に法律としての解釈を必要としなければならない[73]」のである。

罪刑法定主義の淵源をたずねてみれば、本源が法か否か、どのような観点からこれを捉え検討するのか。すなわち、考察の対象ならびに（本章を通じて述べるが）視点をどこに置くかによって異なる――相対性を有する――ことが判明する。同時に、同一の観点からこれを同様に考察してみた場合においても、その厳格性の解釈如何によって、この原則が「法」であるか、否かの判断が相違することが判明する。

ここに、①国際刑法と国内刑法という、異なる（しかし、互いにその主要部が重なる）軸における罪刑法定主義と、②罪刑法定主義自体の解釈に、その相対性が認められるべきであろう。

四　人権の実定法化

右に指摘した罪刑法定主義自体の解釈における不明瞭さを克服するが如く、史的展開の中に自然法の実定法化が視られる。すなわち、一七七四年のフィラデルフィア宣言第五条他、一七七六年のアメリカ独立宣言、一七七六年のヴァージニア州権利宣言第八条などが挙げられる。その後、これが一七八七年のアメリカ合衆国憲法の法定手続の保障条項（修正第五条、第一四条）として継承され、再びヨーロッパに戻り、一七八九年のフランス人権宣言（第八条）へと引き継がれた。同宣言第八条は、「法律は、厳格かつ明白に必要な刑罰のみを定めなければならず、何人も犯罪に先立って制定公布され、かつ適法に適用された法律によらなければ処罰されない(74)」と規定する。アメリカでは、先のフィラデルフィア宣言に続き、一七八七年合衆国憲法第一条第九節第三項、同第一〇節第一項に本原則が置かれた。フランス人権宣言第八条、同国一八一〇年刑法第四条、イタリア憲法第二五条第二項他、人権宣言のみならず各国の憲法や刑法で採用されている。

このような罪刑法定主義の系譜を確認すれば、この本源が、中世イギリスの封建主義による支配から解放されるべく、求められたものであることが確認される。イギリスでは、これが「天賦人権の思想あるいは自然法学説によって育まれ、またフランスにおいて三権分立の思想により理論的基礎を確保し、ついに一七八九年のフランス革命時における人権宣言の中に開花(75)」するに至ったのである。

人権の実定法化は、人権法との関係で罪刑法定主義と密接な関係を有している。とりわけ第二次世界大戦後の人権条約に本原則が汎く採り入れられるようになるのである。一九四八年の世界人権宣言第九条では専断的逮捕及び拘禁等の禁止を、続く同第一一条二項では「何人も、実行の時に国内法又は国際法により犯罪を構成しなかった作為又は不作為を理由として有罪とされることはない。何人も、犯罪が行われた時に適用されていた刑罰よりも重い刑罰を科されない」と遡及適用禁止を明文化している（但し、世界人権宣言は文字通り「宣言」であったことから、拘束力を有するものではない）。

続いて、一九五〇年の欧州人権条約第七条一項は、遡及適用の禁止をもって罪刑法定主義を謳っている。その後、一九六六年の市民的政治的権利に関する国際規約（B規約）第一五条一項では「この条の如何なる規定も、国際社会の認める法の一般原則により実行の時に犯罪とされていた作為又は不作為を理由として裁判しかつ処罰することを妨げるものではない」と定める。本条で法の一般原則による犯罪の処罰を認めたことは、特筆されるべきであろう。一九六九年の米州人権条約第九条も遡及処罰の禁止を定め、罪刑法定主義を採っている(76)。

これらいくつかの例を概観すれば、個別「国家」を前提とするものではなく、汎く「国際共存社会」を基礎とした人権条約において罪刑法定主義の採用が認められる。ニュルンベルク・極東国際軍事裁判所条例や、旧ユーゴスラヴィア・ルワンダ国際裁判所規程などの「前世紀」国際刑法には、罪刑法定主義に関する明文規定は置かれていなかった。そのため、ニュルンベルク・極東国際軍事裁判では、遡及処罰の禁止が大きな問題のひとつとなったのである。

これらの問題を克服するように、「今世紀」国際刑法――ローマ規程――は、第二二条乃至第二四条で、史上はじめて罪刑法定主義の明文規定を置くことになったのである。

五　罪刑法定主義を巡る契機

国際刑法における罪刑法定主義は、前世紀からの「国家」刑法の要素を入れ、被疑者・被告人の権利の保障を——近代「国家」刑法における啓蒙思想を継ぎつつ——実定法の中に採用するものである。右の検討を介せば、今世紀国際刑法における罪刑法定主義の起点は、必ずしも（「国家」権力に対する恣意的刑罰権の行使を防御すべく求められた）近代法としての刑法における罪刑法定主義に拠らずして——その後、世界人権宣言や欧州人権条約、市民的政治的権利に関する国際規約、米州人権条約など幾つかの国際法規を介する形で——人権保障という観点からは、遅れてローマ規程に明文化されたことが明らかとなる。

このような沿革を俯瞰すれば、中世イギリスの封建制度やフランスのアンシャン・レジームを背景とする刑事司法手続を巡る法原理の結実については、あくまで「近代」「国家」という時代的・組織ないし制度的特徴を有する改革にその契機を見出すことができる。この点で、社会的背景や法の枠組みが大きく異なる「今世紀国際」刑法には（その時代的契機や［時代的］意義、概念を）同様に見出すことはできない。(77) 本章と同じ観点から大野は、罪刑法定主義の形式的概念を歴史的・社会的条件によって確立されるものという知見によって、「近代」と「現代」間における本義に同一性を求めることは、「論理の飛躍」(78) になることを指摘している。

右の検討を踏まえると、罪刑法定主義の原理は、時代性を超越するかのごとき外観を呈しているものの、その内実においては異なる意義・概念——変容性——を有するものであることが判明する。

結びに

以上、国際刑法における源泉についての考察に関連し、――近代刑法の大原則とされる罪刑法定主義を巡り――国内刑法におけるそれと国際刑法でのそれとを比較しつつ、結論を導いた。

国際刑法における罪刑法定主義については、被疑者・被告人の人権保障という観点から、近代刑法原理である罪刑法定主義と共通性を見出すことができる。すなわち、今日的意義からは、後「国家」的な理性による人権保障のレベルを保とうとする指向が視て取れる。(79)

しかしながら、国際刑法における罪刑法定主義においては、国内刑法における罪刑法定主義に求められる同一意義での「国家からの」（または「国家に対する」の）みの自由主義的要請や、「国家による」（または「国家に対する」のみの）民主主義的要請を積極的に検知することはできない。国際刑法における刑罰観においては、人類が原始社会にもとより有していたあるいは共生社会の史的展開とともに形成してきた（慣習法や人道法による「人」の保護という）前「国家」的な（個人を含む共生社会における自己保存「欲求」本能に基づく）原始的刑罰観がより鮮明に映し出されるのである。

したがって、（国内刑法における）罪刑法定主義から求められる、犯罪が如何なるものかについては実定法上明らかにされなければならず、（国内刑法を前提に論を展開する）「構成要件そのものに慣習法の導入を認めるものではない」(80)という大野の指摘は、（慣習法による処罰の禁止という点では同義に解されるものの、構成要件そのものが慣習国際法、国際人道法の本旨を凝結させている）(81)国際刑法には妥当しないのである。

(1) 本章においては、特に断りがない限り、一九九八年七月一七日にイタリア・ローマで採択された国際刑事裁判所設立条約規程を検討の対象とする。

(2) 本章においても前篇と同様に、「前世紀」に創られたニュルンベルク国際軍事裁判所条例や極東国際軍事裁判所条例、旧ユーゴスラヴィア国際刑事裁判所規程、ルワンダ国際刑事裁判所規程との歴史的比較という観点から、今世紀初頭の二〇〇二年に発効した常設国際刑事裁判所（ローマ）規程を「今世紀国際刑法」と指称することにする。

(3) 井上茂「自然法」法学セミナー第八八号（一九六三・六）四八頁。

(4) ハインリッヒ・ミッタイス（Heinrich Mitteis）［著］林毅［訳］『自然法論』創文社（一九七六）三頁。

(5) 瀧川幸辰『犯罪論序説』有斐閣（一九四七）「序」一〇頁は、これに続き「その精神は强者から弱者を擁護する點におかれる」ことを記す。

(6) 瀧川幸辰『刑法講義 改訂版』弘文堂（一九三二）四六頁。

(7) 本章は、この点について詳述するものではない。これに関しては、安藤泰子「罪刑法定主義の相対性（二）——国際刑法の原点から考える——」青山ローフォーラム第五巻二号（二〇一七・三）七七—一一三頁。

(8) 馬屋原成男「刑法改正沿革思潮攷」政治学論集第二号（一九七五・七）一—二七頁、特に一二頁は、旧刑法の起草における罪刑法定主義の確立について「国家国民道義の根幹であり、かつ国家社会秩序治安の要諦たるもの」と示す。特に戦前は、（小野清一郎ほか）右のような強い国家観のもとに刑罰権を基礎づける考え方が多く採られていた。

(9) この点で、フランスのように刑法の解釈にあたり、法の一般原則の介在を認める国もある。この点については、江口三角「問題的思考とフランス刑法学」内藤謙・松尾浩也・田宮裕・芝原邦爾編『平野龍一先生古稀祝賀論文集 上巻』有斐閣（一九九〇）一二一—一六〇頁、特に一五一—一五二頁他。新倉修・後掲注（44）「フランス刑法と罪刑法定主義」早稲田法学会誌第二八号（一九七八・三）二四三—二七四頁、特に二六九—二七〇頁。

(10) 瀧川・前掲注（5）『犯罪論序説』一〇頁。

(11) 大判明治四五年五月六日刑録一八輯五六七頁、大判昭和四年六月三日刑集八巻三〇二頁。

(12) 瀧川春雄『罪刑法定主義』法学理論篇一二一［法律學体系 第二部］日本評論新社（一九五三）七七頁。

(13) 瀧川春雄・前掲注（12）七八頁。

(14) 瀧川春雄・前掲注（12）七九頁。

(15) 瀧川春雄・前掲注（12）七八頁。

(16) この点で、非固有説＝譲渡説によれば、「国家刑罰権の延長線にある刑罰権という位置づけ」となり、刑罰権における質的転換を認めるものではない。すなわち、同次元の刑罰権概念を保っているという点については、安藤泰子「刑罰権の淵源（一）——法の分化——」青山法学論集第五八巻四号（二〇一七・三）一—九七頁。

(17) 安藤・前掲注（7）「罪刑法定主義の相対性（二）」。

(18) 瀧川・前掲注（5）『犯罪論序説』一〇頁。

(19) 本章は、慣習法の法源性や機能に関する検討ではないため、これ以上の言及は避ける。なお、「法慣習が個別事案に関する慣習や判例の集積を俟って形成され、あるいは法解釈の指針となっている」という点においては、国内刑法においても同様の傾向を見出すことができる。

(20) 国際刑法の場合、積極的に慣習法や判例を採用するのみならず、さらにローマ規定第二一条に規定されるように、「国際法の原理及び規則」（同条ⓑ）や「世界の法体系の中の国内法からみいだした法の一般原則」（同条ⓒ）も「適用される法」に採用している。

(21) 武藤文雄『刑法における概念の規範的構成』有斐閣（一九三四）二〇頁以下。

(22) 本章は、この現象について詳述するものではないため、これ以上の言及はしない。

(23) この点については、山中敬一『刑法総論〔第二版〕』成文堂（二〇〇八）八六七頁。また、曽根威彦は、平成一五年五月一日最高裁決定（刑集五七巻五号五〇七頁）のいわゆるスワットけん銃所持事件に関し、暴力団長である被告人とスワットらとの間に黙示的意思の連絡があったとして共同正犯の成立を肯定した判例に対し、「共謀共同正犯論は、本来であれば従犯とされるべきもの（作為正犯に対する不作為による関与＝幇助）を容易に共同正犯に格上げする役割を担うことになる」という厳格な見解を示している。同『現代社会と刑法』成文堂（二〇一三）五頁、同『刑事違法論の展開』成文堂（二〇一三）二八三頁。西原春夫「憂慮すべき最近の共謀共同正犯実務——最高裁平成一七年一一月二九日第一小法廷判決を中心に——」刑事法ジャーナル第三号（二〇〇六・六）五四—六四頁以下、浅田和茂「共謀罪が犯罪論に及ぼす影響」法律時報第七八巻一〇号（二〇〇六・九）五〇—五五頁他。なお、極東国際軍事裁判における「共謀罪」の法的把捉ほかの諸問題について指摘を加え検討する論文として、内田力蔵「イギリス法とアメリカ法における共同謀議の罪〔コンスピラシー〕（一）」法律時報第二六巻七号（一九五四・七）六六三—六七〇頁。特に一〇頁他。最近の文献として、さしあたり小早川義則「英米法のコンスピラシーと『組織的犯罪の共謀罪——共謀の認定』」法律時報第七八巻一〇号（二〇〇六・九）三六—四三頁、特に三四—三七頁、共謀罪の新設・運用に対する警鐘を鳴らす論文として、松宮孝明「共謀罪の新設と刑法の機能」法律時報第七八巻一〇号（二〇〇六・九）四四—四九頁他。

(24) 平野龍一『刑法 総論 Ⅱ』有斐閣（一九七五）四〇二頁以下。
(25) 瀧川・前掲注（5）『犯罪論序説』三頁。
(26) この点で、杉山晴康〔最終講義〕「古代権力と刑罰」早稲田法学第六七巻一号（一九九一・一二）一―二三頁、特に三頁に同旨が述べられている。なお、杉山による我が国の古代社会における刑罰の始源を探究した稀有な論考として、『日本の古代社会と刑法の成立』敬文堂（一九六九）他。
(27) 瀧川・前掲注（5）『犯罪論序説』二―三頁。
(28) 瀧川・前掲注（5）『犯罪論序説』三頁。
(29) 佐伯千仭「啓蒙時代と犯罪類型」中川裕夫〔監〕浅田和茂・井戸田侃・久岡康成〔編〕『佐伯千仭著作選集 第四巻 刑事法の歴史と思想、陪審制』信山社（二〇一五）六八―一〇九頁、同「啓蒙時代と犯罪類型」法學論叢第三九巻三號（一九三八・九）一五頁。
(30) 島田征夫「東京裁判と罪刑法定主義」早稲田大学社会安全政策研究所紀要第一号（二〇〇九・三）一九九―二二三頁、特に二〇七―二〇八頁。
(31) 小暮得雄「刑事判例の規範的効力――罪刑法定主義をめぐる一考察」北大法学論集第一七巻四号（一九六七・三）一〇七―一三四頁、特に一二一頁。
(32) 瀧川・前掲注（5）『犯罪論序説』五頁。
(33) 酒井安行「フランス刑法学における不作為による作為犯論（一）」国士舘法学第一八号（一九八六・三）二九―五七頁、特に三七頁。
(34) 酒井・前掲注（33）三八頁。
(35) 酒井・前掲注（33）四五頁。酒井は、この検討の中でPoitie判決におけるガルソン判事所見に関し、不作為犯が「無」であり、因果性が否定されていることを検証する。
(36) 酒井・前掲注（33）四二頁。
(37) 酒井・前掲注（33）四五頁。
(38) 佐伯・前掲注（29）「啓蒙時代と犯罪類型」一四―一五頁。
(39) 中村義孝「啓蒙時代と犯罪類型――アンシァン・レジームから一七九一年刑法典へ――」立命館法學第九二号（一九七一・一）六―四五頁、特に四四頁。

(40)　このような罪刑法定主義に関し、厳格性を求める刑法解釈学の状況にあって、いわゆる「ポアティエの幽閉された女」事件に端を発した不真正不作為犯の作為性にかかる問題が、フランス刑法学に呈されたという。保護責任を有する母親の精神疾患を有する子への常軌を逸する放置が暴行にあたるか否か。かつて同国の判例・学説はこれを認めなかった。法の静態性を重視していたといえよう。これが争点となって、刑法学者ガルソンに意見を求めることとなったという。

(41)　瀧川幸辰『刑法史の断面』大雅堂（一九四八）八九頁。

(42)　瀧川・前掲注（41）八九頁。

(43)　最近の主な論考として、新倉修ほか「フランス新刑法の研究（一）――（六）」法律時報第六六巻七号――一二号（一九九四・六―一二）、森下忠「フランスの新しい刑法典」判例時報第一四五七号（一九九三・七）二九―三〇頁、特に二九頁、イヴ・ジャンクロ（Yves Jeanclos）［著］小梁吉章［訳］「［翻訳］フランス刑法典の二〇〇年」廣島法學第三六巻三号（二〇一三・一）九二―四九（八七―一三〇）他。

(44)　新倉修「フランス刑法と罪刑法定主義」早稲田法学会誌第二八号（一九七八・三）二四七頁以下。

(45)　新倉・前掲注（44）二七三頁。

(46)　新倉・前掲注（44）二七三頁。

(47)　新倉修は、刑事法学に関する汎く高い知見から、我が国の刑法学に多くの業績を残している。刑法、刑事訴訟法、少年法、刑事政策、犯罪学、医事法、国際人道法、国際人権法、国際刑法、平和研究と多岐に亘る碩学の先行研究は、我が国の刑事法学へ常に新しい風を送ってきた。

(48)　酒井・前掲注（33）四八頁。

(49)　この点で、ガルソン意見は、時代の変遷とともに次第に影響を与え、今日では不作為を独立の犯罪とする規定が置かれることになったという。

(50)　なお、島岡まなは、フランス刑法の特徴について、高い人権意識と司法に対する信頼、先進性と分析している。これについては、同「フランス刑法の最新動向と日本法への示唆」ジュリスト第一三四八号（二〇〇八・一）一六二―一七一頁、特に一七一頁他。

(51)　フランスでは、一九世紀末から今世紀初頭にかけ、重要な改正が行われている。特に一九九二年のフランス新刑法典と二〇〇四年三月（九日）改正は同国刑法の新動向を把握する上で参照すべき点が多いと思われる。

(52)　江口・前掲注（9）「問題的思考とフランス刑法学」一四七―一四九頁。

(53) 曽根・前掲注（23）『現代社会と刑法』五頁。
(54) 川岸令和「立憲主義──権力の制限と積極的関与との間で」法学セミナー第五七巻五号（二〇一二・五）二─四頁、特に三頁。
(55) 江口・前掲注（9）一四九頁。
(56) 平野龍一『刑法 総論 I』有斐閣（一九八三）四四頁。
(57) ロータ―・クーレン（Lothar Kuhlen）［著］髙良幸哉［訳］「罪刑法定主義の理解における今日的修正」比較法雑誌第四八巻四号（二〇一五・三）八三─一〇三頁、特に八五頁。
(58) クーレン（kuhlen）・前掲注（57）九〇頁。
(59) この点に関し、我が国の裁判所は、条例によって刑罰を定める場合には「法律の授権が相当な程度に具体的であり、限定されておればたりる」という見解を示している〔大阪市条例第六八号違反被告事件〕最判昭和三七年五月三〇日（刑集一六巻五号五七七頁、集刑一四二号八四七頁、判時三〇三号二頁）。
(60) クーレン（kuhlen）・前掲注（57）九〇頁。
(61) クーレン（kuhlen）・前掲注（57）九一頁。
(62) 安藤・前掲注（7）「罪刑法定主義の相対性（二）」。
(63) 共犯理論が如何なる目的をもって形成された理論であるのか。そして、学説がこれに対しどのように対応しているのか。過去と現在に至る変化については、別に考察する必要がある。本章は、これを目的とするものではないため、これ以上の言及はしない。
(64) 安藤・前掲注（7）「罪刑法定主義の相対性（二）」で詳述している。
(65) 大野真義『罪刑法定主義 新訂第二版』世界思想社（二〇一四）一二八頁。
(66) 佐伯仁志・山口厚・西田典之編『注釈刑法 第一巻 総論』有斐閣（二〇一〇）九頁は、「如何なる自由人も、同僚の適法な裁判により、かつ国の法律によらなければ、逮捕、もしくは監禁され、差し押えられ、法の保護を奪われ、または追放され、その他、迫害されることはない」と示す。
(67) 罪刑法定主義の系譜をマグナ・カルタに求めることが今日の通説といわれている。通説に対し、反対の見解を紹介するものとして、大野真義・森本益之・加藤久雄・本田稔・神馬幸一『刑法総論〔新装版〕』世界思想社（二〇一五）一六頁註（2）他。
(68) 浦部法穂「刑罰権と人権〔その一〕」法学セミナー第三四六号（一九八三・一一）九四─一〇二頁、特に九四頁。この点、浦部は、「一般庶民は、依然として身分関係に拘束され、生まれながらの土地にしばりつけられ、封建領主の支配に全面的に隷従させられていたこと」、こうした一般庶民にこそ、人身の自由が真に求められるべきであったことを指摘している。

(69) 大野・前掲注(65)『罪刑法定主義 新訂第二版』一一三頁。
(70) 大野・前掲注(65)一一三頁。
(71) 瀧川・前掲注(5)『犯罪論序説』三頁。
(72) 刑罰の起源を原始社会にまで遡り、刑事法制の歴史と国際比較を紹介した文献として、平川宗信『刑事法の基礎』有斐閣(二〇一一)二二一―七六頁。
(73) 大野・前掲注(65)一三八頁。
(74) 佐伯ほか・前掲注(66)『注釈刑法 第一巻 総論』九頁。
(75) 西原春夫『刑法総論』成文堂(一九七七)二五頁。
(76) この点については、ワークショップ「国際刑法における基本原理」刑法雑誌第五五巻第三号(二〇一六・五)五六七―六七二頁、特に五六九―五七九頁。
(77) 大野真義は、イギリス等族社会における国家刑罰権と人民、アンシャン・レジームの絶対王政における国家刑罰権と人民との関係について、歴史的にも社会的にも論理の体系では割り切ることができない、複雑な事情が介在したこと指摘する。この点については、大野・前掲注(65)三四頁。
(78) 大野・前掲注(65)五二頁。
(79) 特に、後者においてはローマ規程が汎く各国間の異なる法制度や法文化等を容れていることから、その水準は高いものとなっている。
(80) 大野・前掲注(65)二八八頁。
(81) 本書においては、次世紀国際刑法においてもこれが妥当するように思われる。

著者紹介

安藤泰子（あんどう・たいこ）

1996年　茨城大学大学院修士課程修了
2001年　関東学院大学大学院博士後期課程修了
現　在　青山学院大学法学部教授　法学博士

著書

国際刑事裁判所の理念（2002年，成文堂）
個人責任と国家責任（2012年，成文堂）

刑罰権の淵源

2018年５月26日　初版第１刷発行

著　者　安　藤　泰　子
発行者　阿　部　成　一

〒162-0041　東京都新宿区早稲田鶴巻町514番地
発行所　株式会社　成　文　堂
電話 03(3203)9201(代)　Fax 03(3203)9206
http://www.seibundoh.co.jp

製版・印刷・製本　藤原印刷　検印省略
☆落丁・乱丁本はおとりかえいたします☆

ISBN978-4-7923-5248-6 C3032

定価（本体14,000円＋税）